Baedeker

Allianz Reiseführer

Schwarzwald

www.baedeker.com

Verlag Karl Baedeker

TOP-REISEZIELE ★★

Bis heute ist der Schwarzwald mit seinen dunklen Wäldern, duftenden Bergwiesen und wildromantischen Tälern Inbegriff einer heilen Welt, ja »eine Landschaft fürs Gemüt«, wie es Werbetexter einmal formulierten. Bollenhüte und Kuckucksuhren, Kirschwasser und Kirschtorte, Rauchfleisch und Forellen sind Markenzeichen einer Landschaft, die seit langem ein außerordentlich beliebtes Ziel für Touristen aus dem In- und Ausland ist.

Kunstvolle Architektur
Das Neue Rathaus in Freiburg

14 ✱✱ Titisee
Der idyllisch gelegene See ist eines der schönsten Ausflugsziele. ► Seite 413

15 ✱✱ Feldberg
Ganzjährig eine Attraktion: der höchste Berg des Schwarzwalds ► Seite 230

16 ✱✱ Wutachschlucht
Der deutsche »Grand Canyon« zieht immer mehr Naturliebhaber und Wanderer an. ► Seite 449

17 ✱✱ Belchen
Dieser herrliche Aussichtsberg hat es schon den Altvorderen angetan. ► Seite 189

18 ✱✱ Badenweiler
Bereits die Römer wussten um die Heilkraft der hiesigen Quellen, die auch heute noch viele Kurgäste schätzen. ► Seite 151

19 ✱✱ St. Blasien
Hier locken der imposante Dom und die großartige Umgebung. ► Seite 381

DIE BESTEN BAEDEKER TIPPS

Von allen Baedeker Tipps in diesem Buch haben wir hier die interessantesten für Sie zusammengestellt! Erleben und genießen Sie den Schwarzwald von seiner schönsten Seite.

! Sparen bei der Anreise
Wer eine oder mehrere Übernachtungen im Schwarzwald bucht, kann mit dem Schwarzwald-Ticket bei der Anreise mit der Bahn viel Geld sparen. ► **Seite 68**

! Preiswerte Museumsbesuche
Mit dem Oberrheinischen Museumspass hat man freien Eintritt in über 170 Museen, Schlösser und Klöster beiderseits des Oberrheins. ► **Seite 84**

! Virtuelle Radtouren
Am PC mit Internet-Zugang können die besten Mountainbike-Touren im Schwarzwald abgefahren werden. ► **Seite 99**

! Besichtigung mit Bonus
Wer mit der Schwarzwaldbahn reist, bekommt ein Bonusheft, das zu stark ermäßigten Eintritten in einige interessante Sehenswürdigkeiten an der Strecke berechtigt. ► **Seite 105**

! Werksverkauf
Beste Bett- und Tischwäsche kann man im schönen Wiesental und zwar in Schönau-Brand erwerben. ► **Seite 120**

! Für Naschkatzen
Wie süße Leckereien aus Schokolade und Marzipan entstehen, darf man in Alpirsbach sehen. ► **Seite 129**

! Auf, du junger Wandersmann!
Wer gerne wandert, kommt in Baden-Baden voll auf seine Kosten, denn hier gibt es einen herrlichen und preisgekrönten Panorama-Rundweg. ► **Seite 150**

! Leckere Vollwertkost
gibt es bei Roy Kieferle in Dobel. Der Schwarzwälder Ernährungspapst und Berater von Spitzensportlern gibt sein Wissen auch in Kochkursen weiter. ► **Seite 159**

! Schauen beim Brauen
Bekanntlich wird in Donaueschingen »eines der besten Biere der Welt« gebraut. Näheres erfährt man bei einer Besichtigung der Brauerei Fürstenberg mit anschließendem Umrunk. ► **Seite 213**

! Käse vom Vulkan
In Endingen am Kaiserstuhl, dem eigentlich für seine Weine bekannten Vulkan, gibt es auch leckeren Käse. ► **Seite 218**

! Abenteuerliche Kajak-Touren
lassen sich auf dem Schwarzwaldfluss Murg unternehmen, der sich bei Forbach ein enges Tal gegraben hat. ► **Seite 234**

Hahn und Henne
gibt es in Zell am Harmersbach zu kaufen.

Modelleisenbahner aufgepasst!
In Gütenbach im Schwarzwald ist eine berühmte Modellbau-Firma beheimatet, deren Ausstellungsraum zweimal in der Woche geöffnet ist. ▸ Seite 266

Schwarzwald von oben
Aus der Vogelperspektive lernt man den Schwarzwald bei einem Ausflug mit dem Heißluftballon kennen. ▸ Seite 284

Alles über Pilze
erfährt man in der einzigartigen Pilzlehrschau in Hornberg. Auch mitgebrachte Pilze werden bestimmt. ▸ Seite 289

Schicke Schalen
und auch formschöne sonstige Keramik erwirbt man recht günstig in der Karlsruher Majolika. ▸ Seite 304

Schöner wohnen
so heißt es in Rheinau-Linx, wo eine Fertighaus-Firma Europas ersten »Infotainment-Park« zum Thema Bauen und Wohnen eingerichtet hat. ▸ Seite 310

Lichterzauber
Romantisch präsentiert sich der Kurort Königsfeld in der Weihnachtszeit, wenn die berühmten Herrnhuter Sterne hell leuchten. ▸ Seite 313

Der gelben Traube in roter Raute
folgt, wer die schönsten Seiten des Markgräflerlandes entlang des »Wiiwegli« kennen lernen will. ▸ Seite 323

Musica sacra
Liebhaber geistlicher Musik schätzen die Maulbronner Klosterkonzerte über alle Maßen. ▸ Seite 330

Kamele im Schwarzwald?
Ja! Es gibt sie wirklich! Und zwar auf dem Hof des Kamelvereins »Fatamorgana« in Ebhausen-Rotfelden unweit von Nagold.
▸ Seite 346

Guten Wein und hübsches Kunsthandwerk
gibt's beim »Buurefeschd« im September im malerischen Winzerort Durbach bei Offenburg. ▸ Seite 358

Schwarzwaldforellen angeln
kann man im hübschen Städtchen Neuenbürg an der Enz in den Gewässern der Familie Zordel. ▸ Seite 365

Wie bei Muttern
fühlt man sich im Café Goldene Krone, wo engagierte Landfrauen Spezialitäten wie Schwarzwälder Kirschtorte, Käsemichel etc. anbieten. ▸ Seite 390

Hahn und Henne
Keramik mit dem bekannten Motiv gibt es bei der in Zell am Harmersbach ansässigen Firma zu kaufen. ▸ Seite 455

Kamele im Schwarzwald
sieht man auf sonnigen Weiden bei Rotfelden im Landkreis Calw grasen.

Badespaß im Freudenstädter Panoramabad
► **Seite 260**

HINTERGRUND

Ein beliebtes Ausflugsziel zu jeder Jahreszeit ist der Titisee.
► **Seite 415**

PRAKTISCHE INFORMATIONEN

Spitzenkoch Harald Wohlfahrt kocht im Restaurant »Schwarzwaldstube« im Hotel »Traube Tonbach« in Baiersbronn
► **Seite 186**

TOUREN

REISEZIELE VON A bis Z

Blick vom Freiburger Münster auf das historische Kaufhaus
► **Seite 237**

Narrii!! Narroo!!
rufen die Rottweiler Narren in der »Fünften Jahreszeit«.
▸ **Seite 374**

Das Karlsruher Schloss ist immer eine Reise wert.
▸ **Seite 302**

Das »Hüsli« bei Grafenhausen ist bekannt aus der TV-Serie »Die Schwarzwaldklinik«
▶ **Seite 399**

nachdenken • klimabewusst reisen
atmosfair

PREISKATEGORIEN

▶ **Hotels**
Luxus: ab 120 €
Komfortabel: ab 70 €
Günstig: unter 70 €
Für eine Übernachtung

▶ **Restaurants**
Fein und teuer: ab 25 €
Erschwinglich: ab 15 €
Preiswert: unter 15 €

Der Hotzenwald zwischen St. Blasien und dem Hochrhein ist fast noch ein Geheimtipp.
▶ **Seite 385**

Hintergrund

WISSENSWERTES ÜBER NATUR, LANDSCHAFT UND KLIMA, ÜBER GESCHICHTE, WIRTSCHAFT UND KULTUR, ÜBER DIE MENSCHEN UND DEN ALLTAG, NATÜRLICH AUCH ÜBER BOLLENHÜTE UND BERÜHMTE SCHWARZWÄLDER – ALLES FINDET MAN IM BAEDEKER!

LANDSCHAFT FÜRS GEMÜT

Sind es die stillen Täler, der Duft sonnendurchfluteter Wiesen oder die dunklen Wälder, die den Zauber dieser Landschaft in Deutschlands Südwesten ausmachen? Wie immer die Antwort auch ausfallen mag, mit dem Schwarzwald verbinden sich allerlei Sehnsüchte und Träume. Die Deutschen scheinen am Schwarzwald zu hängen wie an keiner anderen Landschaft, denn hier darf sich das diffuse Sehnen nach einer heilen Welt mit intakter Natur erfüllen, hier, in der Heimat von Bollenhut und Kuckucksuhr.

Das lässt sich auch am Erfolg mehrerer Fernsehserien ablesen: Noch in Schwarz-Weiß wurde im romantischen und heute zu Baden-Baden gehörenden Schwarzwaldort Gaisbach die TV-Serie »Forellenhof« gedreht. In der 1985 bis 1989 in Farbe aufgenommenen TV-Serie »Die Schwarzwaldklinik« heilte Professor Brinkmann Krankheiten und Herzen vor der landschaftlichen Kulisse des traumhaft schönen Glottertales bei Freiburg. Am 2. Mai 1994 fiel die erste Klappe für die höchst erfolgreiche Familienserie »Die Fallers«, deren Mittelpunkt ein malerischer Bauernhof im Schwarzwald ist. Durchschnittlich 6 Mio. Zuschauer sahen jede Folge der TV-Serie »Schwarzwaldhaus 1902 – Leben wie vor 100 Jahren«, in der das Schicksal der Familie Boro verfilmt wurde, die zehn Wochen lang in einem alten Schwarzwaldhof im Münstertal so lebte wie dessen Bewohner es anno 1902 taten. Dieser TV-Film brach alle Quotenerwartungen und gewann den renommierten Grimme-Preis.

Schwarzwaldhaus 1902
Dieser aus der gleichnamigen TV-Serie bekannte Hof steht im Münstertal.

Erlebnisregion

Um sich zu erholen, reisen jährlich weit über 5 Mio. Urlauber in den Schwarzwald. Sie finden eine Landschaft vor, die – gemessen an ihrer Vielfalt – ihresgleichen sucht. Sport zu treiben ist in fast allen Varianten möglich. In den vielen Kurorten finden geplagte Körper dank umfangreicher Wellness-Angebote endlich Entspannung. Städte wie das ewig junge Freiburg oder Heilbäder wie das mondäne Baden-Baden locken mit ihrem Charme auch internationales Publikum an.

Bollenhüte
sind weltbekannte Markenzeichen für den Schwarzwald.

Kuckucksuhren
sind die beliebtesten Souvenirs aus dem Schwarzwald.

Holz
ist bis heute ein wichtiger Rohstoff im Schwarzwald.

Euro-Mir
heißt eine der Attraktionen im Europapark, dem größten Vergnügungspark Deutschlands.

In goldenes Licht
taucht die tief stehende Sonne die Rebenhänge im Markgräflerland.

Wellness pur
kann man in der Baden-Badener Caracalla-Therme erleben.

Zudem steht der Schwarzwald bei Feinschmeckern ganz oben in der Gunst. Nirgends findet man auf so engem Raum so viele Sterne-Köche wie hier. Man muss aber nicht immer die Superlative bemühen, um genüsslich zu schlemmen: Die exzellente Küche der Region ist wohlbekannt.
Von den Schwarzwaldgipfeln sieht man bis zu den Alpen, tiefblaue und im Sonnenlicht funkelnde Seen locken zum Baden und Bootfahren. Man kann sich im Schwarzwald in einen Rausch von Aktivitäten stürzen, oder auch den Urlaub ganz in sich gekehrt verbringen.

Eine Landschaft für alle Altersgruppen

Ein angestaubtes Klischee besagt, der Schwarzwald sei nur etwas für ältere Biedermänner, die nicht von der Heile-Welt- und Heimat-Romantik der 1950er- und 1960er-Jahre lassen können – grundfalsch! Das touristische Angebot ist hochmodern und passt für alle Altersgruppen: Anspruchsvolle Kurgäste werden ebenso umfassend umworben wie ältere Skilangläufer und junge Snowboarder, gemütliche Radfahrer und sportliche Mountainbiker. Wanderer und neuerdings auch Anhänger der Modesportart »Nordic Walking« können sich auf einem Teil des rund 23 000 Kilometer umfassenden Wanderwegenetzes sogar mittels modernster Navigationstechnik satellitengestützt durch die Wälder leiten lassen. Alte Burgen und Schlösser, Kirchen und Klöster wecken die Entdeckungslust bei Liebhabern von Kunst und Kultur. Nach modernsten Gesichtspunkten der Unterhaltungstechnik angelegte Erlebnisparks wie beispielsweise der »Europapark« bei Rust ziehen die »Spaß-Generation« geradezu magnetisch an. Der Ehrgeiz der Tourismusexperten hat auch die Familien nicht vergessen: Ferien auf dem Bauernhof mit fantasievollen und engagierten Rahmenprogrammen machen selbst trübe und verregnete Tage zu einem herrlichen Erlebnis. Zwar gibt es touristische Rummelplätze wie den Mummelsee unterhalb der Hornisgrinde, die Triberger Wasserfälle, den Titisee, den Feldberg und den Schluchsee, wo sich an schönen Wochenenden und Feiertagen Menschenmassen ballen, es gibt aber auch andere – abgeschiedene – Orte voller Stille und landschaftlicher Anmut. Dieses »sowohl – als auch«, diese breite Vielfalt zieht sich wie ein roter Faden durch das waldreiche Gebirge im deutschen Südwesten.

Zünftige Wanderer *umrunden den Schluchsee im Hochschwarzwald.*

Fakten

Wie ist der Schwarzwald entstanden und wo ist er am höchsten? Welche klimatischen Besonderheiten gibt es? Wie steht es um seine Pflanzen- und Tierwelt? Welches sind die wichtigsten Wirtschaftszweige und in welchen Gegenden leben die meisten Menschen?

Natur und Umwelt

Naturräumliche Gliederung

Das hauptsächlich aus **Granit** und **Gneis** aufgebaute Grundgebirge des Schwarzwalds, das im Westen steil aus der Oberrheinischen Tiefebene emporsteigt, wird im Nordosten von **Buntsandstein** überlagert. Nach Osten weist das Gebirge eine sanftere Abdachung auf, wobei es im **Südwestdeutschen Schichtstufenland** untertaucht.
Naturräumlich wird das Gebirge in Nord-, Mittel- und Südschwarzwald gegliedert. Die breit angelegte tektonische Muldenzone des Kinzigtales, die im sog. Mittleren Talschwarzwald besonders weit nach Osten vordringt, trennt Schwarzwaldrandplatten, **Grindenschwarzwald** und Enzhöhen und Nördlichen Talschwarzwald von der Mittleren Schwarzwald-Ostabdachung und dem **Hochschwarzwald**.

Erd- und Landschaftsgeschichte

Die ältesten Gesteine des Schwarzwaldes, die Gneise, sind weitgehend am Ende des Kambriums und zu Beginn des Ordoviziums, also vor 520 bis 480 Mio. Jahren entstanden. Vor 350 Mio. Jahren, an der Wende vom Devon zum Karbon begann das Variszische Gebirge sich in Mitteleuropa aufzuwölben, zu dessen südlichster Zone, dem sog. Moldanubikum, auch der Schwarzwald und die Vogesen gehören. Dass während gebirgsbildender Zwischenphasen die Ablagerung von Gesteinen unterbrochen war, kann man in der Baden-Badener Senke, in der Badenweiler-Lenzkirch-Zone und auch in der Diersburg – Berghauptener Zone feststellen. Im **Perm**, das vor 280 Mio. Jahren begann, war das Gebiet stark gegliedert in Schwellen und Tröge. Rotliegend-Schichten aus dieser Periode finden sich im Schwarzwald nur in wenigen Randtrögen: wiederum in der Baden-Badener Senke, dann in der Offenburg–Teinacher Senke, in der Schramberger Senke und in der Breisgau-Senke. Quarzporphyre u.a. Ergussgesteine gehen auf einen intensiven Vulkanismus der damaligen Zeit zurück. Sie breiteten sich mit Tuffen in Decken aus, die später durch Verwerfung und Abtragung stark zerstückelt wurden.
An der Wende zur **Trias** war das Variszische Gebirge schon wieder eingeebnet (man spricht deshalb von der »permo-triadischen Rumpffläche«). Es war eine Übergangszeit vom trockenen zum feuchten Klima. Der auf 230 Mio. Jahre zurückzudatierende Buntsandstein, die unterste Epoche der Trias, ist die einzige bedeutende Schicht, mit der das Mesozoikum (Erdmittelalter) im Schwarzwald selbst vertreten ist. Das Germanische Becken füllte sich in dieser Zeit mit dem Verwitterungsschutt der umgebenden Hochländer. Muschelkalk- und später auch das Jurameer überfluteten auch Schwarzwald und Vogesen, die eine zusammenhängende flache Aufwölbung bildeten und sich dann in der Kreide nur wenige Meter über den Meeresspiegel erhoben.

← Vom Brigittenschloss bei Sasbachwalden genießt man eine herrliche Aussicht in die Oberrheinebene.

Vor 40 Mio. Jahren, im **Tertiär**, begann die Heraushebung der Oberrheinischen Massive mit dem Einbruch des Oberrheingrabens. Ursachen waren Zerrungsbewegungen in der Erdkruste, die die Schollen auseinanderdriften ließen und sich kontinuierlich bis heute fortsetzen. Mit der tektonischen Aufwölbung des kristallinen Grund- gebirges wurde das sich anschließende geologische Schichtpaket schräggestellt und somit das Südwestdeutsche Schichtstufenland in seiner heutigen Gestalt herausmodelliert. Die Absenkung verlagerte sich von Süden nach Norden. Zuerst drang das Meer von Süden ein und füllte den Graben mit Sedimenten auf, schaffte zeitweilig eine Nord-Süd-Verbindung zwischen den großen Meeren und bedeckte dann schließlich nur noch den Nordteil des Grabens. Am Schnittpunkt mit dem **Bonndorfer Graben** öffneten tiefreichende Brüche im Miozän vor 25 Mio. Jahren den vulkanischen Schmelzen des Kaiserstuhls den Weg aus dem Erdinnern.
Im **Pleistozän**, vor 1,5 Mio. Jahren, gehörte der Schwarzwald zu den wenigen Mittelgebirgen, die während der Eiszeiten eigene Gletscher aufwiesen, so etwa am Feldberg und am Belchen.

Grundgebirgs-schwarzwald

Geologen unterscheiden im Schwarzwald das prävariskische Gneisgebirge vom variszischen Granitgebirge. Etwa 60% des kristallinen Grundgebirgssockels bestehen aus Gneisen, die durch Umwandlung aus Sedimenten (Paragneise) und magmatischen Erstarrungsgesteinen (Orthogneise) entstanden sind. Das Zentralschwarzwälder Gneisgebiet nimmt einen weitgehend zusammenhängenden Komplex vom Nord- bis zum Südschwarzwald ein.
Gneise gehören zu den metamorphen Gesteinen. Unter Metamorphose versteht man die Umgestaltung eines Gesteins unter Temperatur- und Druckeinwirkung. Im Schwarzwald handelt es sich großteils um Gneise, die durch mehrmalige Umwandlung bis zur Aufschmelzung in großen Tiefen der Erdkruste deformiert worden sind. Der Südschwarzwald ist das Zentrum dieser Aufschmelzung, die sich in zwei Phasen in einem Zeitabschnitt von nur 40 Mio. Jahren an der Wende vom Kambrium zum Ordovizium abgespielt hat. Alle Stadien der Aufschmelzung sind durch entsprechende Gesteine vertreten.
Als größere Granitkomplexe werden die Nordschwarzwälder, die Triberger und die Südschwarzwälder Granitmasse unterschieden. Es handelt sich um Magmatite (Erstarrungsgesteine), die durch die Aufschmelzung von Gneisen entstanden sind oder durch das Eindringen von Gesteinsschmelzen gebildet wurden. Die jüngeren, in seichtere Regionen der Erdkruste weiter aufgestiegenen und erstarrten Gesteine sind stärker differenziert. In zahlreichen tektonischen Bruchlinien erfolgten Intrusionen magmatischer Nachschübe in Form von feinkörnigen Ganggraniten.

Heutige Oberflächenformen

Der im Tertiär am höchsten herausgehobene Teil des Südschwarzwalds weist allgemein sanfte Geländeformen auf – abgesehen von wenigen in jüngerer Zeit tief eingeschnittenen Schluchten. Ursache

Geologisches Relief *Orientierung*

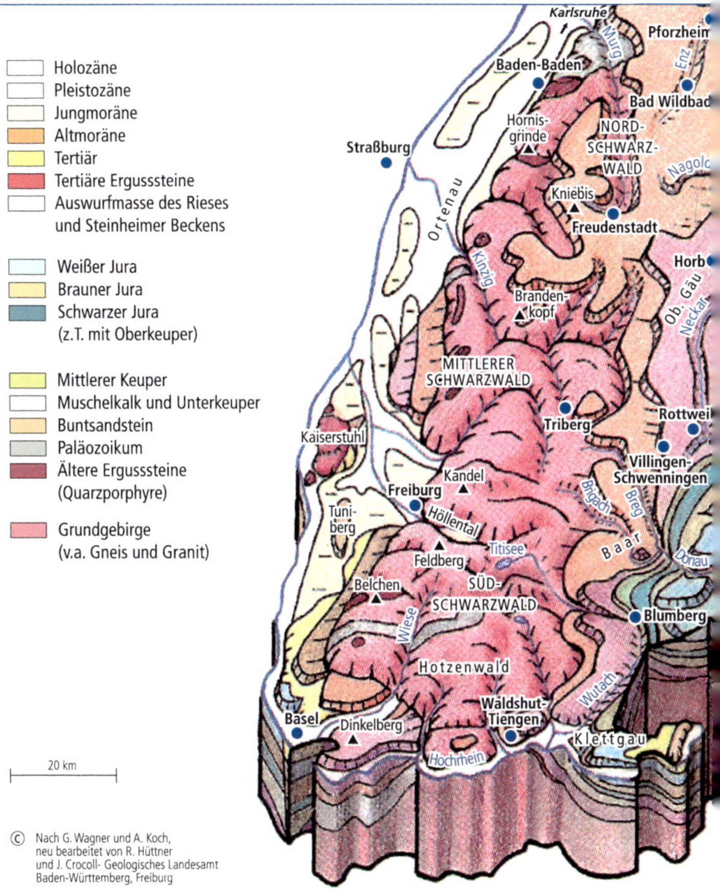

© Nach G. Wagner und A. Koch, neu bearbeitet von R. Hüttner und J. Crocoll- Geologisches Landesamt Baden-Württemberg, Freiburg

für die gerundeten und kuppigen Formen ist die homogene Beschaffenheit der Granite und Gneise. Im Gegensatz zum Buntsandstein hat das undurchlässige Grundgebirge ein reiches Talnetz, besonders an der dem Regen ausgesetzten und zum tief gelegenen Rhein hin entwässernden Westseite. Für das zur höher gelegenen Donau hin entwässernde östliche Gebiet sind eher geräumige Talmulden und weite Hochflächen charakteristisch.

Buntsandsteinschwarzwald

Das auf dem kristallinen Sockel aufliegende Deckgebirge wird vom **Buntsandstein** gebildet. Er bedeckt weite Teile des Nordschwarzwalds. Dieser wurde nicht so stark herausgehoben und auch nicht

so stark abgetragen wie der Südschwarzwald. In einem immer schmaler werdenden Band zieht sich die Schicht nach Süden; auch an Mächtigkeit nimmt sie gewaltig ab. Während der Buntsandstein im Norden die beachtliche Mächtigkeit von 400 m erreicht, schrumpft er im Süden auf 20 m zusammen. Das Gewässernetz in dem durchlässigen Gestein ist nicht so dicht wie im Kristallin, und die Hänge im Unteren sowie Mittleren Buntsandstein sind steiler, da sie leichter abgetragen werden. Die nährstoffarmen, ausgewaschenen Sandböden sind mit ausgedehnten Wäldern bedeckt. Für Ackerbau sind sie nur bedingt geeignet.
Die Grenze zum Kristallin bildet eine markante, bis zu 250 m hohe Schichtstufe. Die Hänge im Mittleren Buntsandstein sind von Blockmeeren übersät. Die Hochflächen werden von Plattensandsteinen und Röttonen gebildet, die wiederum ackergünstigere Böden liefern und besiedelt sind. Örtlich hat sich auf den wasserundurchlässigeren tonreichen Böden allerdings staunasser Gleyboden entwickelt; auch Torfmoore sind entstanden.

Gäuflächen Die im Osten anschließenden Gäuflächen – Korngäu, Heckengäu und Oberes Gäu – werden vom **Muschelkalk** gebildet. Die waldarmen, schon früh besiedelten Gäuplatten lassen auf vergleichsweise fruchtbare Böden schließen. Muschelkalk zusammen mit Keuper baut den im Südwesten gelegenen Dinkelberg auf.

Oberrheingraben Mit einer Länge von 300 km und einer Breite von 40 km ist der Oberrheingraben das eindrucksvollste bruchtektonische Phänomen in Mitteleuropa. Er ist ein Teilstück der durch ganz Europa verlaufenden **Mittelmeer-Mjösen-Zone**, bei der es sich um eine Linksseitenverschiebung handelt. Bei den scharf begrenzten Einbrüchen entlang schräg stehender etwa nordnordost-südsüdwest ausgerichteter Verwerfungen spricht man von der Rheinischen (Rhenanischen) Richtung, in der sie verlaufen. Sie ziehen sich am Westrand des Schwarzwalds entlang, während im Schwarzwald selbst die Verwerfungen alle »herzynisch«, d.h. nach Nordwesten streichen, so auch der Freudenstädter und der Bonndorfer Graben. Die Absenkung beträgt maximal fünf Kilometer. Tertiäre Meeres- und Süßwassersedimente und das von den Bergflanken abgetragene Material füllten mit einem riesigen, in sich stark differenzierten Schichtpaket den Graben zu 75% wieder auf. Im Süden werden **Kalisalze** und im Norden Erdöl gefördert. Der tiefe Untergrund besteht aus einem Mosaik von Einzelschollen, ebenso die aus Trias, Jura und Alttertiär sich aufbauende Vorbergzone. Diese Randstaffeln treten auf an der sonst scharfen Grenze zwischen den Graben- und Flankenschollen.

Rhein Breite eiszeitliche Niederterrassenschotter begleiten den erst während der Eiszeiten gebildeten Flusslauf. Der aus dem Bodensee fließende Hochrhein, der sich bei Schaffhausen über eine markante Weißjurastufe stürzt, markiert auf seinem Weg nach Westen (bis Basel bzw.

Lörrach) den Südrand des Schwarzwaldes. Bei Basel biegt der Fluss in nordöstlicher Richtung ab und durchmisst den Oberrheingraben bzw. die Oberrheinische Tiefebene. Der fruchtbare **Löss**, der durch Windverfrachtung von feinstem Gesteinsstaub entstanden ist, bedeckt in mächtigen Polstern die Vorbergzone und den Kaiserstuhl. Der Rhein verläuft nicht mehr in seinem ursprünglichen Flussbett. Das Ökosystem wurde durch die von Tulla vorangetriebene Flussregulierung im 19. Jh. und den im 20 Jh. erfolgten Ausbau zur Binnenwasserstraße nachhaltig beeinflusst. Nur an wenigen Stellen, so z. B. im Taubergießen und im kürzlich geschaffenen Pamina-Rheinpark, sind noch Reste der ursprünglichen Flusslandschaft mit Auwäldern, Sumpfzonen, Totarmen und Flussschlingen erhalten.

Kaiserstuhl

Der Kaiserstuhl hat einen maximalen Durchmesser von 16 km, und seine höchste Erhebung, der Totenkopf, ist 557 m hoch. Er ist ein Stratovulkan, d.h. ein **Schichtvulkan**, der wechselweise aus Lava und Tuffen aufgebaut ist. Diese haben sich bei der Eruption über eine hochgelegene Scholle von jurassischen und tertiären Sedimenten gelagert. Der sedimentäre Sockel tritt an der Ostseite in Erscheinung. Zur Zeit der Entstehung wurden wahrscheinlich **Lava** und Tuffe im zeitlichen Wechsel aus verschiedenen kleinen Vulkanschloten gefördert. 80% des Kaiserstuhls (ausgenommen die Höhen über 400 m) sind heute bis zu 60 m dick von fruchtbarem **Löss** bedeckt.

Relikte der Eiszeit

Relikte der Gletscherbedeckung des Schwarzwaldes aus der Riß- und Würmeiszeit sind in großer Zahl vorhanden, während Spuren älterer Eiszeiten fehlen. Besonders gut sind die glazialen Formen der letzten Eiszeit (Würm) erhalten. Der Feldberg war das Zentrum der Vereisung. Er war von einer dicken Eiskappe bedeckt (Plateau-Vereisung), von der einige Talgletscher gespeist wurden. Die Riß-Vereisung hatte eine größere Ausdehnung als die Würm-Vereisung. Im Hotzenwald trafen die Gletscher mit den Alpengletschern zusammen, was damals zur Bildung von Stauseen führte. Von den glazialen Formen sind in erster Linie die **Kare** zu nennen, die man vor allem an den nach Nordosten exponierten Hängen findet – hauptsächlich im Buntsandstein des Nordschwarzwaldes, aber auch im Südschwarzwald im Feldberggebiet. Sie wurden von den Hängegletschern an den Talflanken eingekerbt und sind häufig von kleinen Seen erfüllt

Der Wildsee in der Nähe vom Ruhestein ist ein typischer Karsee.

(u. a. Mummelsee, Wildsee, Feldsee). Moränen sind beispielsweise am Titisee und am Schluchsee nachweisbar, die nach der Ausschürfung von Gletscherzungenbecken entstanden sind. Vor diesen beiden Seen gibt es noch sog. Sander, d. h. Ablagerungen der Gletscherbäche vor dem Eisrand. Rundhöcker genannte längliche Felshügel, deren gegen die Fließrichtung des Eises gerichtete Seiten meist abgeschliffen sind, lassen die Stoßrichtrung der Gletscher erkennen.

Wutach-Umlenkung In die Würmeiszeit fällt die Wutach-Umlenkung, die als Musterbeispiel ihrer Art gilt. Die mit einem großen Gefälle zum tiefer gelegenen Rhein fließende Wutach hat durch flussaufwärts fortschreitende **Abtragung** (Fachbegriff: »rückschreitende Erosion«) ihre Quelle immer weiter nach Norden verlegt. Dabei ist sie der Aitrach förmlich in die Flanke gefallen, die ihrerseits in die junge Donau mündet. Die Wutach hat also den Oberlauf der Aitrach bei Blumberg angezapft und schließlich regelrecht »geköpft«. Eine Ursache für diese Entwicklung war die starke Auffüllung des oberen Aitrachtals mit eiszeitlichen Schottern, so dass eine Flussschlinge schließlich in das tiefer gelegene Wutachtal durchbrechen konnte. Auch der wasserdurchlässige Untergrund in Gestalt von porösem Kalk - und Sandstein dürfte dabei ein Rolle gespielt haben.

Erdbeben Von der heute immer noch hohen seismischen Aktivität zeugen hin und wieder kleinere Erdbeben, so etwa im Dezember 2004 bei Waldkirch. Das schlimmste Beben am Schwarzwaldrand führte 1356 sogar zur Zerstörung der Stadt Basel.

Erze und Mineralien Die Erz- und Mineralgänge im Schwarzwald entstanden, als magmatische Gesteinsschmelze erstarrte. Der **Bergbau** im Schwarzwald erlebte eine erste Blütezeit im Mittelalter, als man vorzugsweise nach **Silber** suchte. Zu einer zweiten Blüte kam es im 18. und 19. Jh., als man im Kinzig-Gebiet vor allem nach **Kobalterzen** grub.

Blei- und Zinkerz-Gänge findet man hauptsächlich im südlichen Schwarzwald im Gneis, Gänge der Kobalt-Nickel-Silber-Wismut-Uran-Formation im mittleren Schwarzwald im Granit (z. B. bei Wittichen) und Schwerspatgänge im Gebiet von Freudenstadt und Neubulach im Deckgebirge.

Thermalwasservorkommen ► Die **Thermen** (z. B. Baden-Baden, Badenweiler, Bad Wildbad) in diesem Gebiet sind auf die tiefen Brüche im Grundgebirge sowie den erhöhten Wärmefluss im Oberrheingraben zurückzuführen.

Klima

Schonklima und Reizfaktoren Das für die waldreichen Mittelgebirge typische **Schonklima** ließ zahlreiche heilklimatische Luftkurorte im Schwarzwald entstehen. In den höheren Lagen des Südschwarzwaldes und im Winter überwiegen die Reizfaktoren des Klimas mit hoher Strahlungsintensität und teilweise stärkeren Winden.

Niederschläge

Der Schwarzwald liegt in der ozeanisch geprägten Klimazone Mitteleuropas, d. h. er hat einen ausgeglichenen Temperaturgang und erhält hohe Niederschläge. Denn das Gebirge hebt sich aus den umgebenden Randgebieten durch niedrigere Temperaturen und erhöhte Niederschläge heraus. Vor den Bergen im Westen stauen sich die Luftmassen und kühlen sich beim Aufstieg ab. Es kommt zu Niederschlägen. Den hohen Niederschlagsmengen der Luvseite stehen geringere Mengen der im Regenschatten gelegenen Leeseite gegenüber.

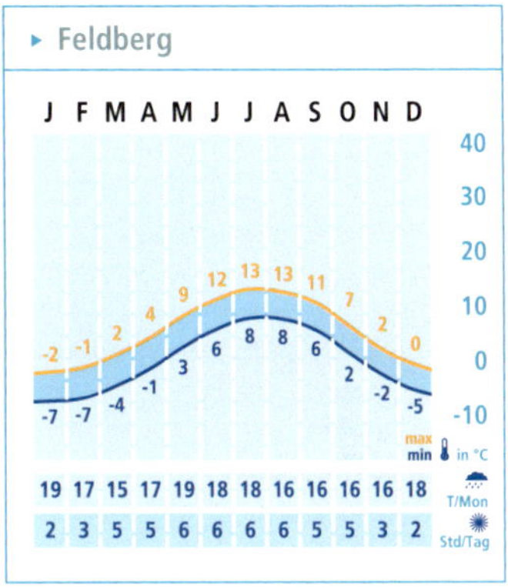

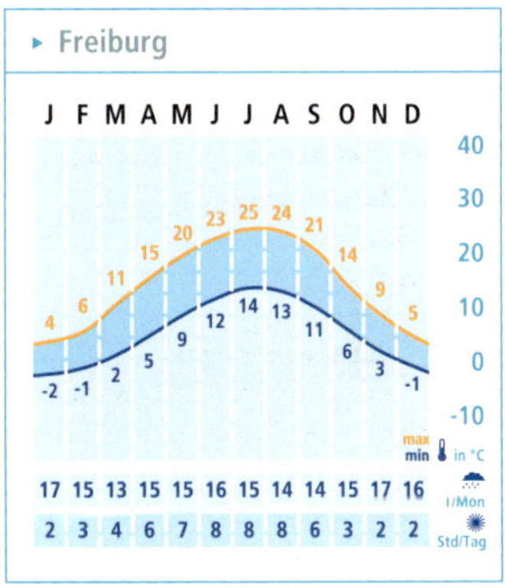

Das Niederschlagsmaximum liegt im Winter, es fällt viel Schnee. Der Nordschwarzwald erhält dabei sogar stärkere Schneefälle als der höhere Südschwarzwald (Feldberg 1900 mm/Jahr). Letzterem sind die Hochvogesen als Regenfänger vorgeschaltet, während der Grindenschwarzwald (Hornisgrinde 2200 mm/Jahr) den Regen bzw. Schnee bringenden Westwinden vollkommen ausgeliefert ist. Wenig Feuchtigkeit erhalten das durch die Vogesen abgeschirmte Oberrheintal (Kaiserstuhl 550 mm/Jahr) und die Baar im Schutz des Schwarzwaldes. Die durchschnittliche Summe der jährlichen Schneetage mit Wintersportmöglichkeiten betrug in der Vergangenheit auf den Höhen des Südschwarzwalds 130 Tage. Im Bereich des Kinzigtals, das sich tief in das Gebirge einschneidet, können feucht-milde ozeanische Luftmassen eindringen. Starkregenfälle im Frühjahr führen im Verbund mit der Schneeschmelze in den Hochlagen gelegentlich zu katastrophalen Hochwasserfluten.

Temperaturen

Kontraste gibt es zwischen dem klimatisch bevorzugten Oberrheintal, das die höchsten Temperaturwerte in Deutschland aufweist und mit einem Jahresmittel über 9 °C (Januarmittel über 0 °C, Julimittel 19 °C) die wärmste Gegend Deutschlands ist, und den Höhenlagen des Schwarzwalds, deren oft von November bis April verweilende Schneedecke die Einstrahlung förmlich »schluckt«. Dadurch wird der Temperaturanstieg im Frühling und damit auch die Erwärmung des Bodens verlangsamt. Außerdem wird die Vegetationsperiode im Herbst durch früh einsetzende Nachtfröste eingeengt.

Der Jahrestemperaturgang im Bergland ist relativ ausgeglichen und weist keine Extremwerte auf – die jährlichen Schwankungen betragen nur 16,5 °C. Kühlen Sommern (bei 1000 m Höhe Julimittel 14 °C) stehen relativ milde Winter (bei 1000 m Höhe Januarmittel – 2 °C) gegenüber. Im Gegensatz dazu steht der binnenländisch beeinflusste Klimabezirk der Baar, die zu den Kältezonen Baden-Württembergs gehört. Bei hohen Sommertemperaturen hat diese Beckenlandschaft, in der sich die abfließende Kaltluft bei häufig auftretender Temperaturumkehr sammelt, die kältesten Januarmittel mit Werten bis – 4 °C. Die Anzahl der frostfreien Zeit beträgt hier durchschnittlich nur 118 Tage, wohingegen die Hochlagen im Mittel 150 frostfreie Tage aufweisen.

Inversionswetterlagen

Im Herbst und Winter häufig auftretende Hochdruckwetterlagen verursachen eine Temperaturumkehr mit Kaltluftseen und dichter Nebeldecke in den Tälern und wolkenfreien Höhen mit guter Fernsicht z. T. bis zu den Alpen und intensiver Sonneneinstrahlung. Im Winterhalbjahr ist der Feldberg mit durchschnittlich 91 Stunden sonnenreicher als die Rheinebene mit durchschnittlich 85 Stunden, während sich hier im Sommer auf dem Gipfel ein Defizit von 60 Stunden ergibt. Es wird in diesem Zusammenhang häufig von Föhnwetterlagen gesprochen, wobei die Orte über der Sperrschicht liegen, die die Dunst- und Nebelfelder des Tales abgrenzt. Der eigentliche Alpenföhn reicht nur in seltenen Fällen so weit nach Norden.

Windwurf des Orkans »Lothar« (1999, Schwarzwaldhochstraße)

Auswirkungen des Klimawandels

Betrachtet man das Witterungsgeschehen etwas genauer, so wird deutlich, dass die Zahl der Schneetage in Lagen unter 1000 m ü. d. M. rückläufig ist. In Freudenstadt beispielsweise zählt man heute nur noch 66 Schneetag pro Saison. Vor wenigen Jahrzehnten waren es noch doppelt soviele! Eine Folge der **Klimaerwärmung** ist nicht nur das Ansteigen der Schneegrenze, sondern auch die immer häufiger auftretenden schweren Stürme, die verheerende Windwürfe und Waldschäden verursachen. Noch gut in Erinnerung ist der Orkan »Lothar«, der am 2. Weihnachtsfeiertag 1999 mit Windgeschwindigkeiten von mehr als 200 km/h über den Schwarzwald hinweg gefegt ist und eine breite Spur der Verüstung hinterlassen hat.

Pflanzen

Die Vielfalt der Landschaft bildet sich auch in der Fauna und Flora ab. In der Rheinebene gedeihen mediterrane Gewächse wie der wärmeliebende Lorbeerseidelbast und die Weinrebe, Pflanzen, die sonst nur in den Alpen gedeihen wie der Alpen-Bärlapp und der Gelbe Enzian, haben die Schwarzwaldgipfel erobert. Die **Moore** hingegen wie zum Beispiel das Wildseemoor warten mit einer ganz eigenen Vegetation auf, deren charakteristische Vertreter die Torfmoose, Moorbirken und Krüppelkiefern sind.

Vor allen anderen Gewächsen fallen natürlich die Bäume ins Auge. Von den 6000 km² Fläche des Schwarzwaldes sind zwei Drittel bewaldet. Mehr Wald gibt es im Nordschwarzwald (rund 70 %), der Südschwarzwald ist zu rund 60 % mit Bäumen bestockt. Zwar sind die **Schwarzwaldtannen** legendär, doch entpuppen sich heute bei näherem Hinsehen die meisten Tannen als **Fichten**, denn diese dominieren längst. Das war nicht immer so, sondern ist von Menschenhand gemacht. Einst dominierten Tannen und Buchen im Schwarzwald. Nachdem die Wälder seit dem 16. bis ins 19. Jh. hinein von Bauern, Glasmachern, Bergarbeitern und Holzhändlern gerodet worden waren, packte die Schwarzwaldbewohner doch der Schrecken. Um die großflächigen Kahlhiebe rasch wieder zu bewalden, pflanzte man die schnell wachsende Fichte.

Ein verständlicher Schachzug, doch heute ist diese Art von Monokultur zu Recht in Misskredit geraten.

Kleiner Tipp, um Fichte und Tanne vor Ort zu unterscheiden: Tannennadeln sind stumpf und haben auf der Unterseite zwei helle Streifen, Fichtennadeln pieksen. Außerdem wachsen bei der Tanne die Zapfen senkrecht in die Höhe, bei der Fichte hängen sie kopfüber herab (das Etikett des berühmten Tannenzäpfle-Bieres der Rothaus-Brauerei somit irreführend).

Ganz entgegen dem Klischee vom finstern Tann wachsen im Schwarzwald gar nicht mal so wenig Laubbäume. Im Südschwarzwald beträgt deren Anteil fast ein Drittel, im Nordschwarzwald sind

Typisch für den Nordschwarzwald: Nadelwald an der jungen Enz

es knapp 15 Prozent. Wer die Abwechslung schätzt, dem seien die Wälder am Süd- und Westrand des Mittelgebirges empfohlen: Zur wärmeren Rheinregion hin wechseln die Tannen, Fichten, Kiefern und Lärchen mit **Buchen, Eichen**, wärmeliebenden **Esskastanien**, **Vogelkirschen** und **Hainbuchen** ab.

Tiere

So artenreich wie die Flora ist auch die Fauna des Schwarzwaldes. Wölfe, Bären und Luchse gibt es zwar seit gut 300 Jahren keine mehr, doch Füchse, Marder, Wiesel, dazu **Reh** und **Wildschwein** leben nach wie vor in den Wäldern. Zur Zeit der **Hirschbrunft** im Oktober ist das Röhren dieser mächtigen Kolosse vor allem in sternklaren Herbstnächten weithin zu vernehmen. Gämsen waren lange Zeit ausgerottet. Eine neu angesiedelte Kolonie am Feldberg entwickelt sich nun aber prächtig. Seltene Vogelarten finden im Schwarzwald ein Refugium. Dazu zählt der **Schwarzspecht**, das kleine **Haselhuhn** sowie sein mächtiger Vetter, das **Auerhuhn**. Dieser schwarze Koloss ernährt sich vorzugsweise von Heidelbeeren, ist aber extrem menschenscheu und daher kaum zu Gesicht zu bekommen. Ebenfalls nur mit viel Glück zu entdecken ist der Apollofalter, der zum Beispiel in der Wutachschlucht zu Hause ist.

Umweltprobleme

Auto- und Industrieabgase machen den Wald krank. Nach wie vor ist das Waldsterben Besorgnis erregend. Ganz so schlimm, wie befürchtet, hat sich die Lage zwar nicht entwickelt, weil der **Schwefeldioxidausstoß** vermindert wurde und infolge dessen der **»saure Regen«** etwas zurückging. Doch ein beträchtlicher Teil der Bäume im Schwarzwald ist schwer geschädigt. Mit bloßem Auge kann man dies an vielen Tannen und Fichten, neuerdings auch an Eichen, erkennen: Die Kronen werden licht, Nadeln bzw. Blätter verfärben sich gelblich. In den Hochlagen am Schwarzwald-Westkamm leiden die Bäume unter den **Luftschadstoffen**. Geschwächte Bäume sind anfällig für Schädlinge und der Borkenkäfer wütet an manchen Orten schlimm unter den Fichten. Ein bislang unbeachtetes Problem bildet der zunehmende Stickstoffeintrag in den Boden: **Stickstoff** ist an sich ein wichtiger Pflanzennährstoff, doch die Schwarzwald-Bäume sind darauf eingestellt, auf kargen Böden zu leben und nehmen ihn nur beschränkt auf. Was übrig bleibt, gelangt als **Nitrat** ins Grundwasser und verschmutzt damit auch Quellen und Bäche. Die Zunahme des Luftstickstoffes ist vor allem auf **Autoabgase** zurückzuführen.

Umwelt und Tourismus

Der Tourismus hat im Schwarzwald eine lange Tradition. Schon Mitte des 19. Jh. lockte die urwüchsige Waldlandschaft Erholungssuchende und Abenteurer an. Zum Problem wird der seit den 1960er-Jahren immer stärker werdende **Naherholungsverkehr**. Das fängt mit dem Verkehrslärm an: An Sonn- und Feiertagen erfüllt der Krach von Autos und Motorrädern jedes stille Tal, in dem eine Straße verläuft. Blechlawinen wälzen sich über die berühmte Schwarzwaldhochstraße, die B 500, und damit die Automobilisten ihr Gefährt mühelos mit dem Wanderstock vertauschen können, hat man allerorten Parkplätze in die Natur geschoben. Der wachsende Besucherdruck zeigt seine hässlichen Seiten an den beliebtesten Zielen: Über den Feldberg ziehen sich Trampelpfade dicht an dicht und vernichten den trittempfindlichen Bewuchs, Mountainbiker, die die ausgewiesenen Strecken verlassen, richten verheerenden Schaden auf dem sensiblen Waldboden an, Heidelbeer- und Pilzsucher, die sich um Naturschutzgebiete wenig scheren, hindern am Boden lebende Vögel wie das Auerhuhn am Brüten. Selbst die Tourismusindustrie schlägt Wunden in ihr größtes Kapital, den Wald, etwa zum Bau von Skipisten, Hotelanlagen und Zweitwohnsitzen. Dass hier ein sinnvolles Abwägen vonstatten gehen muss, haben viele im Schwarzwald begriffen und mahnen einen sanfteren Tourismus mit behutsamer Besucherlenkung an, zum Vorteil aller. Denn wo Lärm, hässliche Bauten und zerstörte Natur dominieren, bleiben die Besucher weg.

Naturschutz

Um den Schwarzwald als Erholungslandschaft und einzigartigen Naturraum zu bewahren, sind zahlreiche Natur- und Landschaftsschutzgebiete entstanden. Die drei größten Naturschutzgebiete sind der Feldberg (4226 ha), der Schliffkopf (1380 ha) und die Wutachschlucht (950 ha). In diesen Gebieten sind die Regeln am strengsten, die Wege dürfen keinesfalls verlassen werden.

Im Dezember 2003 wurde der **Naturpark Schwarzwald Mitte/Nord** ausgewiesen. Mit einer Fläche von 370 000 Hektar ist er der größte Naturpark Deutschlands. Etwas kleiner ist mit 330 000 Hektar der **Naturpark Südschwarzwald**. Ziel der Naturparks ist es, die Schönheiten der Schwarzwaldlandschaft zu erhalten, gleichzeitig die Chancen des Schwarzwaldes als Ferienregion zu verbessern.

Im Spätsommer blüht überall im Schwarzwald der Rote Fingerhut.

Bevölkerung · Politik · Wirtschaft

Bevölkerung

Besiedelung des Schwarzwalds

Der Schwarzwald selbst war früher ein für die **Besiedelung** recht unattraktives Gebiet. Alle Randlagen im Osten sowie das Rheintal mit seinem fruchtbaren Ackerland hingegen wurden schon seit der Jungsteinzeit besiedelt. In dieses unwirtliche Waldgebirge, dessen Klima rau und dessen Böden karg sind, wagten sich erstmals die Römer vor, allerdings nur, um entlang der Flusstäler Heerstraßen für die Legionäre zu schaffen. Ansonsten war ihnen der »Schwarze Wald« (silva nigra), nicht so ganz geheuer. Sie zogen es vor, ihre Niederlassungen bei Baden-Baden und Badenweiler zu gründen und nutzten die warmen Quellen, die hier aus dem Boden sprudelten, um eine luxuriöse Badekultur zu schaffen.

Erst die Alamannen rangen dem wilden Wald Schritt für Schritt erste Acker- und Weideflächen ab. Die Besiedlung nahm seit dem 10. Jh. kontinuierlich zu. Maßgeblich Triebkräfte waren Fürsten und Klosterherren: im Mittel- und Südschwarzwald die Zähringer, im Norden die Grafen von Calw sowie eine Unzahl kleinerer Territorialherren, von denen heute eine endlose Reihe von teils sehr romantischen Burgruinen zeugen. Keimzellen der Zivilisation und erste Zentren von Kultur stellten auch die **Klöster** wie St. Trudbert im Münstertal, St. Blasien und Hirsau dar. Kapital schlugen die Siedler vor allem aus dem Wald und seinem Holz. Die legendären Flößer trugen sowohl zum Wohlstand wie auch zu einer Öffnung in die große weite Welt hinaus bei. Denn die Stämme der Tannen und Eichen wurden von ihnen bis nach Amsterdam hinauf verhandelt. In klingende Münze ließ sich darüber hinaus das Erz verwandeln: Silber und Eisen, Zink und Blei. Grundlage des Reichtums der Zähringer, der Herren von Freiburg, bildeten etwa die Silbervorkommen auf dem Schauinsland. Auch die Glasmacher dürfen nicht vergessen werden, zählen doch ihr Metier ebenfalls zu den typischen Waldgewerben.

Die eigenständige **Wohnkultur**, die im Schwarzwald entstand, zollt vor allem einem Klima mit langen, bitterkalten Wintern Tribut: Unter den mächtigen Dächern der **Schwarzwaldhäuser** fanden Mensch, Tier und die Erzeugnisse der Felder Platz. Je nach Region bildete sich ein eigener Hausbautyp heraus. Das Freilichtmuseum Vogtsbauernhof bei Gutach stellt die wichtigsten vor.

Heutige Bevölkerungsverteilung

Entlang des Rheintales war die **Siedlungsdichte** schon immer sehr viel höher als im Zentrum des Schwarzwaldes. So leben derzeit in den am schnellsten wachsenden Gebieten wie dem Stadtkreis Freiburg 1374 Einwohner pro Quadratkilometer, in Karlsruhe sind es 1622 Einw./km². Anders sieht es im inneren Schwarzwald aus. In Baiersbronn leben nur 86 Einw./km² und in Bad Rippoldsau-Schapbach sind es sogar nur 32 (der Landesdurchschnitt liegt derzeit bei

298 Einw./km²). Jedoch wächst die Bevölkerung des Nordschwarzwaldes seit Jahren überproportional und gehört bundesweit zu den Regionen, deren Bevölkerungszahl am stärksten zunimmt. Industrie siedelte sich bevorzugt an den Rändern des Waldgebirges an. Das führt zu großen **Pendlerbewegungen**: Ein Heer von Berufstätigen pendelt täglich zwischen den Schwarzwaldtälern und den den Wirtschaftsstandorten rund um Karlsruhe, Rastatt, Gaggenau, Pforzheim, Offenburg, Freiburg und Lörrach. Vorteil für alle Touristen: Die öffentlichen Verkehrsverbindungen zum Beispiel aus dem Großraum Karlsruhe in den Schwarzwald hinein sind bestens, und die erfolgreichen Verkehrskonzepte der Albtal- und der Murgtalbahn findet bundesweite Anerkennung.

Konfessionen

Die Bevölkerung von Schwarzwald und Rheintal ist, mit Ausnahme vom Nordosten der Region, **überwiegend katholisch**. Das hat für die Besucher zwei ganz wundervolle Auswirkungen: Farbenprächtige Prozessionen wie die an Fronleichnam in Bad Peterstal-Griesbach locken Gäste aus nah und fern an.

Politische Gliederung

Regierungsbezirke, Regionen und Landkreise

Der Schwarzwald sowie die im vorliegenden Buch mit abgedeckten Gebiete am Hochrhein und in der Oberrheinebene gehören hinsichtlich ihrer Verwaltung zu den beiden baden-württembergischen **Regierungsbezirken** Karlsruhe (Norden) und Freiburg (Süden), die ihrerseits in **Regionen** und **Landkreise** gegliedert sind.
Zum **Regierungsbezirk Karlsruhe** gehören die Region Nordschwarzwald sowie die Region Mittlerer Oberrhein. Die Region Nordschwarzwald umfasst die Landkreise Karlsruhe, Enzkreis, Calw, Freudenstadt und Rastatt sowie die Stadtkreise Karlsruhe, Pforzheim und Baden-Baden.
Der **Regierungsbezirk Freiburg** umschließt die Regionen Südlicher Oberrhein, Schwarzwald-Baar-Heuberg und Hochrhein-Bodensee. Zur Region Schwarzwald-Baar-Heuberg gehören die Landkreise Rottweil und Schwarzwald-Baar-Kreis. Die Landkreise Ortenaukreis, Emmendingen, und Breisgau-Hochschwarzwald sowie der Stadtkreis Freiburg bilden die Region Südlicher Oberrhein. Der Landkreis Lörrach und der Landkreis Waldshut sind Teile der Region Hochrhein-Bodensee.

Wirtschaft

Bodenschätze

Die Bodenschätze haben für den Scharzwald nur noch geringe Bedeutung, ihr Abbau lohnt derzeit nicht. Das Kinzigtal, das Münstertal, der Schauinsland, Wittichen, Reinerzau, Neubulach, Neuenbürg und Schapbach waren früher bedeutende Bergbauzentren. Abgebaut wurden Eisenerze, Blei-, Silber-, Zinkerze, Fluss- und Schwerspat. Der einst blühende Gewerbezweig hat jedoch keine Folgeindustrien

Nur unverheiratete Frauen dürfen Hüte mit roten Bollen tragen.

ROTE BOLLEN NUR FÜR MÄDCHEN ...

Eines gleich vorweg: Der weltbekannte Bollenhut ist natürlich nicht die im Schwarzwald übliche Tracht, auch wenn er als dessen Markenzeichen gilt. Bollenhüte trägt man eigentlich nur in den Dörfern Gutach (Schwarzwaldbahn), Reichenbach (bei Hornberg) und Kirnbach (bei Wolfach).

Weshalb aber wurde gerade der Bollenhut zum Markenzeichen für den Schwarzwald? Unter den vielfältigen Trachten in diesem Waldgebirge ist er nicht der einzige Hut. Die Trachtengebiete im Schwarzwald werden nach den unterschiedlichen Kopfbedeckungen eingeteilt. Er ist auch nicht der größte – der Schäppel aus anderen Dörfern wirkt schon imposanter.

Ein Markenzeichen entsteht

Es waren zwei »Reigschmeckte«, die dem Gutacher Bollenhut zu Weltruhm verhalfen: der aus Sachsen stammende Maler und Illustrator **Wilhelm Hasemann**, der ebenso wie seine Künstlerkollegen der »Gutacher Malerkolonie« auf seinen Bildern das hiesige bäuerliche Leben in romantisierender Weise darstellte. Und es war der der Berliner Komponist **Leon Jessel**. Er komponierte im Jahre 1917 die **Operette »Das Schwarzwaldmädel«**, die bis 1925 in aller Welt gespielt wurde. Und nie fehlte der Bollenhut. Nicht zu vergessen sind natürlich all die deutschen Heimatfilme der Nachkriegszeit wie »Das Schwarzwaldmädel«, »Schwarzwaldmelodie« etc. – auch sie sind ohne die roten Bollen nicht denkbar!

Rote und schwarze Bollen

Hüte mit **roten Bollen** dürfen allerdings nur von **nicht verheirateten Mädchen und Frauen** getragen werden. Zum ersten Mal tragen sie sie bei der Konfirmation, dann bei verschiedenen kirchlichen und weltlichen Anlässen. Ihre Hochzeit begehen sie mit dem **Schäppel**, einer verzierten Brautkrone. Als **verheirateten Frauen** zieren ihre Hüte **schwarze Bollen**. Der Hut wird aus Strohbändern genäht, in Form gepresst, vorn und hinten leicht abwärts gebogen und mit einer Gipsmasse überzogen. Zum Schluss werden die Bollen – elf zurecht geschnittene Wollpompons auf die verleimte Gipsmasse aufgenäht.

Unter dem Hut trägt man immer ein **schwarzes Seidenhäubchen**, das unter dem Kinn mit einer Schleife gebunden wird. Zur Gutacher Tracht gehören ferner eine **weiße Bluse**, darüber ein Mieder mit eingewebten Blümchen sowie ein schwarz glän-

Zur St. Märgener Tracht gehören kunstvoll fabrizierte Schäppel.

zender Rock. Die **Männer** tragen einen schwarzen, rot abgefütterten **Samtkittel** und einen breitrandigen **Plüschhut**.

Entstehung der Trachten

Die heutigen Trachten des Schwarzwaldes bildeten sich im 17. und 18. Jh. heraus. Von Anfang an waren die Schwarzwälder Trachten differenziert, bedingt durch historische Entwicklungen, territoriale und konfessionelle Zugehörigkeiten. Eines ist allen gemeinsam: Sie sind stark in die kirchliche Tradition eingebettet, in die katholische bzw. protestantische. Deshalb sieht man sie an großen Kirchenfesten wie Erstkommunion, Konfirmation, Erntedank, Kirchweih, Fronleichnam, aber auch an anderen Festtagen. Bei den heute noch gängigen Trachten handelt es sich also um Festtagstrachten, die vor allem von Frauen getragen werden.

Verschiedene Kopfbedeckungen

Die einzelnen Trachtengebiete werden nach der Kopfbedeckung der Frauen eingeteilt. Anders als im Gutachtal ist sie z.B. im **Markgräflerland**. Hier tragen Frauen die **Chappe**, eine Flügelkappe, die aus einer breiten durch Draht versteiften Schleife besteht und mit einem winzigen Käppchen am Haarnest festgesteckt wird. An den Enden der Flügelkappe befinden sich lange Fransen. Das einst sehr farbenfreudige Gewand der Markgräflerinnen ist heute fast nur in festlichem Schwarz erhalten geblieben. Lediglich bei dem Umschlagtuch entscheiden sich die Frauen manchmal für weiße Seide.

Im **Schuttertal** tragen die Frauen zur **Goldhaube**, einer mit Goldspitze und bunten Steinchen geschmückten und von einem schwarzen Tüllschleierchen umrandeten Kappe, eine kurze Jacke über einen breiten, gefalteten Rock und ein farbiges, mit schwarzen Fransen besetztes Halstuch.

Eine der wohl beeindruckendsten Kopfbedeckungen ist der **Schäppel**. Es handelt sich um ein Metallgestell, das mit rotem Schmuckband umwickelt wird, in das man Perlensträußchen einflicht. Zum Schäppel gehören noch zwei buntbestickte Borten, die vom Nacken bis zum Rocksaum reichen. Schäppel gibt es in allen Variationen – bei beiden Konfessionen: in St. Peter, in St. Märgen, im Elztal, im Wolftal, in Lehengerich und in St. Georgen findet man den größten Schäppel.

Die Trachtenvielfalt im Schwarzwald ist enorm und eine wahre Freude für die Augen. Aber bitte keine Versprecher – bei dem Markenzeichen des Schwarzwaldes handelt es sich um einen Bollenhut, nicht um einen Bommelhut!

von Dauer nach sich gezogen. Heute ist nur noch die **Schwerspatgrube** Clara bei Oberwolfach in Betrieb. 1951 erregten Uranerzfunde bei Menzenschwand Aufsehen. Proteste aus der Bevölkerung und die Erkenntnis, dass der Fremdenverkehr mehr Einnahmen bringt als ein nur bedingt rentabler Uranbergbau verhinderten glücklicherweise einen Abbau in großem Stil. Die **Natursteingewinnung** konzentriert sich auf Granit- und Porphyrbrüche zwischen Bühl, Ottenhöfen und Raumünzach.

Energie

Heute wird die zum Antrieb von Mühlen, Eisenhämmern usw. verwendete **Wasserkraft** selten unmittelbar genutzt. Durch den Ausbau des Wasserkraftpotentials zur Stromgewinnung hat diese Energiequelle eine Neubewertung erfahren. Eingriffe in die Naturlandschaft gab es durch die Errichtung der Schwarzenbachtalsperre und des Schluchseekraftwerks inklusive der Kraftwerkstreppe an der Schwarza, ganz zu schweigen von den schon vor dem Ersten Weltkrieg entstandenen Hochrhein-Kraftwerken bei Rheinfelden und Laufenburg, denen weitere Anlagen folgten. Gegenwärtig wird das Laufwasserkraftwerk Rheinfelden durch eine neue Anlage ersetzt. Auch an einigen Flussläufen im Schwarzwald sind in jüngerer Zeit neue Wasserkraftwerke entstanden, so beispielsweise in Gutach im Elztal.

Land- und Forstwirtschaft

Typisch für die **Landwirtschaft** ist die markante Zweiteilung: Im milden Oberrheintal wachsen einem Garten Eden gleich an den Sonnenhängen köstliche **Weintrauben**, dazu **Kirschen** und **Zwetschgen** in Fülle; in der Rheinebene gedeihen neben Gemüse und Ackerfrüchten zahlreiche Sonderkulturen von Tabak über **Erdbeeren** bis hin zum **Spargel** prächtig. Im Zentrum des Schwarzwaldes dominiert die **Grünlandwirtschaft**: Auf den Wiesen grasen Kühe, deren Fleisch und Milch sich versilbern lassen, neuerdings lohnt auch die Schaf- und Ziegenzucht. Die Zucht von Straußen (bei Rheinmünster) für die Fleischerzeugung oder Kamelen (Rotfelden) als Touristenattraktion zählt zu den eher exotischen Versuchen, den Herausforderungen in der Landwirtschaft zu begegnen. Wie in allen klimatisch und landschaftlich benachteiligten Gebieten leiden auch die Schwarzwaldbauern unter ihrer Situation. Rund ein Drittel der Betriebe sind **Vollerwerbsbetriebe**. Der Trend geht

Der Spargelanbau ist ein wichtiger Erwerbszweig in der Oberrheinebene.

Zahlen und Fakten Schwarzwald

Fläche und Einwohner

- Fläche: 13 006 km²
  (ca. 36 % der Fläche Baden-Württembergs)
- Einwohner: rd. 3,4 Mio.
  (ca. 33 % der Bevölkerung Baden-Württembergs)
- Bevölkerungsdichte:
  262 Einwohner je km²
  (BR Deutschland: 230 Einw./km²)

Verwaltung

- Regierungsbezirk Karlsruhe
- Regierungsbezirk Freiburg
- 12 Landkreise:
  Karlsruhe (432 000 Einw.)
  Rastatt (227 000 Einw.)
  Calw (158 000 Einw.)
  Enzkreis (195 000 Einw.)
  Freudenstadt (121 000 Einw.)
  Breisgau-Hochschwarzwald (251 000 Einw.)
  Emmendingen (158 000 Einw.)
  Ortenaukreis (418 000 Einw.)
  Rottweil (141 000 Einw.)
  Schwarzwald-Baar-Kreis (208 000 Einw.)
  Lörrach (223 000 Einw.)
  Waldshut (166 000 Einw.)
- 4 Stadtkreise:
  Karlsruhe (293 000 Einw.)
  Baden-Baden (55 000 Einw.)
  Pforzheim (120 000 Einw.)
  Freiburg (222 000 Einw.)

Naturraum

- Höchste Berge:
  Feldberg (1493 m)
  Herzogenhorn (1415 m)
  Belchen (1414 m)
  Schauinsland (1284 m)
- Längste Flüsse:
  Enz (110 km)
  Kinzig (95 km)
  Nagold (92 km)
- Größte Seen:
  Schluchsee (5,1 km²)
  Titisee (1,1 km²)

Wirtschaft

- Beschäftigte: rund 1,8 Mio., davon in:
  Land- und Forstwirtschaft: 5%
  Produzierendes Gewerbe: 37%
  Handel, Verkehr, Gastgewerbe: 22%
  Sonstige Dienstleistungen: 36%
- Land- und Forstwirtschaft:
  Milchwirtschaft, Viehzucht, Weinbau, Obstanbau (u. a. Erdbeeren, Kirschen, Zwetschgen, Äpfel), Gemüseanbau (u. a. Spargel), Holzeinschlag
- Industrie und Handwerk:
  Baugewerbe, Fahrzeugbau, Feinmechanik, Elektronik, Elektrotechnik, Maschinenbau, Druck, Holz, Lebensmittel
- Dienstleistungen (außer Tourismus):
  Bank- und Versicherungsgewerbe, Kommunikation, Transportgewerbe, öffentliche Dienstleistungen)
- Tourismus: rund 6,5 Mio. Gäste pro Jahr, davon ca. 20% aus dem Ausland
  rund 19 Mio. Übernachtungen
  Bruttoumsatz 2009: rund 8 Mrd. €,
  ca. 180 000 Arbeitsplätze

zu immer größeren Flächen: Im Freiburger Raum liegt die durchschnittliche Betriebsgröße bei rund 18 Hektar, daneben gibt es unter den 3000 Höfen in diesem Raum 30 Großbauern, die über 100 Hektar Nutzfläche verfügen. Auch bei den **Nebenerwerbslandwirten** zeigt sich im Schwarzwald das gewohnte Bild: Immer mehr Landwirte hören altershalber auf, Nachfolger finden sich selten. Das könnte weit reichende Folgen haben. Denn die Bauern spielen eine entscheidende Rolle für den Erhalt der Kulturlandschaft. Würden sie die Weiden nicht mähen oder hier ihre Tiere nicht mehr grasen lassen, würde der Wald im Handumdrehen jeden Quadratmeter Boden zurückerobern. Diese Zunahme der Waldfläche durch Aufgabe der Weidewirtschaft hat vor allem im Nordschwarzwald in Besorgnis erregendem Maße eingesetzt.
Freilich leben auch heute noch viele Schwarzwälder von ihrem **Wald**. Fast die Hälfte des Waldes zählt zum Privatwald, das ist ein sehr hoher Anteil. Doch verheerende Orkane, zuletzt »Lothar« am 2. Weihnachtsfeiertag 1999, haben Waldbesitzer und auch die kleinen **Sägewerke** fast an den Rand des Ruins gedrängt. Weil nach den Stürmen Millionen Kubikmeter Holz auf einen Schlag auf den Markt gebracht werden mussten, verfielen die Holzpreise. Zwar wird die **Aufforstung** von der öffentlichen Hand gefördert, doch bis diese Wälder wieder Ertrag abwerfen, vergehen Jahrzehnte. Starke Eindrücke von den Zerstörungen des Orkans »Lothar« bekommt man heute noch auf dem **Lotharpfad** südlich vom Schliffkopf.

Produzierendes Gewerbe

Steht der Bollenhut für Heimatverbundenheit und Traditionen, darf die Kuckucksuhr ruhig als Symbol für den ausgeprägten Einfallsreichtum der Schwarzwälder gelten. Schon mit den Vorformen der Kuckucksuhr (um 1670 wurden die ersten Schwarzwälder Uhren hergestellt) betrieben die Schwarzwälder einen schwunghaften Handel. Die einen erwarben sich ein oft bitter nötiges Zubrot, andere spezialisierten sich ganz auf diesen Handwerkszweig. Aus der Beschäftigung der Tüftler mit Holz, Metall und Glas erwuchs ein Wirtschaftszweig nach dem anderen. Zu nennen sind hier die **Feinmechanik** und die **Uhrenindustrie**, vertreten durch die Weltfirmen Kienzle und Junghans. 1903 stieg Firma Junghans mit 1600 Beschäftigten zur größten Uhrenfabrik der Welt auf. Doch große Schwarzwälder Marken wie zum Beispiel Dual haben die Stürme der Zeit nicht überstanden. Besonders der Nordschwarzwald gilt nach wie vor als strukturschwaches Gebiet, daher drängen die Gemeinden auf den Ausbau der Verkehrswege. Freiburg ist ein gutes Beispiel dafür, wie sehr modernste Technologien den Ruf einer ganzen Region fördern können, ist doch Freiburg längst als **»Solar-City«** weit bekannt. Ganz in der Nähe auf dem Schauinsland in 1077 Meter Höhe ist sogar schon das Wasserstoffzeitalter angebrochen. Im Gasthaus »Rappenecker Hof« haben die Wirtsleute nicht nur 40 Quadratmeter Dachfläche ihres uralten, 1622 erbauten Schwarzwaldhofes mit Solarzellen bepflastert. Um Engpässe in der Stromversorgung abzufangen, experimentieren sie

nun sogar mit einer Brennstoffzelle und sind damit europaweit Vorreiter dieser Art von autarkem Energiesystem.
Der Wirtschaftsstandort Schwarzwald ist vor allem von **mittelständischem Gewerbe** geprägt. Großindustrie findet man nur am Rande der Region, vor allem bei Freiburg und im Raum Karlsruhe. In Rastatt baut Mercedes-Benz sein A-Klasse-Modell. Vorteil für die Fremdenverkehrsregionen: Fast alle Betriebe konzentrieren sich auf die Bereich entlang der Bundesstraßen, die überwiegend dem Lauf der Flusstäler folgen. Das macht diese Täler zwar nicht schöner, dafür blieb der Rest dieses grandiosen Waldgebirges vor allzu großem Flächenfraß verschont.

Tourismus

Eine sehr wichtige **Einnahmequelle** ist der Fremdenverkehr, der zurzeit ca. 180 000 Arbeitsplätze bietet. Rund 8 Mrd. Euro brutto setzte die Region 2009 mit dem Tourismus um. Jeder zweite Baden-Württemberg-Besucher kommt allein des Schwarzwaldes wegen. 6,5 Mio. Ankünfte pro Jahr weist die Beherbergungsstatistik aus. Allerdings: Die Zahl der Urlauber, die länger bleiben, nimmt ab, während die Kurzurlauber mehr werden. Im Durchschnitt bleibt ein Gast 3 Tage. 2009 zählte man rund 19 Mio. Übernachtungen in Beherbergungsbetrieben mit mehr als 9 Betten. Die Landesregierung unterstützt den Schwarzwald-Tourismus mit viel Geld, denn man weiß sehr wohl, dass sich ein Umbruch ankündigt, den man nicht verschlafen sollte. Größte Chancen verspricht man sich vom Ausbau des Sportsektors, der Teil des anhaltenden Wellness-Booms ist, auf den die Heil- und Kurbäder längst reagiert haben.

Sonnenenergienutzung in Freiburg

Geschichte

Bis ins frühe Mittelalter wagt sich kaum jemand ins finstere Waldgebirge. Erst im 9. Jh. beginnen Mönche mit viel Gottvertrauen die Wälder zu besiedeln. Das Rad der Geschichte hat sich weitergedreht. Stille und Abgeschiedenheit sind zwar immer noch zu finden – vom geschäftigen Treiben der Welt ist auch der Schwarzwald nicht verschont geblieben.

Von den Jägern der Steinzeit bis zu den Kelten

100. bis 10. Jt. v. Chr.	Steinzeitjäger durchstreifen die Randgebiete des Schwarzwalds.
4. Jt. v. Chr	Erste Bauernkulturen sind nachweisbar.
6./5. Jh. v. Chr.	Auf dem Kapf bei Villingen sowie auf dem Burgberg von Breisach residieren keltische Fürsten.

Anfänge

Der eigentliche Schwarzwald bleibt lange Zeit menschenleer, doch in den klimatisch begünstigten und fruchtbaren waldarmen Randgebieten sind steinzeitliche Jäger und Sammler unterwegs.

Die Kelten im Schwarzwald

Ab der Eisenzeit (ab 800 v. Chr.) bis zur Zeitenwende siedeln Kelten rund um den Schwarzwald. Im 2. / 1. Jh. v. Chr. gibt es schon große stadtähnliche Siedlungen. So ist beispielsweise Tarodunum (heute Kirchzarten bei Freiburg) ein Zentrum von Handel und Gewerbe. Caesar nennt diese Siedlungen **»oppida«** (dt. = Städte). Weitere Zeugnisse keltischer Kultur sind Kultstätten und Viereckschanzen (u. a. bei Grenzach-Whylen).
Die Kelten beherrschen die Kunst der Eisenherstellung und -verarbeitung. Das nötige Erz finden sie u. a. beim heutigen Städtchen Neuenbürg im nordöstlichen Schwarzwald.

? WUSSTEN SIE SCHON ...?

- Der griechische Geschichtsschreiber Herodot (um 490 – 420 v. Chr.) bezeichnet den Südostrand des Schwarzwalds – »wo die Donau entspringt« – als die Heimat der Kelten.

Römerzeit

17 n. Chr.	Der Rhein wird Grenze des Römischen Reiches.
186 n. Chr	Arae Flaviae (Rottweil) erhält römisches Stadtrecht.

Die Römer kommen

Im 1. Jh. v. Chr. überschreiten die Römer den Rhein und machen sich daran, auch diese Ländereien ins römische Imperium einzuglie-

← *Die Burgruine Rötteln (11. Jh.) bei Lörrach thront hoch über dem Wiesental.*

Die Reste des Römerbades Badenweiler sind die am best erhaltenen diesseits der Alpen.

dern. Den Schwarzwald nehmen sie als eine gewaltige verkehrstechnische Barriere wahr. Sie umgehen ihn und verlegen ihre Straßen entlang seiner Grenzlinien.

Eine einzige **Querstraße** wird 74 n. Chr. durch den Wald hindurchgeführt und verläuft **über Straßburg und Offenburg nach Rottweil**. Entlang ihrer Straßen legen die Legionäre Militärlager (Kastelle) an, in deren Umgebung sich Handwerker ansiedeln. Auch vereinzelte Gutshöfe säumen die Römerstraßen. Allerdings lassen die Römer, die eine hoch entwickelte **Badekultur** haben, Thermalquellen wie Baden-Baden und Badenweiler dann doch nicht einfach links liegen. Hier wagen sie sich in den Wald hinein und bauen dort kunstvolle Thermen.

? WUSSTEN SIE SCHON …?

- Die älteste schriftliche Bezeichnung des Schwarzwalds findet sich beim römischen Geschichtsschreiber Tacitus (um 55 n. Chr. bis ca. 116 n. Chr.). Er nennt ihn »Adnobae« (dt. = bei der Waldgöttin Adnoba) und zählt die raue Schwäbische Alb gleich mit dazu.

Auf der **Tabula Peutingeriana**, einer Karte aus dem 4. Jh. n. Chr., ist Germanien vom Silva Hercynia magis horrida durchzogen, zu dem der Schwarzwald als das Teilstück »Silva marciana« (Grenzwald) gehört. 868 erwähnt das St. Galler Urkundenbuch erstmals den »saltu Svarzwald« – hochgelegene Nadelwälder sind allerdings im deutschsprachigen Raum mehrmals als »Schwarzwald« bezeichnet worden, nur hat sich nirgendwo sonst dieser Name für ein Gebiet erhalten.

Mittelalter

6./7. Jh. n. Chr.	Das Christentum breitet sich im Südwesten aus.
939	Das fränkische Reich zerfällt.
1075 – 1250	Investiturstreit zwischen Kaiser und Papst. Das Kloster Hirsau ist ein wichtiges geistliches Zentrum, das für neue Impulse in der Kirche sorgt.
11. – 13./14. Jh.	Die flächenhafte Erschließung des Schwarzwalds vergrößert das nutzbare Eigentum des erstarkten Adels.

Alamannen und Franken

Etwa um 260 n. Chr. vertreiben die Alamannen zur Zeit der Völkerwanderung die Römer aus ihren Herrschaftsgebieten am Oberrhein. Auch die Alemannen umgehen den Schwarzwald. Vom 3. bis zum 6. Jh. bleibt er ein kulturarmes Waldland zwischen Rhein und Neckar. Als zu Beginn des 6. Jh. die Alemannen in das Frankenreich eingegliedert werden, stört auch das die hinterwäldlerische Versunkenheit vorerst nicht. Erst als Chlodwig, König der Franken, sich 497 zum **Christentum** bekehrt, wird das für den Schwarzwald **folgenreich**. Seine Erschließung beginnt mit den Mönchen, die kleine Mönchszellen oder Klöster gründen. Den Anfang macht um 650 das Kloster St. Trudpert im Münstertal im Südschwarzwald. Es folgen Ettenheimmünster (um 700), Schuttern (um 750) in der Ortenau, Gengenbach im unteren Kinzigtal (724/727), Lauterbach bei Schramberg (769) und Hirsau (830) im Nagoldtal. Diese **Klostergründungen** lassen den eigentlichen Raum noch unberührt, erst die beiden Klostergründungen im 10. Jh., Waldkirch (926) und Sulzburg (993), wirken in den inneren Schwarzwald hinein.

? WUSSTEN SIE SCHON ...?

- Die ältesten Ortsnamen stammen aus der Zeit der Alemannen und enden auf »-ingen« oder »-heim«. Spätere Gründungen enden auf »-weiler« , »-dorf«, »-stetten« und »-hofen«, danach lauten die Endungen »-ach«, »-bach«, »-berg« und »-au« und die letzten Rodungen, die den Wald verschwinden lassen, enden mit »-schwend« oder »-schwand«.

Herrschaft der Zähringer

Doch erst unter der Herrschaft der Zähringer im Hochmittelalter wandelt sich der bis dahin immer noch siedlungsarme Raum in einen besiedelten. Die Zähringer sind berühmt als die **bedeutendsten Städtegründer im Südwesten**. 1120 gründeten sie zu Füßen ihrer Burg die Stadt Freiburg. An vielen strategisch wichtigen Stellen bauen sie Orte zu Städten aus: Rottweil, Villingen, Offenburg, Neuenburg und Rheinfelden etwa. Auch den siedlungsarmen Schwarzwald beziehen sie in die Politik mit ein. Bauern werden als Rodungsbauern in den Tälern angesiedelt. Nach und nach entstehen so zusammenhangende Dörfer.

Wald-, Weidewirtschaft und Bergbau Die Hochflächen des Schwarzwalds werden gerodet, was nicht nur weitere **Wald- und Weidewirtschaft** ermöglicht, sondern auch die Entdeckung und den Zugang zu den Bodenschätzen. Im 13. bis 15.Jh. werden **Eisen-, Zink- und Bleierze** gefördert, am Schauinsland und im Münstertal auch **Silber**.

Vieler Herren Land 1218 sterben die Zähringer aus und 1268 ihre Nachfolger, die Staufer. Danach ist der Schwarzwald nicht mehr im Besitz eines Territorialherren, sondern er ist vieler Herren Land: die **Habsburger**, der **Markgraf von Baden**, der **Herzog von Württemberg** und die **Fürsten von Fürstenberg** teilen sich den Schwarzwald.
Daneben gibt es **freie Reichstädte** (wie Gengenbach), Klöster mit ihrem Besitz und auch dem Hochstift Straßburg gehört ein Zipfel vom Schwarzwald.

Von den Bauernkriegen bis zur Reformation

1525/1526	Mit den Bauernkriegen, dem bereits lokale Erhebungen (z. B. Bundschuh-Aufstände am Oberrhein) vorausgegangen sind, reagieren die Bauern auf die Ausbreitung der Leibeigenschaft, zunehmende Repressalien seitens der Grundherren, Einschränkung ihrer politischen Rechte und Steuerforderungen.
1534	Herzog Ulrich erobert seine württembergischen Lande zurück und führt die Reformation ein.
1535	Die Markgrafschaft Baden wird in einen Durlacher und einen Baden-Badener Zweig geteilt.

Bauernkriege Der Schwarzwald ist ein Bauernland. Die mittelalterlichen Bauern sind dem Adel und der Kirche zu **Abgaben und Frondiensten** verpflichtet. Im ausgehenden 15. Jh. ändern die Lehensherren die bisherige Abgabepraxis und ordnen das Recht auf Grundlage des römischen Rechts, statt des bisherigen Gewohnheitsrechts, neu. Zudem versucht das Kloster St. Blasien, aus den abgabepflichtigen Bauern **Leibeigene** zu machen.
Gegen diese Änderungen formiert sich der Widerstand des »gemeinen Mannes«. Die Bauern legen 1524/1525 den Grundherren ihre Forderungen mehrfach in »Artikeln« vor.
Im Hegau, im Hotzenwald, im Münstertal, im Klettgau, in Stühlingen, im Wutachtal und anderswo formieren sich bewaffnete »Hau-

fen«, um den »Artikeln« Nachdruck zu verleihen. Eine Ortschaft nach der anderen schließt sich den »Haufen« an. Zunehmend bekämpfen die Bauern die Obrigkeit, stürmen Schlösser, besetzen Klöster, belagern Städte. Der vereinigte **»Schwarzwälder Haufen«** zieht nach Freiburg und belagert die Stadt, die am 24. Mai 1525 die Forderungen der Bauern akzeptiert. Der Aufstand erfasst nicht nur den Schwarzwald, sondern als der **Große Bauernkrieg** ganz Süddeutschland und die Obrigkeit schlägt massiv zurück.
Ihre Hauptstreitmacht, der **»Schwäbische Bund«**, besiegt im Juli 1525 die Hegauer Bauern entscheidend, andere Niederlagen der Bauern folgen. Die Obrigkeit bestraft die Bauern grausam, doch ist ihr Kampf nicht ganz vergebens gewesen. Die Abgaberegelungen werden vielerorts vertraglich verbessert, und wo das nicht der Fall ist, ist zumindest eine weitere Verschlechterung abgewendet.

Reformation

Die Reformation im 16. Jh. hat auch den Schwarzwald **konfessionell gespalten**. Württemberg und Baden-Durlach werden protestantisch. Vorderösterreich, Fürstenberg und Baden-Baden und damit gut zwei Drittel des Schwarzwalds bleiben katholisch.

17. Jahrhundert – Dreißigjähriger Krieg – Franzosenkriege

1618 – 1648	Dreißigjähriger Krieg
1665	Vorderösterreich wird dem Kaiser unterstellt.
1672 – 1678	Der Breisgau wird in den »Holländischen Krieg« Ludwigs XIV. einbezogen.
1688 – 1697	Baden-Durlach wird im Pfälzischen Erbfolgekrieg schwer zerstört, ebenso das Kloster Hirsau.

Kriegsschauplatz

In der ersten Hälfte des langen **Dreißigjährigen Krieges** (1618 bis 1648) bleibt der Schwarzwald vom Kriegsgeschehen noch verschont, doch in der zweiten Hälfte trifft es das Breisgau und das Gebiet der badischen Markgrafen umso schrecklicher.
70 % der Bevölkerung fallen dem Krieg zum Opfer. Es ist kein Zufall, dass der Stadtschreiber und Schultheiß der Ortenaugemeinde Renchen, **Hans Jakob Christoph von Grimmelshausen**, das Kriegselend so eindringlich beschreiben kann. Nach dem Krieg folgen Pest, Viehseuchen und Ernteausfälle.
Kurze Zeit später wird der Schwarzwald erneut verwüstet durch die Eroberungskriege des französischen Königs **Ludwig XIV**. Zurück blieben Elend und Not sowie ausgebrannte Höfe und entvölkerte Dörfer.

18. Jahrhundert – Krieg und Not

1701 – 1713/1714	Spanischer Erbfolgekrieg
1740 – 1748	Österreichischer Erbfolgekrieg. Französische Truppen überschreiten den Rhein und dringen über den Schwarzwald ins Neckarland vor.

Spanischer Erbfolgekrieg

Das 18. Jh. beginnt mit dem Spanischen Erbfolgekrieg praktisch der erste Weltkrieg der Neuzeit. Der **Markgraf Ludwig Wilhelm von Baden (»Türkenlouis«)** starb an seinen Verletzungen, die er von der Schlacht von Höchstädt, der ersten größeren Auseinandersetzung im Spanischen Erbfolgekrieg, trug. Abermals sind auch der Schwarzwald und sein Vorland schwer betroffen, vor allem das badische Herrschaftsgebiet.

Das Ettlinger Schloss wurde für die Witwe des »Türkenlouis« errichtet.

Jetzt ist die Situation ausgesprochen desolat, noch mehr Menschen fallen den Auseinandersetzungen dieses Krieges zum Opfer. Die Landsherren werben Einwanderer aus der Schweiz und aus Tirol an.

Etwa um die Mitte des 18. Jh.s sind die Bevölkerungsverluste ausgeglichen, die Bevölkerung wächst. Im Realteilungsgebiet führt das stetige **Bevölkerungswachstum** für immer mehr Menschen zum Verlust der bäuerlichen Existenzgrundlage. Die Not kann durch Arbeit in Handel und Gewerbe nicht aufgefangen werden.

Auch wenn die ganze Familie in die Erwerbstätigkeit miteinbezogen und der Schwarzwald eine klassische **Heimarbeiterregion** wird, bleibt die Erwerbslage drückend und veranlasst viele Menschen zum Auswandern.

Um 1750, 1770 und 1790 gibt es ganze **Auswanderungsschübe**. Bis weit ins 19. Jh. hinein treibt das wirtschaftliche Elend die Menschen fort.

19. Jahrhundert – Badische Revolution

1805/1806	Im Zug der Neuordnung Europas wird Baden zum Großherzogtum, Württemberg zum Königreich erhoben.
1817 – 1817	Eine Hungersnot in Südwestdeutschland treibt die Menschen zur Auswanderung.
1870/1871	Krieg gegen Frankreich. Proklamation des neuen Deutschen Reiches in Versailles.

Industrialisierung und Verfassung

Im Zuge der Neuordnung Europas nach den napoleonischen Kriegen wird der Schwarzwald zwischen Baden und Württemberg aufgeteilt. Die **Industrialisierung** schreitet voran. 1809 nimmt im säkularisierten Kloster St. Blasien die erste Maschinenfabrik Badens ihren Betrieb auf.

Die vom badischen Großherzog Karl im Jahre 1818 unterzeichnete Badische **Verfassung** gilt als die liberalste in ganz Europa. Anno 1825 wird in der badischen Hauptstadt Karlsruhe die erste Technische Hochschule Deutschlands gegründet.

Es entsteht eine breite bürgerliche Bewegung, deren Vertreter die Beendigung der Kleinstaaterei zugunsten der deutschen Einheit fordern. Als im Februar 1848 in Frankreich die Republik ausgerufen wird, kommt es im grenznahen Baden zur **Badischen Revolution**. Der radikaldemokratische Flügel der Einigungsbewegung und seine populären Führer **Friedrich Hecker** und **Gustav von Struve** fordern zum bewaffneten **Aufstand** auf. Friedrich Hecker zieht von Konstanz aus (wo er am 13. April 1848 die »Deutsche Republik« ausruft) mit einer Truppe bewaffneter Männer nach Karlsruhe, um im Land die Republik durchzusetzen. Den von ihm erhofften massenhaften Zulauf unterwegs findet

1853 verfasste Joseph Victor von Scheffel seinen »Trompeter von Säckingen«.

er aber nicht, auch nicht im Südschwarzwald, durch den ihn sein Weg führt. Heckers kleine Truppe wird am 24. September 1848 von Soldaten des **Deutschen Bundes** besiegt.
1848/1849 kommt es noch zu weiteren Aufständen der Radikaldemokraten, die jedoch von Regierungstruppen niedergeschlagen werden. Die Stadt Offenburg und das Murgtal sind Brennpunkte der Badischen Revolution.

20. und 21. Jahrhundert

1900	An der Freiburger Universität werden erstmals Frauen immatrikuliert.
1952	Das Bundesland Baden-Württemberg entsteht.
1999	Der Orkan »Lothar« wütet im Schwarzwald.

Bis zum Zweiten Weltkrieg

Nach dem **Ersten Weltkrieg** und der **Weimarer Republik** beginnt die Zeit der nationalsozialistischen Diktatur. 1933 wählen über 40% der Wahlberechtigten im Schwarzwald die **NSDAP**, was dem Reichsdurchschnitt entspricht. Im **Zweiten Weltkrieg** treffen die Kriegsfolgen auch den Schwarzwald hart. Freiburg, Freudenstadt, Pforzheim

Naturpark Schwarzwald – Wälder und Seen, wie hier der Schonacher Blindsee.

Nach dem Orkan »Lothar« mussten vor allem im Nordschwarzwald immense Mengen Sturmholz in Nasslagern abgelegt werden.

und Karlsruhe werden stark bombardiert. Nach Kriegsende besetzen und verwalten Franzosen und US-Amerikaner das Gebiet.

Baden-Württemberg entsteht

Durch Volksabstimmung entsteht 1952 aus den nach 1945 geschaffenen Bundesländern Württemberg-Baden, Württemberg-Hohenzollern und Baden das neue Bundesland Baden-Württemberg. Es ist das **drittgrößte Bundesland** der Bundesrepublik Deutschland.

Atomkraft – Nein danke

Eine »grüne« ökologisch ausgerichtete Bewegung besetzt 1975 den Bauplatz eines geplanten Atomkraftwerks bei **Wyhl**. Die jahrelangen Auseinandersetzungen enden Mitte der 1980er-Jahre mit dem Beschluss, dass hier bis auf weiteres kein Atommeiler entstehen wird.

Orkan »Lothar«

Am 2. Weihnachtsfeiertag 1999 fegt der Orkan »Lothar« mit Windgeschwindigkeiten von mehr als 200 km/h über den Schwarzwald hinweg und hinterlässt eine Spur der Verwüstung, besonders in den Räumen Baden-Baden, Oppenau und entlang der Schwarzwaldhochstraße, wo große Waldbestände vom Sturm umgelegt werden.

Qualitätsoffensive am Beginn des 21. Jh.s

In den Jahren 2001 und 2002 werden im Schwarzwald **die beiden größten Naturparks Deutschlands** ausgewiesen. Der mittlerweile über 100 Jahre alte Schwarzwald-Westweg und der 2007/2008 im Südschwarzwald neu angelegte Schluchtensteig erhalten das **Prädikat »Qualitätsweg Wanderbares Deutschland«**. Im September 2010 wird bei Bad Rippoldsau-Schapbach Baden-Württembergs erster alternativer **Bärenpark** eröffnet.

Kunst und Kultur

Die Architektur, Plastik und Malerei im Schwarzwald ist von der Frühgeschichte bis zur Gegenwart eingebettet in die Entwicklung des süddeutschen Kulturraumes. Trotz der Abhängigkeit von überregionalen Kunststilen haben sich einige kunstgeschichtliche Besonderheiten herausgebildet.

Kunstgeschichte

Frühzeit

An den Rändern des Schwarzwaldes hat man Kulturzeugnisse gefunden, die teilweise bis ins Paläolithikum (Altsteinzeit) zurückreichen. Die **steinzeitlichen Jäger und Sammler** stellten zwar in erster Linie einfache Werkzeuge aus Steinen und Knochen her, doch bezeugen vermutlich für kultische Handlungen verwendete kleine Schnitzereien aus Mammutelfenbein erste Höhepunkte vorgeschichtlicher Kunst.

Hallstattkultur, Latènekultur

Die von den **Kelten** geprägte Hallstattkultur sowie die spätere Latènekultur brachten seit dem 7. Jh. v. Chr. auch am östlichen Schwarzwaldrand qualitätsvolle Arbeiten hervor. Interessant sind die Funde aus dem Raum Villingen-Schwenningen sowie vom Schlossberg in Neuenbürg bei Pforzheim. Eindrucksvolle **Wall- und Burganlagen** wurden angelegt, so z.B. das Oppidum Tarodunum bei Kirchzarten oder die Keltenschanzen bei Grenzach-Wyhlen. Prunkvolle **Fürstengräber** in imposanten Grabhügeln, ausgestattet mit reichen Grabbeigaben, wie im Falle des Magdalenenberges bei Villingen, verweisen auf die Rangstellung und den Wohlstand der kriegerischen Führungsschicht.

Römerzeit

Bereits zur Römerzeit entstanden die ersten Städte und Militärstützpunkte am Rande des Schwarzwaldes. Wichtige **römische Niederlassungen** am Hoch- bzw. Oberrhein waren Augusta Raurica (bei Basel) und Argentoratum (Straßburg). Am Ostrand des Schwarzwaldes erlangten Sumelocenna (Rottenburg am Neckar) und vor allem das Municipium Arae Flaviae (Rottweil) Bedeutung. Letzteres war ein römisches Verwaltungszentrum, von dessen kultureller Bedeutung u.a. ein dort gefundenes Orpheus-Bodenmosaik zeugt. Am Nordrand des Gebirges entwickelte sich die Römersiedlung Portus (Pforzheim). Um 70 n. Chr. wurde bei Brigobannis (Hüfingen auf der Baar) ein Römerbad errichtet. Bereits zu dieser Zeit waren die Thermalquellen von Aquae (Baden-Baden) und die der **Diana Abnoba** geweihten Heilquellen von Badenweiler weit bekannt.

Alamannen und Franken

Ab dem 3. Jh. n.Chr. wurden die Römer von den Alamannen verdrängt. Bis auf ihre Grabbeigaben haben die Alamannen nur wenige Zeugnisse hinterlassen. Auch aus den nachfolgenden Jahrhunderten des Frühmittelalters ist nur wenig erhalten.

Hochmittelalter

◄ Rolle der Klöster

So spärlich die Kultur des Frühmittelalters dokumentiert ist, so reichhaltig ist das Erbe aus der Zeit des Hochmittelalters. Im 11. und 12. Jh. wurde der Schwarzwald verstärkt kolonisiert. Eine wichtige

← Die berühmte »Marienkrönung« im Freiburger Münster

Rolle kam dabei den **Klöstern** zu. Von ihren Stiftern meist reich mit Grund und Boden ausgestattet, entwickelten sie sich zu mächtigen Pfeilern der Feudalgesellschaft. Neben den Königs- und Bischofssitzen waren sie während des Hochmittelalters aber auch die wichtigsten kulturellen Zentren des Landes. Für den Schwarzwald kann man sogar behaupten, dass die dortige Kunst auch weit über das Mittelalter hinaus in erster Linie eine Kunst der Klöster war. Als ältestes rechtsrheinisches Kloster am Westrand des Schwarzwaldes gilt St. Trudpert im Münstertal, dessen sagenhafte Gründung durch den irischen **Missionar Trudpert** in das 7. Jh. fällt (die tatsächliche Gründung fand wohl um 900 statt).

Hirsau

Für den Schwarzwald sollte das bereits in der Karolingerzeit gegründete Hirsau, das sich im Investiturstreit auf die Seite des Papstes und damit gegen den Kaiser stellte, von überragender Bedeutung werden. Unter **Abt Wilhelm** (1069 – 1091) schloss sich das Benediktinerkloster der vom burgundischen Cluny ausgehenden **Reformbewegung** an, die von Hirsau aus zahlreiche weitere Klöster erreichte. Eine wesentliche Neuerung dieser Reform war die Aufnahme von Laienbrüdern in das Kloster. Die Neuorganisation des Klosterlebens und Veränderungen der Liturgie brachten auch neue architektonische Lösungen hervor, die gerne unter dem umstrittenen Begriff der **»Hirsauer Bauschule«** zusammengefasst werden. In den Klosterkirchen trennte

Die Ruine des Klosters Hirsau ist ein wichtiges Baudenkmal.

nun eine hohe Schranke den Raum der Laien von dem der Mönche. Da verstärkt Prozessionen durchgeführt wurden, vergrößerte man den Westbau, der eine Vorhalle einschloss. Mustergültig ist dies noch heute bei der Klosterkirche von Alpirsbach zu sehen. Außerdem musste der Chor möglichst geräumig sein, um Platz für mehr Altäre zu schaffen. Die Priestermönche waren nämlich verpflichtet, täglich selbst die Messe zu feiern. Die Seitenschiffe wurden daher über das Querschiff hinaus verlängert, und es setzte sich der Typ des Staffelchors mit mehreren Apsiden durch.

Maulbronn

Im 12. Jh. trat mit den **Zisterziensern** ein neuer Reformorden auf den Plan, der für das 12. und 13. Jh. das werden sollte, was die Cluniazenser und die Hirsauer für die 10. und 11. Jh. gewesen waren. In Maulbronn gründeten im Jahre 1147 Mönche aus dem elsässischen Neuburg ein Zisterzienserkloster, das im 16. Jh. aufgelassen und seither u.a. als evangelische Schule genutzt wird. Dank seines hervorragenden Erhaltungszustandes gehört es heute zu den schönsten mittelalterlichen Baudenkmälern des Reisegebiets.

Zähringer-Gründungen

Vom 11. bis zum 13. Jh. konnte das Geschlecht der **Zähringer** seine politische Macht vor allem im südlichen Schwarzwald ausbauen. Sie stifteten 1093 das **Kloster St. Peter**, ließen etliche Burgen bauen und traten vor allem als vorausschauende Stadtgründer auf den Plan. Insbesondere Freiburg, Neuenburg, Offenburg, Rheinfelden und Villingen zeigen auch heute noch den unverwechselbaren **kreuzförmigen Stadtgrundriss**, der die zähringischen Gründungen charakterisiert.

Gotik

◄ Architektur

Der Übergang von der Romanik zur Gotik lässt sich an vielen Klöstern und Kirchenbauten ablesen. In Rottweil wurde vermutlich noch im 13. Jh. mit dem Bau eines Münsters begonnen, das ab der zweiten Hälfte des 15. Jh.s seine heutige Form erhielt; die Innenausstattung ist überwiegend neogotisch. Die Stil- und Schmuckelemente der französischen Kathedralgotik gelangten im 14. Jh. über Straßburg in den Schwarzwald. Als eindrucksvollstes Bauzeugnis dieser Epoche entstand das **Freiburger Münster**, an dem fast drei Jahrhunderte gebaut wurde. Sein Wahrzeichen, der 115 m hohe Hauptturm, ist einer der wenigen gotischen Kirchtürme, der bereits im Mittelalter vollendet werden konnte.

◄ Plastik und Malerei

Höchst bemerkenswerte Zeugnisse der gotischen Steinmetzkunst sind die Plastiken des Kapellenturms in Rottweil, die in der Geschichte der deutschen Plastik als einzigartig gelten. Im 14. Jh. genoss die **Rottweiler Bauhütte** internationalen Ruf.

Ein Hauptwerk der spätgotischen Innenausstattung ist der berühmte signierte Hochaltar des Breisacher Münsters aus dem Jahr 1526. Er stammt von einem oberrheinischen Meister, der unter seinen Initialen »H. L.« (möglicherweise stehen sie für Hans Loy) in die Kunstgeschichte eingegangen ist. Auch kleinere Kirchen, insbesondere die im Breisgau, besitzen oft bemerkenswerte gotische Altäre, wie z.B. St.

Michael in Niederrotweil. Der dortige Hochaltar aus der Zeit um 1525 ist ebenfalls ein Werk des oberrheinischen Meisters »H. L.«.
In dem kleinen Ort **Tiefenbronn** hinterließ der Maler Lucas Moser, ein Zeitgenosse des aus Rottweil gebürtigen Konrad Witz, in der Pfarrkirche St. Maria Magdalena mit dem sog. **Magdalenenaltar** (1431) ein Juwel der süddeutschen Tafelmalerei des 15. Jh.s.

Spätgotik und Renaissance

Malerei und Plastik ►

Für die Malerei des 15./16. Jh.s ist besonders der am Ende seines Lebens in Breisach ansässige **Martin Schongauer** (um 1450 – 1545) von Bedeutung. Die Darstellung des Weltgerichts im Breisacher Münster ist ein Spätwerk Schongauers. Den Hochaltar des Freiburger Münsters schuf **Hans Baldung, gen. Grien**. Der aus Schwäbisch Gmünd stammende Meister lernte in Straßburg, wo er vom älteren Schongauer beeinflusst wurde. Um 1503 ging er nach Nürnberg, wo er wahrscheinlich in die Werkstatt Albrecht Dürers eintrat. 1512 führte ihn der Auftrag für den **Freiburger Marienaltar** für mehrere Jahre in die Breisgaumetropole. Dieser signierte Altar enthält auf dem Kreuzigungsbild unter den dargestellten Zuschauern ein Selbstporträt von Hans Baldung. Eine bemerkenswerte Sammlung altdeutscher Malerei befindet sich in Donaueschingen im fürstenbergischen Besitz.

Architektur ►

Architektonische Zeugnisse findet man vor allem im Bereich der Profanarchitektur und hier wiederum vorwiegend im Umkreis des herzoglichen Hofes. Dazu gehören auch das nur als Ruine erhaltene Jagdschloss der Herzöge von Württemberg in Hirsau und der herzogliche Sommersitz in Maulbronn.
Auf Veranlassung von Herzog Friedrich von Württemberg entstand um 1600 **Freudenstadt** als planmäßige Gründung um einen weitläufigen quadratischen Marktplatz, dessen Umbauung nach schwerer Kriegsbeschädigung 1950 vereinfacht wiederhergestellt wurde. Die Pläne für die Reißbrettstadt entwarf **Heinrich Schickhardt** (1558 bis 1634), der bei **Georg Beer** (gest. 1600) gelernt hatte und 1599 zum Hof- und Landesbaumeister aufstieg. Beide waren auch am Wiederaufbau des Schwarzwaldstädtchens Schiltach nach dem großen Brand von 1590 beteiligt.

Barock und Rokoko

Eine kulturelle Blütezeit erlebte der Schwarzwald im Barock und Rokoko. Zahlreiche Klöster wurden in dieser Zeit unter dem Einfluß der Vorarlberger Bauschule neu errichtet oder barock erneuert, darunter auch St. Märgen und St. Peter, St. Ulrich und St. Trudpert.

Vorarlberger Bauschule ►

Die Meister der Vorarlberger Bauschule stammten größtenteils aus dem Ort Au (»Auer Zunft«). Im 17./18. Jh. waren sie zumeist im Auftrag der Benediktiner und Prämonstratenser im süddeutschen Raum tätig. Der von ihnen entwickelte neue Kirchentypus wird gemeinhin als **Wandpfeilerkirche** bezeichnet, da das tonnengewölbte Langhaus zu beiden Seiten von emporenbesetzten Kapellen begleitet ist, die durch die eingezogenen Wandpfeiler entstehen. Das Querschiff tritt bei diesen Bauwerken nach außen fast nicht mehr in Erscheinung.

Die Barockkirche in St. Ulrich ist ein Werk von Peter Thumb.

Besonders häufig begegnet man der **Künstlerfamilie Thumb**, deren Mitglieder wiederholt im Schwarzwald tätig waren. **Peter Thumb** (1681–1766) entwarf die Bauten von St. Peter, St. Ulrich und St. Trudpert im Münstertal sowie von St. Georg in Villingen. **Mathies, Johann**, der Erbauer von St. Märgen, stammte ebenfalls aus Vorarlberg. Wahrscheinlich vermittelt durch Peter Thumb, arbeitete der Wessobrunner Bildhauer und Stukkateur **Joseph Anton Feichtmayr** (Feuchtmayer; 1696 – 1770) in St. Peter. Sein zweiter großer Stukkaturenauftrag im Breisgau ist die Pfarrkirche in Merdingen unterhalb des Tuniberges. Auch der Riedlinger Maler **Spiegler, Franz Josef** (1691 – 1757) war in St. Peter und Merdingen tätig, ebenso wie der Bildhauer **Johann Christian Wentzinger** (1710 – 1797) aus Ehrenstetten bei Freiburg. Letzterer erlangte schnell Ruhm und Reichtum, wie sein ehemaliges Wohnhaus, ein prachtvolles Stadtpalais am Münsterplatz in Freiburg, bezeugt.

Klassizismus

◄ St. Blasien

Der Neubau der Klosterkirche von St. Blasien durch den aus der südfranzösischen Stadt Nîmes stammenden französischen Baumeister **Pierre Michel d'Ixnard** (1723 – 1795) ist der wichtigste Bau des frühen Klassizismus im Schwarzwald. 1769 errichtete er das spätere großherzogliche Palais in Freiburg für die Freiherrn von Sickingen, das im Zweiten Weltkrieg fast völlig zerstört wurde. Sein Hauptwerk ist jedoch der Neubau des Klosters St. Blasien. D'Ixnard vollendete 1768 – 1783 den Klosterneubau in Anlehnung an Formelemente des römischen Pantheon. Sein Auftraggeber war der aus Horb stammende **Fürstabt Martin II. Gerbert**. Die Nebengebäude in St. Blasien stammten größtenteils von **Johann Kaspar Bagnato**, einem aus dem oberitalienischen Como stammenden Architekten, der zeitweise Deutschordensbaumeister in Altshausen war und der vor allem in der Schweiz sowie im süddeutschen Raum wirkte.

19./20. Jh.

Architektur ►

Nach den napoleonischen Kriegen und den damit verbundenen politischen und territorialen Veränderungen gewannen die Residenzstädte – Karlsruhe für Baden und Stuttgart für Württemberg – an Bedeutung. Die Klöster und alten Reichsstädte sowie die ehemals vorderösterreichischen Städte (z. B. Freiburg) gerieten ins Abseits. Die wichtigsten künstlerischen Impulse gingen nun von den Residenzstädten aus.

Karlsruhe ►

Besonders die **Karlsruher Bauschule** erlangte im 19. Jh. rasch überregionale Bedeutung und avancierte neben München und Berlin zu einem der wichtigsten Zentren für moderne Architektur in Deutschland. Zu den führenden Baumeistern in der badischen Residenzstadt gehörten **Friedrich Weinbrenner** (1766 – 1826) sowie seine Schüler **Heinrich Hübsch** (1795 – 1863) und **Friedrich Eisenlohr** (1804 bis 1855). Unter Weinbrenner als Leiter der obersten Baubehörde in Baden wurde der Karlsruher Marktplatz im klassizistischen Stil gestaltet. Sein Nachfolger in diesem Amt, Heinrich Hübsch, macht den **Rundbogenstil** populär und ging als Verfasser der architekturtheoretischen Schrift »In welchem Stil sollen wir bauen?« (1828) in die Geschichte ein. Zu den bekanntesten Bauten von Hübsch zählen die Trinkhalle (1838 – 1842) und das ehemalige Dampfbad (1845 bis 1849) in Baden-Baden, wo auch einige Gebäude seines Lehrers Weinbrenner zu finden sind.

Kur- und Volksbäder ►

Weinbrenner und sein bereits erwähnter Schüler Eisenlohr haben auch verschiedene Bauten im mondänen Thermalbadeort Badenweiler entworfen. Kurbäder und – in der zweiten Jahrhunderthälfte – sog. Volksbäder waren typische Bauaufgaben des 19. Jh.s, bei deren Gestaltung sich die Architekten gern von römischen Thermen und orientalischen Badehäusern inspirieren ließen. An der Spitze der traditionsreichen Bäder im Schwarzwald stehen Wildbad, Badenweiler und Baden-Baden.

Bahnhöfe ►

Eine wichtige Stellung in der Hierarchie der neuen Bauaufgaben nahm auch der Bahnhof ein. Der Karlsruher Architekt Friedrich Eisenlohr war seit den 1840er-Jahren zuständig für den gesamten Hochbau der badischen Staatseisenbahnen und konzipierte u.a. die Bahnhöfe von Karlsruhe und Freiburg. Kurioses zum Thema am Rande: Robert Gerwig, der Erbauer der Schwarzwaldbahn, regte 1850 einen Ideenwettbewerb zur Neugestaltung des Gehäuses der Schwarzwalduhr an. Friedrich Eisenlohr reichte als Entwurf eine Kuckucksuhr in der Form eines badischen Bahnwärterhäuschens ein.

Nicht zuletzt wegen der allgemeinen Begeisterung für das neue Verkehrsmittel wurde der Entwurf von Eisenlohr prämiert.

◄ Malerei

Hans Thoma aus Bernau war zu seiner Zeit weit über den Schwarzwald hinaus bekannt. Obgleich er seit 1870 in München lebte und dort Wilhelm Leibl und seinem Kreis nahestand, blieb er zeit seines Lebens seiner Heimat eng verbunden, wie die zahlreichen Landschaftsbilder mit Motiven aus dem Schwarzwald belegen. Der bekannteste Maler und Porträtist aus dem Schwarzwald ist **Franz Xaver Winterhalter** (1805 – 1873), gebürtig aus Menzenschwand bei St. Blasien. Nach Aufenthalten am Hof in Karlsruhe als Zeichenlehrer der badischen Großherzogin und in Paris wurde er 1841 an den englischen Hof berufen, wo er ein Porträt der englischen Königsfamilie malte. Solchermaßen ausgezeichnet, wurde Winterhalter zu einem der begehrtesten Porträtisten des europäischen Hochadels.

Moderne

Als Zentrum zeitgenössischer Kunst ist **Rottweil** überregional bekannt. Nicht nur in den Straßen der Stadt findet man zeitgenössische Plastiken, sondern seit kurzem hat die Stadt im Dominikanerforum eine eigene Begegnungsstätte für moderne Kunst. Der berühmteste Rottweiler Künstler der Moderne ist der Bildhauer **Erich Hauser** (1930 – 2004), der im Kloster Beuron Unterricht im Modellieren und Zeichnen erhalten hat.

Eine Pilgerstätte für Freunde zeitgenössischer Bau- und Handwerkskunst ist Weil am Rhein mit seinem sehenswerten **Vitra-Architekturpark** und Design-Museum.

Vor wenigen Jahren wurde die maurische Innenarchitektur in Bad Wildbad aufwändig renoviert.

Berühmte Persönlichkeiten

Was hat Bertha Benz, Gemahlin des berühmten Motorwagen-Konstrukteurs Carl Benz, mit dem Schwarzwald zu tun? Welches Adelshaus machte sich mit Städtegründungen einen Namen und welcher Dichterpfarrer gilt als Chronist des Schwarzwälder Lebens im 19. Jahrhundert? Kurze Porträts einiger Personen, die für das Waldgebirge bis heute wichtig sind.

Johann Fridolin Albiez (um 1657 – 1727)

Salpetersieder

Johann Fridolin Albiez zettelte zu Beginn des 18. Jh.s im Hotzenwald eine Bewegung an, die fast 200 Jahre lang um ihre verbriefte Freiheit kämpfen sollte. Albiez war Salpetersieder. **Seine Arbeit bestand darin**, Hotzenwälder Bauernhöfe aufzusuchen und **den Salpeter von den Stallwänden zu kratzen**, den er dann der Obrigkeit in Waldshut verkaufte. Salpeter wurde zur Herstellung von Schießpulver benötigt. Albiez – genannt **»Salpetererhans«** – war auch **gewählter Innungsmeister** und einer der acht Repräsentanten der Grafschaft Hauenstein, die seit Jahrhunderten als reichsunmittelbar nur dem Kaiser unterstand. Als das Kloster St. Blasien 1719 versuchte, sich über die den Hauensteinern verbrieften Rechte hinwegzusetzen und die Hotzenwälder Bevölkerung zu Leibeigenen zu machen, protestierte Albiez. In der Folgezeit scharte sich die Mehrheit der Bevölkerung um den rede- und schriftgewandten »Salpetererhans«. Es entstand die **Salpeterer-Bewegung gegen die Leibeigenschaft** von St. Blasien und die damit verbundenen Abgaben. 1776 reiste Albiez nach Wien, um die Rechte der Hotzenwälder vor dem Kaiser zu vertreten. Doch er bekam hierzu keine Gelegenheit. Er musste Wien binnen 24 Stunden wieder verlassen. Als er trotz Verbots Versammlungen abhielt, auf denen er mit Schmähreden über das Kloster St. Blasien und die habsburgische Regierung herzog, wurde er in Freiburg inhaftiert, wo er am 29. September 1727 unter mysteriösen Umständen verstarb.

Zwischen 1728 und 1755 erhoben sich die Salpeterer mehrmals gegen die Leibeigenschaft. Im 19. Jh. galt ihr Kampf den reformerischen Tendenzen in Kirche und Schule. Im Jahre 1934 starb der letzte der politisch-religiös engagierte Salpeterer.

Bertha Benz (1849 – 1944)

Erste Frau am Steuer

Ruhm und Ehre, das erste funktionsfähige Kraftfahrzeug mit Benzinmotor entworfen zu haben, gebühren zwei Männern: Gottlieb Daimler (1834 – 1900) und Carl Benz (1844 – 1929), die – jeder für sich – ein Automobil entwickelt hatten und es 1886 der Öffentlichkeit vorstellten. Bei der ersten Langstreckenfahrt aber war eine »Frau am Steuer«, Bertha Benz, die aus Pforzheim gebürtige **Gemahlin von Carl Benz**. Am 5. August 1888 holte sie mit ihren beiden Söhnen ohne Wissen ihres Mannes den von ihm entworfenen »Patent-Motor-Wagen« aus der Werkstatt in Mannheim. Dieser 1885 entwickelte Wagen hatte drei Räder und einen Viertakt-Motor mit 0,75 PS. **Bertha Benz wollte der Welt** mit einer längeren Fahrt **beweisen, wie leistungsfähig die Erfindung ihres Gemahls ist**. Die Fahrt sollte von Mannheim in das 106 km entfernte Pforzheim gehen. An starken Steigungen musste das Gefährt geschoben werden, weil der Motor zu schwach

← *Bertha Benz in jungen Jahren*

war. Auch lag der Kraftstoffverbrauch viel höher als ihr Mann vermutet hatte. Es gab auch technische Pannen, doch **Bertha Benz wusste sich immer zu helfen**: Eine verstopfte Benzinleitung reinigte sie mit einer Hutnadel, einen Defekt an der Zündung isolierte sie mit einem Strumpfband. Am Abend telegrafierte sie ihrem Mann nach Mannheim: »1. Fernfahrt gelungen – sind gut in Pforzheim angekommen.« Zur Erinnerung an dieses Ereignis wird alle zwei Jahre im August auf derselben Strecke eine Gedächtnisfahrt organisiert.

Berthold I. von Zähringen (um 1022 – 1078)

Schwäbischer Adliger

Die Zähringer waren südwestdeutsche Adlige, die ihren Namen von der Burg Zähringen bei Freiburg erhalten hatten, ursprünglich aber **aus dem Schwäbischen stammten**. Gegen Ende des 11. Jh.s teilte sich das Haus in zwei Linien, die Markgrafen von Baden und die Herzöge von Zähringen. Die letzteren **bauten im Schwarzwald und in der Schweiz ein gut organisiertes Staatswesen auf**, das neben dem süditalienischen Normannenreich der erste moderne Staat des Mittelalters war. Ursprünglich verfügten die Zähringer über so gut wie kein eigenes Land. Ihr Herzogstitel war nicht mit einem von ihnen regierten Landstrich verbunden, sondern leitete sich nur aus einer vorübergehenden Belehnung mit dem Herzogtum Kärnten ab. Nicht einmal Zähringen (heute ein Vorort von Freiburg) befand sich auf ihrem Gebiet, sondern auf dem des Königs. Sie schufen sich selbst eine territoriale Herrschaft, jedoch nicht mit militärischen, sonden mit wirtschaftspolitischen Mitteln: An strategisch wichtigen Stellen gründeten sie Märkte, Siedlungen, Klöster und Burgen und verwoben sie zu einem kompakten Territorium. Erster sicher überlieferter Zähringer war **Berthold I.**, Herzog von Kärnten (1061 – 1077). In Kärnten konnte er sich zwar nicht durchsetzen, doch durch seinen Besitz in Schwaben spielte er eine wichtige Rolle in der Reichspolitik. Als sich Berthold I. an der Wahl Rudolfs von Rheinfelden zum Gegenkönig beteiligte, entriss ihm König Heinrich IV. das Herzogtum Kärnten. Berthold starb 1078 auf der Limburg bei Weilheim/Teck.

Robert Gerwig (1820 – 1885)

Bauingenieur

Der aus Karlsruhe stammende und dort auch verstorbene Bauingenieur Robert Gerwig, Mitglied der badischen Oberdirektion des Wasser- und Straßenbaus in Karlsruhe, erwarb sich große Verdienste bei der Verkehrserschließung des badischen Bodensee- und Donaugebietes. **Er trassierte mit der Schwarzwaldbahn und der Höllentalbahn die ersten Gebirgsbahnen der Welt** und ließ auch den ersten Kehrtunnel der Welt graben. Auch beim Bau der Schweizer Gotthardbahn tat er sich als Tunnel- und Trassenexperte hervor. Daneben leitete er seit 1857 als Direktor die Uhrmacherschule Furtwangen und war Landtags- und Reichstagsabgeordneter; 1880 wurde er Mitglied der Preußischen Akademie des Bauwesens.

Johann (Hans) Jacob Christoffel von Grimmelshausen (1621 – 1676)

Schriftsteller und Schultheiß

Über das Leben des **bedeutendsten deutschen Erzählers des 17. Jh.s** gibt es keine absolute Gewissheit. Wahrscheinlich wurde er um den 17. März 1621 in Gelnhausen bei Frankfurt/Main geboren, wo er die Kindheit verbrachte und die Lateinschule besuchte. Während des Dreißigjährigen Krieges diente er als Musketier und Regimentsschreiber in verschiedenen Armeen am Oberrhein. Von 1649 bis 1660 arbeitete er als Gutsverwalter eines früheren Kriegsherrn in Gaisbach, von 1662 bis 1665 einer benachbarten Burg bei Oberkirch. Von 1665 bis 1667 führte er einen Gasthof in Gaisbach. 1667 trat er in Renchen das Amt eines bischöflich-straßburgischen Schultheißen an, das er bis zu seinem Tod im August 1676 ausübte.
Seine schriftstellerische Tätigkeit begann er 1658 unter verschiedenen Pseudonymen. 1668 erschien unter dem Pseudonym German Schleifheim von Sulsfort sein **Hauptwerk** – der bedeutendste deutsche Roman des 17. Jh.s: **»Der abenteuerliche Simplicissimus«**. In teilweise mit Dialekt durchsetzter Sprache und in Anlehnung an literarische Vorlagen, wie dem spanischen Schelmenroman, schildert Grimmelshausen den abenteuerlichen Weg seines naiven, eulenspiegelhaften Helden durch die Wirren des Dreißgjährigen Krieges. Dabei entwirft er nicht nur ein Bild der damaligen Zeit- und Sittengeschichte, sein Buch ist vor allem eine moralisch-satirische Allegorie vom Leben des Menschen in dieser Welt.

Heinrich Hansjakob (1837 – 1916)

Pfarrer und Dichter

Der alemannische Dichterpfarrer gilt als großer **Chronist des Schwarzwälder Lebens** im 19. Jahrhundert. Geboren wurde er 1837 in Haslach im Kinzigtal. Nach der Priesterweihe 1863 unterrichtete er an einem Gymnasium. Zwei Jahre später promovierte er zum Doktor der Philosophie. Mit seinen ersten schriftstellerischen Werken hatte er wenig Glück. Sein Büchlein über die »Salpeterer« und sein Aufsatz über die armen Bergarbeiter im Kinzigtal brachten ihn in den **Verdacht der politischen Agitation** gegen die Regierung. Er wurde schließlich – u.a. wegen politischer Reden – aus dem Schuldienst entlassen und musste 1870 und 1873 Gefängnisaufenthalte über sich ergehen lassen. Von 1869 bis 1884 war er Pfarrer in Hagnau am Bodensee. Hier gründete er 1881 die erste badische Winzergenossenschaft. Zugleich engagierte er sich als **Abgeordneter (Zentrum) im badischen Landtag** in Karlsruhe. Ab 1884 leitete er die Stadtpfarrei von St. Martin in Freiburg. Im Jahre 1913 kehrte er in

? WUSSTEN SIE SCHON ...?

- Rund um Hansjakobs Geburtsstadt Haslach hat der Schwarzwaldverein einen großen und einen kleinen Hansjakob-Weg markiert, die einige besonders schöne Plätze im mittleren Schwarzwald erschließen.

seinen Heimatort Haslach zurück, wo er 1916 starb. – Hansjakob war ein viel gelesener Schriftsteller. In seinen über 70 Büchern finden sich auch Reisebeschreibungen und zeitgenössische Darstellungen. Das Hauptinteresse des Schrifstellers Hansjakob aber galt dem Leben und den Bräuchen der Menschen seiner Heimat.

Johann Peter Hebel (1760 – 1826)

Lehrer und Pfarrer

Sein Vater war fränkischer, seine Mutter alemannischer Herkunft; der Dichter, evangelische Theologe und Pädagoge Johann Peter Hebel selbst fühlte sich zeitlebens den Alemannen und ihrer Wesensart zugehörig. Zum Dichter reifte Hebel verhältnismäßig spät. Er hatte die 40 überschritten, als er seine **»Alemannischen Gedichte«** (1803) veröffentlichte. Diese waren in Karlsruhe, wo er lebte und arbeitete, aus dem Heimweh nach der südbadischen Heimat entstanden. Von Goethe und Jean Paul wurden sie hochgeschätzt. Da Hebel in diesem Werk ein möglichst **genaues Bild seiner Heimat und ihrer Bewohner** zum Ausdruck bringen wollte, durfte ein wichtiges Element nicht fehlen: die Mundart. Damit kommt ihm das Verdienst zu, **den alemannischen Dialekt in den Bereich der Dichtung erhoben** zu haben. Er verklärte den südlichen Schwarzwald mit seiner Landschaft und dem bäuerlichen Lebensbereich in einer Weise, wie es nur wenigen deutschen Landschaften zuteil geworden ist. Zwischen 1808 und 1811 gab Hebel den »Rheinländischen Hausfreund« heraus, für den er selbst viele auf alten Sagen, Anekdoten und Zeitungsberichten basierende Geschichten verfasste. Hier allerdings wich das Alemannische dem Hochdeutschen. Sein dichterisches Werk ist gekennzeichnet von Sprachkraft, schlicht-humorvoll, besinnlich, teilweise auch didaktisch.

? WUSSTEN SIE SCHON ...?

- Zu Ehren von Johann Peter Hebel wird seit 1936 alle zwei Jahre in Hebels Heimatort Hausen im Wiesental ein nach ihm benannter Literaturpreis verliehen.

Friedrich Franz Karl Hecker (1811 – 1881)

Badischer Revolutionär

Seinem Naturell und seiner Statur nach war Friedrich Hecker geradewegs ein »Bilderbuch-Revolutionär«. In seiner Person lebte die Erinnerung an die Revolution von 1848 im deutschen Südwesten fort. Der **»Heckerhut«** wurde ein ähnlich starkes Revolutionssymbol wie die Jakobinermütze der Französischen Revolution von 1789. Seit 1842 gehörte der promovierte Jurist Hecker der Badischen 2. Kammer an, wo er zu den Führern der liberalen Opposition zählte. Unter dem Einfluss von Gustav von Struve wandelte er sich 1848 zum **Demokraten und Verfechter der republikanischen Staatsform**. Nachdem sich Struve und er auf dem Frankfurter Vorparlament vergebens für ihre Ziele – Abschaffung der Monarchie und Ausbau des Vorparlaments zu einem permanenten revolutionären Volkskomitee – eingesetzt hatten, riefen sie am 12. April 1848 gemeinsam **zum bewaffneten Aufstand in Baden** auf. Der Erhebung schlossen sich aber nur 4500 schlecht bewaffnete Freischärler an. Nach dem ersten Zusammenstoß mit regulären (württembergischen) Truppen bei Kandern liefen sie wieder auseinander. Hecker selbst rettete sich mit Struve über die Schweizer Grenze. Von dort wanderte er 1849 in die USA aus. Am amerikanischen Bürgerkrieg (1861 – 1865) nahm er als Oberst der Union teil. Die deutsche Reichsgründung von 1871 fand Heckers volle Zustimmung, doch die Führung Preußens im Reich lehnte er ab. Nach einer Reise durch deutsche Städte 1873 kehrte er enttäuscht in die USA zurück. Er verstarb 1881 in St. Louis.

Martin Heidegger (1889 – 1976)

Philosoph

Der große Philosoph wurde 1889 in Meßkirch geboren. Ab 1923 war er ordentlicher **Professor der Philosophie** in Marburg, ab 1928 als Nachfolger Husserls in Freiburg. Von 1945 bis 1951 belegten ihn die französische Besatzungsmacht wegen seines Engagements für den Nationalsozialismus mit einem Lehrverbot. 1952 wurde er emeritiert. Heidegger starb 1976 in Freiburg.
Heideggers gesamtes Denken kreiste um die Seinsfrage. In seinem **Hauptwerk »Sein und Zeit«** (1927), mit dem er zum führenden Vertreter der deutschen Existenzphilosophie wurde, erarbeitete er für die alte Kernfrage der Philosophie nach dem Sein einen neuen Ausgangspunkt, die **»Fundamentalontologie«** (Analyse des »sich auf sein Sein verstehenden Daseins«, der menschlichen Existenz). In späteren Schriften ging er über diesen noch der Transzendentalphilosophie verbundenen Ansatz hinaus und versuchte, über eine **Kritik des traditionellen Wahrheitsbegriffs**, das »Sein selbst« zur Sprache zu bringen, wobei er eine von aller bisherigen Metaphysik unterschiedene Dimension des Denkens in Anspruch nahm. Heideggers Wirkung reicht weit über Deutschlands Grenzen hinaus. Sein philosophisches Denken hat die Theologie, Psychologie, Kunst, Literaturwissenschaft, Pädagogik und Rechtswissenschaft erheblich beeinflusst.

Hermann Hesse (1877 – 1962)

Der Schriftsteller wurde am 2. Juli 1877 in Calw geboren. Mit den autoritären Schullehrern seiner Zeit geriet er in Konflikt: Hesse brach die Schule ohne Abitur ab und nahm in Tübingen eine Buchhändlerlehre auf. Ab 1904 widmete er sich nur noch der Schriftstellerei. Abgesehen von Reisen durch Europa und Indien (1911) lebte er zurückgezogen am Bodensee und im Tessin. Seit 1923 war er Schweizer Staatsbürger. Hesse starb am 9. August 1962 in Montagnola.
Sein literarisches Werk ist durch den in zahlreichen Essays belegten **Traditionsbezug zur deutschen Romantik**, zu Goethe und zur deutschen Erzählliteratur des 19. Jh.s (Mörike,

Keller, Jean Paul) gekennzeichnet. Zu einem Grundanliegen von Hesses gesamten Schaffen wurde das problematische Verhältnis zwischen Dichtung und Leben, Schriftsteller und Bürger, zwischen der Isolation und Vereinsamung des Künstlers und seiner Sehnsucht nach menschlichen Kontakten. Seine Sprache zeichnet sich durch **impressionistische Bilder** aus. Zu seinen bekanntesten Werken gehören **»Der Steppenwolf«** (1927), **»Narziß und Goldmund«** (1930) und **»Das Glasperlenspiel«** (1943). Seine Bücher wurden in über 40 Sprachen übersetzt. 1946 erhielt Hesse den Nobelpreis für Literatur und 1955 den Friedenspreis des Deutschen Buchhandels.

Erhard Junghans (1823 – 1870)

Unternehmer

Verantwortlich für die Gründung der Uhrenfabrik Junghans in Schramberg im Jahr 1861 war eigentlich der Amerikanische Bürgerkrieg (1861 – 1865). Das von dort importierte Stroh wurde für den **Strohhutfabrikanten** Erhard Junghans unerschwinglich. Er sattelte um und **baute von nun an Uhren**. Doch die Zeiten für die Schwarzwälder Uhrenmacher waren in der zweiten Hälfte des 19. Jh.s nicht mehr rosig. Auswanderer hatten das technische Know-how des Uhrmachens mit in die Vereinigten Staaten gebracht, und nun schickten die Amerikaner u.a. in Massenproduktion hergestellte Schwarzwalduhren nach Deutschland. Junghans und andere Uhrenfabrikanten setzten sich zur Wehr. Sie fertigten amerikanische Uhren nach amerikanischem Prinzip. **Erhard Junghans' »Amerikaner-Uhr« wurde ein großer Erfolg**, denn sie war billig und für die damalige Zeit ungewöhnlich präzise. Auch Arthur, der Sohn von Erhard Junghans, orientierte sich nach dessen Tod am amerikanischen Modell. Und bald schon lief bei Junghans der **weltweit erste serienmäßig gefertigte Wecker** vom Band.

Erhard Junghans

Karl Friedrich von Baden (1728 – 1811)

Markgraf von Baden

Karl Friedrich, Markgraf (1738 – 1803), Kurfürst (1803 – 1806) und Großherzog (seit 1806), war ein geradezu mustergültiger **Regent des aufgeklärten Absolutismus**. Mit dem Tod des Markgrafen August Georg von Baden-Baden (1771) konnte Karl Friedrich seine Markgrafschaft mit der Residenzstadt Karlsruhe beträchtlich vergrößern – er erbte alle Länder und Rechte der erloschenen Linie. In napoleonischer Zeit erhielt er noch den Breisgau mit Teilen des Schwarzwalds und der Ortenau mit den badischen Erblanden. Der seinen Untertanen gegenüber wohlgesonnene Fürst war ein **Anhänger des »Physiokratismus«**, also jener volkswirtschaftlichen Theorie des 18. Jh.s, die die Landwirtschaft als die Quelle des nationalen Reichtums ansah. Höchstpersönlich kümmerte er sich um den Bau von landwirtschaftlichen Mustergütern. Auch Landstraßen und Kanäle ließ er anlegen. Er schuf namhafte Bildungseinrichtungen, auch die Schulpflicht für jedes Kind ließ er einführen. Die Folter schaffte er ab und die Leibeigenschaft hob er 1783 auf. Und **er baute in seinem »Musterland« das Pensions- und Versicherungswesen auf**. Seine Armee wäre sicherlich zu schwach gewesen, sich gegen mächtige Feinde zu behaupten, aber Karl Friedrich lag eine geschickte Diplomatie allemal mehr als das Säbelrasseln.

Johannes Reuchlin (1455 – 1522)

Humanist von Rang

Der Pforzheimer Johannes Reuchlin war kein theologischer Bahnbrecher wie Luther, kein literarischer Feuergeist wie Hutten, doch neben Erasmus von Rotterdam gilt er als der führende Humanist. Er studierte klassische Sprachen in Freiburg im Breisgau, Paris und Basel sowie Jura in Poitiers und Orléans. Als **Jurist war er in württembergischen Diensten** tätig, mit einer kleinen Unterbrechung in den Jahren 1496 – 1499, als er aus politischen Gründen Stuttgart verließ und in Heidelberg lebte. Drei **Reisen nach Italien**, wo er auch mit Marsilio Ficino und Pico della Mirandola zusammentraf, machten ihn zum **Anhänger des Neuplatonismus und der Kabbala**, über die er zwei Werke schrieb. Sein **wichtigstes Werk** war die **»Rudimenta«**, ein hebräisches Grammatik- und Wörterbuch – das erste christliche Lehrbuch der hebräischen Sprache. In seinen letzten zwölf Lebensjahren lag Reuchlin mit dem vom Judentum zum christlichen Glauben übergetretenen Johannes Pfefferkorn im Streit, der von Kaiser Maximilian I. ermächtigt worden war, jüdische Literatur zu beschlagnahmen und zu verbrennen. Der Streit erreichte seinen Höhepunkt in den berühmten anonymen »Briefen der Dunkelmänner«, in denen zahlreiche Humanisten für Reuchlin Partei ergriffen. Reuchlin selbst antwortete mit seinem satirischen **»Augenspiegel«** (1511), der einen Ketzerprozess gegen ihn auslöste. Obwohl Reuchlin Verbindungen zu Luther nachgesagt wurden und er von vielen Reformatoren Unterstützung erhielt, **blieb er Rom treu.**

Joseph Victor von Scheffel (1826 – 1886)

Schriftsteller

Sein Roman »Ekkehard« (1855) wurde der erfolgreichste deutsche Roman des 19. Jh.s. Der in Karlsruhe geborene und verstorbene Schriftsteller Joseph Victor von Scheffel war nach seinem Jurastu-

Joseph Victor von Scheffel

dium Rechtspraktikant in Säckingen und Bruchsal. Er wollte Maler werden und ging 1852 nach Italien, wo er sich seiner dichterischen Begabung bewußt wurde. 1853 entstand auf Capri **»Der Trompeter von Säckingen«**, der mit dem danach geschriebenen »Ekkehard« Scheffels Ruhm begründete. Nach der Rückkehr aus Italien trat er aus dem badischen Staatsdienst aus. In Donaueschingen wurde er 1857 Archivar und Bibliothekar im Schloss.

Die Erzählungen und Gedichte des **volkstümlichen, oft trivialen und humorvollen Schriftstellers** Scheffel zeichnen sich aus durch eine freiheitliche Gesinnung, Freude an der Natur und Wanderlust, Feuchtfröhlichkeit des Studentenlebens und den Hang zur vaterländisch-heroischen Vergangenheit. Seine letzten Jahre verbrachte Scheffel als weltflüchtiger Hypochonder in Radolfzell am Bodensee.

Berthold Schwarz (2. Hälfte des 14. Jh.s)

Mönch und Alchimist

Berthold Schwarz, mit bürgerlichem Namen wohl Konstantin Anklitzen, **soll angeblich das Schießpulver und Feuerwaffen erfunden haben**. Da die ersten Pulverrezepte schon 100 Jahre früher auftauchten (wahrscheinlich stammt das Schießpulver aus China oder Indien) und Feuergeschütze bereits seit 1326 nachweisbar sind, kann er höchstens Verbesserungen eingeführt haben. Als »Bertoldus Niger« tauchte er einige Zeit als Mönch im Freiburger Franziskanerkloster unter. Er wurde dann aber doch wegen seiner Erfindung 1388 in Prag zum Tode verurteilt.

Gustav von Struve (1805 – 1870)

Rechtsanwalt und Revolutionär

Gustav von Struve, Rechtsanwalt, **Publizist und Abgeordneter der Badischen Zweiten Kammer**, galt im Vormärz als radikaler Demokrat. Nach dem Scheitern seines föderativ-republikanischen Verfassungsentwurfs im Frankfurter Vorparlament **1848 leitete er mit Hecker** (vgl. S. 58) den **Aprilaufstand in Baden**, der am 20. April 1848 bei Kandern blutig niedergeschlagen wurde. Er und Hecker flohen in die Schweiz. Während Hecker in die USA emigrierte, bereitete Struve in der Schweiz die zweite Phase der badischen Revolution vor. Im Herbst 1848 überquerte er mit Gleichgesinnten die schweizerischdeutsche Grenze und **rief am 21. September in Lörrach die deutsche Republik** aus. Mit seiner mittlerweile auf 10 000 Mann angewachsenen Truppe zog er gen Norden in Richtung Freiburg. Doch konnten er und seine Streiter nur die Stadt Staufen erreichen und besetzen. Am 29. September wurde Staufen von regulären Truppen zurückerobert. Ein Gericht verurteilte Struve zu einer Gefängnisstrafe von fünf Jahren. Im Mai-Aufstand 1849 wurde Struve aus der Haft befreit und zum Vizepräsidenten des badischen revolutionären Landesausschusses nominiert. **1851 wanderte er aus politischen Gründen in die Vereinigten Staaten aus**. Am amerikanischen Bürgerkrieg nahm er auf seiten der Union teil. 1863 kehrte er nach seiner Amnestierung nach Deutschland zurück.

Georg Thoma (geb. 1937)

Georg Thoma

Georg Thoma **feierte 1960 seinen größten Triumph**: Im amerikanischen Squaw Valley gewann er für die Bundesrepublik Deutschland die **Goldmedaille in der Nordischen Kombination**. Selbst die amerikanische Öffentlichkeit war von dem im Jahre 1937 in Hinterzarten im Hochschwarzwald geborenen Georg Thoma begeistert – Jayne Mansfield drückte **»Goldjörgli«** an ihren üppigen Busen. 1964 wurde er Olympia-Dritter, 1966 Weltmeister bei den Nordischen Kombinierern. Darüber hinaus siegte er bei zahlreichen deutschen Meisterschaften in der nordischen Kombination und im Spezialsprunglauf. 1966 beendete er offiziell seine Skisportkarriere, 1971 quittierte er den Postdienst. Danach widmete er sich einträglicheren Geschäften: Ferienwohnungen, einer Skischule, drei Skiliften, einem Tenniscenter, Auftritten bei offiziellen Veranstaltungen. Sport aber treibt der »Goldjunge« aus Hinterzarten immer noch: Wandern und Radfahren. **Viermal gewann er den »Rucksacklauf« von Schonach zum Belchen** (seine Bestzeit ist bis heute Streckenrekord). Und seine **»Mountainbike-Wochen«** im Mai und Oktober, in denen er Urlauber zu den schönsten Plätzen des Schwarzwalds lenkt, sind längst schon zu einer Institution geworden.

Hans Thoma (1839 – 1924)

Maler und Graphiker

In Paris lernte der 1839 in Bernau geborene Künstler die Werke von Gustave Courbet und der Schule von Barbizon kennen. Ab 1870 lebte er in München, wo er Wilhelm Leibl und dessen Kreis nahe stand, ab 1876 in Frankfurt am Main und später im Taunus. Anerkennung als Maler fand Thoma, ein Vertreter des Naturalismus, erst 1890 bei einer Ausstellung in München. Anno 1899 berief ihn Großherzog Friedrich I. von Baden zum **Galeriedirektor und Professor an die Kunstakademie** nach Karlsruhe. Schwerpunkte seines Werkes, darunter Ölgemälde, Aquarelle, graphische Arbeiten und kunstgewerbliche Entwürfe, waren **realistische Porträts** seiner Familie, **bäuerliche Figurenbilder** und **stimmungsvolle Landschaften**, besonders aus dem Schwarzwald und vom Oberrhein.

Johann Gottfried Tulla (1770 – 1828)

Ingenieur und Militär

Der am 20. März 1770 in Karlsruhe geborene Techniker **gründete 1807 in seiner Heimatstadt eine Ingenieurschule** nach dem Vorbild der Pariser École polytechnique. Aus Tullas Karlsruher Bildungsstätte ging 1825 die Polytechnische Schule hervor, die ihrerseits als **Keimzelle der späteren Technischen Hochschule und heutigen Universität Karlsruhe** anzusehen ist.

Ab 1817 begann er mit seinem Lebenswerk, der **Begradigung und Schiffbarmachung des Oberrheins**. Dazu ließ er das Flussbett einengen und vertiefen, ließ Flussschlingen mit Durchstichen abschneiden und Dämme anlegen. Tulla, 1824 zum Oberst und drei Jahre später zum **Offizier der französischen Ehrenlegion** ernannt, verstarb 1828 in Paris. Noch bis weit ins 20. Jh. führten Wasserbau-Ingenieure sein Werk fort, legten Staustufen an und korrigierten den Flusslauf mit immer mehr Deichen. Erst nach dem Zweiten Weltkrieg erkannte man allmählich die negativen Wirkungen von Tullas Rheinbegradigung. Zum einen sank der Grundwasserspiegel in der Oberrheinebene dramatisch ab, eine Versteppung griff um sich. Dann richteten gleich mehrere Jahrhundert-Hochwasser des Rheins Schäden an, wofür vor allem die Flussbegradigung verantwortlich ist, die dem Strom seine natürlichen Ausweich- und Überschwemmungsflächen genommen hat. Mittlerweile versucht man, die schlimmsten Auswirkungen der Rheinbegradigung rückgängig zu machen, u. a durch die Ausweisung neuer Überschwemmungsflächen (Polder).

»Türkenlouis« (eigentlich Ludwig Wilhelm I.; 1655 – 1707)

Markgraf von Baden

Ludwig Wilhelm I., genannt Türkenlouis, Markgraf von Baden-Baden (seit 1677), machte als **ruhmreicher Feldherr gegen die Türken** und als **bedeutender Bauherr** Geschichte. Als Feldmarschall in kaiserlichem Dienst zeichnete er sich in den Türkenkriegen durch Mut und strategisches Geschick aus. **1689 drängte er**, mit dem Oberbefehl in Ungarn betraut, **die Truppen des Sultans bis nach Serbien zurück**. In der »blutigsten Schlacht des Jahrhunderts« bei Slankamen (1691) erbeutete der »Türkenlouis«, wie man ihn von nun an nannte, u.a. 154 Kanonen, 54 Kisten voll Gold (Teile seiner Beute sind noch heute der Stolz des Landesmuseums in Karlsruhe). Seine militärischen Erfolge brachten ihm jedoch keinen politischen Gewinn. Bei der Bewerbung um die polnische Königskrone hatte er gegen August den Starken von Sachsen das Nachsehen. Auch auf militärischem Gebiet ließ der Erfolg spürbar nach. Nicht er, sondern sein berühmter Vetter Eugen von Savoyen trug den endgültigen Sieg über die Türken davon. Währenddessen **versuchte** der Markgraf als Oberbefehlshaber der Reichsarmee **die Westgrenze des Reiches gegen die Franzosen zu verteidigen** – mit wenig Erfolg: Die wiederholte Verwüstung Heidelbergs (1693) durch französische Truppen konnte er nicht verhindern; sein Versuch, 1694 Straßburg zurückzuerobern, scheiterte. Dafür machte er als Bauherr von sich reden: Er ließ eine Reihe von Bauwerken ersten Ranges errichten, vor allem in der neuen **Residenzstadt Rastatt**. 1707 starb der Türkenlouis im Alter von 52 Jahren an den Folgen einer drei Jahre zuvor erlittenen Verwundung.

Markgraf Ludwig Wilhelm I. von Baden, auch als »Türkenlouis« bekannt

Friedrich Weinbrenner (1766 – 1826)

Baumeister des Klassizismus

Bei Reisen durch den Schwarzwald stößt man immer wieder auf den Namen Friedrich Weinbrenner. Der aus Karlsruhe stammende und auch dort verstorbene Architekt hatte in Karlsruhe, Zürich, Wien, Dresden und Berlin studiert. Entscheidend für die Herausbildung seines **eigenen klassizistischen Stils** waren ferner seine Reisen nach Frankreich und Italien. In seiner Heimatstadt Karlsruhe wirkte Weinbrenner ab 1800 als Baudirektor und war hier mit zahlreichen Bauten **entscheidend für die Gestaltung des Stadtbildes** verantwortlich. Aber auch andernorts schuf er große Bauten (z.B. Hotel »Badischer Hof« und Kurhaus in Baden-Baden) und hatte zudem zahlreiche Nachfolger, die den **»Weinbrennerstil«** kopierten.

WSV

Praktische Informationen

WO GIBT ES DIE SCHÖNSTEN THERMALBÄDER UND WO DIE BESTEN AUSSICHTSBERGE? UND WELCHE KULINARISCHEN KÖSTLICHKEITEN HAT DER SCHWARZWALD ZU BIETEN? INFORMIEREN SIE SICH – AM BESTEN SCHON VOR DER REISE!

Anreise · Reiseplanung

Mit dem Auto

Motorisierte Reisende erreichen den Schwarzwald schnell und bequem über gut ausgebaute **Autobahnen** und **Bundesstraßen**. Wichtigste Nord-Süd-Verbindung ist die **A 5** (Frankfurt/Main – Karlsruhe – Basel), die in der Oberrheinebene am Westrand des Schwarzwaldes verläuft. Am Nordrand des Waldgebirges führt die **A 8** (Karlsruhe – Stuttgart – München) in west-östlicher Richtung. Und am Ostrand des Schwarzwaldes schlängelt sich die **A 81** von Stuttgart über Horb, Rottweil und Villingen-Schwenningen in Richtung Bodensee bzw. Schweiz.

> ! *Baedeker* TIPP
>
> **Schwarzwald-Ticket**
>
> Wer eine oder mehrere Übernachtungen im Schwarzwald bucht, der kann mit dem Schwarzwald-Ticket bei der Anreise Geld sparen. Dieses Ticket erhält man über den Ferienort im Schwarzwald oder bei: Schwarzwald Tourismus GmbH, c/o KMK GmbH, Postfach 1208, 76002 Karlsruhe, Tel. (07 21) 37 20-53 88, E-Mail: tourismus@kmkg.de

Sowohl an den Rändern des Schwarzwaldes als auch quer durch das Waldgebirge und entlang einiger Flüsse führen als Zufahrten und Querverbindungen geeignete Bundesstraßen:

B 3: Karlsruhe – Baden-Baden – Offenburg – Freiburg im Breisgau – Lörrach

B 14: Stuttgart – Herrenberg – Horb – Rottweil – Bodensee

B 27: Stuttgart – Tübingen – Rottweil – Donaueschingen – Schweizer Grenze

B 28: Kehl – Oberkirch – Freudenstadt – Tübingen – Ulm (Donau)

B 31: Freiburg im Breisgau – Titisee-Neustadt – Donaueschingen – Bodensee

B 33: Offenburg – Hausach – Triberg – Villingen-Schwenningen – Donaueschingen

B 294: Freiburg im Breisgau – Waldkirch – Freudenstadt – Pforzheim

B 317: Lörrach – Feldberg – Titisee

B 462: Rastatt – Murgtal – Freudenstadt – Schiltach – Schramberg – Rottweil

B 463: Pforzheim – Calw – Nagold – Horb

B 500: Sie führt zunächst als **Schwarzwaldhochstraße** von Baden-Baden nach Freudenstadt und in einem zweiten Abschnitt von Triberg über Furtwangen, Titisee und Schluchsee nach Waldshut.

Mit der Bahn

Der Schwarzwald ist gut in das Fernverkehrsnetz der Deutschen Bahn AG eingebunden. **ICE-, EC-, IC- und InterRegio-Züge** verkehren auf den Hauptstrecken in dichter Folge:

Fernverkehr ►

Wichtigste Nord-Süd-Verbindung ist die **Rheintalstrecke** (Hamburg/Bremen/Ruhrgebiet bzw. Berlin – Frankfurt am Main – Mannheim – Karlsruhe – Baden-Baden – Offenburg – Freiburg im Breisgau – Basel – Zürich – Mailand). Die **West-Ost-Hauptstrecke** (Paris – Stras-

WICHTIGE ADRESSEN

AUTOREISEN

▶ **ACE**
ACE-Info-Service:
Tel. (0 18 02) 33 66 77
www.ace-online.de

▶ **ADAC**
Verkehrs-Service:
Mobil-Tel. 22 4 11
Stau-Info:
Mobil-Tel. 22 4 99
www.adac.de

▶ **AvD**
Service:
Tel. (0 18 02) 16 25 16
www.avd.de

▶ **ÖAMTC**
Schutzbrief-Hilfe:
Tel. 00 43 1 25 120 00
www.oeamtc.at

▶ **TCS**
Assistance:
Tel. 00 41 22 417 22 20
www.tcs.ch

BAHNREISEN

▶ **Deutsche Bahn AG**
DB ReiseService:
Tel. 0180 5 99 66 33
Automatische Fahrplanauskunft:
Tel. 0800 1 50 70 90
www.bahn.de

▶ **CityNightLine**
Tel. (0 18 05) 99 66 33
www.bahn.de/citynightline

▶ **DB AutoZug**
Tel. (0 18 05) 99 66 33
www.dbautozug.de

FLUGVERKEHR

▶ **Flughafen Karlsruhe/ Baden-Baden (Baden Airport)**
Tel. (0 72 29) 66 20 00
www.badenairpark.de

▶ **Flughafen Stuttgart**
Tel. (0 18 05) 94 84 44
www.flughafen-stuttgart.de

▶ **EuroAirport Basel/ Mulhouse/Freiburg**
Tel. 00 41 61 325 31 11
www.euroairport.com

▶ **Deutsche Lufthansa**
Deutschland:
Tel. (0 18 05) 805 805
Österreich:
Tel. 08 10 10 25 80 80
Schweiz:
Tel. 09 00 900 922
www.lufthansa.com

bourg – Kehl – Baden-Baden – Karlsruhe – Pforzheim – Stuttgart – München – Wien – Budapest) führt am Nordrand des Schwarzwalds entlang. Am **Schwarzwald-Ostrand** verläuft die Hauptstrecke von Stuttgart über Rottweil nach Singen und weiter nach Schaffhausen, Zürich und Mailand. Diagonal durch das Waldgebirge führt die **Schwarzwaldbahn** von Offenburg über Hausach und Triberg hinauf nach Villingen-Schwenningen und Donaueschingen – neuerdings mit aussichtsreichen Panoramawagen!

Die Anreise mit der Bahn ist nicht nur stressfrei, man kann auch schon während der Anfahrt die herrliche Landschaft genießen.

CityNightLine ► Mit den **Nachtzügen** »Berliner« (ab Berlin), »Semper« (ab Dresden), »Komet« (ab Hamburg) und »Pegasus« (ab Ruhrgebiet) geht es nach Karlsruhe, Offenburg und Freiburg im Breisgau zur Weiterreise in den Schwarzwald.

DBAutoZug ► Von Rostock-Seehafen und Sassnitz-Fährhafen auf der Insel Rügen fahren **Autozüge** nach Kornwestheim bei Stuttgart. Von hier ist es dann nicht mehr weit in den Schwarzwald. Von Hamburg-Altona und Hildesheim fahren Autozüge nach Lörrach am Südrand des Schwarzwaldes.

Regional- und S-Bahnen ► Folgende Strecken sind für den Regionalverkehr von Bedeutung und werden z. T. auch von weiter fahrenden Zügen bedient:

Schwarzwaldbahn: Offenburg – Hausach – Triberg – Villingen-Schwenningen – Donaueschingen (– Singen – Konstanz)

Gäubahn: Stuttgart – Horb – Rottweil – Tuttlingen (– Singen)

Murgtalbahn: Karlsruhe – Rastatt – Freudenstadt

Kinzigtalbahn: Offenburg – Hausach – Freudenstadt

Neckar-Gäu-Bahn: Tübingen – Horb – Freudenstadt

Nagoldtalbahn: Tübingen – Horb – Nagold – Pforzheim (– Maulbronn)

Höllentalbahn: Freiburg im Breisgau – Tititsee-Neustadt

Drei-Seen-Bahn: Freiburg im Breisgau – Titisee – Schluchsee/Seebrugg

Donautalbahn: Titisee-Neustadt – Donaueschingen – Tuttlingen – Ulm an der Donau

Schwarzwald-Baar-Heuberg-Ringbahn: Rottweil – Villingen-Schwenningen – Donaueschingen – Tuttlingen – Rottweil

Hochrheinbahn: Singen – Schaffhausen – Waldshut-Tiengen – Basel
Elztalbahn: Freiburg im Breisgau – Waldkirch – Elzach
Münstertalbahn: Bad Krozingen – Staufen im Breisgau – Münstertal
Wiesentalbahn: Basel Bad. Bf. – Lörrach – Zell
Ortenau-S-Bahn: (Strasbourg –) Kehl – Offenburg – Hausach
Kaiserstuhl-S-Bahn: Freiburg im Breisgau – Riegel – Breisach – Freiburg im Breisgau
Murgtalbahn: Karlsruhe – Rastatt – Gaggenau – Forbach – Baiersbronn – Freudenstadt
Albtalbahn: Karlsruhe – Ettlingen – Bad Herrenalb
Enztalbahn: Pforzheim – Neuenbürg – Bad Wildbad
Achertalbahn: Achern – Ottenhöfen
Renchtalbahn: Appenweier – Bad Peterstal-Griesbach

Mit dem Flugzeug

Die dem Zielgebiet am nächsten gelegenen internationalen Flughäfen sind Stuttgart, Strasbourg und Basel/Mulhouse. Diese Flughäfen sind gut in das internationale Luftliniennetz eingebunden. Regionale Bedeutung haben die Flugplätze von Karlsruhe/Baden-Baden (Baden-Airpark), Donaueschingen und Freiburg sowie Lahr und Villingen-Schwenningen.

◂ Flughafenbusse

Zwischen dem Flughafen Basel/Mulhouse und Freiburg sowie zwischen dem Baden-Airport und den Städten Karlsruhe, Rastatt und Baden-Baden verkehren Linienbusse.

Auskunft

INFORMATIONEN FÜR TOURISTEN

TOURISMUSVERBÄNDE

▸ **Schwarzwald Tourismus GmbH**
Hauptgeschäftsstelle Freiburg
Postfach 1660
79016 Freiburg im Breisgau
oder:
Ludwigstr. 23
79104 Freiburg im Breisgau
Tel. (07 61) 896460
E-Mail: mail@schwarzwald-tourismus.info
www.schwarzwald-tourismus.info

Geschäftsstelle Pforzheim
Am Waisenhausplatz 26
75172 Pforzheim
Tel. (07231) 14 73 80
E-Mail: touristik@schwarzwald-tourismus.info.

Geschäftsstelle VS-Villingen
Schwenninger Str. 3
78048 VS-Villingen
Tel. (0 77 21) 84 64 64
E-Mail: service@schwarzwald-tourismus.info

Info- und Prospekt-Hotline
Tel. (07 61) 8 96 46 93
E-Mail:prospektservice@schwarzwald-tourismus.info

- **Tourismus-Marketing GmbH Baden-Württemberg**
  Esslinger Str. 8
  70182 Stuttgart
  Tel. (07 11) 23 85 80
  www.tourismus-bw.de

- **Heilbäderverband Baden-Württemberg e. V.**
  Esslinger Str. 8
  70182 Stuttgart
  Tel. (07 11) 2 18 45 76
  www.heilbaeder-bw.de

KONSULATE

- **Honorarkonsulat der Republik Österreich**
  Stafflenbergstr. 81
  70184 Stuttgart
  Tel (07 11) 62 62 60
  www.oesterreichisches-konsulat-stuttgart.de

- **Schweizerisches Generalkonsulat**
  Hirschstr. 22
  70173 Stuttgart
  Tel. (07 11) 22 29 43-0
  www.eda.admin.ch/stuttgart

- **Schweizerisches Konsulat**
  Theodor-Ludwig-Str. 26
  79312 Emmendingen
  Tel. (0 76 41) 92 41 12
  E-Mail: freiburgbr@honorar-vertretung.ch

Mit Behinderung unterwegs

Hinweis Öffentliche Gebäude, Ladenpassagen, Gehwege, Verkehrsanlagen wie z. B. Flughäfen, Bahnhöfe und Straßenbahnhaltestellen, öffentliche Verkehrsmittel sowie Beherbergungsbetriebe sind noch nicht überall behindertengerecht ausgestattet. Lediglich die ausgewiesenen Kurorte und Kureinrichtungen, Thermalbäder sowie einige von Touristen besonders stark frequentierte Einrichtungen sind behindertenfreundlich ausgestattet.

BEHINDERTENREISEN

- **BSK-Reise-Service**
  Postfach 20
  D-74236 Krautheim/Jagst
  Tel. (0 62 94) 42 81-0
  www.bsk-ev.org

- **Verband aller Körperbehinderten Österreichs**
  Schottenfeldgasse 29, 1. Stock
  A-1070 Wien
  Tel. (01) 9 14 55 62
  E-Mail: info@vakoe.at

- **Bundesarbeitsgemeinschaft der Clubs Behinderter und ihrer Freunde e.V.**
  Langenmarckweg 21
  51465 Bergisch Gladbach
  Tel. (0 22 02) 9 89 98-11
  www.bagcbf.de

- **Mobility International Schweiz**
  Amthausquai 21, CH-4600 Olten
  Tel. (062) 2 12 67 40
  www.mis-ch.ch

Essen und Trinken

Deutschlands Schlemmerecke

Der Schwarzwald ist als Schlemmerecke Deutschlands bekannt. Keine andere Landschaft hat so viele ausgezeichnete Restaurants und Gasthäuser vorzuweisen wie der Schwarzwald. Die Köche können ja auch aus einem ganzen Füllhorn mit besten regionalen Produkten schöpfen. Vielleicht spielt auch die räumliche Nähe zum Elsass bzw. zu Frankreich und der Schweiz eine Rolle, also zu Ländern, deren Küchen Weltruhm genießen. Wie dem auch sei: Im Schwarzwald bekommt man, was das Herz begehrt, sei es ein Gourmet-Menü, eine Forelle Müllerin oder ein deftiges Vesper mit Schinken, Speck, »Bibeleskäs'« und Bauernbrot.

Speisen

Vesper

Die wohl wichtigste Mahlzeit am Tag ist das »Vesper«. Ursprünglich als zweites Frühstück oder abends eingenommen, kann man heute zu jeder Tageszeit »veschpern«. Obligatorisch gehören dazu dicke Scheiben **Bauernbrot**, Schwarzwälder **Schinken** oder **Speck** (siehe Baedeker Special Guide) sowie Hausmacherwurst (Schwarzwurst, Griebenwurst, Leberwurst), gelegentlich auch **Bergkäse** oder **Bibeleskäse**. Dazu gibt's Petersilie, Zwiebelringe, saure Gurken und Tomaten als Garnitur.

Rauchfleisch darf bei keinem »Vesper« fehlen.

Bei »Alemannen« und »Schwaben« gleichermaßen beliebt sind **Suppen**. Zu den feineren Varianten gehören die badische **Hochzeitssuppe**, das badische **Schneckensüpple** oder die **Hechtklößchensuppe**. Schon deftiger ist die badische **Kartoffelsuppe**, die neben Kartoffeln auch diverse andere Gemüse enthält. Die **Flädlesuppe** ist eine gut gewürzte Fleischbrühe mit Pfannenkuchenstreifen als Suppeneinlage.

Spätzle, Knöpfle und sonstige Teigwaren

Wesentliche Bestandteile vieler warmer Mahlzeiten sind **Spätzle** oder **Knöpfle**. Ein Teig aus Mehl und Ei, gesalzen und nur im Ausnahmefall mit Wasser gestreckt, ist Grundlage für Spätzle und Knöpfle. Die gute Schwarzwälder Hausfrau schabt die Spätzle mit dem Messer vom Brett ins kochend heiße Salzwasser. Wer es eiliger hat, drückt seine Teigspätzle oder -knöpfle mit der »Spätzlesmaschine« ins kochende Wasser. **Kässpätzle** sind mit Emmentaler Käse vermengte Teigwaren, zu denen reichlich grüner Salat gereicht wird.

Der Deutschen liebste Torte ist nur dann echt, wenn in der Sahne Kirschwasser deutlich zu schmecken ist.

KIRSCHEN GEBRANNT UND MIT SAHNE

»Obstgarten des Reiches« hat man die südwestliche Ecke Deutschlands und hier insbesondere die Ortenau, den Kaiserstuhl und das Markgräflerland vor einem Jahrhundert genannt. Das milde Klima und die fruchtbaren Boden lassen Himbeeren, Brombeeren, Mirabellen, Birnen, Zwetschgen, Aprikosen und natürlich auch Kirschen gedeihen. Aus all diesen Früchten stellt man edle Brände her, doch der Kirsch – das berühmte Schwarzwälder Kirschwasser – ist bis heute mengenmäßig die Nummer eins.

Nur wenn es im Schwarzwald oder an dessen westlichem Rand hergestellt ist, darf es sich »Echt Schwarzwälder Kirschwasser« nennen. Wer es richtig genießen möchte, trinkt es nicht eiskalt – das **feine Aroma** geht dabei verloren!

Gebrannt und destilliert

Die Herstellung von Obstbränden hat im Schwarzwald eine lange Tradition Schon für das 13. Jh. sind Destillen verbürgt. Mit mehr als 14 000 Brennereien ist der Schwarzwald heute die Region auf der Erde mit der höchsten Dichte an Schnapsbrennereien.

Das Kirschwasser eignet sich bestens zum Mixen von Getränken, als Zusatz zu Obstsalaten, zu Speiseeis oder auch zur Kirschwassersalami, zu feinem Gebäck, zu Kuchen und zu Torten. Und wie der Name schon sagt ist das Kirschwasser die **wichtigste Zutat** zur echten Schwarzwälder Kirschtorte.

Nicht im Schwarzwald, sondern in Bad Godesberg oder Tübingen erfunden

Die Schwarzwälder Kirschtorte soll jedoch gar nicht im Schwarzwald erfunden worden sein, sondern in Bad Godesberg. Ihr Schöpfer soll **Josef Keller** gewesen sein, der 1981 im Alter von 94 Jahren in Radolfzell am Bodensee gestorben ist. Über die Entstehung der beliebtesten Torte Deutschlands weiß man erst seit 1982 Genaueres. Josef Keller arbeitete 1915 vor seiner Meisterprüfung im damaligen Prominentencafé Agner in Bad Godesberg, wo man **Schlagsahne mit Kirschen** servierte. Er kam nun auf die Idee, einen Mürbeteigboden darunter zu schieben und die Sahne mit Kirschwasser zu aromatisieren. Anlass hierzu waren die Studenten aus Bonn, die zahlreich das Café Agner aufsuchten, um nach gewaltigen Mengen süßer Sachen zu verlangen. Im heuti-

gen Bad Godesberg findet man allerdings keinen Hinweis mehr auf die erste Schwarzwälder Kirschtorte. Und das Café Agner besteht seit Ende der 1960er-Jahre nicht mehr. Konditor Keller aber arbeitete nach seiner Meisterprüfung 1919 an der von ihm kreierten Komposition in Radolfzell weiter. Ende des Jahres 1927 schrieb er zum ersten Mal **ein Rezept** seiner »Schwarzwälder Kirschtorte« auf.

Allerdings hat der Archivar von Tübingen im Frühjahr 2007 berichtet, dass die Schwarzwälder Kirschtorte wohl erstmals in einem Kaffeehaus der Uni-Stadt kreiert worden ist.

Und so geht's

Wer die Schwarzwälder Kirschtorte einmal selbst herstellen möchte, benötigt dafür 100 g Butter, 100 g Zucker, 1 Päckchen Vanillezucker, 4 Eier, 75 g Mandeln, 100 g Schokolade, 50 g Mehl, 50 g Mondamin, 2 gestrichene Teelöffel Backpulver sowie für die Füllung 6 bis 7 Löffel Kirschwasser, 500 g saure Kirschen, 50 g Johannisbeer- oder Himbeermarmelade und 0,5 l Schlagsahne. Garniert wird diese **Kalorienbombe** mit geraspelter Schokolade und Kirschen.

In den meisten Konditoreien und Cafés im Schwarzwald besteht die weltberühmte Kirschtorte aus einem Schokoladenbiskuit, Kirschen, viel Sahne und einem Schuss Schwarzwälder Kirschwasser. Die Rezepte für die Kirschtorte variieren natürlich. Wichtig ist aber grundsätzlich das Schwarzwälder Kirschwasser, das der Torte das besondere Aroma verleiht.

Die Bundesfachschule für das Konditorenhandwerk in Wolfenbüttel schreibt vor, dass das Kirschwasser in der verarbeiteten Sahne »geschmacklich deutlich wahrzunehmen« sei. Und das Kirschwasser ist denn auch das Einzige, was die Kirschtorte mit dem Schwarzwald gemeinsam hat. Das soll uns aber nun wirklich nicht den Appetit verderben!

Ebenfalls eine leckere Beilage sind **Schupfnudeln**, jene dicken Nudeln aus Kartoffelteig, die im Volksmund auch **»Buabaspitzle«** heißen. Mitunter werden sie auch geröstet serviert. Zusammen mit Sauerkraut ergeben sie eine sättigende Mahlzeit.
Ursprünglich ein Nonplusultra der schwäbischen Küche, isst man **Maultaschen** heute auch im Badischen. Diese quadratischen Nudelteigfladen mit einer Füllung aus gehacktem oder gewiegtem Fleisch, Spinat und verschiedenen Gewürzen werden in einer Fleischbrühe aufgekocht und dann entweder in der Brühe oder geschmälzt mit Kartoffelsalat oder mit Ei geröstet und mit gemischtem Salat serviert.

Fischgerichte

Bevorzugt in den idyllischen Schwarzwaldtälern gibt es **Forellen** (»Müllerin«, »blau«, oft auch als geräuchertes Forellenfilet). Weitere beliebte Speisefische sind Hecht und Zander.

Rostbraten, Schäufele und eingemachtes Kalbfleisch

Von Schwaben und Badenern bzw. Alemannen gleichermaßen geschätzt wird der feine **Rostbraten** (Entrecôte) mit reichlich gerösteten Zwiebeln, Spätzle oder Bratkartoffeln und würzigem Bratensaft. Eine besondere Spezialität im Badischen ist das **Schäufele**. Hierbei handelt es sich um gepökelte und gesottene Schweineschulter. Ochsenfleisch genießt man meist mit Meerrettichsoße und Preißelbeeren. Gekochte Rinderbrust kommt als Siedfleisch auf den Tisch, meist mit Kartoffeln als Beilage. Sehr gut schmeckt auch **eingemachtes Kalbfleisch**. Diese Kalbfleischwürfel in einer hellen Soße werden mit Weißwein abgeschmeckt. Zu einer deftigen **Schlachtplatte** gehören Blut- und Leberwurst, Kesselfleisch, Speck und Kartoffeln. Nicht jedermanns Sache, aber typisch schwäbisch-badisch sind Innereien, seien es nun saure **Kutteln** saure **Nierle** oder geschnetzelte **Leber**.
Besonders im Herbst bieten viele Restaurants im Schwarzwald **Wildspezialitäten** an. Die Palette reicht vom »Hasenpfeffer« bis zum weltbekannten »Rehrücken Baden-Baden«.

Wurstsalat

Der Schwäbische Wurstsalat wird aus Schwarzwurst und Zwiebeln zubereitet und mit Essig, Öl, Salz und Pfeffer verfeinert. Im Badischen bevorzugt man die Elsässer oder Schweizer Variante, bestehend aus Fleischwurst, Emmentaler Käse und Zwiebeln.

Spargel

Ende April bis Juni ist am Oberrhein Spargelsaison. Man genießt die königlichen Stangen meistens mit Petersilienkartoffeln, zerlassener Butter oder einer Sauce Hollandaise sowie mit dünnen Scheiben Schwarzwälder Schinken. Manchmal bekommt man zum Spargel »Kratzete« (zerpflückten Pfannkuchen).

Zwiebelkuchen

Während der Zeit der Weinlese wird überall warmer Zwiebelkuchen mit und ohne Speck angeboten. Dazu gibt's neuen Wein (Suser).

Bibeleskäs

Diesen mit Kräutern angemachten Quark oder Hüttenkäse streicht man sich auf eine Scheibe Bauernbrot oder isst ihn zu Kartoffeln.

Als süße Hauptspeise oder auch als üppiges Dessert genießt man einen **Ofenschlupfer**, der aus in Milch eingeweichten Semmeln, Ei, Apfelstückchen, Rosinen, Zucker und Zimt zubereitet wird. Eine wohlschmeckende Mehlspeise sind aus Hefeteig zubereitete **Dampfnudeln**, zu denen es oft eine leckere Vanillesoße gibt.

Ofenschlupfer und Dampfnudeln

Im Schwarzwald schmeckt nicht nur die weltberühmte **Kirschtorte** (s. Baedeker Special S. 74/75), sondern auch diverse Obstkuchen. Im Frühsommer gibt es überall herrliche **Erdbeerkuchen** mit Sahne und im Spätsommer wunderbare **Zwetschgenkuchen** ebenfalls mit Sahne. Gut schmecken auch **Apfelküchle**. Das sind in Pfannkuchenteig getunkte und dann in heißem Fett ausgebackene Apfelringe.

Kuchen

Getränke

An guten Mineral- und Tafelwässern herrscht im quellenreichen Schwarzwald kein Mangel. Weit bekannt sind u.a. »Teinacher Hirschquelle«, »Bad Dürrheimer«, »Bad Griesbacher«, »Bad Peterstaler« und »Freyersbacher«.

Mineralwässer

Da es im Schwarzwald viel gutes Brauwasser gibt, verwundert es nicht, dass Bierspezialitäten aus dem Waldgebirge in aller Welt geschätzt werden. Dazu gehören u.a. die Erzeugnisse der Badischen Staatsbrauerei **Rothaus** (u.a. »Tannenzäpfle«), der Brauerei **Fürstenberg** in Donaueschingen, Biere aus der **Alpirsbacher** Klosterbrauerei sowie aus der Freiburger Brauerei **Ganter**.

Bier

Badischer Wein ist bekanntlich von der Sonne verwöhnt. Zu Füßen der Schwarzwaldberge breiten sich vier Anbaugebiete in die Oberrheinebene aus. Ganz im Süden bei Badenweiler und Bad Bellingen erstreckt sich das Markgräflerland zwischen den Schwarzwaldvorbergen und dem Rhein. Hier werden vorwiegend **Gutedel**-Trauben gekeltert. Das Weinbaugebiet Kaiserstuhl – Tuniberg mit so weinberühmten Orten wie Achkarren, Ihringen, Oberbergen und Oberrotweil bringt u.a. einen sehr aromatischen **Spätburgunder Rotwein** und **Weißherbst** hervor sowie einen vorwiegend schweren und säurearmen Ruländer. Von den Breisgauer Weinen, die zumeist aus dem Raum Freiburg – Herbolzheim – Glottertal stammen, sind der Glottertäler Rote und der Glottertäler Weißherbst am begehrtesten. Die mittelbadische Ortenau ist bekannt für gute Rot- und Weißweine. Dazu gehören vor allem der **Riesling**, der hier **»Klingelberger«** heißt, der hier als **»Clevner«** bekannte **Traminer** und der **Graue Burgunder** respektive **Ruländer**. Auch gibt es hier guten Spätburgunder Rotwein und Weißherbst. Bekannte Weinorte in der Ortenau sind u.a. Durbach, Oberkirch, Gengenbach, Neuweier, Varnhalt, Kappelrodeck (»Hex' vom Dasenstein«) und Waldulm.

Wein

Da Sekt in den letzten Jahren sehr populär geworden sind Erzeuger und Winzergenossenschaften unter der badischen Sonne in größerer

◄ Sekt

Die Gutedel-Traube ist »Rohstoff« für einen guten Tropfen.

Zahl dazu übergegangen, eigene Schaumweine zu produzieren, die oft von recht guter Qualität sind. Beliebtester Treffpunkt der Sekt genießer ist jedoch die Stadt **Breisach** am Kaiserstuhl mit ihren bekannten Kellereien (Geldermann, Schloss Munzingen).

Edelbrände So bekannt wie der sonnenverwöhnte badische Wein sind die Schwarzwälder Obstbrände, allen voran das begehrte **Kirschwasser** (»Chriesewässerli«). Es wird vorwiegend aus kleinen schwarzen »Schnapskirschen« gebrannt, ist wasserhell und hochprozentig. **Zwetschgenwasser, Obstwasser** (meist aus Äpfeln und Birnen), **Himbeergeist** und **Mirabellengeist** folgen in der Publikumsgunst. Auch Trester und Schnaps aus Weinhefe munden.

Topinambur ▶ Eine Besonderheit der Ortenau ist der Topinambur, auch »Rossler« genannt. Er wird aus der gleichnamigen Knollenfrucht gewonnen. Sein Geschmack ist aber gewöhnungsbedürftig. Mitunter wird Topinambur auch mit Orangen- oder Zitronenschalen, Kümmel oder Pfefferminz aromatisiert.

Feiertage · Feste · Events

Immer was los... Es gibt wohl kaum eine andere Landschaft in Deutschland, in der so viel geboten wird wie im Schwarzwald – und zwar das ganze Jahr über! Los geht es schon im Frühjahr, wenn die **schwäbisch-alemannische Fastnacht** nicht nur in ihren Hochburgen (u.a. Rottweil, Elzach,

Gengenbach, Villingen-Schwenningen) fröhliche Urständ´ feiert. Mit den **historischen Heimatfesten** geht es bereits im März in Bad Säckingen los. In traditionsbewussten katholischen Orten (u. a. Bad Peterstal, St. Blasien, St. Märgen, St. Peter) wird der **Weiße Sonntag** (Erstkommunion am Sonntag nach Ostern) besonders festlich mit Trachten, Kopfschmuck und besonderem Brauchtum begangen. Im Mai finden nicht nur **Kirschenfeste** und die erste **Weinfeste** statt, sondern auch allerlei **Märkte und Messen**. An **Fronleichnam** werden in katholischen Ortschaften (u. a. Hüfingen, Bad Peterstal, Glottertal, Tennenbronn, Schönau, Gengenbach) prächtige **Blumenteppiche** ausgelegt. Und in Iffezheim bei Baden-Baden trifft sich die »hautevolée« zum internationalen **Galopprennen**.

i Die schönsten Feste

- Rottweiler Narrensprung
- Weißer Sonntag in Bad Peterstal
- Int. Galopprennen in Iffezheim
- Fronleichnam in Bad Peterstal
- Durbacher Weinfest
- Zelt-Musik-Fest in Freiburg
- Breitnauer Dorffest
- Wildberger Schäferlauf
- Laurentiusfest in Altglashütten
- Waldshuter Chilbi
- Bühler Zwetschgenfest

Im Sommer gibt es kein Wochenende, an dem nicht irgendwo im Schwarzwald irgendetwas gefeiert wird. **Historische Märkte, Stadtfeste**, Kurkonzerte, **Musikfeste**, historische Umzüge, Weinfeste, **Trachtenfeste**, Kunsthandwerkermärkte, Gauklertreffen sowic diverse sportliche Ereignisse wie **Sommerskispringen** und **Radrennen** lassen keine Langeweile aufkommen. Höhepunkte sind u. a. das Zelt-Musik-Festival in Freiburg, die farbenprächtigen Patrozinien in Bad Peterstal und St. Peter, das Stadtfest in Calw, die Mess' in Pforzheim, Das Fest in Karlsruhe sowie die Waldshuter Chilbi. Ein besonderes Highlight ist das **Schwarzwald-Musikfestival**, dessen Konzerte und Darbietungen von Mai bis Ende Juni an verschiedenen Orten zu Gehör kommen.

Spätsommer und Herbst sind die hohe Zeit der **Weinfeste**, beginnend mit der Weinkost auf dem Freiburger Münsterplatz und kulminierend im Ortenauer Weinfest in Offenburg. Vielbesuchte Weinfeste gibt es natürlich auch im Kaiserstuhl und am Tuniberg, im Markgräflerland, in den Weinorten südlich von Baden-Baden und im Renchtal.

Besonders schöne **Erntedankfeste** werden im Oktober in Bühlertal und Hornberg gefeiert. Dazu kommen an verschiedenen Orten **Kirchweihfeste** (»Chilbi« oder »Chilwi«) mit Trachtenumzügen und Bürgerwehr-Aufmärschen. Im November gibt es dann vielbesuchte **Martinimärkte**, u. a. in Dornstetten, Haslach und Hornberg.

Jeder Ort, der etwas auf sich hält, lockt im Dezember mit Glühwein, Krautschupfnudeln und Lebkuchen zu einem **Nikolaus-, Weihnachts- oder Christkindlesmarkt**. Besonders romantische Veranstaltungen dieser Art gibt es unter anderem in Gengenbach, Heitersheim, Ettlingen, Schönau und Oppenau.

Der Winter ist schließlich die hohe Zeit von **Skispringen** (u. a. in Hinterzarten, Titisee-Neustadt und Schonach), **Skirennen** (u. a. am Feldberg), **Langlauf-Wettbewerben**, halsbrecherischen **Hornschlittenrennen** (u. a. in Menzenschwand) und seit Jahren auch von **Schlittenhunderennen** (u. a. in Bernau und Todtmoos).

Geld

Banken und Sparkassen Die Filialen von Banken und Sparkassen sind in der Regel von Montag bis Freitag von 8.30 bzw. 9.00 bis 12.30 und von 14.00 bis 17.00 geöffnet. Viele Geldhäuser sind montags und donnerstags bis 18.00 Uhr geöffnet.

BankCard, Kreditkarten Viele Beherbergungsbetriebe, Restaurants, Geschäfte, Autovermieter und andere Anbieter touristischer Leistungen akzeptieren »Plastikgeld« als Zahlungsmittel.

i Karten-Notfall-Service

- alle Bank- und Kreditkarten: Tel. 116 116
- BankCard: Tel. (0 18 05) 021 021
- Mastercard: Tel. 0800 819 10 40
- Visa: Tel. 0800 811 84 40
- American Express: Tel. (069) 97 97 20 00

Bei **Verlust** einer Bank- bzw. Kreditkarte wende man sich umgehend an den Notfall-Service (Info-Kasten) und an das die Karte ausgebende Geldinstitut.

Wer eine Kredit- oder Bankkarte mit Maestro-Zeichen und mit persönlicher Geheimnummer (PIN; Personal Identification Number) besitzt, kann an **Geldautomaten** problemlos Geld abheben.

Geldwechsel Reiseschecks, ausländische Banknoten usw. können in Bankfilialen und Wechselstuben gegen Euros getauscht werden. Man erhält auch **Bargeld** gegen Vorlage einer Kreditkarte und des Reisepasses.

Gesundheit

Apotheken Die meisten Apotheken sind von 8.00 bis 18.30 Uhr geöffnet. Manche Apotheken in größeren Städten und Einkaufszentren sind sogar bis 19.00 oder 20.00 Uhr geöffnet.

Notdienst Die Adressen der nächsten dienstbereiten Apotheken ist in jeder Apotheke gut sichtbar angezeigt. Außerdem können sie der Tagespresse entnommen werden. In Notfällen kann man diese Adressen auch beim ärztlichen Notdienst und bei jeder Polizeidienststelle in Erfahrung bringen.

Die **ärztliche Grundversorgung** mit Allgemeinärzten und Spezialisten ist überall gewährleistet. Krankenhäuser und Kliniken gibt es in allen größeren Städten.

Notrufe

Notarzt, Rettungsdienst: Tel. 112; Polizei: Tel. 110

Mit Kindern unterwegs

Kinderfreundliche Ferienregion

Im Schwarzwald können Familien mit Kindern erlebnisreiche Ferien verbringen. Denn hier gibt es gleich mehrere Freizeitparks, darunter auch Deutschlands schönsten, den Europapark in Rust. Abenteuerparks, Tierparks und Streichelzoos, Riesenrutschbahnen, Spaßbäder mit Wasserrutschen und Wellenbecken, Gokart- und Inline-Bahnen, Märchengärten, Pony-Reitmöglichkeiten, Planwagenfahrten, Puppen- und Spielzeugmuseen – im Schwarzwald fehlt es wirklich an nichts, auch nicht an alten Burgruinen, steilen Kletterfelsen, wilden Wasserfällen und hohen Bäumen zum Erklimmen.
Viele Touristenorte und Unterkünfte haben sich auf Familien mit Kindern eingestellt und bieten auch Schlechtwetter-Programm an, die Besuche in Erlebnisbädern, auf Reiterhöfen und in Besucher-Bergwerken ebenso beinhalten wie Mitmach-Aktionen in Museen. Größter Wertschätzung bei Familien mit Kindern erfreuen sich Ferien auf dem Bauernhof, die man überall im Schwarzwald erleben kann.

Bei Schönwald dürfen auch kleine Kinder reiten.

ANGEBOTE FÜR KINDER

ERLEBNISPARKS

▸ **Kirchzarten-Oberried**
Steinwasen-Park
(Öffnungszeiten: Mai – Sept. tgl. 9.00 – 18.00, Okt. – April tgl. 10.00 – 17.00 Uhr)

▸ **Löffingen**
Wild- und Freizeitpark
(Öffnungszeiten: Ostern – Anfang Nov. tgl. 9.00 – 18.00 Uhr)

▸ **Rust**
Europapark
(Öffnungszeiten: Ostern – 4. Nov. und 1. Dez. – 6. Jan. tgl. 9.00 – 18.00 Uhr; im Sommer längere Öffnungszeiten)

TIERE

▸ **Bad Säckingen**
Wildgehege beim Bergsee
(Öffnungszeiten: täglich bis Einbruch der Dunkelheit)

▸ **Dobel**
Wildgehege im Dobeltal
(Öffnungszeiten: tgl. bis Einbruch der Dunkelheit)

▸ **Freiburg im Breisgau**
Tiergehege Mundenhof
(Öffnungszeiten: tgl. bis Einbruch der Dunkelheit)

▸ **Freudenstadt**
Rotwildgehege beim Bärenschlössle im Christophstal
(Öffnungszeiten: tgl. bis Einbruch der Dunkelheit)

▸ **Gernsbach/Bad Wildbad**
Wildgehege beim Forsthaus Kaltenbronn (Öffnungszeiten: tgl. bis Einbruch der Dunkelheit)

▸ **Karlsruhe**
Stadtgarten & Zoo
(Öffnungszeiten: Mai – Sept. tgl. 8.00 – 18.30 Uhr, Okt. – April tgl. 9.00 bis zum Einbruch der Dunkelheit)

▸ **Neuweiler**
Wildgehege Gaugenwald
(Öffnungszeiten: tgl. bis Einbruch der Dunkelheit)

▸ **Pforzheim**
Wildpark im Hagenschießwald mit Kinderbauernhof und Streichelzoo (Öffnungszeiten: ganzjährig rund um die Uhr)

▸ **Schopfheim**
Vogelpark Steinen
(Öffnungszeiten: Mitte März bis Okt. tgl. 10.00 – 18.00 Uhr, im Sommer verlängerte Öffnungszeiten)

▸ **Waldkirch**
Schwarzwald-Zoo
(Öffnungszeiten: tgl. 9.00 – 17.00 Uhr)

MUSEEN

▸ **Furtwangen**
Deutsches Uhrenmuseum
(Öffnungszeiten: April – Okt. tgl. 9.00 – 18.00, Nov. – März tgl. 10.00 – 17.00 Uhr; im Sommer Kinderuniversität zu verschiedenen Themen, u. a. »Wie spät ist es?«

▸ **Hausach/Gutach**
Vogtsbauernhof
(Öffnungszeiten: tgl. 9.00 – 18.00 Uhr; spezielle Programme für Kinder, im August Kinder- und Familienfest)

Literaturempfehlungen

Bildbände

DuMont Bildatlas Schwarzwald Norden. Aufnahmen von Ralf Freyer, Texte von Dina Stahn. DuMont Reiseverlag, Ostfildern 2010
DuMont Bildatlas Schwarzwald Süden. Aufnahmen von Rainer Fieselmann, Texte von Dina Stahn. DuMont Reiseverlag, Ostfildern 2010.
Schwarzwald. Emmler, Clemens; Matt-Willmatt, Hubert. Rosenheimer Verlagshaus 2005.
Der Schwarzwald. Aufnahmen von Andreas Beck, Wolfgang Buck u.a., Texte von Martin Blümcke. Silberburg-Verlag, Tübingen 2004.
Schwarzwald. Raach, Karl-Heinz; Karger, Hans-W.; Stechl, Hans-A., Bucher Verlag, München 2003.
Schwarzwald. Fehrenbach, Oskar; Kustos, Norbert. Ellert & Richter Verlag, Hamburg 2002.

Belletristik

Im Schwarzwald. Hansjakob, Heinrich. Kaufmann-Verlag, Lahr 2004. Schöne Erzählungen des berühmten Schwarzwald-Poeten.
Das kalte Herz. Hauff, Wilhelm. Reclam-Verlag, Ditzingen. Berühmtes Kunstmärchen mit Schwarzwald-Bezug.
Sagen und Schwänke vom Schwarzwald. gesammelt und erzählt von Rieple, Max, Südverlag, 1994.
Im Schwarzwald. Mangold, Gudrun. Silberburg-Verlag, Tübingen 2004. Die Buchautorin, Journalistin und Filmemacherin lädt zu einer kulturell-kulinarischen Reise durch das Waldgebirge ein.

Sachbücher

Vom Schwarzwald zum Ries. Heizmann, Elmar P. J. (Hrsg.), Pfeil-Verlag 1998. Erd- und Landschaftsgeschichte Südwestdeutschlands.
Silber, Kupfer, Kobalt. Markl, Gregor; Lorenz, Söhnke (Hrsg.), Markstein-Verlag 2004. Die Tübinger Professoren haben ein lesenswertes Kompendium über den Bergbau im Schwarzwald herausgegeben.
Die Schwarzwalduhr. Jüttemann, Herbert. Verlag Regionalkultur, 2000. Hier erfährt man alles über das hiesige Uhrmacherhandwerk.
Schwarzwälder Kulturgeschichte. Kauß, Dieter. Schwarzwald-Verlag 2002. Der Autor beschreibt die Lebensverhältnisse am Beispiel der Höfe im Schwarzwälder Freilichtmuseum bei Gutach.

Kochbücher

Schwarzwald Vitalküche. Kieferle, Roy. Hirzel-Verlag, Stuttgart 2002. Leichtes und Köstliches vom allseits geschätzten Meister der Schwarzwälder Naturkostküche.
Kochen mit den Fallers. Stechl, Hans-Albert. Kochbuch mit Schwarzwälder Rezepten aus der beliebten Schwarzwald-TV-Serie des SWR.

Hörbuch und Video

Wilhelm Faller. Ein Leben im Schwarzwald. Amann, Lukas. Audio-CDs, Braun-Verlag, Kalrsruhe 2002.
Die Fallers erzählen Schwarzwaldgeschichten. Cantieni, Ursula. Audio-CD, Braun-Verlag, Karlsruhe 2001.
Die Schwarzwaldklinik. Vohrer, Alfred. AVU 2004. 2 DVD-Videos.

Medien

Radio

Die südwestdeutschen **Radiosender** – allen voran der SWR – sind über Ultrakurzwelle (UKW bzw. FM) zu empfangen. Sie sind auch die aktuellsten Informationsquellen über Veranstaltungen, Verkehr und das Wetter.

Fernsehen

Praktisch in jedem Fremdenzimmer steht ein **Fernsehapparat**. Unentgeltlich kann man die Programme öffentlich-rechtlicher Fernsehanstalten sehen. Dagegen hat man für den Konsum von Fernsehprogrammen einiger privater Anbieter zu zahlen (»Pay TV«).

Zeitungen und Zeitschriften

Weit verbreitete **Tageszeitungen** mit z. T. zahlreichen lokalen Ablegern sind der »Schwarzwälder Bote« aus Oberndorf am Neckar, das »Badische Tagblatt« aus Baden-Baden, die »Badische Zeitung« aus Freiburg im Breisgau, das »Offenburger Tageblatt«, der »Südkurier« aus Konstanz bzw. Waldshut, die »Badischen Neuesten Nachrichten« aus Karlsruhe sowie die »Pforzheimer Zeitung«.

Daneben gibt es noch eine größere Anzahl von **Wochenzeitungen** und wöchentlich erscheinenden **Anzeigenblättern**. Alle Zeitungen und Zeitschriften enthalten täglich bzw. wöchentlich Informationen, die für Touristen interessant sind, darunter Kinoprogramme, Veranstaltungshinweise etc. Auch sind diese Publikationen mit Online-Ausgaben im Internet vertreten.

Museen

Die wichtigsten Museen, Heimatstuben und Kunstsammlungen der Region sind im Hauptteil dieses Reiseführers (► Reiseziele von A bis Z) bei den jeweiligen Orten erwähnt. Hinsichtlich aktueller Öffnungszeiten und Eintrittsgebühren wende man sich an die lokalen Fremdenverkehrsbüros. Viele Museen sind montags geschlossen. Einige Ausstellungen gewähren Kindern, Schülern und Senioren Nachlässe. Größere Museen verfügen über Informationszentren und Besucherdienste. Auch Führungen nach besonderen Interessenschwerpunkten werden mitunter angeboten. Fast jedes Museum hat eine Theke, an der man Souvenirs, Postkarten etc. erwerben kann.

! *Baedeker* TIPP

Oberrheinischer Museums-Pass

Mit diesem Dokument hat man ein Jahr lang freien Eintritt in alle Dauer- und Sonderausstellungen von weit über 170 Museen, Schlössern, Klöstern und Gärten beiderseits des Oberrheins, also nicht nur in Deutschland, sondern auch in Frankreich und der Schweiz. Weitere Informationen: Verein Oberrheinischer Museums-Pass, Viaduktstr. 12, Postfach, CH-4002 Basel, Tel. 061 / 205 00 40 (CH), 0 76 21 / 161 36 34 (D), www.museumspass.com

Notrufe

WICHTIGE RUFNUMMERN

- **Polizei**
  Tel. 110
- **Erste Hilfe, Ambulanz, Feuerwehr**
  Tel. 112
- **ADAC-Pannenhilfe**
  Tel. (0 18 02) 22 22 22
  (vom Mobiltelefon ohne Vorwahl)
- **ACE-Notruf und Pannendienst**
  Tel. (0 18 02) 34 35 36

Post · Telekommunikation

Post

Filialen und Agenturen der Deutschen Post AG sind in der Regel Mo. – Fr. 9.00 – 18.00, Sa. 9.00 – 13.00 Uhr geöffnet. Briefmarken gibt es in den Postfilialen bzw. -agenturen. Briefmarkenautomaten sind an vielen zentralen Plätzen installiert. Auch an Zeitungskiosken und in Schreibwaren- und Souvenirläden kann man Briefmarken kaufen.

Internet-Cafés

In größeren Städten wie Freiburg, Karlsruhe und Pforzheim gibt es Internet-Cafés, in denen man gegen Bezahlung im Internet surfen und E-Mails verschicken kann. Eine lange Liste von Internet-Cafés findet man unter: www.worldofinternetcafes.de

Telekommunikation im Hotel

In vielen Hotels – vor allem in den größeren Städten – gehören Zimmer mit eigenen Telefon-, Fax-, Internet- bzw. PC-Anschlüssen zum Standard.

TELEFONDIENSTE

LÄNDERVORWAHL

- **von Deutschland**
  nach Österreich: 00 43
  in die Schweiz: 00 41
- **von Österreich und der Schweiz**
  nach Deutschland: 00 49

TELEFONAUSKUNFT

- **Inland**
  Tel. 11 8 33
- **Ausland**
  Tel. 11 8 34

Öffentliche Telefone An zentralen Plätzen bzw. vor wichtigen öffentlichen Gebäuden wie Rathäusern und Bahnhöfen sind Kartentelefone installiert. **Telefonkarten** erhält man an vielen Zeitungskiosken und Tankstellen sowie in vielen anderen Geschäften. An manchen öffentlichen Fernsprechern ist auch der Einsatz von Kreditkarten und **Calling Cards** einiger weltweit operierender Telefongesellschaften möglich.

Preise · Vergünstigungen

Kurtaxe Viele Kur- und Erholungsorte im Schwarzwald erheben eine Kurtaxe, mit der u. a. die Pflege von Kurparks, Wanderwegen usw. finanziert wird. Für Kinder ist in den meisten Fällen keine Kurtaxe zu entrichten. Schwerbehinderte, Rentner und Arbeitslose müssen in der Regel nur die Hälfte bezahlen.

Kurkarte In vielen Kur- und Erholungsorten gibt es für Gäste eine Kurkarte (z. T. gebührenpflichtig), die bei diversen Veranstaltungen zu ermäßigtem oder gar freiem Eintritt berechtigen. Nähere Informationen gibt es bei den örtlichen Kurverwaltungen bzw. Touristenbüros.

Schwarzwald-Gästekarte Mit der Anmeldung bei Gastgebern in zahlreichen diesem Programm angeschlossenen Urlaubsorten erhält man die Schwarzwald-Gästekarte, die die örtliche Kurkarte ersetzt. Mit der Schwarzwald-Gästekarte erhält man ermäßigte Eintritte in viele Attraktionen.

KONUS-Gästekarte ► Mit dem KONUS-Symbol versehen berechtigt die Schwarzwald-Gästekarte im Schwarzwald zur Gratisnutzung von Bussen und Bahnen. Ausgenommen sind IC- und ICE-Verbindungen sowie Bergbahnen. Die aktuellen Konditionen erfährt man unter: Tel. (0 18 05) 66 12 24, www.schwarzwald-tourismus.info/service/konus

Schwarzwald-Card Mit der SchwarzwaldCard erhält man freien Eintritt bzw. freie Fahrt bei rund 130 Attraktionen, darunter bei Freizeitparks (inkl. 1 Tag im Europapark), Erlebnis- und Thermalbädern, Museen, Bergbahnen, Skiliften (inklusive 1 Tag Liftverbund Feldberg), Schiffsrundfahrten, Besucherbergwerken und zahlreichen anderen Attraktionen. Die SchwarzwaldCard kann an drei frei wählbaren Tagen innerhalb einer Saison genutzt werden. Viele Attraktionen können jeweils einmalig auch außerhalb der drei Gültigkeitstage besucht werden. Die SchwarzwaldCard gibt es für Familien (2 Erwachsene und 3 Kinder bis maximal 17 Jahre), Erwachsene, Kinder (4 – 11 Jahre) und Kleinkinder (bis 3 Jahre). Die SchwarzwaldCard ist bei den meisten örtlichen Touristenbüros, bei den teilnehmenden Attraktionen sowie bei der Schwarzwald Tourismus GmbH (►Auskunft) erhältlich.

Hochschwarz-waldCard Diese Karte, die Urlauber bei ihren Gastgebern erhalten, ermöglicht die kostenlose Nutzung von über 50 Freizeitangeboten in der Region.

WAS KOSTET WIE VIEL?

Doppelzimmer ab 50 €

Einfaches Essen ab 7 €

Menü ab 25 €

Tasse Kaffee 1,80 €

Baden-Württemberg-Ticket

Bis zu 5 Personen oder Eltern bzw. Großeltern mit beliebig vielen eigenen Kindern respektive Enkelkindern können einen ganzen Tag lang (jeweils ab 9.00 Uhr bis 3.00 Uhr früh des nächsten Tages) mit Zügen der Deutschen Bahn AG durch den Schwarzwald bzw. durch ganz Baden-Württemberg reisen. Dieses Ticket kostet derzeit 29 €.

Schönes-Wochenende-Ticket

Dieses Ticket wird ebenfalls von der Deutschen Bahn AG zu den gleichen Bedingungen wie das Baden-Württemberg-Ticket (s. oben) ausgegeben. Das Wochenend-Ticket gilt ebenfalls nur einen Tag (samstags oder sonntags) und kostet derzeit 39 €. Weitere Informationen: DB ReiseService, Tel. 01 80 5 99 66 33 , www.bahn.de

RegioX RegioXplus

Im Geltungsbereich des Karlsruher Verkehrsverbundes (KVV), des Verkehrsverbundes Pforzheim-Enzkreis (VPE), der Verkehrsgesellschaft Bäderkreis Calw (VGC) und der Verkehrsgemeinschaft Landkreis Freudenstadt kann man die RegioX-Fahrkarte (1 Person) bzw. die RegioXplus-Fahrkarte (bis 5 Personen) erwerben. Jede dieser Karten ist ab Entwertung 24 Stunden lang gültig.

REGIO24

Im Geltungsbereich des Regio-Verkehrsverbundes Freiburg (RVF) ist die REGIO24-Fahrkarte für 1 oder für 5 Personen erhältlich. Auch diese beiden Fahrkarten gelten 24 Stunden lang ab Entwertung.

TGO Tagespass 24h

Im Geltungsbereich der Tarifgemeinschaft Ortenau ist ein ab Entwertung 24 Stunden lang gültiger Tagespass erhältlich, der zu Fahrten in bis zu 4 Tarifzonen berechtigt. Einen solchen Fahrschein gibt es für Einzelpersonen und für Familien.

EUROPASS 24h

Im Geltungsbereich des Tarifverbundes Ortenau sowie im Regionalverkehr der Straßburger Städtegemeinschaft (CUS) gibt es den EUROPASS für Einzepersonen und Familien. Auch dieser Fahrschein ist ab Entwertung 24 Stunden lang gültig. Nähere Informationen unter: Tel. (07 81) 80 56 43, www.ortenaulinie.de

WelcomeCard Karlsruhe

Mit diesem Ticket, derzeit 10,50 €, kann man unter der Woche 2 Tage, am Wochenende 3 Tage lang kostenlos mit Bussen und Bahnen durch die Fächerstadt fahren. Darüber hinaus erhält man Ermäßigungen bei Theater- und Museumsbesuchen, Stadt- und Hafenrundfahrten sowie bei einigen sonstigen touristischen Dienstleistungen. Dazu gibt es Gutscheine für einen Espresso am Marktplatz und ein Glas Bier in einer Brauereigaststätte. Weitere Informationen: KMK-Tourist-Information, Tel. (07 21) 37 20 53 83, www.karlsruhe.de

Reisezeit

Jederzeit eine Reise wert

Eine Reise wert ist der Schwarzwald zu jeder Jahreszeit. Im beginnenden **Frühling** faszinieren die westliche Vorbergzone sowie Kaiserstuhl und Tuniberg mit ihrer Obstblüte. Ganz nach Belieben ist der Frühling verlängerbar, hält er doch in den Hochlagen des Schwarzwalds erst im Mai seinen Einzug.

Der **Sommer** ist die Jahreszeit vielfältiger Freizeitmöglichkeiten und sportlicher Aktivitäten. Man kann aber auch in Ruhe entspannen und das Nichtstun genießen. Ohnehin wird es in den höheren Lagen des Schwarzwalds nur in Ausnahmefällen drückend heiß. Allerdings sollte man in den Sommermonaten stets auf ein Gewitter oder einem starken Regenguss vorbereitet sein.

Der **Herbst** ist die beste Jahreszeit für ausgedehnte Wanderungen und Rad- bzw. Mountainbike-Touren. Mit milden Temperaturen kann man bis weit in den Oktober hinein rechnen. Auch sorgt dann die tiefer stehende Sonne für ein stimmungsvolles Tageslicht. Besonders einladend präsentieren sich im September/Oktober die Weinorte der Ortenau, des Breisgaus, des Kaiserstuhls und des Markgräflerlandes. Dann findet an jedem Wochenende irgendwo ein Weinfest statt, bei dem man die Erzeugnisse der Region in fröhlicher Atmosphäre probieren kann.

Im **Spätherbst**, d. h. im November/Dezember gibt es schon mal triste trübe und neblige Tage und manchmal kommt es in dieser Zeit schon zu heftigen Schneefällen.

Im **Winter** ist das Wetter auf den Schwarzwaldhöhe oftmals viel besser als in den Tälern und in der dann neblig-kühlen Oberrheinebene. Oben herrschen nicht selten ideale Wintersport-Bedingungen vor. Und bei winterlichen Inversionswetterlagen kann man eine exzellente Fernsicht hinüber zu den Vogesen, zu den Höhen des Schweizer Jura und bis zu den Schweizer Alpen genießen.

Klimadiagramm ▶S. 23

Shopping

Einkaufen in hübschem Ambiente

Insbesondere die nett herausgeputzten Zentren größerer Städte wie Karlsruhe, Baden-Baden, Pforzheim, Freudenstadt, Freiburg und Villingen-Schwenningen mit ihren großzügig bemessenen Fußgängerzonen bieten vielfältige und abwechslungsreiche Möglichkeiten zum Bummeln und Einkaufen. Vor allem in Freiburg und Karlsruhe gibt es eine kaum überschaubare Vielfalt von Boutiquen, Designer- und Lifestyle-Geschäften. Aber auch kleinere von Touristen gern besuchte Städte wie Calw, Nagold, Ettlingen, Offenburg, Emmendingen und Lörrach bemühen sich um Kundschaft. Auf der Suche nach einem originellen und möglicherweise sogar landestypischen Souvenir wird man am ehesten in kleineren Spezialgeschäften fündig.

Uhrengeschäft bei Triberg

Landestypische Souvenirs

Beim Gedanken an Mitbringsel aus dem Schwarzwald fallen einem zunächst mal **Bollenhüte, Kuckucksuhren, Rauchfleisch und Tannenhonig** ein. Doch muss es sicher nicht für jeden eine Kuckucksuhr sein. Groß ist auch das Angebot an sonstigen Erzeugnissen traditioneller Handwerke. Besten Ruf genießt beispielsweise das Schwarzwälder **Kunsthandwerk aus Holz**. Die Palette reicht von der hübsch bemalten Spanschachtel über kunstvolle Drechslerarbeiten bis zu wunderschönen Truhen, Bilderrahmen etc. Typisch für den Schwarzwald sind auch **Korbwaren** und **Stroharbeiten**. In mehreren Glasbläsereien werden **Gläser**, Kelche, Karaffen usw. mundgeblasen.

Allerlei Genüsse

Die kulinarischen Souvenirs schlechthin sind für jeden Besucher des Waldgebirges **Schwarzwälder Schinken und Speck** (s. Baedeker Special Guide). Ebenfalls nicht zu verachten sind auch Schwarzwälder **Schwarzwurst, Leberwurst** und neuerdings auch **Kirschwasser-Salami**. Auch würziger **Bergkäse** aus dem Schwarzwald und geräucherte **Forellen** aus sprudelnden Schwarzwaldbächen sind als essbare Mitbringsel sehr begehrt. Beste Fleisch- und Wurstwaren sowie gute Milchprodukte gibt es auf den Wochenmärkten in der Region und vor allem auch in den immer zahlreicher werdenden Hofläden draußen auf dem Land.

Ein etwas kurzlebiges, aber ebenfalls sehr leckeres Mitbringsel ist die weltberühmte **Schwarzwälder Kirschtorte**. Haltbarer sind da schon der Tannenhonig und die Marmeladen aus Waldfrüchten.

Und dann sind da natürlich noch die »flüssigen« Spezialitäten der Region, allen voran das **Schwarzwälder Kirschwasser** (»Chriesewässerli«), gefolgt von **Obstwasser, Zwetschgenwasser** und **Himbeergeist. Weine** aus der Ortenau, dem Breisgau, dem Markgraflerland, von Kaiserstuhl und Tuniberg kauft man am besten beim Erzeuger bzw. bei den Winzergenossenschaften, zumal man die verschiedenen Sorten und Jahrgänge dort auch gleich probieren kann.

BESONDERE GESCHÄFTE

WURST UND FLEISCH

- **Metzgerei Dirr**
  Königschaffhauser Str. 17
  79346 Endingen am Kaiserstuhl
  Tel. (07462) 1627
  www.metzgerei-dirr.de
  Im Angebot: nach altbewährten Rezepten und mit besten Zutaten hergestellter Schinken; Fleisch aus heimischer Aufzucht, u.a. von Wollschweinen, Molkeschweinen und Hinterwälder Rindern.

- **Metzgerei Horst Wagner**
  Hauptstr. 54
  77736 Zell am Harmersbach
  Im Angebot: Badische Schäufele, Schwarzwälder Schinken, Kirschwassersalami, Bauernwurst, Blut- und Leberwurst, Dosenwurst

- **Tannenhof Schwarzwälder Fleischwaren GmbH**
  Gewerbestr. 4
  78078 Niederschach
  Tel. (07728) 9263-0
  www.tannenhof-schinken.de
  Im Angebot: Schwarzwälder Bio-Schinken und weitere Spezialitäten

- **Weitere Adressen im Baedeker Special Guide**

BRENNEREIEN

- **Brennerei Schneider**
  Bellenwaldstr. 87
  77656 Offenburg-Zunsweier
  Im Angebot: Edle Brände und Liköre (u.a. Kirschwasser, Zibärtle, Schlehe, Himbeer, Mirabellen, roter Topinambur)

- **Fichtenhof-Brennerei**
  Fichtenweg 5
  79774 Albbruck-Unteralpfen
  Im Angebot: Edle Brände und Geisten aus über zwei Dutzend verschiedenen Früchten. Spezialität des Hauses ist ein »Zigarrenbrand«, der so heißt, weil er im Barrique-Fass gereift ist.

- **Hausbrennerei Metzger**
  Tirolerstr. 8
  79848 Bonndorf-Holzschlag
  Im Angebot: Schnäpse und Edelbrände aus zwei Dutzend verschiedenen Obstsorten und von eigenen Streuobstbeständen.

HONIG

- **Imkerei Graf**
  Im Wechselfeld 7
  79271 St. Peter
  Im Angebot: Bester Tannenhonig, Gelée Royale, Honig-Met, Propolis, Bienenwachsprodukte

- **Obst- und Bienenprodukte Zimmermann**
  Breitmattstr. 9a
  77749 Hohberg-Hofweier
  Im Angebot: Blütenhonig, Tannenhonig, Gelée Royale, Honig-Met, Bienenwachsprodukte

FORELLEN

- **Forellenzucht Drafehn**
  Schuttertalstr. 1
  77960 Seelbach-Wittelbach
  Im Angebot: Regenbogen- und Lachsforellen (auch Filets) frisch und geräuchert, frische Karpfen

- **Forellenhof Eckert**
  Sägerstr. 28
  79737 Herrischried
  Im Angebot: Bach-, Regenbogen- und Lachsforellen (auch Filets) frisch und geräuchert

▶ **Forellenhof Petersmühle**
Rathausweg 7
75337 Enzklösterle
Im Angebot: Forellen-Spezialitäten in verschiedenen Variationen, frisch und geräuchert

▶ **Forellenhof Umkirch**
Forellenhofweg 1
79224 Umkirch
Im Angebot: Forellen frisch und geräuchert, Karpfen, Zander, Wels, Hecht

▶ **Forellenzucht Zordel**
An der Eyachbrücke
75305 Neuenbürg
Im Angebot: Forellen frisch und geräuchert, Forellenkaviar, Fischpasteten

WEIN

▶ **Weingut Blankenhorn**
Basler Str. 2
79418 Schliengen
Eine der besten Wein-Adressen Deutschlands. Im Angebot: Diverse Weine (u.a. Gutedel, Riesling, Weißer Burgunder, Chardonnay, Grauburgunder, Gewürztraminer, Spätburgunder Rotwein, Spätburgunder Weißherbst), Edelbrände, Essig

▶ **Wein- und Sektgut Harteneck**
Brezelstr. 15
79418 Schliengen
Vorzeige-Ökowinzer im Markgräflerland. Im Angebot: Diverse Öko-Weine (u.a. Gutedel, Grauburgunder, Spätburgunder, Dornfelder), Edelbrände, Rotweinessig, Traubensaft

▶ **Bio-Weingut Schaffner**
Hauptstr. 82
79268 Bötzingen
Einer der besten Ökowinzer der Gegend. Im Angebot: Diverse Rot-, Weiß- und Rosé-Weine, Winzersekt, Prosecco, Sekte, Essig, Weingelée, Nüsse

▶ **Weingut Dr. Schneider**
Rosenbergstr. 10
79379 Müllheim-Zunzingen
Der Wein reift hier und großen Holzfässern und kleinen Eichenholzfässchen (Barrique). Im Angebot: Diverse Weine (u.a. Gutedel, Gewürztraminer, Spätburgunder Weißherbst), Gutedel-Traubensaft, Edelbrände, Walnusslikör

ÖLE

▶ **Ölmühle Eberhardt**
Weilertalstr. 8
79410 Badenweiler-Oberweiler
Im Angebot: Öle aus Wal- und Haselnüssen und Kürbiskernen

▶ **Ölmühle Walz**
Appenweierer Str. 56
77704 Oberkirch
Im Angebot: Nussöl, Rapsöl, Traubenkernöl, Kürbiskernöl, Leinsamenöl, Weizenkeimöl

KÄSE

▶ **Chäs-Chuchi Gersbach**
Wehratalstr. 12
79650 Schopfheim-Gersbach
Hier wird naturbelassene Milch aus dem Hotzenwald verarbeitet. Im Angebot: Frischkäse, Weichkäse, Schnittkäse, Rotschmierenkäse

▶ **Käserei Glocknerhof**
Kaltwasser 2
79244 Untermünstertal
Nach alter Überlieferung wird Käse aus Kuh- und Ziegenmilch produziert. Im Angeboit: Münsterkäse, Bergkäse, Räucherkäse, Ziegenkäse sowie frische Molke

Angebot eines Hofladens im Markgräflerland

Märkte und Hofläden ►

Viele dieser kulinarischen Genüsse werden in den immer zahlreicher werdenden Hofläden von Bauernhöfen, Obst- und Weingütern sowie auf den Wochenmärkten angeboten. Jeden Tag (ausgenommen sind kirchliche Feiertage) werden auf dem Freiburger Münstermarkt Köstlichkeiten aus der Region feilgeboten.

Übernachten

Das Angebot an Übernachtungsmöglichkeiten reicht vom Luxus-Schlosshotel und komfortablem Hotel-Restaurant bis zum familiär-gemütlichen Gasthof und zur zweckmäßig eingerichteten Jugendherberge. In der sommerlichen Hochsaison und auch im Winter, besonders in den Weihnachts- und Faschingsferien, kann es vor allem in den bekannteren Ferienorten (Feldberg, Hinterzarten, Schluchsee usw.) zu Engpässen kommen, so dass rechtzeitige Reservierungen angeraten sind.

Hotels und Gasthöfe

Besonders luxuriöse Hotels findet man hauptsächlich in bekannten Kurorten wie Baden-Baden und Badenweiler sowie in den beiden Großstädten Freiburg und Karlsruhe. Aber auch in einigen bekannten Touristenorten wie Hinterzarten oder Schluchsee gibt es sehr komfortable Hotels. Am weitesten verbreitet sind im Schwarzwald gutbürgerliche Mittelklasse-Hotel-Restaurants, die vielfach aus altbekannten Gasthöfen hervorgegangen sind und die sich im Laufe der Zeit an die gestiegenen Ansprüche der Kundschaft angepasst haben.

Es gibt auch Häuser, die nicht nur Gästezimmer, Suiten und Appartements bieten, sondern auch Möglichkeiten für sportliche Aktivitäten, so etwa Golf- und Tennisplätze oder sonstige Sportangebote. Musterbeispiele für diese neue Generation im Beherbergungswesen sind das Hotel »Vier Jahreszeiten« am Schluchsee sowie das Kur- und Sporthotel »Dollenberg« in Bad Peterstal-Griesbach.

Eine Schwarzwälder Spezialität sind **gemütliche Landgasthöfe**, die meistens sehr ruhig und in reizvoller landschaftlicher Umgebung zu finden sind. Auch einige ehemalige und schön gelegene Schwarzwaldhöfe sind in den letzten Jahren liebevoll restauriert und zu hübschen Herbergen hergerichtet worden.

Preiskategorien

- Übernachtung mit Frühstück in der Hauptsaison (pro Person im Doppelzimmer)
  Luxus: ab 120 Euro
  Komfortabel: ab 70 Euro
  Günstig: unter 70 Euro

Pensionen, Privatzimmer, Bed & Breakfast

Im Schwarzwald gibt es noch viele private Vermieter, die Gästezimmer und Ferienwohnungen für Touristen bereithalten. Mitunter sieht man auch eine aus dem angelsächsischen Raum bekannte Bed & Breakfast-Unterkunft bzw. eine Pension, in der man nicht nur sein Haupt zur Ruhe legen kann, sondern darüber hinaus auch ein mitunter recht opulentes Frühstück genießen kann.

Apartments, Ferienhäuser und -wohnungen

Auch das Angebot an Ferienwohnungen bzw. Appartments und Ferienhäusern wird immer umfangreicher. Diese Unterkunftsform findet vor allem bei Familien mit Kindern starken Zuspruch. Zahlreiche dieser Unterkünfte kann man bei der Schwarzwald Tourismus GmbH und auch bei manchen Reiseveranstaltern buchen.

Ferien auf dem Bauernhof

Besonders bei Familien mit Kindern beliebt sind Ferien auf dem Bauernhof. Diese Urlaubsform ist nicht nur recht preiswert, sondern darüber hinaus können sich Alt und Jung am ländlichen Alltag beteiligen, d.h. mit Tieren umgehen, beim Heumachen helfen oder gar an Ausritten hoch zu Ross respektive Pony teilnehmen.

Wanderheime

Der Schwarzwaldverein und der Touristenverein »Die Naturfreunde« unterhalten im gesamten Schwarzwald rund 30 Wanderheime, die an den Bedürfnissen von Wanderern und Naturliebhabern ausgerichtet sind. Die meisten sind daher zweckmäßig eingerichtet, das eine oder andere Haus ist auch recht komfortabel.

Jugendherbergen

Im Schwarzwald gibt es über zwei Dutzend Jugendherbergen, die Gästen jeden Alters offen sehen. Voraussetzung für die Übernachtung ist ein gültiger Jugendherbergsausweis. Einige Jugendherbergen sind nur in der warmen Jahreszeit geöffnet. Die meisten Herbergen bieten ein breit gespanntes Sport- und Freizeitprogramm an. Wie nicht anders zu erwarten liegen die Schwerpunkte beim Wandern

ÜBERNACHTEN

HOTELS, PENSIONEN, FERIENWOHNUNGEN

► **Schwarzwald Tourismus GmbH**
Hauptgeschäftsstelle Freiburg
Postfach 1660
79016 Freiburg im Breisgau
oder:
Ludwigstr. 23
79104 Freiburg im Breisgau
Tel. (07 61) 896460
E-Mail: mail@schwarzwald-tourismus.info
www.schwarzwald-tourismus.info

Info- und Prospekt-Hotline
Tel. (07 61) 8 96 46 93
E-Mail:prospektservice@schwarzwald-tourismus.info

► **HRS Hotel Reservation Service**
Tel. (0 18 05) 47 70 00
www.hrs.de

► **hotel.de**
Tel. (0 18 05) 59 83 20
www.hotel.de

► **hotels.com**
Tel. (069) 9 45 19 20 74
http://de.hotels.com

► **Pensionen im Schwarzwald**
Tel. (0351) 4 10 88 50
www.deutsche-pensionen.de

FERIEN AUF DEM BAUERNHOF

► **Urlaub auf dem Bauernhof in Baden-Württemberg e. V.**
Friedrichstr. 43
79098 Freiburg
Tel. (07 61) 2 71 33 90
www.urlaub-bauernhof.de

► **Auf Du und Du mit der Schwarzwaldkuh**
Humboldtstr. 11
78166 Donaueschingen
Fax (0 77 21) 913 69 30
www.schwarzwaldkuh.de

WANDERHEIME

► **Schwarzwaldverein**
Schlossbergring 15
79098 Freiburg im Breisgau
Tel. (07 61) 3 80 53-0
www.schwarzwaldverein.de

► **Die NaturFreunde**
Landesverband Baden
Alte Weingartener Str. 37
76227 Karlsruhe
Tel. (07 21) 40 50 96
www.naturfreunde-baden.de

Landesverband Württemberg
Neue Str. 150
70186 Stuttgart
(07 11) 48 10 76
www.naturfreunde-wuerttemberg.de

JUGENDHERBERGEN

► **Deutsches Jugendherbergswerk**
Bismarckstr. 8
32756 Detmold
Tel. (0 52 31) 74 01-0
www.jugendherberge.de

CAMPING

► **Landesverband der Campingplatzunternehmer in Baden-Württemberg e. V.**
Rippoldsauer Str. 8
77776 Bad Rippoldsau-Schapbach
Tel. (0 78 39) 203
www.camping-lcbw.de

(Trekking), Radfahren (Biking) und natürlich beim Wintersport. Einige Herbergen offerieren auch Mal-, Foto- sowie Computerkurse und vielerlei andere Mitmach-Programme.

Camping

Im Schwarzwald, in der Vorbergzone und in der Oberrheinebene gibt es eine Vielzahl einfacher bis komfortabler Campingplätze. Fast alle sind in jüngerer Vergangenheit modernisiert oder gar neu angelegt worden. Das Spektrum reicht vom naturbelassenen Zeltplatz an einem idyllischen Bergsee bis zu fast schon luxuriösen Anlagen mit Animations- und Freizeitprogramm.

◂ Achtung Hundebesitzer!

Campingtouristen, die Hunde bei sich haben, sollten beachten, dass auf nicht wenigen Plätzen in der sommerlichen Hauptsaison keine Hunde geduldet werden.

Urlaub aktiv

Urlaub heißt im Schwarzwald oft Sporturlaub. Beliebte Aktivitäten sind Radeln und **Wandern**, **Golf** und Tennis spielen, **Reiten** und im Winter **Skilaufen**. In jüngerer Zeit sehr in Mode gekommen sind das **Nordic Walking**, das **Mountainbiking** und das Klettern. Daneben gibt es noch vielerlei andere Aktivitäten, so beispielsweise die Sportfliegerei, das Fallschirmspringen und das Drachenfliegen.
Nachstehend sind einige Sportmöglichkeiten aufgelistet. Darüber hinaus gibt es zahlreiche Veranstalter-Angebote, über die man sich bei der Schwarzwald Tourismus GmbH sowie bei den touristischen Auskunftsstellen der einzelnen Städte und Gemeinden informieren kann.

Zuschauersport

Fußball

Wie überall in Deutschland so zieht auch im Schwarzwald der Fußball Besucherscharen in seinen Bann. Spitzenklubs sind der **SC Freiburg** und der **Karlsruher SC,** zwei Clubs, die über Bundesliga-Erfahrung verfügen (derzeit SC Freiburg 1. Liga, KSC 2.Liga). So liegt es auch nahe, dass das an der Dreisam gelegene **Freiburger »badenova«-Stadion** und das **Karlsruher Wildparkstadion** die beliebtesten Fußball-Arenen am Schwarzwaldrand sind.

Handball

Auch der schnelle Ballsport mit den Händen erfreut sich starken Zuspruchs. Nicht nur Insidern bekannte Vereine sind die **TuS Schutterwald** und der **TSV Altensteig**.

Radsport

Jeden Sommer locken ferner wichtige **Radsport-Events** Abertausende von Zuschauer in den Schwarzwald. Vor ein paar Jahren passierten beispielsweise auch die Rad-Profis der **Tour de France** und der **Deutschland-Rundfahrt** Städte und Dörfer im Schwarzwald. Ein weiteres Highlight ist die im Spätsommer stattfindende **Rothaus Regio-Tour**, bei der schon viele bekannte Stars in die Pedale traten.

Wintersport

Auch im Winter kommt der Zuschauersport im Schwarzwald nicht zu kurz. Dann locken **Skisprung-Events** an der Hochfirst-Schanze bei Titisee-Neustadt, Hinterzarten, Schönwald und Schonach viele Besucher an. Der Schwarzwald hat ja schon manches Skispringer-Talent hervorgebracht. Man denke nur an Georg Thoma und seinen Neffen Dieter sowie an Sven Hannawald und Martin Schmitt.
Große **Skirennen** (u.a. auf der FIS-Strecke in Fahl) und wichtige Wettbewerbe der **Skilangläufer** und der **Nordischen Kombinierer** können sich über mangelndes Zuschauerinteresse nicht beklagen.
Dies gilt im übrigen auch für die **Eishockey-Spiele** der Bundesligisten **Wölfe Freiburg** und **Schwenninger ERC**.
Immer mehr Beachtung seitens der Zuschauer finden auch **Hornschlittenrennen** und **Hundeschlittenrennen**.

Wandern

Wandern

Das Wandern ist im Schwarzwald außerordentlich populär. Die **Hauptwanderwege** sind gut markiert. Sie erschließen die schönsten Gebiete des Gebirges zwischen Oberrheinebene und Neckar bzw. Bodensee. **Geführte Wanderungen** – oft mit natur- und landeskundlichen Erläuterungen – werden in allen Kur- und Erholungsorten, die etwas auf sich halten, sowie in den Naturschutzzentren am Feldberg und am Ruhestein angeboten. Auch viele Ortsgruppen des Schwarzwaldvereins bieten **Gästewanderungen** an. Guten Zuspruchs erfreuen sich Programme unter dem Motto **»Wandern ohne Gepäck«**. Dabei wird das Gepäck von einer Übernachtungsstation zur nächsten befördert, so dass der Wanderer selbst recht unbeschwert vorankommt. Auch die im Schwarzwald operierenden Nahverkehrsunternehmen haben inzwischen mit Unterstützung der Landkreise ihr **Wanderbusliniennetz** (▶Verkehr) beträchtlich ausgeweitet, so dass heute heute auch größere Wegstrecken problemlos ohne eigenes Auto bewältigt werden können. Übrigens: Ausführliche **Wanderbroschüren** und **Streckenbeschreibungen** sind bei den örtlich Touristenbüros, beim Schwarzwaldverein sowie im Buchhandel erhältlich.
In jüngerer Zeit sind im Schwarzwald auch einige **Qualitätswanderwege** zertifiziert worden. Der erste war der **Westweg** des Schwarz-

i Die schönsten Wanderwege

- Westweg (ca. 280 km). Einer der schönsten Fernwanderwege Deutschlands führt von Pforzheim über die höchsten Schwarzwaldhöhen (u.a. Hornisgrinde, Feldberg, Herzogenhorn oder Belchen) nach Basel.
- Mittelweg (ca. 230 km). Dieser Weg erschließt die reizvolle bäuerliche Kulturlandschaft zwischen Pforzheim und Waldhut mit romantischen Tälern und aussichtsreichen Höhen.
- Ostweg (ca. 240 km). Der Fernwanderweg führt von Pforzheim an der Ostabdachung des Schwarzwalds entlang südwärts zur Wutachschlucht und weiter nach Schaffhausen.
- Kandel-Höhenweg

Hauptwanderwege des Schwarzwaldvereins Orientierung

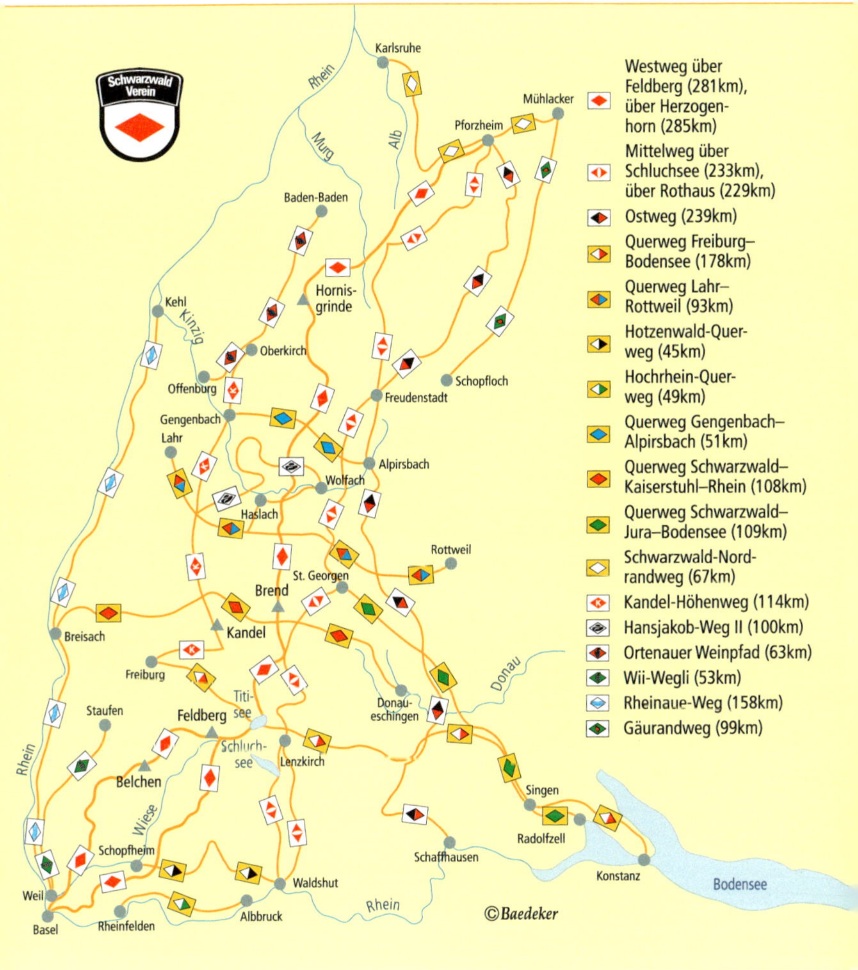

waldvereins (www.westweg.de). Hinzugekommen sind inzwischen der **Schluchtensteig** durch die Kerbtäler von Wehra und Wutach (www.schluchtensteig), der **Zweitälersteig** rund um Waldkirch, Kandel, Simonswäldertal und Elztal (www.zweitaelersteig.de) und der **Renchtalsteig** (www.renchtalsteig.de).

Der **Schwarzwaldverein** ist der älteste deutsche Gebirgs- und Wanderverein. Er wurde 1864 von Gastwirten und Industriellen in Frei- **Wandervereine** burg gegründet. Die Initiatoren wollten den besonderen Reiz des südwestdeutschen Gebirges einer breiteren Öffentlichkeit bekannt machen.

Schwarzwaldverein ▶ Der Schwarzwaldverein zählt heute rund 75 000 Mitglieder, die in 238 Ortsgruppen und über 70 Jugendgruppen organisiert sind. In seinem Gebiet unterhält der Verein rund 23 000 Kilometer **Wanderwege** sowie 24 **Wanderheime** und 64 **Aussichtstürme**. Darüber hinaus veranstaltet er Wanderungen, Führungen, Lehrgänge und Vorträge. In besonderem Maße engagiert sich der Verein im Natur- und Landschaftsschutz sowie in der Heimatpflege.

NaturFreunde ▶ Im Schwarzwald sehr aktiv sind auch die NaturFreunde, die sich sehr für einen »sanften« Tourismus und vor allem für den Naturschutz einsetzen. Auch sie sind in zahlreichen Ortsgruppen organisiert, bieten vielfältige **Aktivitäten draußen in der Natur** an und unterhalten im Schwarzwald etliche **Wanderheime** (▶Übernachten).

Nordic Walking

Ganz im Trend

Sehr in Mode gekommen ist seit einiger Zeit das Nordic Walking, das schnelle Gehen oder **Wandern mit Stöcken**, bei dem fast alle Muskelgruppen des Körpers trainiert und fast doppelt so viele Kalorien verbrannt werden wie beim normalen Gehen. Durch den Einsatz der Stöcke hat der Geher bzw. Wanderer auch Sicherheit in schwierigem Gelände. Außerdem wird der gesamte Bewegungsapparat durch den Stockeinsatz entlastet und zudem lösen sich Verspannungen im Schulter- und Nackenbereich. Nordic Walking eignet sich auch bestens für Menschen, die an Herz-Kreislauf-Problemen, Bluthochdruck, Diabetes und vielen anderen Vorerkrankungen leiden.

Vor diesem Hintergrund verwundert es nicht, dass der Schwarzwald heute als **»Europas größte Nordic-Walking-Region«** bezeichnet wird. Als erste haben natürlich einige bekannte Heilbäder beziehungsweise Kur- und Erholungsorte den neuen Volkssport für sich »entdeckt« und **Nordic-Walking-Parcours** angelegt. Inzwischen kann fast jeder Erholungsort im Schwarzwald mit einem markierten Nordic-Walking-Rundkurs aufwarten. Bis heute sind im gesamten Schwarzwald mehr als 600 Kilometer Nordic-Walking-Strecken markiert. Und permanent kommen weitere Strecken hinzu.

i Nordic-Walking-Rundkurse

- Gertelbach-Tour (bei Bühlertal; Länge: 5,2 km; Gesamtanstieg: 197 m)
- Schonach – Reinertonishof (Schonach 2; Länge: 6,3 km; Gesamtanstieg: 175 m)
- Spießhorn-Tour (bei Menzenschwand; Länge: 12,1 km; Gesamtanstieg: 493 m).
- Hinterzarten – Kesslerhöhe – Winterhalde (Länge: 7,8 km; Gesamtanstieg: 312 m).
- Breitnau – Ravenna (Länge: 7,3 km; Gesamtanstieg: 363 m)
- Riesenbühl-Tour bei Schluchsee (Länge: 11,5 km; Gesamtanstieg: 195 m)
- Titisee-Runde (Länge: 7 km; Gesamtanstieg 96 m)
- Martinskapelle – Brend (bei Furtwangen; Länge: 7 km; Gesamtanstieg: 110 m)
- Todtnauberg-Tour (Länge: 6,1 km; Gesamtanstieg: 131 m)

Der Schwarzwald lässt sich sehr schön auf dem Fahrrad erkunden.

Radfahren

Radeln ist »in«

In den letzten Jahren enorm zugenommen hat die Zahl jener Urlauber und Tagesgäste, die den Schwarzwald mit dem Rad erkunden, sei es mit dem einfachen **Tourenrad** oder mit dem High-Tech-**Mountainbike**. Und alle für den Schwarzwald-Tourismus Veranwortlichen haben reagiert. Das Radwegenetz ist großzügig ausgebaut und zahlreiche **Radwanderstrecken** sind ausgeschildert worden. Besonders hervorzuheben sind die Radwege in den Tälern von Rhein, Kinzig, Elz, Murg, Alb, Enz, Nagold und Neckar. Absolutes Highlight ist der 375 km lange **Schwarzwald-Radweg**, der von Karlsruhe über Berg und Tal südwärts nach Lörrach führt. Selbstverständlich passiert er viele attraktive Orte wie Dobel, Gernsbach, die Schwarzenbach-Talsperre, die Hornisgrinde und den Mummelsee, Haslach im Kinzigtal und die Brend sowie den Titisee den Feldberg und den Belchen. Allerdings braucht man für diesen Weg eine gute Kondition! Weniger anspruchsvoll und mit 100 km Streckenlänge auch viel kürzer, aber dennoch sehr schön und abwechslungsreich ist der neu ausgeschilderte **Schwarzwälder Höhen-**

! *Baedeker* TIPP

Click & Bike

Die besten Mountainbike-Touren im Schwarzwald können am PC mit Internet-Zugang virtuell abgefahren werden. Selbstverständlich gibt es informative Karten und Bilder sowie ganze Video-Sequenzen zu sehen. Zu finden unter: www.mountainbike-schwarzwald.de

radweg West, der vom Kloster Maulbronn aus via Pforzheim, Dobel, Kaltenbronn und Seewald nach Freudenstadt führt.

Die meisten Radwege verlaufen abseits stark befahrener Hauptstraßen. Unterwegs findet man viele **Gaststätten und Beherbergungsbetriebe**, die sich auf Radwanderer eingestellt haben. Auch der öffentliche Nahverkehr hat sich auf »Pedalritter« eingestellt und auf einigen Strecken die Mitnahme von Fahrrädern ermöglicht.

Mountainebike-Touren ► Für viele Mountainbike-Piloten ist der Schwarzwald inzwischen zum »Biker´s Paradise« herangereift, können sie sich doch inzwischen auf über 2500 markierten Tourenkilometern austoben. Mehrere Orte – allen voran **Bad Wildbad, Todtnau, Bühlertal, Furtwangen, Hinterzarten, Schluchsee** und **Menzenschwand** – haben ihre Herzen besonders weit für Mountainbiker geöffnet und bieten Mountainbike-Strecken und -Rundkurse für jeden Geschmack.

Bike-Parks ► Von April bis Oktober können sich Mountainbiker im **Bikepark Bad Wildbad** (Downhill: 1,5/1,7 km; Freeride: 1,4/1,7 km; Parcours und Biker-X, Dual-Slalom) sowie im **MTB-Funpark Todtnau** (Downhill: 2,7 km; Wildride: 3,2 km; Freeride: 4,4 km; Northshore Trails) gehörig austoben.

Wassersport

Angeln Beste Bedingungen finden Angler im Schwarzwald vor, gibt es hier doch viele fischreiche Wasserläufe, Seen und Teiche. Besonders begehrt sind natürlich die **Schwarzwaldforellen, Regenbogenforellen** und **Lachsforellen**. Einige Zuchtbetriebe haben Angelparks angelegt, aus denen die Kunden »ihre« Fische mit wenig Aufwand angeln können. **Karpfen, Hechte, Barsche** und **Aale** kann man mit etwas Glück in den alten Flussarmen in den Rheinauewäldern fangen.

Wer im Schwarzwald angeln will, muss einen **gültigen Jahresfischereischein** vorweisen. Zusätzlich benötigt der Hobbyfischer eine Angelberechtigung für das Gewässer, in dem er Fische fangen will. Diese Berechtigungen gibt es vor Ort.

> ! *Baedeker* TIPP
>
> **Forellenangelsaison**
>
> Hauptangelsaison für die Schwarzwaldforellen ist die Zeit von Mai bis August. Die Forellen laichen zwischen Oktober und Januar. Die Schonzeit dauert von Mitte September bis Mitte März.

Schwimmen, Segeln, Surfen, Tauchen Im Schwarzwald gibt es etliche schöne **Naturseen** und auch einige **Stauseen**, die zum **Baden** einladen. **Schwimmen** kann man auch in einigen **Baggerseen** in der Rheinebene.

Segler und **Surfer** können ihrer Passion auf dem Schluchsee im Hochschwarzwald ebenso fröhnen wie auf dem Nagoldstausee im Nordschwarzwald oder auf manchem Baggersee bzw. Altrheinarm in der Oberrheinebene. Begeisterte Hobby-**Taucher** tummeln sich vor allem am Schluchsee und kommen auch im Winter zum Eistauchen hierher.

Kanu, Kajak, Rafting

Bei **Kanuten** und **Kajakern** beliebte Reviere sind die Enz bei Bad Wildbad, die Murg bei Forbach, die Wehra bei Wehr und der Neckar bei Horb, Sulz und Rottweil. Auch auf dem Schluchsee sowie auf dem Altrhein zwischen Neuenburg und Breisach sowie auf dem Rhein bei Endingen am Kaiserstuhl kann man für größere Wildwasserabenteuer üben.

Wintersport

Der Schwarzwald ist die Wiege des Skisports in Deutschland. Die ersten tollkühnen Mäner sausten in den 1890er-Jahren an den Hängen des Feldbergmassivs zu Tal. **1891 wurde in Todtnau der erste Skiklub Deutschlands gegründet.** Und auch bei den technischen Aufstiegshilfen hatten Schwarzwälder Tüftler die Nase vorn: 1906 surrte an einem Hang im Schollachtal bei Titisee-Neustadt der erste patentierte Skilift der Welt. Dass viele Schwarzwälder begeisterte Skiläufer und Skispringer sind, weiß man spätestens seit 1960, als Georg Thoma aus Hinterzarten olympisches Gold nach Hause brachte. In der jüngeren Vergangenheit machten Schwarzwälder Skispringer-Talente wie Martin Schmidt und Sven Hannawald von sich reden.

Ski alpin

Freunde des alpinen Skisports finden auch im Schwarzwald gute Hänge zum Üben. Viele dieser Hänge sind durch Skilifte erschlossen, einige werden abends sogar mit Flutlicht beleuchtet. Im Nordschwarzwald gibt es über 40 Skilifte und über 60 km präparierte Pisten. Brennpunkte des Skisports im Nordschwarzwald sind die **Abfahrten an der Schwarzwaldhochstraße** (Unterstmatt, Mehliskopf, Kurhaus Sand, Ruhestein, Schliffkopf, Zuflucht, Alexanderschanze und Kniebis), ferner Enzklösterle, Seebach, Besenfeld, Baiersbronn, Kaltenbronn, Dobel, Schömberg, Freudenstadt und Lossburg.

Im mittleren Schwarzwald gibt es gut zwei Dutzend Schlepplifte und 50 km präparierte Pisten. Viel besuchte Wintersportplätze sind hier vor allem Triberg, **Schönwald, Schonach**, Furtwangen, **Neukirch**, Lauterbach und Tennenbronn.

Weit über 200 km präparierte Pisten und zirka 140 Liftanlagen gibt es im Südschwarzwald.

Das »Mekka« der Skiläufer im Südschwarzwald ist die **Region Feld-**

Wintersport am Kniebis

berg – Menzenschwand – Todtnau, deren zahlreiche Skilifte im Liftverbund Feldberg zusammengeschlossen sind. Weitere Alpinski-Tummelplätze im Südschwarzwald sind Todtmoos, Breitnau, Lenzkirch-Saig, Hinterzarten, Schluchsee, Blasiwald, Häusern, Höchenschwand sowie der Schauinsland bei Freiburg und der Belchen.

Snowboarding Seit einigen Jahren tummeln sich auf vielen Pisten auch Snowboarder, die hier im Schwarzwald geradezu ideale Voraussetzungen zum Erlernen und Einüben ihrer Sportart vorfinden. Leider kommt es nicht selten zu Interessenkollisionen von Skiläufern und Snowboardern. Angesagte Boarder-Treffs sind der **Mehliskopf** und der **Kniebis** an der Schwarzwaldhochstraße sowie die Bereiche **Seebuck, Grafenmatt** und **Todtnauberg** in der Skiregion Feldberg – Todtnau.

Skilanglauf Im gesamten Schwarzwald werden bei entsprechender Schneelage Hunderte Kilometer Loipen gespurt. Für besonders sportliche Langläufer präpariert man an einigen Brennpunkten auch Skating- und Siitonen-Spuren. Tolle Loipen für ambitionierte Skilangläufer gibt es u. a. am **Herzogenhorn**, in den Räumen **Bernau** und **Menzenschwand**, im Raum **Schluchsee – Grafenhausen**, im Bereich **Todtnauberg – Notschrei**, bei Titisee-Neustadt und Hinterzarten, am **Thurner** sowie in den Räumen **Furtwangen, Schönwald, Schonach, Freudenstadt** und auch entlang der **Schwarzwaldhochstraße**.

i Schneetelefon

- Feldberg Tel. (0 76 76) 12 14
- Freudenstadt Tel. (0 74 42) 69 22
- Schönwald Tel. (0 77 22) 96 48 10

Skispringen Der nordische Skisport erfreut sich im Schwarzwald großer Beliebtheit. An etlichen Stellen in dem Waldgebirge sind Sprungschanzen angelegt, darunter auch Großschanzen wie in **Hinterzarten, Schonach** und am **Hochfirst** bei Titisee-Neustadt, auf denen auch internationale Wettbewerbe ausgetragen werden.

Sonstiger Aktivsport

Reiten Seit dem Mittelalter gibt es vor allem im südlichen Schwarzwald eine eigenständige bäuerliche Pferdezucht. Besonders bekannt ist das **Schwarzwälder Kaltblut**, das sich durch Zähigkeit, Ausdauer, Gutmütigkeit und ein langes Leben als Arbeitspferd auszeichnet. Nicht minder bekannt ist der **Schwarzwälder Fuchs**, der heute mehr und mehr als Pferd für Sport und Freizeit genutzt wird. So ist es auch nicht verwunderlich, dass es im Schwarzwald heute zahlreiche **Reiterhöfe** sowie Reit- und Fahrvereine gibt, die Urlaubern die Möglichkeit bieten, sich in die Sättel zu schwingen und die vielen ausgewiesenen **Reitwege** zu erkunden. Auch **Kutsch- und Kremserfahrten** werden angeboten. Die örtlichen Touristenbüros halten umfangreiches Informationsmaterial zum Thema Reiten bereit.

Auch passive Pferdeliebhaber kommen im Schwarzwald auf ihre Kosten und zwar als Zuschauer bei den **Galopprennen in Iffezheim** bei Baden-Baden sowie beim **CHI Donaueschingen** bzw. **Prinz Kari zu Fürstenberg-Reitturnier** im Schlosspark von Donaueschingen.

Sportfliegerei

Zu den schönsten Varianten, den Schwarzwald zu erleben, gehört wohl ein Flug mit dem Motor- oder Segelflieger bzw. mit dem Heißluftballon über die sonnenbeschienenen Berge und Täler. **Motorflieger** und **Helikopter** starten u.a. auf den Flugplätzen von Freiburg, Baden-Baden, Villingen-Schwenningen und Donaueschingen zu Rundflügen über das Waldgebirge.
Segelflugplätze gibt es u.a. in Bad Dürrheim, Blumberg, Dornstetten, Elzach, Ettenheim, Gaggenau, Kirchzarten, Löffingen, Nagold, Rickenbach und Titisee-Neustadt.
Möglichkeiten zu **Ballonfahrten** bestehen u.a. in Bad Bellingen, Bad Dürrheim, Baden-Baden, Gaggenau, Kirchzarten, Müllheim, Pforzheim und Villingen-Schwenningen.
Drachen- und Gleitschirmflieger können ihre Sportarten ausüben u.a. in Bad Herrenalb, Baiersbronn, Bernau, Blumberg, Buchenbach, Elzach, Enzklösterle, Loffenau, Münstertal, Neuenweg, Rickenbach, Schönau, St. Peter, Seebach, Todtmoos, Todtnau und Winden.

Golf

Passionierte Golfer, aber auch Anfänger in dieser Sportart können ihre Fähigkeiten inzwischen auf über zwei Dutzend Golfplätzen unter Beweis stellen. Besonders schöne Anlagen gibt es u.a. bei Baden-Baden, Bad Herrenalb, Donaueschingen, Freudenstadt, Kandern, Königsfeld und Rickenbach.

Klettern

Angesichts der herrlichen Wälder und Wiesen vermutet man kaum, dass es im Schwarzwald auch einige interessante Gebiete für Felskletterer gibt. Dazu gehören vor allem die **Battertfelsen** bei Baden-Baden und der **Falkenstein** bei Bad Herrenalb, aber auch der **Gfällmattfelsen** und der **Scheibenfelsen** bei Oberried, der **Windbergfelsen** bei St. Blasien sowie die **Katharinenfluh** am Schluchsee. Klettern kann man auch im »Black Wood Boulder Garden« und am **Klingelfelsen** bei Todtnau sowie im felsigen Schlüchttal bei Ühlingen-Birkendorf.

Verkehr

Bahnverkehr

Das Bahnliniennetz im Schwarzwald ist verglichen mit anderen Berggebieten noch vergleichsweise engmaschig. **Regional- bzw. S-Bahn-Züge** der Deutsche Bahn AG sowie mehrerer regionaler Verkehrsgesellschaften und Verkehrsverbünde verkehren in allen dichter besiedelten Tälern des Schwarzwalds, so auch im Kinzig-, Murg-, Nagold- und Hochrheintal. Die Höllental- und die Drei-Seen-Bahn fährt von

Freiburg zum Titisee und zum Schluchsee hinauf. Die Schwarzwaldbahn fährt diagonal durch den Schwarzwald und zwar von Offenburg durch das Kinzig- und Gutachtal nach Triberg und weiter hinauf nach Villingen-Schwenningen. Alle größeren Städte im Schwarzwald sind per Bahn erreichbar. Alle wichtigen Bahnstrecken sind im Kapitel »Anreise« aufgelistet (s. S. 70/71).

Busverkehr Von allen Bahn-Endhaltestellen sichern Linienbusse die Verbindungen mit abgelegeneren Tälern und Ortschaften im Schwarzwald. Im Südschwarzwald und im mittleren Schwarzwald unterhält die Omnibusgesellschaft **Südbadenbus GmbH** ein ziemlich engmaschiges Busliniennetz, an das alle größeren Siedlungen und Touristenorte angeschlossen sind.

Im nördlichen Schwarzwald verkehren Linienbusse der **Südwest Bus GmbH**. Auch sie verbinden abgelegene Ortschaften mit den nächsten Bahnhöfen oder wichtigen Städten.

Die Fahrpläne der einzelnen Bus- und Bahnlinien sind neuerdings recht gut aufeinander abgestimmt.

Verkehrsverbünde Im Schwarzwald teilen sich Untergliederungen der Deutschen Bahn AG sowie mehrere regionale Verkehrsgesellschaften den öffentlichen Personennahverkehr. Es sind dies: der Regio-Verkehrsverbund Freiburg, der Karlsruher Verkehrsverbund, die Verkehrsgesellschaft Bäderkreis Calw, der Verkehrsverbund Pforzheim-Enzkreis, die Verkehrsgemeinschaft Landkreis Freudenstadt, der Verkehrsverbund Schwarzwald-Baar, der Waldshuter Tarifverbund und der Regio Verkehrsverbund Lörrach. Im Landkreis Rottweil sind hauptsächlich zwei Busunternehmen zuständig: SüdbadenBus und Regionalbusverkehr Südwest.

Taxi In allen größeren Städten und viel besuchten Touristenorten stehen Taxis in genügender Zahl bereit. In abgelegenen Gebieten hat man allerdings mitunter etwas Mühe, ein Taxi zu einem gewünschten Zeitpunkt zu erhalten. Die örtlichen Touristenbüros sowie die Rezeptionen der Unterkünfte helfen im Bedarfsfall weiter.

Mietwagen In größeren Städten wie Karlsruhe, Pforzheim und Freiburg sowie in einigen größeren Touristenzentren unterhalten bekannte Mietwagenfirmen Vertretungen. Auch an den Rezeptionen größerer Hotels kann man problemlos Mietwagen buchen.

Parken Sein Auto preiswert und einigermaßen legal abzustellen ist oft ein Problem, zumal in den meist verkehrsberuhigten Innenstädten und auch in stark besuchten Touristenorten wie Titisee und Triberg. Etliche Städte und Gemeinden haben aus diesem Grund in jüngerer Zeit moderne Parkhäuser und auch geräumige Parkplätze eingerichtet, letztere allerdings oftmals am Ortsrand. Zudem werden mitunter recht hohe Parkgebühren kassiert.

VERKEHR

MIETWAGEN

- **Avis**
  Tel. (0 18 05) 21 77 02
  www.avis.de

- **Budget**
  Tel. (0 18 05) 21 77 11
  www.budget.de
  www.budgetinternational.com

- **Europcar**
  Tel. (0 18 05) 80 00
  www.europcar.de

- **Hertz**
  Tel. (0 18 05) 333 535
  www.hertz.de

- **holiday autos**
  Tel. (0 18 05) 17 91 91
  http://holidayautos.de

- **Sixt**
  Tel. (0 18 05) 25 25 25
  www.sixt.de

ÖFFENTLICHER PERSONENNAHVERKEHR

- **Deutsche Bahn AG**
  Tel. (0 18 05) 99 66 33
  www.bahn.de

- **Regio-Verkehrsverbund Freiburg**
  Tel. (07 61) 2 07 28-0
  www.rvf.de

- **Karlsruher Verkehrsverbund**
  Tel. (07 21) 61 07 58 85
  www.kvv.de

- **Verkehrsgesellschaft Bäderkreis Calw**
  Tel. (0 70 51) 96 88 50
  www.vgc-online.de

! *Baedeker* TIPP

Schwarzwaldbahn-Bonusheft

Mit einem kostenlosen Bonusheft der DB Regio können Bahnreisende 14 attraktive Sehenswürdigkeiten entlang der Schwarzwaldbahn-Strecke zu reduzierten Eintrittspreisen besichtigen.

- **Verkehrsverbund Pforzheim-Einzkreis**
  Tel. (0 72 31) 39 22 88
  www.vpe.de

- **Verkehrsgemeinschaft Landkreis Freudenstadt**
  Tel. (0 74 43) 24 73 40
  www.vgf-info.de

- **Verkehrsverbund Schwarzwald-Baar**
  Tel. (0 77 21) 92 85 20
  www.v-s-b.de

- **Waldshuter Tarifverbund**
  Tel. (0 77 51) 89 64-0
  www.wtv-online.de

- **Regio Verkehrsverbund Lörrach**
  Tel. (0 76 21) 41 54 60
  www.rvl-online.de

- **Südbadenbus**
  Tel. (07 61) 3 68 03-0
  www.suedbadenbus.de

- **SüdwestBus GmbH**
  Tel. (07 21) 84 06-0
  www.suedwestbus.de

FAHRPLANAUSKUNFT

- **3-Löwen-Takt**
  Tel. (07 11) 239 91-0
  www.3-loewen-takt.de

Wellness · Kur

Heilwasser und Heilklima

In Sachen Wellness, Kur und Erholung haben der Schwarzwald und seine Vorberge einiges zu bieten – und das schon seit der Römerzeit. Heute gibt es hier zwölf **Heilbäder**, drei **Orte mit Heilquellenkurbetrieben**, neun **Kneippkurorte** und beinahe zwei Dutzend **heilklimatische bzw. Luftkurorte** (die meisten sind im Hauptteil dieses Buches beschrieben). Badekuren, stationäre Kuren und Rehabilitationskuren im Anschluss an Klinikaufenthalte werden im Schwarzwald seit langem durchgeführt. Die Palette der **Heilanzeigen** reicht von Herz- und Kreislauferkrankungen, vegetativen Stoffwechselstörungen und psychosomatischen Erkrankungen über Atemwegserkrankungen bis zu rheumatischen Erkrankungen, Rückenbeschwerden und anderen Erkrankungen des Bewegungsapparates.

Die **Mineral-, Thermal- und Solebäder** im Schwarzwald haben in der jüngeren Vergangenheit eine erhebliche Aufwertung erfahren durch die Schaffung weitläufiger **Bade- und Saunalandschaften** und die Einrichtung diverser **Fitness-Angebote**.

Wellness & Fitness

Alle Kurorte und besseren Hotels im Schwarzwald, die etwas auf sich halten, werben heute mit ihren zahlreichen und breit gefächerten **Gesundheits-, Wellness-, Fitness- und Beauty-Angeboten**. An einer wachsenden Zahl von Orten kann man in die wohlig-warmen Fluten von Thermalbädern steigen, in bestens ausgestatteten Wellness-Hotels neue Energien tanken und sich in ursprünglicher Natur wohlfühlen. Licht- und Klangbäder werden ebenso offeriert wie japanische Heilkunst und südasiatische Ayurveda-Anwendungen.

Thermen mit »Wellness Stars«

Mit dem Qualitätssiegel »Wellness Stars Therme« sind im Schwarzwald acht Heilbäder, Thermen bzw. Bädereinrichtungen aufgewertet. Mit fünf Sternen ausgezeichnet sind: das **Friedrichsbad** und die **Caracalla-Therme** in Baden-Baden, die **Cassiopeia-Therme** in Badenweiler, das Gesundheitszentrum **Solemar** in Bad Dürrheim sowie das Gesundheitszentrum **Vita Classica** in Bad Krozingen.

Mit vier Sternen ausgezeichnet sind die **Siebentäler-Therme mit Prießnitz-Spa** sowie Licht- und Klangbad in Bad Herrenalb, das **Palais Thermal** in Bad Wildbad sowie die **Albtherme** in Waldbronn.

Hotels mit »Wellness Stars«

Knapp drei Dutzend Hotels im Schwarzwald können neuerdings mit einem **»Wellness Stars«-Gütesiegel** aufwarten. Mit Wohlfühl-Sternen ausgezeichnete Beherbergungsbetriebe müssen strengen Anforderungen entsprechen. Verlangt werden Bade- und Saunalandschaften sowie Beauty-Farms, die in architektonischer Sicht ansprechend gestaltet sind. Ferner müssen die Gäste aus einem breiten Angebot von Sport- und Fitness-Möglichkeiten auswählen können. Darüber hinaus wird Wert gelegt auf fachlich geschultes Personal sowie eine gesunde Ernährung mit frischen und vitaminreichen Produkten.

HERAUSRAGENDE WELLNESS-HOTELS

BAD DÜRRHEIM

▶ **Parkhotel Waldeck-Schrenk**
Tel. (0 77 26) 66 31 00
www.hotel-waldeck.com

BADEN-BADEN

▶ **Brenners Parkhotel**
Tel. (0 72 21) 90 00
www.brenners.com

▶ **Dorint Sofitel Messmer**
Tel. (0 72 21) 30 12-0
www.dorint.com/de/hotel-baden-baden

▶ **Radisson Blu Badischer Hof**
Tel. (0 72 21) 93 40
www.hotel-badischerhof-badenbaden.de

BAD TEINACH

▶ **Bad-Hotel**
Tel. (0 70 53) 29-0
www.bad-hotel.de

BAIERSBRONN

▶ **Traube Tonbach**
Tel. (0 74 42) 492-0
www.traube-tonbach.de

▶ **Bareiss**
Tel. (0 74 42) 47-0
www.bareiss.com

▶ **Schliffkopfhotel**
Tel. (0 74 49) 920 0
www.schliffkopf.de

DONAUESCHINGEN

▶ **Öschberghof**
Tel. (07 71) 84-0
www.oeschberghof.com

ETTLINGEN

▶ **Hotel Erbprinz**
Tel. (0 72 43) 322-0
www.erbprinz.de

HINTERZARTEN

▶ **Parkhotel Adler**
Tel. (0 76 52) 127-0
www..parkhoteladler.de

FREUDENSTADT

▶ **Wellnesshotel Palmenwald Schwarzwaldhof**
Tel. (0 74 41) 88 87-0
www.palmenwald.de

LENZKIRCH

▶ **Hotel Saigerhöh**
Tel. (0 76 53) 685-0
www.saigerhoeh.de

SCHLUCHSEE

▶ **Hotel Vier Jahreszeiten**
Tel. (0 76 56) 70-0
www.vjz.de

▶ **Hotel Auerhahn**
Tel. (0 76 56) 97 45-0
www.auerhahn.net

SCHÖNWALD

▶ **Hotel zum Ochsen**
Tel. (0 77 22) 8 66 48-0
www.ochsen.com

TITISEE-NEUSTADT

▶ **Seehotel Wiesler**
Tel. (0 76 51) 98 09-0
www.seehotel-wiesler.de

TODTNAUBERG

▶ **Hotel Mangler**
Tel. (0 76 71) 96 93-0
www.mangler.de

WOLFACH

▶ **Silence-Hotel Adler**
Tel. (0 78 36) 93 78-0
www.wellnesshotel-adler.de

Touren

HERRLICHE WÄLDER, SONNIGE HÖHEN, ROMANTISCHE TÄLER, LIEBLICHE OBSTWIESEN UND REBENHÄNGE, STOLZE BURGEN UND SCHLÖSSER, MALERISCHE FACHWERKSTÄDTCHEN, BERÜHMTE KURBÄDER – IM SCHWARZWALD GIBT ES FÜR JEDEN ETWAS!

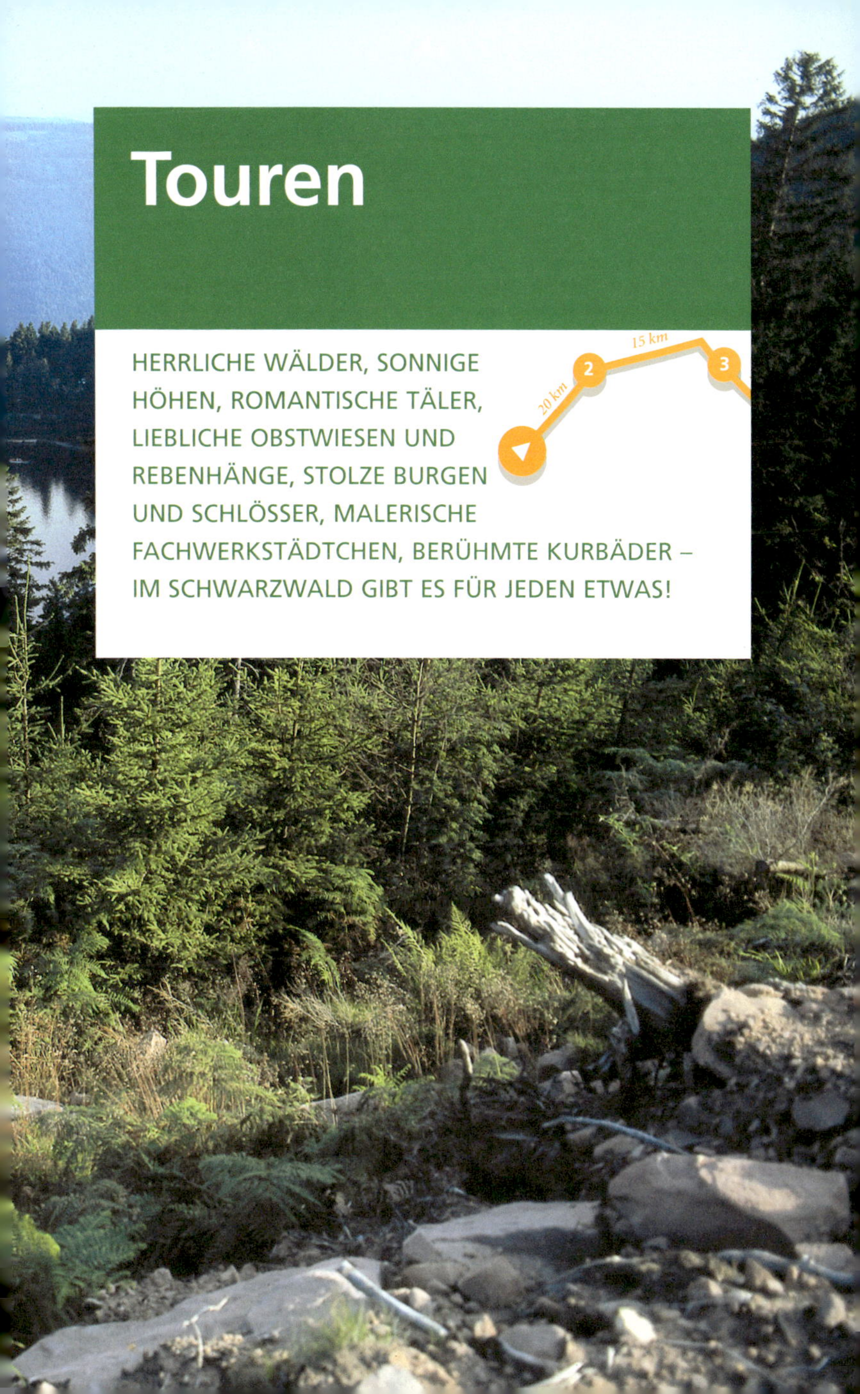

TOUREN IM ÜBERBLICK

Die Landschaft in Deutschlands Südwesten lockt mit herrlichen Aussichten und interessanten Einsichten, bietet jede Menge Ziele für Kulturbeflissene, für Naturfreunde und für Freiluft-Aktivisten. Sie kann aber auch mit alten Klöstern, freundlichen Dörfern und sehenswerten Städten aufwarten. Es folgen einige Vorschläge und Tipps für erlebnisreiche Ausflüge.

TOUR 1 **Durch den nördlichen Schwarzwald**
Geschichtsträchtige Städte wie Pforzheim, Calw und Freudenstadt, berühmte Heilbäder wie Baden-Baden und Bad Wildbad sowie die aussichtsreiche Schwarzwaldhochstraße machen diese Rundfahrt zum Erlebnis. ▸ **Seite 113**

Nachkriegsarchitektur *prägt den Marktplatz in Freudenstadt. Im Bild: das Rathaus*

TOUR 2 **Von der Kinzig auf die Baar**
Die Tour folgt zunächst der Kinzig talaufwärts, passiert das malerische Gengenbach und biegt beim Vogtsbauernhof ins Gutachtal ab, um via Triberg nach Villingen-Schwenningen und Donaueschingen hinaufzuführen. ▸ **Seite 116**

TOUR 3 **Eine Runde durch den Hochschwarzwald**
Die aussichtsreiche Runde führt von Freiburg über Waldkirch hinauf zum Kandel. Dann fährt man weiter nach St. Peter und zum Titisee. Über den Feldbergpass geht es hinunter nach Todtnau und von dort hinauf auf den Schauinsland, Freiburgs Hausberg. ▸ **Seite 118**

TOUR 4 **Durch den südlichen Schwarzwald**
Interessante Städte wie Waldshut und Bad Säckingen, berühmte Klöster wie St. Blasien und Münstertal sowie idyllische Seen lernt man auf dieser Rundfahrt kennen. ▸ **Seite 120**

Viel Fachwerk *gibt es in Gengenbach im Kinzigtal zu sehen.*

TOUR 5 **Wellness, Wein und Römer**
Vom Kaiserstuhl ins Markgräflerland schlängelt sich diese Tour. Höhepunkte sind die Europastadt Breisach sowie die Heilbäder Bad Krozingen, Badenweiler und Bad Bellingen. ▸ **Seite 122**

Tollen Schmuck
sieht man in der Goldstadt Pforzheim

Eine riesige Kuppel
überwölbt den Dom von St. Blasien

Mittelalter und Moderne
Das moderne Kurhaus von Badenweiler unter der Burgruine

Unterwegs im Schwarzwald

Auf in den Schwarzwald!

Das landschaftlich vielfältige Waldgebirge im deutschen Südwesten gehört zusammen mit seinen von Obstwiesen und Weinterrassen geprägten Vorbergen zu den beliebtesten Ferienregionen Mitteleuropas. Die touristische Infrastruktur ist bestens ausgebaut. Hier gibt es berühmte Heilbäder, geschichtsträchtige Städte, malerische Fachwerkdörfer, prunkvolle Schlösser und reiche Museen. Abwechslungsreiche Täler, wildromantische Wasserfälle, aussichtsreiche Höhen und verträumte Seen locken sommers wie winters Gäste aus ganz Deutschland und dem benachbarten Ausland an. Und im Schwarzwald ist immer etwas geboten, sei es in der »Fasnet«, der närrischen fünften Jahreszeit, sei es bei Sommernachtsfesten oder herbstlichen Weinfesten. Intensiv kümmert man sich neuerdings um Wellness-Gäste, Nordic-Walking-Enthusiasten, Radtouristen, Mountainbiker und Golfer. Auch Wintersportler kommen nicht zu kurz.

Mit dem Auto unterwegs

Den Schwarzwald kann man gut mit dem Auto erkunden. Als Anfahrtwege bieten sich an die **Rheintal-Autobahn (A 5)** im Westen, die **Bodensee-Autobahn (A 81** im Osten sowie die **Autobahn Karlsruhe – München (A 8)** im Norden. Das **Straßennetz** im Schwarzwald selbst ist ziemlich engmaschig und größtenteils gut ausgebaut. Probleme gibt es manchmal auf einigen Nebenstraßen, die sich durch enge Täler und dunkle Wälder winden.

Der Schwarzwald, seine Vorbergzone und auch die Oberrheinebene sind inzwischen bestens auf **Wohnmobil-Touristen** eingestellt, die viel Zeit haben und vielleicht auch ihre Kanus und ihre Fahrräder dabei haben. Entsprechend ausgerüstet und bevorratet, können sich diese auch mal von den Hauptstraßen entfernen und die herrliche Landschaft in einem der beiden großen Naturparks genießen.

Mit öffentlichen Verkehrsmitteln unterwegs

Man kann den Schwarzwald sehr gut mit öffentlichen Verkehrsmitteln bereisen, auch wenn dafür mehr Zeit eingeplant werden muss. Die wichtigsten Städte und Kurorte sind per **Bahn** oder **Bus** erreichbar. Ein **engmaschiges ÖPNV-Netz** überzieht den gesamten Schwarzwald und sein Vorland, wo leistungsfähige **Verkehrsverbünde** operieren, deren Bahnen und Busse in akzeptablen Zeitabständen verkehren. Die Fahrpläne aller Nahverkehrsunternehmen sind in den meisten Fällen gut miteinander »vertaktet«. Die Mitnahme von Fahrrädern ist auf den meisten Bahnstrecken problemlos möglich. Einige attraktive Orte im Schwarzwald sind auch mit **Fahrrad- und Wanderbussen** erreichbar.

! *Baedeker* TIPP

Baden-Württemberg-Ticket

Für 21 Euro fährt eine Erwachsener und für 29 Euro fahren bis zu 5 Personen oder Eltern bzw. Großeltern mit eigenen Kindern bzw. Enkelkindern (bis einschließlich 14 Jahre) einen Tag lang mit der Bahn durch Baden-Württemberg.

Tour 1 Durch den nördlichen Schwarzwald

Länge der Tour: ca. 250 km **Tourdauer:** 2 – 4 Tage

Auf dieser Tour lernt man nicht nur die Gold- und Schmuckstadt Pforzheim kennen, sondern auch altbekannte Heilbäder wie Bad Liebenzell, Bad Teinach, Bad Wildbad und Baden-Baden. Die Route beinhaltet auch die aussichtsreiche Schwarzwaldhochstraße.

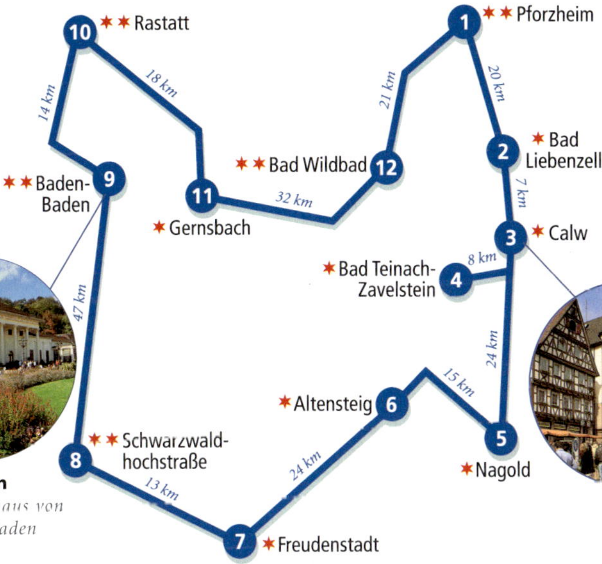

Mondän
das Kurhaus von Baden-Baden

Viel los
ist auf dem Calwer Marktplatz

Die Goldstadt ❶ ✶✶ **Pforzheim** ist Ausgangsort dieser Route durch den nördlichen Schwarzwald. Mit seinen Sehenswürdigkeiten – allen voran das neu gestaltete Schmuckmuseum – bietet Pforzheim ein interessantes Besichtigungsprogramm. Außerdem gibt es hier gute Shopping-Möglichkeiten. Bevor man Pforzheim verlässt, lohnt noch ein Abstecher zum 8 km nordöstliche gelegenen ✶ ✶ **Kloster Maulbronn**, das Teil des UNESCO-Weltkuturerbes ist.

Dann verlässt man Pforzheim in südlicher Richtung und fährt im romantischen **Nagoldtal** aufwärts. Erstes Ziel ist der altbekannte Kurort ❷ ✶ **Bad Liebenzell** mit seinem vielbesuchten Thermalbad und seinem schönen Kurpark. Wenige Kilometer weiter südlich erreicht man die zur Hesse-Stadt ❸ ✶ **Calw** gehörende Ortschaft ✶ ✶ **Hirsau** mit der eindrucksvollen Ruine des im Mittelalter sehr

einflussreichen Klosters. In Calw selbst lohnt ein Blick auf den von Fachwerkbauten umrahmten Marktplatz und ein Besuch des zu Ehren des Dichters Hermann Hesse eingerichteten Museums. 5 Kilometer südlich von Calw ist ein Abstecher nach ❹ * **Bad Teinach-Zavelstein** zu empfehlen. Unten im tief in den Buntsandstein-Schwarzwald eingekerbten Teinachtal liegt das altbekannte Heilbad mit modernem Thermalbad, oben grüßt das alte Zwergstädtchen Zavelstein. Von Bad Teinach lohnt auch ein kurzer Abstecher hinauf ins mittelalterliche Bergbaustädtchen * **Neubulach** mit seinen Schaubergwerk.
Die Hauptroute folgt dem Nagoldtal weiter aufwärts. Als nächstes erreicht man das altertümliche Städtchen **Wildberg**, wo alle zwei Jahre ein traditionsreicher Schäferlauf stattfindet. Einige Autominuten später erreicht man die lebhafte Industriestadt ❺ * **Nagold** mit ihrem hübsch hergerichteten alten Kern und einer mächtigen Burgruine.
Unter dem Burgberg biegt das obere Nagoldtal in nordwestliche Richtung ab. Bald erreicht man das alte Flößer- und Fachwerkstädtchen ❻ * **Altensteig**, von wo aus ein kurzer Abstecher ins Bilderbuch-Burgstädtchen * **Berneck** zu empfehlen ist. Außerdem kann man von Altensteig aus ins Quellgebiet der Nagold fahren, wo der idyllisch gelegene * **Nagold-Stausee** im Sommer Wassersportler aus nah und fern anlockt.
Die Hauptroute folgt ab Altensteig der B 28 hinauf nach ❼ * **Freudenstadt**. Zuvor lohnen Stops im Luftkurort Pfalzgrafenweiler sowie im Städtchen * **Dornstetten** mit seinem hübschen Marktplatz. Freudenstadt selbst kann mit dem größten Marktplatz Deutschlands und einigen interessanten Sehenswürdigkeiten aufwarten. Außerdem ist es von hier nicht weit hinunter ins **Murgtal** und nach * **Baiersbronn**, wo drei der besten Köche Deutschlands die Löffel schwingen.
Ab Freudenstadt folgt man der B 28 (Straßburger Straße) westwärts bergan zum * **Kniebis**, wo man im Sommer herrlich wandern und im Winter gut skilaufen kann. Oben bei der **Alexanderschanze** zweigt die eigentliche ❽ ** **Schwarzwaldhochstraße** von der B 28 in nördlicher Richtung ab. Sie führt am Schwarzwald-Kamm entlang über schütter bewachsene und von Hochmooren durchsetzte »Grinden« und spektakuläre Sturmwurfflächen des Orkans »Lothar«, der am zweiten Weihnachtsfeiertag 1999 über den Schwarzwald hinweg gefegt ist. Man passiert den aussichtsreichen * **Schliffkopf** (mit Wellness-Hotel) und erreicht schließlich das **Naturschutzzentrum Ruhestein**, von wo aus im Sommer Wanderungen u. a. zum * * **Wildsee** und zum * **Karlsruher Grat** unternommen werden können. Im Winter kann man hier oben gut Ski laufen. Ab Ruhestein windet sich die Schwarzwaldhochstraße hinüber zum * **Mummelsee**. Dieser liegt höchst idyllisch in einer Mulde am Hang der * **Hornisgrinde** (1164 m), des höchsten Berges im Nordschwarzwald. Anschließend schlängelt sich die Schwarzwaldhochstraße in nördlicher Richtung weiter zu den Wintersportplätzen **Unterstmatt** und **Mehliskopf**. Von hier lohnt ein Abstecher ostwärts zur * **Schwarzenbachtalsperre**. Ab dem

Deutschlands größter und vor wenigen Jahren neu hergerichteter Marktplatz breitet sich im Schwarzwaldstädtchen Freudenstadt aus.

Mehliskopf schlängelt sich die Schwarzwaldhochstraße bergab, passiert das Kurhaus Sand und das Nobelhotel ✶ ✶ **Bühlerhöhe** und windet sich dann kurvenreich hinunter in die weltberühmte Kurstadt ❾ ✶✶ **Baden-Baden** mit ihren Thermen, Luxushotels und diversen interessanten Sehenswürdigkeiten. In Baden-Baden endet die Schwarzwaldhochstraße.
Nach einem Aufenthalt in der Kurstadt fährt man nordwärts in die frühere badische Residenzstadt ❿ ✶ **Rastatt** mit ihrem großartigen Schloss und diversen anderen Sehenswürdigkeiten. Von hier folgt man dem aus dem Schwarzwald hervorbrechenden Fluss Murg talaufwärts. Man passiert die Industriestadt **Gaggenau** mit dem Thermalbad **Rotenfels** und erreicht schließlich die alte Murgschifferstadt ⓫ ✶ **Gernsbach** mit der malerisch auf hohem Fels thronenden ✶ **Ebersteinburg**.
Südlich von Gernsbach schlängelt sich ein Bergsträßchen im **Reichental** hinauf zu dem vom Orkan »Lothar« kahlgefegten ✶ **Hohloh** (984 m) mit dem **Kaiser-Wilhelm-Turm**. Hier oben gibt es auch ein Hochmoor mit kleinem. See. Danach schlängelt sich die Straße bergab zum Forsthaus **Kaltenbronn**, von wo aus eine Wanderung in das streng geschützte ✶ ✶ **Wildsee-Hochmoor** lohnt. Danach geht es weiter bergab ins Tal der Großen Enz, wo man schließlich die kleine, aber feine Kurstadt ⓬ ✶✶ **Bad Wildbad** mit ihren seit dem Mittelalter bekannten Thermalquellen erreicht. Nach einem Spaziergang durch den Kurpark und einem Bad im maurischen Palais Thermal

geht es im Enztal zurück nach ❶ ✶✶ **Pforzheim**. Kurz der Goldstadt sollte man aber noch im malerischen Städtchen ✶ **Neuenbürg** anhalten und das dortige Schloss mit seinen interessanten Ausstellungen oder das Besucherbergwerk »Frisch-Glück« besichtigen.

Tour 2 Von der Kinzig auf die Baar

Länge der Tour: ca. 110 km **Tourdauer:** ca. 2 – 3 Tage

Diese Route folgt einem der ältesten Verkehrswege durch den Schwarzwald, den schon die Römer genutzt haben und der im 19. Jh. auch Leitlinie für den Bau der Schwarzwaldbahn gewesen ist. Entlang der Strecke durch das Kinzig- und das Gutachtal reihen sich geschichtsträchtige Städtchen aneinander, lernt man den Vogtsbauernhof sowie die Heimat von Bollenhüten und Kuckucksuhren ebenso kennen wie Deutschlands höchste Wasserfälle und einige Hochburgen der schwäbisch-alemannischen Fasnet.

Ausgangspunkt dieser Tour ist ❶ ✶ **Offenburg**, die Hauptstadt der weinseligen ✶ **Ortenau**. Die Stadt und ihre Umgebung haben einiges an Sehenswertem zu bieten, und nicht nur im nahen Weindorf ✶ **Durbach** kann man exzellente Tröpfchen kosten. Von Offenburg geht es an ✶ **Schloss Ortenberg** vorbei ins hier breit ausgeräumte und sonnige ✶ **Kinzigtal**. Erstes Ziel ist das wirklich malerische Städtchen ❷ ✶✶ **Gengenbach**, an dem man sich kaum sattsehen kann. Wenige Kilometer weiter südlich lohnt ein kurzer Abstecher in das altertümliche Städtchen ❸ ✶ **Zell am Harmersbach**, wo auch die Keramik mit dem berühmten Hahn-und-Henne-Motiv gefertigt wird. Ein uralter Marktort ist ❹ ✶ **Haslach** im Kinzigtal mit seinen schmucken Bauten. Weiter östlich liegt der Ort **Hausach** an der Mündung der Gutach in die Kinzig. Von hier lohnt ein Abstecher ins obere Kinzigtal mit den beiden alten Flößerstädtchen ✶ **Wolfach** und ✶ **Schiltach** und mit der alten, unter anderem für ihr Brauwasser berühmte Klostersiedlung ✶ **Alpirsbach**. Die Hauptroute folgt ab Hausach dem Flusslauf der Gutach in den Mittleren Schwarzwald hinein. Schon kurz nach dem Abbiegen ins Gutachtal lohnt ein längerer Halt beim ❺ ✶✶ **Vogtsbauernhof**, einem bäuerlichen Freilichtmuseum, in dem für verschiedene Gegenden im Schwarzwald typische Höfe rekonstruiert sind. Hier bekommt man auch gezeigt, wie hart der Alltag im Schwarzwald in früheren Zeiten gewesen ist. Weiter aufwärts im Gutachtal erreicht

? WUSSTEN SIE SCHON ...?

- Das Gutachtal bei Hornberg sowie einige Seitentäler sind die Heimat der Bollenhüte, die auf der ganzen Welt als Markenzeichen für den Schwarzwald bekannt sind.

Deutschlands höchste Wasserfälle *findet man in Triberg.*

Prozession der Bollenhüte *im Freilichtmuseum Vogtsbauernhof*

man das durch ziemlich voreiliges Salut-Schießen bekannt gewordene Städtchen 6 ✶ **Hornberg** mit seiner Burgruine. In Hornberg beginnt auch die spektakuläre Bergstrecke der ✶ **Schwarzwaldbahn**. Oberhalb von Hornberg verengt sich das Gutachtal sehr, was bei Verkehrswegeplanern immer wieder für Kopfzerbrechen sorgt. Inzwischen konnten die schlimmsten Hindernisse mit Tunnel- und Brückenbauten überwunden werden. Immerhin ist an einer Stelle soviel Platz, dass dort eine »weltgrößte« Kuckucksuhr aufgebaut werden konnte. Weiter talaufwärts erreicht man das hübsche Städtchen 7 ✶✶ **Triberg** mit dem 163 m hohen und damit höchsten Wasserfall Deutschlands. Von Triberg lohnen Abstecher hinauf in die beiden alten Uhrmacher- und heutigen Erholungs- und Wintersportorte ✶ **Schönwald** und ✶ **Schonach**, in deren Umgebung man herrliche Wanderungen und Radtouren unternehmen kann.

Von Triberg schlängelt sich die Hauptroute in Gestalt der B 33 bzw. der Schwarzwaldbahn hinauf nach 8 ✶ **St. Georgen**, wo bis vor einigen Jahren die feinmechanische und die Phono-Industrie in voller Blüte stand. Südwestlich oberhalb der Stadt entspringt die **Brigach**, einer der beiden Quellflüsse der Donau. 8 km östlich von St. Georgen liegt der von Angehörigen der Herrnhuter Brüdergemeine gegründete Kurort ✶ **Königsfeld**, wo auch der Urwald-Arzt Albert Schweitzer zeitweise gelebt hat.

Die Hauptroute (B 33) zieht nun weiter an den Ostrand des Mittleren Schwarzwalds, dessen Zentrum die aus einer alten Zähringerstadt und einem mindestens ebenso alten Bauerndorf gebildete Doppelstadt 9 ✶ **Villingen-Schwenningen** ist. In Villingens sehenswerter Altstadt laden das Münster und einige interessante Museen zur Besichtigung ein, in Schwenningen erinnern gleich zwei Sammlungen an die einstige Bedeutung der hiesigen Uhrenindustrie. Am Ortsrand von Schwenningen ist die **Neckarquelle** hübsch gefasst. Bekannt ist die Doppelstadt für ihre traditionsreiche schwäbisch-alemannische Fasnet.

Nächstes Etappenziel ist der bereits auf der Baar gelegene Kurort 10 ✶ **Bad Dürrheim** mit seinem vielbesuchten Wellness-Bad »Solemar« und dem Museum »Narrenschopf« der schwäbisch-alemannischen Narrenzünfte. Letzte Station ist 11 ✶ **Donaueschingen**, die alte fürstenbergische Residenzstadt mit ihrem Schloss und ihrer schönen barocken Schlosskirche. Touristischer Brennpunkt ist allerdings die sog. Donauquelle im Schlosspark.

Tour 3 Eine Runde durch den Hochschwarzwald

Länge der Tour: ca. 130 km **Tourdauer:** ca. 1 – 2 Tage

Ein unvergessliches Erlebnis ist die Runde durch den Hochschwarzwald, die über alle Stockwerke dieser reizvollen Ferienlandschaft führt. Schon der Auftakt in der Breisgau-Metropole Freiburg hat es in sich, denn keine andere Stadt im Schwarzwald hat so viel Abwechslung zu bieten. Unterwegs passiert man das aus der TV-Serie »Schwarzwaldklinik« bekannte Glottertal, erklimmt den Aussichtsberg Kandel, lernt die alten Siedlungen St. Peter und St. Märgen ebenso kennen wie Hinterzarten, die Heimat von »Gold-Jörgli« Thoma, den Titisee und den Feldberg. Schließlich kommt man über den Notschrei und den Schauinsland zurück nach Freiburg.

Man beginnt die Rundfahrt in 1 ✶✶ **Freiburg im Breisgau**, wo es außer dem »schönsten Dom der Christenheit« noch etliche hochinteressante Museen zu besichtigen gibt. Außerdem kann man hier schön bummeln, gut einkaufen und sich eine Veranstaltung aus dem hochkarätigen Kulturprogramm aussuchen.

Man verlässt Freiburg dann in nordöstlicher Richtung und passiert bei Denzlingen das landschaftlich reizvolle 2 ✶ **Glottertal** mit seinen Rebenhängen. Besonders bekannt geworden ist dieses Tal durch die TV-Serie »Schwarzwaldklinik«. Wenig später erreicht man das hübsche Städtchen 3 ✶ **Waldkirch** im Elztal, wo der Orgelbau Tradi-

Freiburgs Altstadt *aus der Vogelperspektive*

Ein hübsches Ausflugsziel *ist die Rankenmühle bei St. Märgen.*

tion hat. Dann folgt man einem kurvenreichen Bergsträßchen, das sich auf den aussichtsreichen ❹✶ **Kandel** hinaufwindet, den Hausberg deer Stzadt Waldkirch und des Glottertales. Nach einem atemberaubenden Blick über die Oberrheinebene hinweg zu den Vogesen oder auch zu den höchsten Gipfeln des Hochschwarz-waldes geht es bergab in die alte Klostersiedlung ❺✶ **St. Peter**, wo man unbedingt die Klosterkirche und die Klosterbibliothek besichtigen sollte, zwei kunsthistorische Kleinodien des Barock. Dann geht es weiter nach ❻✶ **St. Märgen** mit seiner ebenfalls sehenswerten Barockkirche. Hier oben steht das Schwarzwälder Brauchtum noch hoch im Kurs, so etwa am St. Märgener Rosstag im September.

Von St. Märgen folgt man der »Schwarzwald-Panoramastraße« hinauf zum Thurner, wo sie in die B 500 einmündet, die als aussichtsreiche Höhenstraße von **Triberg** und **Furtwangen** kommend südwärts nach ❼✶ **Hinterzarten** führt. Doch kurz vor dieser Einmündung lohnt ein Abstecher in nordöstlicher Richtung und hinunter zur romantischen ✶ **Hexenlochmühle**. Die B 500 schlängelt sich von der Straßenkreuzung am Thurner südwärts und erreicht alsbald die für ihre stattlichen Schwarzwaldhöfe bekannte ✶ **Breitnau** und schließlich den Erholungsort und Wintersportplatz Hinterzarten.

Nach einem Besuch des Hinterzartener Skimuseums, einer Wanderung durch die ✶ **Ravennaschlucht** und durch das Hinterzartener Moor geht es in südöstlicher Richtung weiter zum ❽✶✶ **Titisee**, diesem touristischen Brennpunkt im Hochschwarzwald. Hier kann man einen erholsamen Spaziergang oder gar eine Bootstour auf dem See unternehmen. Anschließend folgt man der B 317 in Richtung Feldberg. Nach der Umfahrung des Titisees bieten sich kurze Abstecher nach **Lenzkirch** und zum ✶ **Hochfirst** sowie zum ✶ **Schluchsee** an. Ab Bärental windet sich die B 317 zum ❾ ✶✶ **Feldberg** hinauf. Am großen Parkplatz bei der Talstation der Feldberg-Sesselbahn lädt das ✶ **Naturschutzzentrum** des Naturparks Südschwarzwald zum Besuch ein. Von dort lohnt eine Wanderung hinauf auf den aussichtsreichen Gipfel des Feldbergs.

Nach einer ausgiebigen Erkundung des höchsten Berges im Schwarzwald fährt man hinunter ins Wiesental bis ❿ ✶ **Todtnau**, das ein guter Ausgangspunkt für Wanderungen und Radtouren ist. Die Hauptroute folgt nun einer Bergstraße, die über **Muggenbrunn** zum **Notschrei** hinauf führt. Dabei passiert man auch die wildromantischen ✶ **Todtnauer Wasserfälle**. Oben am Notschrei gabelt sich die Straße. Die Hauptroute führt auf der Höhe hinüber zum ⓫ ✶ **Schauinsland**. Vom Parkplatz bei der Bergstation der Schauinslandbahn lohnt eine Wanderung hinauf zum Aussichtsturm, von wo aus sich ein überwältigender Panorama-Rundblick bietet. Auch eine Erkundung des hochinteressanten Schaubergwerks ist sehr zu empfehlen. Nach einem unvergesslichen Sonnenuntergang fährt man auf der kurvigen ehem. Bergrennstrecke hinunter nach ❶ ✶✶ **Freiburg im Breisgau**.

Tour 4 Durch den südlichen Schwarzwald

Länge der Tour: 240 km **Tourdauer:** ca. 2 – 3 Tage

Diese Rundfahrt, die ebenfalls in Freiburg im Breisgau beginnt, erschließt einige der schönsten Plätze im Südschwarzwald. Dazu gehören das romantische Münstertal und der aussichtsreiche Belchen ebenso wie das Hochrheintal mit seinen mittelalterlichen Städten, der Hotzenwald mit der Klostersiedlung St. Blasien ebenso wie der Schluchsee, der Titisee und das Höllental.

Ausgangspunkt dieser Route ist ebenfalls die südbadische Metropole ❶ ✶✶ **Freiburg im Breisgau**. Man verlässt die Stadt südwärts via **Merzhausen** und das **Hexental**. Bei **Bollschweil** lohnt ein kurzer Abstecher hinauf nach ✶ **St. Ulrich**. 6 km südlich von Bollschweil erreicht man die geschichtsträchtige Faust-Stadt ❷ ✶ **Staufen im Breisgau** am Ausgang des ✶ **Münstertales**, von wo aus man Abstecher ins mittelalterliche Städtchen ✶ **Sulzburg** oder nach ✶ **Bad Krozingen** unternehmen kann. Von Staufen geht es

! *Baedeker* TIPP

Beste Bett- und Tischwäsche ...

... gibt es in Schönau-Brand, denn dort gibt es einen Werksverkauf der im Wiesental beheimateten und für höchste Qualität stehenden Textil-Marke »Irisette«. Bettwäsche, Tischwäsche, Schlafanzüge etc. kauft man an folgenden Tagen günstig ein: Mo. – Fr. 9.00 – 12.30 u. 14.00 bis 18.00, Sa. 9.00 – 13.00 Uhr.

Imposant
die Rheinbrücke von Bad Säckingen

Grandios
Titisee und Feldberg

dann hinein ins romantische ❸ ★ **Münstertal** mit der Barockkirche des ehem. Klosters St. Trudpert. Von Münstertal schlängelt sich ein Bergsträßchen hinauf zum ❹ ★★ **Belchen**. Den »schönsten Gipfel des Schwarzwalds« erreicht man jedoch nur zu Fuß oder per Seilbahn. Nach der Belchen-Tour geht es hinunter ins ❺ ★ **Wiesental** bei Schönau.

Nördlich von Schönau schlängelt sich die Hauptroute südostwärts bergauf nach **Herrenschwand** und weiter in den beliebten Ferienort ❻ ★ **Todtmoos**, von wo aus man herrliche Wanderungen und Radtouren unternehmen kann. Dann geht es im Wehratal abwärts in das freundliche Städtchen ❼ ★ **Wehr**, von wo aus ein Besuch der wenige Kilometer weiter nördlich gelegenen ★ **Erdmannshöhle** lohnt. Danach geht es weiter ins Hochrheintal, wo die Kurstadt ❽ ★ **Bad Säckingen** das nächste Etappenziel ist.

Nach einem Spaziergang durch die malerische Innenstadt fährt man im Hochrheintal aufwärts nach ❾ ★ **Waldshut-Tiengen**, der Doppelstadt mit ihren beiden hübschen alten Stadtkernen und ihren interessanten Sehenswürdigkeiten.

Von Waldshut aus folgt man der B 500, die nordwärts in den Hotzenwald hinaufführt. Unterwegs bieten sich viele reizvolle Ausblicke, so etwa beim Luftkurort **Höchenschwand**. Bei Häusern biegt man westwärts ins tief eingeschnittene Albtal ab und erreicht nach wenigen Minuten die alte Klostersiedlung ❿ ★ **St. Blasien** mit ihrer von einer mächtigen Kuppel überwölbten Klosterkirche. Von St. Blasien lohnt ein Abstecher in die Hochtäler von ★ **Menzenschwand** und ★ **Bernau**.

Von St. Blasien geht es zurück zur B 500 bei Häusern. Dieser folgt man nordwärts zum ⓫ ★ **Schluchsee**, der vor allem in den Sommermonaten ein beliebtes Erholungsziel ist. Bei **Seebrugg** bietet sich die Möglichkeit zu einem Abstecher ostwärts nach **Grafenhausen** mit dem aus der TV-Serie »Schwarzwaldklinik« bekannten »Hüsli«. Am Nordufer des Schluchsees entlang geht es in den Hochschwarzwald und man erreicht wenig später das zur Gemeinde Feldberg gehörende Dorf **Altglashütten**. In Feldberg-Bärental mündet die B 500 in die Feldberg-Passstraße B 317 ein. Von hier aus lohnt ein Abstecher hinauf zum ⓬ ✶✶ **Feldberg** selbst (s. Beschreibung S. 230). Ansonsten folgt man der B 317 in nordöstlicher Richtung hinunter zum malerisch gelegenen ⓭ ✶✶ **Titisee**. Nach einem Spaziergang am See entlang folgt man der B 31 nach Westen, passiert den lebhaften Erholungsort ⓮ ✶ **Hinterzarten** und fährt dann ins wildromantisch-felsige ⓯ ✶ **Höllental** hinunter. Bei der Ortschaft Himmelreich öffnet sich das Höllental zum Zartener Becken. An der Ortschaft Kirchzarten vorbei kommt man zurück nach ❶ ✶✶ **Freiburg im Breisgau**.

Tour 5 Wellness, Wein und Römer

Länge der Tour: 90 km **Tourdauer:** 1 – 2 Tage

Ausgesprochen wohl kann man sich zwischen Rhein und Schwarzwaldhöhen fühlen, wo vielerlei Obstsorten reifen und Weintrauben von der Sonne verwöhnt werden, wo milde Lüfte das Klima bestimmen und seit der Römerzeit bekannte Thermen locken. Diese Tour für die Sinne beginnt am Kaiserstuhl und führt zu den schönsten Plätzen im Markgräflerland.

Man beginnt diese kleine Wein- und Wellnessreise im freundlichen Städtchen ❶ ✶ **Endingen** am Nordrand des ❷ ✶✶ **Kaiserstuhls**. Man fährt dann westlich um den alten Vulkan mit seinen fruchtbaren Lössterassen herum, wobei immer wieder Abstecher zu bekannten Weinorten möglich sind. Keinesfalls versäumen sollte man das Winzerstädtchen ✶ **Burkheim**. Von dort fährt man wieder in den Kaiserstuhl hinein und erreicht von **Oberrotweil**, **Bickensohl** und **Achkarren** die uralte Stadt ❸ ✶ **Breisach** mit ihrem eindrucksvollen Münster hoch über dem Rhein und ihren vielbesuchten Wein- und Sektkellereien.

Dann verlässt man Breisach und den Kaiserstiuhl in südöstlicher Richtung, wobei sich noch kurz die Möglichkeit zu einem Abstecher zu dem ebenfalls für seinen Wein- und Obstbau bekannten **Tuniberg** bietet. Nächste Station ist ❹ ✶ **Bad Krozingen** mit seiner bestens ausgestatteten »Vita Classica«-Therme. Danach folgt man der B 3 südwärts bis ❺ ✶ **Heitersheim**, wo nicht nur das Malteserschloss, sondern auch eine ausgegrabene Römervilla zu besichtigen sind. An-

Berühmt für seine Weine
der Kaiserstuhl

Wellness pur
gibt es in Bad Krozingen

Beliebtes Ausflugsziel
Schloss Bürgeln bei Kandern

Schon die Römer
haben in Badenweiler gebadet.

schließend fährt man südostwärts weiter und erreicht das altertümliche Städtchen 6 ✶ **Sulzburg** am Eingang zum ✶ **Markgräflerland**. Etappenziel ist 7 ✶✶ **Badenweiler** mit seiner römischen Badruine und seiner luxuriösen »Cassiopeia-Therme«. Von hier lohnen Ausflüge auf den ✶ **Blauen** und hinauf zum geheimnisumwitterten ✶ **Nonnenmattweiher**.

Von Badenweiler schlängelt sich dann ein aussichtsreiches Waldsträßchen oberhalb der Markgräfler Weinhänge südwärts am Schloss Bürgeln vorbei nach 8 ✶ **Kandern**, der Endstation der Kandertal-Musueumsdampfbahn. Danach fährt man in nordwestlicher Richtung bergab nach **Schliengen**, einer der großen Weinbaugemeinden im Markgräflerland. Endpunkt dieser Tour ist schließlich der wenige Kilometer weiter südlich gelegene Kurort 9 ✶ **Bad Bellingen** mit der beliebten »balinea-Therme« und einem neuen Golfplatz.

Reiseziele von A bis Z

VOM FELDBERG BIS ZUR HORNISGRINDE, TIEFE WÄLDER, SONNIGE WEINBAUREGIONEN UND WANDERPARADIESE, DAZU WELLNESSOASEN UND MONDÄNE KURORTE – IM SCHWARZWALD GIBT ES VIEL ZU ENTDECKEN!

★ Achertal

E 8

Landkreis: Ortenaukreis **Höhe:** 142 – 1164 m ü.d.M.

Von Hornisgrinde und Mummelsee stürzen sich die Wasser der Acher durch ein romantisches Tal mit duftenden Tannen- und Kastanienwäldern und herrlichen Weinbergen hinunter in die Rheinebene. Und im Frühling verwandeln Abertausende Obstbäume das Tal in einen Blütenzauber!

Familienfreundliches Urlaubstal

Das schöne Tal zwischen Badischer Weinstraße und Schwarzwaldhochstraße mit seiner besonders familienfreundlichen Infrastruktur ist bei Urlaubern und Tagesgästen gleichermaßen beliebt, was nicht zuletzt auf das »Rotweindorf« Kappelrodeck, das »Mühlendorf« Ottenhöfen und das »Mummelseedorf« Seebach zurückzuführen ist.

Sehenswertes im Achertal

Achern

»Einkaufsstadt mit Herz« nennen die Stadtoberen die am Ausgang des Achertals in die Rheinebene gelegene 22 000-Einwohner-Stadt. Im Zweiten Weltkrieg ist Achern fast völlig zerstört worden. Daher zeigt es heute ein überwiegend modernes Stadtbild. Ältestes Bauwerk der Stadt ist die gotische **St. Nikolauskapelle** (13. Jh.) mit ihrem schlanken Rundturm im Zentrum. Wenige Schritte weiter erreicht man den hübsch gestalteten **Adlerplatz**, auf dem in früheren Zeiten Recht gesprochen wurde. Ins Auge fallen hier der 1908 enthüllte **Jubiläumsbrunnen** mit dem »Brunnen-Philipp« und eine bereits 1855 zu Ehren des badischen Großherzogs Leopold enthüllte **Sandstein-Statue**.

Am nördlichen Stadtrand ist das **Sensen- und Heimatmuseum** angesiedelt. Gezeigt werden u.a. alte Erntegeräte, die zwischen 1850 und 1965 in der hiesigen Sensenfabrik hergestellt worden sind (Öffnungszeiten: März – Nov. So. 14.00 – 18.00 Uhr).

Sasbach/ Obesasbach

Nordöstlich von Achern liegt die knapp 6000 Einwohner zählende Gemeinde Sasbach/Obersasbach an der Badischen Weinstraße. Ein **Granitobelisk** erinnert an den französischen **Marschall Turenne**, den berühmten Feldherrn Ludwigs XIV., der hier am 27. Juli 1675 im Kampf gegen die Truppen des deutschen Kaisers fiel. Das 1940 zerstörte und 1945 neu errichtete Denkmal, das seit 1803 französisches Staatseigentum ist, steht auf eigens aus Frankreich herbeigeschaffter Erde. Im früheren Wächterhaus ist ein **Turenne-Museum** eingerichtet (Öffnungszeiten: Mi., So. 14.00 – 18.00 Uhr).

★ Sasbachwalden

Prächtige Fachwerkhäuser mit üppigem Blumenschmuck in der warmen Jahreszeit prägen den inzwischen unter Denkmalschutz gestellten alten Kern des östlich von Sasbach gelegenen Luft- und

Kneippkurortes Sasbachwalden. Das wunderschöne Ortsbild von »Saschwalle«, wie die Gemeinde umgangssprachlich genannt wird, inmitten herrlicher **Weinberge**, eine gute Gastronomie und vielerlei Freizeitmöglichkeiten in der Umgebung sorgen das ganze Jahr über für touristischen Hochbetrieb.
Hoch über dem Ort thront das **Brigittenschloss** (eigentlich Hohenroder Schloss, 760 m ü.d.M.), das im 11. Jh. als eine der ersten Steinburgen im Schwarzwald entstand. Von der Burgruine genießt man eine tolle Aussicht! Lohnendes Ziel einer kleinen Wanderung sind die wildromantischen **Gaishöllwasserfälle** zwischen Gaishöllpark und Ortsteil Bischenberg.

ACHERTAL ERLEBEN

AUSKUNFT

Tourist-Information
Hauptstr. 13, 77855 Achern
Tel. (0 78 41) 2 92 99
www.achern-tourist.de

DAMPFZUGFAHRTEN

Mit der »Badenia« ins Achertal
Von Mai bis Oktober verkehren jeden zweiten Sonntag historische Dampfzüge – u. a. gezogen von der 1900 gebauten Lok »Badenia« – auf der Strecke Achern – Kappelrodeck – Ottenhöfen. Infos: Tel. (0 78 42) 30 86 40, www.sweg.de

EVENT

TON:arten
Dieses hochkarätige Musikfestival findet im Hochsommer in Sasbachwalden statt. Infos: Tel. (0 78 41) 10 35, www.ton-arten.com

ÜBERNACHTEN · ESSEN

▸ Komfortabel
Hotel Talmühle
Talstr. 36, 77887 Sasbachwalden
Tel. (0 78 41) 6 28 29-0
www.talmuehle.de
Gemütliche Herberge mit 27 Zimmern am Waldrand. In der Gaststube wird gute badische Küche serviert.

▸ Günstig
Hotel Engel
Talstr. 14, 77887 Sasbachwalden
Tel. (0 78 41) 30 00
www.engel-sasbachwalden.de
Man übernachtet recht romantisch in einem 250 Jahre alten Fachwerkhaus mit 11 Zimmern. In der Gaststube kommen badische und Schwarzwälder Spezialitäten auf den Tisch.

Berühmter Wein aus Kappelrodeck

Lauf 4 km nördlich von Sasbach liegt der Erholungsort Lauf (4000 Einw.), dessen Gehöfte weit im Laufbachtal verstreut sind. Ein markanter Orientierungspunkt ist die **Burg Neuwindeck**, die Anfang des 14. Jh.s erbaut wurde, bis Ende des 16. Jh.s bewohnt war und danach verfiel. Um Lauf sind einige schöne Rundwanderungen markiert. Empfehlenswert ist die Tour zum Hardsteinkreuz, von wo aus man einen Panoramablick über die Rheinebene bis zu den Vogesen hat.

✶ **Kappelrodeck/ Waldulm** 5 km südlich von Sasbachwalden liegt das idyllische Weindorf Kappelrodeck (6000 Einw.) mit seinem nicht minder bekannten Ortsteil Waldulm inmitten sonniger Reben- und Obsthänge. Wahrzeichen des Ortes ist das **Schloss Rodeck** (heute Altersheim), ein im ausgehenden 19. Jh. errichteter Neorenaissancebau auf den Grundfesten einer mittelalterlichen Burg. Nett ist es auch am sog. Zuckerbergschloss (Haus des Gastes) mit hübschem Park und Terrassencafé.

✶ **Ottenhöfen** 4 km weiter liegt das altbekannte Mühlendorf Ottenhöfen am sprudelnden und gurgelnden Gebirgsflüsschen Acher, das auch als Luftkurort geschätzt wird. Ein 15 km langer **Mühlenwanderweg** rund um Ottenhöfen-Furschenbach führt zu neun restaurierten alten Mühlen. Sechs Getreidemühlen und eine Hammerschmiede werden noch mit Wasserrädern angetrieben. Der 18 km lange **Mark-Twain-Rundwanderweg** erinnert an den amerikanischen Schriftsteller, der Ottenhöfen in seinem Buch »Zu Fuß durch Europa« erwähnt hat. Lohnend ist ferner eine Wanderung zu den sagenumwobenen Edelfrauengrab-Wasserfällen.

Es klappert die Mühle am rauschenden Bach bei Ottenhöfen.

Geübten Bergwanderern ist die zwar beschwerliche, aber herrliche Ausblicke bietende 12 km lange Tour ins **Gottschlägtal** und weiter hinauf auf den **Karlsruher Grat** aus hartem Quarzporphyr zu empfehlen. Hier ist vor ca. 250 Mio. Jahren Magma aus dem Erdinnern in einer 4 km langen und 750 m breiten Spalte im Grundgebirge emporgequollen und erkaltet.

Fährt man von Ottenhöfen weiter bergauf in Richtung Hornisgrinde bzw. Schwarzwaldhochstraße, so kommt man in den familienfreundlichen Luftkurort **Seebach** (1500 Einw.), der einige Attraktionen zu bieten hat. Im hiesigen **Internationalen Volkskunst- und Trachtenmuseum** (Öffnungszeiten: März – Okt. Di., Mi., So. 14.00 bis 17.00 Uhr) gibt es neben schönsten Festtagskleidern, Bollenhüten und Jungfernkronen (»Schäppel«) aus dem Schwarzwald auch Exponate aus Marokko, der Türkei und Japan zu sehen. Interessant ist ferner eine Führung ins **Bergwerk »Silbergründle«** (Öffnungszeiten: Mo. in den Schulferien 14.30 Uhr u. n. V.). Als Heimatmuseum zugänglich ist die im 18. Jh. erbaute **Vollmersche Mühle** (Führungen: Mai – Okt. So. 10.00 – 12.00 Uhr u.n.V.), in der auch zünftige Brauchtumsabende veranstaltet werden.

Renchen

Die 5 km südwestlich von Achern in der Rheinebene gelegene Kleinstadt Renchen (6500 Einw.) verdankt ihre Bekanntheit **Johann Jacob Christoffel von Grimmelshausen** (um 1622 – 1676), dem berühmten deutschen Barockdichter, der hier etliche Jahre lebte und von 1667 bis 1676 Stadtschultheiß war. Er verfasste während dieser Zeit den **»Simplicissimus«**. Gleich zwei Denkmäler erinnern an den berühmten Dichter. Eines wurde 1879 bei der kath. Kirche aufgestellt. Das andere, eine moderne Arbeit des Künstlers Giacomo Manzù auf dem Rathausplatz, zeigt Grimmelshausen als »Jäger von Soest«. Viel Interessantes über den Dichter findet man im **Simplicissimus-Haus** (Hauptstr. 59; Öffnungszeiten: So. 15.00 – 18.00 Uhr u. n. V.).

✶ Alpirsbach

G 9

Landkreis: Freudenstadt
Einwohnerzahl: 7000
Höhe: 400 – 800 m ü.d.M.
Prädikat: Luftkurort

Seiner über 900 Jahre alten Klosteranlage und dem »berühmten Brauwasser« hat der Luftkurort im oberen Kinzigtal seine weit über die Grenzen Baden-Württembergs hinaus gehende Bekanntheit zu verdanken.

Zwischen altehrwürdigen Gemäuern, die einstmals Mönche und Scholaren beherbergt haben, und schmucken Fachwerkbauten spazieren heute Urlauber und Tagesausflügler auf der Suche nach schönen Fotomotiven oder nach besonders originellen Souvenirs.

Graf Adalbert von Zollern gründete im Jahre 1095 das hiesige Benediktinerkloster, in dem schon bald der Einfluss der cluniazensischen bzw. Hirsauer Reformbewegung

! *Baedeker* TIPP

Süße Köstlichkeiten

Von Montag bis Freitag von 14.00 bis 17.00 Uhr darf man in der Confiserie in der Alpirsbacher Krähenbadstraße zusehen, wie süße Leckereien aus Schokolade, Marzipan usw. entstehen.

ALPIRSBACH ERLEBEN

AUSKUNFT

Tourist-Information
Krähenbadstr. 2
72275 Alpirsbach
Tel. (0 74 44) 95 16-281
www.stadt-alpirsbach.de

EVENTS

Alpirsbacher Kreuzgangkonzerte
Von Juni bis August kann man an mehreren Terminen herausragende Orchester und Solisten hören. Weitere Informationen: Tel. (0 74 44) 1 94 33, www.kreuzgangkonzerte.de

Schwarzwälder Ultra Radmarathon
Im September treffen sich besonders sportliche Radler zu diesem Schweiß treibenden Kräftemessen. Weitere Informationen: www.surm.de

ESSEN

► Erschwinglich
Brauereigasthof Löwen-Post
Marktplatz 12
72275 Alpirsbach
Tel. (0 74 44) 9 55 95
www.loewen-post.de
Altbekannte Adresse mit gediegener regionaler Küche.

ÜBERNACHTEN

► Komfortabel
Wellness-Hotel Krähenbad
Krähenbadberg 5
72275 Alpirsbach
Tel. (0 74 44) 95 40-0
www.kraehenbad.de
Idyllisch in einem Seitental gelegenes Haus mit 22 hübsch eingerichteten Zimmern. Wellness- und Beauty-Bereich mit breit gefächertem Angebot.

spürbar werden sollte. Im späten 14. Jh. wurde Alpirsbach württembergisch. Im Jahre 1556, nach der Einführung der Reformation in Württemberg, wurde das Kloster aufgehoben. Dafür wurden hier ein Klosteramt und eine Klosterschule als Ausbildungsstätte für den Pfarrnachwuchs eingerichtet.
Seit alters große wirtschaftliche Bedeutung hatten die hiesigen Glasbläsereien und auch die Klosterbrauerei, deren Biere auch heute noch in weitem Umkreis vertrieben werden.

Ehemaliges Kloster Alpirsbach

Seit mehr als 900 Jahren beherrschen die mächtigen Sandsteinbauten des ehemaligen Benediktinerklosters Alpirsbach das enge Tal der hier noch jungen Kinzig.

★★ Klosterkirche St. Nikolaus ►

Besonders eindrucksvoll bietet sich die Klosterkirche St. Nikolaus dar, eine dreischiffige **romanische Säulenbasilika** auf kreuzförmigem Grundriss, die um 1130 errichtet worden ist. Sie ist heute evangelische Pfarrkirche. Ihr Bauschema folgt der cluniazensischen Liturgie. Die Vierung trennt das westliche Langhaus bzw. den Bereich der Laien vom östlichen Chor, dem Bereich der Mönche. Die Ausmalung der mittleren Altarnische in der östlichen Apsis zeigt das Jüngste Ge-

Ehem. Kloster Alpirsbach Orientierung

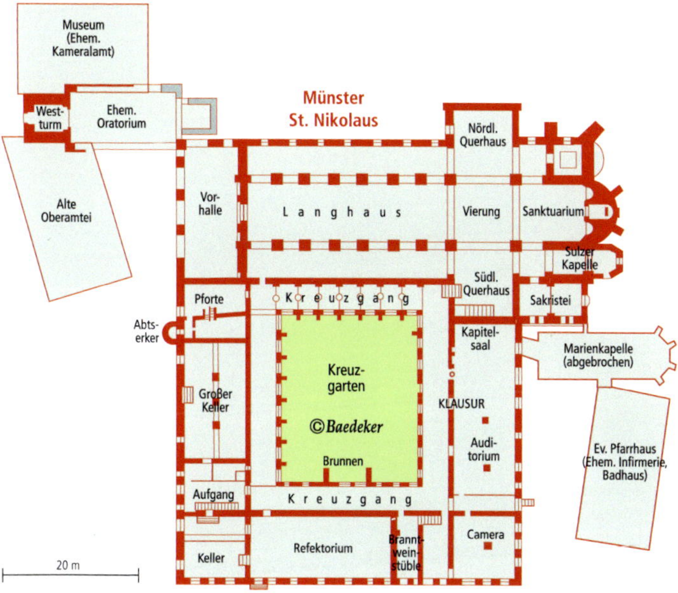

richt und die Kreuzigung. Der großartige **Marienaltar** im nördlichen Querschiff ist um 1520/1525 in der Werkstatt des Ulmer Meisters Nikolaus Weckmann entstanden. Das **Chorgestühl** wurde Ende des 15. Jh.s geschaffen. Die in der ersten Hälfte des 13. Jh.s errichtete Sakristei ist eines der ältesten gotischen Baudenkmale im deutschen Südwesten. Sehr schön sind das **Rippengewölbe**, die **Rosetten** an den Schlusssteinen und die Kapitelle.

Südlich an die mächtige Kirche schließen die Klausurgebäude und der großartige im 15. Jh. umgebaute spätgotische Kreuzgang, der in jedem Sommer den stimmungsvollen Rahmen für hochkarätige Konzerte bildet. In der früheren Abtswohnung im Westflügel ist heute das **Klostermuseum** eingerichtet, das u. a. Kleidungsstücke, Schuhe, Briefe und Zeichnungen von Klosterschülern und Mönchen des 16. Jh.s aufbewahrt. Im früheren **Kapitelsaal** lassen sich noch älteste romanische Bauteile nachweisen. Darüber befindet sich das **Dormitorium** mit seinen Schlafräumen. Das im 15. Jh. im Südflügel eingerichtete **Refektorium** (Speisesaal) wurde in den 1950er-Jahren in eine katholische Pfarrkirche umgestaltet.

Südöstlich der Klausur steht etwas abgerückt das frühere **Kranken- und Badehaus** der Mönche. Ursprünglich war es über die inzwischen abgebrochene Marienkapelle mit dem Kapitelsaal und der Hauptkir-

Alpirsbacher Klosterkirche

che verbunden. Heute beherbergt es das evangelische Pfarramt (Öffnungszeiten des Klosters: 15. März bis 1. Nov. Mo. – Sa. 9.30 bis 17.30, So. u. Fei. 11.00 – 17.30; 2. Nov. bis 14. März Do., Sa., So. 13.30 bis 17.30 Uhr, Führungen: 15. März bis 1. Nov. Mo. – Sa. 11.00, 12.00, 14.00, 15.00, 16.00, So., Fei. 13.00, 14.00, 15.00, 16.00; 2. Nov. bis 14. März Do., Sa., So. 14.00 Uhr).

Das Museum ist im 1698 entstandenen Fachwerkbau des ehemaligen klösterlichen Kameralamtes untergebracht. Die Sammlung dokumentiert die Geschichte von Stadt und Kloster sowie die Bedeutung des örtlichen Handwerks (Öffnungszeiten: April – Okt. u. Weihnachtsferien Do., Sa., So., Fei. 14.00 – 17.30 Uhr).

Die Fruchtschranne (1566) dient heute als Rathaus. Baugeschichtlich interessant sind die **Renaissance-Arkaden** im Erdgeschoss.

Alpirsbacher Galerie

Gleich neben dem Rathaus werden Arbeiten bekannter und weniger bekannter Künstler aus Alpirsbach und Umgebung in liebevoll zusammengestellten Wechselausstellungen präsentiert (Öffnungszeiten: Di. – So. 14.00 – 18.00 Uhr).

Alpirsbacher Klosterbrauerei

Gegenüber dem Kloster fällt der verschachtelte Gebäudekomplex der Alpirsbacher Klosterbrauerei ins Auge. Mittendrin erhebt sich ein **spätromanischer Wohnturm**, der im 13. Jh. Teil einer Burg und später Wohnsitz der Klostervögte war. In dem Gebäudekomplex befinden sich heute das **Museum der Klosterbrauerei**, die Brauereischenke und ein Souvenirshop. Führungen durch Museum und das historische Sudhaus finden Mo. – Fr. 14.30 Uhr statt.

Umgebung von Alpirsbach

Flößerpfad Alpirsbach - Lossburg

Von Alpirsbach aus folgt ein neu angelegter 12 km langer Wanderpfad der **Großen Kinzig** aufwärts in ihr Quellgebiet bei Lossburg. Unterwegs erfährt man viel Interessantes über den **Holztransport auf dem Wasser**, den man über Jahrhunderte selbst auf der hier noch relativ wenig Wasser führenden jungen Kinzig durchgeführt hat.

Westlich von Alpirsbach, jenseits des Heilenberg-Rückens, fließt die Kleine Kinzig durch die Reinerzau, ein überaus reizvolles und höchst **erholsames Schwarzwaldtal** mit einigen alten Schwarzwaldhöfen. In diesem Tal hat man in der Vergangenheit lukrativen **Bergbau** betrieben. Aus hiesigem **Kobalterz** hat man jenen blauen Farbstoff gewonnen, den führende Porzellanmanufakturen benötigten. Nordöstlich oberhalb der Reinerzau liegt der hübsche kleine Erholungsort **Schömberg** auf einer Rodungsinsel zwischen Großer und Kleiner Kinzig. Von hier aus können lange und erholsame Wanderungen durch herrliche Tannenwälder unternommen werden.

★ **Reinerzau**

Von der Reinerzau führt dieser lehrreiche Weg nordwestwärts hinauf zur **Trinkwassertalsperre Kleine Kinzig**. Unterwegs erfährt man Interessantes rund um das Thema Wasser. Das Speicherbecken enthält mehr als 13 Millionen Kubikmeter nitratarmes und trinkbares Wasser, mit dem zahlreiche Gemeinden der umliegenden Landkreise versorgt werden. Aus Gründen der Wasserreinhaltung ist im Trinkwasserspeicher Kleine Kinzig weder das Baden noch sonstiger Wassersport erlaubt.

Schwarzwälder Wasserpfad

★ Altensteig

H 8

Landkreis: Calw
Einwohnerzahl: 11 200
Höhe: 441 – 550 m ü. d. M.
Prädikat: Luftkurort

Das ausgesprochen malerische Fachwerkstädtchen mit seinen engen Sträßchen und Gässchen, das auch auf das Prädikat »Luftkurort« stolz ist, liegt auf einem sonnigen Bergrücken an der oberen Nagold. Es ist zudem das östliche Tor zum Naturpark Schwarzwald Mitte/Nord.

Um das Jahr 750 entstand die Siedlung Altensteig, die wenig später auch eine Burg bekam. Im 13. Jahrhundert wurde der Ort befestigt. Neue Ortsherren wurden die Grafen von Hohenberg. Doch 1398 traten die Markgrafen von Baden als neue Besitzer auf den Plan. 1605 kam Altensteig an Württemberg.
Danach wurde eineinhalb Jahrhunderte lang über die Rechtmäßigkeit des Vorgehens der Württemberger gestritten. Im 30-jährigen Krieg wurde die Stadt schwer verwüstet.

Umstrittener Siedlungsplatz

Über Jahrhunderte hatte die Flößerei große wirtschaftliche Bedeutung. Das Holz aus dem östlichen Schwarzwald wurde zunächst auf der Nagold und dann auf der Enz talabwärts in die rasch wachsenden Städte an Neckar und Rhein transportiert. 1913 wurde die Flößerei in Altensteig eingestellt, aber noch heute hält die »Flößerzunft Oberes Nagoldtal« die Erinnerung an das alte Gewerbe wach.

Stadt der Flößer

ALTENSTEIG ERLEBEN

AUSKUNFT

Tourist-Info
Rathausplatz 1
72213 Altensteig
Tel. (0 74 53) 94 61-147
www.altensteig.de

ÜBERNACHTEN · ESSEN

► Komfortabel

Best Western Hotel Sonnenbühl
Wildbader Str. 44
72213 Altensteig-Wart
Tel. (0 74 58) 77 10
www.hotel-sonnenbuehl.de
134 Zimmer und Suiten; ruhig auf einem Hochplateau gelegenes Haus mit Wellness- und Fitnessangebot, u.a. Hallenbad, Dampfbad, Sauna und Solarium sowie umfangreichem Sportangebot; gutes Restaurant

Baedeker-Empfehlung

Silence-Hotel Waldsägmühle
Waldsägmühle 1
72285 Pfalzgrafenweiler-Kälberbronn
Tel. (0 74 45) 85 15-0
www.waldsaegmuehle.de
37 Zimmer und Suiten; romantische Herberge mitten im Tannenwald mit Hallenbad und Sauna. Im Restaurant gibt es Schwarzwälder Spezialitäten (u. a. Hirschkalbsteak, Forellen).

Sehenswertes in Altensteig und Umgebung

✶ **Fachwerk-Altstadt**

Altensteigs Altstadt wird geprägt von schön hergerichteten alten **Fachwerkbauten** – man liegt ja schließlich an der Deutschen Fachwerkstraße – mit hübschen Erkern und Blumen vor den Fenstern. Altensteigs wertvollster Fachwerkbau ist das **Alte Schloss**, das aus einer stauferzeitlichen Burg hervorgegangen ist und kunsthistorisch hochinteressante alemannische und fränkische Varianten des Fachwerkbaus aufweist. Der fünfstöckige Wohnturm ist als **heimatkundliches Museum** zugänglich (Öffnungszeiten: Mi. 14.00 – 16.00, So. 14.00 – 17.00 Uhr, bei Sonderausstellungen verlängert).
Unterhalb des Alten Schlosses haben die Württemberger 1604 das **Neue Schloss** für ihre Vögte errichten lassen. Baumeister war der geniale Heinrich Schickhardt (1558 – 1635). Im Innern kann man kunstvolles Schnitzwerk bestaunen. Wenige Schritte weiter fällt die herausgeputzte **Alte Vogtei** ins Auge. Die weithin sichtbare **Ev. Stadtkirche** ist im 18. Jh. erbaut worden. In ihrem Innern gefällt ein 1961 entstandenes Wandgemälde des Künstlers Rudolf Yelin. Am Talhang steht das **Rathaus**, ein um 1490 errichteter wuchtiger Fachwerkbau. Gleich nebenan ist noch ein Steinhaus aus der Stauferzeit erhalten. Schön hergerichtet ist auch die alte **Ratsschreiberei**.

✶ **Berneck**

Knappe 5 km nordöstlich von Altensteig liegt das malerische alte Zwergstädtchen Berneck mit einer gut erhaltenen mittelalterlichen Burganlage, dem **Oberen Schloss**. Markant ist dessen dicke, fast 40 Meter hohe **Schildmauer**. Etwas tiefer steht das **Untere Schloss**, das

Oberhalb der Nagold »klebt« das altertümlich wirkende Fachwerkstädtchen Altensteig.

erst im 18. Jh. erbaut worden ist. In der um 1490 errichteten und Ende des 18. Jh.s umgebauten **Ev. Pfarrkirche** sind gotische Fresken freigelegt.

★ **Nagoldstauseen, Erzgrube**

Etwa 11 km südwestlich von Altensteig hat man die junge Nagold in den späten 1960er-Jahren zu zwei insgesamt 3 km langen **Hochwasserrückhaltebecken** aufgestaut. Beide Seen sind im Sommer fest in der Hand von Badelustigen und Sonnenanbetern, von Schlauchboot-Kapitänen und Surfern.

Pfalzgrafenweiler

8 km südwestlich von Altensteig lockt der altbekannte Luftkurort und Wintersportplatz Pfalzgrafenweiler (6000 Einw.) Erholungssuchende an. Wo früher die Pfalzgrafen von Tübingen Wild jagten, steht heute ein **vielfältiges Kur- und Freizeit-Angebot** zur Verfügung mit 140 km markierten Wander- und Radwegen sowie Langlauf-Loipen. Der **Vier-Burgen-Weg** erschließt nicht nur die Reste der Burg der Tübinger Pfalzgrafen, sondern auch die Burgruinen Mandelberg, Rüdenberg und Vörbach.
Nordwestlich von Pfalzgrafenweiler verläuft das romantische **Zinsbachtal** mit einer alten Mühle. In dem am zweiten Weihnachtsfeiertag 1999 vom Orkan »Lothar« verwüsteten **Weiler Wald** hat ein Hobbykünstler 28 **»Holzköpfe«** aufgestellt.

Kälberbronn

7 km westlich von Pfalzgrafenweiler liegt der **Luftkurort** Kälberbronn auf einer ganz von Tannenwald umschlossenen Rodungsinsel südlich oberhalb der Nagoldstauseen. Am nördlichen Ortsrand ist das **Bannwaldgebiet Große Tannen** ausgewiesen, in dem man bis zu 250 Jahre alte und bis zu 50 Meter hohe Baumriesen bestaunen kann.

★ Bad Dürrheim

H 11

Landkreis: Schwarzwald-Baar-Kreis
Einwohnerzahl: 11 000

Höhe: 700 – 850 m ü. d. M.
Prädikate: Heilbad, Heilklimatischer Kurort

Gesundheit und Wohlbefinden, aber auch Fitness und Sport stehen auf dem Programm im Soleheilbad und heilklimatischen Kurort auf der Baar, jener Hochebene, die sich zwischen der Ostabdachung des mittleren Schwarzwalds und der Schwäbischen Alb ausbreitet.

Vom Bauerndorf zum hochmodernen Kurort

Patienten, Kurgäste, Gesundheitsbewusste und neuerdings auch Spitzensportlerinnen und -sportler verschiedener Disziplinen schätzen das Leistungsangebot von »Europas höchstgelegenem Solebad«. Die moderne Kurstadt ist aus einem alten Bauerndorf hervorgegangen, auf dessen Gemarkung 1822 erfolgreich nach Salz gebohrt wurde.

Das »Solemar« in Bad Dürrheim besticht auch durch seine besondere Architektur.

BAD DÜRRHEIM ERLEBEN

AUSKUNFT

Kur- und Bäder GmbH
Luisenstr. 4
78073 Bad Dürrheim
Tel. (0 77 26) 66 62 66
www.badduerrheim.de

EVENTS

Int. Heißluft-Ballon-Festival
Anfang September starten Ballonfahrer aus mehreren Ländern im Kurpark u. a. zur »Fuchsjagd«.

Rothaus RiderMan
Am letzten September-Wochenende kommen Radler aus der ganzen Welt auf die Baar, um unter Profi-Bedingungen ihr Können zu testen. Zum Rahmenprogramm der Rennen gehört auch eine »Cycling-Messe«.

BADEN · KUR · WELLNESS

Solemar
Huberstr. 8
78073 Bad Dürrheim
Tel. (0 77 26) 66 62 92
www.solemar.de
Öffnungszeiten: tgl. 9.00 – 22.00, Fr. bis 23.00 Uhr
Badelandschaft mit 11 Becken, Quellsprudler, Solegrotte, Therapiebecken, Schwarzwald-Sauna, Solarium, Wellness-Vital-Center und Fitness-Center

ÜBERNACHTEN

▸ **Komfortabel**

Baedeker-Empfehlung

Waldeck Spa Hotel
Waldstr. 18
78073 Bad Dürrheim
Tel. (077 26) 66 31 00
www.hotel-waldeck.com
Sehr gut geführtes Haus mit 36 komfortabel eingerichteten Zimmern und Suiten, Sole-Swimmingpool, »Wellness & Beauty Day Spa« sowie medizinischen und therapeutischen Einrichtungen.

Die 28 °C warme Sole wurde bereits 1851 zu Trink- und Badekuren bei Rheuma, Asthma usw. benutzt. 1883 ließ die badische Großherzogin Luise ein Soleheilbad für Kinder errichten. 1921 erhielt Dürrheim den Titel »Bad« zuerkannt. Nach und nach entstanden diverse Kureinrichtungen, darunter etliche Kurkliniken, ein Mineral-Hallen- und -Freibad (1974) sowie das Sole-Mineral-Erlebnisbad »Solemar« (1987), das bis heute schon mehrfach »aufgerüstet« worden ist, u. a. mit der in weitem Umkreis geschätzten »Schwarzwald-Sauna«.

Sehenswertes in Bad Dürrheim und Umgebung

Sehr schön hergerichtet ist der nach der badischen Großherzogin Luise benannte **Kurpark** mit wertvollem alten Baumbestand, Wasserspielen, Konzertmuschel, Tiergehegen sowie **Tier-Großplastiken des Künstlers Professor Fritz Behn**. Um die schöne blumenbunte Gartenanlage gruppieren sich die wichtigsten Kureinrichtungen, so das 1937 erbaute und 1993 gründlich modernisierte **Kurhaus mit Wan-** ✶ Luisengarten

delhalle und Sole-Trinkbrunnen, das moderne **Kurmittelhaus** und die 1987 eröffnete, von einer architektonisch bemerkenswerten Holz-Glaskuppel-Konstruktion überwölbte **Badelandschaft »Solemar«** mit 11 Becken, Quellsprudler, Solegrotte, Therapiebecken, Sauna und Solarium, Wellness-Vitalcenter und therapeutischem Fitnesscenter (Öffnungszeiten: tgl. 9.00 – 22.00 Uhr).

Gartenschaugelände Südlich und südöstlich vom Kurhaus bzw. »Solemar« weitet sich das Gelände der Landesgartenschau 1994 mit **Rosengarten, Naturheilgarten, Lindenallee, Wasserrondell und Fontäne**, mehreren Kunstobjekten, einem großen Festplatz und einer abwechslungsreichen **Spiellandschaft für Kinder**.

✶ Narrenschopf Im alten Salzspeicher an der Luisenstraße und nicht weit östlich vom »Solemar« ist das wirklich sehr sehenswerte **Museum der schwäbisch-alemannischen Narrenzünfte** untergebracht. Schon allein das Ausstellungsgebäude ist einen Blick wert: Es besteht aus drei mächtigen Kuppeln – bei der ältesten handelt es sich um besagten Solebehälter –, die durch Gänge miteinander verbunden sind. In der größten Ausstellung ihrer Art in Deutschland sind rund 400 historische Narrenfiguren, Masken und »Kleidle« zu sehen. Überwiegend stammen sie aus dem Schwarzwald, von der Baar und vom oberen Neckar, aber auch aus anderen Fasnetshochburgen wie Oberschwaben, dem Allgäu und der Schweiz. Regelmäßig finden auch Wechselaustellungen statt (Öffnungszeiten: Mo. – Sa. 14.00 – 17.00, So., Fei. 10.00 bis 17.00 Uhr).

Haus des Gastes Das im Jahre 1823 erbaute Salzlagerhaus dient heute als Haus des Gastes, das u. a. die **Kunstsammlung des Tierbildhauers und Tierbildmalers Professor Fritz Behn** und das **Berta-Kien-Tier- und Jagdmuseum** beherbergt (Öffnungszeiten: Mi. 15.00 – 16.30, So. 14.00 bis 17.00 Uhr).

Rathaus Nur wenige Schritte weiter gefallen die beiden Bauten des Rathauses, die der Architekt Friedrich Arnold 1824 in dem aus Karlsruhe bekannten Weinbrenner-Stil konzipiert hat.

Heimatstube Nicht weit vom Rathaus, am Busbahnhof, ist eine lokalgeschichtliche Ausstellung in einem ehemaligen Salinengebäude eingerichtet (Öffnungszeiten: So. 14.00 – 17.00 Uhr).

Solebohrtürme / Sportzentrum Weiter westlich, jenseits der Salinenstraße, ragen die beiden betagten **Solebohrtürme** in den Himmel. Um sie herum sind in den letzten Jahren moderne Sport- und Freizeitanlagen sowie das Hallen- und Freibad **»Miramar«** entstanden.

Salinensee Am nördlichen Rand der Kurstadt liegt der Salinensee, auf dem man Boot fahren und angeln kann.

★★ Baden-Baden

F 7

Stadtkreis: Baden-Baden
Einwohnerzahl: 55 000
Höhe: 102 – 1003 m ü. d. M.
Prädikat: Heilbad

Eine herrliche Landschaft, ein ausgesprochen angenehmes Klima und vor allem die bis zu 68 °C warmen Thermen haben Baden-Baden zum mondänen Kurort und zur »Sommerhauptstadt Europas« werden lassen. Die elegante Welt trifft sich in den Foyers der Luxushotels, im Spielkasino, im Festspielhaus und natürlich zu den Galopprennen in Iffezheim.

Vom Römerbad zum Kurort von Weltrang

Die Heilkraft der im Talkessel der Oos entspringenden Thermalquellen war schon den Römern bekannt. Sie nannten diese Wässer **Aquae Aureliae**. Die Franken errichteten auf dem Schlossberg eine Königspfalz. Zu Füßen des Schlossberges entstand die mittelalterliche

Ein Wahrzeichen von Baden-Baden ist das Kurhaus mit dem Spielkasino.

Highlights Baden-Baden

Casino
Ernste Gesichter, großes Geld. Jeden Abend rollt in der größten Spielbank Europas aufs Neue die Kugel.
► Seite 144

Trinkhalle
Hier wandelt man schweigend unter romantischen Wandbildern.
► Seite 144

Festspielhaus
Wieder Superlative: Das größte Festspielhaus Europas bietet 2500 Besuchern Platz.
► Seite 145

Friedrichsbad
Der Badetempel gilt als eines der schönsten Bäder in ganz Europa. Unvergesslich: die Seifenbürstenmassage
► Seite 146

Museum Frieder Burda
Über 500 Werke der klassischen Moderne werden hier seit 2004 präsentiert.
► Seite 148

Lichtentaler Allee
Rund 300 Baum- und Straucharten säumen diese wunderbare Allee.
► Seite 147

Stadt. 1479 verlegte Markgraf Christoph I. seine Residenz ins Neue Schloss und umgab die Stadt mit Mauern. Ferner erließ er 1507 eine Stadtordnung für das Bäder- und Herbergswesen. Doch diese Blütezeit endete schon 1689, als die Stadt von den Franzosen niedergebrannt wurde. 1771 kam Baden-Baden durch Erbvertrag an Baden-Durlach. Anfang des 19. Jh.s wurde es zur Sommerresidenz des von Napoleon geschaffenen Großherzogtums Baden-Baden.

Aufstieg zum noblen Kurort

Die Gründung der Spielbank 1838 und die seit 1858 veranstalteten Pferderennen von Iffezheim ließen den aufstrebenden Kurort bald zu einem **Treffpunkt der eleganten Welt** und zur »Sommerhauptstadt Europas« werden, in der sich gekrönte Häupter, Industrielle, Künstler, Musiker und Literaten trafen. Der französische Kaiser Napoléon III. war ebenso Gast in Baden-Baden wie die englische Königin Victoria und der deutsche Kaiser Wilhelm, der italienische Meistergeiger Paganini und der französche Maler Delacroix ebenso wie die russischen Dichter Dostojewski, Gogol und Tolstoi.

Neuer Glanz nach 1945

Von den Zerstörungen des Zweiten Weltkriegs blieb Baden-Baden weitgehend verschont. So konnte man bereits 1950 an die alten Traditionen anknüpfen und bemüht sich seither, für ein anspruchsvolles Gästepublikum neue Anziehungspunkte zu schaffen. Letzte Stationen auf diesem Weg waren 1985 die Eröffnung der Caracalla-Therme und 1998 die Eröffnung des neuen Festspielhauses.

Standort des SWR

Auf kulturellem Sektor gibt der Südwestrundfunk (SWR; früher Südwestfunk, SWF) der Stadt ein besonderes Gepräge. Ca. 3000 fest angestellte und mehr als 10 000 freie Mitarbeiter sind für die Gestaltung der Rundfunkprogramme und des Fernsehprogramms zuständig.

Baden-Baden *Orientierung*

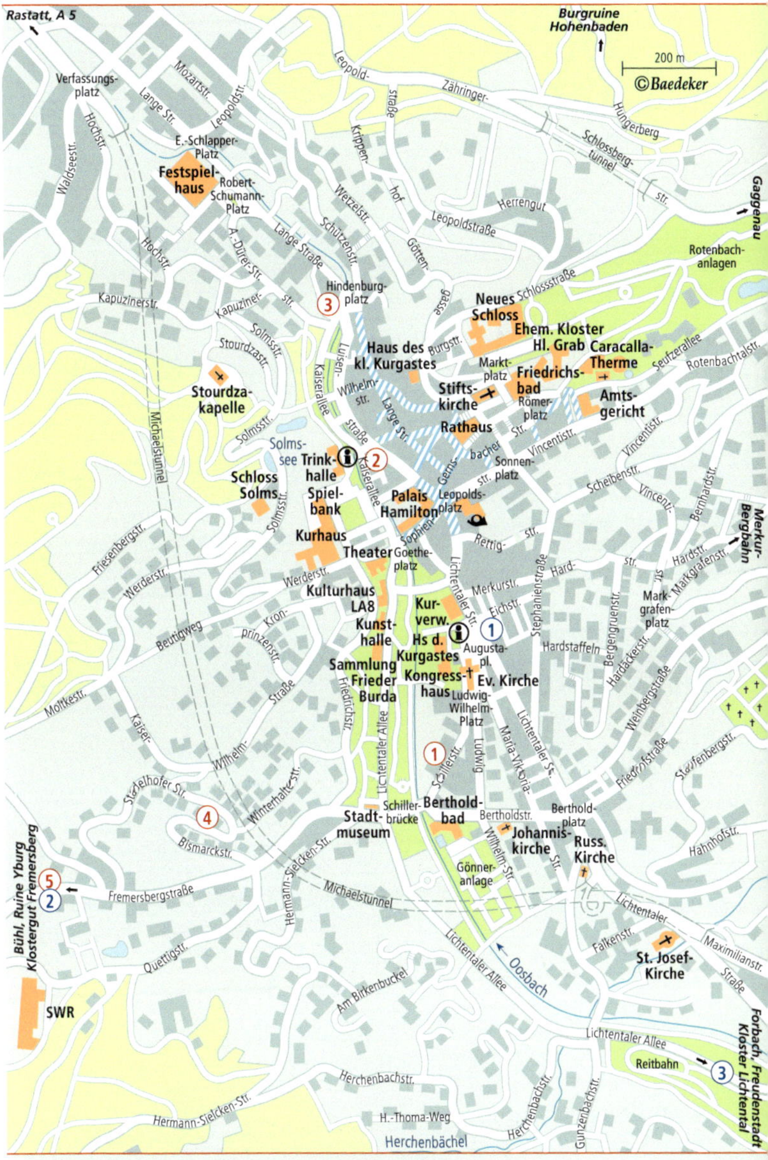

Essen

1. Stahlbad
2. Zum Alde Gott
3. Auerhahn

Übernachten

1. Brenner's Park-Hotel & Spa
2. Steigenberger Europäischer Hof
3. Radisson Blu Badischer Hof
4. Villa Quisisana
5. Hotel Bocksbeutel

BADEN-BADEN ERLEBEN

AUSKUNFT

Kur & Tourismus GmbH
Schloss Solms
Solmsstr. 1
76530 Baden-Baden
Tel. (0 72 21) 27 52 00
www.baden-baden.com

Tourist-Information
Info-Pavillon an der westlichen Stadteinfahrt der B 500; Tourist-Information in der Trinkhalle an der Kaiserallee.

BADEN · KUR · WELLNESS

Caracalla-Therme
Römerplatz 1
76530 Baden-Baden
Tel. (0 72 21) 27 59 40
www.caracalla.de
Öffnungszeiten: tgl. 8.00 – 22.00 Uhr

Friedrichsbad
Römerplatz 1
76530 Baden-Baden
Tel. (0 72 21) 27 59 20
www.roemisch-irisches-bad.de
Öffnungszeiten: Mo. – Sa. 9.00 bis 22.00, So., Fei. 12.00 – 20.00 Uhr
Im Friedrichsbad wird textilfrei gebadet; Frauen und Männer baden Mo. u. Do. getrennt, an allen anderen Tagen gemischt.

SPIELKASINO

Spielbank Baden-Baden
im Kurhaus, Kaiserallee 1
76530 Baden-Baden
Tel. (0 72 21) 30 24-0
www.bawue-casinos.de/baden-baden
Spiele: Roulette, Black Jack, Baccara, Poker, Automaten.
Spielbetrieb: tgl. 14.00 – 2.00 Uhr
Besonderer Hinweis: Besucher müssen einen Personalausweis vorlegen können. Wer am »Großen Spiel« teilnehmen möchte, darf dies nur in angemessener Garderobe tun. Legeres Outfit ist nur beim Automatenspiel erlaubt. Führungen mit Spielerklärungen: tgl. 9.30 – 11.45 Uhr

MUSIK · THEATER · TANZ

Festspielhaus Baden-Baden
Beim Alten Bahnhof 2
Tel. (0 72 21) 3 01 30
www.festspielhaus.de
Modernes Konzerthaus (2 500 Plätze) mit außergewöhnlich guter Akustik

Theater Baden-Baden
Solmsstr. 1
76530 Baden-Baden
Tel. (0 72 21) 93 27 51
www.theater-baden-baden.de
Das traditionsreiche Haus ist bekannt für kontrastreiche moderne Inszenierungen.

Kurhaus Baden-Baden
Kaiserallee 1
76530 Baden-Baden
Tel. (0 72 21) 35 32 02
www.kurhaus-baden-baden.de
Hier finden glanzvolle Feste und Galas mit berühmten Unterhaltungsorchestern statt.

EVENTS

Int. Galopprennen Iffezheim
Im Mai trifft »man« sich zum ersten pferdesportlichen Großereignis vor den Toren der Stadt. Noch mehr Pferde und schöne Menschen sieht man im August anlässlich der Großen Woche.

SWR 3 New Pop Festival
Im September geht dieses Festival über die Bühne, im Rahmen dessen in Deutschland noch wenig bekannte Pop-Stars auftreten.

SHOPPING

Haupteinkaufsstraßen sind die als Fußgängerzone gestaltete Lange Straße und die Gernsbacher Straße. Ein exklusives Warenangebot halten die Boutiquen in den Kolonnaden vor dem Kurhaus bereit.

ESSEN

► Fein & teuer

① *Stahlbad*
Augustaplatz 2
76530 Baden-Baden
Tel. (0 72 21) 2 45 69
Internationale und französische Küche mit vorzüglichen Fischgerichten. Elegant-nostalgische Einrichtung und hervorragender Service.

② *Zum Alde Gott*
Weinstr. 10
76534 Baden-Baden-Neuweier
Tel. (0 72 23) 55 13
www.alde-gott.de
Seit Jahren bekannte Gourmet-Adresse im Baden-Badener Rebland. Die kulinarischen Kreationen und der Service suchen ihresgleichen.

► Erschwinglich

③ *Gasthaus Auerhahn*
Geroldsauer Str. 160
76534 Baden-Baden-Geroldsau
Tel. (0 72 21) 74 35
www.gasthaus-auerhahn.de
Hier wird Herzhaftes aus der badischen Küche bevorzugt, bei der typische Schwarzwälder Wild- und Fischgerichte nicht fehlen.

ÜBERNACHTEN

► Luxus

① *Brenner's Park-Hotel & Spa*
Schillerstr. 4 – 6
76530 Baden-Baden
Tel. (0 72 21) 90 00, Fax 3 87 72
www.brenners.com
Legendäres Nobelhotel mit 68 Zimmern, 32 Suiten, eigenem Spa im römischen Stil, Beauty- und Fitness-Center und eigenem Park; »Brenner's Park Restaurant« gehört nach wie vor zu den besten in Deutschland.

② *Steigenberger Europäischer Hof*
Kaiserallee 2
76530 Baden-Baden
Tel. (0 72 21) 933-0
www.steigenberger.com/Baden_Baden
123 Zimmer und 4 Suiten
Luxushotel gegenüber der Trinkhalle mit eigenem Spa und Wellness-Bereich sowie Sole-Bewegungsbad.

► Komfortabel

③ *Radisson Blu Badischer Hof*
Lange Str. 47
76530 Baden-Baden
Tel. (0 72 21) 93 40
www.radissonblu.com/hotel-badenbaden
135 Zimmer und Suiten
Das traditionsreiche Haus beim Thermalbrunnen umfasst ein eigenes Thermalbad sowie das vorzügliche »Parkrestaurant«.

④ *Villa Quisisana*
Bismarckstr. 21
76530 Baden-Baden
Tel. (0 72 21) 36 90
www.quisisana-baden-baden.de
38 Zimmer und Suiten in ausgesprochen ruhiger Lage

⑤ *Hotel Bocksbeutel*
Umweger Str. 103
76534 Baden-Baden-Rebland
Tel. (0 72 23) 9 40 80-0
www.bocksbeutel-baden-baden.de
Im Baden-Badener Rebland findet man das feine Haus mit Sauna, Dampfbad und Fitness-Raum. Feinschmecker schätzen das feine Restaurant.

Ständchen für die Kurgäste vor der Baden-Badener Trinkhalle

Sehenswertes in Baden-Baden

Gepflegte Kur- und Parkanlagen durchziehen das gesamte Stadtbild und verleihen Baden-Baden zusammen mit zahlreichen eindrucksvollen Repräsentativbauten und prächtigen Villen Exklusivität und Gediegenheit. Südlich unterhalb des Neuen Schlosses erstreckt sich die Altstadt, durchzogen von zahlreichen Gassen und Treppenwegen. Viele Winkel präsentieren sich noch sehr malerisch.

✶ Kurhaus und Spielbank

Mittelpunkt des eleganten Kurlebens ist das am linken Ufer der Oos gelegene Kurhaus, das **Friedrich Weinbrenner** 1821–1823 im klassizistischen Stil erbaute. Zu Beginn des 20. Jh.s wurde der Ostflügel zur Aufnahme eines Restaurants und diverser Gesellschaftsräume vergrößert. Der rechte Flügel des Kurhauses wurde 1855 für den Spielbankpächter **Edouard Bénazet** als Sitz der Spielbank ausgebaut. Die Säle statteten Bühnenbildner der Pariser Oper prunkvoll aus. Das Casino bietet 2800 Besuchern Platz und ist inzwischen zur **größten Spielbank Europas** herangewachsen (►Baden-Baden erleben).

✶ Trinkhalle

Durch den gepflegten **Kurgarten** – mit Blick auf die Altstadt und das Neue Schloss – gelangt man zur Trinkhalle. Das 1839 – 1842 von Friedrich Hübsch errichtete Gebäude besteht aus der 90 m langen **Vorhalle** (die Themen für die 14 romantischen Wandbilder sind der badischen Sagenwelt entnommen) und der eigentlichen **Trinkhalle**.

✶ Thermalbrunnen

Nördlich der Trinkhalle steht im Garten des »Badischen Hofes« das bekannteste Wahrzeichen Baden-Badens, der dreischalige Thermalbrunnen.

★ **Stourdza-Kapelle**

Ein kurzer Abstecher führt von der Trinkhalle zu dem sich westlich des Kurgartens erhebenden Michaelsberg mit der Stourdza-Kapelle. Sie wurde nach einem Entwurf Leo von Klenzes 1863 – 1866 als **Grablege für die rumänische Fürstenfamilie Stourdza** gebaut. Das Innere des spätklassizistischen Zentralbaus ist mit verschiedenfarbigem Marmor, Gemälden und Ikonen kostbar ausgestattet (geöffnet n. V., Tel. 0 72 21 / 2 85 74).

★ **Festspielhaus**

Von der Kapelle geht man hinunter zum 1998 mit großem Pomp eröffneten größten Festspielhaus Europas, das 2500 Besuchern Platz bietet. In seine Architektur ist der Alte Bahnhof (19. Jh.) miteinbezogen. Hier werden hochkarätige Konzert-, Opern- und Ballettaufführungen geboten (►Baden-Baden erleben).

Ehem. Badeherberge »Zum Baldreit«

Um den Stadtrundgang fortzusetzen, schlendert man durch die Lange Straße. Nahe der Einmündung in die Gernsbacher Straße erreicht man die ehemalige Badeherberge »Zum Baldreit«. Sie hat schon im 15. Jh. bestanden und ist heute Sitz des Stadtarchivs (Öffnungszeiten: Mi. 9.00 – 12.00 u. 14.30 bis 17.30 Uhr u. n. V.).

In halber Höhe der Altstadt liegt der Marktplatz mit dem **Rathaus**. Den zuvor als Jesuitenkolleg genutzten Bau gestaltete Weinbrenner 1809 zum »Konversationshaus« (Kurhaus) um. Nach der Fertigstellung des neuen Kurhauses zog 1862 das Rathaus hier ein, für das der Bau 1938 verändert wurde.

Die katholische **Stiftskirche** gegenüber dem Rathaus wurde schon 1245 als Pfarrkirche bezeugt und gehörte 1453 – 1806 zu einem Kollegiatstift. Der **Turm** ist in seinen vier Untergeschossen noch romanisch (13. Jh.), die achteckige Glockenstube ist gotisch (15. Jh.). Die dreifache Haube wurde im Jahre 1751 aufgesetzt. Das **Hauptportal** ist mit **spätgotischen Figuren** der Kirchenpatrone geschmückt. Im Innern beeindrucken das 5,60 m hohe **Kruzifix** (1467) des Nikolaus Gerhaert von Leyden und die **Grabmäler der Markgrafen von Baden** an den Chorwänden aus dem 14. bis 18. Jahrhundert.

Ins neue Festspielhaus von Baden-Baden ist der alte Bahnhof integriert.

Wellness pur in der Caracalla-Therme

Neues Schloss Überragt wird der Marktplatz vom Neuen Schloß auf dem »Florentinerberg« (212 m ü.d.M.). Der **Renaissancepalast** entstand ab 1437 über den Resten einer Burg des 14. Jh.s., 1479 verlegte **Markgraf Christoph I**. seine Residenz hierher. Der nach der Zerstörung von 1689 nur dürftig wiederhergestellte Bau wurde Mitte des 19. Jh.s modernisiert und diente den Großherzögen bis 1918 als Sommerresidenz. Die Repräsentationsräume des Hauptgebäudes sind Mitte des 19. Jh.s ausgestaltet worden.

Im Jahre 2003 erwarben Investoren aus Kuweit das Schloss. Sie lassen es derzeit zu einer Nobelherberge mit rund 130 Zimmern und Suiten ausbauen. Das neue Luxushotel soll 2013 eröffnet werden.

? WUSSTEN SIE SCHON ...?

- 1995 musste Markgraf Max von Baden das kostbare Inventar des Neuen Schlosses im Rahmen einer spektakulären Auktion von Sotheby's veräußern lassen.

★★ **Friedrichsbad** Nordöstlich hinter der Stiftskirche erreicht man das Friedrichsbad. Es wurde 1869 – 1877 im Stil der Neorenaissance errichtet und gilt bis heute als **einer der schönsten Badetempel Europas**. Anfang der 1980er-Jahre ist das Bad mit größtem Aufwand – und vor allem stilgetreu – restauriert worden. Es beherbergt heute ein gern besuchtes Römisch-Irisches Bad mit Heißluftdampfbad, Thermalbad, Sprudelbad, Bewegungsbad und diverse andere Einrichtungen (► Baden-Baden erleben).

★ **Römerbad** Von der Tiefgarage unter dem Römerplatz kann man die Ruine des Römerbades betrachten. Dies ist nur ein kleiner Teil der Gesamtanlage. Die einfache Ausstattung der um 117 n. Chr. angelegten Bäder lässt ein Soldatenbad vermuten. Die ehemals leistungsfähige Warmluftheizung unter den Fußböden ist gut zu erkennen (Öffnungszeiten: Ostern – Okt. tgl. 10.00 bis 12.00 u. 13.30 – 16.00 Uhr).

Römerbad Orientierung

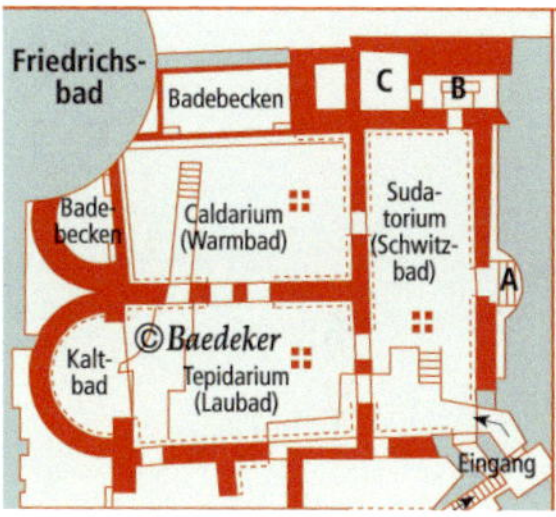

An der Nordseite des Römerplatzes liegt das **ehemalige Kloster zum Heiligen Grab**, ein Frauenkloster, das heute als Gymnasium dient. Das Kloster war 1670 gegründet worden, brannte jedoch 1689 bis auf die Kirche ab und wurde 1698 neu erbaut. Ihre jetzige Hauptfassade erhielt die Klosterkirche erst im Jahre 1895. Ein paar Stufen weiter oben tritt die heiße Fettquelle aus dem Fels aus, deren Wasser man an Ort und Stelle probieren kann.

◄ Fettquelle

✶ **Caracalla-Therme**

Östlich an das ehem. Kloster schließt die Caracalla-Therme. Sie ist aus dem früheren Augustabad hervorgegangen, das in den 1980er-Jahren komplett renoviert wurde. Mit fast 1000 m² Wasserfläche in den Außen- und Innenbecken, Heiß- und Kaltwassergrotten, Sprudelbecken, einer Saunalandschaft und vielem mehr ist die Caracalla-Therme ein attraktives Freizeitbad (►Baden-Baden erleben).

Augustaplatz

Durch die Lichtentaler Straße gelangt man zum hübsch hergerichteten Augustaplatz mit seinen Wasserspielen. Ihn beherrscht die zweitürmige neugotische **Evangelische Stadtkirche**, die zwischen 1855 und 1876 entstanden ist. Die Glasfenster zeigen im Langhaus die Reformatoren Luther, Melanchthon, Zwingli und Calvin; im Chor sind Christi Geburt, Kreuzigung und Auferstehung dargestellt.
Nach einer russischen Fürstin ist das **Palais Gagarin** benannt, in dem sich das Internationale Standesamt der Stadt befindet. Im wunderschönen barocken Trausaal schließen Paare aus aller Welt den Bund für's Leben, danach feiert man im Nobelrestaurant im Erdgeschoss.

Theater

Am Goetheplatz östlich des Kurhauses (Beginn der Lichtentaler Allee) steht das Theater, in dem 1862 die erste Premiere stattfand. Das Relief im Giebel des neobarocken Baus stellt die neun Musen dar, rechts und links davon Medaillonporträts von Schiller und Goethe.

✶ **Lichtentaler Allee**

Diese herrliche Allee führt vom Goetheplatz am Ufer der Oos flussaufwärts bis zum Kloster Lichtental. Schon 1655 wurde hier eine Allee angepflanzt, die man samt den umliegenden Anlagen in der zweiten Hälfte des 19. Jh.s in einen Englischen Garten umwandelte. Hier wachsen etwa 300 verschiedene Baum- und Straucharten.

Kulturhaus LA8 Kurz nach dem Theater folgt das Kulturhaus LA8, einstmals Sommerpalais für Königin Friederike von Schweden, das 1820 nach Plänen von Weinbrenner errichtet wurde. Es beherbergt u.a. den renommierten Internationalen Club.

Museum für Kunst und Technik des 19. Jahrhunderts ► In einem modernen Anbau wird gezeigt, was Kunst und Technik verbindet. Die Wechselaustellungen befassen sich beispielsweise mit dem Thema »Schöner wohnen« im 19. Jahrhundert (Öffnungszeiten: Di – So. 11.00 – 18.00 Uhr).

Kunsthalle Nebenan steht die nahezu fensterlose Kunsthalle, die 1907 – 1909 nach Plänen von Wilhelm Vittali und Hermann Billing erbaut worden ist. Hier werden Wechselausstellungen von hohem Rang gezeigt (Öffnungszeiten: Di. – So. 10.00 – 18.00, Mi. bis 20.00 Uhr).

✶ **Museum Frieder Burda** Gleich daneben ist 2004 Baden-Badens jüngste Attraktion eröffnet worden. Einer der Söhne des Offenburger Verlagstycoons Franz Burda präsentiert in dem vom New Yorker Star-Architekten Richard Meier entworfenen und in hellem Weiß leuchtenden Museumsneubau seine **Sammlung von mehr als 500 Kunstwerken der Klassischen Moderne**. Darunter befinden sich auch Arbeiten von Ernst Ludwig Kirchner, Max Beckmann, Georg Baselitz und Gerhard Richter. Hervorzuheben ist auch ein Ensemble aus dem Spätwerk von Pablo Picasso (Öffnungszeiten: Di. – So. 11.00 – 18.00, Mi. bis 20.00 Uhr).

Stadtmuseum Einige Schritte weiter oosaufwärts beherbergt das im 19. Jh. erbaute und kürzlich hübsch restaurierte **Alleehaus** seit 2004 das Stadtmuseum mit Exponaten von der **Vor- und Frühgeschichte**, über die **Römerzeit** und die mittelalterliche **Badekultur** bis zur Zeit der Belle Epoque in der Mitte des 19. Jh.s. (Öffnungszeiten: Di. – So. 11.00 bis 18.00, Mi. bis 20.00 Uhr).

Gönneranlagen Vom Stadtzentrum aus erreicht man über die Lichtentaler Allee in südlicher Richtung die Gönneranlagen, einen Heckengarten am rechten Oosufer. Benannt ist der um 1910 angelegte Garten nach dem früheren Oberbürgermeister Albert Gönner. Im Sommer kann man hier die Blüten von **über 300 Rosensorten** bewundern.

Kloster Lichtental Die Lichtentaler Allee endet bei einem 1245 gestifteten Zisterzienserinnenkloster. Durch einen **Torbau** (1781) betritt man den Klosterhof. An seiner Südseite ragt die **gotische Klosterkirche** auf (Chor aus dem 14. Jh., Schiff aus dem 15. Jh.). Die **Fürstenkapelle** neben der Kirche wurde 1288 erbaut und war bis 1372 die Grablege der Markgrafen von Baden. Neogotische Fassade und die heutige Gestaltung des Kircheninnenraumes gehen auf einen Umbau im frühen 19. Jh. zurück. Hier befindet sich das Hochgrab der Klostergründerin, der Markgräfin Irmengard (gest. 1260). Im **Klostermuseum** werden wertvolle Beispiele sakralen Kunsthandwerks aufbewahrt (Führungen: Mi., Sa., So. 15.00 Uhr, Anmeldung an der Klosterpforte).

Brahmshaus

Ferner lohnt im Stadtteil Lichtental das auf einer Anhöhe gelegene Brahmshaus einen Besuch. Im Dachgeschoss verbrachte **Johannes Brahms** die Sommer der Jahre 1865 – 1874 und komponierte hier einige seiner besten Werke (Maximilianstraße 85; Öffnungszeiten: Mo., Mi., Fr. 15.00 – 17.00, So. 10.00 – 13.00 Uhr).

Russische Kirche

Die Maximilianstraße mündet nördlich in die Lichtentaler Straße, hier steht die Russische Kirche, die 1880 – 1882 für die seinerzeit große russische Gemeinde im byzantinischen Stil erbaut wurde (Öffnungszeiten: Feb. – Nov. tgl. 10.00 – 18.00 Uhr).

Umgebung von Baden-Baden

*** Battert**

Nördlich der Stadt erhebt sich der 568 m hohe Battert mit der Burgruine Hohenbaden. Der Bergstock selbst ist einer der beliebtesten Klettergärten im Schwarzwald. Denn oberhalb der Burgruine Hohenbaden erheben sich 15 bis 55 m hohe Felswände und Felstürme aus sehr widerständigem rotem Porphyr. Die Schwierigkeitsgrade reichen von II bis IX. Aber auch als normaler Bergwanderer kann man die wilde Felsenwelt des Battert genießen!

*** ◄ Altes Schloss (Burgruine Hohenbaden)**

Auf einem Vorsprung des nördlich der Stadt aufragenden, 568 m hohen Battert thront die Ruine der einstmals mächtigen mittelalterlichen Burg Hohenbaden (Altes Schloss). Von hier oben genießt man einen herrlichen Panoramablick über Baden-Baden (Schlossgaststätte mit Gartenhof; Mo. Ruhetag).

Vom 11. bis zum 15. Jh. war Hohenbaden Sitz der Markgrafen von Baden, Ende des 16. Jh.s brannte es aus und wurde erst nach 1830 infolge der durch die Romantik angeregten Vorliebe für Ruinen wieder instandgesetzt. Die hochgotische Unterburg wurde unter Markgraf Bernhard (1372 bis 1431) erbaut. Ihr Kernstück ist der dreistöckige Palas, der sog. Bernhardsbau, über mächtigen Kellergewölben. Die Verbindung zur Oberburg stellt der spätgotische Jakobsbau dar, der als letzter Bauteil unter Markgraf Jakob I. (1431 – 1453) errichtet wurde. Die Oberburg ist schon im 11./12. Jh. unter Markgraf Hermann II. (1073 – 1133) erbaut worden. Zu ihr gehören der romanische Hermannsbau, der schlichte Bergfried und die im 13. Jh. an der Bergseite aufgeführte mächtige Schildmauer.

In westlicher Richtung führt die Fremersbergstraße aus Baden-Ba-

Ruine Hohenbaden Orientierung

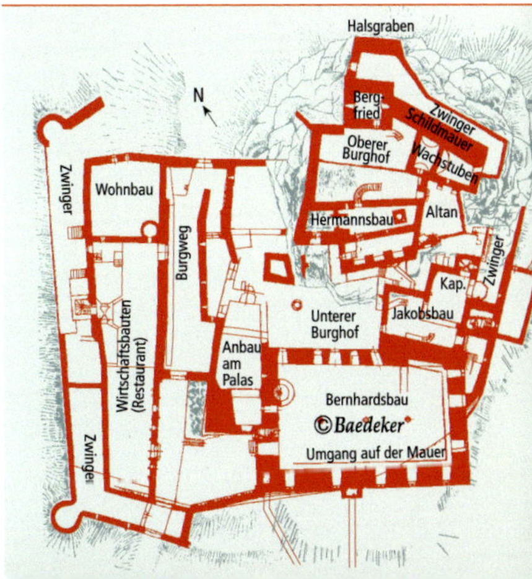

den heraus. Auf ihr erreicht man das **Klostergut Fremersberg** (Abzweigung nach rechts). An der Stelle der vielbesuchten Klosterschänke stand von 1426 bis 1828 das Franziskanerkloster Fremersberg.

Ruine Yburg

Über die von der Fremersbergstraße abzweigende Varnhalter Straße erreicht man die Ruine Yburg (517 m ü.d.M.). Erwähnt wurde die Burg erstmals 1245. Im Bauernkrieg 1525 zerstört, später wieder aufgebaut, ging sie 1689 endgültig zugrunde. Durch einen Blitzeinschlag verlor sie 1987 einen der beiden Bergfriede. Wegen der schönen Aussicht ist die Yburg ein vielbesuchtes Ausflugsziel (Restaurant).

✶ Merkur

Landschaftliches Wahrzeichen von Baden-Baden ist der 668 m hohe Merkur, der sich östlich der Stadt erhebt. Der Name des Berges rührt von der Entdeckung eines römischen Votivsteins für den **Gott Merkur** her. Dieser Stein ist auf der Südseite des 23 m hohen Aussichtsturms eingemauert worden. Am schnellsten erklimmt man den Berg mit der 1913 erbauten **Standseilbahn** (Betriebszeiten: Febr. bis Dez. tgl. 10.00 – 22.00 Uhr).

Ein beliebtes Wanderziel ist der **Geroldsauer Wasserfall** südlich des gleichnamigen Ortsteiles von Baden-Baden (Anfahrt von Lichtental über die Straße Richtung Geroldsau). Besonders hübsch ist es zur Zeit der Rhododendron-Blüte.

! *Baedeker* TIPP

Panoramaweg

Rund um Baden-Baden verläuft ein preisgekrönter rund 40 km langer und leicht begehbarer Rundwanderweg, der viele schöne Ausblicke erschließt. Der Weg hat mehrere Zugänge, u. a. bei der Bernharduskirche, am Tiergarten und an an der Talstation der Merkur-Standseilbahn.

✶ Baden-Badener Rebland

Südwestlich von Baden-Baden, zu Füßen der Yburg, breitet sich die sonnenverwöhnte und ausgesprochen liebliche Landschaft des Baden-Badener Reblandes aus. In den idyllischen Weinorten **Neuweier, Varnhalt** und **Steinbach/Umweg** kommen Weinzähne und Gourmets auf ihre Kosten, denn hier gedeihen die **Nägelsförster Spätburgunder**-Trauben und die **Neuweierer Riesling**-Beeren, dazu gibt es auch feinste badische Küche, beispielsweise im »Alde Gott« in Neuweier.

Iffezheim, Galopprennbahn

Der Ort Iffezheim liegt 12 km nordwestlich von Baden-Baden, jenseits der Autobahn und in der Nähe des **Baden Airpark**. Weit über die Grenzen Deutschlands hinaus ist die Gemeinde wegen ihrer Galopprennbahn und der dort alljährlich veranstalteten **Internationalen Galopprennen** bekannt. Die Anlage wurde 1858 auf Betreiben des Baden-Badener Spielbankpächters Edouard Bénazet gegründet. In seinem Besitz befand sie sich bis 1870, seitdem gehört sie dem 1872 eigens zu diesem Zweck gegründeten Internationalen Club. Er richtet pro Jahr zwei Großveranstaltungen aus (►Baden-Baden erleben).

Bühlerhöhe

►Schwarzwaldhochstraße

★ Badenweiler

B / C 13

Landkreis: Breisgau-Hochschwarzwald
Einwohnerzahl: 3500
Höhe: 360 – 580 m ü. d. M.
Prädikat: Heilbad

Der berühmte Kurort am Westabfall des Südschwarzwaldes kann auf eine Badetradition verweisen, die bis in die Römerzeit zurückreicht. Aber dennoch hat Badenweiler den Anschluss an die Moderne nicht verpasst. Neue Einrichtungen stellen auch sehr anspruchsvolle Gäste zufrieden.

Vom Römerbad zum Treffpunkt der mondänen Gesellschaft

Zu den Vorzügen Badenweilers zählt nicht zuletzt sein Klima. Die Hanglage des Ortes zu Füßen des Blauen gewährt Schutz vor rauhen Winden. Im Jahresdurchschnitt ist es hier 0,5 °C wärmer, als es der Höhenlage entsprechen würde.

Die Ruine des Römerbades und Münzfunde aus dem 2. und 3. Jh. n. Chr. bezeugen das Ansehen, das das Bad bei den Römern genoss. Ein Ort »Baden« wurde erstmals 1028 erwähnt, die Burg, deren Besitzer sich »Herren von Baden« nannten, tauchte 1122 in den Annalen auf.

Das moderne Kurhaus fügt sich gut in die Umgebung ein.

Von den Bädern hörte man jahrhundertelang nichts, erst 1544 und 1565 wurde in ärztlichen Schriften lobend auf sie hingewiesen. Ab dem 18. Jh. gewann Badenweiler zunehmend an Ansehen. Mitte des 19. Jh.s begann der planmäßige Ausbau zum Kurort, das Kurhaus wurde 1853 eingeweiht. Von nun an trafen sich Wohlhabende und Einflussreiche in Badenweiler. Zu den illustren Gästen gehörte auch der russische Dramatiker Anton Tschechow, der hier 1904 starb.

Sehenswertes in Badenweiler

Kurpark Das Zentrum von Badenweiler bildet der ausgedehnte Kurpark mit seinem prächtigen alten Baumbestand, dem Kurhaus und der Cassiopeia-Therme. Darum gruppieren sich traditionsreiche Hotels und weitläufige Villensiedlungen. Der 12 ha große Kurpark selbst zeichnet sich durch üppige, fast mediterran anmutende Vegetation aus. Hier gedeihen u. a. Zeder, Pinie, Lorbeer, Buchsbaum, Ginkgo, indische Rosskastanie und besonders schöne **Mammutbäume**. Eine schöne Aussicht genießt man aber von der **Burgruine**, dem Rest einer im 11. Jh. von den Herzögen von Zähringen erbauten, 1678 von den Franzosen zerstörten Burg. Unweit nördlich stößt man auf das **Belvédère**, 1811 von Friedrich Weinbrenner als Lusthaus erbaut.

★ **Kurhaus**
Tschechow-Salon ▶

Unter der Burgruine entstand in den 1970er-Jahren das moderne Kurhaus auf Resten des alten »Conversationshauses«. 1998 wurde im Kurhaus ein **literarisches Museum** eröffnet, das an den russischen

Badenweiler *Orientierung*

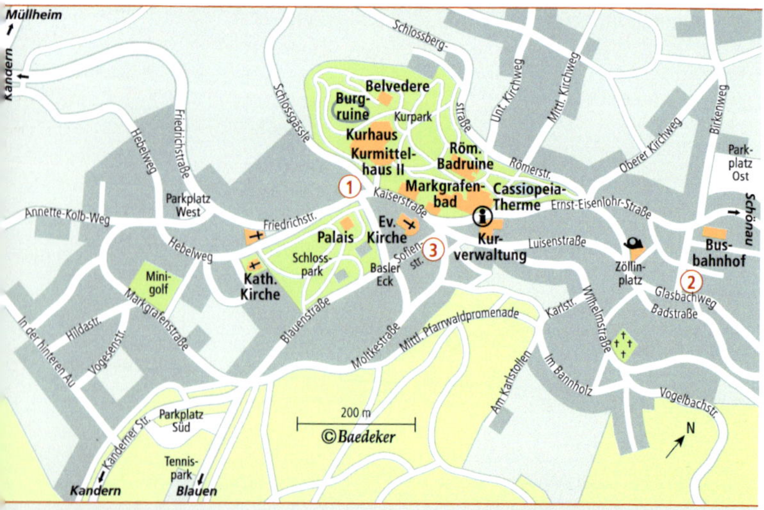

Übernachten und Essen
① Grandhotel Römerbad ② Schwarzmatt ③ Privathotel Post an der Therme

Dramatiker **Anton Tschechow** (1860 – 1904) erinnert. Der Literat ist in Badenweiler an den Folgen einer Tuberkulose-Erkrankung verstorben. Auch andere mit Badenweiler verbundene Schriftstellerinnen und Schriftsteller wie Annette Kolb, Gabriele Wohmann, Hermann Hesse und René Schickele werden in der Ausstellung gewürdigt (Öffnungszeiten: tgl. 10.00 – 18.00 Uhr).

★ Markgrafenbad, Cassiopeia-Therme

Den östlichen Teil des Kurparks beherrscht das jüngst modernisierte Markgrafenbad mit der Cassiopeia-Therme. Kernstück ist das 1875 im klassizistischen Stil erbaute Marmorbad.
Insgesamt stehen dem Gast mehrere Thermalwasserbecken, eine Saunalandschaft und medizinische Badeeinrichtungen zur Verfügung. Gespeist wird die Badelandschaft mit Thermalwasser, das am Quellaustritt eine Temperatur von 26,4 °C hat (Öffnungszeiten: tgl. 9.00 – 22.00 Uhr).

★ Römische Badruine

Die im Osten des Kurparks gelegene Badruine gilt als besterhaltenes antikes Badegebäude in Deutschland. Die im 2. Jh. n. Chr. geschaffene Anlage wurde 1784 wiederentdeckt. Ausgrabungsfunde bezeugen, dass die Badegäste vorwiegend aus Augusta Raurica kamen, einer größeren römischen Siedlung bei der heutigen Stadt Basel.
Die 95 m lange und 35 m breite Anlage ist in zwei Hälften unterteilt, vermutlich für Männer und Frauen. Man gelangte jeweils von einem Vorraum, zu dessen beiden Seiten die Auskleideräume lagen, in denen man sich auch reinigte, in die zwei großen Baderäume. Schwimmen konnte man in den flachen Becken nicht. Zu jeder der beiden Badehälften gehörten auch ein Schwitzbad und ein rundes Kaltwasserbecken (Öffnungszeiten: April – Okt. tgl. 10.00 – 19.00, Nov. – März tgl. 10.00 – 17.00 Uhr).

***Römische Badruine** Orientierung*

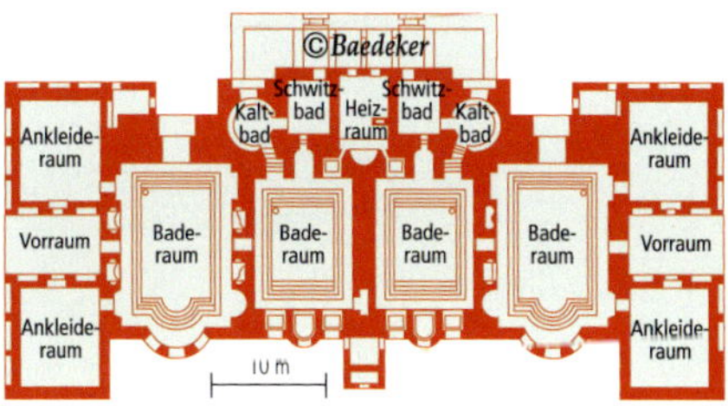

Großherzogliches Palais

Westlich steht in einem Park das ursprünglich 1586 erbaute und 1887/1888 im Stil der Neorenaissance erneuerte Großherzogliche Palais. Heute wird es zeitweise für Ausstellungen genutzt.

Umgebung von Badenweiler

★ Blauen

Auf schönen Wanderwegen oder auch mit dem Auto (ca. 8 km) gelangt man zu dem südöstlich von Badenweiler aufragenden Blauen (bzw. Hohen Blauen, wie er gelegentlich genannt wird). Vom Aussichtsturm auf dem Gipfel des 1165 m hohen Berges genießt man einen herrlichen Panorama-Rundblick.

BADENWEILER ERLEBEN

AUSKUNFT

Thermen & Touristik GmbH
Ernst-Eisenlohr-Str. 4
79410 Badenweiler
Tel. (0 76 32) 79 93 00, Fax 79 93 99
www.badenweiler.de

BADEN · KUR · WELLNESS

Cassiopeia-Therme
Ernst-Eisenlohr-Str. 1
79410 Badenweiler
Tel. (0 76 32) 79 92 00
www.cassiopeiatherme.de
Öffnungszeiten: tgl. 9.00 – 22.00 Uhr
Thermen-Komplex mit Innen- und Außenbecken, Römisch-Irischem Bad, Saunalandschaft, Wellness-Oase

ÜBERNACHTEN · ESSEN

► Luxus

① *Grandhotel Römerbad*
Schlossplatz 1
79410 Badenweiler
Tel. (0 76 32) 700
www.hotel-roemerbad.de
Im »Ersten Haus am Platz« spürt man noch das Flair der Jahrhundertwende. Die 75 Zimmer und Suiten sind hell und geräumig, der Service hervorragend. Zum Hotel gehören ein eigenes Thermalbad und ein hübscher Park. Das Restaurant ist vorzüglich.

► Komfortabel

② *Schwarzmatt*
Schwarzmattstr. 6a
79410 Badenweiler
Tel. (0 76 32) 82 01-0
www.schwarzmatt.de
Ruhig gelegenes Haus mit 43 Zimmern und 14 Appartements, Hallenbad, Sauna und Solarium; innovative Küche

③ *Privathotel Post an der Therme*
Sofienstr. 1
79410 Badenweiler
Tel. (0 76 32) 82 48-0
www.privathotel-post.de
Freundliches Haus mit 50 Zimmern und Suiten sowie neuer Thermalwasser-Wellness-Landschaft; gutes Restaurant (badische Küche)

EVENTS

Musik- und Winzerfest
Im September feiern Badenweilers Weingärtner und Musiker zusammen, Gäste sind natürlich stets willkommen.

Literarischer Salon
Jeden letzten Donnerstag im Monat wird im »Blauen Salon« des Hotels Römerbad über Poesie, Lyrik und Belletristik diskutiert.

Kandern Eine schöne Straße führt von Badenweiler in das 12 km südlich gelegene ► Kandern, etwa auf halber Strecke zweigt ein Sträßchen zum sehenswerten **Schloss Bürgeln** ab.

✶ **Nonnenmattweiher** Von der Straße Badenweiler – Neuenweg biegt kurz vor Neuenweg ein schmales Zufahrtssträßchen zum idyllisch gelegenen Nonnenmattweiher (913 m ü. d. M.) ab. Der **Karsee** ist wegen seiner großen schwimmenden Insel mit interessanter **Hochmoorflora** weitbekannt. Im Sommer ist er auch ein beliebtes Ziel von Badegästen. Der Name »Nonnenmattweiher« geht auf ein Nonnenkloster zurück, das einer Sage zufolge durch ein Gottesgericht im See versunken ist.

★ Bad Herrenalb

G 7

Landkreis: Calw
Einwohnerzahl: 7000
Höhe: 400 – 700 m ü. d. M.
Prädikate: Heilbad, Luftkurort

Eine halbe Autostunde südlich von ► Karlsruhe liegt der gern besuchte Kurort im idyllischen Albtal. Moderne Kureinrichtungen sowie interessante Kulturzeugnisse in der Umgebung und die zum Wandern verführende schöne Landschaft sind der Grund dafür, dass viele Besucher inzwischen zu Stammgästen geworden sind.

Eine Klostersiedlung wird Kurort

Der Ort hat seinen Ursprung im 1148 gegründeten **Zisterzienserkloster »Alba Dominorum«**. Streitigkeiten um den Besitz des Klosters führten zu Beginn des 15. Jh.s zu dessen Befestigung. Schwedische Truppen haben das Kloster kurz vor dem Ende des Dreißigjährigen Krieges zerstört. Fast 200 Jahre lang blieb es dann recht ruhig am Flüsschen Alb. Eine neue Entwicklung bahnte sich 1839 mit der Eröffnung einer **Kaltwasser-Kuranstalt** an. Hier wurden die berühmt-berüchtigten **»Rosskuren«** nach den Vorstellungen des Naturheilers **Vinzenz Prießnitz** verabreicht. 1887 bekam Herrenalb vom württembergischen König das Stadtrecht verliehen. Vier Jahre später wurde das Kurhaus eröffnet. Von 1964 bis 1985 hat man durch Tiefbohrungen **heilkräftige Thermalwasservorkommen** erschlossen. Herrenalb wurde daraufhin zum modernen Badekurort ausgebaut.

Sehenswertes in Bad Herrenalb

Das Kurstädtchen zu Füßen des Falkensteins hat noch viel von der vornehmen Kuratmosphäre des 19. Jh.s bewahren können. Gepflegte Kuranlagen und Gärten sowie blühende Balkone erfreuen das Auge. Von dem einstmals so reichen Zisterzienserkloster sind nur noch die **Paradies** genannte Vorhalle der im 12. Jh. gebauten **Klosterkirche** sowie ein Teil der Sakristei erhalten. Aus dem Portal an der Ostwand wächst die sagenumwobene **Wunderkiefer**. In der Nordwand sind noch einige alte Epitaphe zu sehen. Die im Laufe ihrer Geschichte mindestens dreimal umgestaltete Kirche hat einen **spätgotischen Chor** und ein im Stil des Klassizis-

Ruine der Kirchenvorhalle (Paradies)

BAD HERRENALB ERLEBEN

AUSKUNFT

Tourismusbüro
Rathausplatz 11
76332 Bad Herrenalb
Tel. (0 70 83) 50 05 55
www.badherrenalb.de

BADEN · KUR · WELLNESS

Siebentälertherme
Schweizer Wiese 9
76332 Bad Herrenalb
Tel. (0 70 83) 92 59-0
Fax (0 70 83) 92 59 31
www.siebentaelertherme.de
Öffnungszeiten: Therme tgl. 9.00 bis 22.00; Saunalandschaft Mo. – Fr. 13.00 bis 22.00, Sa., So., Fei. 9.00 – 22.00
Thermalbad mit Innen- und Außenbecken, Licht- und Klang-Bad, Prießnitz-Spa, Saunalandschaft und Barfuß-Parcours

EVENTS

Klosterfest
Schon zur Tradition geworden ist das Klosterfest, das Anfang August mit einem bunten Rahmenprogramm stattfindet.

Bahnhofsfest
Alljährlich in der zweiten Augusthälfte treffen sich nicht nur Dampflok-Nostalgiker, sondern auch viele andere Leute beim beliebten Bahnhofsfest, bei dem auch Dampfzugfahrten auf der Albtal-Bahnstrecke angeboten werden.

ESSEN · ÜBERNACHTEN

► Komfortabel

Ruland's Thermenhotel
Rehteichweg 22
76332 Bad Herrenalb
Tel. (0 70 83) 92 70
www.rulands-thermenhotel.de
88 Zimmer und Suiten
Das komfortable Haus in aussichtsreicher Halbhöhenlage verfügt über ein Thermalwasser-Schwimmbad, Saunen und Solarien. Im »Falkenburg-Restaurant« kann man gepflegt speisen.

► Komfortabel/Günstig

Landhaus Marion
Bleichweg 31 – 35
76332 Bad Herrenalb
Tel. (0 70 83) 74 00
www.landhausmarion.de
60 Zimmer und Suiten
Das sonnig gelegene und gut geführte Haus verfügt über ein Hallenbad mit Sauna und Dampfbad. Im Restaurant gibt es gute Wild- und Fischgerichte und ein tolles Salatbüffet.

Hotel-Café Waldschlösschen
Im Wiesengrund 7
76332 Bad Herrenalb
Tel. (0 70 83) 23 96
www.waldschloesschen.net
Idyllisch in einem schönen Seitental gelegenes Haus mit 16 hübsch eingerichteten Zimmern. Hier gibt es auch ein nettes Restaurant-Café mit eigener Konditorei.

Lamm Rotensol
Mönchstr. 31
76332 Bad-Herrenalb-Rotensol
Tel. (0 70 83) 9 24 40
www.lamm-rotensol.de
22 Zimmer und 6 Suiten
Etwa 5 km nordöstlich oberhalb von Bad Herrenalb kann man ebenfalls gut in geschmackvoll eingerichteten Gästezimmern übernachten. Die meisten Gäste kommen jedoch ins »Lamm« nach Rotensol, um einmal gut badisch zu speisen und bodenständige Schwarzwälder Spezialitäten zu probieren.

mus gehaltenes Langhaus. Ein kunsthistorisches Kleinod ist das **Grabmal (Scheingrab?)** eines im 15. Jh. verstorbenen badischen Markgrafen. Der imposante Fachwerkbau des traditionsreichen **Mönchs Posthotel** ist immer noch ein »Hingucker«. Derzeit wird es mit Hilfe russischer Investoren zum Fünf-Sterne-Resort Posthotel & Spa ausgebaut. Seine Eröffnung ist für 2012 geplant.

◄ Museum Bad Herrenalb

Durch den Torbogen beim Rathaus gelangt man zum örtlichen Museum, wo die **Feierabendziegel** (Motivziegel) der Sammlung Bernt Beachtung verdienen (Öffnungszeiten: April – Dez. So. 14.00 – 17.00, Mai – Okt. auch Mi. 14.00 – 16.00 Uhr, Führungen n. V.).

★ Kurgebiet

Das 1891 eröffnete **Kurhaus** ist vor einigen Jahren um einen **Trinkpavillon**, eine **Wandelhalle** und einen Konzertgarten erweitert worden. Hohe Bäume, Ziersträucher und schöne Blumenrabatte zieren den alten **Kurpark**. Die **Kurpromenade** verbindet den alten Kurpark und die nördlich anschließenden Kuranlagen auf der **Schweizerwiese**.

◄ Siebentäler-therme

Nach den Thermalwasserfunden in den 1960er- und 1980er-Jahren hat man auf der Schweizerwiese ein **Thermalbad** erbaut, das inzwischen zu einem hochmodernen Kurzentrum mit diversen Wellness-Einrichtungen mit **Klangbad** und **Prießnitz-Spa** herangewachsen ist (►Bad Herrenalb erleben).

Bahnhof

Ein gründerzeitliches Schmuckstück ist der Bahnhof von Bad Herrenalb, Endstation der inzwischen elektrifizierten Albtalbahn. An mehreren Wochenenden zwischen Mai und Dezember fahren von hier nostalgische Dampfzüge durchs Albtal.

Umgebung von Bad Herrenalb

★ Falkensteinfelsen

Landschaftliches Wahrzeichen von Bad Herrenalb sind die dunkelroten Felsen hoch über der Siebentäler-Therme bzw. dem Bahnhof. Von diesen auch von Kletterern gern aufgesuchten Felsen bietet sich ein herrlicher Panoramablick auf Bad Herrenalb.

Quellen-erlebnisweg

Im Tal der jungen Alb vom Stadtzentrum bis hinauf zur Plotzsägemühle ist ein Erlebnisweg angelegt mit Stationen, die auf Besonderheiten wie Sturzquellen, Quellsümpfe, sagenhafte Plätze sowie interessante Pflanzen und Tiere aufmerksam machen. Fachkundige Führungen werden angeboten (Informationen im Touristenbüro).

★ Rundwanderung Gaistal – Teufelsmühle

Eine lohnende Rundwanderung (ca. 15 km) führt von Bad Herrenalb zunächst südostwärts ins **Gaistal**. Nach kurzem Aufstieg erreicht man den **Zieflesberg** (Gasthaus), von wo aus man zu der nahe der Albquelle errichteten **Plotzsägemühle** hinuntersteigen kann. Von der Mühle geht es südwärts bergan zum 930 m hohen **Langmartskopf** hoch über der Albquelle. Der Rundweg führt dann vom Langmartskopf in nordwestlicher Richtung weiter zur **Teufelsmühle** (908 m ü.d.M.; Aussichtsturm, Gasthaus), von wo man einen herrlichen Pa-

Im Jahre 1853 fiel die Klosterkirche in Frauenalb einem Brand zum Opfer.

noramarundblick genießen kann. Danach geht man in nordöstlicher Richtung bergab in die wildromantische Felsschlucht **Teufelsloch** mit ihren geradezu Angst einflößenden Grotten. Der Rückweg nach Herrenalb erfolgt über den **Rißwasen**.

Bernbach Etwa 4 km nordwestlich oberhalb von Herrenalb liegt das freundliche Dorf Bernbach mit **Zwiebelturmkirche**, von wo aus man erlebnisreiche Wanderungen zum **Mönchkopf** (578 m) und weiter zum Mahlberg (613 m; Aussichtsturm) oder zum **Mauzenstein** und weiter zum 693 m hohen **Bernstein** unternehmen kann.

Frauenalb Etwa 5 km talabwärts von Bad Herrenalb erreicht man den hübschen Flecken Frauenalb. Hier bestand vom 12. Jh. bis 1803 ein Benediktinerinnenkloster. Beachtenswert ist die **Ruine der Klosterkirche**, die 1729 – 1738 nach Plänen des Voralberger Barock-Baumeisters Peter Thumb entstanden und 1853 einem Brand zum Opfer gefallen ist.

★ Fahrzeugmuseum Marxzell Talabwärts zieht das in einem alten Sägewerk untergebrachte Fahrzeugmuseum Marxzell Besucher aus nah und fern an. Die Sammlung umfasst rund 100 Autos, 70 Motorräder sowie 150 Fahrräder. Die **Geschichte des Fahrrads** kann von der »Laufmaschine« des Freiherrn von Drais (um 1813) über den »Knochenschüttler« (um 1850) bis zum Hochrad (um 1880) nachvollzogen werden. Auch Lokomotiven, Pferde- und Straßenbahnwagen, Traktoren, Feuerwehrautos usw. gehören dazu (Öffnungszeiten: tgl. 14.00 – 17.00 Uhr).

Dobel Etwa 6 km östlich oberhalb von Bad Herrenalb liegt der altbekannte heilklimatische **Kurort und Wintersportplatz** Dobel (689 m ü. d. M.; 2000 Einw.) auf einer von **Tannenhochwald** umgebenen Rodungsinsel des Buntsandsteinschwarzwaldes. Das im 12. Jh. erwähnte Holzhauer- und Bauerndorf zwischen Alb- und Enztal wurde schon im 18. Jh. gern von Kurgästen aus Wildbad besucht.

Südlich und südöstlich unterhalb von Dobel verläuft das romantische **Eyachtal** mit seinen alten Mühlen.

Der **Carl-Postweiler-Weg**, ein rund 10 km langer, sehr abwechslungsreiche Wanderweg führt von Dobel in südlicher Richtung zunächst ins Tal der jungen Eyach hinunter und dann steil bergan zum **Wildseemoor** (►Bad Wildbad).

! *Baedeker* TIPP

Vollwertkost

Wer sich für gesunde Ernährung interessiert, hat schon von ihm gehört: Roy Kieferle, Küchenchef im »Wagnerstüble« in Dobel. Er berät nicht nur Spitzensportler in Ernährungsfragen, sondern gibt sein Wissen auch in Kochkursen und Seminaren weiter. Weitere Informationen: Restaurant-Hotel »Wagnerstüble«, Wildbader Str. 45/1, 75335 Dobel, Tel. (0 70 83) 87 58, www.roykieferle.de

Bad Krozingen

B / C 12

Landkreis: Breisgau-Hochschwarzwald
Einwohnerzahl: 14 000
Höhe: 233 m ü. d. M.
Prädikat: Heilbad

Der in der Oberrheinebene nur eine halbe Autostunde südlich von ►Freiburg gelegene Kurort wird wegen seiner kohlensäurereichen, fast 40 °C warmen Heilwasservorkommen geschätzt. Ihre Anwendung empfiehlt sich vor allem bei Herz-und Kreislauferkrankungen sowie bei rheumatischen Beschwerden.

Aufstrebender Kurort

Erstmals erwähnt wurde »Scrozzinca« im Jahr 807. Auf die sprudelnde Mineraltherme stieß man im Jahre 1911, als hier nach Erdöl und Kali gesucht wurde. Mit einer malerischen Innenstadt kann Bad Krozingen zwar nicht aufwarten, doch verspricht ein Spaziergang durch das Ortszentrum auch ein paar reizvolle Eindrücke. Das Kurgebiet mit weitläufigem Park, Kurhaus, Mineral-Thermalbad und mehreren Kliniken erstreckt sich nördlich des Ortskerns.

Sehenswertes in Bad Krozingen

★ Vita Classica

Hauptattraktion von Bad Krozingen ist das Mineral-Thermalbad, das in den letzten Jahren von Grund auf modernisiert und erweitert worden ist. Die verschiedenen Becken sind mit 29 °C bis 36 °C warmem Heilwasser gefüllt (►Bad Krozingen erleben).

Schloss

Am westlichen Stadtrand (nahe der B 3 bzw. Basler Straße) steht das in Privatbesitz befindliche Schloss. Es wurde 1579 als Propsteigebäu-

BAD KROZINGEN ERLEBEN

AUSKUNFT

Kur- und Bäder GmbH
Herbert-Hellmann-Allee 12
79189 Bad Krozingen
Tel. (0 76 33) 40 08 63
www.bad-krozingen.info

Vita Classica Therme

BADEN · KUR · WELLNESS

Vita Classica Therme
Thürachstraße
79189 Bad Krozingen
Tel. (0 76 33) 40 08 40
www.vita-classica.de
Öffnungszeiten: Therme: Mo. – Sa. 9.00 – 23.00, So. 9.00 – 22.00; Saunaparadies: Mo. – Sa. 10.00 bis 23.00, So. 10.00 – 22.00; Wohlfühlhaus: tgl. 8.00 – 22.00 Uhr
Thermalbad mit Innen- und Außenbecken, Saunaparadies, Wohlfühlhaus mit Musikhalle, Japanischem Bad und Entspannungsbädern

EVENTS

Mozartfest
Anfang April kommen Liebhaber klassischer Musik auf ihre Kosten.

Open Air im Kurpark
Im Juli und August gibt es ein Classic Open Air (meist mit berühmten Interpreten), ein Rock & Pop Open Air und auch ein Open Air der Volksmusik mit vielen Bekannten.

AKTIVITÄTEN

Erlebnisbad »aquarado«
Südring 7
79189 Bad Krozingen
Tel. (0 76 33) 92 77-12
Öffnungszeiten: Mitte Mai – Ende Sept. Mo. – Fr. 10.00 – 21.00, Sa., So., Fei. 10.00 – 20.00; Ende Sept. – Mitte Mai Mo. – Fr. 15.00 – 21.00, Sa., So., Fei. 10.00 – 19.00 Uhr
Hallen- und Freibad mit Riesenrutsche, Sauna, Bräunungsstudio, Beachvolleyball und Trampolin

ESSEN

► Erschwinglich

Baedeker-Empfehlung

Gasthaus Zum Storchen
Felix-Nabor-Str. 2
79189 Bad Krozingen-Schmidhofen
Tel. (0 76 33) 53 29
www.storchen-schmidhofen.de
2 km außerhalb von Bad Krozingen speist man fein, vor allem Fisch und Wild, aber auch einfallsreiche regionale Kreationen. Im Haus gibt es drei Gästezimmer.

ÜBERNACHTEN

► Komfortabel

Eden Hotel an den Thermen
Thürachstr. 1
79189 Bad Krozingen
Tel. (0 76 33) 10 05-0
www.edenhotels.de/eden-hotel-an-den-thermen
35 Zimmer und Suiten
Gut geführte Unterkunft mit Restaurant und Sonnenterrasse.

de des Klosters St. Blasien erbaut. Im Schloss wird eine **Sammlung historischer Tasteninstrumente** aus vier Jahrhunderten aufbewahrt. Die Instrumente sind bei regelmäßig veranstalteten Konzerten zu hören. Die restaurierte **Schlosskapelle** stammt von 1608, ihr Inneres wurde 1750 im Rokoko-Stil ausgestaltet.

Sehenswert ist die Glöcklehof-Kapelle in Oberkrozingen. Sie stammt aus dem 9. oder 10. Jh. und hat interessante Fresken aus jener Zeit vorzuweisen (Christus in der Mandorla, Martyrium Johannes des Täufers, Kain und Abel).

✶ **Glöcklehof-Kapelle**

Umgebung von Bad Krozingen

Die kath. Pfarr- und **Wallfahrtskirche Mariä Himmelfahrt** in Ehrenkirchen-Kirchhofen, ursprünglich eine dreischiffige spätgotische Basilika, wurde im 18. Jh. barock erneuert. Die Stuckierung des Chors stammt von H. G. Gigl (1740), die des Langhauses von F. Vogel (1762); das Gnadenbild der Anna Selbdritt datiert noch aus dem 15. Jahrhundert.

Ehrenkirchen-Kirchhofen

Von Bollschweil führt ein Sträßchen durch das Möhlintal in den 5 km südöstlich gelegenen Ortsteil St. Ulrich. Die **barocke Pfarrkirche** sowie die **Propstei** gehörten zu einer im 11. Jh. gegründeten und 1806 säkularisierten Klosteranlage. Die heutigen Bauten entstanden 1739–1742 nach Plänen von Peter Thumb. Die Barockkirche wurde bis 1771 im Innern üppig ausgestattet. Kostbarster Besitz des Klosters ist der romanische sog. Taufstein (vermutlich handelt es sich um eine Brunnenschale), der zwischen Tier- und Pflanzenornamenten Christus, die zwölf Apostel und zwölf Propheten zeigt.

✶ **St. Ulrich**

5 km südlich von Bad Krozingen liegt der durch sein **Malteserschloss** bekannte 5000-Einwohner-Ort Heitersheim an der B 3. Im 13. Jh. hatte der Johanniterorden, der sich nach 1530 Malteserorden nannte, größere Besitzungen am Oberrhein. Heitersheim sollte als Residenz der Großkomture aufblühen. Das Malteserschloss war von 1428 bis 1806 Sitz des Malteser-Ritterordens. Im 1740 entstandenen **barocken Kanzleibau** kann man sich über die Johanniter bzw. Malteser informieren (Öffnungszeiten: April – Okt. So. u. Fei. 11.00 bis 12.00, Mi. 15.00 – 17.00 Uhr).

✶ **Heitersheim**

In dem im Jahre 1826 im klassizistischen Stil erbauten Gotteshaus sind die **Grabmäler von Ordensmeistern** und Großkomturen beachtenswert.

◄ Pfarrkirche St. Bartholomäus

Nur ein paar Schritte vom Heitersheimer Schloss entfernt sind die Reste eines luxuriös ausgestatteten **römischen Landhauses** aus der Zeit um 30 n. Chr. freigelegt. Beachtenswert: Im Säulenhof seiner Villa hat der wohlhabende Hausherr ein großes Zierbecken anlegen lassen (Öffnungszeiten: April – Okt. Di. – Sa. 13.00 – 17.00, So., Fei. 11.00 – 17.00 Uhr).

✶ ◄ Villa Urbana

SANUS PER AQUAM (SPA)

Gesundheit und Wohlbefinden, Schönheit und Leistungskraft – neudeutsch Health & Wellness, Beauty & Fitness – sind Werte, die seit alters hochgehalten werden. Und wo könnte eine Regeneration von Körper, Geist und Seele besser gelingen als in einer Therme? »Spa« heißt das neue Zauberwort, das von den Römern stammt und »sanus per aquam« = »gesund durch Wasser« heißt.

So gesehen verwundert es nicht, dass in der jüngeren Vergangenheit gerade im **reich mit Mineral- und Termalwässern gesegneten** Schwarzwald gleich mehrere neue Heil-, Thermal, Vital- und Wellness-Badelandschaften entstanden sind, so in Freiburg, Bad Krozingen und Bad Bellingen. Bereits bestehende traditionsreiche **Kurorte** wie Baden-Baden, Badenweiler, Bad Wildbad und Bad Teinach haben nachgerüstet, Baden-Baden mit dem Luxus-Badetempel »Friedrichsbad« und Bad Wildbad mit dem »Palais Thermal«.

Erwachte Tradition

Einige der heutigen Schwarzwälder Wellness-Oasen können bereits auf eine fast 2000-jährige Geschichte zurückblicken. So gesehen hat der Begriff »Spa« durchaus einen realen Hintergrund. Schon die **Römer** schätzten die heilenden Thermen etwa von Baden-Baden und Badenweiler. Aus diesen »Thermae«, die schon seinerzeit manche Attribute heutiger Erlebnisbäder aufwiesen, sind im Laufe der Zeit Kurbäder von Weltruf geworden. Baden-Baden mit seiner »Caracalla-Therme« und Badenweiler mit seiner »Cassiopeia-Therme« haben mühelos den Anschluss an die Moderne geschafft. Mit Bedacht wurden in beiden Fällen wohlklingende römische Namen gewählt. Und zumindest dem Namen nach römisch geben sich die neuen »balinea-Thermen« in Bad Bellingen, der moderne Thermalbad-Komplex »Vita Classica« in Bad Krozingen und das ebenfalls recht moderne Mineral-Thermalbad »Aqualon« in Bad Säckingen.

Das Friedrichsbad in der weltberühmten Kurstadt Baden-Baden wurde vor wenigen Jahren aufwendig renoviert.

Prominenz

Das Kur- und Bäderwesen im Schwarzwald erlebte im **19. Jahrhundert eine ausgesprochene Blüte**. Gekrönte Häupter und andere wichtige Persönlichkeiten aus aller Herren Länder ließen es sich nicht nehmen, in Baden-Baden, Badenweiler, Wildbad, Bad Teinach und auch in einigen kleineren Bädern zur Kur zu weilen. Damals baute man prächtige Badehäuser und Trinkhallen, Kolonnaden und Wandelhallen, Grandhotels und sogar ein Spielkasino (in Baden-Baden). Kurpromenaden und herrliche Kurparks wurden angelegt. Baden-Baden hielt über Jahre hinweg den Titel **»Sommerhauptstadt Europas«**, weil sich hier immer besonders viele hochgestellte Persönlichkeiten trafen. Im Spielkasino von Baden-Baden verloren namhafte russische Literaten und weniger namhafte Zeitgenossen ihre Vermögen.

Neuer Glanz

Die Bäder der »Belle Époque«, darunter Baden-Baden, Bad Wildbad, Badenweiler und Bad Teinach, geben sich große Mühe, wieder den Glanz vergangener Zeiten zu erreichen. Mit viel Liebe zum Detail hat man beispielsweise in Baden-Baden das Friedrichsbad und in Bad Wildbad das alte Graf-Eberhard-Bad zu neuem Leben erweckt mit »Fürstenbädern«, Tauchbädern und römisch-irischen Saunen. Dazu gibte es ein ausgeklügeltes **Wellness-Angebot**, das vom Klangbad mit Unterwassermusik in der Bad Herrenalber Siebentäler-Therme bis zu fernöstlichen Heilanwendungen in der Bad Krotzinger »Vita Classica« reicht. Obwohl die Kostendämpfungsmaßnahmen der Krankenkassen bei vielen Kurort-Oberen für Kopfschmerzen sorgen, scheint das Bedürfnis nach »Balsam für Körper, Geist und Seele« weiter zuzunehmen. Wie sonst wäre zu verstehen, dass auch kleinere Schwarzwald-Kurorte auf der neuen Wellness-Welle reiten und sich mit entsprechenden Angeboten gegenseitig überbieten? Um die Zukunft des Bäderwesens braucht man sich wohl keine allzu großen Sorgen zu machen.

★ Bad Liebenzell

17

Landkreis: Calw
Einwohnerzahl: 10 000
Höhe: 310 – 687 m ü. d. M.
Prädikat: Heilbad

Hübsch eingebettet ins waldreiche untere Nagoldtal liegt das altbekannte Heilbad, das auch als Luftkurort sehr geschätzt wird. Hauptattraktion der liebenswerten kleinen Kurstadt ist das Kur- und Wellness-Zentrum Paracelsus-Therme.

Eine Klosterzelle

Wie bereits im Ortsnamen zum Ausdruck kommt, geht die Siedlung auf eine klösterliche Zelle im Nagoldtal zurück, die wohl im 10. Jh. vom nahen Kloster Hirsau aus gegründet worden ist. Im 13. Jh. wurde die Burg Liebenzell erstmals urkundlich erwähnt, und gegen Ende des 14. Jh.s wird erstmals von einer Stadt Liebenzell berichtet. Bereits zu Beginn des 15. Jh.s hat man die hier austretenden Sauerwässer zu Kurzwecken genutzt. Die Liebenzeller Bäder erlangten rasch Berühmtheit. 1692 haben französische Truppen das Badestädtchen verwüstet, das sich nach diesem Ereignis nur langsam wieder erholen konnte. Im 18. Jh. vernichtete ein Stadtbrand einen Großteil der Bausubstanz.

Sehenswertes in Bad Liebenzell

Altstadt

Die Altstadt von Bad Liebenzell ist in der jüngeren Vergangenheit liebevoll herausgeputzt worden, auch die Stadtmauer ist wieder freigelegt. Beachtenswert sind die Evangelische Stadtkirche mit ihrem Chor aus dem 12. Jh., das ehemalige Doktorhaus, das frühere Rathausund der Criminalturm.

Beiderseits der Nagold ist der Liebenzeller **Kurpark** angelegt, mit altem, vielgestaltigem Baumbestand, bunten Blumenrabatten, kleinem See mit schwarzen Schwänen und einer hohen Fontäne. Im Sommer finden hier stimmungsvolle Lichterfeste statt. Kurhaus, Parksaal, Trinkhalle und Konzertmuschel bilden ein reizvolles architektonisches Ensemble.

Die mit einer Temperatur von 24 °C bis knapp 30 °C austretenden kohlensäure- und salzhaltigen Heilwässer, die bereits 1526 vom großen Naturarzt **Paracelsus** gerühmt worden sind, kommen heute im zeitgemäß eingerichteten Kurhaus und in der modernen **Paracelsus-Therme** mit beliebter Saunalandschaft »Pinea« (wegen Renovierung voraussichtlich bis Spätherbst 2011 geschlossen) zur Anwendung

! *Baedeker* TIPP

Das Tanzbein schwingen ...

... kann man im Kurhaus tgl. außer montags. Am Nachmittag gibt es den Tanztee, mittwochs und/ oder samstags finden Tanzabende statt. Der schönste Ball des Jahres, der Chrysanthemenball, findet an einem Samstagabend im Oktober im Kurhaus statt.

BAD LIEBENZELL ERLEBEN

AUSKUNFT

Tourist-Information
Kurhausdamm 2 – 4
75378 Bad Liebenzell
Tel. (0 70 52) 408-0
www.tourismus.bad-liebenzell.de

BADEN · KUR · WELLNESS

Paracelsus-Therme
Reuchlinweg 1
75378 Bad Liebenzell
Tel. (0 70 52) 40 86 51
www.tourismus.bad-liebenzell.de
Thermalbad mit drei unterschiedlich warmen Bewegungsbecken, Außenbecken, Strömungskanal, Duftinsel, Sonneninsel, Saunalandschaft »Pinea« und Therapie-Abteilung.
Wegen umfassender Renovierung ist die Paracelsus-Therme samt Saunalandschaft voraussichtlich bis in den Spätherbst 2011 geschlossen.

EVENTS

Lichterfeste im Kurpark
Im Mai sowie Ende Juli/Anfang August strahlen die Gesichter an lauen Sonntagabenden. Zum Schluss gibt's noch ein Brillantfeuerwerk. An einem Juni-Wochenende findet das große Kurparkfest statt.

ÜBERNACHTEN · ESSEN

► Komfortabel

Hotel am Bad-Wald
Badweg 7
75378 Bad Liebenzell
Tel. (0 70 52) 927-0
www.hotelambad-wald.de
Von dem freundlichen und familiär geführten Haus (34 Zimmer, 4 Appartements) hat man einen schönen Ausblick. Zu den Annehmlichkeiten gehören Pool, Sauna und Massage. Im Restaurant speist man gut.

Waldhotel Post
Hölderlinstr. 1
75378 Bad Liebenzell
Tel. (0 70 52) 93 20-0
www.waldhotelpost.de
44 Zimmer in angenehmer Halbhöhenlage mit hübschem Ausblick. In dem gut geführten Haus gibt es einen Wellness- und Beauty-Bereich (inklusive Ayurveda). Das Restaurant bietet regionale und internationale Küche.

und versprechen Linderung bei Rheuma, Frauenleiden, Gefäßerkrankungen und Erschöpfungszuständen (►Bad Liebenzell erleben).

Missionsmuseum

Auf der ganzen Erde kennt man die evangelische Liebenzeller Mission, die sich 1902 in dem Kurort niederließ. Die Mission hat eine eigene Schwesternschaft und eine eigene Ausbildungsstätte für Missionare, die in Asien, Afrika und Südamerika eingesetzt werden. Einen Besuch lohnt das Museum der Liebenzeller Mission (westl. oberhalb des Kurparks), in dem neben verschiedenen Bibelübersetzungen vor allem Gebrauchsgegenstände aus Japan, Taiwan, Papua-Neuguinea, Mikronesien, Bangladesch und Teilen Afrikas ausgestellt sind (Liobastr. 16; Öffnungszeiten: Mi. u. So. 14.30 – 18.30 Uhr).

Die »Schauseite« von Bad Liebenzell an der Nagold, darüber die Burg Liebenzell

Burg Liebenzell Die um das Jahr 1200 von den Calwer Grafen erbaute Burg Liebenzell war die wichtigste Burg im nordöstlichen Schwarzwald. Die wunderschön gelegene Hochmantelburg mit ihren Buntsandsteinquadern gilt als Musterbeispiel stauferzeitlicher Festungsbaukunst. Sie kam im 13. Jh. an die Markgrafen von Baden und wurde 1692 von den Franzosen ruiniert. Vom 34 m hohen Turm der Burg bietet sich ein schöner Blick ins Nagoldtal (Öffnungszeiten: März – Okt. Di. bis So. 10.00 – 18.00 Uhr). Die Burggaststätte lädt zur Rast ein.
Im Jahre 1952 wurde hier oben das **Internationale Forum Burg Liebenzell** gegründet. Jugendliche aus aller Welt halfen mit, hier oben eine Stätte der Begegnung für Menschen aus allen Teilen der Erde zu schaffen.

Umgebung von Bad Liebenzell

Monakam Etwa 4 km nordöstlich oberhalb von Liebenzell liegt das Dorf Monakam, in dessen 1802 erbauter evangelischer Pfarrkirche der berühmte **Monakamer Altar** zu besichtigen ist. Der Flügelaltar ist ein Meisterwerk der schwäbischen Spätgotik.

Monbachtal Östlich unterhalb von Monakam verläuft das landschaftlich überaus reizvolle Monbachtal, das sich streckenweise als wildes Felsental, dann wieder als romantisches Waldtal darbietet. Man kann das Tal zu Fuß bequem in längstens zwei Stunden durchmessen.

8 km westlich oberhalb von Bad Liebenzell liegt der bekannte heilklimatische und Kneippkurort Schömberg (633 m ü.d.M.; 9000 Einw.) in einem gerodeten und geschützten Hochtal der ansonsten von Tannen- und Fichtenwald bestandenen Buntsandsteinplatte zwischen Enz- und Nagoldtal. Außerhalb des Ortes sind mehrere Sanatorien bzw. Kurkliniken und Erholungsheime angesiedelt. Besondere Attraktion des Ortes ist das **Höhenwellenbad »Nouvelle«** mit Riesenrutsche und Blockhaussauna. **Schömberg**

Bad Peterstal-Griesbach

F 9

Landkreis: Ortenaukreis
Einwohnerzahl: 3000
Höhe: 400 – 1000 m ü. d. M.
Prädikate: Heilbad, Kneippkurort

Die beiden altbekannten Heilbäder liegen zu Füßen des Kniebis im Tal der jungen Rench. Ihre Heilwässer wurden schon im 17. Jh. von Matthäus Merian gerühmt: »... kommen zu Hülff dem Zipperlein und der Gliedsucht, machen Lust zu Essen, verzehren all Fäulniß und reinigen das Geblüt«.

Kurort mit heilenden Quellen

Auch heute noch werden die beiden im Zuge der baden-württembergischen Verwaltungsreform zu einer Gemeinde zusammengefassten Kurorte gern besucht – und dies trotz der hohen Umweltbelastung, die von der vielbefahrenen Bundesstraße 28 (Ulm – Tübingen – Freudenstadt – Kehl/Straßburg) ausgeht. In Bad Peterstal und Bad Griesbach werden Stoffwechselerkrankungen, Herz- und Kreislaufbeschwerden, rheumatische Erkrankungen und Erschöpfungszustände behandelt. Es stehen moderne Kureinrichtungen zur Verfügung. Und die begehrten Mineralwässer aus den beiden Orten werden nicht nur in ganz Deutschland, sondern auch im angrenzenden Ausland vermarktet.

Bad Peterstal

Geschichte

Der Ort wurde im 13. Jh. als **St. Peter im Tal** erstmals urkundlich erwähnt. Die Heilkraft seiner Quellen hat sich bereits im späten Mittelalter bis Straßburg und Freiburg herumgesprochen. Ende des 16. Jh.s entstand hier ein größeres Badhaus. In der Folgezeit besuchte manche Berühmtheit das Bad im Renchtal, unter ihnen auch Johann Jakob Christoffel von Grimmelshausen (▸Berühmte Persönlichkeiten), dessen »Simplicissimus« ebenfalls hier kuren durfte.

Heilbäder

Seine kohlensäurehaltigen Stahl-, Lithion- und Schwefelquellen (Robertusquelle, Salzquelle und Sophienquelle) werden zu Bade- und Trinkkuren genutzt. Am oberen Ortsende liegt das Marienbad, am unteren Ortsende liegt das **Bad Freyersbach**, dessen Wässer oft als

BAD PETERSTAL-GRIESBACH ERLEBEN

AUSKUNFT

Kur- und Tourismus GmbH
Wilhelmstr. 2
77740 Bad Peterstal-Griesbach
Tel. (0 78 06) 91 00-0
www.bad-peterstal-griesbach.de

BADEN · KUR

In Bad Peterstal und Bad Griesbach gibt es mehrere Kur- und Reha-Kliniken sowie Kurheime, in denen die hiesigen Kurmittel (Heilwässer, Moor etc.) zur Anwendung kommen. Reichhaltiges Informationsmaterial erhält man bei der Kur- und Tourismus GmbH (s. oben).

EVENTS

Fronleichnam
Zum Fronleichnamsfest Ende Mai/ Anfang Juni werden die Straßenaltäre kunstvoll mit bunten Blumenteppichen geschmückt. Außerdem sieht man an diesem Tag viele Prozessionsteilnehmer in alten Schwarzwälder (Renchtäler) Festtagstrachten.

ÜBERNACHTEN · ESSEN

► Luxus/Komfortabel

Baedeker-Empfehlung

Kur- und Sporthotel Dollenberg
Dollenberg 3
77740 Bad Peterstal-Griesbach
Tel. (0 78 06) 780
www.dollenberg.de
Nobel-Hotel (88 Zimmern, 9 Suiten) am Waldrand mit Spa & Beauty Center. Vorzüglich speist man im Restaurant »Le Pavillon« und auch in der »Kaminstube«.

► Komfortabel/Günstig

Hotel-Restaurant Schauinsland
Forsthausstr. 21, 77740 Bad Peterstal
Tel. (078 06) 98 78-0
www.schauinsland-hotel.de
Hoch über dem Renchtal gelegenes Haus (25 Zimmer, 11 Suiten) mit guten Restaurant, in dem auch Vollwertkost serviert wird.

Im August tritt die historische Bürgerwehr beim Großen Zapfenstreich auf.

Tafelgetränk gereicht werden. Schmuckstück von Peterstal ist der Brunnentempel, ein oktogonaler Pavillon, der im frühen 19. Jh. über der Sophienquelle errichtet worden ist.

Sehenswertes

In der barock ausgestatteten **Pfarrkirche** sind schöne sakrale Kunstwerke aus dem ehem. Kloster Allerheiligen (►Oberkirch) beachtenswert. In einer alten Sägewerkshalle ist das **Schwarzwälder Moped- und Roller-Museum** eingerichtet, in dem seit Ende des Zweiten Weltkrieges gebaute Fahrräder mit Hilfsmotor, Mopeds und Motorroller ausgestellt sind (Öffnungszeiten: März – Okt. 11.00 – 17.00 Uhr).

★ Wanderziele

Von Peterstal in südlicher Richtung am Rand des Freyersbacher Tales ansteigend erreicht man in ca. 2 Std. die **Littweger Höhe**, wo sich verschiedene Wanderpfade mit dem Schwarzwald-Westweg kreuzen. Unweit nordöstlich erhebt sich der **Große Hundskopf** (947 m ü. d. M.). Über die Littweger Höhe gelangt man auch ins einsame **Wildschapbachtal**. Die Littweger Höhe kann zu Fuß auch bequem vom Wanderparkplatz auf dem **Freiersberg** (Verbindungsstraße Bad Peterstal – Schapbach) erreicht werden.

Bad Griesbach

Geschichte

Das am Talschluss der Rench gelegene Heilbad Griesbach ist erstmals um das Jahr 1330 als **Grussenbach** erwähnt worden. Spätestens seit dem 16. Jh. rühmt man die hier aus dem Grundgebirge austretenden kohlesäurehaltigen und schwach radioaktiven Heilwässer. 1818 hat Großherzog Karl hier die erste badische Verfassung unterzeichnet. 1871 kam der russische Zar Alexander II. nach Bad Griesbach zur Kur. Fünf Jahre später beehrte Kaiser Wilhelm I. den Ort. 1921 wurde der damalige Reichsfinanzminister Matthias Erzberger oberhalb von Bad Griesbach ermordet; an ihn erinnert ein Bildstock.

Sehenswertes

Im Innern der 1905 in neugotischem Stil erbauten **Katholischen Kirche** sind schöne Glasgemälde zu sehen. Neben dem Griesbacher Bahnhof kann man das private **Taglöhner- und Brennereimuseum Faißt** mit seinen alten Gerätschaften anschauen (Führungen: Fr. 15.30 Uhr u. n. V., Tel. 0 78 06 / 9 84 50).

★ Wanderziele

Südlich von Bad Griesbach erhebt sich der 691 m hohe **Kreuzkopf** (Aufstieg ca. 1 Std.). Vom Habererturm bietet sich ein schöner Ausblick ins Renchtal.
Nördlich von Bad Griesbach hat sich die Wilde Rench einen ziemlich tiefen Tobel gegraben. Vom Wanderparkplatz am Talschluss kann man zur **Alexanderschanze** oder zur **Zuflucht** (►Schwarzwaldhochstraße) hinaufsteigen. – Ein Wanderweg führt von Griesbach bergan zum Wasserfall, zu den Felsen der **Teufelskanzel** und weiter hinauf zur **Lettstätter Höhe** (966 m ü. d. M.). Von hier kann man zum **Glaswaldsee** (►Bad Rippoldsau) hinuntersteigen.

Bad Rippoldsau-Schapbach

F 9

Landkreis: Freudenstadt
Einwohnerzahl: 3000
Höhe: 400 – 900 m ü. d. M.
Prädikate: Heilbad, Luftkurort

Seit über 500 Jahren wird in Bad Rippoldsau gebadet. Neben adligen Häuptern kurten auch der Komponist Johannes Brahms sowie die Schriftsteller Victor Hugo und Rainer Maria Rilke im Mineral- und Moorbad zu Füßen des Kniebis. Ganz anders in Schapbach: Hier lebten die Menschen als Köhler, Flößer und Erzgräber vom Reichtum ihrer Wälder. Im Zuge der baden-württembergischen Gemeindereform von 1974 wurde das ungleiche Paar vereint.

Kurort in reizvoller Landschaft

Bad Rippoldsau und Schapbach liegen im landschaftlich reizvollen, aber hochwassergefährdeten oberen **Wolftal**. Beide Orte werden seit langem von Erholungsbedürftigen aufgesucht. Während in Schapbach die Klimakur im Vordergrund steht, schätzen die Kurgäste von Bad Rippoldsau die hier aus dem Gebirge quellenden Heilwässer.

Sehenswertes in Bad Rippoldsau-Schapbach

Heilbad Rippoldsau

Seit dem 12. Jh. kommen Menschen nach Rippoldsau, um an den Heilquellen zu Füßen des Kniebis Linderung von ihren Leiden zu suchen. Damals gründeten Benediktinermönche aus St. Georgen ein Priorat (1802 aufgehoben). 1490 gab es hier ein erstes Badhaus. Entscheidende Impulse für die Entwicklung von Rippoldsau gab die Familie Goeringer, die das Bad 1777 in Besitz nahm. Bad Rippoldsau wurde zur **Perle der Kniebisbäder**, wo sich gekrönte Häupter und illustre Persönlichkeiten aus aller Herren Länder wohlfühlten. Das Heilbad Rippoldsau umfasst ein modernes Kurzentrum mit Thermal-Mineral-Bewegungsbad, Moorbad und Kurklinik sowie einige ältere ansehnliche Bauten, darunter die traditionsreiche **Villa Sommerberg**. Beachtung verdienen auch das neue **Kurhaus**, die Kapelle, der Brunnenbau, der Badbau mit der Badquelle und der Fürstenbau. Im hübschen Kurpark gibt es einen **Heilpflanzengarten**. Etwas abseits erinnert eine Bronzebüste an Viktor von Scheffel (► Berühmte Persönlichkeiten), der sich gern in Rippoldsau aufgehalten hat.

Kurgebiet ►

★ Klösterle ►

Ein Wahrzeichen des Ortes ist das »Klösterle« (ehem. Priorat) mit der massiven doppeltürmigen **Wallfahrtskirche Mater Dolorosa**. In ihrem Innern gefällt eine spätgotische Pietà.

Wanderungen

Eine schöne Wanderung (ca. 1 Std.) führt von Bad Rippoldsau nördlich bergan zum **Kastelstein** (823 m), einem markanten Buntsandsteinfelsen. 3 km weiter talaufwärts vom Kurzentrum erreicht man den Weiler **Holzwald** mit dem neuen **Wald-Kultur-Haus**, von wo aus man zum **Kniebis** und zur **Lettstädter Höhe** hinaufsteigen kann.

BAD RIPPOLDSAU-SCHAPBACH ERLEBEN

AUSKUNFT

Tourist-Information
Kurhausstr. 2
77776 Bad Rippoldsau-Schapbach
Tel. (0 74 40) 91 39 40
www.bad-rippoldsau-schapbach.de

BADEN · KUR · WELLNESS

Mineralthermalbad Rippoldsau
Öffnungszeiten: Mo., Di., Mi., Fr. 10.30 – 20.45, Do. 10.00 – 18.00, So., Fei. 10.00 – 15.45 Uhr
Mineral-Bewegungsbad mit Innen- und Außenbecken, Wassergymnastik.

Therapiezentrum Schwarzwaldklinik
Fürstenbergstr. 38
77776 Bad Rippoldsau
Tel. (0 74 40) 800
www.schwarzwaldklinik-rippoldsau.de
Öffnungszeiten: Mo. – Fr. 8.00 bis 17.00, Sa., So., Fei. 10.00 – 15.00 Uhr, Mineralbäder, Moorpackungen, Kneipp-Anwendungen, Bewegungstherapie, Massagen, Chirogymnastik.

ÜBERNACHTEN

▶ Komfortabel/Günstig

Landhotel Rosengarten
Fürstenbergstr. 46
77776 Bad Rippoldsau
Tel. (0 74 40) 236
www.landhotel-rosengarten.de
10 Zimmer, 2 Appartements
Gemütliche Unterkunft mit hübsch eingerichteten Zimmern. Der Chef des Hauses bietet eine leckere und leichte regionale und saisonale Küche. Auch hat er ein Faible für Wildfrüchte und Wildkräuter.

Hotel Zum letzten G'stehr
Wolftalstr. 17
77776 Bad Rippoldsau
Tel. (0 74 40) 714
http://gstehr.de
Romantische, aus einem alten Flößergasthaus hervorgegangene Herberge (19 Zimmer) zwischen Bad Rippoldsau und Schapbach. In der Gaststube werden badische und schwäbische Gerichte sowie bestens zubereitete Schwarzwaldforellen serviert.

★ Glaswaldsee

Unterhalb von Burgbach mündet das Seebach-Kerbtal von Nordwesten kommend in das Wolfachtal ein. Oberhalb der Siedlung Glaswald, wo bis ins 17. Jh. Glas geblasen worden ist, liegt der sehr idyllische, fast kreisrunde Glaswaldsee (839 m ü.d.M.). Hierbei handelt es sich um einen ca. 200 m breiten und etwa 14 m tiefen **Karsee**, der nach der letzten Eiszeit entstanden ist. An heißen Sommertagen kann man hier oben ein erfrischendes Bad nehmen.

★ Alternativer Wolf- und Bärenpark

Neueste Attraktion (seit Herbst 2010) im Wolfstal ist dieser nach ökologischen Gesichtspunkten realisierte Tierpark, in dem »Jurka«, die Mutter des 2006 in Oberbayern erlegten »Problembären Bruno«, sowie die Bären »Schapi«, »Poldi« und »Ben« in einem weitläufigen Gehege beobachtet werden können (Öffnungszeiten: März – Okt. tgl. 10.00 – 18.00, Nov. – Feb. 10.00 – 16.00 Uhr).

Schapbach Das langgestreckte Straßendorf Schapbach mit seiner schmucken, dem hl. Cyriakus geweihten **Barockkirche** ist heute ein geschätzter Luftkurort mit Tennisplatz, Reithalle und Schwimmbad. Es liegt an der Einmündung des düster-romantischen Wildschapbachtales. In der Umgebung von Schapbach wird seit langem **Erzbergbau** (u. a. Silber, Blei, Schwerspat) betrieben.

✶ Hansjakobweg ► In der Ortsmitte von Schapbach beginnt der hochinteressante, vom Schwarzwaldverein markierte und unterhaltene Hansjakobweg I. Dieser zirka 50 km lange Rundwanderweg erschließt wenig bekannte, aber wunderschöne Schwarzwaldtäler mit uralten Hofstellen.

✶ Bad Säckingen

D 14

Landkreis: Waldshut
Einwohnerzahl: 17 000
Höhe: 292 – 600 m ü. d. M.
Prädikat: Heilbad

Die berühmte Trompeterstadt am Hochrhein hat ihren Gästen einiges zu bieten, so etwa die längste gedeckte Holzbrücke Europas, das Fridolinsmünster und das Trompeterschloss. Und bestens erholen kann man sich in heilkräftigen Mineralthermen.

Die Stadt liegt etwa 30 km östlich der Nordwestschweizer Metropole Basel auf einer ehemaligen Hochrheininsel. Sie hatte in der Vergangenheit Bedeutung als eine der vier österreichischen Waldstädte, deren Einflussbereich auch heute noch weit hinauf in den Hotzenwald reicht. Im Laufe der Zeit hat sie sich zu einer wichtigen Schulstadt und später auch zu einem Industriestandort entwickelt.

Geschichte Wie Funde bezeugen, war die ehemalige Rheininsel bereits in der Bronzezeit besiedelt. Im 6. Jh. gründete der irische Mönch Fridolin, der bei den Alamannen missionierte, auf der Rheininsel eine Niederlassung, aus der wohl das im Jahre 878 erstmals erwähnte Frauenkloster »Seckinga« hervorgegangen ist. In der Nähe des Klosters ist im Laufe der Zeit eine Siedlung herangewachsen, die 1173 an das Haus Habsburg kam. Die Österreicher bauten ihren Besitz im Laufe der Zeit zu einem Bollwerk aus gegen die mit ihnen verfeindeten Schweizer und gegen die sich »frei« fühlenden Hotzenwälder Bauern. Nach einer wechselvollen Geschichte wurde Säckingen im Jahre 1806 dem Großherzogtum Baden zugeschlagen.

Sehenswertes in Bad Säckingen

✶ Altstadt Die mittelalterliche Stadtanlage ist noch gut erhalten. Die historische Bausubstanz hat man schön herausgeputzt. Die mittelalterliche Stadtbefestigung ist teilweise erhalten. Der **Gallusturm** markiert die Nordspitze der Altstadt, der **Diebsturm** deren Südspitze.

Bad Säckingen *Orientierung*

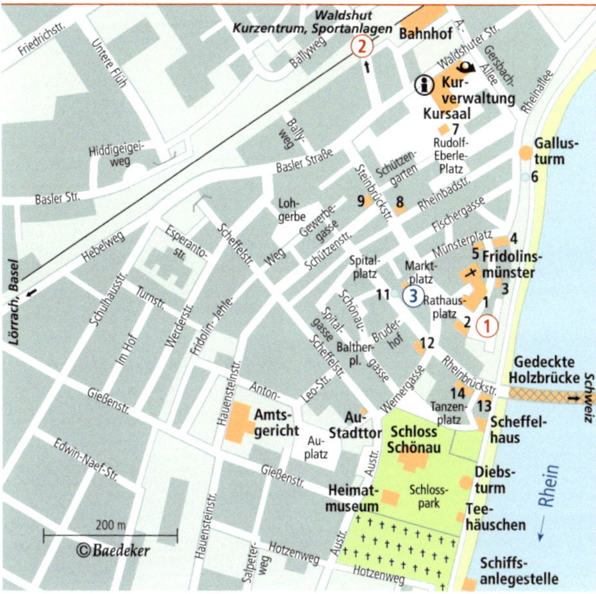

Übernachten
① Goldener Knopf
② Zur Flüh

Essen
① Fuchshöhle

1 Palais Landenberg, Rathaus
2 Stiftsgebäude
3 Kater Hiddigeigei
4 Alter Hof
5 Trompeter-Grabmal
6 Gallusbrunnen
7 Geschichtsstele
8 Haus »Zum schwarzen Walfisch«
9 Steinentor, Steinenbrücke
10 Narrenbrunnen
11 Haus »Zum Falken«
12 Deutschordensritterhaus
13 Rokokohaus

✶ **Fridolinsmünster**

Weithin sichtbare Landmarke von Bad Säckingen ist das doppeltürmige Fridolinsmünster, ein Sakralbau, der ursprünglich im 13./14. Jh. errichtet worden ist und den man im 17. und 18. Jh. in üppigstem Barock ausgestattet hat.

Die wundervollen **Deckengemälde von Franz Joseph Spiegler** beschäftigen sich mit dem Leben des hl. Fridolin. Das Gotteshaus beherbergt einen wertvollen Kirchenschatz (u. a. Reliquienschrein des hl. Fridolin, sechs spätgotische Reliefs und byzantinische Gewebe aus dem 6. Jh.). An der Choraußenwand sind Epitaphe aus dem 17. und 18. Jh. beachtenswert, darunter auch das Grabmal von Maria Ursula von Schönau und ihrem Gemahl Werner Kirchhofer, dem berühmten »Trompeter von Säckingen« (►Berühmte Persönlichkeiten).

◄ Münsterplatz

Hinter dem Fridolinsmünster gefällt der aus dem »Trompeter von Säckingen« bekannte **Kater Hiddigeigei**. An der Nordspitze des Münsterplatzes befindet sich der **Alte Hof** (urspr. 14. Jh., im 16. Jh. umgestaltet), die einstige Residenz der Säckinger Äbtissinen, mit schöner Fassadenmalerei. Benachbart das Grabmal des Trompeters von Säckingen.

✶ **Haus der Fischerzunft**

In der nahen Fischergasse ist das vornehme 1717 erbaute Haus der Säckinger Fischer- und Rheinschifferzunft renoviert worden. Eine Dauerausstellung beschäftigt sich mit dem Naturraum und der wirtschaftlichen Entwicklung am Hochrhein.

BAD SÄCKINGEN ERLEBEN

AUSKUNFT

Tourismus GmbH Bad Säckingen
Waldshuter Str. 20
79713 Bad Säckingen
Tel. (0 77 61) 56 83-0
www.bad-saeckingen-tourismus.de

BADEN · KUR · WELLNESS

Aqualon Therme
Bergseestr. 59
79713 Bad Säckingen
Tel. (0 77 61) 56 08-0
www.aqualon.de
Öffnungszeiten: Mo. – Fr. 9.00 bis 22.00, Sa., So. 9.00 – 20.00 Uhr
Bewegungsbad mit Innen- und Außenbecken, Therapiebecken, Wellness-Bereich

ESSEN

► Erschwinglich

① ***Fuchshöhle***
Rheinbrückenstr. 7
79713 Bad Säckingen
Tel. (0 77 61) 9 33 37 67
Romantische Gaststube mit guter badischer Küche in historischem Gemäuer

ÜBERNACHTEN

► Komfortabel

Baedeker-Empfehlung

① ***Hotel Goldener Knopf***
Rathausplatz 9
79713 Bad Säckingen
Tel. (0 77 61) 56 50
www.goldenerknopf.de
Die gepflegte Herberge mit ihren 72 gemütlichen Zimmern liegt noch in der malerischen Altstadt, hat aber auch eine schöne Terrasse direkt am Hochrhein. Im noblen Hotelrestaurant speist man ausgezeichnet.

► Günstig

② ***Hotel Zur Flüh***
Weihermatten 40
79713 Bad Säckingen
Tel. (0 77 61) 9 24 48-0
www.hotel-flueh.de
Das freundliche Haus mit 34 Zimmern liegt sehr ruhig im Grünen. Das Restaurant bietet gute internationale und vor allem auch regionale Küche.

✶ **Marktplatz, Rathaus**

An das Münster schließt das 1825 erbaute Palais Landenbergan, das seit 1850 als Rathausfungiert. Südlich gegenüber steht das renovierte historische Stiftsgebäude. Sehr schön ist auch der **Marktplatz**, der von traufständigen Häusern umrahmt ist. An seiner Nordwestseite steht das prächtig bemalte Haus Zur Fuchshöhle.

✶ **Gedeckte Holzbrücke**

Die mit rund 200 m **längste gedeckte Holzbrücke Europas** überspannt den Rhein und führt hinüber ans Schweizer Ufer. Das Brückenwerk entstand 1571 anstelle eines Vorgängerbaus aus dem 13. Jahrhundert. Am westlichen Kopf der Holzbrücke gefallen das Deutschordensritterhaus und das Rokokohaus. Etwas abseits steht das Scheffelhaus. Geht man auf der Rheinbrückenstraße weiter stadt-

Europas längste überdeckte Holzbrücke überspannt in Bad Säckingen den Rhein.

einwärts, so passiert man das um 1600 erbaute schmucke Haus »Zum Falken« und erreicht den liebevoll gestalteten Narrenbrunnen.

★ **Schloss Schönau**

Im Süden der Stadt sehr hübsch angelegt ist der Schlosspark (im Sommer gelegentlich Konzerte), in dessen Mitte das im 16. – 18 Jh. erbaute **Schloss Schönau**. Berühmt geworden ist das »Trompeterschlösschen« durch das schöne Vers-Epos des Joseph Victor von Scheffel (►Berühmte Persönlichkeiten), das 1852/1853 entstanden ist und auch Stoff für eine Oper des Komponisten Victor Ernst Neßler lieferte. Scheffel befasst sich in seinem »Sang vom Oberrhein« mit der Geschichte der Maria Ursula von Schönau, die im 17. Jh. den Burgtrompeter Werner Kirchhofer gegen den Willen ihres Vaters zum Gemahl nahm.
Das Schloss beherbergt heute eine Scheffel-Erinnerungsstätte, **die umfangreichste Trompetensammlung Europas** und eine Schwarzwälder Uhrensammlung. Einen Besuch lohnt auch das hier angesiedelte **Hochrhein-Museum**, das wertvolle Funde aus vor- und frühgeschichtlicher Zeit aufbewahrt (Öffnungszeiten: Di., Do., So. 14.00 – 17.00 Uhr u.n.V.).

Kurgebiet

Nördlich oberhalb der Stadt dehnt sich das Bad Säckinger Kurgebiet mit seinen modernen medizinischen und therapeutischen Einrichtungen aus.

Villa Berberich

In der vornehmen, heute als Kulturhaus genutzten Villa ist ein sehr interessantes **Mineralienmuseum** untergebracht (Parkstr. 1; Öffnungszeiten: Sa. u. So. 14.00 – 17.00 Uhr).

Malerische Häuserfront am Fluss: Laufenburg am Rhein

Umgebung von Bad Säckingen

Murg Rheinaufwärts liegt die gewerbereiche südbadische Ortschaft Murg (312 m ü.d.M.; 7000 Einw.) an der Einmündung des wilden, aus dem Hotzenwald hervorbrechenden Flüsschens Murg. Von hier lohnt eine Wanderung bzw. eine Radtour durch das schluchtartige **Hotzenwälder Murgtal** mit der Burgruine Wieladingen.

★ Laufenburg (Baden) Weiter rheinaufwärts erreicht man das malerische **mittelalterliche Städtchen** (Klein-) Laufenburg (337 m ü.d.M.; 4000 Einw.) mit seinen engen Gässchen, Stiegen, Brunnen, Türmen und Toren. Es ist durch eine 1207 erstmals erwähnte Rheinbrücke mit dem schweizerischen (Groß-) Laufenburg verbunden. Klein- und Groß-Laufenburg wurden von Napoleon 1801 (Frieden von Lunéville) getrennt und dem Großherzogtum Baden bzw. der Schweizerischen Eidgenossenschaft zugeschlagen. Rheinabwärts hat man 1914 ein großes **Flusskraftwerk** in Betrieb genommen. Nordöstlich oberhalb von Laufenburg liegt das Dorf Hochsal, dessen **»Alter Hotz«** genannter Kirchturm das Wahrzeichen des Hotzenwaldes ist.

★ Laufenburg (Schweiz) Bestens erhalten ist das **mittelalterliche Stadtbild** des aargauischen Städtchens Laufenburg. Im 12. Jh. haben die Grafen von Habsburg an den Laufen (= Stromschnellen) eine Burg errichtet, in deren Umfeld sich rasch eine lebhafte Siedlung entwickelte. Sehenswert sind die Pfarrkirche, die als Meisterwerk der spätgotischen Sakralbaukunst in der Nordwestschweiz gilt, das spätgotische Rathaus, das barocke Gerichtsgebäude mit Rokoko-Saal sowie der Pulverturm, der Wasenturm und der Schwertlisturm. Beachtenswert ist ferner das heimatkundlich orientierte **Museum »Schiff«** (Öffnungszeiten: Mi., Do., Fr. 14.00 – 16.00, Sa., So. 14.00 – 17.00 Uhr). Laufenburg ist seit 1386 eine **Hochburg der alemannischen Fastnacht**.

★ Bad Teinach-Zavelstein

I 7

Landkreis: Calw
Einwohnerzahl: 3000

Höhe: 340 – 750 m ü. d. M.
Prädikate: Heilbad, Luftkurort

Drunten im Tale liegt das traditionsreiche und für seine Heilwässer bekannte Bad, oben auf der waldigen Höhe thront das malerische alte Fachwerk-Städtchen mit seiner romantischen Burgruine.

Die aus dem Heilbad Teinach, der Zwergstadt Zavelstein und einigen umliegenden Dörfern gebildete Gemeinde erstreckt sich vom mittleren Nagoldtal in ein anmutiges Seitental und auf die umliegenden Buntsandsteinhöhen.

★ Bad Teinach

Geschichte

Die heilenden Quellen von Teinach sind spätestens seit dem Mittelalter bekannt. Erstmals erwähnt wurde das »Wildbad« Teinach in einer Urkunde der Grafen von Württemberg. Im 17. und 18. Jh. war es das bevorzugte **Bad der württembergischen Herzöge**, die sich hier eine kleine Sommerresidenz mit Opernhaus und Reitbahn erbauen ließen. Teinacher **Mineralwasser** (Hirschquelle) wurde bereits um 1770 in Tonkrügen nach Stuttgart versandt. 1835 ist das Bad nach den Plänen des königlich-württembergischen Hofbaumeisters Thouret im Stil des Klassizismus ausgebaut worden. Das kleinste der württembergischen Heilbäder erlebte in den 1970er- und 1980er-Jahren einen erneuten Aufschwung, als man durch eine Tiefbohrung **Thermalwasser** (Otto-Therme, 34 °C) mit hohem Mineraliengehalt erschließen konnte.

★ Kuranlagen

Das von Hofbaumeister Thouret konzipierte klassizistische Gebäudeensemble, bestehend aus Badhotel, Badehaus und Trinkhalle, ist vor einiger Zeit renoviert worden. Dem Baustil des 19. Jh.s angepasst ist das 1983 eingeweihte Kurzentrum mit Thermal-Mineral-Bewegungsbad, Dampfbad, Sauna, Kursaal und Trinkbrunnen. Sehr hübsch ist der neu gestaltete Kurpark mit künstlicher Kaskade.

Dreifaltigkeitskirche

★ ★ ◀ Kabbalistische Lehrtafel

Die ev. Dreifaltigkeitskirche ist 1665 geweiht worden. Neben der zierlichen und schmuckvollen Chororgel von 1680 gefallen das steinerne Altar-Kruzifix und eine Ziertafel aus Stein über dem Nordportal. Als einmaliges kunsthistorisches Kleinod ist die kabbalistische Lehrtafel der württembergischen Prinzessin Antonia (1613 – 1679) zu betrachten. Das sagenumwobene Flügelbild, das die Strömungen der christlichen Pansophie des 17. Jh.s widerspiegelt, stellt den Erkenntnisweg der Kabbala (Gott nähert sich der Menschheit in zehn »Abglänzen« bzw. Sephiroth) dar, wobei der Zahlen-, Buchstaben-, Farben-, Tier- und Pflanzensymbolik eine große Bedeutung zukommt. Der spätgo-

BAD TEINACH-ZAVELSTEIN ERLEBEN

AUSKUNFT

Teinachtal-Touristik
Rathausstr. 5
75385 Bad Teinach
Tel. (0 70 53) 9 20 50 40
www.teinachtal.de

BADEN · KUR · WELLNESS

Mineraltherme Bad Teinach
Otto-Neidhart-Allee
75385 Bad Teinach
Tel. (0 70 53) 92 67-0
www.therme-bad-teinach.de
Öffnungszeiten: Mo. 7.00 – 21.00, Di., Mi., Do. 8.00 – 21.00, Fr. 8.00 – 23.00, Sa., So., Fei. 8.00 – 19.00 Uhr
Mineral-Thermal-Bewegungsbad mit Innen- und Außenbecken, Sauna-Bereich mit Dampfbad, Solarien und Bio-Sanarium; Kurhaus mit Mineralwasser-Wannenbädern und breit gefächertem Therapie-Angebot

ÜBERNACHTEN · ESSEN

► Komfortabel/Luxus

Bad-Hotel
Otto-Neidhart-Allee 5
75385 Bad Teinach
Tel. (0 70 53) 29-0
www.bad-hotel.de
Nobelhotel (58 Zimmer) mit Kursaal und Wellness-Tempel. Im »Quellenrestaurant« gibt es raffiniert zubereitete regionale Gerichte.

► Komfortabel

Berlin's Hotel KroneLamm
Marktplatz 2 – 3
75385 Bad Teinach-Zavelstein
Tel. (0 7053) 92 94-0
www.berlins-hotel.de
Das gut geführte, aus zwei traditionsreichen Gasthäusern hervorgegangene 42-Zimmer-Hotel ist kürzlich umfassend modernisiert worden.

tische Brunnen auf dem Vorplatz zwischen Kirche und Dürnitz ist ein Werk des Meisters von Urach (um 1489), das ursprünglich für die Brunnenkapelle des Klosters Hirsau geschaffen worden ist. Herzog Eberhard Ludwig ließ ihn aus dem 1692 zerstörten Kloster nach Teinach bringen.

✶ Zavelstein

Mittelalterliche Burgstädtchen

Rund 170 m über Bad Teinach thront Zavelstein auf einem bewaldeten Bergsporn. Das ganz unter Denkmalschutz stehende mittelalterliche Burgstädtchen mit nur etwas mehr als einem Dutzend **Fachwerkbauten** und einer kleinen Pfarrkirche wird beherrscht von den Ruinen einer zur Zeit der Stauferkaiser entstandenen Burg. In dieser hat 1367 der württembergische Graf Eberhard II. Zuflucht gefunden. Aus Dankbarkeit hat er dem Burgflecken Zavelstein das Stadtrecht verliehen. Die **Burg** ist Anfang des 17. Jh.s im Stil der Spätrenaissance ausgebaut worden. 1692 hat sie jedoch der französische General Mélac zerstören lassen. Ganz erhalten geblieben ist lediglich der 28 m hohe Bergfried, von dem sich eine tolle Aussicht bietet (Öffnungszeiten: tgl. 11.00 – 16.30 Uhr).

Nördlich außerhalb des Städtchens erstreckt sich ein 52 ha großes Naturschutzgebiet, auf dessen Wiesen ab Mitte März/Anfang April Abertausende **wilde Krokusse** blühen. Der Burgherr und württembergische Gesandte Benjamin Buwinghausen von Wallmerode (1571 bis 1635) soll der Überlieferung nach Krokuszwiebeln nach Zavelstein gebracht haben.

Burgruine Zavelstein Orientierung

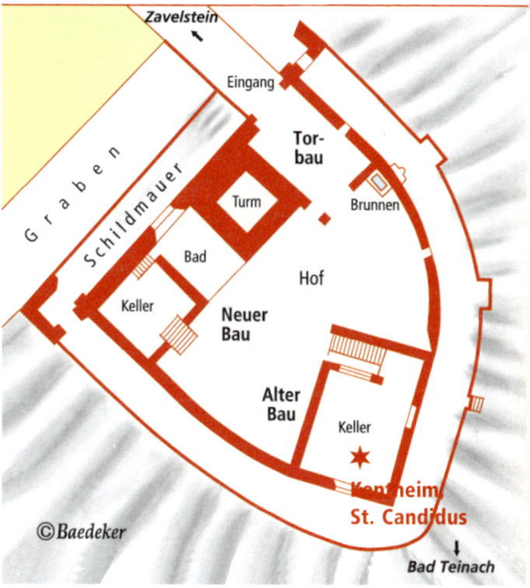

Umgebung von Bad Teinach – Zavelstein

An der Nagold liegt das Dorf Kentheim, dessen 1075 erstmals urkundlich erwähntes Kirchlein **eines der ältesten noch erhaltenen Gotteshäuser Süddeutschlands** ist.
Das Baudatum des Sakralbaus ist nicht genau bekannt. Im Jahr 1840 hat man im Schiff und im Chor Fresken freigelegt, die zwischen 1180 und 1340 entstanden und in der Reformationszeit übermalt worden sind.

★ **Neubulach**

Auf der Hochfläche südlich von Bad Teinach liegt das malerische Bergbau-Fachwerkstädtchen Neubulach (584 m ü.d.M., 4000 Einw.), das seit langem als Luftkurort besucht wird.
Die Stadtgründung erfolgte im 13. Jh., nachdem man in der Umgebung wertvolle Erze (u. a. Silber und Kupfer) gefunden hatte. Stadtbrände, Kriegswirren und Besitzwechsel setzten dem Ort in der Folgezeit sehr zu. In der zweiten Hälfte des 16. Jh.s kam der Bergbau zum Erliegen. Die Wiederaufnahme der Erzsuche im 18. und 19. Jh. erwies sich als unwirtschaftlich. Zwischen den beiden Weltkriegen hat man die Abraumhalden des Erzbergbaus zur Wismutgewinnung abgebaut.
Die von schmucken Fachwerkbauten geprägte und von einer Mauer umgebene Altstadt ist noch sehr gut erhalten. Besonders sehenswert ist die Bergvogtei (16. Jh.) mit dem reichhaltigen **Mineralienmuseum** (Öffnungszeiten: April – Okt. Mo. – Sa. 10.00 – 12.00 u. 14.00 bis 16.00, So. 10.00 – 12.30 u. 13.30 – 17.00 Uhr). Fotogen präsentieren sich auch das **Calwer Tor** und der **Diebsturm**.

★ **Hella-Glück-Stollen**

Südlich unterhalb von Neubulach liegt der Hella-Glück-Stollen versteckt im Wald. Er ist heute als Schaubergwerk zugänglich. Der Stollen wird wegen seiner besonders reinen Luft auch für die Asthmatherapie genutzt (Führungen: April – Okt. tgl. 10.00 – 12.00 u. 13.30 bis 16.00 Uhr).

★ Bad Wildbad

H 7

Landkreis: Calw
Einwohnerzahl: 11 000
Höhe: 405 – 909 m ü. d. M.
Prädikate: Heilbad, Luftkurort

Seit Jahrhunderten gerühmt werden die heilenden Wässer und die wunderbar würzige Schwarzwald-Luft von Wildbad. Grafen, Herzöge und Könige erholten sich hier, später auch Bundespräsidenten, darunter Richard von Weizsäcker.

Bäderstadt mit Tradition

Bad Wildbad liegt im tief eingeschnittenen Tal der jungen **Enz**. Die Siedlungen klettern an den Hängen des Sommerberges und des Meisternrückens hinauf. Damit hat Bad Wildbad Anteil an zwei Klimazonen: zum einen am **Schonklima des Enztals**, zum anderen am milden **Reizklima der Schwarzwaldhöhen**. Mit seinen 34 – 41 °C warmen Mineralthermen ist Bad Wildbad nach ►Baden-Baden der meistbesuchte Kurort des Nordschwarzwaldes.

Geschichte

Ursprünglich im Besitz der Grafen von Calw, später der Pfalzgrafen von Tübingen, ging der Ort 1345 an die Grafen von Württemberg. Bereits seit dem frühen 13. Jh. werden die hiesigen Mineralheilquellen genutzt. 1367 erhielt Wildbad vom württembergischen Grafen Eberhard dem Greiner das Stadtrecht verliehen, weil der Graf bei einem Besuch des Bades von einem Wildbader Untertan vor dem Feind gerettet worden sein soll. Ludwig Uhland hat diese Begebenheit in »Der Überfall im Wildbad« poetisch verarbeitet.
Seit dem Mittelalter sichern die Thermalquellen Wildbad seinen privilegierten Status. Mehrfach wurde die Stadt von Feuersbrünsten heimgesucht und neu aufgebaut. Eine königlich-württembergische Order verfügte 1824 den Ausbau Wildbads zum Staatsbad. Im Laufe des 19. Jh.s verzeichnete Wildbad einen starken Aufschwung. Der Ausbau der Kuranlagen, die Errichtung des Graf-Eberhard-Bades und des König-Karls-Bades, der Anschluss ans Eisenbahnnetz (1868) und der Bau der Sommerbergbahn (1908) ermöglichten eine Entwicklung zum international renommierten Heilbad.

Aufbruch in eine neue Zeit ►

Derzeit herrscht in der Kurstadt Goldgräberstimmung. Ein tunesischer Investor hat kürzlich das einstige **Hotel Bären (jetzt »Rossini«)** und das altehrwürdige **Badhotel** zu neuem Leben erweckt. Die ehemalige Kurklinik für Kriegsblinde hübscht ein russischer Investor derzeit zu einem 4-Sterne-**Panoramahotel** auf. Schwäbische Investoren realisieren ein **KurAtrium** für wohlhabende Senioren. Und auch das **König-Karls-Bad** wird aufwendig saniert.

Heilung und Rehabilitation

Die Wildbader Akratothermen sprudeln mit Temperaturen zwischen 34 °C und 41 °C aus 70 – 600 m Tiefe. Ca. 1200 m^3 Thermalwasser benötigen die der Stadt Kureinrichtungen täglich für ihre Hydro- und Bewegungstherapien.

BAD WILDBAD ERLEBEN

AUSKUNFT

Touristik Bad Wildbad GmbH
König-Karl-Str. 7
75323 Bad Wildbad
Tel. (0 70 81) 10 28-0
www.bad-wildbad.de

Staatsbad Wildbad
Kur- und Betriebsges. mbH
König-Karl-Str. 1
75323 Bad Wildbad
Tel. (0 70 81) 303-0
www.staatsbad-wildbad.de

BADEN · KUR · WELLNESS

Palais Thermal
Öffnungszeiten: Mo. – Fr. 12.00 bis 22.00, Sa., So., Fei. 10.00 – 22.00 Uhr. Thermalbad, Fürstenbäder, Whirlpools, Massagebecken, Saunawelt mit römischem Dampfbad, Tauchbädern und Tepidarium.

Vital Therme
Öffnungszeiten: Thermalbad: tgl. 9.00 bis 19.00, Di., Do., Fr. bis 21.00 Uhr. Sauna: Mo., Fr. 13.00 – 19.00, Sa., So. 9.30 – 19.00 Uhr
Thermalbad mit Innen- und Außenbecken, Sauna, römisches Dampfbad, Salz-Öl-Bäder, Sonnenterrassen, Wellness- und Fitness-Programmen.

EVENTS

Rossini in Wildbad
Zu Ehren des italienischen Komponisten Gioachino Rossini, der 1856 nach einem Kuraufenthalt in Wildbad seine Schaffenskraft wiedererlangt hat, findet alljährlich im Juli ein Musikfestival statt.

Rothaus Bike Marathon
An einem Sonntag im Juli werden Rad- bzw. Mountainbike-Rennen über drei Distanzen gestartet.

ÜBERNACHTEN · ESSEN

► Luxus/Komfortabel

① ***Badhotel***
(Mokni's Palais Hotels & Spa)
Kurplatz 4 – 6 75323 Bad Wildbad
Tel. (0 70 81) 301-0
www.moknis.com
Das Badhotel mit seinen 70 Zimmern und Suiten gehört zu den traditionsreichsten Häusern im Nordschwarzwald. Es besteht direkter Zugang zum »Palais Thermal«. Im Restaurant »Graf Eberhard« werden exquisite Speisen gereicht.

② ***Hotel Rossini***
Kurplatz 4 – 6, 75323 Bad Wildbad
Tel. (0 70 81) 301-0
www.moknis.com
Traditionshotel mit Stil. Die 44 Zimmer sind sehr geschmackvoll eingerichtet. Im Restaurant speist man ausgezeichnet.

► Komfortabel

③ ***Enztalhotel***
Freudenstädter Str. 67
75337 Enzklösterle
Tel. (0 70 85) 180, Fax 16 42
50 Zi., www.enztalhotel.de
Das elegante Haus mit 47 Zimmern und 2 Suiten verfügt über eine »Wellness-Vital-Oase« mit Hallenbad, Sauna, römischem Schwitzbad und Beautyfarm.

► Komfortabel/Günstig

④ ***Hotel Sonne***
Wilhelmstr. 29, 75323 Bad Wildbad
Tel. (0 70 81) 92 57-0
www.sonne-badwildbad.de
Die moderne Herberge mit 23 Zimmern steht in der verkehrsberuhigten Innenstadt. Besondere Spezialitäten im guten Restaurant sind Wildgerichte aus eigener Jagd.

Wunderbar entspannen kann man sich im Wildbader Palais Thermal.

Sehenswertes in Bad Wildbad

Das klassizistische **Graf-Eberhard-Bad**, zwischen 1839 und 1847 an der Stelle eines alten Badhauses errichtet, ist das letzte große Werk des württembergischen Hofbaumeisters Nikolaus von Thouret. In dem hervorragenden Baudenkmal der württembergischen Badekultur sind Fürsten-, Herren- und Damenbäder eingerichtet, teilweise mit orientalischem Interieur. Um die Jahrhundertwende erfolgte eine weitere Maurisierung. Höchst attraktiv sind die **Maurische Halle** und das **Jugendstil-Dekor**. Das umfassend renovierte Bad ist 1995 als luxuriöser »Palais Thermal« wiedereröffnet worden.

An das Graf-Eberhard-Bad grenzt das kürzlich sanierte **Badhotel**, ein klassizistischer Repräsentationsbau, der ebenfalls nach Vorlagen von Thouret anstelle des einstigen Königlichen Palais entstanden ist. Es umfasst auch den Kursaal und den Kaffeesalon.

Neues Eberhardsbad

In den Berg hinter dem Graf-Eberhard-Bad bzw. dem Badhotel ist das nach modernsten balneotherapeutischen Erfordernissen konzipierte Neue Eberhardsbad hineingebaut. Die nüchterne Betonarchitektur kontrastiert stark zu den altehrwürdigen klassizistischen Bauten der Nachbarschaft.

Evangelische Stadtkirche

An der Nordostseite des Kurplatzes ist nach der Brandkatastrophe von 1742 die Evangelische Stadtkirche erbaut worden. Der von Christian David von Leger entworfene Sakralbau ersetzte einen mehrfach durch Brand in Mitleidenschaft gezogenen Vorgängerbau und fügt sich harmonisch in das Ensemble der umliegenden klassizistischen Kureinrichtungen ein.

*** Haus des Gastes (ehem. König-Karls-Bad)**

Gründerzeitliche Monumentalität spiegelt das 1882 – 1892 im Stil der Neorenaissance errichtete König-Karls-Bad wider. Sehr repräsentativ stellt sich der Vorbau des Badkomplexes mit seinem Kuppelsaal dar. Geschmackvoll abgestimmt ist auch das Interieur des heute als

»Haus des Gastes« ausgewiesenen Baudenkmals. Übrigens: Die bädertechnische Einrichtung hat seinerzeit der geniale königlich-württembergische Ingenieur Karl von Ehmann (1827 – 1889) besorgt.
In dem Gebäudekomplex ist eine **Ausstellung historischer Kutschen und Wagen** sehenswert. In Modellen und Bildern wird die Entwicklung vom Rad bis zum Automobil präsentiert. Auch auf die Geschichte des Heilbades im Nordschwarzwald wird eingegangen.

★ Kurpark

Der große, von prächtigen alten Bäumen bestandene Kurpark wird von der jungen Enz durchflossen. Terrainkurwege erschließen die steileren Hänge des Geländes. Am Parkeingang befinden sich elegante Geschäfte. Nahebei die neue Trinkhalle, das Kurpark-Restaurant und die Konzertmuschel. Im schmucken **Jugendstil-Kursaal** werden Theatergastspiele, Konzerte und diverse gesellige Veranstaltungen geboten. Im Jahre 1865 wurde die Englische Kirche erbaut für die damals zahlreichen Kurgäste aus dem Vereinigten Königreich.

Vital Therme

Am sonnenbeschienenen Hang über dem Kurpark lädt das modern ausgestattete Thermal-Mineral-Bewegungsbad (zwei Hallen- und ein Freibecken) Gesundheitsbewusste zu einem Besuch ein.

Bahnhof

In leider immer mehr verblassender Eleganz zeigt sich der im Stil des Klassizismus gehaltene Wildbader Bahnhof am nördlichen Stadteingang. Doch bis heute ist er als Empfangssalon des aristokratisch angehauchten einstigen Weltbades erkennbar. Auch hier findet man »maurische« Anklänge wieder. Hübsch ist das Portal mit gusseisernen Ringsäulen und Ornamentfries. Rundbogenfenster im Erdgeschoss beleben die Physiognomie des Zweckbaus.

Bad Wildbad Orientierung

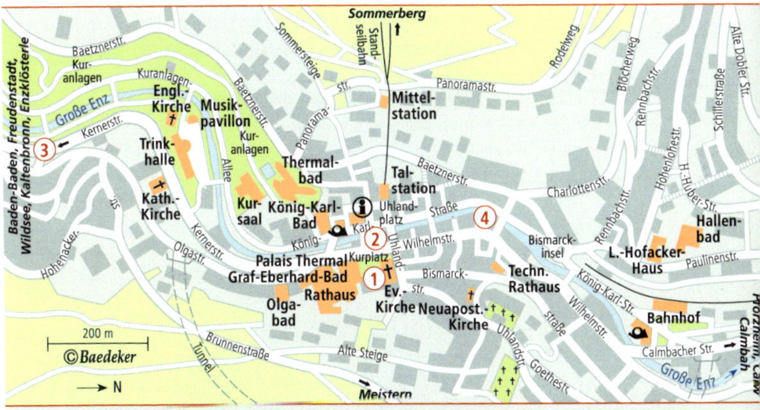

Übernachten und Essen

① Badhotel ② Rossini ③ Enztalhotel ④ Hotel Sonne

Umgebung von Bad Wildbad

★ **Sommerberg**

Westlich der Stadt erhebt sich der 731 m hohe und herrliche Aussichten bietende Sommerberg, auf den eine **Standseilbahn** fährt. Von der Bergstation aus kann herrlich wandern, zudem gibt es am Sommerberg einen **Bikepark** für passionierte Mountain-Biker.

Calmbach

Etwa 4 km talabwärts liegt die Ortschaft Calmbach am Zusammenfluss von Großer und Kleiner Enz. Der heutige Wildbader Stadtteil war in der Vergangenheit das **Zentrum der Flößerei im Enztal**. Im 1773 erbauten »Großen Haus am Berg« ist das hochinteressante **Heimat- und Flößermuseum** eingerichtet, dessen Sammlungsschwerpunkt neben der Flößerei auch das Wald- und Holzgewerbe ist (Öffnungszeiten: So. u. Fei. 14.00 – 17.00 Uhr).

Enzklösterle

Dieser Luftkurort liegt 12 km südwestlich von Bad Wildbad. Er hat als **Zentrum des Tanzsports** internationale Bekanntheit erlangt. Das bereits 1145 erwähnte Klösterlein war vermutlich ein Benediktinerinnen-Kloster. Seine Entwicklung verdankt der Ort jedoch den Waldberufen. Rund um Enzklösterle gab es früher zahlreiche Kohlenmeiler, Salbe- und Wiedenöfen. Eine alte **Rußhütte**, in der man bis Mitte des 19. Jh.s durch das Verbrennen von harzreichem Abfallholz Grundstoffe für Farben und Arzneien hergestellt hat, ist als museale Einrichtung zugänglich. Ein ortsgeschichtlicher Lehrpfad erschließt zudem etliche wirtschafts- und kulturhistorisch interessante Plätze. Eine besondere Attraktion ist auch die Ausstellung **Krippena 2000** mit der größten handgeschnitzten Krippe der Welt (Hirschtalstr. 30; Öffnungszeiten: tgl. 9.30 – 16.00 Uhr).

Poppelmühle

Wer wissen will, wie es in einer Schwarzwälder Mühle vor über 100 Jahren zugegangen ist, dem ist ein Besuch des Freilichtmuseums bzw. der Erlebnisgastronomie im Poppeltal beim Weiler Gompelscheuer südlich von Enzklösterle zu empfehlen. Außerdem gibt es hier eine bei Jung und Alt beliebte **Riesenrutschbahn**.

★ **Kaltenbronn**

Knapp 15 km südwestlich enztalaufwärts vorbei am Weiler Sprollenhaus (Wandererstützpunkt) erreicht man den Kaltenbronn am Rande der noch intakten Hochmoorgebiete um den Wildsee und die Hohlohseen. Im 1869 erricheteten **Jagdhaus des Großherzogs von Baden** ist heute ein Informationszentrum eingerichtet, in dem man sich über diesen Teil des Naturparks Schwarzwald Mitte/Nord informieren kann (Öffnungszeiten: Mi. – So. 10.30 – 16.30 Uhr).

Naturpark-Infozentrum ►

Wildgehege ►

Ein paar Schritte oberhalb vom Infozentrum lockt ein großes Gehege mit heimischem Rotwild (Hirsch und Hirschkühe) das ganze Jahr über viele Besucher an.

Aktivitäten ►

Vom Kaltenbronn aus kann man in der warmen Jahreszeit **herrliche Wanderungen** und im Winter tolle Langlauftouren unternehmen. Auch gibt es eine 600 m lange **Skiabfahrt** mit zwei Schleppliften.

Von Kaltenbronn nordostwärts bergan erreicht man in einer guten Stunde das Hochmoor um den größeren **Wildsee** und den kleineren **Hornsee**. Seit 1939 ist dieses 181 ha große, **höchstgelegene deutsche Moorgebiet** unter Naturschutz gestellt. Ein Rundweg und ein Bohlenweg (gutes Schuhwerk erforderlich, Mountainbike-Fahrer unerwünscht!) führen durch das »Herz« des botanisch wie zoologisch außerordentlich interessanten Hochmoores.

✶✶ Wildsee-Hochmoor

Sehr lohnend ist eine Rundwanderung (ca. 2 – 3 Std.) vom Kaltenbronn westwärts bergan zum **Kleinen und Großen Hohlohsee** (botanisch interessantes Hochmoor; Naturschutzgebiet) führt. Auf der Alten Weinstraße geht es nach Durchquerung des Moorgebietes in nordöstlicher Richtung zum 988 m hohen Hohloh. Hier steht der **Kaiser-Wilhelm-Turm**, von dem aus man einen überwältigenden Ausblick über die 1999 vom Orkan Lothar stark zerzausten Höhen des Nordschwarzwaldes hinweg genießen kann.

✶ Hohloh

✶ Baiersbronn

F/G 8/9

Landkreis: Freudenstadt
Einwohnerzahl: 16 000
Höhe: 490 – 1150 m ü. d. M.
Prädikate: Luftkurort, Kneippkurort

Als Wallfahrtsort der Feinschmecker ist Baiersbronn weit über Baden-Württemberg hinaus bekannt. Harald Wohlfahrt, Deutschlands bester Koch, und seine beiden ebenfalls hoch ausgezeichneten Kollegen Claus-Peter Lumpp und Jörg Sackmann tun ihr Bestes.

Die aus mehreren Luftkurorten und 140 weit verstreuten Höfen bestehende Großgemeinde Baiersbronn breitet sich im landschaftlich recht reizvollen oberen Murgtal aus. Der Kernort Baiersbronn liegt im Zentrum einer von der Murg und ihren Zuflüssen geschaffenen Talspinne. Im flussabwärts immer enger werdenden Murgtal reihen sich die früher selbstständigen Ortsteile Klosterreichenbach, Röt, Huzenbach und Schönmünzach aneinander, im weit ausgeräumten Terrain der Murg-Quellflüsse verteilen sich die Streusiedlungen Friedrichstal, Mitteltal, Obertal, Tonbach und Buhlbach.

? WUSSTEN SIE SCHON ...?

- ... dass Baiersbronn mit einer Fläche von 189,7 km² die flächengrößte Gemeinde Baden-Württembergs ist?

Geschichte

Baiersbronn wurde im 13. Jh. erstmals urkundlich erwähnt. Um 1320 kam die Waldgemeinde an das Haus Württemberg. Ende des 16. Jh.s wurde der südliche Teil der Gemarkung ausgegrenzt, um die Stadt ► Freudenstadt gründen zu können. Im 18. Jh. erlebte die Holzwirtschaft im oberen Murgtal einen ungeheuren Aufschwung.

BAIERSBRONN ERLEBEN

AUSKUNFT

Baiersbronn Touristik
Rosenplatz 3
72270 Baiersbronn
Tel. (0 74 42) 8 41 40
www.baiersbronn.de

ESSEN · ÜBERNACHTEN

► Fein & teuer

Schwarzwaldstube
Tonbachstr. 237
72270 Baiersbronn-Tonbach
Tel. (0 74 42) 49 20
www.traube-tonbach.de
Harald Wohlfahrt, Deutschlands Nummer 1 der Kochkunst, führt Regie in der Schwarzwaldstube. Etwas preiswerter speist man in der »Köhlerstube«, in der feine Gerichte serviert werden.
In die Kategorie Luxus fällt das angeschlossene Hotel »Traube Tonbach«, eines der besten Ferienhotels Deutschlands mit 170 Zimmern, 12 Suiten, 62 Appartements und Wellness-Landschaft.

Spitzenkoch Harald Wohlfahrt

Bareiss
Gärtenbühlweg 14
72270 Baiersbronn-Mitteltal
Tel. (0 74 42) 470
www.bareiss.com
Hier kreiert Sterne-Koch Claus-Peter Lumpp seine exquisiten Highlights. Im angeschlossenen Hotel mit 98 Zimmern, 10 Suiten und 48 Appartements übernachtet man höchst komfortabel.

► Erschwinglich

Romantik-Hotel Sackmann
Murgtalstr. 602
72270 Baiersbronn-Schwarzenberg
Tel. (0 74 47) 28 90
www.hotel-sackmann.de
Gepflegtes und und gut geführtes Haus mit 58 Zimmern und 7 Appartements, Bade- und Saunalandschaft, Fitness und Massage. Sternkoch Jörg Sackmann »zaubert« in der Küche.

Engel Obertal
Rechtmurgstr. 28
722 70 Baiersbronn-Obertal
Tel. (0 74 49) 850
www.engel-obertal.de
Die gut geführte Herberge verfügt über 80 Zimmer, 10 Suiten, 5 Appartements, eine Wellness-Landschaft und ein Gourmet-Restaurant.

EVENTS

Leuchtendes Tonbachtal bzw. Buhlbachtal
Jeden Sommer findet eine große Lichtinszenierung statt, abwechselnd im Tonbach- und im Buhlbachtal, jeweils mit einem großen Brillantfeuerwerk als Abschluss.

Schwarzwald-Musikfestival
In jedem Sommer ist Baiersbronn einer der Veranstaltungsorte dieses Musikfestivals.

Hinter dieser Bescheidenheit verbirgt sich das Mekka der Feinschmecker.

Die württembergischen Herrscher ließen seinerzeit riesige Waldflächen abholzen. Die im Rheinland und in Holland geschätzten Baumstämme wurden dann auf der Murg zum Rhein geflößt. Als weiteres wirtschaftliches Standbein kam im 18. Jh. die Eisenhütte Friedrichstal hinzu. Mit dem Bau der Murgtalbahn von Rastatt nach Freudenstadt in den Jahren 1900/1901 war die Initialzündung für die Entwicklung des Fremdenverkehrs gegeben. Baiersbronn sollte sich alsbald zu einem Luftkurort entwickeln, der vor allem Menschen mit angegriffenen Atmungsorganen aus allen großen deutschen Industrierevieren anzog.

Sehenswertes in Baiersbronn und Umgebung

Baiersbronn

Der Kernort selbst verfügt über eine leistungsfähige Gastronomie sowie diverse Kur- und Freizeiteinrichtungen. Beliebt sind sommerliche Kutsch- und winterliche Schlittenfahrten. Gelegentlich wird volkstümliches Bauerntheater geboten.

★ ◄ Hauff-Märchenmuseum

Beachtung verdient ein kleines Museum, das sich mit dem Schriftsteller Wilhelm Hauff (1802–1827) beschäftigt. Er hat in seinem Werk »Das kalte Herz« Motive aus der Umgebung von Baiersbronn verarbeitet (Alte Reichenbacher Str. 1; Öffnungszeiten: Mi., Sa., So. 14.00 – 17.00 Uhr).

Romanik in Klosterreichenbach

Nördlich von Baiersbronn erhebt sich der **Rinkenkopf** (759 m) mit einem nach dem württembergischen König Wilhelm benannten Aussichtsturm. Hier oben sind Reste einer mittelalterlichen Fliehburg erhalten. Ein aussichtsreicher Wanderweg über die 880 m hohe **Elme** windet sich hinauf zum **Ruhestein** (►Schwarzwaldhochstraße; ca. 4 Std.) bzw. zum Naturschutzgebiet um Seekopf und Wildsee. Südwestlich oberhalb von Baiersbronn erreicht man die wildromantischen **Sankenbachfälle**, die von den Hochmooren auf dem Kniebis (► Schwarzwaldhochstraße) herunterstürzen.

Nördlich des Hauptortes verläuft das liebliche **Tonbachtal** mit dem viel gerühmten **Hotel »Traube«** und der »Schwarzwaldstube« des Spitzenkochs Harald Wohlfahrt. Ganz oben im Murgtal liegen die Ortsteile **Mitteltal** (Standort des Hotels »Bareiss«) und **Obertal**, die von Kurgästen als Standquartiere geschätzt werden. Südwestlich oberhalb von Obertal liegt das Dorf **Buhlbach** im engen Tal der Rechten Murg, von wo aus eine Wanderung zum Buhlbachseenahe der Schwarzwaldhochstraße lohnt.

✶ Klosterreichenbach

Von kunsthistorischem Interesse ist die gut erhaltene, jedoch mehrfach umgestaltete **romanische Klosterkirche** des im Jahre 1082 vom Hirsauer Abt Wilhelm an der Reichenbachmündung gegründeten Benediktinerklosters. Das aus hiesigem Buntsandstein errichtete Gotteshaus wird von zwei massiven Türmen beherrscht. Von den ehemaligen **Klosterbauten** sind ferner das **Badhaus** und ein weiterer Turm erhalten. Der ehemalige **Klostergarten** ist heute als kleiner Kurpark hergerichtet.

✶ Heselbacher Kapelle

Im weiter murgtalabwärts gelegenen Dörfchen Heselbach gefällt das ev. Kirchlein, das ursprünglich eine Waldkapelle (12. Jh.) des Klosters Reichenbach gewesen ist. Beachtenswert sind das romanische Bogenfeld mit einer Christusdarstellung über dem Portal sowie ein Bildnis des hl. Petrus in der südlichen Seitenwand.

✶ Wildsee

Ziel einer herrlichen Wanderung (ca. 3 Std. pro Strecke ab Schönmünzach) ist der **Wildsee** (►Schwarzwaldhochstraße, Ruhestein).

★★ Belchen

C/D 13

Landkreise: Lörrach, Breisgau-Hochschwarzwald

Höhe: 1414 m ü. d. M.

Der Schwarzwälder Belchen, dritthöchste Erhebung des südwestdeutschen Gebirges, ist einer der schönsten Aussichtsberge Deutschlands, von dem man bei entsprechender Wetterlage einen wirklich grandiosen Panorama-Rundblick genießen kann.

Im Norden sieht man ► Feldberg und Seebuck mit ihren Türmen, im Nordosten das Herzogenhorn (► Bernau). Südwärts reicht der Blick bis zum Schweizer Jura mit dem dortigen Belchen und weiter bis zu den Schweizer Alpen.
Im Westen erkennt man den Blauen bei ► Badenweiler, und jenseits des Rheins, in den französichen Vogesen, kann man den dortigen Großen Belchen (Grand Ballon) ausmachen.

Belchen-Mythos

Als »Belchen« werden im alemannischen Sprachraum kuppelförmig aufgewölbte Berge mit waldfreien, weithin sichtbaren Kuppen bezeichnet. Einige Forscher leiten den Namen von dem des keltischen

BELCHEN ERLEBEN

AUSKUNFT

Belchenland Tourist-Information
Gentnerstr. 2
79677 Schönau
Tel. (0 76 73) 91 81 30
www.belchenland.com

ÜBERNACHTEN · ESSEN

► Komfortabel

Hotel-Restaurant Moosgrund
Steinbühl 16
79695 Wieden
Tel. (0 76 73) 79 15
www.moosgrund.de
Die moderne und behindertengerecht ausgestattete Herberge verfügt nicht nur über 21 rollstuhlgerechte Zimmer, sondern auch Hallenbad, Sauna, Solarium und Fitness-Raum. Die Küche bietet vorwiegend regionale Gerichte.

Berghotel Wiedener Eck
Oberwieden 15
79695 Wieden
Tel. (0 76 73) 90 90
www.wiedener-eck.de
Am Waldrand liegt dieses umweltorientierte Haus mit 30 Zimmern, Hallenbad, Sauna, Solarium und Fitness-Raum. Im Restaurant werden lecker zubereitete badische Spezialitäten serviert.

AKTIVITÄTEN

DSV Nordic Aktivzentrum
Gentnerstr. 2
79677 Schönau
Tel. (0 76 73) 91 81 30
www.belchenland.com
Hier bekommt man ausführliche Informationen über die Nordic-Walking-Strecken rund um den Belchen und deren Schwierigkeitsgrade.

Bis ins Dreiländereck und darüber hinaus reicht der Blick vom Belchen.

Sonnengottes Belenos ab. Die Belchenberge im Schwarzwald, Schweizer Jura und in den Vogesen regen seit uralter Zeit die Phantasie der Bewohner des heutigen Dreiländerecks an. Auf allen Belchenbergen werden heilige **Stätten eines Sonnenkultes** vermutet, die in keltischer und römischer Zeit zur Sommer- und Wintersonnenwende sowie zur Tag-und-Nacht-Gleiche aufgesucht worden sein sollen. Tatsache ist, dass – vom Schwarzwälder Belchen aus gesehen – die Sonne zur Zeit der Tag-und-Nacht-Gleiche genau am Großen Belchen in den Vogesen westlich des Rheins untergeht, und dass sie am kürzesten Tag des Jahres (Winteranfang) genau über dem Jura-Belchen in der Schweiz steht. Heute ist der Belchen für Esoteriker attraktiv. Und der Dichter Johann Peter Hebel (► Berühmte Persönlichkeiten) betrachtete den Belchen dereinst als »erste Station von der Erde zum Himmel«.

Sehenswertes im Belchengebiet

✶ **Belchen-Wanderungen**

Die drei schönsten Wanderwege zum Belchen führen vom Münstertal, von Neuenwegim Kleinen Wiesental und vom Wiedener Eckauf die Belchenkuppe. Bitte beachten: der Höhenunterschied beträgt 1041 Höhenmeter! Ebenfalls sehr steil ist der Aufstieg von Neuenweg im Kleinen Wiesental (Belchensüdseite; 700 – 800 m) mit einer Höhendifferenz von mehr als 600 Metern. Landschaftlich reizvoll sehr ist die etwa zweistündige Wanderung vom Parkplatz am **Wiedener Eck** (1035 m; Verbindungsstraße zwischen Wiesental und Münstertal) via Heidstein (1274 m) und Rübgartenwald zum Belchen.
Lohnend ist eine Rundwanderung (ca. 15 km; reine Gehzeit: ca. 4 bis 5 Std.) von **Neuenweg** aus. Zunächst geht es nordwärts zu den Bel-

chenhöfen, dann sehr steil bergan über den Hohfelsen zum Belchenhaus und weiter zum Belchengipfel. Von dort folgt man dem Schwarzwald-Westweg (Gratwanderung!) südwestwärts zum Haldenhof, sodann südwärts zum idyllischen **Nonnenmattweiher** (913 m), einem felsumrahmten eiszeitlichen Karsee, der berühmt ist für seine schwimmende Insel mit Moorflora. Von dort geht es dann bergab nach Neuenweg.

★ **Schaubergwerk Finstergrund**

Eine Attraktion besonderer Art ist das Schaubergwerk Finstergrund oberhalb der Ortschaft Aitern. Hier hat man wohl schon im 16. Jh. **Silberbergbau** betrieben, der jedoch im 18. Jh. wieder eingestellt wurde. Nach dem Ersten Weltkrieg hat man die wirtschaftliche Bedeutung der hiesigen Flussspatvorkommen erkannt und diese bis 1974 ausgebeutet (Öffnungszeiten: Mai – Okt. Mi., Sa., So., Fei. 10.00 – 17.00 Uhr, Führungen n.V.).

★ Bernau

D/E 13

Landkreis: Waldshut
Einwohnerzahl: 2000
Höhe: 900 – 1415 m ü. d. M.
Prädikat: Luftkurort

»Da vergess' ich alle Sorgen und der Friede der Natur umschließt auch meine Seele ...« so hat sich der aus Bernau gebürtige Maler Hans Thoma einmal geäußert. Und wirklich: Das Hochtal am Südfuß des Herzogenhorns ist eines der schönsten im Naturpark Südschwarzwald.

Die Großgemeinde Bernau umfasst zehn Ortsteile. Hauptort ist das 1173 erstmals urkundlich erwähnte Dorf Bernau. Es gehörte bis 1805 dem Kloster St. Blasien. Lange Tradition hat hier oben das Heimgewerbe mit dem Rohstoff Holz. Mitte des 19. Jh.s zählte man in Bernau nicht weniger als 200 **Schnefler** genannte Hausgewerbetreibende, die Kübel, Schüsseln, Löffel, Spanschachteln usw. für den bäuerlichen Haushalt hergestellt haben.
Das etwa 8 km lange, nach Süden geöffnete und daher **sonnige Hochtal** ist ein beliebtes Ziel von Wanderern und Nordic Walkern. Und wegen seiner relativ hohen Schneesicherheit hat sich Bernau auch zu einem gut besuchten **Wintersportplatz** entwickeln können.

Sehenswertes in Bernau und Umgebung

★ **Hans-Thoma-Museum**

Mehr als 80 Originale des berühmten, aus Bernau-Oberlehen gebürtigen Malers sind im Rathaus in Bernau-Dorf ausgestellt. Neben seinen naturalistischen Gemälden, Aquarellen und Grafiken sind auch schöne Glasmalereien und Majolika-Arbeiten des Schwarzwälder Künstlers ausgestellt. Ferner kann man auch Werke verschiedener

BERNAU ERLEBEN

AUSKUNFT

Tourist-Info
Rathausstr. 18
79872 Bernau
Tel. (0 76 75) 16 00 30
www.bernau-schwarzwald.de

Bernauer Holzschnefler

EVENTS

Schlittenhunderennen
Jedes Jahr im Februar kämpfen zirka 150 Teams mit rund 1000 Huskies um sportliche Ehren.

Holzschneflertag
An einem Sonntag im August lebt beim Resenhof ein fast schon ausgestorbenes Waldgewerbe wieder auf. Man kann zuschauen, wie anno dazumal Schindeln, Spanschachteln, Bürsten usw. gefertigt worden sind.

ÜBERNACHTEN · ESSEN

► **Komfortabel**

Landgasthof Bergblick
Hasenbuckweg 1
79872 Bernau im Schwarzwald
Tel. (0 76 75) 273
www.bergblick-bernau.de
Der freundliche Gasthof mit 11 gemütlichen Zimmern und 2 Appartements ist bei Feinschschmeckern sehr beliebt. Hier werden Spezialitäten der badischen und Elsässer Küche ebenso serviert wie herzhafte Schwarzwälder Vesper und feine Kirschtorten.

Hans-Thoma-Preisträger bewundern (Öffnungszeiten: Di.– Fr. 10.00 bis 12.00 u. 14.00 – 17.00, Sa., So., Fei. 10.30 – 12.00 u. 14.00 bis 17.00 Uhr. Mitte Nov. – Mitte Dez. geschlossen).

Hans-Thoma-Haus ✶ Im Ortsteil Oberlehen kann man das Geburtshaus des Malers Hans Thoma besuchen. Auch hier sind einige seiner Arbeiten ausgestellt. Über 200 Darsteller in verschiedenen heimischen Trachten zeigen, wie der Alltag unter dem Herzogenhorn vor noch nicht allzu langer Zeit ausgesehen hat (Öffnungszeiten: Juli/Aug. Mi., Fr., Sa. 9.00 bis 12.00 u. 16.00 – 19.00 Uhr).

Resenhof ✶ Besuchen sollte man in Oberlehen auch den restaurierten Resenhof, in dem das Holzschnefler- und Bauernmuseum eingerichtet ist. Hier werden alte Handwerke und Hausgewerbe wie die der Holzschnitzer,

Schindelmacher, Löffelmacher, Kübler, Schachtelmacher, Drechsler usw. erläutert (Öffnungszeiten: Mitte Mai – Mitte Okt. Di. – So. 14.00 – 17.00, Juli/Aug. auch 10.00 – 12.00, Mitte Okt. – Mitte Mai Mi. u. So. 14.00 – 16.00 Uhr, Mitte Nov. u. Dez. geschlossen).

★ Herzogenhorn

Nördlich von Bernau ragt das Herzogenhorn auf, der mit 1415 m der zweithöchste Berg des Schwarzwaldes mit imposanter Felskulisse. Von seinem Gipfel bietet sich ein toller Panorama-Rundblick bis zu den Schweizer Alpen. Der am Berg angelegte Naturlehrpfad befasst sich mit der alpinen bzw. subalpinen Flora und Fauna des Südschwarzwaldes. Das Herzogenhorn erreicht man am schnellsten vom **Krunkelbachhaus** (Parkplatz; kleines Sträßchen von Bernau-Dorf). Wanderfreunde gehen von **Bernau-Hof** westwärts bergauf zum **Hof-Eck** und dann weiter auf dem Schwarzwaldwestweg. Von der Passhöhe der B 317 am ► Feldberg (Grafenmatt) erreicht man das Herzogenhorn in einer knappen Stunde zu Fuß, wobei man das **Bundesleistungszentrum für den alpinen und nordischen Skisport** passiert.

★ Blumberg

H 12/13

Landkreis: Schwarzwald-Baar-Kreis
Einwohnerzahl: 11 000
Höhe: 538 – 913 m ü. d. M.
Prädikat: Erholungsort

Für Eisenbahn-Nostalgiker und Liebhaber guter Fleischwaren ist das Städtchen Blumberg nahe der Schweizer Grenze ein Begriff: Die einen denken dabei an die Sauschwänzlebahn, die anderen an hier produzierten Schwarzwälder Schinken.

Ortsgeschichte

Blumberg liegt ganz im Südosten des Schwarzwalds, wo dieser an den Schwäbischen respektive Schweizer Jura grenzt. Im Mittelalter gab es hier eine Burg, die im 17. Jh. einem Brand zum Opfer fiel. Vom 17. Jh. bis 1860 und erneut von 1935 bis 1942 baute man im Blumberger Braunjura Eisenerz ab. Nach dem Zweiten Weltkrieg ließen sich hier einige größere Industriebetriebe (u. a. Elektronik, Fleischwaren) nieder.

Sehenswertes in Blumberg

★ Sauschwänzlebahn

Eine Attraktion besonderer Art ist die Museumsbahn Wutachtal Blumberg – Weizen, besser bekannt unter den Bezeichnungen »Sauschwänzlebahn« oder »Kanonenbähnle«. Diese 25,8 km lange Bahnstrecke, die in den Jahren 1887 bis 1890 angelegt worden ist, ermöglichte rasche Truppenverlegungen an die deutsch-französische Grenze unter Umgehung des schweizerischen Kantons Schaffhausen. Auf einer Luftliniendistanz von 9,6 km hatten die Ingenieure jedoch das Problem, eine Höhendifferenz von 231 m zu bewältigen. Um jedoch

Sauschwänzlebahn *Orientierung*

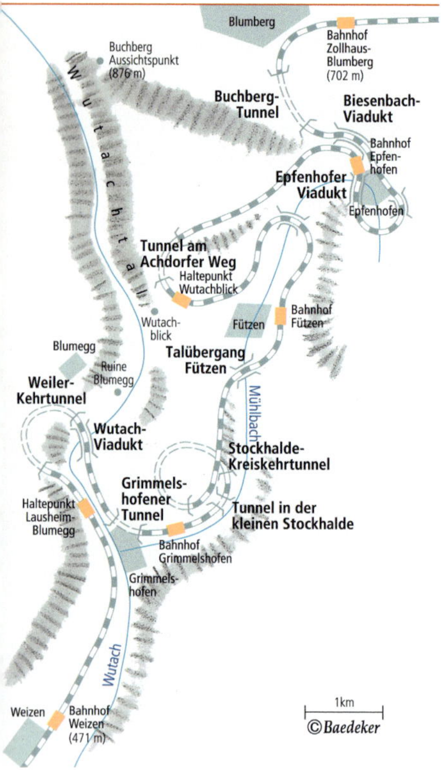

von schweren Militärzügen befahren werden zu können, durfte die Strecke nicht steiler als 1 % ansteigen. Deswegen hat man **Viadukte, Schleifen und Tunnels** gebaut, darunter auch den einzigen Kreiskehrtunnel Deutschlands. Der reguläre Zugverkehr auf der Strecke Blumberg – Weizen wurde 1976 eingestellt. Bereits ein Jahr später konnte der Museumsbahnbetrieb aufgenommen werden.
Im Bahnhof Blumberg-Zollhaus erläutert eine schön gemachte Ausstellung die Geschichte der Wutachtalbahn, die hier auch im Modell aufgebaut ist. (Öffnungszeiten: 1 Std. vor Abfahrt und nach Ankunft der Züge).

Bei Achdorf schlängelt sich die Wutach (► Wutachschlucht) durch ein canyonartiges Engtal. Lohnend ist eine Wanderung (ca. 14 km, ca. 4 Std.; Vorsicht bei Nässe!) von Blumberg über den Buchberg (876 m ü.d.M.) zu den Wutachflühen. So heißen die **Felswände der unteren Wutachschlucht**, die der Fluss in den hier anstehenden Muschelkalk geschnitten hat. An der etwa 3 km langen und bis zu 150 m tiefen Schlucht führt der gesicherte Flüheweg entlang zum Bahnhof Lausheim-Blumegg der Sauschwänzlebahn. Unterwegs passiert man wilde Tobel, Felsnadeln und das Trümmerfeld in der Umgebung des sagenumwobenen **Lunzisteins**.

Sehenswertes in der Umgebung

Löffingen

Das alte fürstenbergische Amtsstädtchen am sanft zur Baar abfallenden Ostrand des Hochschwarzwalds ist ein guter Ausgangspunkt für Wanderungen in die ► Wutachschlucht. Besonders zur Fasnetzeit geht es in Löffingen hoch her, denn das 7000-Einwohner-Städtchen ist eine regionale Hochburg der schwäbisch-alemannischen Fasnet.
Der mittelalterliche Stadtkern mit seinen schmucken **Zinnengiebelbauten** ist erhalten. Beachtenswert ist das **Heimatmuseum** (Öffnungszeiten: Mo. – Fr. 9.00 – 12.00 u. 14.00 – 17.00 Uhr). Am nordwestlichen Ortsrand lädt die **Wallfahrtskirche Witterschneekreuz** zu

BLUMBERG ERLEBEN

AUSKUNFT

Tourist-Info
Hauptstr. 52
78176 Blumberg
Tel. (0 77 02) 5 12 03
www.stadt-blumberg.de

MUSEUMSBAHN

Sauschwänzlebahn
Bahnhof Blumberg-Zollhaus
78176 Blumberg
Tel. (0 77 02) 47 76 04
www.sauschwaenzlebahn.de
www.wutachtalbahn.de

ÜBERNACHTEN · ESSEN

► Günstig

Hotel-Gasthof Kranz
Kardinal-Bea-Str. 13
78176 Blumberg-Riedböhringen
Tel. (0 77 02) 25 20, Fax 91 05
www.hotel-gasthof-kranz.de
Gemütliches Landhotel mit Sauna, Solarium, Dampfbad und 80 hübsch eingerichteten Zimmern. Im Restaurant gibt es Herzhaftes und Bodenständiges. Gelegentlich erfreut Wirt Herbert Riesle seine Gäste mit Musik- und Gesangseinlagen.

stiller Andacht ein. Hier soll ein Wanderer, der sich während eines Wintersturms im Jahre 1740 verirrt hat, auf wunderbare Weise gerettet worden sein.

✶ **Schwarzwaldpark**

Etwa 3 km nördlich von Löffingen erreicht man den als Naherholungsziel sehr geschätzten Schwarzwaldpark (Wildpark Löffingen) mit allerhand Attraktionen für Kinder. Hier kann man auch Braunbär, Wolf, Luchs, Wildschwein, Bison, Wisent, Steinbock, Dam- und Muffelwild beobachten (Öffnungszeiten: Ostern – Anfang Nov. tgl. 9.00 – 18.00 Uhr).

Dittishausen

Etwa 3 km nordöstlich von Löffingen, oberhalb des Mauchachtales, liegt das alte Bauerndorf Dittishausen, das heute als Luftkurort staatlich anerkannt ist. Hier beginnt ein hochinteressanter **Heil- und Wildkräuterlehrpfad**.

Bonndorf

Westlich von Blumberg liegt Bonndorf auf einem Plateau oberhalb der Wutachschlucht. Oberhalb des Rathauses liegt der Garten mit einem Denkmal zu Ehren von **Fürstabt Martin II. Gerbert** (►Berühmte Persönlichkeiten), der eine Straße von ►St. Blasien nach Bonndorf bauen ließ und hier auch die zweitälteste Sparkasse Deutschlands begründete.

✶ ◄ Schloss

Das Ende des 16. Jh.s an der Stelle eines Vorgängerbaus errichtete Schloss kam bereits 1609 an das einflussreiche Kloster St. Blasien. Es wurde im 18. Jh. barockisiert sowie mit Zwiebeltürmchen und Erkern versehen. In seinem Innern – man kennt es aus der Fernsehserie »Schwarzwaldklinik« – gefallen die **Stuckarbeiten** und vor allem das **Deckengemälde in der Aula** (Konzertsaal) von Franz Joseph

Das restaurierte Bonndorfer Schloss ist als Museum zugänglich.

Spiegler. Dargestellt sind biblische Motive und Allegorien. Das Bonndorfer Schloss ist 1977 aufwendig restauriert worden und beherbergt heute u.a. das regionalgeschichtlich orientierte Museum des Landkreises Waldshut und das **Narrenmuseum**, das sich vor allem mit der örtlichen Fasnet beschäftigt (Öffnungszeiten: Mi. – Sa. 10.00 – 12.00 u. 14.00 – 17.00, So. 14.00 – 17.00 Uhr).

Japanischer Garten ►

Unterhalb des Schlosses lädt der Japanische Garten zum Verweilen ein. Natürlich gibt es hier auch ein Teehaus im Stil einer Pagode sowie einen Seerosenteich mit Schildkröteninsel.

Lindenbuck

Vom knapp 898 m ü.d.M. gelegenen Lindenbuck am südöstlichen Stadtrand kann man bei günstiger Witterung einen **überwältigenden Ausblick** genießen, der bis zu den Schweizer Alpen reicht.

★★ Wutachschlucht

Die beiden nördlich bzw. nordwestlich vom Städtchen Bonndorf gelegenen Dörfer Boll bzw. Gündelwangen sind gute Ausgangspunkte für erlebnisreiche Wanderungen in die Mittlere Wutachschlucht, die Lotenbachklamm und die Gauchachschlucht (genauere Beschreibung ►Wutachschlucht).

Steinatal

Südwestlich von Bonndorf hat sich die Steina tief eingegraben und fließt durch ein landschaftlich sehr reizvolles Tal windungsreich dem Hochrhein zu, in den sie bei ►Waldshut (36 km) mündet. Hier kann man noch die Reste der mittelalterlichen Burgen Steinegg, Roggenbach und Krenkingen erkunden.

★ Breisach am Rhein

B 11

Landkreis: Breisgau-Hochschwarzwald
Einwohnerzahl: 12 000
Höhe: 191 – 225 m ü. d. M.
Prädikat: Europastadt

Weithin sichtbar – bei Nacht auch angestrahlt – thront das Breisacher Münster auf einem Ausläufer des ► Kaiserstuhls hoch über dem Rhein. Doch nicht nur das altehrwürdige Gotteshaus hat die Stadt am deutschen Schicksalsfluss berühmt gemacht, sondern es sind auch die berühmten Wein- und Sektkellereien, die Scharen von Besuchern anlocken.

Umkämpfter Brückenkopf

Der »Mons Brisiacus«, diese felsige Anhöhe am Rhein, war schon in prähistorischer Zeit besiedelt, wie Funde aus der Urnenfelderzeit und der Hallstattzeit belegen. Caesar erwähnte ihn als festen Siedlungsplatz der Sequaner, und der römische Kaiser Valerian ließ diesen Ort als Brückenkopf befestigen. Die eigentliche Stadtgründung erfolgte aber erst im 12. Jahrhundert. 1275 wurde Breisach freie Reichsstadt. Wegen seiner günstigen Lage an einem bequemen Rheinübergang war Breisach trotz guter Befestigung in den folgenden Jahrhunderten immer wieder schwer umkämpft. 1331 (endgültig 1425) kam die Stadt an das Haus Habsburg. 1648 fiel Breisach an Frankreich, 1697 wieder an Österreich, dem der französische »Sonnenkönig« Ludwig XIV. daraufhin Neu-Breisach (Neuf-Brisach) am linken Rheinufer entgegen stellte. Nachdem die Festung Breisach bereits 1744 von den Franzosen geschleift worden war, wurde die Stadt 1793 nach mehrtägiger Beschießung vollständig zerstört. Im Jahre 1805 wurde Breisach badisch. Im Zweiten Weltkrieg musste die Stadt am Rhein erhebliche Zerstörungen hinnehmen, wurde danach aber wieder aufgebaut.

? WUSSTEN SIE SCHON ...?

- ... dass Breisach am Rhein den Titel »Europastadt« als zweite Stadt in Baden-Württemberg bereits im Jahre 1964 vom Europarat verliehen bekam für seine Bemühungen um ein geeintes Europa.

Sehenswertes in Breisach

Orientierung

Heute präsentiert sich Breisach als nett hergerichtete, an manchen Stellen sogar noch mittelalterlich wirkende Stadt. Mittelpunkt ist der Marktplatz in der Unterstadt. Von hier führt eine schmale Straße durch das Specktor (Gutgesellentor) hinauf in die Oberstadt und zum Münsterberg.

★★ St. Stephansmünster

Am höchsten Punkt der Stadt ragt das St. Stephansmünster, eine große kreuzförmige Basilika aus Sandstein, auf. Nach den schweren Zerstörungen im Zweiten Weltkrieg wurde es in seiner ursprünglichen

BREISACH ERLEBEN

AUSKUNFT

Breisach-Touristik
Marktplatz 16
79206 Breisach am Rhein
Tel. (0 76 67) 94 01 55
www.breisach.de

EVENT

Weinfest Kaiserstuhl & Tuniberg
Absoluter Höhepunkt im Breisacher Festkalender ist dieses Weinfest mit Weindorf am letzten August-Wochenende.

KELLEREIBESICHTIGUNGEN

Badischer Winzerkeller
Zum Kaiserstuhl 16
79206 Breisach
Tel. (0 76 67) 90 00
www.badischer-winzerkeller.de
Größte Erzeuger-Kellerei Europas. Führungen mit Weinprobe: Mo. – Sa. nach telefonischer Vereinbarung.

In der Sektkellerei Geldermann

Sektkellerei Geldermann
Tel. (0 76 67) 83 42 58
www.geldermann.de
Traditionsreiches Unternehmen mit französisch-deutschem Ursprung, seit 1925 in Breisach ansässig. Führungen durch die Kellerei unterm Schlossberg: Mo. – Sa., März – Okt. auch So. u. Fei. 14.00 Uhr (mit Sektprobe).

SCHIFFSAUSFLÜGE

BFS – Breisacher Fahrgastschifffahrt GmbH
Rheinuferstraße
Tel. (0 76 67) 94 20 10
www.bfs-info.de
Die BFS veranstaltet von April bis Oktober zweistündige Rund- und Schleusenfahrten auf dem Rhein sowie Tagesfahrten nach Basel und Straßburg.

ÜBERNACHTEN · ESSEN

► Komfortabel

Best Western Hotel am Münster
Münsterbergstr. 23
79206 Breisach
Tel. (0 76 67) 83 80
www.hotelammuenster.de
Modernes Haus mit 70 Zimmern, Hallenbad, Sauna und Solarium. Dazu genießt man eine tolle Aussicht. Fein zubereitete, vor allem regionale Gerichte werden in der »Badischen Weinstube« gereicht.

► Komfortabel/Günstig

Hotel-Restaurant Kapuzinergarten
Kapuzinergasse 26
Tel. (0 76 67) 9 30 00
www.kapuzinergarten.de
Freundliche Unterkunft mit 30 hübsch eingerichteten Zimmern und Suiten, Sauna und Solarium. Im Restaurant werden einfallsreiche Kreationen der badischen Küche geboten.

Hoch über der Stadt thront das Breisacher Münster.

Form wieder aufgebaut. Vom romanischen Bau, mit dem um 1200 begonnen wurde, stammen noch die Anlage des Langhauses mit Querschiff und dem nördlichen der beiden Chortürme. Gotisch sind der um 1300 begonnene Chor, der Oberteil des Südturmes sowie der Westteil des Langhauses (15. Jh.), Sakristei und Innenausstattung wurden im 15. und frühen 16. Jh. ausgeführt. Das helle und weite Innere birgt verschiedene Kostbarkeiten. Chor und Langhaus trennt ein Lettner aus hellem Sandstein von etwa 1500. Der **Hochaltar** im Chor, eines der Hauptwerke gotischer Schnitzkunst am Oberrhein, ist ein Werk des nicht näher bekannten Meisters H. L. (vermutlich Hans Loy), der es zwischen 1523 und 1526 schuf. In der Mitte des aus Lindenholz geschnitzten Altars ist die Krönung Mariens durch die Dreieinigkeit dargestellt. Die Figurenpaare der Flügel zeigen die Kirchenpatrone Stephanus und Laurentius sowie die Brüder Protasius und Gervasius, die Stadtpatrone Breisachs. Beachtenswert ist ferner an der Westwand des Münsters ein großartiges **Wandgemälde des Jüngsten Gerichts von Martin Schongauer** aus Colmar, der 1491 in Breisach gestorben ist.

Radbrunnenturm

Die Radbrunnenallee führt vom Münsterplatz in nördlicher Richtung zum Schlossberg. Auf halber Strecke steht der Radbrunnenturm, dessen älteste Bauteile aus dem frühen 13. Jh. stammen. Der

Blick von den Weinterrassen bei der Ehrentrudiskapelle auf den Schwarzwald

durch den Münsterberg getriebene **Brunnenschacht** ist 42 m tief. Er versorgte die Oberstadt auch bei Belagerungen mit Wasser. Mit einem Tretrad wurde das Wasser in Eimern aus der Tiefe des Brunnens nach oben geschöpft. An der Nordseite des Brunnenturms sieht man das sog. **Hagenbachtürmchen**, eine Toten- oder Lichtsäule aus dem Jahr 1476. Sie stand ursprünglich auf dem Friedhof beim Münster.

Schlossberg

Der Schlossberg war ehemals durch eine Burg der Zähringer befestigt. Heute befindet sich hier ein kleiner **Park mit Freilichtbühne** (hier finden alljährlich von Mitte Juni bis August die Breisacher Festspiele statt). Der **Tullaturm** – an der Stelle des einstigen Bergfrieds – verdankt seinen Namen dem Ingenieur Johann Gottfried Tulla, der sich um die Rheinregulierung verdient gemacht hat.

★ Rheintor, Museum für Stadtgeschichte

Man verlässt den Schlossberg und folgt der zum Rhein hinab führenden Goldengasse. Zunächst wird das Kapftor passiert, es bildete ursprünglich den einzigen Zugang zur Oberstadt, dann gelangt man am Rand der Rheinniederung zum Rheintor (1670 erbaut), einem Rest der alten, nach Plänen des berühmten französischen Baumeisters Vauban angelegten Stadtbefestigung. Die barocke Prunkfassade ist dem Rhein zugewandt. Heute beherbergt das Rheintor das Museum für Stadtgeschichte. Zwei Schwerpunkte der Ausstellung sind die Festung Breisach und die Rheinregulierung im 19. Jh. (Öffnungszeiten: Di. – Fr. 14.00 – 17.00, Sa., So., Fei. 11.30 – 17.00 Uhr).

Eckartsberg

Vom Marktplatz in der Unterstadt geht man in ca. 10 Minuten aufwärts zum mit Reben bepflanzten Eckartsberg (220 m ü. d. M.; gegenüber dem Münsterberg), von dem aus man einen weiten Blick über die Stadt und die Landschaft am Oberrhein genießt. Jahrhunderte hindurch war der Berg durch eine **Burg**, von der nur spärliche Reste erhalten sind, als Festung ausgebaut. Heute mahnen das grüne **Europalicht** und die **Europafahne** zur Völkerverständigung.

Umgebung von Breisach am Rhein

** Kaiserstuhl

Die Ortschaften nordöstlich von Breisach sind unter dem Stichwort **Kaiserstuhl** beschrieben.

Tuniberg

Nur wenige Kilometer südöstlich von Breisach erhebt sich dieser etwa 10 km lange und knapp 4 km breite Rücken (bis 316 m ü. d. M.). Der Name »Tuni« ist keltischen Ursprungs und bedeutet soviel wie »Zaun« (= von »dun«). Hinsichtlich seiner Bodenbeschaffenheit ähnelt der Tuniberg dem ►Kaiserstuhl. Auch hier wird intensiv Obst- und Weinbau betrieben. Dementsprechend ist das Landschaftsbild durch Großterrassen weitgehend verschandelt. Der Tuniberg ist bekannt für den feinen, weißköpfigen Spargel, der jeden Frühsommer Feinschmecker in die Landgasthöfe der Tuniberg-Gemeinden lockt.

Munzingen

Nahe der Südspitze des Tunibergs liegt Munzingen (1500 Einw., 209 m ü.d.M.). Das Rundtürmchen (1582) mitten im Dorf ist Rest einer Wasserburg, die 1632 von den Schweden zerstört worden ist. Nachfolger wurde das 1672 von den **Freiherrn von Kageneck** am Berghang erbaute und von ihnen heute noch bewohnte **Schloss**, ein stattlicher Bau. Er wurde 1767 im Rokokostil erneuert und mit hübschem Stuck verziert.

* Ehrentrudiskapelle

Von Munzingen führt ein befahrbarer Weg hinauf zur Ehrentrudiskapelle (272 m ü.d.M.). Sie ist 1716 auf mittelalterlichen Grundmauern neu erbaut worden. Die Aussicht von hier ist prächtig und reicht über die Rheinebene bis hin zu den sich dunkel auftürmenden Schwarzwaldhöhen.

Merdingen

Merdingen (2500 Einw., 200 m ü.d.M.) am Westrand des Tunibergs ist eine Weinbaugemeinde – vor allem ein guter Spätburgunder wird hier erzeugt – mit stattlichen Fachwerkhäusern, darunter das **Haus Saladin** von 1666.
Die einschiffige **barocke Pfarrkirche** wurde 1738 – 1749 von Johann Kaspar Bagnato errichtet und zählt wegen ihrer prächtigen Innenausstattung zu den schönsten Dorfkirchen am Oberrhein. Über dem Hauptportal fällt eine Marienfigur von Christian Wenzinger (um 1740) ins Auge. Deckenmalereien und Altarblätter stammen von Franz Joseph Spiegler, Altäre und Kanzel von Joseph Anton Feuchtmayer.

★ Bühl · Bühlertal

E/F 7

Landkreis: Rastatt
Einwohnerzahl: 25 000
Höhe: 123 – 1038 m ü. d. M.
Prädikat: Luftkurort (Bühlertal)

Von der Oberrheinebene über die Rebenhänge der Schwarzwald-Vorberge bis hinauf zur Schwarzwaldhochstraße erstrecken sich die Gemarkungen der Stadt Bühl und der benachbarten Gemeinde Bühlertal. Damit ist Erlebnis pur angesagt von der herrlichen Baumblüte im Frühling über die sommerliche Zwetschgenernte und die herbstliche Weinlese bis zum winterlichen Pistenspaß.

Nicht nur Zwetschgen ... Bühl ist ein geschäftiges Städtchen am Rande der Rheinebene, das durch den Obstanbau bekannt ist, vor allem die **Bühler Zwetschgen** werden in ganz Deutschland geschätzt. Bedeutung hat daneben der in der Umgebung der Stadt angebaute Wein. Der **Affentaler Spätburgunder** soll schon im 12. Jh. angebaut worden sein.

Sehenswertes in Bühl und Umgebung

Stadtzentrum Im Stadtzentrum umgeben gepflegte Parkanlagen das **Rathaus** und die **Stadtkirche St. Peter und Paul**. Gegenüber beginnt die Schwanenstraße. Sie mündet auf den Johannesplatzmit seinen Straßencafés. Das an der Hauptstraße stehende Rathaus war früher die alte Stadtkirche, die in der zweiten Hälfte des 19. Jh.s umgebaut wurde. Vom früheren Gotteshaus ist noch der achteckige spätgotische Turm (16. Jh.) erhalten. Das Gotteshaus neben dem Rathaus wurde in den 1870er-Jahren in neugotischem Stil errichtet. Es besitzt einen durchbrochenen Turmhelm und Glasmalereien in den Fenstern von Chor, Seitenkapellen, Langhaus und Querschiff, die in den 1950er-Jahren nach Entwürfen von Albert Burkart geschaffen wurden.

? WUSSTEN SIE SCHON ...?

- ... dass die Bühler Zwetschge vermutlich aus einer Kreuzung hervorgegangen ist zwischen der heimischen schlanken Zwetschge und einer vielleicht französischen Eierpflaume, die man seit Mitte des 19. Jh.s kennt?

Rohrhirschmühle Im Bühler Stadtteil Altschweier lohnt die im 18. Jahrhundert als Ölmühle erbaute und vor einigen Jahren renovierte Rohrhirschmühle einen Besuch, die von zwei oberschlächtigen Wasserrädern angetrieben wird (Öffnungszeiten: April – Okt. 1. So. im Monat 14.00 bis 18.00 Uhr).

Kappelwindeck Der Ortsteil Kappelwindeck kann mit einer stattlichen, 1763–1766 errichteten und im 20. Jh. vergrößerten Barockkirche aufwarten. Der 51 m hohe Zwiebelturm ist weithin sichtbar. Man folgt der durch Kappelwindeck führenden Hauptstraße weiter in südlicher Richtung

Ruine Altwindeck ▸

BÜHL · BÜHLERTAL ERLEBEN

AUSKUNFT

Tourist-Information
Hauptstr. 92
77815 Bühl (Baden)
Tel. (0 72 23) 93 53 32
www.buehl.de

Tourist-Information
Hauptstr. 92
77830 Bühlertal
Tel. (0 72 23) 99 67-0
www.buehlertal.de

EVENT

Bühler Zwetschgenfest
Seit 1927 wird am zweiten Wochenende im September das Bühler Zwetschgenfest gefeiert, u. a. mit der Wahl einer Zwetschgenkönigin.

ÜBERNACHTEN · ESSEN

► Komfortabel

Hotel Burg Windeck
Kappelwindeckstr. 104
77185 Bühl
Tel. (0 72 23) 94 92-0
www.burg-windeck.de
Aussichtsreich gelegene Herberge mit 20 Zimmern; im Restaurant gibt es vorzüglich zubereitete Köstlichkeiten. In der Weinprobierstube kostet man gute Tropfen aus eigenem Anbau.

► Komfortabel/Günstig

Hotel-Restaurant Rebstock
Hauptstr. 110
77830 Bühlertal
Tel. (0 72 23) 99 74-0
www.rebstock-buehlertal.de
Modernes Haus mit 29 Zimmern; die Küche bietet leckere regionale Spezialitäten.

Beim Zwetschgenfest in Bühl

und erreicht nach 2 km die Ruine Altwindeck (376 m ü.d.M.) mit zwei viereckigen Bergfrieden. Einer von ihnen kann bestiegen werden, von oben bietet sich eine phantastische Aussicht. Windeck war die Stammburg der erstmals 1212 genannten Herrn von Windeck, wurde jedoch schon 1560 als Ruine bezeichnet. Das Restaurant im Burghof lädt zum Verweilen ein.

Bühlertal

4 km östlich oberhalb von Bühl erreicht man den hübsch zwischen Obstplantagen, Weinbergen und bewaldeten Schwarzwaldhängen eingebetteten Luftkurort Bühlertal (8400 Einw.), der 1325 erstmals

urkundlich erwähnt worden ist. Oberhalb des Ortes sind die wildromantischen **Gertelsbach-Wasserfälle** ein beliebtes Ausflugsziel.

✶ Geiserschmiede ► Die letzte von einstmals acht Hammerschmieden im Bühlertal ist heute als Museum zugänglich. Sie wurde 1767 zunächst als Mahlmühle errichtet, Ende des 19. Jh.s aber zur **Hammerschmiede** umfunktioniert. Bis Anfang der 1960er-Jahre wurden hier Geräte für die Land- und Forstwirtschaft hergestellt. (Öffnungszeiten: 2. u. 4. So. im Monat 14.00 – 17.00 Uhr).

Bühlerhöhe Vom Bühlertal kommt man hinauf zur ► Schwarzwaldhochstraße und zum Schlosshotel Bühlerhöhe (z. Zt. geschlossen) erreicht.

✶ Calw

17

Landkreis: Calw
Einwohnerzahl: 24 000
Höhe: 320 – 683 m ü. d. M.
Prädikat: Luftkurort (Hirsau)

Hübsche Fachwerkbauten, enge Gässchen und viele Treppen sind typisch für die im schönen Nagoldtal gelegene Heimatstadt des vielgelesenen Literatur-Nobelpreisträgers Hermann Hesse. Und nur wenige Kilometer flussabwärts ist das Kloster Hirsau ein Kulturdenkmal von höchstem Rang.

CALW ERLEBEN

AUSKUNFT

Stadtinformation Calw
Sparkassenplatz 2
75365 Calw
Tel. (0 70 51) 167-399
www.calw.de

EVENT

Klosterfestspiele Hirsau
Im Juli und August locken die Klosterspiele Hirsau mit Musik von Jazz bis Klassik sowie mit Theater und Kabarett.

ÜBERNACHTEN

► Komfortabel

① ***Flair-Hotel Kloster Hirsau***
Wildbader Str. 2
75365 Calw
Tel. (0 70 51) 96 74-0
www.hotel-kloster-hirsau.de
42 nette Zimmer und ein freundlicher Service sind die Markenzeichen des Hauses bei den Klosterruinen. Das Restaurant bietet gute regionale und internationale Küche.

► Komfortabel/Günstig

② ***Hotel-Restaurant Rössle***
Hermann-Hesse-Platz 2
75365 Calw
Tel. (0 70 51) 79 00-0
www.roessle-calw.de
Altstadthotel mit 29 freundlichen und geschmackvoll eingerichteten Zimmern. Ferner gibt es hier eine gute schwäbische Küche (u.a. Filet-Topf mit Spätzle vom Brett).

Calw war in der Vergangenheit eine der reichsten Städte Württembergs. Bedeutendster Sohn der Stadt ist **Hermann Hesse** (► Berühmte Persönlichkeiten), der seine Heimat liebevoll »die schönste Stadt von allen« nennt. Unter der Bezeichnung »Gerbersau« taucht Calw in seinen Erzählungen auf.

Recht lebhaft geht es auf dem Calwer Marktplatz zu.

Der 1075 erstmals erwähnte Ort entwickelte sich im Schutz einer Burg der Grafen von Calw. Bereits Mitte des 13. Jh.s erhielt Calw die Stadtrechte. Das **Gerberhandwerk** und vor allem das Tuchmachergewerbe brachten der Stadt Wohlstand. **Calwer Tuche** wurden durch eine extra gegründete **Handelskompagnie** in die Schweiz, nach Frankreich und Italien sowie in den Ostseeraum exportiert. Im frühen 18. Jh. arbeiteten Tausende Spinnerinnen, Zeugmacher und Weber für die Kompagnie, aus der später »Calwer Decken- und Tuchfabriken AG« hervorgehen sollte. Auch der Holzhandel trug einiges zum Wohlstand der Stadt bei. Die 1755 gegründete Holzhandelskompagnie Vischer und Co. ließ Holz aus dem Schwarzwald bis nach Holland flößen. Auch der Handel mit Salz spielte eine wichtige Rolle. Im 18. Jh. besaß die Calwer Salzhandelskompagnie das Handelsmonopol für ganz Württemberg und einige angrenzende Gebiete. Bekanntheit erlangte ferner der Calwer Turmuhrenbauer Perrot.

Sehenswertes in Calw

✶ Marktplatz, Rathaus

Die vielen schönen Fachwerkhäuser des alten Stadtkerns sind in den letzten Jahren liebevoll renoviert worden. Besonders malerisch bietet sich der Marktplatz dar. Bauhistorisch interessant ist das alte Rathaus mit seinem Staffelgiebel. Der heutige Bau entstand 1726 – 1730.

Hesse-Geburtshaus

Gegenüber dem Rathaus, im zweiten Stockwerk des Fachwerkbaus Marktplatz 6, erblickte der Dichter Hermann Hesse (► Berühmte Persönlichkeiten) am 2. Juli 1877 das Licht der Welt.

✶ Nikolausbrücke

Wahrzeichen der Stadt ist die alte steinerne Nagoldbrücke mit einer dem Hl. Nikolaus geweihten gotischen **Brückenkapelle**. Diese entstand um 1400 und ist eine der wenigen noch erhaltenen mittelalterlichen Brückenkapellen im süddeutschen Raum. Die beiden Nischenfiguren stellen einen Weber und einen Flößer dar. Auf der Brücke wurde 2002 eine **Hesse-Skulptur** des Künstlers Tassoti enthüllt.

Peter-und-Pauls-kirche Das neugotische evangelische Gotteshaus entstand in den 1880er-Jahren anstelle eines Vorgängerbaus. Seine Südwand besitzt noch romanische Baureste und in der Sakristei ist ein spätgotisches Netzgewölbe erhalten.

Langer Turm Der Lange Turm ist der letzte Rest der einstmals mächtigen Stadtbefestigung. Die alten Tortürme sind im 19. Jh. abgetragen worden.

Museum der Stadt Calw Das reichhaltige Museum ist in einem vornehmen Rokoko-Palais von 1791 untergebracht, den **Johann Martin Vischer**, seinerzeit einflussreicher Chef der Calwer Floß- und Holzhandels-Compagnie, hat erbauen lassen (Bischofstr. 48; Öffnungszeiten: April – Okt. Sa. u. So. 14.00 – 17.00 Uhr).

✶ Hermann-Hesse-Museum In einem historischen Palais am Marktplatz – und mit Blick auf das Geburtshaus des weltberühmten Literaten – befasst sich eine Ausstellung sehr ausführlich mit dem Leben und Werk von Hermann Hesse. Zu sehen sind nicht nur **Manuskripte und Erstausgaben** seiner Werke, sondern auch **Zeichnungen** und Gemälde des Dichters (Marktplatz 30; Öffnungszeiten: April – Okt. Di. – So. 11.00 – 17.00, Nov. bis März Di. – So. 14.00 – 17.00 Uhr).

Calw Orientierung

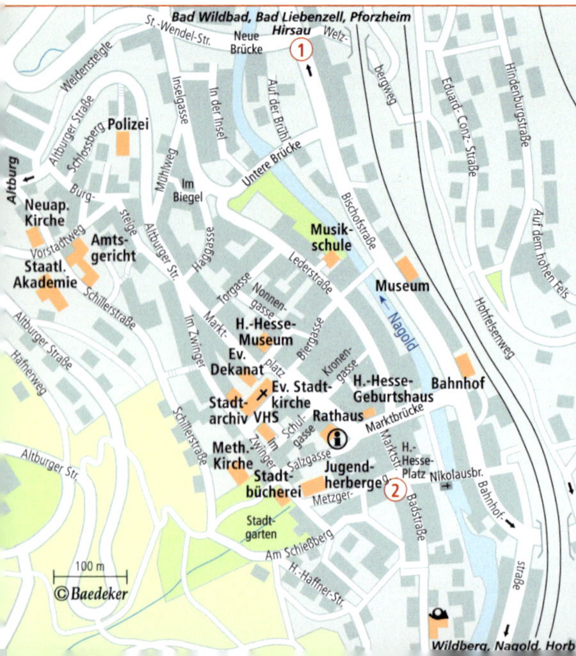

Übernachten

① Flair-Hotel Kloster Hirsau

② Hotel-Restaurant Rössle

Das Gebäude der alteingesessenen Weißgerberei Balz ist heute als Museum zugänglich. Zu sehen sind die alten Wasserwerkstätten mit Maschinen-Inventar, die Fellstube, der Zurichtraum, die Trockenverarbeitung sowie der Wolletransport. Eine Dokumentation informiert über die einstige Bedeutung des Gerberhandwerks für die Stadt (Badstr. 7/1; Führungen: April – Okt. So. 14.00 – 16.30 Uhr).

✶ Gerbereimuseum

Die Martinskirche im westlich oberhalb der Kernstadt gelegenen Stadtteil Altburg ist eine gut erhaltene **Wehrkirche**, deren Kern aus dem 12. Jh. stammt. Beachtenswert sind die gotischen Fresken. Ein 1813 an der Theodor-Dierlamm-Straße erbautes Bauernhaus mit Stall, Scheune, Schnapsbrennerei und Webstuhl ist heute als **Bauernhaus-Museum** hergerichtet, das Einblicke in das Leben auf dem Lande im 19. Jh. gewährt (Öffnungszeiten: Mai – Sept. Mi. u. So.).

Altburg

Sehenswertes in Hirsau

Etwa 3 km nördlich von Calw liegt der Luftkurort Hirsau im Nagoldtal, seit 1975 Stadtteil von Calw. Seine Geschichte reicht ins Jahr 830 zurück, als hier ein **Benediktinerkloster** gegründet wurde. Dieses erlebte zunächst eine Blüte, versank aber bald in Bedeutungslosigkeit. Erst in der zweiten Hälfte des 11. Jh.s erlangte es wieder Rang und Namen. Unter Abt Wilhelm schloss es sich der cluniazensischen Reformbewegung an. Eine neue Klosteranlage entstand, deren Zentrum die Peter-und-Pauls-Kirche werden sollte. Das Kloster erlangte Macht und Einfluss; es wurde zum **Mittelpunkt der cluniazensischen Reformbewegung** im deutschsprachigen Raum und vor allem zum geistlichen und kulturellen Zentrum im Nordschwarzwald. Vom Kloster gingen wichtige Impulse für die Kolonisation dieses Waldgebirges aus. Im späten 15. Jh. erfuhr das Kloster Hirsau eine bauliche Erweiterung. 1536 wurde das Kloster im Zuge der Reformation aufgehoben und zu einer evangelischen Klosterschule umgewandelt.
Im späten 16. Jh. ließ der württembergische Herzog Ludwig neben dem Kloster ein **Renaissance-Jagdschloss** errichten, das 1692 ebenso von französischen Truppen verwüstet wurde wie die Klostergebäude. Die gesamten Anlagen waren bis ins 20. Jh. der Verwahrlosung preisgegeben. Seit etlichen Jahren kümmern sich Denkmalpfleger um die Erhellung der Klostergeschichte und den teilweisen Wiederaufbau der Klosterbauten.

Geschichte

An der Calwer Straße sind die romanischen Baureste der alten, im Jahre 1071 dem hl. Aurelius geweihten Klosterkirche zu sehen. Nach der Errichtung der Peter-und-Pauls-Kirche auf der gegenüberliegenden Nagoldseite verlor St. Aurelius stark an Bedeutung. Nach der Reformation wurde sie gar als Scheune und Schafstall benutzt. Im späten 16. Jh. hat man sie bis auf den bestehenden Rest des Langhauses abgetragen. Erst 1955 wurden die vorhandenen Reste des Sakralbaus restauriert und wieder als katholische Pfarrkirche geweiht.

St. Aurelius

Hirsau: Blick zur Marienkapelle

Neben St. Aurelius befindet sich das **Hirsauer Klostermuseum**. Hier wird die Klostergeschichte und der weitreichende Einfluss der Hirsauer Bewegung auf andere Klöster dargelegt (Öffnungszeiten: April bis Okt. Di. – So. 14.00 – 17.00, Nov. – März Sa., So. 14.00 – 17.00 Uhr; Führungen: Mai – Okt. So. 11.00 u. 15.00 Uhr).

Das Ausmaß der ehemaligen Klosteranlage zeigt die noch erhaltene Ummauerung. Der sog. **Eulenturm**, ein 36 m hoher romanischer Turm mit Figurenfries, ist das imposante Relikt der Klosterkirche **St. Peter und Paul**, die 1082 – 1091 im Auftrag von Abt Wilhelm auf der linken Nagoldseite erbaut worden ist. Zusammen mit einem zweiten, bereits abgebrochenen Turm stand er an der Westseite des romanischen Gotteshauses, das mit 97 m Länge und 23 m Breite das größte seiner Art weit und breit sein sollte. Die Kirche selbst war eine dreischiffige, achtjochige **Basilika mit Querhaus und Turm** über der Vierung. Entsprechend der cluniazensischen Liturgie war der Westteil des Gotteshauses den Laien zugedacht, der Ostteil (Chor) den Mönchen.

An der Südseite des Gotteshauses schloss sich der gotische **Kreuzgang** mit den Klostergebäuden an. Er entstand im späten 15. Jh., als das Kloster Hirsau eine durch die sog. Bursfelder Reformunion ausgelöste zweite Blüte erlebte. Damals wirkten bedeutende Künstler im Nagoldtal, so etwa Peter von Koblenz, Hans Spryß von Zaberfeld und Martin von Urach.

★ Marienkapelle ► Die spätgotische Kapelle an der Ostseite des Kreuzgangs wurde 1516 fertiggestellt und ist einer der letzten noch erhaltenen Bauten des ehemaligen Klosters. Eine neugotische Renovierung in den 1880er-Jahren beseitigte barocke Veränderungen der Kapelle. Das Gewölbe stammt aus dieser Zeit. Über dem Gotteshaus befand sich ursprünglich wohl die Bibliothek. Diese Raumordnung wurde gewählt, weil die Kapelle nicht niedriger als die Konventsgebäude sein sollte.

Schlossruine ► An der Südseite des Kreuzgangs ließ Herzog Ludwig von Württemberg im späten 16. Jh., also erst nach der Aufhebung des Klosters, ein dreiflügeliges Schloss errichten. Seine Baumeister, Georg Beer, Heinrich Schickhardt und Hans Braun, waren dem Stil der Renaissance verpflichtet. Noch heute lassen die Ruinen die Bedeutung des Schlosses erahnen. In der Zeit der Romantik (19. Jh.) beflügelte die Anlage die Phantasie von Malern und Dichtern. Hier stand auch über 280 Jahre lang die von Ludwig Uhland besungene, fast 30 m hohe Ulme, die 1988 wegen Käferbefalls gefällt werden musste.

Kloster Hirsau Orientierung

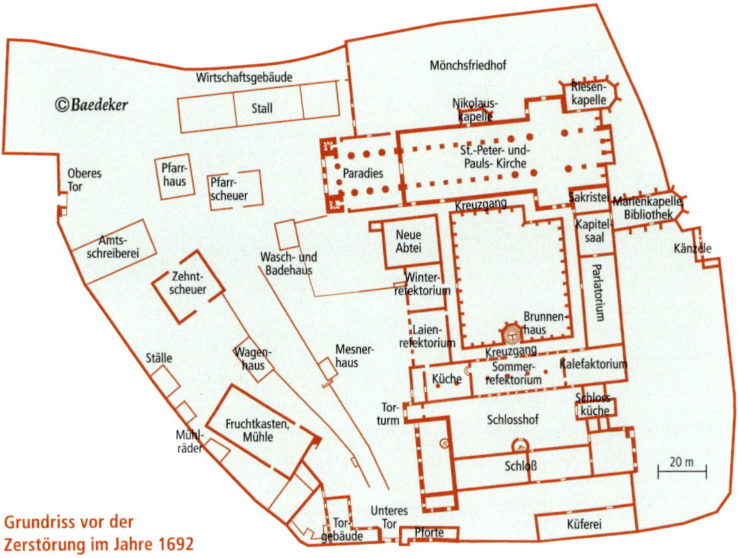

Grundriss vor der Zerstörung im Jahre 1692

★ Donaueschingen

G/H 12

Landkreis: Schwarzwald-Baar-Kreis
Einwohnerzahl: 22 000
Höhe: 680 – 950 m ü. d. M.
Prädikat: Große Kreisstadt

Am Ostrand des Schwarzwaldes bzw. auf der Hochebene der Baar, wo sich die beiden Flüsschen Brigach und Breg zur Donau vereinigen, liegt die alte fürstenbergische Residenzstadt Donaueschingen.

Baar

Der Begriff »Baar« kennzeichnet die Hochebene zwischen dem Mittleren Schwarzwald und dem Trauf der südwestlichen Schwäbischen Alb. Hier entspringt der **Neckar**, ferner bringen hier »Brigach und Breg die **Donau** zuweg«. Das Relief der Baar ist ausgeglichen. Die hier nur gering mächtigen Schichten des Südwestdeutschen Stufenlandes wurden erst im Pleistozän leicht gekippt. Aufgrund ihrer relativ hohen Lage zwischen zwei Mittelgebirgen ist das Klima fast als kontinental zu klassifizieren, d.h. die Winter sind recht kalt, und im Sommer kann es mitunter sehr warm werden. Die Baar ist dank ihrer fruchtbaren Böden ein altbesiedeltes Bauernland. Sie wurde erst spät vom Schwarzwald her industrialisiert (vor allem Uhren- und feinmechanische Industrie in ►Villingen und Schwenningen).

In einem hübsch hergerichteten Park steht das Schloss der Fürsten von Fürstenberg.

Geschichte Im Jahre 889 wurde erstmals eine Siedlung »Esginga« urkundlich erwähnt. Zeitweise gehörte der Ort zum Kloster Reichenau. Im späten 15. Jh. erwarben die Fürstenberger die Siedlung und bauten sie im 18. Jh. zu ihrer Residenz aus. Nach 1806 wurde Donaueschingen badische Amtsstadt. Im Jahre 1908 verwüsteten ein Wirbelsturm und ein von ihm ausgelöster Brand große Teile der Stadt.

Sehenswertes in Donaueschingen

*** Stadtkirche St. Johann** Anstelle eines gotischen Vorgängerbaus entstand in der ersten Hälfte des 18. Jh.s eine Barockkirche nach Plänen des Prager Baumeisters Maximilian Kanka. Das Haus Fürstenberg hatte durch die böhmische Gemahlin des Fürsten Joseph Wilhelm Ernst von Fürstenberg enge Beziehungen nach Prag, so dass hier das einzige Beispiel böhmischen Barocks im Schwarzwald entstehen konnte. Besonders markant sind die beiden von Zwiebelkuppeln bekrönten Türme. Der figürliche Schmuck im Innern des Gotteshauses stammt vom Villinger Bildhauer Joseph Anton Hops, von Johann Michael Winterhalter aus Vöhrenbach und vom Donaueschinger Hofbildhauer Franz Xaver Biecheler. Joseph Esperlin hat das Hochaltargemälde geschaffen, Anton Lenz gilt als Maler des Walburga-Altars.

*** Schloss** Im Osten der Kernstadt steht das ursprünglich barocke Schloss der Fürsten von Fürstenberg in einem schön angelegten Park. Es wurde im 18. Jh. errichtet, als man die Stadt zur fürstenbergischen Residenz ausbaute. Bereits im 16. Jh. hat hier ein allerdings wesentlich kleinerer Vorgängerbau bestanden. Im späten 19. Jh. wurde das Schloss im Stil der Belle-Epoque umgestaltet.

Die Innenausstattung (bes. Mobiliar und Gobelins) spiegelt die Zeit von der Renaissance bis zum Rokoko wieder. Die Repräsentationsräume sind im neobarocken Stil ausgestattet. Beachtenswert sind die Empfangshalle, das Kupferzimmer (benannt nach der Kupferstichsammlung), der Große und der Kleine Salon, das Frühstückszimmer und der Festsaal. In letzterem fanden 1921 die ersten »Kammermusikaufführungen zur Förderung der zeitgenössischen Tonkunst« statt, aus denen die inzwischen berühmt gewordenen »Donaueschinger Musiktage« erwachsen sind. Die Gemäldesammlung – darunter zahlreiche Porträts – illustriert die Geschichte des Hauses Fürstenberg.

◄ Hinweis

Im Jahr 2007 sind wegen Bauarbeiten keine Schlossbesichtigungen möglich.

◄ Schlosspark

Die Anfänge des im englischen Stil gestalteten Schlossparks reichen bis ins 18. Jh. zurück. Bereits im vorigen Jahrhundert wurde das Gelände einem breiteren Publikum geöffnet. Im 19. Jh. hat man den Park von Grund auf umgestaltet und das sog. Donaubächlein unterirdisch auf kürzestem Weg in die vorbei fließende Brigach eingeleitet.

★ ◄ »Donauquelle«

Am Nordwestrand des Schlossparks befindet sich die sog. Donauquelle (vgl. ►Furtwangen), bei der es sich um eine Karstaufstoßquelle handelt. Die kreisrunde Brunnenfassung hat Adolf Weinbrenner geschaffen. Die **allegorische Figurengruppe** (1896) von Adolf Heer stellt die Mutter Baar und die junge Donau in Mädchengestalt dar.

Donaueschingen Orientierung

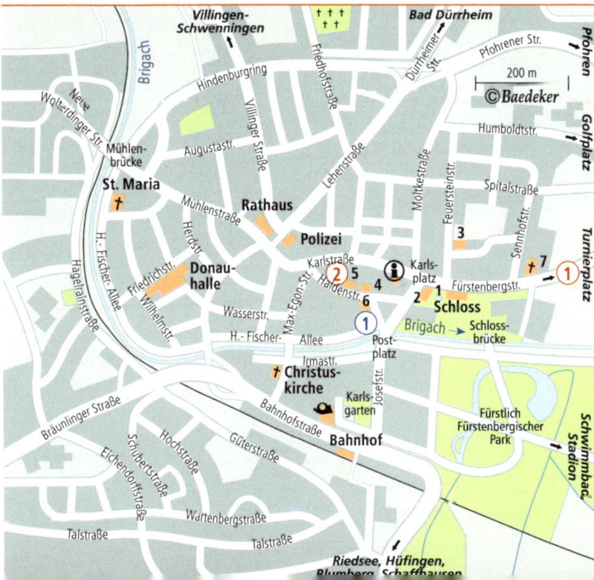

Essen
① Fürstenberg Bräustüble

Übernachten
① Öschberghof
② Zur Linde

1 »Donauquelle«
2 Stadtkirche St. Johann
3 Fürstlich Fürstenbergische Sammlungen
4 Hofbibliothek
5 Fürstlich Fürstenbergisches Archiv
6 Brauerei Fürstenberg
7 Missionskonvikt St. Heinrich

DONAUESCHINGEN ERLEBEN

AUSKUNFT

Amt für Kultur, Tourismus und Marketing
Karlstr. 58
78166 Donaueschingen
Tel. (07 71) 85 72 21
www.donaueschingen.de

EVENTS

Donaueschinger Musiktage
Bereits 1921 sind die alljährlich im Oktober stattfindenden Donaueschinger Musiktage für zeitgenössische Tonkunst ins Leben gerufen worden. Mit ihren Darbietungen avantgardistischer Musik sind sie weit über die Landesgrenzen hinaus bekannt geworden. Namen wie Boris Blacher, Luigi Nono und Karlheinz Stockhausen haben dem Ereignis Glanz verliehen.

CHI Reitturnier
Ein zweites Großereignis im jährlichen Veranstaltungskalender (September) ist das CHI-Reit- und Fahrturnier, das inzwischen international einen guten Ruf genießt.

Hüfinger Fronleichnamsprozession
Im Juni findet in Hüfingen eine festliche Fronleichnamsprozession statt mit bunten Blütenteppichen geschmückten Straßenaltären.

ÜBERNACHTEN

► Luxus/Komfortabel

① ***Öschberghof***
Golfplatz 1
78166 Donaueschingen
Tel. (07 71) 840
www.oeschberghof.com
Nobles Golfhotel mit 63 Zimmern in leicht hügligem Wiesenland an der jungen Donau; mit Hallenbad, Wellness-Insel, Kosmetik-Oase, Sauna, Solarium, Fitness-Raum und eigenem Golfplatz. In den beiden Restaurants genießt man fein zubereitete internationale Gerichte.

► Günstig

② ***Zur Linde***
Karlstr. 18
78166 Donaueschingen
Tel. (07 71) 83 18-0
www.hotel-linde-donaueschingen.de
Freundliches Haus mit 21 netten Zimmern und gutem Restaurant in zentraler Lage

ESSEN

► Erschwinglich

① ***Fürstenberg Bräustüble***
Postplatz 1-4
78166 Donaueschingen
Tel. (07 71) 36 69
Wer badische Spezialitäten und frisch gezapftes Bier mag, ist hier richtig.

Karlsbau Die naturgeschichtliche Sammlung sowie eine Kollektion moderner Kunst des Hauses Fürstenberg sind im Karlsbau (Karlsplatz 7) untergebracht. Leider ist der Kernbereich der Fürstlich Fürstenbergischen Sammlungen mit berühmten Meisterwerken der spätmittelalterlichen Tafelmalerei seit einiger Zeit geschlossen und magaziniert. Als Leihgaben an die Staatsgalerie Stuttgart sind 26 der berühmtesten Werke aus der Donaueschinger Sammlung heute in der baden-württembergischen Landeshauptstadt Stuttgart zu sehen. Dazu gehört die um

Ein Touristenmagnet: die »Donauquelle« im Schlosspark von Donaueschingen

1495 entstandene »Graue Passion« von Hans Holbein d. Ä. als ein Hauptwerk altdeutscher Malerei ebenso wie der prachtvolle »Wildensteiner Altar« (1536) des Meisters von Meßkirch.
Anstelle der weltberühmten Alten Meister sind etwa 150 **moderne Kunstwerke** (Malerei, Plastik und Photographie) der bislang nur Fachleuten bekannten Pisces Collection zu sehen.
Im **Familiensaal** sind barocke Prunkschlitten und Kutschen sowie Laufräder und frühe Fahrräder aufgestellt. Die **naturkundliche Sammlung**, die noch aus der Gründungszeit des Museums stammt, enthält neben seltenen Mineralien und Versteinerungen (darunter Saurierknochen) auch Gebeine eiszeitlicher Mammuts. Ferner sind gut präparierte Vertreter der europäischen Tierwelt ausgestellt (Karlsplatz 7; Öffnungszeiten: März – Nov. Di. – Sa. 10.00 – 13.00 u. 14.00 – 17.00, So., Fei 10.00 – 17.00 Uhr).

Urkunden und Archivalien wurden im Fürstlichen Archivgebäude bzw. der Hofbibliothek untergebracht, das im Jahre 1763 nach Vorlagen des Baumeisters Franz Josef Salzmann fertiggestellt worden ist. Im mehrstöckigen Keller sollten Bierfässer der fürstlichen Brauerei gelagert werden (Haldenstr. 3; Öffnungszeiten: Di. u. Do. 14.00 bis 17.00 Uhr).

! *Baedeker* TIPP

Schauen beim Brauen

Bekanntlich wird in Donaueschingen »eines der besten Biere der Welt« gebraut. Wer zuschauen möchte, kann dies werktags ab 14.30 Uhr tun (Dauer: ca. 2½ Std.). Anschließend wird man zu einem Umtrunk eingeladen. Weitere Infos: Tel. (07 71) 8 62 06, www.fuerstenberg.de

Umgebung von Donaueschingen

Donau Am Ostrand der Stadt **bringen Brigach und Breg die Donau zuweg**, d. h. hier vereinigen sich die beiden aus dem Schwarzwald kommenden Flüsschen zum »Schicksalsstrom Europas«. Nach 2845 km langem Lauf durch Süddeutschland, Österreich und acht weitere europäische Staaten mündet die Donau ins Schwarze Meer.

Ausflugsziele auf der Baar Etwa 3 km südöstlich von Donaueschingen erstreckt sich der **Riedsee**, ein von Wassersportlern gern besuchter Baggersee. In **Neudingen**, befindet sich die im 19. Jh. erbaute **Gruftkirche der Fürsten von Fürstenberg**.

Hüfingen 3 km südlich von Donaueschingen liegt das im Hochmittelalter gegründete Städtchen Hüfingen (684 m ü.d.M.; 7000 Einw.) am Austritt der Breg in die Baar. Hier sind die **spätgotische Pfarrkiche**, ein **Schloss** (14. u. 18. Jh.) der Freiherren von Schellenberg und Reste der Stadtbefestigung beachtenswert. Südlich außerhalb der Stadt ist ein **römisches Kastellbad** aus der Zeit um 70 n. Chr. restauriert.

Bräunlingen Etwa 4 km südwestlich von Donaueschingen liegt der **Erholungsort** Bräunlingen (700 m ü.d.M.; 5000 Einw.) **im Bregtal**. Das mittelalterliche Städtchen ist von den Zähringern ausgebaut und von den Habsburgern zur Freien Reichsstadt erhoben worden. Die um das Jahr 900 gegründete **Remigiuskapelle** gilt unter Fachleuten als »Mutterkirche der Baar«. Beachtenswert sind ferner Reste der Stadtbefestigung, einige spätgotische Bürgerhäuser sowie das reichhaltige **Stadtmuseum**.

★ Emmendingen

D 11

Landkreis: Emmendingen
Einwohnerzahl: 26 000
Höhe: 189 – 402 m ü. d. M.
Prädikat: Große Kreisstadt

Die hübsch zwischen die Schwarzwald-Vorberge und den ►Kaiserstuhl eingebettete Stadt hat im Leben Goethes eine Rolle gespielt. Hier lebte seine Schwester, und sein Werk »Hermann und Dorothea« spielt im ehemaligen »Gasthaus zum Löwen« am Markt.

Goethes Schwester Cornelia (1750 – 1777) lebte hier gemeinsam mit ihrem Mann Johann Georg Schlosser, der in Emmendingen als markgräflicher Oberamtmann tätig war. Der Dichterfürst besuchte 1775 das Paar und 1779 das Grab von Cornelia, das sich auf dem Alten Friedhof befindet.
Urkundlich erwähnt wurde Emmendingen erstmals 1094. Das Marktrecht erhielt das Städtchen 1418. Markgraf Jakob III. machte

Emmendingens Wahrzeichen: das Stadttor an der Westeinfahrt

es Ende des 16. Jh.s zu seiner Residenz. Doch schon mit Ausbruch des Dreißigjährigen Krieges endete die Blütezeit. Erst im 19. Jh. begann ein neuer Aufschwung. Damals entstanden auch die ersten Industriebetriebe. Wichtige Erwerbszweige sind heute der Maschinen- und Werkzeugbau, die elektronische und feinmechanische Industrie sowie die Kunststoffverarbeitung.

Sehenswertes in Emmendingen

* **Stadttor**

Emmendingens Wahrzeichen ist das hübsch anzusehende Stadttor, das die Westzufahrt zur Altstadt (Karl-Friedrich-Str./Hebelstr.) bewacht. Es hat 1703 ein Türmchen und erst 1929 seine zweite Durchfahrt erhalten.

* **Marktplatz**

Das Zentrum bildet der Marktplatz, von dem alle Straßen der Altstadt ausgehen. Ihn umrahmen das **Alte Rathaus** sowie einige barocke **Bürgerhäuser**. Die Stelle, an der das oben erwähnte »Gasthaus zum Löwen« stand, nimmt heute ein Kaufhaus (Marktplatz 9) ein. In der Platzmitte ist seit 1997 der **Brunnen auf Zeit** installiert.

◀ Altes Rathaus

Das alte Rathaus wurde 1729 am Marktplatz auf den Mauern einer mittelalterlichen Gemeinde- und Gerichtsstube errichtet. Das **Rokoko-Gitter am Balkon** zeigt das Wappen der Markgrafen von Baden. Es beherbergt das **Deutsche Tagebuch-Archiv**, die einzige Einrichtung ihrer Art in Deutschland (Öffnungszeiten: Mo. – Fr. 10.00 bis 12.00, Di. u. Mi. 15.00 – 17.00 Uhr).

EMMENDINGEN

AUSKUNFT

Tourist-Info
Bahnhofstr. 8
79301 Emmendingen
Tel. (0 76 41) 1 94 33
www.emmendingen.de

ÜBERNACHTEN · ESSEN

► **Komfortabel**

Windenreuter Hof
Rathausweg 19
79312 Emmendingen-Windenreute
Tel. (0 76 41) 93 08 30
www.windenreuter-hof.de
Moderne Unterkunft im Landhausstil mit 64 großzügig bemessenen hellen Zimmern und einer schönen Panorama-Terrasse. Das Feinschmecker-Restaurant bietet jeden 1. Sonntag im Monat ein preisgünstiges Familienbüffet.

Das **Markgrafenschloss** neben der Kirche präsentiert sich als schlichter Renaissancebau von 1585. Es beherbergt u.a. ein kleines **Museum** mit Exponaten zur Geschichte der Stadt Emmendingen und ihrer Umgebung sowie eine Sammlung, die sich mit der Firmen- und Familiengeschichte des hiesigen Fotohauses Hirsmüller beschäftigt (Öffnungszeiten: Mi. u. So. 14.00 bis 17.00 Uhr).

Gegenüber vom Markgrafenschloss steht das Lenzhäuschen. Der Sturm-und-Drang-Dichter **Jakob Michael Reinhold Lenz** soll als Schützling des Goethe-Schwagers Schlosser zwischen 1777 und 1779 in dem Häuschen gelebt haben.

Östlich des Schlosses, wo einstmals die Synagoge stand, hat der Emmendinger Verein für Jüdische Geschichte und Kultur ein kleines Museum eingerichtet. Es ist im Gebäude der um 1840 erbauten ehemaligen **Mikwe** (rituelles Tauchbad) untergebracht (Öffnungszeiten: Mi. u. So. 14.00 – 17.00 Uhr).

Schlosserhaus

Südwestlich, wo heute die Stadtbibliothek untergebracht ist, wohnte von 1774 bis 1787 **Goethes Schwager** Johann Georg Schlosser. Dieses ursprünglich barocke Gebäude gelangte 1588 in den Besitz der Markgrafen von Baden. Es wurde im 19. und 20. Jh. umgestaltet. Hinter dem Haus breitet sich der nett hergerichtete **Goethepark** aus.

Umgebung von Emmendingen

Ruine Landeck

Über den für seinen Wein bekannten Emmendinger Stadtteil **Mundingen** gelangt man hinauf zur 5 km nördlich aufragenden Burgruine Landeck. Die um 1260 errichtete und im Bauernkrieg 1525 zerstörte Burg hat beachtenswerte **Steinmetzarbeiten** an Fenstern, Kaminen und Kapitellen aufzuweisen. Reizvoll ist zudem der Blick über die Rheinebene (bei der Ruine ein Café mit Aussichtsterrasse).

*** Hochburg**

Über die von Sexau nordwärts nach Freiamt führende Straße erreicht man die malerische Ruine Hochburg (346 m ü.d.M.), **eine der größten Burganlagen Badens**. Im 11. Jh. von den Grafen von Hachberg erbaut, kam sie im 15. Jh. in den Besitz der Markgrafen von Baden, die sie im 16. und 17. Jh. ausbauten. Kaiserliche Truppen belagerten die Burg 1634 – 1636 und zerstörten sie teilweise. Der Rest der Burganlage fiel den Franzosen 1689 zum Opfer. Auf dem Gelände ist ein kleines **Burgmuseum** eingerichtet (nur im Sommer geöffnet).

Klosterkapelle Tennenbach

Auf der nach Freiamt führenden Straße gelangt man zur Klosterkapelle Tennenbach (13. Jh.). Sie ist der Rest einer 1161 gegründeten und 1806 aufgehobenen Zisterzienserabtei. Die Klosterkirche wurde 1829 abgetragen, lediglich die **frühgotische Kapelle** blieb erhalten. Nicht weit von hier steht Deutschlands höchster Baum, eine 1893 gepflanzte Douglasie, die heute fast 58 m hoch und über 3 m dick ist.

◄ Höchster Baum Deutschlands

Freiamt

Die verschiedenen Teilgemeinden des Erholungsortes Freiamt (4000 Einw., 300 – 744 m ü. d. M.) verteilen sich weitläufig zwischen dem Elztal und dem Hausberg **Hünersedel** (744 m ü.d.M.). Am südlichen Ortsrand liegt die **Burgruine Keppenbach**. Einst zum Schutz der Silberbergwerke gebaut, wurde das »Raubritternest« durch Freiburger Truppen ausgehoben und schließlich im Bauernkrieg 1525 gesprengt.

★ Endingen am Kaiserstuhl

C 11

Landkreis: Emmendingen
Einwohnerzahl: 9000
Höhe: 187 – 210 m ü. d. M.

Zwei Superlative kennzeichnen Endingen: Es ist eines der schönsten Fachwerkstädtchen Badens und eine der größten Weinbaugemeinden Baden-Württembergs.

Stadtgeschichte

Schon 763 wird eine alemannische Siedlung erwähnt, neben der ein Fronhof bestand, den Karl der Dicke 880 dem elsässischen Kloster Andlau schenkte. Aus beiden schufen die Herren von Uesenberg eine ummauerte Stadt. Das Stadtrecht wurde um 1290 verliehen. Die beiden Pfarrkirchen in dem relativ kleinen Ort zeugen bis heute von dem doppelten Siedlungsursprung.

Sehenswertes in Endingen und Umgebung

★ Altstadt

Viele der Fachwerkhäuser stammen noch aus dem 16. und 17. Jahrhundert. Von den vier einstigen Stadttoren steht im Westen das 1581 erneuerte **Königsschaffhauser Tor** (mit »Zunftstube im Torli« der Endinger Narrenzunft). Besonders stimmungsvoll präsentiert sich der **Marktplatz** mit den wichtigsten historischen Bauten.

Kornhaus

Hier steht das Kornhaus, ein stattlicher Bau von 1617 mit **Staffelgiebel**, der an das erheblich ältere Freiburger Kornhaus erinnert. Das Gebäude wurde 1974 zum Rathaus umgebaut.

ENDINGEN AM KAISERSTUHL ERLEBEN

AUSKUNFT

Kaiserstühler Verkehrsbüro
Adelshof 20
79346 Endingen
Tel. (0 76 42) 68 99 90
www.endingen.de

MUSEUMSEISENBAHN

Rebenbummler
Mit dem Museumsdampfzug »Rebenbummler« kann man sehr bequem den Kaiserstuhl erkunden. Er verkehrt von Mai bis Oktober an mehreren Wochenenden zwischen Endingen bzw. Riegel und Breisach am Rhein. Weitere Informationen unter:
Tel. (0 76 42) 68 99 90
www.rebenbummler.de.

ESSEN

► Erschwinglich
Schindler's Ratsstube
Marktplatz 10, 79346 Endingen
Tel. (0 76 42) 34 58
www.schindlers-ratsstube.de
Das gemütliche Lokal ist bekannt für seine badischen Spezialitäten, z. B. Flusszander im Riesling.

WEINPROBEN

WG Königschaffhausen
n. V., Tel. (0 76 42) 9 08 46
www.koenigschaffhauser-wein.de

WG Kiechlingsbergen
n. V., Tel. (0 76 42) 90 41-0
www.kiechlinsberger-wein.de

Altes Rathaus

Im 1527 erbauten und im 18. Jh. veränderten Alten Rathaus am Marktplatz ist das **Kaiserstühler Heimatmuseum** untergebracht. Beachtenswert sind die aus einer Freiburger Werkstatt stammenden Wappenscheiben (1529), die in die Fenster des Ratssaales eingelassen sind (Führungen: n. V., Tel. 0 76 42 / 68 99 90).
Der spätgotische **Rathausbrunnen** ist der schönste von den sechs Brunnen, die das früher so rare Wasser spendeten.
Das **Haus Krebs** wurde Mitte des 18. Jh.s an der Nordseite des Marktplatzes errichtet und ist mit seinem wundervollen Balkongitter ein Musterbeispiel des Rokoko.

✶ Vorderösterreich-Museum

Im gut 500 Jahre alten **Üsenberger Hof**, einem gut restaurierten Fachwerkbau mit Resten spätgotischer Wandmalereien, wird an jene Zeit erinnert, als Endingen und der Breisgau noch zu den »habsburgischen Vorlanden« gehörte (Öffnungszeiten: Mo. – Fr. 9.00 – 12.30 u. 14.30 – 18.00, Sa. 10.00 – 13.00, So. 10.30 – 12.30 Uhr).

Als Kirche des Fronhofes entstand ein Vorgängerbau von **St. Peter** bereits 1169. Das heutige Gebäude (1772 – 1775) gilt als einer der letzten bedeutenden Kirchenbauten

! *Baedeker* TIPP

Käse vom Kaiserstuhl

Wie man früher Käse erzeugt hat, ist in der 1901 eingerichteten und jetzt als Museum zugänglichen Käserei & Molkerei Risch zu sehen (Rempartstr. 7; Öffnungszeiten: Ostern – Nov. So. 14.00 – 17.00 Uhr, Tel. 0 76 42 / 68 99 90).

Weinlese bei Endingen mit Blick auf den Kaiserstuhl

des Barock. Die Innenausstattung weist jedoch in Details bereits auf den sich ankündigenden Klassizismus hin.

Kiechlinsbergen

Noch zur Stadt Endingen gehört der 5 km südwestlich gelegene Winzerort Kiechlinsbergen. Das **Schloss** im Ort (begonnen 1730 von Peter Thumb, vollendet 1778) war ursprünglich als Propstei des Klosters Tennenbach errichtet worden. Beachtenswert ist daneben die Pfarrkirche **St. Petronilla** von 1813 mit barockem Hochaltar (um 1760). Das Haus Nr. 161 soll das älteste des Kaiserstuhls überhaupt sein, es wurde 1544 errichtet und zeigt noch heute sein ursprüngliches Aussehen. Im früheren **Wach- und Rathaus** ist eine ortsgeschichtliche Sammlung untergebracht.

Wyhl

5 km nordwestlich von Endingen erreicht man den Ort Wyhl (3200 Einw., 172 m ü.d.M.), der in den 1970er-Jahren **wegen eines hier geplanten Atomkraftwerkes in aller Munde** war. Die Atomkraftgegner und Landschaftsschützer konnten sich schließlich durchsetzen, der Atommeiler wurde nicht gebaut. Westlich von Wyhl ist ein 4 km langer **Naturlehrpfad Rheinauewald** markiert, auf dem man die für ein Überschwemmungsgebiet typische Flora und Fauna kennenlernt.

Kaiserstuhl

Weitere Orte in der Umgebung von Endingen sind unter dem Stichwort ►Kaiserstuhl beschrieben.

✶ Ettenheim

C 10

Landkreis: Ortenaukreis
Einwohnerzahl: 12 000
Höhe: 190 – 500 m ü. d. M.

»Perle Badens« nennt sich das malerische, für seine guten Weine aus umweltschonendem Anbau bekannte Barockstädtchen an der Badischen Weinstraße mit seinem geschlossenen, unter Denkmalschutz gestellten Stadtkern.

Name und Gründung verdankt Ettenheim dem alemannischen Herzogsgeschlecht der Ettikonen (8. Jh.). Seine Blüte erlebte Ettenheim im 18. Jh., davon zeugen bis heute zahlreiche Bauten.

Sehenswertes in Ettenheim und Umgebung

✶ Altstadt

Zum Stadtbild Ettenheims mit seinen engen Gassen gehören neben barocken Bauten auch schöne Fachwerkhäuser aus dem 17. und 18. Jh.; von der ehem. Stadtbefestigung blieben zwei Tore (18. Jh.) erhalten. Das Zentrum wird von der **Stadtkirche St. Bartholomäus** beherrscht, einem spätbarocken Bau von 1768 – 1777. Im Innern befindet sich das Grab des Kardinals de Rohan, der nach der französischen Revolution aus Straßburg emigrieren musste und in Ettenheim Zuflucht fand. Das 1757 erbaute **Rathaus** mit Glocken-

ETTENHEIM ERLEBEN

AUSKUNFT

Tourist-Info
Rohanstr. 16
77955 Ettenheim
Tel. (0 78 22) 43 22 10
www.ettenheim.de

EVENT

Kaiserbergfest
Weinfest beim Aussichtsturm, mit viel Musik und kulinarischen Köstlichkeiten.

ESSEN

► **Erschwinglich/Preiswert**
Gasthaus zur Linde
Ortsstr. 16
77955 Ettenheim-Wallburg
Tel. (0 78 22) 13 79
Schönes Gasthaus mit Gartenwirtschaft. Die gutbürgerliche Küche bietet lecker zubereitete regionale Spezialitäten.

ÜBERNACHTEN · ESSEN

► **Komfortabel/Günstig**
Metzgereigasthof Rebstock
Hauptstr. 65
77955 Ettenheim-Münchweier
Tel. (0 78 22) 13 38
www.rebstock-münchweier.de
Das Haus ist in weitem Umkreis vor allem für seine gute Küche bekannt, die vorwiegend badische Spezialitäten sowie Fleisch und Wurst aus eigener Metzgerei anbietet. Modern und komfortabel sind die Gästezimmer und Appartements.

turm hat im Erdgeschoss offene Arkaden und fungierte so einst auch als Markthalle. Gegenüber steht das **Palais Rohan**, das sein heutiges Aussehen im ausgehenden 18. Jh. erhalten hat. Weiter oben erreicht man das 1744 erbaute sog. **Ichtratzheim'schen Haus** (»Prinzenschlössle«). Hier kam es 1804 zu einem eklatanten Bruch des Völkerrechts: Napoleon ließ hier einen vermeintlichen Gegenspieler, den mit einer Nichte des Kardinals Rohan verheirateten Herzog von Enghien verhaften, nach Vincennes bei Paris verschleppen und dort nach einer Scheinverhandlung erschießen.

In dem ca. 5 km östlich vom Zentrum gelegenen Ortsteil Ettenheimmünster ist die Kirche St. Landolin sehenswert. Abgesehen von einigen Mauerresten weiter oben im Tal ist sie der einzige Rest eines Benediktinerklosters, das hier 725 gegründet worden war und 1865 abgetragen wurde. Der aus dem 17. Jh. stammende, im 18. Jh. veränderte Bau bewahrt in seinem Innern eine kostbare Reliquienbüste des hl. Landolin (von 1508) sowie eine großartige **Silbermann-Orgel** von 1769. ✶ St. Landolin

4 km nördlich von Ettenheim wird der Ort Mahlberg (3000 Einw., 182 m ü.d.M.) vom gleichnamigen, 1630 auf einem Basaltfelsen erbauten **Schloss** beherrscht. Im Ort selbst fällt die 1687 erbaute achteckige ev. Pfarrkirche auf. Ihre Innenausstattung datiert weitgehend aus dem 18. Jh. In einer ehemaligen Zigarrenfabrik mit Tabaktrockenschopf ist das **Oberrheinische Tabakmuseum** eingerichtet. Hier erfährt man alles über den hiesigen Tabakanbau und die manuelle bzw. maschinelle Weiterverarbeitung der Tabakblätter (Kirchstr. 2; Öffnungszeiten: Mai – Sept. So. u. Fei. 10.30 – 18.00 Uhr). Mahlberg

Die nördlich an Mahlberg grenzende alte Markt- und Weinbaugemeinde Kippenheim besitzt ein stattliches, 1610 erbautes **Rathaus mit Staffelgiebel** und eine Pfarrkirche mit romanischen Bauteilen. Die 1851 erbaute **ehemalige Synagoge** (Poststr. 17) dient heute als Künstler-Atelier. Kippenheim

? WUSSTEN SIE SCHON ...?

- ... dass die Gegend um Herbolzheim bekannt ist für ihren aus Spätburgundertrauben gekelterten Weißherbst?

Das 5 km südlich von Ettenheim gelegene Herbolzheim, der nördlichste Ort des Breisgaus kann mit einigen ansehnlichen Häusern des 17. und 18. Jh.s. und einer schön ausgemalten **Pfarrkirche** von 1754 aufwarten. Ein kurzer Spaziergang führt zur 1747 erbauten **Wallfahrtskapelle Maria Sand** mit einem Gnadenbild vom Ende des 15. Jahrhunderts.

3 km weiter südlich erreicht man Kenzingen (170 – 542 m ü. d. M.; 7500 Einw.) mit seiner von hübschen Bauten des 17. und 18. Jh.s Kenzingen

Wie im Urwald: Rheinauen bei Wyhl und im Naturschutzgebiet Taubergießen

geprägten **Altstadt**. Angelegt wurde Kenzingen nach dem Beispiel der Zähringer-Städte. Charakteristisch ist das **Straßenkreuz** der beiden Hauptachsen (Eisenbahnstraße und Hauptstraße). Die aus dem späten 13. Jh. stammende Pfarrkirche **St. Laurentius** erhielt um 1730 ihr heutiges Aussehen. Kanzel und Altäre befanden sich einst in der Klosterkirche Wonnental (18. Jh.).

★ Oberrheinische Narrenschau ▶

Einen lebendigen Einblick in die **Alemannische Fasnet** vermittelt diese Ausstellung. Auf lebensgroßen Puppen sind mehr als 250 ausgesprochen kunstvoll **geschnitzte Holzmasken und phantasievolle Häs** (= Kostüme) ausgestellt. Gruppiert sind die »Narren« vor der Kulisse ihres Dorfes oder der Stadt. Zudem dokumentieren Fotos und weitere Exponate das Fasnet-Geschehen vom Setzen des Narrenbaums bis zur Fasnetverbrennung (Alte Schulstr. 20; Öffnungszeiten: Jan. – April So. u. Fei. 14.00 – 17.00, Mai – Okt Di., Do., Sa., So. 14.00 bis 17.00, Nov. Sa. u. So. 14.00 – 17.00 Uhr).

Europapark Rust

▶dort

★★ **Taubergießen**

Westlich von Rust erstreckt sich das 1600 ha große Landschaftsschutzgebiet Taubergießen entlang des Rheins. Hier bekommt man noch eine ungefähre Vorstellung davon, wie die Rheinauenlandschaft vor der von Tulla vorgenommenen **Flussregulierung** ausgesehen hat. Zuvor kam es in den Rheinauen jedes Jahr und dann sogar mehrfach zu Überschwemmungen. Das sumpfige Gelände bildete den Lebensraum für bestimmte Pflanzen- und Tierarten. Nach der Rheinbegradigung sank der Grundwasserspiegel. Deswegen gibt es heute nur noch einzelne Bereiche mit ursprünglicher Vegetation. Verschiedene Wanderwege führen durch das Landschaftsschutzgebiet. Noch besser lässt sich diese Wildnis während einer Bootsfahrt erleben.

★ Ettlingen

G 6

Landkreis: Karlsruhe
Einwohnerzahl: 38 000
Höhe: 130 – 410 m ü. d. M.
Prädikat: Große Kreisstadt

Am Ausgang des Albtals in die Rheinebene und nur wenige Kilometer südlich von ►Karlsruhe entfernt liegt die bekannte Festspielstadt Ettlingen mit ihrem sehenswerten alten Stadtkern.

Die Ursprünge der heutigen Stadt Ettlingen reichen bis in die Römerzeit zurück, als es hier eine größere Ansiedlung gab. Erstmals urkundlich erwähnt wurde der Ort im Jahre 788. Kaiser Heinrich VI. erhob Ettlingen 1192 zur Stadt. Der Wiederaufbau der im Pfälzischen Erbfolgekrieg 1698 nahezu vollständig zerstörten Stadt erfolgte nicht zuletzt auf Betreiben von Markgräfin Sibylla Augusta, die Ettlingen als Altersruhesitz gewählt hatte.
Schon im Mittelalter gab es hier viel Gewerbe. Die vorhandene Wasserkraft war im 19. Jh. eine wichtige Grundlage für die Industrialisierung. Es entstanden Papierfabriken, Spinnereien und Webereien. In neuerer Zeit kamen der Maschinenbau sowie die pharmazeutische und die Nahrungsmittelindustrie hinzu.

Sehenswertes in Ettlingen und Umgebung

In den letzten Jahrzehnten wurde die Ettlinger Altstadt aufwändig saniert. Mit ihren vielen sehenswerten Bauten bietet sie nun ein schmuckes Gesamtbild. Das Flüsschen Alb trennt die in ihrem Grundriss fast quadratische Altstadt in eine Nord- und Südhälfte.

★ Stadtbild

Das Schloss geht auf eine mittelalterliche Burg zurück (im Hof sieht man – integriert in den jetzigen Gebäudekomplex – noch Reste des alten Burgturms). Es wurde Mitte des 16. Jh.s neu erbaut, brannte 1689 nieder und entstand in seiner jetzigen barocken Form zwischen 1728 und 1733 für die Witwe des Markgrafen Ludwig Wilhelm neu.

★ Schloss

In der heute als Konzertsaal genutzten Schlosskapelle beeindruckt ein 1732 **von Cosmas Damian Asam geschaffenes Deckengemälde**, das Leben und Martyrium des 1729 heiliggesprochenen Johannes Nepomuk darstellt.

◄ Schlosskapelle

Im Schloss sind verschiedene Sammlungen untergebracht. Das **Albgau-Museum** gibt einen Überblick über die Geschichte des Ettlinger Raumes von der Jungsteinzeit bis ins 20. Jahrhundert. Zwei Kunstausstellungen zeigen Werke des Karlsruher **Malers Karl Hofer** (1878 – 1955) sowie des **Bildhauers Karl Albiker** (1878 – 1961). Die **Sammlung Ostasiatische Kunst** im Südflügel ist eine Zweigstelle des berühmten Stuttgarter Linden-Museums. Neben Kunsthandwerk ist hier auch das traditionelle Interieur eines japanischen Wohnhauses aufgebaut (Öffnungszeiten: Mi. – So. 10.00 – 17.00 Uhr).

◄ Sammlungen

ETTLINGEN ERLEBEN

AUSKUNFT

Stadtinformation
Marktplatz 2
Tel. (0 72 43) 101-01
www.ettlingen.de

ESSEN

► Erschwinglich

Hartmaier's Villa
Pforzheimer Str. 67
Tel. (0 72 43) 76 17 20
In der hübsch restaurierten Stadtvilla von 1816 werden vorzüglich zubereitete Köstlichkeiten gereicht.

ÜBERNACHTEN

► Luxus/Komfortabel

Erbprinz
Rheinstr. 1
76275 Ettlingen
Tel. (0 72 43) 32 20
www.erbprinz.de
Das »Erste Haus am Platz« mit 72 Zimmern und 11 Suiten besticht mit einem vorbildlichen Service. Im Restaurant und in der Weinstube Sibylla speist man sehr gut.

► Komfortabel

Stadthotel Engel (garni)
Kronenstr. 13
76275 Ettlingen
Tel. (0 72 43) 33 00, Fax 33 01 99
www.stadthotel-engel.de
Gut geführtes Haus im Herzen der Stadt mit 88 freundlichen Zimmern, 5 Appartements, Sauna und Solarium.

Watthalden
Am Watthaldenpark
Pforzheimer Str. 67 a
Tel. (0 72 43) 71 40
www.watthalden.de
Hochmodernes Design-Hotel mit 83 Zimmern und 4 Suiten, einem guten Restaurant und vielerlei Annehmlichkeiten

EVENTS

Schlossfestspiele Ettlingen
Von Mitte Juni bis Ende August werden rund ums Schloss Theateraufführungen und Konzerte geboten.
Informationen: (0 72 43) 10 13 82
E-Mail: schlossfestspiele@ettlingen.de
Ticket-Service: Tel. (0 72 43) 10 13 80

Den Schlossplatz ziert der **Narrenbrunnen** (1549) mit einem Standbild des Hofnarren Hansele von Singen.

Rathaus Durch die Marktstraße gelangt man zum Marktplatz mit dem Georgsbrunnen (1494) und dem Rathaus, einem 1738 entstandenen **Barockbau aus rotem Sandstein**. Der römische **Neptunstein**, der an der Ostwand eingemauert ist, war der Votivstein einer Schifferzunft, den man 1481 fand und 1550 einmauerte. Der **Turm** neben dem Rathaus fungierte im Mittelalter als Stadttor.

St. Martin Die östlich gelegene Martinskirche ist ein **barocker Saalbau**, der 1733 über den Resten einer Vorgängerkirche (und über römischen Badeanlagen) fertiggestellt wurde. Der kleine dunkel verglaste Chor stammt noch aus gotischer Zeit (1460), ebenso der Turm darüber, der eine barocke Zwiebelhaube trägt. Das riesige **Deckengemälde** im Innern wurde erst 1987/1988 von Emil Wachter geschaffen.

Im Nordwesten der Altstadt ist von der alten Stadtbefestigung der **Lauerturm** aus dem 15. Jh. erhalten. Sein Name ist auf die **Gerber (Lauwer)** zurückzuführen, die hier lebten und arbeiteten. Das Areal um den Turm wurde in den 1990er-Jahren restauriert, so auch die angrenzende **Stadtmauer mit Wehrgang** und eine Scheune aus dem 18. Jh., die heute ein kleines **landwirtschaftliches Museum** beherbergt (Öffnungszeiten: Juni bis Sept. So. 14.00 – 17.00 Uhr).

Malerischer Stadtkern von Ettlingen

Umgebung von Ettlingen

Waldbronn

Das nur 2 km östlich von Ettlingen gelegene Waldbronn (12 000 Einw., 230 – 300 m ü.d.M.) entstand durch den Zusammenschluss der früheren Gemeinden Busenbach, Etzenrot und Reichenbach. Der moderne Kurort besitzt mit der **Albtherme** eine vielbesuchte Bäderlandschaft. Die **Heimatstuben** in Waldbronn-Reichenbach sind in einem restaurierten Fachwerkhaus untergebracht und zeigen das bäuerliche Leben seit dem 18. Jahrhundert (Öffnungszeiten: Mi. 15.00 – 17.00 Uhr u. n. V.). Ebenfalls in Waldbronn-Reichenbach gibt es ein **Radiomuseum**, das Phonogeräte seit ihrer Erfindung in den 1920er Jahren zeigt (Stuttgarter Str. 25; Öffnungszeiten: Mi. u. 1. Sa. im Monat 15.00 – 17.00 Uhr).

★★ Europapark Rust

C 10

Landkreis: Emmendigen

Deutschlands größter Freizeit- und Themenpark, der vor allem Familien mit Kindern aus dem In- und Ausland anzieht, ist der Europapark bei Rust.

Der 7 km westlich von ►Ettenheim in der Rheinebene gelegene Vergnügungspark wurde 1975 im ehemaligen Park des Schlosses Balthasar (von 1575) eröffnet und in der Folgezeit immer weiter ausgebaut. Mittlerweile erstreckt sich der Europapark über eine Fläche von

Die Wasserachterbahn »Poseidon« ist einer der Hits im Europapark.

Am Parkeingang gibt es einen aktuellen Übersichtsplan des Europaparks

mehr als 85 Hektar und umfasst über ein Dutzend europäische Themenbereiche – von Spanien bis Island– mit der jeweils typischen Architektur und Gastronomie. **Weit über 100 Attraktionen**, darunter ein Dutzend Achterbahnen, locken jährlich über vier Millionen Besucher an. Mit mehr als 1400 Mitarbeitern ist der Europapark auch einer der größten Arbeitgeber in der Region.

Attraktionen

Achterbahnen und Erlebniswelten

An Wasserfällen und Stromschnellen vorbei führt das **Fjord Rafting**. Nervenkitzel ist auch auf der Schweizer Bobbahn namens **Matterhorn-Blitz** angesagt. Bereits 1998 wurden die damals noch futuristische Weltneuheit **Euro-Mir** und ein **Flugsimulator** eröffnet. Spaß pur bietet der **Silverstar** (Bild s. S. 229), Europas größte und höchste Stahl-Achterbahn. Sie wurde 2002 in Betrieb genommen und donnert aus der beachtlichen Höhe von 73 Metern mit gut 130 km/h herunter. Mit der Wasserachterbahn **Poseidon** (s. Bild oben) rauscht man durch die griechische Geschichte. Ein feuchtes Vergnügen ist auch die **Tiroler Wildwasserbahn**. Zu heftigen Wasserschlachten kommt es mitunter bei den **Whale Adventures Splash Tours** im isländischen Themenbereich, wo man auch Walen und anderen Meeresbewohnern begegnet. Klangvoll **Atlantica Supersplash** nennt sich eine gigantische Wasserrutsche, auf der man in einen See hinunterrauscht. Nach einer turbulenten Drehung kommt einem noch eine Riesenwelle in Art eines Tsunami entgegen. Adrenalin schießt ins Blut bei einer rasanten Fahrt mit dem **blue fire Megacoaster**, eine der neuesten Attraktionen gleich neben der vom russischen Energie-Giganten Gazprom gesponserten interaktiven Erlebniswelt mit der Bezeichnung »Abenteuer Energie«. Hier erfährt man, wie russisches Erdgas gefördert, transportiert und verwendet wird. Im italienischen Themenbereich gibt es seit 2011 das Flug-Erlebnis **Volo da Vinci**. Unter Einsatz von gehöriger Muskelkraft schwebt man in Flugapparaten, die den von Leonardo d Vinci konstruierten nachempfunden sind, über dem Gelände.

Generell wird das Konzept verfolgt, die einzelnen Attraktionen in »europäischen Vierteln« anzusiedeln. Auf der **Freilichtbühne im spanischen Dorf** sorgen Flamencotänzer und -tänzerinnen für Unterhaltung. Und dann sind da noch die Action-Darbietungen in der **Spanischen Arena**, wo es spannende Ritterturniere zu sehen gibt. An der Plaza stehen auch das Erlebnishotel »El Andaluz« und das Burghotel »Castillo Alcazar«. Diverse Shows und viel Comedy wird im **Globe Theater** im englischen Themenbereich geboten. Im italienischen Themenbereich gibt es neben einem **Teatro dell' Arte** auch eine Atrraktion für kleinere Kinder unter der Bezeichnung **Ciao Bambini**.

Fantastische Shows

Breiten Raum nehmen Show- und Theaterprogramme ein. Viele dieser Veranstaltungen finden in dem vom Tessiner Stararchitekten **Mario Botta** entworfenen **Park Dome** statt. Faszinierend sind aber auch

»Euromir« heißt die rasante Achterbahn im russischen Parkbereich.

EUROPAPARK ERLEBEN

AUSKUNFT

Europapark
77977 Rust
Tel. (0 18 05) 77 66 88
www.europapark.de

ÖFFNUNGSZEITEN

Zweite Aprilwoche bis erste Novemberwoche
tgl. 9.00 – 18.00 Uhr (in der sommerlichen Hauptsaison längere Öffnungszeiten)

Letzte Novemberwoche bis erste Januarwoche (außer 24. u. 25. Dezember)
tgl. 11.00 – 19.00 Uhr

EINTRITTSPREISE

Erwachsener: 36,00 Euro
Kind (4 – 11 Jahre): 32,00 Euro
Kind (bis 3 Jahre): gratis
Geburtstagskind (Ausweis erforderlich): gratis
Senior (ab 60 Jahre), Besucher mit Handicap (Ausweis erforderlich): 32,00 Euro

ÜBERNACHTEN · ESSEN

► Komfortabel

Europapark Hotel Resort
Europaparkstr. 4 – 6
77977 Rust
Tel. (0 78 22) 86 00
www.europapark.de
Das Resort umfasst fünf familienfreundliche 4-Sterne-Wohlfühl-Hotels mit südländischem Touch. Das »Colosseo«, das »Santa Isabel«, das »Castillo«, das »Alcazar« und das »El Andaluz« bieten insgesamt 724 Gästezimmer (darunter viele Familienzimmer) und 40 Suiten in verschiedenen Preislagen, dazu rund 700 Restaurantplätze, ein Schwimmbad, einen Wasserspielplatz und eine »kaiserliche« Wellness-Oase mit orientalischer Hamam-Massage.Das Ambiente der einzelnen Hotels changiert zwischem italienischem »dolce vita« und iberischem Temperament.

die **Eis-Show** sowie eine spektakuläre **Piraten-Show**. Jung und Alt sind begeistert von den spaßigen Vorführungen im **Kindertheater** und in der **Euromaus-Show**.
Darüber hinaus wird im Europapark ein breit gefächertes Veranstaltungsprogramm geboten. Eine **Spanische Feria** gibt es ebenso wie ein **Nivea Kinderfest**, einen **Mittelalterlichen Markt** und Gruselspaß an **Halloween**. Großen Zuspruchs erfreut sich auch die Hommage an die Beatles mit dem Titel **»All You Need Is Love«**. Und dann gibt es noch die obligatorische tägliche **Parkparade**.
Seit einigen Jahren werden im Europapark auch populäre TV-Shows, Feste für SWR3-Hörer sowie tolle Rock- und Pop-Konzerte geboten. Auch Fußball-Camps mit prominenten Stars sowie Beach Parties mit illustren Gästen stehen auf dem Programm.

Europas größte Achterbahn bringt in Rust die Fans zum Jubeln. →

EUROPA-PARK
EUROPA-PARK

✶✶ Feldberg

D/E 12

Landkreis: Breisgau-Hochschwarzwald **Höhe:** 1493 m ü. d. M.

Der höchste und meistbesuchte Aussichtsberg im Schwarzwald ist der Feldberg. Im Sommer und im Winter tummeln sich hier oben vor allem an Wochenenden und während der Schulferien Abertausende von Erholung Suchenden und Freizeitsportlern aller Art.

Herrlicher Panoramarundblick

Als mächtiges Gneismassiv erhebt sich der Feldberg mit seinem kahlen und nur flach gewölbten Gipfel im südlichen Schwarzwald. Während der letzten Eiszeit trug der Feldberg eine dicke Eiskappe, von der sich Gletscherzungen in die umgebenden Täler hinunterschoben. Vom Feldberggipfel bzw. vom südöstlich anschließenden Seebuck bietet sich ein großartiger Rundblick. Bei günstiger Witterung reicht der Blick nach Norden über die Höhen des mittleren und Nordschwarzwaldes, nach Nordosten zur »blauen Mauer« der Schwäbischen Alb, nach Südosten zum Randen, in den Hegau und an den Bodensee und weiter bis zum Säntis im Appenzeller Land. Im Süden reicht er über die Höhen des Südschwarzwaldes und des Hotzenwaldes hinweg bis zum Schweizer Jura und weiter zu den Schweizer Alpen. Im Südwesten öffnet sich die Burgundische Pforte, und im Westen – jenseits der Oberrheinischen Tiefebene – grüßen die Vogesen.

Waldgrenze ►

Das Feldbergplateau reicht über die Waldgrenze hinaus, die hier bei 1450 m ü.d.M. liegt. Das raue Feldbergklima äußert sich auch in hohen Niederschlagsmengen (fast 2000 mm pro Jahr!) und gewaltigen Schneemengen, die zwischen November und Mai fallen.

Naturschutzgebiet ►

Gipfel und Hänge des Feldbergs sind seit 1937 als Naturschutzgebiet ausgewiesen. Hier gibt es eine artenreiche subalpine Vegetation. Der immense Besucheransturm hat am Feldberg bereits erhebliche Umweltschäden verursacht. Wanderer, Mountainbiker und Wintersportler zerstören die in dieser Höhe empfindliche Grasnarbe, unter immer mehr Autoabgasen leidet der Baumbestand. Um der weiteren Umweltzerstörung auf dem Feldberg Einhalt zu gebieten, hat man – erstmals in Deutschland – einen Park Ranger nach amerikanischem Vorbild eingesetzt, der polizeiähnliche Befugnisse hat. Die Zugänge zum Feldberg und einige stark frequentierte Wanderwege sind inzwischen eingezäunt, um weitere Trittschäden zu vermeiden.

Sehenswertes am Feldberg

✶ **Haus der Natur**

Das im Herbst 2001 eröffnete Haus der Natur (Naturschutzzentrum Südschwarzwald) beherbergt neben Büros des Naturpark-Vereins und der Naturschutzbehörden auch ein Besucherzentrum, das mit seinen abwechslungsreichen Ausstellungen umfassend und auch interaktiv über die Natur- und Wirtschaftsgeschichte des Südschwarzwaldes informiert (Öffnungszeiten: Di. – So. 10.00 – 17.00 Uhr).

Relikt der Eiszeit: der Feldsee an der Nordostflanke des Feldberges

Aufstieg zum Feldberggipfel

Am leichtesten erreicht man den Feldberg von den Parkplätzen an der B 317 (Lörrach – Titisee-Neustadt) oder vom Großparkplatz beim **Haus der Natur** (Naturschutzzentrum Südschwarzwald) bzw. vor dem Hotel Feldberger Hof. Als Aufstiegshilfe steht hier eine moderne Kabinenbahn zur Verfügung, und im Winter surren etliche Skilifte an den Hängen. Zu Fuß gelangt man über den 1448 m hohen **Seebuck** mit seinem weithin sichtbaren Fernmeldeturm und dem Bismarck-Denkmal hinüber zum sanft gewölbten eigentlichen **Feldberggipfel**. Hier oben wurde im Sommer 2002 ein 81 m hoher neuer Sendeturm in Betrieb genommen. In der Nähe befindet sich die altbekannte Wetterwarte.

✶ **Feldsee**

In nordöstlicher Richtung fällt der Gipfelbereich ziemlich jäh zum Feldsee (1113 m ü.d.M.) ab. Dieser ist das Musterbeispiel eines eiszeitlichen **Karsees**. Die Vertiefung ist vom Feldberggletscher förmlich ausgehobelt worden. Der aus dem Feldsee tretende Seebach durchpflügt eiszeitliche Ablagerungen (Moränen) und mündet schließlich in den ► Titisee, der sich seinerseits als ganz typisches Gletscherzungenbecken präsentiert.

Fünf Täler

Am Feldberg beginnen drei große und zwei kleinere Schwarzwaldtäler. Südlich unterhalb des Feldbergpasses entspringt die Wiese, die unterhalb von ► Lörrach in den Rhein mündet. Nördlich unterhalb des Feldbergpasses entspringt die Menzenschwander Alb, die bei Albbruck in den Hochrhein einmündet, und oberhalb des Feldsees entspringt der Seebach als Hauptquellfluss der heutigen Wutach (► Wu-

FELDBERG ERLEBEN

AUSKUNFT

Tourist-Information
Dr.-Pilet-Spur 4
79868 Feldberg-Ort
Tel. (07652) 12 06-83 20
www.hochschwarzwald.de

AKTIVITÄTEN

Wandern
Wanderer kommen am Feldberg voll auf ihre Kosten. Schöne Rundwanderungen sind markiert, und Kinder lieben den Wichtelpfad. Einige Hütten laden zur gemütlichen Rast ein.

Wintersport
Wintersport in allen Variationen wird am Feldberg groß geschrieben. Die Skigebiete Seebuck, Grafenmatt und Fahl bieten über 25 km Pisten, darunter auch eine Weltcup-Abfahrt. Schneetelefon: Tel. (0 76 76) 12 14

ÜBERNACHTEN · ESSEN

► Komfortabel/Günstig

Schwarzwälder Hof
Windgfällstr. 4
79868 Feldberg-Altglashütten
Tel. (0 76 55) 91 06-0
www.hotel-feldberg.de
Modernes Haus mit Hallenbad, Sauna, Solarium und Gymnastikraum. Die 20 Zimmer sind zweckmäßig eingerichtet. In der Gaststube gibt es Schwarzwälder Spezialitäten.

Hotel Grüner Baum
Bärhaldenweg 2
79868 Feldberg-Neuglashütten
Tel. (0 76 55) 93 22 27
www.gruenerbaum-feldberg.de
Ruhig und idyllisch gelegenes familienfreundliches Haus mit 12 Zimmern, Sauna, Solarium und gutem Restaurant.

tachschlucht) aus dem Feldberg. Landschaftlich höchst reizvoll sind das **St. Wilhelmer Tal** und das **Zastlertal**, zwei tiefe Einschnitte, die bei Kirchzarten ins Dreisamtal einmünden.

* **Feldberg-Rundwanderung**

Die klassische Feldberg-Rundwanderung (Strecke: ca. 17 km; Dauer: ca. 4 – 6 Std.) führt von **Feldberg-Ort** (Jugendherberge Hebelhof) zunächst relativ steil bergan auf den Seebuck. Von dort geht man in nördlicher Richtung zum Bismarck-Denkmal und folgt dann der Abbruchkante (Felsenweg) hoch über dem Feldsee. Wenig später biegt der Emil-Thoma-Weg in südlicher Richtung zum Grüblesattel ab. Hoch über der Talschlucht des Wiese-Quellgebietes durchmisst man die lichte Mattenvegetation bis zur Todtnauer Hütte (Berggasthaus), man passiert sodann die St. Wilhelmer Hütte (Berggasthaus; schöner Blick auf den Schauinsland) und erreicht auf eingezäuntem Pfad den **Feldberg-Hauptgipfel** mit Turm und Wetterwarte. Hier oben genieße man den überwältigenden Panorama-Rundblick! Ab der Zastlerhütte (Berggasthaus) folgt man dem hochinteressanten **Naturlehrpfad Feldberg** in nordöstlicher Richtung zum Rinkendobel und weiter zur Einmündung des Emil-Thoma-Weges. Durch schönen Wald steigt man hinunter zum Raimartihof (Berggasthaus), passiert das kleine

Wunderschön ist der Blick vom Hochfirst über den Titisee hinauf zum Feldberg.

Feldseemoor mit seiner seltenen subalpinen Vegetation und erreicht den in einem lehnstuhlartig ausgehobelten Kar schlummernden **Feldsee**. Vom Feldsee führt der Karl-Egon-Weg steil bergan und südwärts zurück nach **Feldberg-Ort**, vorbei an der Sessellift-Talstation und am Feldberger Hof (Hotel).

✶ St. Wilhelmer Tal

Als **eines der schönsten Täler im Schwarzwald** zieht sich das St. Wilhelmer Tal vom Feldberg in nordwestlicher Richtung nach Oberried bei Kirchzarten (► S. 253) hinunter. Das von einer Zunge des Feldberggletschers u-förmig ausgehobelte Tal weist einen vielfältigen eiszeitlichen Formenschatz mit mehreren Karen auf. Weißtanne, Bergahorn und Linde prägen das Vegetationsbild. Das Tal ist benannt nach einem Kloster der Wilhelmiten, die hier vom 13. bis zum 16. Jh. eine Niederlassung hatten. Einige Flurnamen erinnern noch an den Erzbergbau, den man hier im Mittelalter betrieben hat.

✶✶ Wintersportgebiet Feldberg

Die Region um den höchsten Schwarzwaldberg ist das **älteste und schneesicherste Skigebiet Südwestdeutschlands**, in dem Liebhaber des alpinen und nordischen Skisports gleichermaßen auf ihre Kosten kommen. Vor rund 100 Jahren standen hier die ersten Wagemutigen auf den »Brettln«. Und bereits nach der Jahrhundertwende kam es zu einem ersten Wintersportboom am Feldberg.

★ Forbach

G 7

Landkreis: Rastatt
Einwohnerzahl: 6000
Höhe: 215 – 1055 m ü. d. M.
Prädikat: Luftkurort

Im fast schon wildromantisch wirkenden Engtal der mittleren Murg liegt das schmucke Schwarzwaldstädtchen Forbach, das mit seinen neun Ortsteilen im Tal und auf den umliegenden Höhen ein beliebtes Ferienziel geworden ist.

Stadt der Murgschiffer

Auf der Gemarkung Forbach hatten die badischen Murgschiffer einstmals reichen Waldbesitz. Im 18. und 19. Jh. flößten sie die Baumstämme in langen Gestören via Murg und Rhein bis nach Holland. Ein neues Zeitalter brach 1926 an: Ein für damalige Verhältnisse ultramodernes Wasserkraftwerk nahm seinen Betrieb auf.

Sehenswertes in Forbach und Umgebung

★ Historische Holzbrücke

Fotogenes Wahrzeichen von Forbach ist seine 1778 fertiggestellte Murgbrücke, eine freitragende und überdachte Holzbrücke, die kürzlich aufwändig renoviert worden ist. Sie ist übrigens eine der größten ihrer Art in Europa.

FORBACH ERLEBEN

AUSKUNFT

Tourist-Info
Landstr. 27
76596 Forbach
Tel. (0 72 28) 39-0
www.forbach.de

ÜBERNACHTEN · ESSEN

► Günstig

Landgasthof Waldhorn
Murgtalstr. 67
76596 Forbach-Gausbach
Tel. (0 72 28) 91 87-0
www.landgasthof-waldhorn.de
Nette, bei Motorradtouristen beliebte Unterkunft mit 13 zeitgemäß eingerichteten Zimmern, Sauna und Terrasse. In der rustikalen Gastwirtschaft kommt noch bodenständige Schwarzwälder Küche auf den Tisch.

AKTIVITÄTEN

Wintersport
Abfahrtsläufer finden am Mehliskopf sowie in Hundsbach leichte bis mittelschwere Pisten mit Liften vor.
Ein Zentrum des Skilanglaufs ist Herrenwies. Schneetelefon:
Tel. (0 72 26) 441 oder 442

Baedeker-Empfehlung

Kajak-Schnupperkurs
Die Murg bei Forbach gilt als eine der schönsten Wildwasserstrecken Deutschlands. Kajak-Kurse bucht man bei: Adventure World Murgtal-Arena, Schifferstr. 1, 76596 Forbach,
Tel. (0 72 28) 96 91 70,
www.murgtal-arena.de

Forbachs Wahrzeichen: die Holzbrücke von 1778

Eine Besonderheit der Landschaft um Forbach sind die sog. **Heuhüttentäler**, so etwa das Ebettal im Ortsteil Bermersbach und das Kauersbachtal im Ortsteil Gausbach. Bereits vor 250 Jahren wurden die steilen Murgseitentäler gerodet und mit sorgsam angelegten Terrassen und Kanalsystemen versehen, um Heu fürs Vieh zu gewinnen. Heute weiden an manchen Stellen Ziegen.

Die jüngste Attraktion des freundlichen Schwarzwaldstädtchens an der Murg ist der **Murggarten** mit seinen Wasserspielen. Recht originell ist der Hörnerich, ein Fabelwesen aus der hiesigen Sagenwelt, aus dessen Maul Wasser sprudelt. Anfänger im Kajaksport können an der neuen Kajak-Spielstelle in der Murg den Umgang mit dem kühlen Nass üben.

✶ Giersteine

Nicht weit von Forbach entfernt, beim Stadtteil Bermersbach und hoch über der Murg sind die Giersteine ein außerordentlich beliebtes Wanderziel. Diese fast schon mystisch wirkende Ansammlung von unterschiedlich großen Granitblöcken ist durch Verwitterung entstanden.

✶ Rudolf-Fettweis-Kraftwerk

Eine technische Meisterleistung der damaligen Zeit ist das während des Ersten Weltkrieges entstandene und nach der Fertigstellung der Schwarzenbach-Talsperre im Jahre 1926 zur vollen Leistung gebrachte **Wasserkraftwerk** mit seinen gewaltigen Turbinen mit je 27 000 PS Leistung. Durch mächtige **Druckrohre** wird das Wasser vom Stauwehr am Kirschbaumwasen sowie von der Schwarzenbach-Talsperre (Nutzgefälle: 340 m) auf die Turbinen geleitet. Die EnBW AG hat im Kraftwerk ein sehr informatives **Elektromuseum** eingerichtet (Kraftwerksführungen: n. V., Tel. 0 72 28 / 91 60).

✶ ◄ Schwarzenbach-Talsperre

Etwa 10 km südwestlich oberhalb von Forbach, auf einer Höhe von 668 m ü. d. M. wurde von 1922 bis 1926 die seinerzeit höchste Staumauer Deutschlands aus Gussbeton und Granitblöcken errichtet. Hinter der 65,3 m hohen und 400 m langen Steinmauer breitet sich der **größte Stausee im Nordschwarzwald** aus mit einem Speichervolumen von 14,4 Mio. m³. Das Wasser des ca. 2,5 km langen und ca. 600 m breiten Stausees wird durch mächtige Druckrohre auf die Turbinen des Rudolf-Fettweis-Kraftwerks in Forbach geleitet.
Im Sommer ist der von waldigen Höhen umrahmte Stausee ein beliebtes Ausflugsziel, denn hier kann man Ruder- und Tretboote mieten, surfen oder einfach ein erfrischendes Bad genießen. Außerdem führt ein schöner Wanderweg um den See.

GANTER

★★ Freiburg im Breisgau

C/D 11/12

Stadtkreis: Freiburg
Einwohnerzahl: 223 000
Höhe: 196 – 1284 m ü. d. M.

Die südlichste Großstadt Deutschlands ist das wirtschaftliche und kulturelle Zentrum Südbadens und das Tor zum Südschwarzwald. Keine andere deutsche Großstadt ist so vom Klima begünstigt wie die Dreisam-Metropole.

Kulturelles Zentrum

Das städtische Leben in Freiburg ist stark durch seine **Universität** und andere Hochschulen mit insgesamt rund 27 000 Studierenden geprägt. Das **Stadttheater** gehört zu den führenden Bühnen Süddeutschlands und im **Konzerthaus** treten namhafte Interpreten aus aller Welt auf. Einen wesentlichen Wirtschaftsfaktor stellt der **Tourismus** dar: Fast eine Million Übernachtungen werden jährlich gezählt, wobei mehr als ein Viertel auf ausländische Gäste entfallen.

Solarstadt Freiburg

Die Schwarzwald-Metropole hat einen herausragenden Ruf als »Solarstadt«. Heute gibt es hier ein Netzwerk von Institutionen und Firmen, die sich mit der Sonnenenergie beschäftigen. Das Freiburger **Fraunhofer Institut für solare Energiesysteme** ist das weltweit führende Forschungszentrum auf seinem Gebiet. Und zu Freiburgs Vorzeige-Objekten gehört inzwischen auch die neue Solarsiedlung im Süden der Stadt.

Geschichte

Ende des 11. Jh.s gründeten die Herzöge von Zähringen die Siedlungen Freiburg, Offenburg und Villingen, von denen **Freiburg 1120 durch Herzog Konrad zur Stadt erhoben** und bald Hauptstadt des Breisgaus wurde. Nach dem Aussterben der Zähringer 1218 übernahmen die Grafen von Urach, die sich dann Grafen von Freiburg nannten, die Herrschaft. Unter ihnen wurde der um 1200 begonnene Münsterbau fortgeführt. 1368 konnte sich Freiburg von den verarmten Grafen loskaufen, um sich dem Hause Habsburg zu unterstellen. Als **eine der ältesten österreichischen Universitätsgründungen** stiftete Albrecht VI. 1457 die hiesige Universität. Die Vorliebe Kaiser Maximilians I. (1493 – 1519) für Freiburg brachte der Stadt Vorteile: Repräsentative Bauten, darunter das Kaufhaus, entstanden. 1498 wurde ein Reichstag in Freiburg abgehalten. Die Stadt bekam das Recht, Goldmünzen zu prägen.
Nachdem Freiburg schon im 30-jährigen Krieg Belagerungen ertragen musste, wurde es jetzt als **Hauptfestung Vorderösterreichs** in den Machtkampf mit Frankreich einbezogen. Die Franzosen eroberten die Stadt 1677 und verwandelten sie nach Plänen von Vauban bis

← *Blick vom Freiburger Münster über die Altstadt; unten das historische Kaufhaus, im Hintergrund das Schwabentor*

FREIBURG IM BREISGAU ERLEBEN

Stadtplan S. 247

AUSKUNFT

Tourist Information
Rathausplatz 2–4
79098 Freiburg im Breisgau
Tel. (07 61) 38 81-880
www.freiburg.de

VERKEHR

ÖPNV
Für Touristen interessant sind die »REGIO24«-Fahrscheine, die ab Entwertung 24 Stunden lang gültig sind. Es gibt sie für 1 Person oder 5 Personen sowie in den Preisstufen »1« (Bereich der Freiburger Verkehrs-AG) und »Netz RVF« (gesamtes Netz des Regio-Verkehrsverbundes).

STADTFÜHRUNGEN

Bei der Tourist-Information (s. oben) kann man aus einer ganzen Palette von Angeboten auswählen. So gibt es die »Freiburg KULTOUR« für historisch und kunsthistorisch Interessierte, die »Freiburg FUTOUR« zu den Highlights der Öko- und Solarstadt Freiburg, die »Historix-Tours« zu Freiburgs sagen- und legendenumwobenen Plätzen sowie die »Freiburg Aktiv Tour«, eine geführte Radtour durch die Stadt und ins Umland.

EVENTS

Zelt-Musik-Festival
Sommerliches Highlight ist das dreiwöchige Musikfestival (von Klassik über Jazz bis Rock & Pop) in einer Zeltstadt im Grünen. Auskunft: Int. Zelt-Musik-Festival e. V., Tel. (07 61) 50 40 30; www.zmf.de

SHOPPING

Altstadt
Lohnend ist ein Bummel durch Freiburgs großenteils verkehrsberuhigte Altstadt, in der man lediglich auf Straßenbahnen und die »Bächle« aufpassen muss. Wichtigste Einkaufsmeile ist die Kaiser-Joseph-Straße mit Kaufhausfilialen und vielen kleineren Fachgeschäften. In den Straßen und Gässchen zwischen Martinstor und Münster gibt es viele Modeboutiquen, Kunst- und Antiquitätengeschäfte.

Wochenmarkt auf dem Münsterplatz
Nicht entgehen lassen sollte man sich den Wochenmarkt (werktags 7.00 bis 13.00 Uhr) auf dem Münsterplatz, wo man nicht nur frisches Obst und Gemüse aus der Region, sondern auch Schwarzwälder Rauchfleisch, Schwarzwälder Kirschwasser und viele andere hiesige Spezialitäten bekommt.

ESSEN

► Fein & teuer

① ***»Zirbelstube« im Colombi-Hotel***
Rotteckring, am Colombi-Park
79098 Freiburg
Tel. (07 61) 21 06-0
Das Restaurant im berühmten Hotel ist seit Jahren die Nummer Eins unter den Feinschmeckerlokalen der südbadischen Metropole.

► Erschwinglich

② ***Markgräfler Hof***
Gerberau 22
79098 Freiburg
Tel. (07 61) 3 25 40
Im hübsch renovierten einstigen Stadtpalais der Familie von Kageneck lässt es sich gepflegt speisen. Geboten wird feine badische und internationale Küche. Einige Gästezimmer.

③ ***Enoteca***
Gerberau 21
79098 Freiburg
Tel. (07 61) 3 89 91 30
Das Lokal ist bekannt für seine sehr

gute italienische Küche und seine vorzüglichen Weine.

▶ **Preiswert**

④ ***Gasthaus Hirschen***
Breisgauer Str. 47
79110 Freiburg-Lehen
Tel. (07 61) 8 97 76 90
Die Brüder Baumgartner bieten feine Leckereien aus saisonalen Produkten der Region. Übrigens: Seit kurzem gehört auch ein moderner Hoteltrakt zum altbekannten Gasthaus.

ÜBERNACHTEN

▶ **Luxus**

① ***Colombi-Hotel***
Rotteckring 16 (am Colombi-Park)
79098 Freiburg
Tel. (07 61) 21 06-0
www.colombi.de
Nobelhotel am Südwestrand der Kernstadt mit 117 luxuriös ausgestatteten Zimmern und Suiten, Spa, Fitness Center, Gourmet-Restaurant und Weinkeller.

▶ **Komfortabel**

② ***Novotel am Konzerthaus***
Konrad-Adenauer-Platz 2
79098 Freiburg
Tel. (07 61) 3 88 90
www.novotel.com
Modernes Komforthotel beim Hauptbahnhof mit 219 Zimmern und Suiten, Spa & Wellness, Restaurant, Bar und hübschem »Palmengarten«

③ ***Zum Roten Bären***
Oberlinden 12
79098 Freiburg
Tel. (07 61) 3 87 87-0
www.roter-baeren.de
Das im Herzen der Altstadt gelegene komfortable Hotel (22 Zimmer und 3 Suiten) ist aus einem der ältesten Gasthöfe Deutschlands hervorgegangen, der mindestens schon seit 1311 besteht. In der Gaststube wird feine badische Küche serviert.

▶ **Komfortabel/Günstig**

④ ***Hotel Oberkirch***
Münsterplatz 22
79098 Freiburg
Tel. (07 61) 2 02 68 68
www.hotel-oberkirch.de
Traditionsreiche Unterkunft mit 23 Zimmern, 3 Suiten und berühmten Weinstuben vis-à-vis vom Münster

⑤ ***Stadthotel Freiburg***
Karlstr. 7
79104 Freiburg
Tel. (07 61) 31 93-0
www.stadthotel-freiburg.de
Freundliches Haus mit 94 Zimmern und Restaurant am Stadtpark nordöstlich der Altstadt

1697 in eine starke Festung. Schon 1698 kam Freiburg wieder an Österreich. Danach gelang es den Franzosen aber noch mehrmals, die Stadt zu erobern. Die Kriegswirren haben dazu geführt, dass hier nur noch 3000 Menschen lebten.
Auf Betreiben Napoleons wurde der **Breisgau 1805 von Österreich an das neu geschaffene Großherzogtum Baden abgetreten**. 1827 wurde Freiburg Sitz eines katholischen Erzbischofs. 1832 erhielt die Stadt weitgehende Selbstverwaltung, 1845 wurde sie an das Eisenbahnnetz angeschlossen. Die zweite Hälfte des 19. Jh.s brachte einen Aufschwung, dem der Erste Weltkrieg vorläufig ein Ende machte.

1933 wurde Freiburg Großstadt. Bei einem **folgenschweren Luftangriff am 27. 11. 1944** waren ca. 3000 Tote zu beklagen. Fast die gesamte Innenstadt wurde zerstört. Im April 1945 besetzten die Franzosen die Stadt. Zwischen 1947 und 1952 war sie **Sitz der Regierung von Baden**. Dann erfolgte die Eingliederung in das neu geschaffene Bundesland Baden-Württemberg. **Durch Eingemeindungen vergrößerte sich das Stadtgebiet bis 1974 erheblich**. Mit der Eröffnung seines neuen Konzerthauses (1996) festigte Freiburg seinen Ruf als kulturelle Metropole. Seit 2002 wird Freiburg als erste deutsche Großstadt von einem Grünen-Oberbürgermeister (Dieter Salomon) regiert.

Sehenswertes im Stadtzentrum

✶✶ Stadtbild

Keine Frage – Freiburg ist eine der schönsten Städte Deutschlands. Die **im Krieg großenteils zerstörte Altstadt** wurde in teils modernerer Form wieder aufgebaut und wird jedes Jahr schöner. Dazu tragen nicht nur die repräsentativen Bauten der Altstadt und das großartige Münster bei, sondern auch **hübsche Passagen**, schicke Shopping-Areale und vor allem auch der herrliche **Blumenschmuck**, der in der warmen Jahreszeit Straßen und Plätze ziert.

Wer unbeabsichtigt ins Bächle tritt, kommt nie mehr von Freiburg los.

Auf zwei Besonderheiten Freiburgs sei noch verwiesen: Die **Gehwegbeläge** in der großenteils autofreien Altstadt bestehen zumeist **aus halbierten Flusskieselsteinen**, die zu geometrischen Mustern zusammengelegt wurden oder auch Zunftembleme, Gasthaus-Symbole oder gar Wappenbilder zeigen. Und dann sind da noch die **»Bächle«**, die von der Dreisam gespeist werden und die Altstadt (teils überdeckt) durchziehen. Im Mittelalter dienten sie der Brandbekämpfung und als Viehtränken. Später wurden sie an die Straßenränder verlegt und laden im Sommer zu einem erfrischenden Fußbad ein.

✶ Münsterplatz

Ein Rundgang durch Freiburg könnte am Münsterplatz, dem Herzen der Stadt, seinen Ausgang nehmen. Er **dient seit ca. 1800 als Markt-**

platz und liefert in den Vormittagsstunden (außer So.) mit seinen Obst-, Gemüse- und Blumenständen ein farbenfrohes Bild. Im Sommer kann man von den verschiedenen Straßencafés dem bunten Treiben zuschauen.

★★ Münster

Um 1200 begann man an der Stelle eines Vorgängerbaus mit der Errichtung des Münsters, das 1513 im Wesentlichen vollendet wurde. Am ältesten und noch in romanischen Formen gehalten ist das Querschiff (um 1200) mit der heute überdachten Vierungskuppel und den Untergeschossen der beiden Osttürme.

Im Laufe des 13. Jh.s entstanden unter Mitwirkung eines Straßburger Baumeisters das Langhaus und der quadratische Turmunterbau (ca. 1260 – 1280) in frühgotischen Formen. Als Werkmeister des um 1330 vollendeten, 116 m hohen, hochgotischen Westturmes werden Peter von Basel und Heinrich Müller genannt.

Anstelle des doppeltürmigen Westwerkes, wie es bei Bischofskirchen und Abteien üblich war, verhalfen die Baumeister der Einturmfassade in der Gotik zum Durchbruch.

Mit dem spätgotischen, von Umgang und Kapellenkranz umgebenen Chor wurde im Jahre 1354 begonnen. Der erste Meister war der zur Parler-Familie gehörende Johannes von Gmünd, dessen Plan nach 100-jähriger Unterbrechung von seinen Nachfolgern 1471 – 1513 zu Ende gebracht wurde. Viele Einzelteile am Außenbau des Münsters wurden und werden ausgetauscht bzw. erneuert, die Originale befinden sich im Augustinermuseum.

Außenansicht

Die **Vorhalle** (vom Vorplatz gewöhnlich durch ein Gitter abgesperrt, Zugang von innen), die ursprünglich als Gerichtslaube gedacht war, zeigt in ihrem plastischen Schmuck (um 1300) das ganze Weltbild des Christentums. Im Dreiecksfeld über dem Hauptportal (außen) sieht man das Patronatsbild des Münsters, die Krönung Mariens (ca. 1250; Kopie).

Die **Reliefs im Bogenfeld** über dem inneren Portal schildern die Geschichte Christi bis zu seiner Wiederkehr am Jüngsten Tage. Im unteren Feld findet man in der Mitte ein altes Wahrzeichen Freiburgs: den »betenden« Teufel. In den Waagschalen des neben ihm stehenden Erzengels Michael sind das Gute und das Böse; die Schale des Bösen steigt nach oben, so dass der danebenstehende Teufel verzweifelt die Hände zusammenschlägt – von Beten keine Rede! An den **Seitenwänden der Vorhalle:** rechts die »fünf törichten Jungfrauen«, die »sieben freien Künste« als Kirchendienerinnen, links die »klugen Jungfrauen«, die nur mit einem Bocksfell bekleidete »Sünde« und schließlich der »Fürst der Welt«, als eleganter Jüngling mit einer Rose in der Rechten, dessen Rücken jedoch von Kröten und Schlangen zerfressen ist.

Im Übrigen sind von den äußeren Bildwerken noch hervorzuheben: über dem **Chor-Südportal** Tod und Krönung Mariä (1370 – 1380), über dem **Chor-Nordportal** Schöpfung, Sündenfall und Sturz Luzifers (14. Jh.); ferner am Strebewerk das dämonische Volk der Wasser-

FREIBURGER MÜNSTER

★★ **Das Münster Unserer Lieben Frau, aus rotem, in der Sonne prächtig leuchtendem Sandstein erbaut, ist eines der Meisterwerke gotischer Baukunst auf deutschem Boden.**

Öffnungszeiten:
außerhalb von Gottesdiensten werktags 10.00 bis 17.00, So. u. Fei. 13.00 – 19.30; Führungen im Chor und Kapellenkranz: Mo. – Fr. 14.00 Uhr; Turmbesteigung: Mo. – Sa. 9.30 – 17.00, So. 13.00 – 17.00 Uhr

① Langhaus

Das Langhaus ist eine Basilika, deren Mittelschiff über spitzen Arkaden ungegliederte Wände aufweist. Die hellen Fenster des Mittelschiffs waren einst dunkelfarbig verglast, wovon nur noch ein Beispiel zeugt.

② Chor

Der Chor wird von Gewölberippen überspannt, die zu einem Netz verschlungen sind. Der Chor-Grundriss ist dadurch originell, dass den drei Seiten des Chor-Schlusses sechs Kapellen entsprechen statt der bei französischen Kathedralen üblichen drei.

Freiburger Münster Orientierung

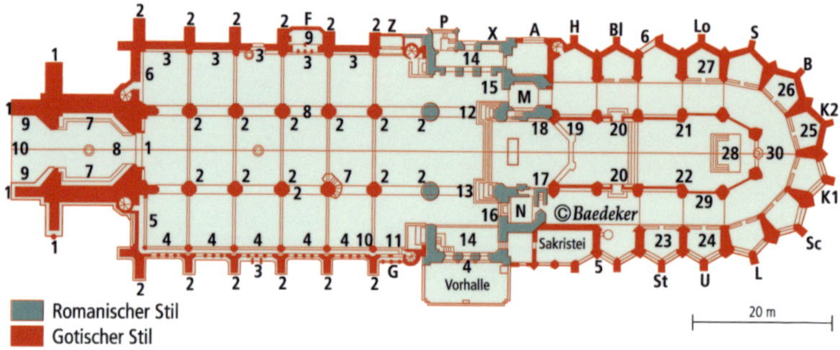

Innen
1 Madonna
2 Apostel
3 Fenster der Küfer, Bäcker, Schmiede, Schneider, Maler
4 Fenster der Tucher, Schuster, Bergleute, Märtyrer, St. Michael
5 Rebleuterose
6 Müllerrose
7 Kanzel
8 Schifforgel
9 Grafenkapelle
10 Zähringerfigur
11 Heiliges Grab
12 Dreikönigsaltar
13 Annenaltar
14 ehem. Lettner
15 Marienorgel
16 Roman. Relief

Chor
17 Gen. v. Rodt
18 Konrad v. Freiburg
19 Chororgel
20 Zähringerreliefs
21 Bischofsthron
22 Dreisitz
23 Wenzingertaufe
24 Holbeinaltar
25 Schnewlinaltar
26 Böcklinkreuz
27 Schutzmantelaltar
28 Hochaltar
29 Zur Bischofsgruft
30 Brunnen

Innenmaße

Länge	125m
Breite	30m
Höhe	27m

Kapellen
St Stürzel
U Universität
L Lichtenfels
Sc Schnewlin
K1 Kaiser
K2 Kaiser
B Böcklin
S Sother
Lo Locherer
Bl Blumenegg
H Heimhoffer
A Anna
M Magdalena
N Nikolaus
X Alexander
P Peter und Paul
Z Abendmahl
G Heiliges Grab
F Grafen

Aussen
1 Grafen, Könige, Heilige, Propheten, Posaunenengel
2 Wasserspeier, Könige, Apostel
3 Lammportal
4 Nikolausportal
5 Marienportal
6 Schöpfungsportal
7 Figurenzyklen
8 Jüngstes Gericht
9 Alte Maße
10 Krönung Mariä

Turmmaße

Höhe	116m
Unterbau	37m
Achteck	33m
Helm	45m

nen Herrscherfiguren zeigen (von links nach rechts) Kaiser Maximilian I., seinen Sohn Philipp den Schönen, dessen Söhne Kaiser Karl V. und König Ferdinand I. Bei den bunten **Wappen an den fünfseitigen Erkern** handelt es sich um die der »Wahlreiche« und »Erblande«, die zur Zeit Karls V. unter habsburgischem Zepter vereinigt waren.

*** Wentzingerhaus**

In dem repräsentativen Gebäude befindet sich das **Museum für Stadtgeschichte**. Der Maler und Bildhauer **Johann Christian Wentzinger** (1710 – 1797) ließ sich das Haus am Münsterplatz 1761 nach eigenen Entwürfen erbauen. In das Balkongitter ist seine vergoldete Porträtbüste eingefügt. Die Charakterköpfe über den Fenstereinrahmungen stammen von Wentzinger selbst.
Im Innern ist das Treppenhaus sehenswert mit seinem allegorischen Deckengemälde (»Ankunft des Herkules im Olymp«), auf dem sich der Hausherr mit Zopfperücke, dem Herkules zuwinkend, selbst hat darstellen lassen. Herausragendes Exponat des Museums ist ein Modell der Münsterbaustelle zur Zeit der Erbauung. Ein Raum ist dem Künstler Johann Christian Wentzinger gewidmet (Öffnungszeiten: Di. bis So. 10.00 – 17.00 Uhr).

Alte Hauptwache

Der gelbgetünchte Bau mit Steildach über der Bogenvorhalle ist 1733 als Hauptwache für die Stadtgarnison errichtet worden und diente bis 1830 diesem Zweck. Heute beherbergt sie das **Haus der Badischen Weine**. Hier kann man sich über die verschiedenen Rebsorten informieren, diverse Weine probieren und auch einkaufen.

Kornhaus

Die Nordseite des Münsterplatzes beherrscht das Kornhaus. Es wurde 1944 ausgebombt und entstand 1969 – 1971 nach den Plänen des 15. Jh.s neu. Unten diente das Gebäude mit seinem hohen Treppengiebel dem **Kornmarkt** und 1547 – 1763 den Metzgern, oben befand sich ein **Tanz- und Festsaal**. Zwischen 1789 und 1898 fand im Erdgeschoss wöchentlich der Fruchtmarkt statt. Heute beherbergt das Kornhaus eine Ladenpassage und Gastronomiebetriebe. Vor dem Kornhaus wurde 1970 der wiederhergestellte spätgotische **Fischbrunnen** aufgestellt, den 1483 Meister Hans von Basel geschaffen hatte.

Stadtgarten

Wer den Stadtrundgang ausdehnen möchte, geht nun durch die Herrenstraße zum Karlsplatz und gelangt von dort über eine Brücke in den 1887 angelegten gepflegten Stadtgarten. Hier befindet sich die Talstation der **Schlossbergbahn**, die hinauf zu einem Terrassenrestaurant führt. Von oben hat man einen herrlichen Blick auf die Stadt (Bahnbetriebszeiten: tgl. 9.00 – 22.00, Di. nur bis 18.00 Uhr).

*** Schlossberg**

Von hier aus kann man Spaziergänge auf dem Schlossberg (452 m ü.d.M.) unternehmen. Dabei handelt es sich um eine vorgeschobene Kuppe des Schwarzwaldes, die vom frühen Mittelalter an die Burg der Herren von Freiburg trug. Von dieser ist jedoch fast nichts mehr erhalten. Der **Burghaldenring** führt um den Gipfel herum. Ein schöner Aussichtspunkt ist der **Kanonenplatz**, eine von Bäumen bestandene ehemalige Bastion über den steilen Rebenhängen im Südwesten des Schlossbergs. Hier herauf kommt man am schnellsten vom Schwabentor (Fußweg oder Aufzug).

Herrenstraße Um den Stadtrundgang fortzusetzen, geht man nun zurück zum Karlsplatz und dann durch die Herrenstraße südwärts. Der Hauptkanal für die »Bächle« begleitet die Spaziergänger. Rechts passiert man die **Alte Münsterbauhütte** (15./16. Jh.). Gegenüber stehen die klassizistische **Konviktskirche** (1826) und das neuromanische **Erzbischöfliche Ordinariat** (1903 – 1906).

Konviktstraße Durch die Münzgasse gelangt man zur gewundenen Konviktstraße. Sie wurde in den 1970er-Jahren saniert, teilweise unter Verwendung der alten Häuserfassaden. Mit ihren Geschäften, Ateliers und Gaststätten ist sie eine Attraktion der Altstadt.

Oberlinden Am südlichen Ende der Konviktstraße erreicht man den dreieckigen Platz Oberlinden. Unter der 1729 gepflanzten Linde steht der barocke Marienbrunnen. Das Lokal **»Zum Roten Bären«** gehört zu Deutschlands ältesten Gasthöfen, denn seit 1311 kann die Reihe der Bärenwirte lückenlos nachgewiesen werden.

✶ Schwabentor Das spitzbogige Schwabentor entstand um 1250. Im Jahre 1954 wurde es renoviert. Über der Durchfahrt sieht man das »Dornmännle«, ein altes Freiburger Wahrzeichen, das wohl an das Verlassen des Freiburger Rechtsgebietes mahnen sollte. Im Obergeschoss des Turms sind in der **Zinnfigurenklause** in Dioramen historische Ereignisse dargestellt (u.a. Bauernkrieg am Oberrhein; Öffnungszeiten: Ende Mai – Sept. Di. – Fr. 14.30 – 17.00, Sa., So. 12.00 – 14.00 Uhr).

Greiffenegg-schlössle Vom Schwabentor führt ein Steg hinüber zum Schlossberg (s. oben). Mit einem Aufzug gelangt man hinauf zum Greiffeneggschlössle mit Restaurant mit Aussichtsterrasse.

✶ Augustiner-museum In dem 1278 gegründeten und 1784 aufgegebenen Klosterkomplex werden seit 1923 bedeutende Exponate der Städtischen Altertümersammlung und seit 1932 auch die reichen Kunstschätze des Erzbischöflichen Diözesanmuseums gezeigt. Nach mehrjährigen Umbaumaßnahmen konnte das Museum 2010 wiedereröffnet werden.

Es gibt einen guten **Einblick in die Kunst des oberrheinisch-alemannischen Kulturgebietes**. Kernbereich der Ausstellung ist das vom Frankfurter Architekten Christof Mäckler als Skulpturenhalle neu gestaltete Schiff der ehemaligen Klosterkirche. Hier stehen u.a. die zehn mächtigen steinernen Propheten vom Freiburger Münster. Zu den Höhepunkten gehört **spätmittelalterliche Kunst**, darunter der Passionsaltar des Meisters des Hausbuchs (um 1480), der »Sündenfall« des Meisters H.L. (um 1520) das »Schneewunder« von Matthias

Freiburg *Orientierung*

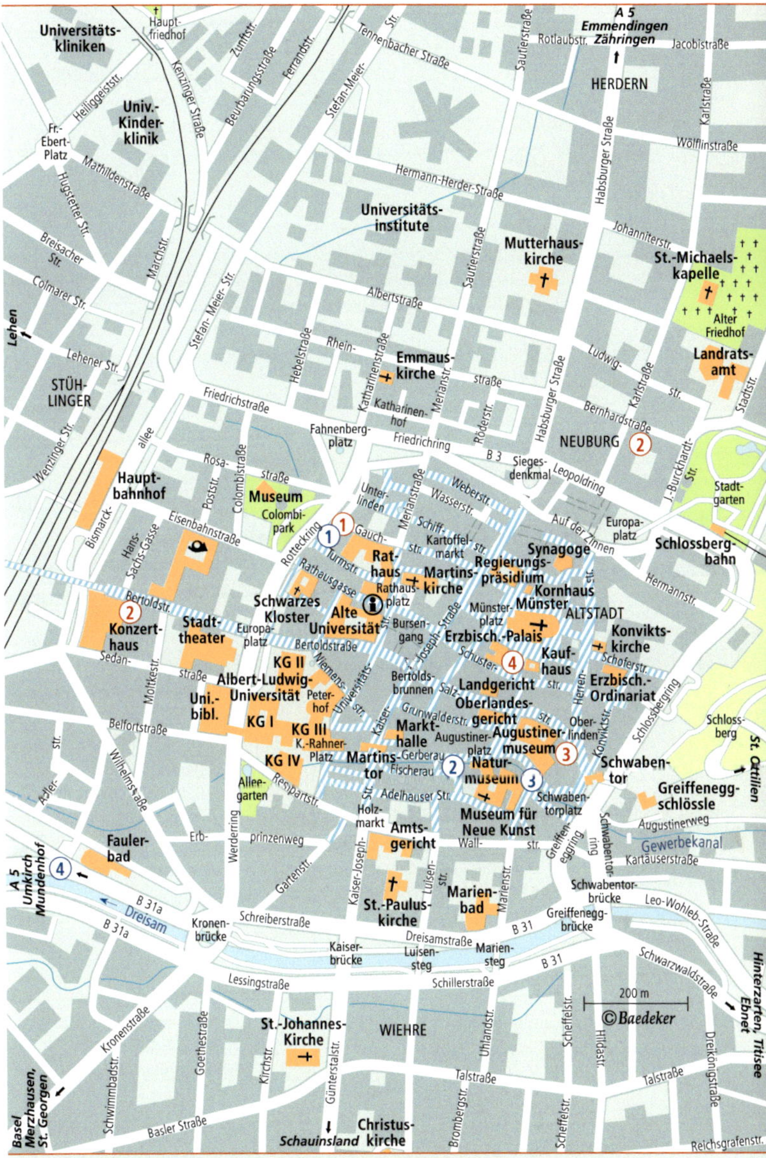

Essen

1. Zirbelstube
2. Markgräfler Hof
3. Enoteca
4. Hirschen (Lehen)

Übernachten

1. Colombi-Hotel
2. Novotel am Konzerthaus
3. Zum Roten Bären
4. Hotel Oberkirch
5. Stadthotel Freiburg

Grünewald und »Christus als Schmerzensmann zwischen Maria und Johannes« von Lucas Cranach. Dazu kommen noch wichtige Arbeiten von Matthias Grünewald, Hans Baldung Grien Hans Holbein und Albrecht Dürer. Weitere Höhepunkte sind die **Glasgemälde**, darunter das »Dominikanerfenster (um 1300) im Treppenhaus, sowie die **Barockorgel** (1730) aus der ehemaligen Reichsabtei ► Gengenbach. Im Dachgeschoss ist **Malerei des 19. Jh.s** zu sehen, darunter Arbeiten von Anselm Feuerbach, Franz Xaver Winterhalter und Hans Thoma (Öffnungszeiten: Di. – So. 10.00 – 17.00 Uhr).

Deutschordens-kommende

Die 1768 erbaute Deutschordenskommende neben dem Augustinermuseum ist erst 1986 mit ihrer historischen Fassade neu erstanden und ist nun Sitz des Oberlandesgerichts.

✶ Palais Sickingen

Gegenüber beeindruckt in der Salzstraße das Palais Sickingen, das unter Beibehaltung der alten Fassade 1965 neu errichtet wurde und heute Sitz des Landgerichts ist. Der **größte Adelspalast Freiburgs** war 1769 – 1773 von Michel d' Ixnard für den Reichsfreiherrn Ferdinand von Sickingen erbaut worden.

✶ Insel

Links ab gelangt man zur Insel, Freiburgs besonders malerischem Altstadt-Quartier. Hier fließt der **Gewerbebach** als Nebenarm der Dreisam an einer Reihe kleiner alter Häuser entlang. Eine Brücke führt hinüber zur **Ölmühle** (heute Goldschmiedewerkstatt).

✶ Museum für Neue Kunst

In der ehemaligen Mädchenschule Adelshausen sind heute Malerei und Plastik von der Klassischen Moderne über den Expressionismus bis zur Neuen Sachlichkeit und zur Abstrakten Kunst zu sehen, darunter auch Arbeiten von Julius Bissier, Otto Dix und August Macke (Marienstr. 10a; Öffnungszeiten: Di. – So. 10.00 – 17.00 Uhr).

✶ Naturmuseum

Das 2009 wiedereröffnete und völlig neu konzipierte »Museum für die Familie« im ehemaligen Adelhauserkloster veranschaulicht seinen Besuchern mit Mineralien, Edelsteinen, Fossilien, Tier- und Pflanzen-Präparaten, das Leben auf der Erde entstand (Öffnungszeiten: Di. – So. 10.00 – 17.00 Uhr).

Völkerkunde-museum ►

Die bis 2008 im Hause ausgestellten Schätze des Freiburger Völkerkundemuseums sind bis auf weiteres nicht gesamthaft zu sehen. Sonderausstellungen im Naturmuseum, im benachbarten Augustinermuseum und an anderen Orten in der Stadt präsentieren von Zeit zu Zeit eindrucksvolle Exponate aus Afrika, Asien, Amerika und Ozeanien, die nicht nur die traditionelle Lebensweise, sondern auch den kulturellen Wandel in den genannten Erdteilen widerspiegeln.

Fischerau, Gerberau

Durch die Fischerau, die mit ihren **alten Häuschen** dem schnell fließenden Gewerbebach folgt, oder die parallel dazu verlaufende Gerberau mit ihren zahlreichen **Antiquariaten** und **Trödelläden** gelangt man zum Martinstor.

Das 63 m hohe **Martinstor** stammt noch aus der Zähringerzeit (um 1210), war aber bis 1900 mit 21 m nur etwa so hoch wie das Schwabentor heute. Um seine Bedeutung zu steigern, wurde es erhöht und überragte fortan die umstehenden Häuser des 19. Jahrhunderts.
Unmittelbar beim Martinstor beginnt Freiburgs **»Fressgässle«**. In der **Markthalle** kann man nicht nur Obst und Gemüse erstehen, sondern vor allem auch lukullische Genüsse aus aller Welt probieren.

Das Martinstor am Südeingang zum Stadtzentrum

Man folgt nun der **Kaiser-Joseph-Straße**, der Hauptgeschäftsstraße Freiburgs, in nördlicher Richtung. Da Kaiser Joseph II. auf einer Reise nach Paris hier abstieg, taufte man die Straße 1777 Kaiserstraße. Auf beiden Seiten ist sie zumeist von Arkaden eingefasst, die nach 1945 geschaffen wurden, um die Fahrbahn verbreitern zu können (heute dürfen hier nur Straßenbahnen und Omnibusse verkehren).

Stadtarchiv

Im **Haus zum Herzog** ist das Stadtarchiv untergebracht (Nähe Haltestelle Bertoldsbrunnen, Eingang Grünwälderstr. 15; Öffnungszeiten: Mo. – Do. 10.00 – 12.00, Mo. – Mi. auch 13.00 – 16.00 Uhr).

Alte Universität

Die sog. Alte Universität an der Bertoldstraße ist zusammen mit der anschließenden Kirche zwischen 1683 und 1720 als Jesuiten-Kolleg erbaut worden. Nach Aufhebung des Ordens 1773 war hier der Sitz der Universität bis zum Neubau von 1911. Das 1944 stark zerstörte Gebäude wurde bis 1953 wiederaufgebaut. Der stimmungsvolle **Innenhof** bildet den Rahmen für Konzerte und Theateraufführungen. Im Gebäude gibt es einen Theatersaal.
Die repräsentative **Universitätskirche** fügt sich gut in die Straßenfront ein und ist eines der bedeutendsten Zeugnisse **barocker Baukunst** in der Metropole an der Dreisam.

! *Baedeker* TIPP

Hausgebrautes

frisches und köstliches Bier gibt es in der von vielen Studenten geschätzten »Hausbrauerei Feierling« in der Gerberau. Hier wird man täglich von 11.00 bis Mitternacht, freitags und samstags sogar bis 1.00 Uhr früh bedient! Informationen: Tel. (07 61) 24 34 80, www.feierling.de

Albert-Ludwigs-Universität

Das Viertel südlich der Bertoldstraße dominieren die Gebäude der Albert-Ludwigs-Universität (die Institute der Naturwissenschaften befinden sich im Norden Freiburgs, die Hauptanlage des Universitätsklinikums liegt im Nordwesten). An den 14 Fakultäten der 1457 gegründeten Universität sind derzeit über 22 000 Studierende immatrikuliert.

Das Semester beginnt: Studierende vor dem Kollegiengebäude I

Das **Kollegiengebäude I** ist ein 1906 – 1911 nach Plänen von Hermann Billing errichteter Jugendstilbau. Am Eingang liest man Worte aus dem Johannes-Evangelium: »Die Wahrheit wird euch freimachen«. Die **Alte Universitätsbibliothek** (1896 – 1902) dient seit 1985 als **Kollegiengebäude IV**. Das **Kollegiengebäude II** entstand 1957 bis 1961, das **Kollegiengebäude III** 1964 – 1968. Eine Fußgängerbrücke verbindet die Kollegiengebäude mit der 1978 erbauten **Neuen Universitätsbibliothek**.

Peterhof

An die Ostseite des Kollegiengebäudes II stößt der Peterhof, das im 16. und 18. Jahrhundert erbaute **Stadthaus des Klosters St. Peter**. Es wurde 1944 bis auf die Heiligkreuzkapelle zerstört und 1960 für das Psychologische Institut neu eingerichtet.
Die **Heiligkreuzkapelle** (1587) ist ein recht eigenwillig dekorierter Renaissanceraum.

✶ Konzerthaus

Folgt man der Bertoldstraße weiter in Richtung Hauptbahnhof, so erreicht man das 1992 – 1996 hinter dem Theater nach Plänen des Berliner Architekten **Dietrich Bangert** erbaute und mit modernster Technik ausgestattete Konzerthaus mit dem 1744 Personen fassenden **Rolf-Böhme-Saal** und weiteren Räumlichkeiten, in denen auch Tagungen und Kongresse durchgeführt werden können.

✶ Colombischlössle

Vom Konzerthaus folgt man der Bismarckstraße parallel zum Hauptbahnhof mit seinem spektakulären Hochhaus bis zur Einmündung der Eisenbahnstraße. Auf dieser geht es stadteinwärts. Man erreicht das auf einem rebenbestandenen Hügel erbaute Colombischlössle im gleichnamigen Park. Den zierlichen neugotischen Backsteinbau ließ sich die Witwe des spanischen Gesandten in St. Petersburg, Maria Antonia de Colombi, im Jahre 1859 erbauen.
Seit 1983 ist hier das **Museum für Ur- und Frühgeschichte** als »Schaufenster der Archäologie Südbadens« untergebracht, dessen Abteilun-

Zierlich neugotisch: das Colombischlössle

gen Steinzeit, Bronzezeit und Eisenzeit (Zeit der Kelten) neu konzipiert sind (Öffnungszeiten: Di. – So. 10.00 – 17.00 Uhr).

Schwarzes Kloster

Gegenüber, an der Nordostseite des Rotteckrings, steht das Schwarze Kloster. Es wurde **1695 von den Ursulinen gegründet**. Nur an ihrem Dachreiter erkennt man die ehem. Klosterkirche. Den Innenraum ziert Rokoko-Stuck. Im ehemaligen Kloster hat heute der **Kunstverein** seinen Sitz, die Städtische Galerie veranstaltet hier Ausstellungen.

* **Rathausplatz**

Die Rathausgasse führt von hier zum Rathausplatz. Er wurde 1845 anstelle eines Kreuzgangs angelegt, von dem noch die schönen **Maßwerkfenster** (13. Jh.) erhalten sind. Zwischen den Kastanienbäumen über einem Brunnen auf hohem Sockel steht die **Figur des Bertold Schwarz**, der als Franziskanermönch und Alchimist um 1353 hier das Schießpulver erfunden haben soll.

* **Neues Rathaus**

Das sog. Neue Rathaus ist 1896 – 1901 dadurch entstanden, dass zwei parallele **Giebelhäuser** durch einen quergestellten **Ratssaalbau** über **Arkaden** verbunden wurden. Die beiden alten Häuser hatten vom 16. Jh. bis 1895 der Universität gedient. Vom Türmchen des Dachgiebels ertönt täglich um 12.03 Uhr ein Glockenspiel. Im malerischen **Hof** (zwei Treppentürme, altes Hoftor) finden im Sommer Freilichtaufführungen statt. Im Rathauskeller spielt das 1953 gegründete **Wallgrabentheater**. Im Erdgeschoss ist die **Tourist Information** eingerichtet.

★ **Altes Rathaus**

Das Alte Rathaus, nach 1944 in alter Gestalt wiederhergestellt, ist ein ziegelroter **spätgotischer Bau** von 1556 bis 1561 mit Treppengiebeln und goldgerahmten Fenstern. Hier haben Bürgermeister und Rat seit Jahrhunderten ihren Sitz.

Gerichtslaube

Die Turmstraße führt zum ältesten Rathaus Freiburgs, das man seit 1547 Gerichtslaube nennt. Der **Staffelgiebelbau** enthält unten die ehemals offene Gerichtslaube von 1278, darüber einen 1552 geschaffenen **Ratssaal**. Die in den Jahren 1970 bis 1979 wiederaufgebaute Gerichtslaube dient der Stadt zu Repräsentationszwecken und für Ausstellungen.

Fasnetsmuseum

Im Haus »Zum Grünen Jaspis« (Turmstr. 14) präsentiert die Breisgauer Narrenzunft die **Geschichte der Freiburger Fastnacht** seit dem Mittelalter bis zur heutigen »alemannischen« Ausprägung (Öffnungszeiten: Sa. 10.00 – 14.00 Uhr).

St. Martin

Zurück zum Rathausplatz, wo noch die Stadtpfarrkirche St. Martin Beachtung verdient. Dieser **frühgotische Sakralbau** gehörte ehemals zu einem Franziskanerkloster. Der einschiffige Chor wurde 1262, das dreischiffige Langhaus 1318 errichtet. Auch bei dem Wiederaufbau in den 1950er-Jahren wurde der nüchterne Charakter des Innenraums gewahrt, im Original erhalten ist noch das schöne Kreuzrippengewölbe im Chor.

★ **Haus zum Walfisch**

Dem Chor der St.-Martins-Kirche steht nördlich das Haus zum Walfisch (1516) gegenüber, das ein virtuos in Maßwerk gearbeitetes **Portal mit Erker** darüber aufweist. Berühmte Gäste in dem Haus waren u.a. Erasmus von Rotterdam und Kaiser Ferdinand I.

Basler Hof

Die Franziskanerstraße bringt uns zurück zur Kaiser-Joseph-Straße, der man nun noch ein Stück in nördlicher Richtung folgt. Bald erhebt sich rechts der breite **Renaissancebau** des Basler Hofs, der seit 1953 das Regierungspräsidium Südbaden beherbergt. Anstelle von sieben Bürgerhäusern wurde der Bau mit **Staffelgiebel**, goldgefassten Fenstern und zwei behelmten Ecktürmen 1496 errichtet. Er verdankt seinen Namen dem Basler Domkapitel, das wegen der Reformation 1590 – 1651 hier seinen Amtssitz nahm.

Außenbezirke

Zähringerburg

Im seit 1906 eingemeindeten Stadtteil **Zähringen** zweigt von der nach Gundelfingen weiterführenden Straße rechts die Zufahrt zum Waldrestaurant Zähringerburgruine ab. Von hier erreicht man zu Fuß die **Burgruine** (472 m ü.d.M.), mit der Freiburgs Geschichte Ende des 11. Jahrhunderts begann. Seit dem Bauernkrieg 1525 sind nur ein **Rundturm mit der Aussichtsplattform** sowie ein paar Mauerreste erhalten.

St. Ottilien

Über den Schlossberg (s. S. 245) gelangt man in einem ca. einstündigen Spaziergang zur schön gelegenen **Wallfahrtskapelle** St. Ottilien (mit Gartenrestaurant; Zufahrt mit dem Auto über die Kartäuserstraße). Die 1503 gestiftete Kirche ist ein langer **gotischer Bau**, an dessen Innenwänden Fresken aus dem 16. Jh. freigelegt wurden.

Kriminalmuseum

Ein Museum besonderer Art ist das Kriminalmuseum in der Landespolizeischule (Müllheimer Str. 7, Besichtigung n. V., Tel. 07 61 / 4 90 60). Hier sind Dokumente über nahezu jede Art von Verbrechen zusammengetragen. Es entstand eine **Mischung aus Gruselkabinett und Lehrsammlung**, die den Besucher allerdings weniger erschrecken als aufklären soll.

Eugen-Keidel-Bad

Die Heilquellen im **Mooswald**, 2 km westlich des Stadtteils St. Georgen, sind seit 1979 erschlossen. So verfügt Freiburg über ein für Kurzwecke geeignetes **Mineralthermalbad**, dessen drei Schwimmbecken mit Thermalwasser aus 800 m Tiefe gespeist werden. Angeschlossen ist ein moderner Hotelbetrieb (Dorint Resort).

Tiergehege Mundenhof

Im westlichen Stadtteil Lehen wurde 1968 bei einem staatlichen Versuchsgut das 6 ha große Tiergehege Mundenhof angelegt (u.a. Schwarz-, Rot-, Damwild, Wolf, Bison, Luchs, verschiedene Rinderarten, Wasservögel).

Umgebung von Freiburg

Kirchzarten

Ein paar Kilometer aufwärts im Dreisamtal liegt der 9500 Einwohner zählende Erholungsort, umrahmt von einigen der höchsten Schwarzwaldberge. Der Ortsname »Zarten« leitet sich von »Tarodunum« ab, mit dem Ptolemäus 150 n. Chr. eine **Keltensiedlung** bezeichnete. Im 8. Jh. gehörte Kirchzarten zum Besitz des Klosters St. Gallen, das es im 13. Jh. an den Johanniterorden weitergab. Dieser verkaufte den Besitz im 15. Jh. an die Stadt Freiburg. Nach kurzen Zeitspannen unter französischer Herrschaft fiel Kirchzarten 1806 an Baden.

Die kath. Pfarrkirche **St. Gallus** ist im wesentlichen ein gotischer Bau des 16. Jh.s mit Vorhalle (um 1510) und reizvollem Chor. Am Turm sind noch Reste eines romanischen Vorgängerbaus aus dem 11. oder 12. Jh. erhalten. Die Innenausstattung stammt großenteils aus dem 18. Jh.; beachtenswert ist vor allem der Grabstein des 1363 verstorbenen Ritters Kuno von Falkenstein. Unterhalb der Kirche fällt eine ursprünglich hufeisenförmig angelegte Wasserburg, die **Talvogtei**, ins Auge, die der Rat der

! *Baedeker* TIPP

Erholsame Rast mit Fernblick

Gern besucht wird der Giersberg vor allem wegen der Pilgergaststätte »Sankt Laurentius«. Von seiner hübschen Terrasse hat man im Sommer einen prächtigen Blick über das Dreisamtal und Freiburg bis zur Rheinebene und den Vogesen.

Stadt Freiburg zur Verwaltung seines Besitzes angelegt hatte. Ihr heutiges Aussehen erhielt sie im 17. Jahrhundert. Bei der **Kienzlerschmiede** am Dorfbach handelt es sich um eine ca. 200 Jahre alte Hammerschmiede. Die Silberbrunnenstraße führt hinauf zur **Wallfahrtskapelle auf dem Giersberg**. Das schlichte 1738 errichtete Gotteshaus birgt einen Altar mit einem Gnadenbild des Schwarzwälder Künstlers Matthias Faller.

Oberried Der **Erholungsort** Oberried (2500 Einw., 450 – 1428 m ü. d. M.) liegt ca. 4 km südlich von Kirchzarten, eingebettet in eine typische Schwarzwaldlandschaft. Im 13. und 14. Jh. war Oberried Sitz eines Klosters der Wilhelmiten, die auch in Günterstal und in Freiburg ansässig waren. Der heutige Bau der Kirche und des Klosters (heute Rathaus und Verkehrsbüro) wurde im 18. Jh. errichtet, nachdem hier von St. Blasien aus ein Benediktinerpriorat eingerichtet worden war. Auffallend in der **Kirche** ist ein großer **Gnadenkruzifix** an der Nordwand vom Ende des 15. Jh.s, die Figuren am Hochaltar sind Arbeiten von Christian Wentzinger (1737).

★ **Steinwasenpark** Fährt man von Oberried weiter bergauf zur Passhöhe Notschrei, so erreicht man den Parkplatz bei der »Erlebniswelt Steinwasenpark«. Das mehrere Dutzend Hektar große Gelände erstreckt sich in 700 bis 1000 m Höhe und bietet neben diversen **rasanten Fahrgeschäften** auch die Möglichkeit, überwiegend **heimische Tierarten** (Rehe, Wildschweine, Steinböcke, Murmeltiere u.a.) in weitläufigen Gehegen kennen zu lernen.

Mit einem Sessellift kann man bequem in die höheren Regionen des Parks hinaufschweben. Vor allem Kinder begeistern sich daneben für die zwei ca. 800 m langen **Sommerrodelbahnen**. Eine besondere Attraktion ist die 218 m lange und damit weltgrößte Fußgänger-Seilbrücke, die einen zirka 25 Meter tiefen Taleinschnitt überspannt (Öffnungszeiten: Mitte März – Mitte Mai tgl 10.00 – 17.00, Mitte Mai – Mitte Sept. tgl 9.00 – 18.00 Uhr, Mitte Sept. – Anfang Nov. tgl 10.00 – 17.00 Uhr).

Hofsgrund An den Ostabfall des Schauinsland schmiegt sich dieses **höchstgelegene Schwarzwald-Dörfchen**. Im Winter tummeln sich hier oben vor allem Skiläufer und Rodler.

★ Schniederlihof ► Im Sommer ist dieser 1593 erbaute typische Schauinslandhof als Museum zugänglich. Der Hof wurde bis 1966 bewirtschaftet und zeigt noch die ursprüngliche Einrichtung (Öffnungszeiten: Mai/Juni: Sa., So. 10.00 – 17.30, Juli/Aug. tgl. 10.00 – 18.00, Sept. Di., Do. 13.30 bis 17.30 u. Sa., So. 10.00 – 17.30, Okt. Di., Sa., So. 10.00 – 17.30 Uhr).

Oberhalb von Oberried duckt sich der **Rappenecker Hof** an den

? WUSSTEN SIE SCHON ...?

- Der Rappenecker Hof am Schauinsland ist Europas erster mit Solarenergie versorgter Bauernhof.

Schauinsland-Osthang. Bereits seit 1987 ist dieses beliebte Ausflugsziel (hier gibt's auch gutes Vesper) mit einer **Photovoltaik-Anlage** ausgestattet.

★★ **Schauinsland**

Der 1284 m hohe Schauinsland ist **Freiburgs Hausberg**. Diesen erreicht man entweder über Kirchzarten und Oberried (s. zuvor) oder vom Vorort Horben aus per **Seilbahn** oder mit dem Auto auf einer 12,5 km langen und kurvenreichen **Bergstraße**.

Der **einstmals an wertvollen Erzen reiche Bergstock** ist ein westlicher Ausläufer des Feldberg-Massivs. Auffällig sind die ausgedehnten Wiesen auf seiner Hochfläche, die bereits im Mittelalter durch Rodung entstanden sind. Damals sollten sie den Holzbedarf der hiesigen Bergwerke decken. Malerisch ist die Gruppe der auf dem Kamm stehenden knorrigen Rotbuchen, die Äste sind von Wind und Schneelast bizarr verbogen.

Mit der Seilbahn geht's bequem hinauf auf den Schauinsland.

Vom Gipfelbereich des Schauinsland und besonders von seinem **Aussichtsturm** bietet sich ein überwältigender **Panorama-Rundblick** hinüber zum Feldberg und westlich über die Rheinebene zu den Vogesen. Im Spätherbst und Winter liegt die Rheinebene oftmals unter einer dicken Wolken- bzw. Nebeldecke, während auf der Höhe klare Sicht herrscht und eine um 5 bis 10 °C höhere Temperatur als in Freiburg gemessen wird. Der Schauinsland ist auch ein beliebter **Skiberg** und durch Skilifte sowie Langlaufloipen erschlossen. Östlich des Gipfels befindet sich das **Observatorium des Fraunhofer-Instituts für Sonnenforschung**.

★ ◄ Museumsbergwerk Schauinsland

Die frühere Bezeichnung **»Erzkasten«** für den Schauinsland verwies auf den einstigen Stellenwert des Bergbaus. Vor allem im 14. und 15. Jh. florierte der **Abbau von Silber, Blei und Zinkerz** »im« Freiburger Hausberg. Von der Bergstation der Schauinslandbahn gelangt man zum Museumsbergwerk (Führungen: Mai – 1. Nov. Mi., Sa., So., Fei. 11.00 u. 14.00 Uhr).

Ebringen Das östlich an Schallstadt grenzende Winzerdorf Ebringen (2100 Einw., 350 – 644 m ü. d. M.) breitet sich am Westhang des Schönbergs aus. Eine Urkunde des Klosters St. Gallen von 716 bezeugt, dass schon damals Weinbau betrieben wurde. Das **Schloss** (heute Rathaus) wurde Anfang des 18. Jahrhunderts als Sitz des Statthalters von St. Gallen erbaut. Östlich oberhalb der Ortschaft steht an der nach Wittnau führenden Straße die **Berghauser Kapelle**, die 1748 an der Stelle einer schon im 15. Jahrhundert verlassenen Ortschaft errichtet wurde.

Pfaffenweiler Pfaffenweiler (2800 Einw., 250 – 500 m ü. d. M.), das ebenfalls auf eine lange Weinbautradition zurückblicken kann, liegt 10 km südlich von Freiburg im **Schneckental** an der Ostseite des Batzenbergs. Sehenswert im Ort sind das historische **Gasthaus zur Stube** (1575) mit schönem Staffelgiebel sowie das **Dorfmuseum**, das mit wechselnden Ausstellungen Einblick in das Alltagsleben vergangener Epochen geben will. Das **Freilichtmuseum »Historische Steinbrüche«** befindet sich am südöstlichen Ortsrand.

✶ Freudenstadt

G 9

Landkreis: Freudenstadt
Einwohnerzahl: 24 000
Höhe: 731 – 968 m ü. d. M.
Prädikate: Heilklimatischer Kurort, Kneippkurort

Die altbekannte Kurstadt an der Ostabdachung des Nordschwarzwaldes ist das ganze Jahr über eines der meistbesuchten Touristenziele des Waldgebirges. Darüber hinaus ist Freudenstadt überregional bedeutsamer Verkehrsknotenpunkt.

Stadtgeschichte Freudenstadt wurde **1599 vom württembergischen Herzog Friedrich I. gegründet**. Er holte damals protestantische Flüchtlinge aus dem Salzburgischen und Bergleute in die Stadt, die im nahen Christophstal nach Erzen gruben. Aus Anlass der Grundsteinlegung für die Kirche erhielt der neue Siedlungsplatz in der am weitesten im Westen gelegenen Ecke Württembergs seinen Namen. Doch schon 1632 wütete eine verheerende Feuersbrunst. Bis zum Ende des 17. Jh.s wurde es recht still in der neuen Stadt. Erst danach entwickelten sich Handwerk (bes. Schmiede, Glasmacher, Tuchmacher) und der Handel über den Kniebispass. Einen enormen wirtschaftlichen Entwicklungsschub löste der **Bau der württembergischen Schwarzwaldbahn** Mitte des 19. Jh.s aus. Jetzt kamen auch immer mehr Kurgäste, Sommerfrischler und Wintersportler in die für ihre höchst reizvolle Umgebung bekannte Schwarzwaldstadt. Kurz nach der Jahrhundertwende war der **Fremdenverkehr** schon so lebhaft, dass der Bau eines Kurtheaters in Angriff genommen wurde.

FREUDENSTADT ERLEBEN

AUSKUNFT

Tourist Information
Marktplatz 64
72250 Freudenstadt
Tel. (0 74 41) 864-0
www.ferien-in-freudenstadt.de

SHOPPING

In den Laubengängen rund um Deutschlands größten Marktplatz gibt es viele kleine Geschäfte mit breit gefächertem Warenangebot. Gut einkaufen kann man auch an der Loßburger Straße zwischen Marktplatz und Kurhaus sowie in der als Fußgängerzone ausgewiesenen Reichsstraße.

ÜBERNACHTEN · ESSEN

► Komfortabel

① ***Kur- und Sporthotel Lauterbad***
Amselweg 5
72250 Freudenstadt-Lauterbad
Tel. (0 74 41) 8 60 17-0
www.lauterbad-wellnesshotel.de
Ruhig gelegenes Wellness-Hotel (37 Zimmer, 2 Suiten) mit Therme, Saunalandschaft, Tepidarium und Beauty-Farm. Im Restaurant gibt es einfallsreich zusammengestellte Menüs und auch eine vortreffliche Vollwertkost.

② ***Palmenwald Hotel Schwarzwaldhof***
Lauterbadstr. 56
72250 Freudenstadt
Tel. (0 74 41) 88 87-0
www.palmenwald.de
Nach langem Dornröschenschlaf öffnete das ehemalige Kurhaus Palmenwald 2010 wieder seine Pforten. Das 1895 vom Stuttgarter Industriellen Paul Lechler gegründete Haus wurde behutsam renoviert. Die 83 Zimmer und Suiten sind nobel ausgestattet. Eine besondere Attraktion ist das »Rosen Spa« mit Sauna-Bereich, Pool und Tepidarium. Im eleganten Restaurant werden fein zubereitete Gerichte serviert.

► Günstig

③ ***Hotel-Restaurant Warteck***
Stuttgarter Str. 14
72250 Freudenstadt
Tel. (0 74 41) 91 92-0
www.warteck-freudenstadt.de
Nette Herberge (13 Zimmer) in Zentrumsnähe. Das Restaurant des Hauses ist für seine gute und ideenreiche Küche weit bekannt.

④ ***Hotel-Weinstube Bären***
Lange Str. 33
72250 Freudenstadt
Tel. (0 74 41) 27 29
www.hotel-baeren-freudenstadt.de
Die freundliche Unterkunft im Stadtzentrum verfügt über 28 gemütliche Zimmer. In der Gaststube gibt es Schwarzwälder Spezialitäten, gute Weine und Geistvolles aus der Hausbrennerei.

Schlimmes ereignete sich gegen **Ende des Zweiten Weltkrieges**: Der alte Stadtkern wurde durch Artilleriebeschuss **vollständig zerstört**, und die Zivilbevölkerung hatte sehr unter Übergriffen der vorrückenden alliierten Truppen zu leiden. In den Jahren 1949 bis 1954 erfolgte der vorbildliche **Wiederaufbau in historischen Bauformen**.

Sehenswertes in Freudenstadt

✶ **Stadtbild** Die regelmäßige vierzeilige Stadtanlage hat der württembergische Baumeister Heinrich Schickhardt zu Beginn des 17. Jh.s entworfen. Die Stadtmitte bildet ein 4,5 ha großer Marktplatz, der von einer traufständigen Häuserzeile mit Laubengängen umrahmt ist.

✶ **Marktplatz** Der von Schickhardt entworfene und mit 216 x 219 Metern größte Marktplatz Deutschlands ist anlässlich des 400. Stadtgeburtstags (1999) neu gestaltet worden. Ein besonderes Schmuckstück der Anlage ist der **Vierröhrenbrunnen** mit seinen im 18. Jh. aufgerichteten Buntsandstein-Brunnensäulen (Neptun, Justitia und der Herzog von Württemberg). In der Mitte des Platzes steht das nach dem Zweiten Weltkrieg erbaute **Stadthaus**, in dem das **Heimatmuseum** mit einer stadtgeschichtlichen und einer volkskundlichen Sammlung (Öffnungszeiten: So. 10.00 – 12.00 Uhr) untergebracht ist. Gegenüber dem Stadthaus (Einmündung der Stuttgarter Straße) erinnert eine vom Freudenstädter Künstler David Fahrner gestaltete Gedenksäule mit einer modernen **Venus** (im Volksmund: »Hypothekenvenus«) an die Zerstörung der Stadt 1945 und ihren Wiederaufbau. Die nördliche Ecke des oberen Marktplatzes wird vom **Rathaus** mit seiner markanten Turmhaube beherrscht. Es ist ein für den Wiederaufbau der Nachkriegszeit typischer Zweckbau.

Die südliche Ecke des Marktplatzes wird von der Stadtkirche umfasst.

Freudenstadt Orientierung

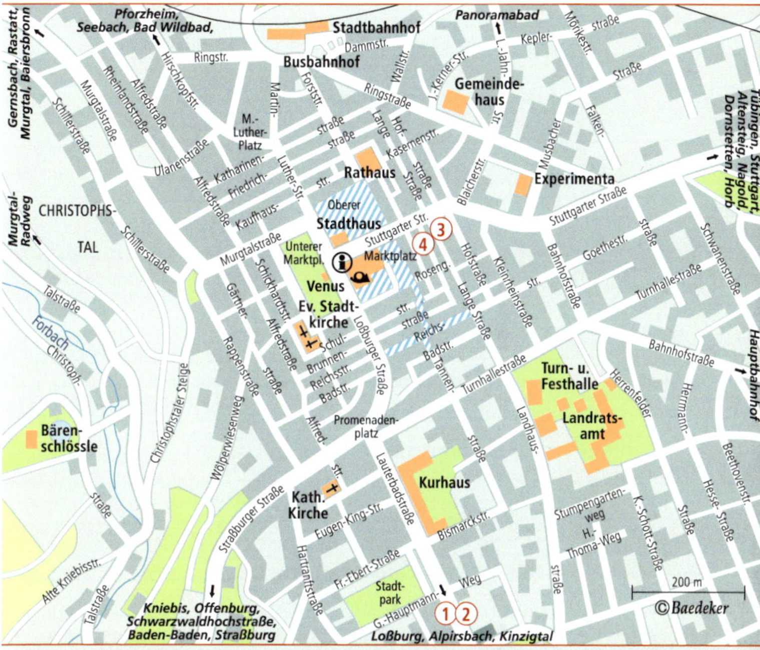

Übernachten und Essen

① Kur- und Sporthotel Lauterbad
② Palmenwald Hotel Schwarzwaldhof
③ Hotel-Restaurant Warteck
④ Hotel-Weinstube Bären

★ ◄ Evangelische Stadtkirche

Die südliche Ecke des unteren Marktplatzes wird von der 1601 bis 1608 im Stil der Renaissance errichteten Stadtkirche (1951 wiederaufgebaut) eingefasst. Die beiden Langhäuser des Gotteshauses, in deren einem die Männer, im anderen die Frauen sitzen sollten, stoßen im rechten Winkel aneinander. Kunsthistorische Kleinodien sind das von den vier Evangelisten getragene **Lesepult** aus dem Jahre 1140 und der im 11./12. Jh. angefertigte **Taufstein**.

◄ Schwarzwaldbrunnen

Besonders beliebt bei Jung und Alt ist die 1992 vom Stuttgarter Professor Lohrer entworfene Brunnenanlage mit ihren munteren Wasserspielen auf dem unteren Marktplatz.

Experimenta

Ca. 300 m östlich vom Marktplatz zieht diese Attraktion jüngere und ältere Besucher gleichermaßen an. Hier werden wissenschaftliche Phänomene der Mechanik, Optik, Akustik, Chemie und Elektrizität anhand diverser Exponate einfach erklärt. Man kann auch selbst Hand anlegen und ausprobieren (Musbacher Str. 5; Öffnungszeiten: tgl. 10.00 – 17.00 Uhr).

Kurhaus, Kurgarten

Südlich vom Marktplatz erreicht man den **Promenadenplatz** und das aufwändig modernisierte **Kurhaus und Kongresszentrum** mit Sälen, Kino und Café-Restaurant. Vor dem Gebäudekomplex gefällt der von Klaus Henning gestaltete **Kurhausbrunnen** mit einem »Tanzenden Paar«. Hinter dem Kurhaus breitet sich der liebevoll gepflegte **Kurgarten** aus. In der **Wandelhalle** zeigt ein Glasbläser seine Kunst.

✶ **Kurhaus Palmenwald**

Im Süden der Stadt erstreckt sich das das Kurviertel, das in parkartigen Tannenhochwald übergeht. Mittelpunkt ist das 1895 vom Stuttgarter Unternehmer und Wohltäter **Paul Lechler** (1849 – 1925) eröffnete Kurhaus Palmenwald. Das denkmalgeschütztes Jugendstil-Ensemble wurde vor kurzem von bulgarischen Investoren erworben. Es konnte 2010 nach umfangreicher Renovierung und Modernisierung als komfortables **Wellness-Hotel** wiedereröffnet werden.

Kienberg

Südwestlich vom Kurhaus Palmenwald erhebt sich der 800 m hohe Kienberg mit der **Friedrichshöhe** und dem **Herzog-Friedrich-Turm**, von dem sich ein schöner Ausblick bis zur Schwäbischen Alb bietet.

Besucherbergwerk »Heilige Drei Könige«

Am Nordwestabfall des Berges, wo der angeschnittene Buntsandstein dunkelrot leuchtet, hat man schon im 13. Jh. **Schwerspat und Silber** zutage gefördert (Straßburger Str. 57; Öffnungszeiten: Mai – Okt. Sa., So., Fei. 14.00 – 17.00 Uhr).

✶ **Panoramabad**

Ein Publikumsmagnet ist das großzügig konzipierte Panoramabad im Bereich des Schul- und Sportgeländes der Nordstadt. Die Anlage umfasst ein Hallen- und Freischwimmbecken, ein Sprungbecken, eine **Riesenwasserrutsche**, einen neuen **Wellness-Bereich** mit Saunalandschaft, Dampfgrotte und Solarien sowie eine Bikinibar und ein Café-Restaurant (Öffnungszeiten: Mo. – Fr. 9.00 – 22.00, Sa., So., Fei. 9.00 – 20.00 Uhr).

Bärenschlössle

Westlich der Stadt, jenseits des Forbachs, ist das Bärenschlössle mit dem großen **Wildgehege** ein beliebtes Ausflugsziel. Der hübsche Staffelgiebelbau aus dem 17. Jh. war einstmals Sitz eines Münzmeisters. Er erinnert zugleich an die Zeit, als man im Christophstal Silbervorkommen ausgebeutet und den zumindest im alten Württemberg bekannten »Christophstaler« (Münze) geschlagen hat.

Umgebung von Freudenstadt

Freudenstädter Parkwald

Über 200 km markierte Wege erschließen den nahen Freudenstädter Parkwald. Am Parkplatz Teuchelwald beginnt der gut markierte Freudenstädter **Waldgeschichtspfad**, an dem auch einige der mächtigsten Tannen des Schwarzwaldes stehen.

✶ Breuningerweg ►

Der wohl schönste Wanderpfad in der näheren Umgebung von Freudenstadt führt vom Kienberg (Friedrichshöhe) zunächst ins südlich sich dahinschlängelnde Lautertal und danach hinauf auf die Rodter

Höhe, vorbei am Kinzig-Ursprung und schließlich hinunter ins Tal der jungen Kinzig nach ►Alpirsbach (Gehzeit ca. 6 Std.).

✶ Dornstetten

Knapp 10 km nordöstlich von Freudenstadt thront das altertümliche Fachwerkstädtchen Dornstetten (621 m ü. d. M; 7000 Einw.) auf einem Muschelkalksporn hoch über dem Glattal. Der im 8. Jh. erstmals beurkundete Ort erhielt bereits 1270 das Stadtrecht. Stark zu leiden hatte das Städtchen unter der Konkurrenz der Neugründung Freudenstadt. Sehenswert sind der **von Fachwerkbauten umrahmte Marktplatz** mit schönem Brunnen (16. Jh.; Ritterbildnis als Brunnenfigur) und dem **Heimatmuseum** im **Fruchtkasten** (Öffnungszeiten: Mai – Okt. Mi., Fr. u. So. 14.00 – 16.30 Uhr, Nov. – März nur So.) und die **Martinskirche** (15. Jh.), vor der ein Brunnen mit dem württembergischen Löwen als Wappenhalter steht.

✶ ◄ Barfußpark

Im nordwestlichen Stadtteil **Hallwangen** ist ein Barfußpark angelegt. Einzelne Abschnitte des 2,4 km langen **Parcours sind mit unterschiedlichen Materialien** (Sand, Steine, Rindenmulch, Lehm, Gras usw.) ausgelegt, von denen sich jedes anders anfühlt (Öffnungszeiten: Mai – Okt. tgl. 9.00 – 18.00 Uhr).

◄ Grube »Himmlisch Heer«

Gleich in der Nähe, an der Silberwaldstraße, kann man ein **historisches Silberbergwerk** besichtigen, das vermutlich schon im 13. Jh., spätestens aber im 16. Jh. angelegt und jetzt für Besucher hergerichtet ist (Führungen: Mai – Okt. So. 11.00 – 17.00 Uhr).

✶ Waldachtal

»Wohlfühlen im Waldachtal« heißt es östlich von Dornstetten. Touristischer Brennpunkt der weitläufigen Gemeinde ist der **Luftkurort Lützenhardt**. Und anschauen sollte man sich in dem Tal die barocke **Wallfahrtskirche Heiligenbronn** sowie die **Mönchhof-Sägemühle**.

Lossburg

Der ländlich geprägte **Luftkurort** südlich von Freudenstadt, der auch von Wintersportlern besucht wird, eignet sich besonders für Erholungssuchende, die gerne wandern, und für Familien mit Kindern, die »Ferien auf dem Bauernhof« erleben wollen. Markantestes Bauwerk von Lossburg ist die evangelische **Jakobskirche** mit ihrem im späten Mittelalter errichteten Turm und einem im 19. Jh. anstelle eines Vorgängerbaus errichteten Kirchenschiff. In der Nähe der Kirche ist noch der mittelalterliche Burghügel erkennbar. An der Hauptstraße lädt das beschauliche **Schwarzwaldmuseum** zu einem Besuch ein. Es beherbergt eine komplett eingerichtete Küferwerkstatt des 18. Jh.s mit 70-hl-Fass und Mostpresse sowie eine kleine Uhrensammlung (Uhrwerke aus Holz!) und eine Kollektion festlicher Lossburger Trachten (Öffnungszeiten: Mai – Sept.: Mo. 10.30 – 12.00, Mi. 16.30 bis 18.00, So. 10.00 – 11.00 Uhr).

✶ ◄ Zauberland Kinzigquelle

Am südwestlichen Ortsrand zieht das hübsch gestaltete Zauberland an der Kinzig mit **Duftspirale, Wasserschaukel** etc. junge und auch ältere Besucher an. Gleich nebenan gibt es ein Freibad mit Riesenrutsche. Und im nahen Wald versteckt sich die sagenumwobene und romantisch gelegene **Hauptquelle der Großen Kinzig**.

Betzweiler-Wälde Etwa 6 km südlich von Lossburg liegt der ländliche Erholungsort Betzweiler-Wälde (553 – 700 m ü.d.M.; 1400 Einw.) im Heimbachtal. Dieser ist ein recht beliebter Ausgangspunkt für schöne und erlebnisreiche Wanderungen.
Hübsche Ausflugsziele in dem Tal sind die historische **Heimbachmühle** (Gasthaus) und die mittelalterliche **Burgruine Brandeck** bei Aischfeld, etwa 3 km südlich von Betzweiler.

Kniebis ►Schwarzwaldhochstraße

Furtwangen

F 11

Landkreis: Schwarzwald-Baar-Kreis
Einwohnerzahl: 9300
Höhe: 850 – 1150 m ü. d. M.
Prädikat: Luftkurort (Stadtteil Neukirch)

Das Uhrmacher-Handwerk hat eine lange Tradition in Furtwangen, der höchst gelegenen Stadt Baden-Württembergs. So verwundert es nicht, dass hier außer dem sehenswerten Deutschen Uhrenmuseum auch eine renommierte Fachhochschule angesiedelt ist.

Stadt der Uhrmacher Die in einer Talmulde des Hochschwarzwalds gelegene Industriestadt Furtwangen, die auch als Wintersportplatz geschätzt ist, wurde 1179 erstmals urkundlich erwähnt. Im Spätmittelalter kam der Ort an die Herrschaft Triberg und zusammen mit dieser zu Vorderösterreich. 1806 wurde Furtwangen badisch und erhielt 1873 die Stadtrechte verliehen. Das **Uhrmachergewerbe** und die **Feinmechanik** waren lange die wichtigsten Erwerbsquellen. Um das Jahr 1800 zählte man hier nicht weniger als 80 Uhrmacher sowie zahlreiche Uhrenträger sowie -händler, die ihre Ware bis nach England brachten. Überregionale Bedeutung hat die aus einer Lehranstalt für Uhrmacher hervorgegangene Fachhochschule für Feinwerktechnik, Elektrotechnik, Elektronik und Informatik mit derzeit 1400 Studierenden erlangt.

FURTWANGEN ERLEBEN

AUSKUNFT

Tourist Information
Lindenstr. 1
78120 Furtwangen
Tel. (0 77 23) 92 95-0
www.furtwangen.de

ÜBERNACHTEN · ESSEN

► **Günstig**

Hotel-Restaurant Zum Ochsen
Marktplatz 9, 78120 Furtwangen
Tel. (0 77 23) 9 31 16
www.hotel-ochsen-furtwangen.de
34 nette Zimmer im Stadtzentrum; in der gemütlichen Gaststube gibt es leckere schwäbische Spezialitäten und auch kreative vegetarische Gerichte.

Interessierte Besucher im Deutschen Uhrenmuseum

Sehenswertes in Furtwangen und Umgebung

★★ **Deutsches Uhrenmuseum**

Hauptsehenswürdigkeit der Stadt ist das Deutsche Uhrenmuseum, das zu den größten Sammlungen seiner Art weltweit gehört. Hier wird die Geschichte des Chronometers in eindrucksvoller Weise dargestellt. Gotische **Stuhluhren** und hölzerne **Waaguhren** des frühen 18. Jh.s können ebenso studiert werden wie **Lackschilduhren**, Räderuhren, Pendeluhren, Schwarzwälder Kuckucksuhren, eine astronomische **Weltzeituhr von Thaddäus Rinderle** aus dem Jahre 1787, goldene Taschenuhren und eine Flötenspieluhr. Selbstverständlich sind auch modernste funk- bzw. elektronikgesteuerte Entwicklungen der Schwarzwälder Uhrenindustrie ausgestellt. Großen Interesses erfreuen sich daneben auch die alten mechanischen Musikinstrumente und Musikautomaten. Einige dieser Anlagen erklingen heute noch so wie vor etlichen Jahrzehnten (Öffnungszeiten: April – Okt. tgl. 9.00 bis 18.00, Nov. – März tgl. 10.00 – 17.00 Uhr).

Rechnermuseum

Im Foyer der Fachhochschule ist ein kleines Rechnermuseum aufgebaut, das die **Entwicklungsgeschichte der Rechentechnik** bis hin zur modernen Datenverarbeitung zeigt. Ausgestellt sind Dokumente, Patentschriften, Bilder sowie Geräte und Geräteteile, deren Palette von einer fast schon altertümlich wirkenden elektromechanischen Melitta-Rechenmaschine bis zu modernen IBM- und Apple-Computern reicht (Führungen: n. V., Tel. 0 77 23 / 920-0, www.fh-furtwangen.de).

Eine Schwarzwälder Kuckucksuhr mit allen typischen Attributen

DER KUCKUCK RUFT …

»Die Schwarzwälder galten als die ersten Japaner; sie bauten hölzerne Uhren in großen Stückzahlen für den Export.« Diesen Satz hört man bei einer Führung im Deutschen Uhrenmuseum Furtwangen. Tatsächlich weist eine Erhebung aus dem Jahre 1842 Schwarzwälder Uhrenhändler in 4 Erdteilen und in 23 europäischen Ländern nach. Wann die ersten Uhren im Schwarzwald hergestellt wurden, konnte bis heute nicht endgültig geklärt werden.

Von den ersten Schwarzwälder Holzuhren existieren keine Originale; auf nachgebauten Uhren ist häufig die Jahreszahl 1640 zu sehen. Unklar bleibt auch, ob eine einfache Uhr aus Metall in Holz nachgebaut wurde oder ob man eine auswärtige Uhr zum Vorbild genommen hat. Um die Mitte des 18. Jh.s war das Uhrmachergewerbe vor allem im Hochschwarzwald verbreitet. Die frühesten Uhren glichen einfachen Wanduhren aus Metall, die als Türmer- und Wächteruhren Verwendung fanden. Das **Uhrwerk** bestand nur aus Holz und Eisendraht. Angetrieben wurde die Uhr wohl von einem glatten Feldstein an einer Schnur mit kleinem Gegengewicht. Die Laufdauer betrug höchstens zwölf Stunden. Nach und nach ersetzte man hölzerne Bauteile durch metallene – mit einer Ausnahme: Die Holzgestelle mit hölzernen Trägerplatten behielt man bei. Nach 1810 wurden im Schwarzwald jährlich 150 000 bis 200 000 Uhren gefertigt, nach 1840 um die 600 000. Mitte des 19. Jh.s waren an die 5000 Personen in der Uhrenproduktion tätig. Bis dahin wurden Uhren zumeist in Heimarbeit hergestellt. Jetzt entstanden kleinere Uhrmacherbetriebe. Die Uhrmacher fertigten nicht alle Teile selbst an. Schon im 18. Jh. ließen sie sich von Stell- und Schildmachern, Metallgießern, Werkzeugmachern usw. beliefern. Im 19. Jh. kamen die **Schildmaler** hinzu, die oft mehr als die Uhrmacher verdienten.

Uhrenhandel

Den Verkauf der Uhren – 1841 verkauften von den 112 selbstständigen Uhrmachern in Furtwangen nur 9 ihre Erzeugnisse selbst – übernahmen im Volksmund als »Packer« oder »Spediteurs« bezeichnete **Uhrenträger** und Händler. Diese kauften bei Uhrmachern und Schildmalern ein und begaben sich mit ihren Waren auf die Reise. Zwar gab es die Holzuhrmacherei in einigen Gegenden Europas,

Schwarzwälder Uhrenträger waren einstmals in ganz Europa unterwegs.

so auch in der Schweiz, doch nur im Schwarzwald wurden robuste und billige Gebrauchsuhren hergestellt.

Schwarzwälder Uhren in aller Welt

Ab 1860 gab es im Schwarzwälder Uhrmachergewerbe erste Veränderungen, jetzt stellte man einzelne Teile fabrikmäßig her. Es entstanden große Uhrenfabriken, so etwa **Junghans** in Schramberg (1861). In der Technologie orientierte man sich am Entwicklungsstand der Zeit. Die entstehende Uhrenindustrie machte große Gewinne insbesondere mit Metallweckern und Federzug-Regulatoren. Von den 1905 produzierten 5,8 Mio. Uhren waren 70% Wecker. Die meistverkaufte Weckeruhr war der sog. Baby-Wecker, mit rundem Metallkorpus und aufgesetzter Glocke. Vor dem Ersten Weltkrieg wurde die Hälfte aller exportierten Uhren im Schwarzwald produziert. Nach Verkaufseinbrüchen während der beiden Weltkriege konnte die Schwarzwälder Uhrenindustrie an alte Erfolge anknüpfen. In den besten noch nicht von der Globalisierung geprägten Jahren nach dem Zweiten Weltkrieg wurden im Schwarzwald jährlich bis zu 60 Mio. Uhren und Uhrwerke produziert. Zeitweise waren in diesem Industriezweig bis zu 12 000 Menschen beschäftigt.

Die Kuckucksuhr

Die Palette Schwarzwälder Chronometer reicht von Bilderuhren über Wecker bis zur modernen Quarz- und Funkuhr. Es wurden Uhren mit beweglichen Figuren (»Männleuhren«) und solche mit Musikwerken hergestellt. Doch keine Uhr erreichte solche Popularität wie die **Kuckucksuhr**. Die ersten Uhren dieser Art wurden im 18. Jh. gebaut. Unklar ist, ob es sich um eine Schwarzwälder Erfindung handelt. Aber: Im Schwarzwald wurde die Kuckucksuhr zur Volksuhr.

Der Kuckucksruf funktioniert so: Über zwei Pfeifen befinden sich Blasebälge; werden diese durch ein Rad des Schlagwerks angehoben, füllen sie sich mit Luft, durch ihr Eigengewicht fallen sie in sich zusammen, die Luft entweicht durch die beiden Lippenpfeifen, der Kuckucksruf ertönt.

Ihre heutige Gestalt erhielt die Kuckucksuhr 1850. Den Entwurf dafür lieferte **Friedrich Eisenlohr**, Professor am Polytechnikum in Karlsruhe und Regierungsbeauftragter für die Hochbauten der badischen Staatsbahnen. So verwundert es nicht, dass der Kuckuck in einem **Bahnwärterhäusle** wohnt. Verziert ist es mit Jagd- bzw. Waldmotiven, ferner gehören das Drahtpendel mit der Messingscheibe und den bronzefarbenen Tannenzapfen zur üblichen Ausstattung.

Neukirch Südwestlich oberhalb von Furtwangen liegt der Luftkurort Neukirch (960 – 1141 m ü.d.M.) an der hier aussichtsreichen B 500. Das hoch gelegene Dorf hat sich in der Vergangenheit zu einer Hochburg des nordischen Skisports entwickeln können, in dem auch internationale Wettbewerbe ausgetragen werden.

*** Brend** Nordwestlich der Stadt (Fahrweg knapp 6 km; Berggasthof, Naturfreundehaus) erhebt sich **Furtwangens Hausberg**, der 1148 m hohe Brend. Er ist einer der besten Aussichtsberge im mittleren Schwarzwald. Vom modernen **Aussichtsturm** bietet sich ein überwältigendes Panorama der höchsten Schwarzwaldgipfel. An klaren Tagen reicht der Blick bis zu den Vogesen und den Schweizer Alpen.

Unscheinbar: die Bregquelle

Vom Brend lohnt ein kurzer Marsch nordwärts zu den **Güntersfelsen**, die als Naturdenkmal geschützt sind. Weiter nördlich erreicht man die Martinskapelle und darunter die Bregquelle.

Nördlich der Stadt Furtwangen bildet der Briglirain die **europäische Hauptwasserscheide zwischen Rhein und Donau**. Etwa 6 km nordwestlich von Furtwangen erreicht man die ziemlich unscheinbare **Bregquelle** (1078 m ü. d. M.), die anerkanntermaßen **mündungsfernste Quelle der Donau**. Von hier sind es 2888 km bis zur Mündung der Donau ins Schwarze Meer. Bereits seit dem 16. Jahrhundert streiten sich Furtwangen und Donaueschingen um den Besitz der »richtigen« Donauquelle.

Oberhalb der Bregquelle lädt die **Martinskapelle** zu einem Besuch ein. Sie ist sommers wie winters ein wichtiges Etappenziel für Wanderer bzw. Skilangläufer. – Etwa eine Viertelstunde weiter nordöstlich erreicht man die Quelle der dem Rhein zufließenden Elz. Etwa 7 km westlich von Furtwangen und jenseits der Rhein-Donau-Wasserscheide am Neueck und hoch über dem landschaftlich sehr reizvollen Simonswälder Tal (► Waldkirch) liegt der gern besuchte Luftkurort **Gütenbach** (868 m ü. d. M.; 1500 Einwohner). Das Dorf besitzt ein ganz beachtenswertes Dorfmuseum

! *Baedeker* TIPP

Modelleisenbahner aufgepasst!

Modelleisenbahner kommen in Gütenbach auf ihre Kosten, denn hier ist die Modellbaufirma Faller beheimatet. Ihr Ausstellungsraum ist zu folgenden Zeiten geöffnet: Mi. – Fr. 10.00 bis 17.00, Sa. 10.00 – 15.00 Uhr.

(u. a. Großuhrwerke, Furtwängler Turmuhr) sowie ein Puppenmuseum. In der Uhrenfabrik Späth kann man die Bemalung von Lackschilduhren verfolgen (Führungen n. V.).

Balzer Herrgott

Am Fallengrund südlich außerhalb (ca. 45 Min. Fußmarsch) von Gütenbach ist der sog. Balzer Herrgott (Winkelherrgott) ein beliebtes Ausflugsziel. Im 19. Jh. hat man an einer alten Wetterbuche eine **steinerne Christusfigur** aufgestellt, die nach und nach von der Baumrinde umhüllt wurde. Heute ist nur noch der Kopf der eingewachsenen Figur zu sehen.

Linachtal, Kalte Herberge Urachtal

Von Furtwangen führt der Schwarzwald-Mittelweg am Westrand des Linachtales vorbei zum Wanderer- und Skilangläufertreffpunkt **Kalte Herberge** (1028 m ü.d.M.), von wo aus man das waldumrahmte **Urachtal** mit seinen alten Höfen erkunden kann.
Von 1922 bis 1925 wurde die seinerzeit hochmoderne, 143 m breite und aus 13 aufrechten, ca. 25 m hohen Betongewölben bestehende **Linachtalsperre** errichtet. Das in Europa einmalige technische Baudenkmal war lange dem Verfall preisgegeben. Inzwischen ist die Gewölbereihenmauer saniert und ein Wasserkraftwerk installiert. An warmen Sommertagen finden sich hier auch Badegäste ein.

★★ Gengenbach

E 9

Landkreis: Ortenaukreis
Einwohnerzahl: 10 000
Höhe: 175 – 875 m ü. d. M.
Prädikat: Erholungsort

Nur wenige Kilometer südöstlich von ►Offenburg liegt das ausgesprochen malerische Fachwerkstädtchen Gengenbach im Kinzigtal, umgeben von Weinhangen und sonnigen Schwarzwaldhöhen.

Malerisches Städtchen

Gengenbach vereinigt die architektonischen Reize einer alten Freien Reichsstadt mit denen einer herrlichen Umgebung. Insofern ist es nicht verwunderlich, dass vor allem der Fremdenverkehr eine wichtige Rolle spielt. Vor den Toren der Stadt haben sich die Holz- und Papierindustrie etablieren können.
Das Stadtwappen von Gengenbach zeigt einen springenden Salm, einen sog. Geng-Fisch, der früher in der Kinzig häufig vorkam. Von diesem Fisch leitet sich wohl der Stadtname ab.
Neben der seit dem 8. Jh. bestehenden Benediktinerabtei gründeten die Zähringer im 12. Jh. Gengenbach, das 1230 Stadtrecht er-

! *Baedeker* TIPP

Mit dem Nachtwächter unterwegs

Ein Erlebnis, das man so schnell nicht vergisst, ist ein abendlicher Stadtrundgang mit dem Gengenbacher Nachtwächter, der Interessantes aus der Stadtgeschichte erzählt und immer wieder sein traditionelles Lied hören lässt.

hielt. Freie Reichsstadt wurde Gengenbach 1360 und blieb dies – allerdings in ständiger Auseinandersetzung mit dem Kloster – bis ins Jahr 1803.

Sehenswertes in Gengenbach

Stadtbild Im besonders hübschen historischen Kern von Gengenbach sind noch Teile der spätmittelalterlichen Stadtbefestigungen (Prälatenturm, Schwedenturm, Kinzigtor, Haigeracher Tor) erhalten. Die Häuser stammen allerdings überwiegend aus dem 18. und 19. Jahr-

GENGENBACH ERLEBEN

AUSKUNFT

Kultur- und Tourismus GmbH
Im Winzerhof
77723 Gengenbach
Tel. (0 78 03) 93 01 43
www.gengenbach.info

EVENTS

Gengenbacher Adventskalender
Alle Jahre wieder verwandelt sich das Gengenbacher Rathaus mit seinen 24 Fenstern zum größten Adventskalender der Welt. An jedem Abend in der Adventszeit wird – untermalt von weihnachtlicher Musik – ein Fenster geöffnet.

Gengenbacher Fasend
Die Tradition der Gengenbacher Fastnacht reich bis ins 15. Jh. zurück. Während der »tollen Tage« treiben Hexen, Spättlehansel, Klepperlesbuben usw. ihre derben Späße. Höhepunkt ist der Narrenumzug am Fastnachtssonntag.

AKTIVITÄTEN

Nordic Walking Park
Vor den Toren der Stadt ist ein Nordic Walking Park ausgewiesen mit mehreren Strecken (2,5 – 11 km), die unterschiedliche Schwierigkeitsgrade aufweisen.

ÜBERNACHTEN · ESSEN

► Komfortabel

Schwarzwaldhotel Gengenbach
In der Börsiglache 4
77723 Gengenbach
Tel. (0 78 03) 93 90-0
www.schwarzwaldhotel-gengenbach.de
52 Zimmern, 7 Suiten und Wellness-Bereich; das Restaurant bietet Herzhaftes aus der Region und eine mediterran angehauchte Feinschmecker-Küche.

► Günstig

Pfeffermühle
Oberdorfstr. 24
77723 Gengenbach
Tel. (0 78 03) 9 33 50
www.pfeffermuehle-gengenbach.de
Hübsches historischen Fachwerkhaus mitten in der Altstadt. Im Restaurant genießt man vorzügliche Steaks und Köstlichkeiten der badischen Küche.

Gasthof Rebstock
Fußbach 2
77723 Gengenbach-Fußbach
Tel. (0 96 48 80
www.rebstock-fussbach.de
Altbekannter Schwarzwälder Gasthof mit freundlichen Gästezimmern; er ist bekannt für seine Wildgerichte und seine Hausbrennerei.

Mittelalter zum Greifen: Gengenbachs Marktplatz mit Brunnen und Oberem Tor

hundert (1689 war die Stadt nach kriegerischen Auseinandersetzungen fast vollständig abgebrannt); einige der schönsten Fachwerkbauten sieht man in der Engelgasse.

Marktplatz

Von den drei Stadttoren verlaufen breite Straßen zum zentralen Marktplatz mit dem Röhrenbrunnen von 1582. Die Brunnenfigur (Kopie) trägt eine Schriftrolle mit den Privilegien der einstigen freien Reichsstadt. Neben dem **Rathaus** sind am Marktplatz vor allem beachtenswert das steinerne **Giebelhaus Pfaff** (von 1699, früher Ratskanzlei) sowie an der Südseite das städtische **Kauf- oder Kornhaus** aus dem 18. Jh. mit Renaissanceportal.

Rathaus

Das stattliche Rathaus wurde 1784 vom Stadtbaumeister Victor Kretz im Stil des französischen Klassizismus geschaffen. Verschiedene Baudetails erinnern allerdings noch ans Rokoko, beispielsweise die Figuren der Weisheit und Gerechtigkeit sowie der Adler mit dem Stadtwappen auf dem Giebel.

Haus Löwenberg

Ebenfalls am Marktplatz steht das Löwenbergpalais (Hauptstr. 15). Dieser aus dem 18. Jh. stammende Bau beherbergt das Städtische Museum. Es bewahrt u.a. Baufragmente und den Kunstbesitz der einstigen Abtei; zudem werden hier Wechselausstellungen zu verschiedenen Themen veranstaltet.

Kinzigtor Der Kinzigtorturm bildet nach Süden hin den Stadtdurchlass. Nach aufwändiger Renovierung ist in dem höchsten der Tortürme ein **wehrgeschichtliches Museum** eingerichtet (Öffnungszeiten Apr. bis Okt. So. 10.00 – 12.00 und 14.00 – 17.00 Uhr).

St. Maria/Ehem. Benediktinerabtei Den Ostteil der Altstadt nimmt das Gebiet der ehemaligen Benediktinerabtei ein, die Mitte des 8. Jh.s gegründet und 1803 aufgehoben wurde. Die Kirche ist seitdem Stadtkirche, die anderen Klosterbauten, die nach den Zerstörungen von 1689 nach Plänen des Vorarlberger Baumeisters Franz Beer neu ausgeführt wurden, sind heute Sitz einer Fachhochschule.

Die Klosterkirche, in der ersten Hälfte des 12. Jahrhunderts nach Hirsauer Vorbild erbaut, ist eine der wenigen erhaltenen romanischen Kirchen in diesem Raum. Es ist eine **dreischiffige Basilika** mit einem Chor mit Chorumgang und fünf halbrunden Apsiden. Die Hauptapsis wurde gotisch erneuert.

Ihren barocken Turm erhielt die Kirche zu Beginn des 18. Jahrhunderts, damals wurde auch das Innere in barocker Manier üppig gestaltet. Die barocke Ausschmückung wurde allerdings zwischen 1896 und 1902 entfernt, so präsentiert sich der Innenraum heute wieder in romanischen Formen. Nach heutigem Zeitgeschmack wird die um 1900 vorgenommene Ausmalung vielfach als zu »reich« und »perfekt« bewertet. Von der barocken Inneneinrichtung blieb das Chorgestühl (1730) erhalten, das heute in den Nebenchören bewahrt wird. Zu verweisen ist ferner auf die spätgotische Marienkapelle (bzw. das »Frauenchörlein«) am nördlichen Querschiff mit einer Grablegung Christi.

Niggelturm An der westlichen Ecke der Stadtmauer ragt der Niggelturm auf, dessen quadratischer Unterbau noch aus dem 14. Jahrhundert stammt. Zunächst fungierte er als Wehrturm, später als Gefängnis. Heute beherbergt er das **Fastnachtsmuseum** (Öffnungszeiten: April – Okt. Sa. 14.30 – 17.30, So. 10.00 – 12.00 u. 14.30 – 17.30 Uhr).

Flößerei- und Verkehrsmuseum Wenn man die Stadt durch das Kinzigtor verlässt, erreicht man nach wenigen hundert Metern das im einstigen und heute denkmalgeschützten Bahnwärterhaus eingerichtete Flößerei- und Verkehrsmuseum (Öffnungszeiten: April – Okt. Sa. 14.30 – 17.30, So. 10.00 bis 12.00 u. 14.30 – 17.30 Uhr, www.floesserei-museum.de).

Umgebung von Gengenbach

Mooskopf Schöne Wanderwege führen von Gengenbach in ca. 2 – 3 Std. zum nordöstlich sich erhebenden Mooskopf (875 m ü.d.M.). Von dem 21 m hohen **Aussichtsturm** genießt man eine prächtige Fernsicht. Unterhalb des Gipfels erinnert ein Stein an Hans Jakob Christoffel von Grimmelshausen (► Berühmte Persönlichkeiten), der auf der Moos seinen Simplicissimus als Einsiedler hausen lässt.

★ Gernsbach

F/G 7

Landkreis: Rastatt
Einwohnerzahl: 15 000
Höhe: 160 – 990 m ü. d. M.
Prädikat: Luftkurort

Als »Perle im Murgtal« bezeichnet sich die alte Flößerstadt mit ihren hübschen Fachwerkbauten, winkligen Gässchen und vor allem mit dem berühmten Schloss Eberstein.

Stadt der Flößer und Holzhändler

Gernsbach liegt recht idyllisch im nördlichen Schwarzwald, an der Grenze zwischen dem dicht besiedelten unteren und dem steilwandigen mittleren Murgtal. Wohlstand brachten dem Ort, der 1248 Stadtrecht erhielt, die Flößerei und der Holzhandel. Die in den umliegenden Wäldern gefällten Baumstämme wurden auf der Murg abwärts zum Rhein und weiter bis in die Niederlande geflößt. Auch heute noch spielt der Rohstoff Holz eine wichtige Rolle in Gernsbach, davon zeugen ein großes Sägewerk und eine größere Papierfabrik.

Sehenswertes in Gernsbach und Umgebung

★ Altstadt

Die alte Stadt steigt auf dem linken Murgufer terrassenförmig an, überragt von ihren beiden Kirchen. Auf halber Höhe liegt der **Marktplatz**, in den umliegenden Gassen sieht man noch viele alte **Fachwerkhäuser** und hübsche **Brunnen**.

Rast am Brunnen nach einem kurzen Stadtrundgang

GERNSBACH ERLEBEN

AUSKUNFT

Kultur- und Verkehrsamt
Igelbachstr. 11
76593 Gernsbach
Tel. (0 72 24) 6 44 44
www.gernsbach.de

EVENT

Altstadtfest
Mitte September trifft man sich zum beliebten Altstadtfest mit historischem Markt. Höhepunkt ist ein großes Feuerwerk.

WINTERSPORT

Ski-Abfahrtslauf und Skilanglauf sind möglich oben in Kaltenbronn, wo es auch einen Skilift mit Flutlicht gibt.

ÜBERNACHTEN · ESSEN

► Komfortabel/Luxus

Schloss Eberstein Hotel & Restaurant
76593 Gernsbach
Tel. (0 72 24) 9 95 95 00
www.schlosseberstein.com
16 luxuriöse Zimmer und Suiten sind im hübsch restaurierten historischen Gemäuer eingerichtet. Im noblen Schlossrestaurant werden feine Kreationen von Spitzenkoch Bernd Werner serviert, darunter auch Schwarzwälder Hirschkalbrücken mit Maronenpüree.

► Komfortabel/Günstig

Hotel-Restaurant Sarbacher
76593 Gernsbach-Kaltenbronn
Tel. (0 72 24) 93 39-0
www.hotel-sarbacher.de
Das bestens geführte Haus mit 15 freundlichen Gästezimmern liegt mitten im berühmten Wandergebiet zwischen Gernsbach und Bad Wildbad. Zu den besonderen Annehmlichkeiten des Hauses gehören Sauna, Dampfbad und Solarium. Im Restaurant gibt es herzhafte Schwarzwälder Spezialitäten und vor allem auch leckere Wildgerichte.

✶ Altes Rathaus ► Das Alte Rathaus am Marktplatz ist ein auffallender roter Sandsteinbau mit einer hohen Giebelfassade. Das Gebäude wurde 1617/1618 als Wohnhaus für den mächtigsten Herren in der Murgschifferzunft errichtet und in reichen Formen der Spätrenaissance verziert. Über dem Portal prunkt noch das Familienwappen.

Über der Unterstadt erhebt sich die **Jakobskirche**, eine weite Hallenkirche des 15. Jh.s, die seit 1555 als evangelische Stadtkirche dient. Im Chor befindet sich das Grabmal des Grafen Wilhelm IV. von Eberstein (gest. 1562).

Auf dem höchsten Punkt der Stadt wurde 1378 die kath. **Liebfrauenkirche** errichtet. Das Schiff wurde 1830 verlängert. Bei einer in den 1970er-Jahren vorgenommenen Restaurierung wurde die ursprünglich gotische Ausstattung gekonnt mit modernen Elementen kombiniert. Beachtenswert sind vor allem ein Glasfenster mit der Kreuzigungsgruppe sowie eine Pietà aus dem frühen 16. Jahrhundert.

Der nahe **Storchenturm** mit Fachwerkaufbau ist ein Teil der alten Stadtbefestigung (aus dem 13. Jh.).

Unten an der Murg hat man eine spätbarocke Gartenanlage wieder hergerichtet. Herrliche exotische Blütenpflanzen, Zypressen und Feigenbäume sowie einige bemerkenswerte Skulpturen erinnern an Prachtgärten in Italien.

✶ **Katz'scher Garten**

Auf einem Bergvorsprung hoch über der Murg thront südlich der Stadt das Schloss Eberstein. Die im 13. Jh. erbaute Burg war bis 1660 **Sitz der Grafen von Eberstein**. Danach übernahmen die **Markgrafen von Baden** den Herrensitz. Unter Großherzog Leopold wurden umfangreiche Ausbauarbeiten durchgeführt. Zeitweise diente das Schloss als zweiter Wohnsitz der Adelsfamilie. Im Schloss ist heute ein nobler Hotel- und Restaurantbetrieb eingerichtet.

✶ **Schloss Eberstein**

Nur 4 km östlich von Gernsbach liegt dieses hübsche 2700-Seelen-Dorf (400 – 900 m ü. d. M.). Im Ortskern sieht man schöne Fachwerkhäuser. Teile des Turmes der **Evangelische Kirche** (19. Jh.) stammen noch aus dem 13. Jh.; erhalten ist darauf ein Freskenzyklus des 15. Jh.s (restauriert).

Loffenau

Ein lohnendes Ausflugs- und Wanderziel von Loffenau ist die **Teufelsmühle** (906 m ü. d. M.; nahegelegenes Restaurant), zu der auch eine Mautstraße hinaufführt. Von dem steinernen **Aussichtsturm** genießt man eine weite Rundsicht.

Ein beliebtes Wanderziel ist die Teufelsmühle bei Loffenau.

★ Glottertal

D/E 11

Landkreis: Breisgau-Hochschwarzwald
Einwohnerzahl: 3000
Höhe: 280 – 1243 m ü. d. M.
Prädikat: Erholungsort

Als Standort der »Schwarzwaldklinik« der gleichnamigen ZDF-Fernsehserie hat das wunderschöne Schwarzwaldtal vor einiger Zeit Berühmtheit erlangt. Doch Eingeweihte wissen schon seit langem, dass es im Glottertal guten Wein und gemütliche Lokale mit bester badischer Küche gibt.

Bilderbuchlandschaft

Das malerische Schwarzwaldtal erstreckt sich nur 13 km nordöstlich von ►Freiburg zu Füßen des 1243 m hohen Kandel (►Waldkirch). Besonders schön ist es hier im Frühling, wenn die Obstwiesen in voller Blüte stehen, und im Herbst, wenn sich Rebenhänge, Streuobstwiesen und Wälder in bunter Farbenpracht zeigen. Die Ortsteile Unter- und Oberglottertal haben sich ihren ländlichen Charme erhalten und sind nett herausgeputzt. Einige schöne alte Schwarzwaldhöfe runden das Bild ab.

Besonders schön ist das Glottertal im Frühling.

GLOTTERTAL ERLEBEN

AUSKUNFT

Tourist Information
Rathausweg 12
79286 Glottertal
Tel. (0 76 84) 9 10 40
www.glottertal.de

BADEN · KUR · WELLNESS

Reha-Klinik Glotterbad
79286 Glottertal
Tel. (0 76 84) 9 10 40
www.rehaklinik-glotterbad.de
Öffnungszeiten: Mo., Mi., Fr. 16.30 bis 21.30 Uhr
Bewegungsbad und Saunalandschaft

ÜBERNACHTEN · ESSEN

▸ Komfortabel

Hotel Hirschen
Rathausweg 2
79286 Glottertal
Tel. (0 76 84) 810
www.hirschen-glottertal.de
Gut ausgestattetes Haus mit 49 Gästezimmern, Hallenbad, Sauna, Solarium und Wellness-Bereich. Bestens zubereitete badische Gerichte werden im Restaurant serviert.

Hotel Zum Kreuz
Landstr. 14
79286 Glottertal
Tel. (0 76 84) 80 08-0
www.zum-kreuz.com
Das schmucke Landhotel mit 36 komfortablen Gästezimmern wird als umweltorientierter Betrieb geführt. Die Küche ist bekannt für fein zubereitete badische Spezialitäten und vor allem auch für ihre Vollwertkost.

▸ Günstig

Gasthaus Adler
Talstr. 11
79286 Glottertal
Tel. (0 76 84) 90 87-0
www.adler-glottertal.de
Moderner Gasthof mit 14 gemütlichen, im Schwarzwälder Stil eingerichteten Zimmern. Bodenständige badische und Schwarzwälder Spezialitäten, darunter auch leckere Wild- und Fischgerichte, gibt es in der Gaststube.

Zum Goldenen Engel
Friedhofweg 2
79286 Glottertal
Tel. (0 76 84) 250
www.goldener-engel-glottertal.de
Dieses romantische Gasthaus mit acht freundlichen Gästezimmern gibt es bereits seit 1507. Es ist vor allem bekannt für seine sehr gute badische Küche, die Produkte aus der Region verwendet.

Sehenswertes im Glottertal

Schwarzwaldklinik

In einem Seitental nördlich der Durchgangsstraße sieht man am waldigen Kandel-Südhang den sog. Carlsbau mit seinem Halbwalmdach und seinen drei charakteristischen Giebeln, der ab dem Jahre 1985 als »Schwarzwaldklinik« der gleichnamigen ZDF-Fernsehserie Berühmtheit erlangte (▸ Baedeker Special S. 276 / 277). Die Innenaufnahmen mit **Professor Brinkmann** hat man zwar nicht hier gedreht, dennoch wurde das Gebäude zum touristischen Wallfahrtsziel.

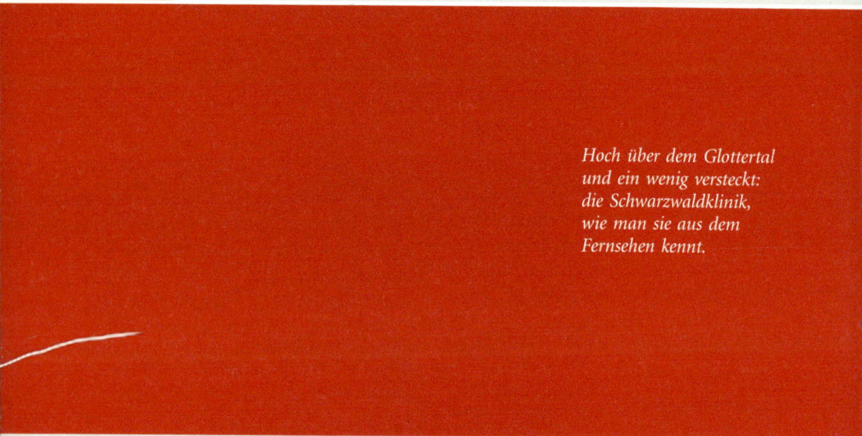

Hoch über dem Glottertal und ein wenig versteckt: die Schwarzwaldklinik, wie man sie aus dem Fernsehen kennt.

»SCHWARZWALDKLINIK« – BESSER KANN WERBUNG NICHT SEIN!

Er gilt als der Deutschen berühmtester und liebster Arzt, und doch ist er kein echter Arzt, sondern nur eine fiktive Figur. Die Rede ist von Professor Brinkmann (gespielt von Klaus-Jürgen Wussow) aus der wohl erfolgreichsten bundesdeutschen TV-Serie, der »Schwarzwaldklinik«. Diese Serie gaukelte den Zuschauern am Bildschirm in geradezu vortrefflicher Weise eine heile und schöne Welt vor.

Den grandiosen Erfolg verdankte die Serie, die 1985 im Fernsehen anlief und deren siebzig Folgen vom ZDF wiederholt wurden, nicht nur dem geschilderten **Krankenhaus-Arzt-Milieu** und den vorkommenden **edlen Charakteren**, sondern auch und vor allem dem Handlungsort: dem Schwarzwald. Diese Landschaft bot etwas für's Gemüt. Da gab es noch saubere Seen, eine ungestörte Tierwelt, eine Klinik mit Walmdach, keine Hochhäuser und keine Industrie. Und der Wald protzte in seiner urtümlichen Pracht, ohne ein Anzeichen von saurem Regen – die Fernsehleute taten alles, um diesen **Heile-Welt-Eindruck** beim Fernsehpublikum hervorzurufen.

Lange Film-Tradition

Die »Schwarzwaldklinik« bildete das vorläufige Endkapitel einer langen Film-Tradition. Der erste deutsche Nachkriegsfilm in Farbe, der den Heimatfilm stark prägte, hieß **»Das Schwarzwaldmädel«**. Darauf folgte eine Flut von Schwarzwaldfilmen wie **»Die Rosel aus dem Schwarzwald«**, **»Schwarzwaldfahrt aus Liebeskummer«** etc. Mitte der 1960er-Jahre gab es bereits eine Schwarzwald-TV-Serie, die damals beim Fernseh-Publikum bestens ankam: der **»Forellenhof«**, deren Folgen hauptsächlich in der Umgebung von Baden-Baden gedreht worden sind. Übrigens: der damalige Forellenhof ist inzwischen fester Bestandteil der TV-Serie **»Die Fallers«**.

Es gibt sie wirklich!

Die »Schwarzwaldklinik« existiert tatsächlich. Sie ist eine **Kurklinik** und liegt **im Glottertal**. Für Brinkmann-Wallfahrer aber ist sie nicht zugänglich, was auch nicht nötig ist, da die Innenaufnahmen für die Arztserie in einem Hamburger Filmatelier gedreht wurden. Das Wohnhaus von Professor Brinkmann, seiner Frau (gespielt von Gaby Dohm) und Sohn Udo (Sascha Hehn), das **»Hüsli«**, steht gut 60 km weit entfernt **bei Grafenhausen** im südöstlichen Schwarzwald. Gedreht wurde daneben aber noch an vielen anderen Orten im Schwarzwald (u.a. in Freiburg, Furtwangen, Hinterzarten, Lenzkirch, Titisee-Neustadt).

Drehorte

Um ja keinen zu vergessen, gab der Tourismusverband einen Prospekt heraus: **»Drehorte der Schwarzwaldklinik«**. Das zeigt bereits, welche Werbewirkung man der Fernsehserie zutraute, die übrigens in mehr als 40 Länder verkauft werden konnte. Und tatsächlich erhöhten sich die Übernachtungszahlen 1986 in den wichtigsten Drehorten sprunghaft. So verzeichnete das Glottertal ein Drittel mehr Besucher als im Vorjahr. Das »Hüsli« in Grafenhausen, das 1966 als Heimatmuseum eröffnet worden war, konnte seine Besucherzahlen mehr als verdoppeln. Weniger erfreut ist man über die Schaulustigen in der echten »Schwarzwaldklinik«. Die Kurklinik, damals Rehabilitationszentrum der Landesversicherungsanstalt Württemberg und heute Reha-Zentrum für chronisch Kranke, möchte ihren Patienten den Rummel natürlich ersparen. Ganz anders ist dagegen die Einstellung der Hoteliers und Gasthausbesitzer: Diese mussten bis vor kurzem sehnlichst auf Wiederholungen der geschäftsfördernden Fernsehserie warten. 2005 war es endlich wieder mal so weit: Zum 20-jährigen Jubiläum gelang diesem Klassiker der Fernsehunterhaltung mit der Ausstrahlung von **»Die Schwarzwaldklinik – Die nächste Generation«** ein kurzfristiges Comeback. Inzwischen ist die ganze Serie auf DVD erhältlich.

Die »Schwarzwaldklinik« war früher eine **Kurklinik der LVA** und ist heute Teil der Reha-Klinik Glotterbad, die sich seit 1997 mit ihren Neubauten und ihrem neuen Bewegungsbad als modernes Rehabilitationszentrum präsentiert. Um den Klinikbetrieb nicht zu stören, müssen Besucher ihre Autos auf einem Parkplatz an der Hauptstraße abstellen (man erreicht die Klinik zu Fuß in ca. 10 Min.; keine Innenbesichtigung!).

Im Glotterbad der 1950er-Jahre haben sich so illustre Persönlichkeiten wie Bundeskanzler Ludwig Erhard, der Maler Oskar Kokoschka und der Schauspieler Rudolf Platte vom damaligen Chefarzt Prof. Dr. Grothe behandeln lassen.

! *Baedeker* TIPP

Scharfe Sachen ...

... gibt es im Scharbachhof im Glottertal in der Nähe der Schwarzwaldklinik, denn hier werden Schwarzwälder Kirschwasser und andere Obstbrände (u. a. Zibärtle, Williams, Quitte) noch im Hause gebrannt. Wer möchte, kann sich bei einer Führung über die Kunst des Schnapsbrennens informieren und auch das eine oder andere Gläschen probieren. Auskunft: Tel. (0 76 84) 241

Im oberen Tal der Glotter lernt man die 1621 errichtete **Hilzingermühle** kennen, die bis 1963 in Betrieb war. Danach wurde die Getreidemühle zweckentfremdet. Nach umfangreichen Restaurierungsmaßnahmen kann man jetzt wieder zuschauen, wie das Mahlwerk arbeitet (Besichtigung n. V., Tel. 0 76 84 / 278).

Föhrental Ein wunderschönes Stück Natur ist das Föhrental, in das man bald nach der Einfahrt bei Heuweier in südlicher Richtung abbiegen kann.

★ Haslach im Kinzigtal

E 10

Landkreis: Ortenaukreis
Einwohnerzahl: 6000
Höhe: 220 – 500 m ü. d. M.
Prädikat: Erholungsort

Das alte fürstenbergische Städtchen am südlichen Kinzigufer wird als Ferienort gern besucht. Besonders malerisch präsentiert sich der alte Stadtkern mit seinen schönen Fachwerkbauten.

Ortsgeschichte Haslach ist ein uralter Siedlungsplatz. Bereits die Römer haben sich hier im 1. Jahrhundert n. Chr. niedergelassen. Erstmals urkundlich erwähnt wurde Haslach im Jahre 1240. Mitte des 13. Jahrhunderts kam der Ort in den Besitz des Hauses Fürstenberg und erhielt 1278 die Stadtrechte. In der Folge wurde Haslach Zentrum eines bedeutenden Silberbergbaureviers und wichtiger Marktort. 1704 wurde die Stadt von Truppen des französischen »Sonnenkönigs« Ludwig XIV. zerstört. 1806 kam das bis dahin fürstenbergische Amtsstädtchen an Baden.

HASLACH IM KINZIGTAL ERLEBEN

AUSKUNFT

Tourist Information
Im alten Kapuzinerkloster
77716 Haslach im Kinzigtal
Tel. (0 78 32) 70 61 70
www.haslach.de

EVENTS

Haslacher Märkte
In Haslach gibt es 5 Jahrmärkte, den Fastenmarkt (Feb.), den Maimarkt (Anfang Mai), den Heuetmarkt (Juli), den Michaelismarkt (Okt.) und den Martinemarkt (Ledigenmarkt; Nov.). Darüber hinaus gibt es noch andere Märkte, vom Nachtflohmarkt bis zum Weihnachtsmarkt. Schöne Schwarzwald-Souvenirs findet man bei den Landfrauen-Märkten (Osterzeit, Sommer, Herbst, Adventszeit).

ÜBERNACHTEN · ESSEN

▸ Komfortabel/Günstig

Gasthaus zur Blume
Schnellinger Str. 56
Tel. (0 78 32) 91 25-0
www.zur-blume.de
21 Zimmer und 2 Suiten
Freundliche Unterkunft mit nett eingerichteten Zimmern. Das Restaurant bietet leckere badische Küche.

Drei Schneeballen
Hauptstr. 11
77716 Hofstetten
Tel. (0 78 32) 28 15
www.drei-schneeballen.de
34 Zimmer
Traditionsreiches Gasthaus mit gutbürgerlicher Schwarzwälder Küche.

Sehenswertes in Haslach und Umgebung

* Alter Stadtkern

Die vom Durchgangsverkehr befreite Altstadt Haslachs besitzt noch zahlreiche Häuser des 18. Jh.s, darunter **viele Fachwerkbauten**. In seiner Gesamtheit ist der historische Stadtkern unter Denkmalschutz gestellt. Am **Marktplatz** mit dem Sebastiansbrunnen (oder Rohrbrunnen, von 1738) steht das 1733 erbaute Rathaus. Bemalt ist es seit 1902. Die ursprünglichen Jugendstilmalereien wurden 1953 durch die heimatbezogenen Bilder ersetzt. Beachtenswert ist ferner das **Hohe Haus** von 1705, das ehemals als **Fürstenbergische Kanzlei** diente.

◂ Pfarrkirche St. Arbogast

Unweit südlich ragt die katholische Pfarrkirche St. Arbogast auf. Die zuletzt zu Beginn des 20. Jh.s umgebaute und vergrößerte Kirche besitzt aus gotischer Zeit noch einen Turm (von 1481). In das Erdgeschoss des Turmes ist ein romanisches Tympanon (12. Jh.), auf dem der Sündenfall dargestellt ist, eingemauert. Bedeutendster Kunstschatz in der Kirche ist der Bildnisgrabstein des Grafen Götz von Fürstenberg (gestorben 1381).

◂ Hansjakob-Museum

Den **Freihof** ließ sich der Haslacher »Dichterpfarrer« **Heinrich Hansjakob** (1837 – 1916) im Jahre 1913 als Alterssitz erbauen. Heinrich Hansjakob hat sich als Chronist des Schwarzwälder Lebens im 19. Jh. einen Namen gemacht (Öffnungszeiten: Mi. 10.00 – 12.30 u. 15.00 bis 17.00, Fr. 15.00 – 17.00, März – Okt. auch So. 10.00 – 12.30 u. 15.00 – 17.00 Uhr).

Schwarzwälder Trachtenmuseum

Die Bauten des 1630 südwestlich außerhalb des Stadtkerns gegründeten **Kapuzinerklosters** sind – wie es den Ordensregeln entspricht – äußerst schlicht. Neben der 1632 errichteten Klosterkirche entstand 1659/1660 die Loretokapelle.
In dem Kapuzinerkloster kann man heute Schwarzwälder Volkstrachten in ihrer ursprünglichen Form bewundern (Öffnungszeiten: Di. – Sa. 9.00 – 17.00, So. 10.00 – 17.00 Uhr).

Fischerbach

Die weit verstreuten Häuser von Fischerbach (1600 Einw., 220 – 930 m ü.d.M.), 6 km nordöstlich von Haslach, überragt der **Brandenkopf** (934 m ü. d. M.). Von dem Aussichtsturm auf seinem Gipfel bietet sich eine prächtige Rundsicht.

Besucherbergwerk »Segen Gottes«

In dem nur wenige Kilometer nördlich von Haslach gelegenen Ort Schnellingen lohnt das alte **Silberbergwerk** »Segen Gottes« einen Besuch, wo schon vor 800 Jahren nach wertvollen Erzen gegraben wurde (Führungen: Mai – Okt. Di. – So. 11.00, 13.30, 15.00 Uhr u. n. V., Tel. 0 78 32 / 91 25-0).

✶ Hinterzarten

E 12

Landkreis: Breisgau-Hochschwarzwald
Einwohnerzahl: 2600
Höhe: 850 – 1200 m ü. d. M.
Prädikat: Heilklimatischer Kurort

Schon seit Mitte des 19. Jahrhunderts hat der Fremdenverkehr hier oben in Hinterzarten Tradition. Weltberühmtheit erlangte der Ort jedoch als Heimat zweier höchst erfolgreicher Skispringer: »Gold-Jörgli« Georg Thoma errang im Jahre 1960 olympisches Gold, sein talentierter Neffe Dieter war in den 1990er-Jahren einer der weltbesten Skispringer.

Gepflegter Ferienort

Der Kurort Hinterzarten liegt auf einer weiten Hochfläche oberhalb des Höllentales und zu Füßen einiger der höchsten Gipfel des Schwarzwaldes. Wegen seiner reizvollen Umgebung und seiner vielfältigen Sport- und Freizeitmöglichkeiten hat sich Hinterzarten zusammen mit Breitnau zu einem der bedeutendsten Ferienorte des Schwarzwaldes entwickelt.

Sehenswertes in Hinterzarten und Umgebung

Inmitten von Wiesen und Wald

Hinterzarten selbst präsentiert sich als gepflegter Ort abseits der Durchgangsstraßen, dessen Häuser, vorwiegend Hotels, Pensionen und Ferienhäuser, sich über die Wiesen- und Waldlandschaft verteilen. Und dann gibt es noch die vielen verstreut liegenden Schwarzwaldhöfe von Hinterzarten und Breitnau, von denen einige bereits seit dem 15. Jh. bestehen.

HINTERZARTEN ERLEBEN

AUSKUNFT

Hochschwarzwald Tourismus GmbH
Infostelle Hinterzarten
Freiburger Str. 1
79856 Hinterzarten
Tel. (0 76 52) 12 06-0
www.hinterzarten-breitnau.de

EVENTS

Rothaus FIS Grand Prix
An einem heißen Wochenende im August trifft sich die Weltelite zum Internationalen Sommerskispringen.

ÜBERNACHTEN · ESSEN

▶ Luxus

Parkhotel Adler
Adlerplatz 3
79856 Hinterzarten
Tel. (0 76 52) 127-0
www.parkhoteladler.de
Das »Erste Haus am Platz«, in dem schon viele bekannte Persönlichkeiten logiert haben, bietet außer 78 komfortablen Zimmern und Suiten vielerlei Annehmlichkeiten, so etwa einen Wellness- und Beauty-Bereich mit Spa, Bade- und Saunalandschaft und Fitness-Center. Gut und teuer speist man im eleganten Restaurant, etwas einfacher geht es im rustikalen »Wirtshus« zu.

▶ Komfortabel

Thomahof
Erlenbrucker Str. 16
79854 Hinterzarten
Tel. (0 76 52) 123-0
www.hotel-thomahof.de
Sonnig gelegenes Haus am Waldrand mit 45 nett eingerichteten Zimmern sowie mit Wellness-Bereich, Kosmetik-Salon, Schwimmbad und Saunalandschaft. Im Restaurant gibt es feine badische Spezialitäten.

▶ Komfortabel/Günstig

Hotel Schwarzwaldhof
Freiburger Str. 2
79856 Hinterzarten
Tel. (0 76 52) 12 03-0
www.schwarzwaldhof.com
Beliebter und modern ausgestatteter Gasthof in zentraler Lage mit 26 gemütlichen Zimmern, Dampfbad, Sauna und Solarium. Die Küche bietet liebevoll zubereitete Schwarzwälder Spezialitäten.

◀ Katholische Kirche

Die moderne katholische Kirche im Ortskern steht an der Stelle eines barocken Vorgängerbaus, dessen Langhaus 1962/1963 abgerissen wurde; Turm (der Unterbau stammt aus dem Jahre 1416), Chor und Kirchenraum wurden zu einer neuen Einheit verbunden.

★ ◀ Schwarzwälder Skimuseum

Der historische Hugenhof beherbergt ein Museum, das sich mit der über 100-jährigen **Geschichte des Skisports** in dem Waldgebirge befasst und sich natürlich auch mit den Lokalheroen Georg und Dieter Thoma beschäftigt (Öffnungszeiten: Mi., Fr. 15.00 – 18.00, Sa., So., Fei. 12.00 – 18.00 Uhr).

Adlerschanze

Auf der mattenbelegten Adlerschanze können die besten Skispringer Deutschlands das ganze Jahr über trainieren. Die Weltelite trifft sich hier alljährlich im Sommer zum FIS Grand Prix Sommerskispringen.

★ **Hinterzartener Moor**

Östlich des Ortskerns erstreckt sich anstelle eines eiszeitlichen Gletschersees ein größeres, inzwischen unter Naturschutz gestelltes Moorgebiet, in dem einige seltene Pflanzen vorkommen.

Jockeleshofmühle

Diese am Ortsausgang nach Titisee gelegene Mühle ist einmalig im Hochschwarzwald: Nur ein Wasserrad treibt sowohl ein Mahlwerk als auch eine Säge an. Die im 18. Jh. errichtete Mühle ist in den 1990er-Jahren restauriert worden.

★ **Heimatpfad Hochschwarzwald**

Entlang dieses markierten Weges, der von Hinterzarten (Bahnhof) durchs Löffeltal bergab ins Höllental (ca. 1 Std.) und dann durch die Ravennaschlucht hinauf nach Breitnau (ca. 2 Std.) führt, gibt es wirtschafts- und kulturgeschichtlich interessante Zeugnisse bäuerlichen Arbeitens im Schwarzwald zu sehen.

Im steilen **Löffeltal** kann man die **Klingenhofsäge** (Klopfsäge, 18. Jh.; Vorführungen im Sommer So. 14.00 – 17.00 Uhr) und die **Rutschershofsäge** (18./19. Jh.) besichtigen. Unten am Höllsteig, beim »Hofgut Sternen«, ist eine historische **Seilerei** (18./19. Jh.) rekonstruiert. Wenige Schritte weiter gibt es eine alte **Glashütte** (Vorführungen: n. V., Tel. 0 76 52/15 50). Das **Hofgut Sternen** ist ein historisches Gasthaus aus dem 18. Jh. mit Zollstation. Hier ist eine Ausstellung zur Geschichte des Höllentals eingerichtet. Weiter talabwärts erreicht man die restaurierte **St.-Oswald-Kapelle**. Die romanische Sakristei mit dem Beinhaus ist der älteste Bauteil des 1148 geweihten ältesten Kirchleins im Südschwarzwald.

Hinter dem Hofgut Sternen geht es unter der Ravennabrücke der Höllentalbahn hindurch in die wildromantische **Ravennaschlucht**. Nun steigt man steil hinauf über Treppen, enge Brückchen und besonders gesicherte Wegstrecken immer an den Wasserfällen der Ravenna entlang, die von der zirka 200 m höher gelegenen Breitnau herunterstürzt. Im oberen Teil der Schlucht kann man die **Großjockenmühle** (19. Jh.) besichtigen. In der oberen Ravenna ist noch eine alte Seiltriebanlage installiert zum Antrieb von Sägen, Drehbänken und Hobelmaschinen. Schließlich erreicht man die **Breitnau**, von der aus man auf bequemem Weg wieder zurück nach Hinterzarten kommt.

Breitnau

Der 5 km nördlich von Hinterzarten über dem Höllental gelegene Luftkurort Breitnau (2000 Einw., 800 – 1200 m ü. d. M.) erstreckt sich mit seinen weit verstreuten Höfen und Häusern in einem sonnigen Hochtal. Die **Dorfkirche** besitzt mit einem spätgotischen Kreuzigungsrelief an der Außenwand des Westturms, dem Grabmal für Helena von Landeck (von 1603) und dem Hochaltar von Matthias Faller bedeutende Kunstwerke.

★ **Höllental**

Das Höllental, durch das die vielbefahrene, Hinterzarten mit Freiburg verbindende B 31 führt, ist ein knapp 10 km langes und enges Felsental. Es beginnt am Höllsteig bzw. an der Ravennaschlucht und endet in Himmelreich am Austritt des Tales ins Zartener Becken. Bewaldete Hänge, die bis zu 600 m hoch und sehr steil ansteigen, begrenzen das Tal, lassen es düster, ja unheimlich erscheinen. Vielleicht erklärt sich daraus der Name Höllental – und andererseits auch der Ortsname Himmelreich!

◄ Verkehrs-erschließung

Erst seit Mitte des 17. Jh.s führt ein Weg durchs Höllental, der allerdings lange als unwegsam galt. Um die Mitte des 18. Jh.s hat man den Karrenweg zum **Güter- und Postweg** ausgebaut. Angenehm ließ sich darauf noch immer nicht reisen.

Nochmalige Ausbesserungen wurden vorgenommen, nachdem bekannt geworden war, dass **Marie Antoinette**, die Tochter der österreichischen Kaiserin Maria Theresia, von Wien über den Schwarzwald nach Frankreich reisen sollte, um dort 1770 den späteren Ludwig XVI. zu heiraten. Für die Bewohner des Höllentals war es ein denkwürdiges Ereignis, als am 4. Mai 1770 der Brautwagen und 51 ihm folgende festlich geschmückte Kutschen eintrafen – immerhin gehörte das Gebiet bis 1806 zu Vorderösterreich.

Doch war der Weg mit teilweise über 20% Steigung (zwischen Höllsteig und Hinterzarten) für Pferdewagen auch weiterhin nur schwer passierbar. Beim Hofgut Sternen in Höllsteig mussten die Fuhrleute zu ihren eigenen Gespannen weitere vier oder gar sechs Vorspannpferde anmieten, um die Steige hinauf nach Hinterzarten überhaupt bewältigen zu können. Mitte des 19. Jh.s hat man eine neue Trasse angelegt, der die heutige **Bundesstraße 31** folgt.

★ ◄ Höllentalbahn

Auch der Eisenbahnbau durch das Höllental war mit technischen Anstrengungen verbunden, doch fand der Karlsruher Ingenieur **Robert Gerwig** (►Berühmte Persönlichkeiten), von dem auch die Pläne für die Schwarzwaldbahn (s. S. 290) stammen, eine technische Lösung. Man begann 1884 mit dem Bau der Höllentalbahn, und 1887 konnte der Betrieb bis Neustadt, 1901 bis Donaueschingen aufgenommen werden. Die Steilstrecken zwischen Himmelreich und Hinterzarten konnten bis 1933 nur durch den Einsatz von Zahnradloks bewältigt werden. Die Reisenden hatten sich damals auf eine gemütliche Fahrt einzustellen. Die Geschwindigkeit betrug 10 – 30 km/h. Heute geht's schneller. Man »braust« mit immerhin 60 km/h auf der Steilstrecke bergauf und mit 50 km/h bergab. Nach wie vor ist die Höllentalbahn, die bis Hinterzarten 625 m Höhenunterschied überwindet und bis Titisee neun Tunnels passiert, **eine der schönsten Bahnstrecken Deutschlands**.

Ravenna-Viadukt der Höllentalbahn

Höllsteig ► Am Höllsteig am Talende befindet sich das **Hofgut Sternen** (s. oben), wo auch schon Johann Wolfgang von Goethe (1779) logierte. Lohnend sind Besichtigungen der Glashütte und der St.-Oswald-Kapelle sowie eine Wanderung in die Ravennaschlucht (s. oben).

★ Hirschsprung ► Ein **Bronzehirsch** hoch oben auf dem Felsen erinnert an die Sage, dass sich ein Hirsch durch einen Sprung über die hier nur 20 m breite Schlucht vor seinen Verfolgern gerettet hat.

Burgruine Falkenstein ► Ca. 80 m über dem Tal erhebt sich die Burgruine Falkenstein. Die Herren von Falkenstein, die das gesamte Höllental kontrollierten, verärgerten im 14. Jh. die Freiburger durch ihre Raubzüge. Kurzerhand zerstörten diese 1390 die Burg.

Himmelreich ► Den Zugang zum Höllental bildet die kleine Ortschaft Himmelreich (»Wie nah die Hölle grenzt ans Himmelreich, im Dreisamthale kannst du leicht es schauen; ...«). Hervorgegangen ist sie aus einem Bauernhof, der bereits im 14. Jh. bestand.

★ Horb am Neckar

19

Landkreis: Freudenstadt
Einwohnerzahl: 26 000
Höhe: 375 – 706 m ü. d. M.
Prädikat: Große Kreisstadt

Nicht von ungefähr ist Horb alljählich Schauplatz der berühmten Maximilian-Ritterspiele. Denn das alte Städtchen mit seinen zahlreichen schmucken Bauten aus längst vergangenen Zeiten liegt recht malerisch auf einem Landsporn über dem jungen Neckar.

Ereignisreiche Stadtgeschichte

Im Jahre 1101 wurde Horb erstmals urkundlich erwähnt. Es erhielt im 13. Jahrhundert die Stadtrechte. Um 1300 gelangte die junge Stadt in den Besitz der **Grafen von Hohenberg**. Diese verkauften ihre Grafschaft mitsamt der Stadt an die Habsburger. 1480 erhielt Horb auf Anordnung der Erzherzogin Mechthild eine neue Befestigung, von der heute jedoch nur noch kümmerliche Reste zu sehen sind. 1556 und 1725 richteten Brände schlimme Verwüstungen an. 1806 wurde Horb württembergisch. Der Eisenbahnbau im späten 19. Jh. stimulierte das Wachstum der Stadt. Heute ist sie ein regional bedeutsamer Verkehrsknotenpunkt und ein lebhafter Industriestandort am Ostrand des Schwarzwalds. Im Zuge der baden-württembergischen Gemeindereform kamen 1975 nicht weniger als 18 Nachbargemeinden zu Horb. So ist zu verstehen, dass in der Stadt selbst nur ein Viertel der gesamten Einwohnerschaft lebt.

! *Baedeker* TIPP

Schwarzwald von oben

Die Ballonsportgruppe Horb bietet Möglichkeiten zur Teilnahme an Ballonfahrten, bei denen man den östlichen Schwarzwald aus der Vogelperspektive kennenlernen kann. Weitere Informationen: Tel. (0 74 51) 41 61.

Horb Orientierung

Übernachten und Essen
① Forellengasthof Waldeck

Gartenschau 2011

Unter dem Motto **»Neckarblühen«** findet in Horb 2011 eine Gartenschau mit umfangreichem Beiprogramm statt. Dafür sind die Flussgestade vom Alten Neckarbad im Südwesten der Stadt bis zum Festplatz am östlichen Stadtausgang sehr ansprechend hergerichtet worden (Öffnungszeiten: 20. Mai – 18. Sept. 2011 tgl. 9.00 – 21.00 Uhr).

Sehenswertes in Horb und Umgebung

Altstadt

Einige **Reste der Stadtbefestigung** sind noch erhalten, so beispielsweise Teile der äußeren Ringmauer am westlichen Stadteingang. Beachtenswert ist der **Ringmauerturm** (1480), einer von fünf Wehrtürmen, die einstmals die Nordflanke der Stadt schützten. In ihm ist ein kleines wehrgeschichtliches Museum eingerichtet. Der **Schütteturm** ist seinerzeit als Wachturm errichtet worden. Um das Jahr 1431 hat man nebenan eine **Ottilienkapelle** errichtet, die zur vielbesuchten Wallfahrtsstätte Augenleidender werden sollte. Von hier oben hat man einen schönen Ausblick in Richtung Schwäbische Alb. Der **Schurkenturm** ist als der einstige Burgfried des Schlosses der Hohenberger anzusehen, das um 1400 an der Schildmauer erbaut worden ist. Bis ins 19. Jh. befand sich hier das Horber Gefängnis.

* ◄ Stiftskirche Hl. Kreuz

Das Gotteshaus wurde 1725 anstelle eines Vorgängerbaus von 1387 errichtet. Eindrucksvoll ist die **Horber Madonna**, eine Kalksteinfigur, die im frühen 15. Jh. geschaffen worden ist. Beachtenswert sind fer-

HORB AM NECKAR ERLEBEN

AUSKUNFT

Stadtinformation
Marktplatz 12
72160 Horb am Neckar
Tel. (0 74 51) 901-231
www.horb.de

EVENTS

Maximilian-Ritterspiele
An einem Wochenende im Juni lockt dieses Spektakel zehntausende Zuschauer an. Es erinnert an das Jahr 1498, als der spätere Kaiser Maximilian zur Unterzeichnung des Horber Vertrages in der Stadt weilte.

ÜBERNACHTEN · ESSEN

► **Günstig**

① ***Forellengasthof Waldeck***
Mühlsteige 33
72160 Horb-Isenburg
Tel. (074 51) 388-0
www.forellengasthof-waldeck.de
Hier gibt es nicht nur bestens zubereitete Forellen, sondern auch 19 freundliche Gästezimmer.

ner die im Chor aufgestellten **Zunftstangen** und der **barocke Orgelprospekt** (um 1725).

Spitalkirche ► Die in den 1970er-Jahren renovierte spätgotische Spitalkirche, auch Liebfrauenkirche genannt, gehört zum einstigen Burgkomplex. Ihre Anfänge reichen bis ins 13. Jh. zurück. Sie enthält einen Hochaltar aus dem 16. Jh., eine Kreuztragungsgruppe aus dem 15. Jh. sowie Fresken aus dem 14. und 15. Jahrhundert.

★ Rathaus ► Das 1765 erbaute Rathaus wurde durch seine Fassadenmalerei bekannt. Diesen **Horber Bilderbogen** hat der einheimische Kunstmaler Klink 1927 ausgeführt. Zu sehen sind die Wappen von bedeutenden Adelsgeschlechtern sowie die Porträts berühmter Horber Persönlichkeiten (u.a. Martin Gerbert, Fürstabt von ►St. Blasien).

Hoher Giebel ► Dieser alemannische Fachwerkbau unten an der Neckarstraße ist 1622 wohl für den Vogt Heinrich Adam von Ow errichtet worden. Er blieb vom Stadtbrand des Jahres 1725 verschont. Heute beherbergt er das reichhaltige Horber **Stadtmuseum** (Öffnungszeiten: So u. Fei. 13.30 – 16.00 Uhr).

★ **Eisenbahn-Erlebniswelt**

Horbs neueste Attraktion ist am südlichen Stadtrand angesiedelt. Hier sind nicht nur betagte **Elektroloks** und **Triebwagen** der Gäubahn zu sehen, sondern auch ein Exemplar der legendären **Baureihe Ae 6/6** der schweizerischen Gotthardbahn. Eine tolle Modellbahnanlage, ein Eisenbahn-Kino und eine Gartenbahn runden die Ausstellung ab (Öffnungszeiten: Di. – So. 10.00 – 17.00 Uhr).

Berthold-Auerbach-Museum

Im **Barockschloss** des östlich der Kernstadt gelegenen Stadtteils **Nordstetten** wird an **Berthold Auerbach** (1812 – 1882), den meistgelesenen deutschen Schriftsteller seiner Zeit, erinnert (Öffnungszeiten: Mo. u. Do. 8.30 – 12.30, Di. 14.00 bis 18.00, Fr. 8.30 – 10.30 Uhr).

Hornberg

F 10

Landkreis: Ortenaukreis
Einwohnerzahl: 4500
Höhe: 364 – 1000 m ü. d. M.
Prädikat: Erholungsort

Bekannt geworden ist das Städtchen im Gutachtal durch das »Hornberger Schießen«. Dass es auch – zumindest indirekt – Heimat des weltberühmten Schwarzwälder Bollenhutes ist, wissen aber nur Eingeweihte.

Stadtgeschichte

Bereits im 11. Jh. hat man auf steilem Fels über dem Gutachtal eine Burg angelegt, zu deren Füßen im 13. Jh. eine Burgsiedlung entstand. Im 15. Jh. fiel die Herrschaft Hornberg an die Württemberger. Während des Dreißigjährigen Krieges wurde die Stadt Schauplatz heftiger Auseinandersetzungen zwischen schwedischen, französischen und bayerischen Truppen. Noch im 17. Jh. zerstörten die Franzosen die Burg Hornberg. Im Jahre 1700 wurde Hornberg Station an der Thurn-und-Taxis-Postlinie Straßburg – Villingen – Ulm. Im Zuge der von Napoleon angeschobenen Territorialreform kam Hornberg 1810 an Baden. Starke Impulse erhielt das örtliche Gewerbe durch die neue Schwarzwaldbahn, die 1888 fertiggestellt war.

Jedes Jahr im Sommer wird das »Hornberger Schießen« nachgestellt.

HORNBERG ERLEBEN

AUSKUNFT

Tourist-Information
Bahnhofstr. 3
78132 Hornberg
Tel. (0 78 33) 793-44
www.hornberg.de

EVENT

Hornberger Schießen
Das historische Ereignis wird im Sommer auf der Freilichtbühne im Storenwald nachgestellt.

ÜBERNACHTEN · ESSEN

► **Komfortabel/Günstig**
Hotel Schloss Hornberg
Auf dem Schlossberg
78132 Hornberg
Tel. (0 78 33) 96 55-0
www.schloss-hornberg.de
Die 39 sind nett eingerichtet und die Aussicht ist toll. Auch kann man hier oben gut essen. Hin und wieder wird auch ein Rittermahl geboten.

Hotel Adler
Hauptstr. 66
78132 Hornberg
Tel. (0 78 33) 93 59 90
www.hotel-adler-hornberg.de
Kürzlich renovierte Unterkunft mit 19 gut ausgestatten Zimmern und gemütlichem Restaurant, das saisonale Gerichte anbietet.

Bis vor kurzem war das Städtchen sehr vom Verkehr auf der stark befahrenen B 33 beeinträchtigt, denn diese führte mitten durch die Stadt. Seit Fertigstellung der neuen Ortsumgehung mit Tunnel atmet man in Hornberg auf, denn jetzt hofft man, mehr Urlauber in der Stadt halten zu können.

Hornberger Schießen

Das sprichwörtliche »Hornberger Schießen«, das alljährlich auf Hornbergs Waldfreilichtbühne nachgestellt wird, hat sich wohl während des Dreißigjährigen Krieges zugetragen: Damals haben sich in der Unter- und der Oberburg verschanzte schwedische und französische bzw. bayerische Truppen gegenseitig erfolglos belagert.
Nach einer volkstümlicheren Version hat sich das Hornberger Schießen jedoch folgendermaßen zugetragen: Im Jahre 1564 erwartete man im Städtchen freudig erregt den Besuch des Herzogs von Württemberg. Der adlige Herr sollte mit gebührendem Salut empfangen werden. Diverse Irrtümer – das eine Mal hielt man die Staubwolke einer herannahenden Viehherde, das andere Mal die eines Kaufmanns und seines Gefolges für den hurtig einherziehenden Fürsten – und vorauseilender Gehorsam führten dazu, dass alles Pulver noch vor der Ankunft des obersten Württembergers verschossen war.

Sehenswertes in Hornberg und Umgebung

Altstadt

Beachtenswert ist die stattliche **Ev. Stadtkirche**, die im 13./14. Jh. erbaut worden ist. Ihr schöner im Stil der Hochgotik gehaltener Chor ist ebenso sehenswert wie die um 1600 entstandenen Fresken, die Szenen aus dem Alten Testament zeigen. Das nett anzusehende **Rathaus** ist in den 1660er-Jahren erbaut worden. Im ehemaligen Zollamt ist das **Stadtmuseum** eingerichtet, das die Entwicklung Hornbergs von der mittelalterlichen Ackerbürgerstadt zum Gewerbestandort und zum Touristenziel nachzeichnet (Werderstr. 15; Öffnungszeiten: April – Sept. 1. u. 3. Mi. im Monat u, 2. So. im Monat 10.00 bis 12.00 Uhr).

! *Baedeker* TIPP

Schwarzwälder Pilzlehrschau

Diese im deutschsprachigen Raum wohl einzigartige Einrichtung zeigt nicht nur alle wichtigen Pilze, sondern bietet auch pilzkundliche Seminare für Profis und Laien an. Weitere Informationen: Schwarzwälder Pilzlehrschau, Werderstr. 17, 78132 Hornberg, Tel. (0 78 33) 63 00, www.pilzzentrum.de.

Auf dem Schlossberg, einem ca. 100 m hohen Felssporn, thront die **Ruine** der mittelalterlichen Burg Hornberg. Erhalten sind noch der **Bergfried**, der **Pulverturm**, der **Zwinger** und zwei Gewölbe. Früher gab es hier sogar zwei Burgen. Spärliche Reste der älteren Burg sind in der Nähe des Schlosshotels zu sehen.

Duravit Design Center

Jedem Hornberg-Besucher, der aus Richtung Triberg kommt, fällt sofort die überdimensionale (und nachts illuminierte) Kloschüssel an der Stadteinfahrt auf. Es ist das vom französischen Star-Designer **Philippe Starck** für die in Hornberg ansässige Firma Duravit entworfene und im Jahre 2004 eröffnete Design Center. Fachleute und interessierte Laien bzw. potenzielle Käufer von Sanitär-Keramik etc. können sich hier in einer Mischung aus Produkt-Präsentation, Verkaufsausstellung und Workshop über die neuesten Trends der Badezimmer-Architektur informieren (Öffnungszeiten: Mo. – Fr. 7.30 bis 19.00, Sa. 10.00 – 16.00 Uhr).

Weltberühmter Kopfschmuck

Die **wahre Heimat des Bollenhutes** (s. Baedeker Special, S. 30) ist die nach Hornberg eingemeindete Streusiedlung **Reichenbach**, die sich mit ihren alten Schwarzwaldhöfen etwa 3 km östlich des Städtchens über mehrere Seitentäler der Gutach und bis hinauf zum Fohrenbühl erstreckt. Von hier lohnt eine Wanderung südwestlich bergauf zum aussichtsreichen **Windkapf** (926 m ü.d.M.; Gasthaus).

Mooswaldkopf Etwa 7 km nordöstlich oberhalb von Hornberg erhebt sich der Bergrücken Fohrenbühl mit dem 879 m hohen Mooswaldkopf nahe an der Grenze zwischen Baden und Württemberg. Auf dem Gipfel steht das **Fohrenbühl-Gedächtnishaus** (Gasthaus) mit einem **Aussichtsturm**, von dem sich ein überwältigender Panorama-Rundblick bietet. Im Winter heißt es hier oben »Ski und Rodel gut«.

✶ Schwarzwaldbahn In Hornberg beginnt der Anstieg der von 1838 bis 1888 erbauten Schwarzwaldbahn. Die **»Mutter aller Gebirgsbahnen«** und eine der schönsten Bahnstrecken Deutschlands, führt – von ► Offenburg kommend – über Hausach im Kinzigtal und dann im Tal der Gutach aufwärts über Hornberg nach ►Triberg und weiter hinauf nach ►St. Georgen und ►Villingen.
Maßgeblich für die Streckenplanung waren die territorialen Machtverhältnisse in der zweiten Hälfte des 19. Jh.s. Statt eines einfacheren Aufstiegs über württembergisches Gebiet (Schiltach – Schramberg) entschied man sich für den Vorschlag des badischen Baudirektors **Robert Gerwig** (► Berühmte Persönlichkeiten), der jedoch einen finanziellen Kraftakt sondergleichen und Höchstleistungen der Ingenieurskunst erforderte. Die Hauptarbeit wurde zwischen 1838 und 1888 geleistet. Als besonders schwierig sollte sich die Überwindung des Höhenunterschieds von 450 m zwischen den beiden nur 10 km (Luftlinie) auseinanderliegenden Städtchen **Hornberg** und **St. Georgen** erweisen. Damit auch schwere Güterzüge den steilen Anstieg auf kurzer Distanz bewältigen konnten, musste die Strecke künstlich verlängert werden, was nur durch den Bau zahlreicher Brücken und Viadukte sowie durch die Anlage von nicht weniger als 27 Tunnels möglich war.

✶✶ Kaiserstuhl

B/C 11

Landkreise: Breisgau-Hochschwarzwald, Emmendingen **Höhe:** 190 – 557 m ü. d. M.

Dieses kleine Gebirge hat es in sich: Es steigt markant aus der Oberrheinebene nordwestlich von Freiburg auf, ist vulkanischen Ursprungs, ist Deutschlands wärmste Landschaft sowie Deutschlands ergiebigstes Wein- und Obstbaugebiet.

Vulkangestein und fruchtbarer Lössboden Höchster Gipfel des 16 km langen, 12 km breiten und durchschnittlich 300 m hohen Höhenzuges ist der 557 m hohe **Totenkopf**. Der Kaiserstuhl besteht aus jungvulkanischen Tuffen und Ergussgesteinen, die die tektonisch zerrütteten Juraschichten durchbrochen haben. Fast der gesamte Höhenzug ist von einer fruchtbaren gelblichen Lössdecke überzogen, die am Gebirgsfuß 10 – 20 m mächtig ist. Der fruchtbare Löss, das **sehr milde Klima** mit hohen Sommertemperatu-

Umgeben von Rebterrassen ist das Winzerdorf Bickensohl; im Hintergrund erhebt sich der Totenkopf mit seinem Aussichtsturm.

ren und verhältnismäßig geringen Niederschlägen ermöglicht einen lukrativen Wein- (43% des gesamten Gebiets sind mit Reben bedeckt) und Obstanbau (allein auf der Gemarkung Oberrotweil stehen ca. 60 000 Obstbäume).

✶ Landschaftsbild

In kaum eine andere Landschaft hat der Mensch in jüngerer Vergangenheit so stark eingegriffen wie in den Kaiserstuhl. Früher bildeten viele kleine, an den Hängen übereinander gestaffelte **Rebterrassen** neben den bis zu 20 m tief eingeschnittenen **Hohlwegen** charakteristische Oberflächenformen. Seit den 1970er-Jahren entstanden durch Flurbereinigungen ausgedehnte Terrassenlandschaften, die einen traditionellen Weinbau ermöglichen. Nur die höchsten bewaldeten Erhebungen des Kaiserstuhls zeigen noch ihr ursprüngliches Bild.

◀ Vegetation

Trotz dieser erheblichen Eingriffe in die Natur gilt der Kaiserstuhl noch immer als botanisches Eldorado. Dank der günstigen Boden- und Klimaverhältnisse konnte sich eine Pflanzenwelt entwickeln, die teilweise an das nördliche Mittelmeergebiet denken lässt. Vor allem an den sonnigen Südhängen gedeiht **Trockenrasen**. Schon Anfang März sieht man hier die auffallende Küchenschelle, in den Weinbergen stehen die tiefblauen süß duftenden kleinen Traubenhyazinthen, und **Orchideen** sind in zahlreichen Arten vertreten, u.a. in Gestalt von Purpur-Knabenkraut, Spitzorchis und Frauenschuh.

? WUSSTEN SIE SCHON ...?

- Seinen Namen hat der Kaiserstuhl wohl von Kaiser Otto III., der im Jahre 994, also zwei Jahre vor seiner Kaiserkrönung, bei Sasbach einen Gerichtstag abgehalten hat.

DEN KAISERSTUHL ERLEBEN

AUSKUNFT

Kaiserstuhl-Tuniberg Tourismus e. V.
Marktplatz 16
79206 Breisach
Tel. (0 76 67) 94 01 55
www.kaiserstuhl.cc

EVENTS

Weinfeste
Am Kaiserstuhl finden hauptsächlich in der Zeit von Juni bis Oktober gut besuchte Wein- und Zwiebelkuchenfeste statt, so etwa in Ihringen (Juni), Vogtsburg-Bischoffingen (Juli), Breisach (Ende August), Vogtsburg-Achkarren, Vogtsburg-Oberbergen, Bickensohl und Königschaffhausen (alle September/Oktober).

AKTIVITÄTEN

Museumseisenbahn »Rebenbummler«
Eine schöne Möglichkeit, den Kaiserstuhl kennen zu lernen, ist eine Fahrt mit dem »Rebenbummler«, einem alten Dampfzug, der an mehreren Terminen im Jahr zwischen Riegel und Breisach verkehrt.

Kaiserstuhl-Nord-Süd-Wanderweg
Die vielleicht besten Landschaftseindrücke vermittelt die Wanderung auf dem Kaiserstuhl-Nord-Süd-Wanderweg. Er führt von Endingen über den Totenkopf nach Ihringen (16 km) und ist durch eine blaue Raute auf gelbem Grund markiert.

Kaiserstuhl-Radwanderweg
Diese 64 Kilometer lange Rundfahrt führt entlang der Rebenhänge und durch Obstplantagen sowie durch mehrere freundliche Winzerorte, in denen man wirklich gemütlich rasten kann.

ESSEN

► Erschwinglich

Baedeker-Empfehlung

Schwarzer Adler
Badbergstr. 23
79235 Vogtsburg-Oberbergen
Tel. (0 76 62) 93 30-0
www.franz-keller.de
Der »Schwarze Adler« ist mit seiner feinen badischen Küche die bekannteste Gourmet-Adresse der Region Kaiserstuhl. Zudem bietet der Inhaber und passionierte Winzer Franz Keller beste Weine. Mehrere gemütliche Fremdenzimmer sind vorhanden.

ÜBERNACHTEN

► Komfortabel/Günstig

Hotel Kreuz-Post
Landstr. 1
79235 Vogtsburg-Burkheim
Tel. (0 76 62) 90 91-0
www.kreuz-post.de
Das Landhotel mit seinen 29 geschmackvoll eingerichteten Gästezimmern liegt mitten in den Weinbergen. Im Restaurant wird gute badische Küche serviert. Außerdem gibt's hier eine Hausbrennerei.

Hotel Zur Krone
Schlossbergstr. 15
79235 Vogtsburg-Achkarren
Tel. (0 76 62) 93 13-0
www.krone-achkarren.de
In dem gepflegten kleinen Hotel mit 23 Zimmern kann man gut übernachten und auch fein speisen.

Siedlungsspuren gibt es im Kaiserstuhl bereits aus der Steinzeit. Die Römer setzten sich in Breisach und Riegel fest und legten Randstraßen um den Höhenzug an. Vielleicht bestanden schon zu dieser Zeit Rebkulturen, erstmals erwähnt wird der Weinbau jedoch erst 769 in einer Schenkungsurkunde an das Kloster Lorsch.
Weinbau wurde weiterhin im Kaiserstuhl betrieben, allerdings galt der hier erzeugte Wein bis ins 20. Jh. hinein als einfacher, wenig qualitätsvoller Wein. Dies änderte sich erst nach dem Ersten und insbesondere nach dem Zweiten Weltkrieg, als man begann, Qualitätsweinbau zu betreiben. Bereits 1924 wurden die ersten Winzergenossenschaften im Gebiet des Kaiserstuhls gegründet. Heute werden rund 90% der geernteten Trauben von den Genossenschaften verarbeitet und vertrieben. Die vorherrschenden Rebsorten im Kaiserstuhl sind Müller-Thurgau, Ruländer, Silvaner und Spätburgunder.

◄ Vom Weinbau geprägt

Sehenswertes am Kaiserstuhl

Riegel

Riegel (3200 Einw., 183 m ü.d.M.), bekannt als Sitz einer großen **Brauerei**, liegt am Nordrand des Kaiserstuhls an der Einmündung von Elz, Dreisam und Glotter in den Leopoldskanal. Der 763 als Rigola erwähnte Ort war schon in der Römerzeit eine bedeutende Siedlung. Davon zeugen bis heute die **Reste eines Mithras-Heiligtums** (in der Uesenbergstraße), das zu Beginn des 2. Jh.s n. Chr. erbaut wurde. Die Römer verehrten hier etwa hundert Jahre lang den mit der Sonne in Verbindung stehenden Erlösergott Mithras. Das **Rathaus** von 1784 bewahrt Funde aus der Bronze-, Kelten- und Römerzeit. Die barocke **Pfarrkirche St. Martin** (1743 – 1749) wurde nach ihrer Zerstörung im Zweiten Weltkrieg wieder aufgebaut. Zum Kirchenbesitz gehören zwei spätgotische Madonnen. Auf einem Hügel am südlichen Ortsrand steht die **Michaelskapelle** aus dem 15. Jh.; von hier bietet sich ein toller Ausblick.

Sasbach am Rhein

Sasbach (2700 Einw., 180 – 220 m ü. d. M.) ist eine typische Winzergemeinde am nördlichen Rand des Kaiserstuhls. Bis 1850 floss der heute ca. 1 km entfernte Rhein dicht am Dorf vorbei. Seinerzeit lebte man hier von der Fischerei. Die katholische **Pfarrkirche St. Martin** ist ein stattlicher Bau von 1741 mit romanischem Glockenturm und barockem Hochaltar. Direkt über dem Rhein erhebt sich nordwestlich des Ortes die Ruine der **Limburg** (269 m ü. d. M.) als Rest einer im Dreißigjährigen Krieg zerstörten Zähringer-Burg. Hier soll 1218 Rudolf von Habsburg geboren sein.

Burgruine Sponeck

Beeindruckender ist jedoch die 2 km westlich aufragende Burgruine Sponeck (Privatbesitz). Erbaut wurde sie kurz vor 1300 und fiel ebenfalls den Zerstörungen des Dreißigjährigen Krieges zum Opfer. Der Turm wurde 1930 von dem Maler Adolf Bühler als Atelier ausgebaut. Auf dem Burggelände hat man vor einiger Zeit **Grundmauern eines römischen Kastells** freigelegt.

★ **Burkheim** Zu den hübschesten Orten im Kaiserstuhl gehört Burkheim (900 Einw., 212 m ü. d. M.). Erwähnt wurde es erstmals 762 als Besitz des Klosters Einsiedeln. Die Herren von Uesenberg bauten es um 1300 planmäßig zur Stadt aus, die 1330 an Österreich kam. Im **historischen Ortskern** steht neben schönen Bürgerhäusern des 16. – 18. Jh.s das **Rathaus**, ein schlichter dreigeschossiger Renaissancebau von 1604 mit Treppenturm. Die **Pfarrkirche**, ursprünglich als Wehrbau errichtet und bereits im 10./11. Jh. erwähnt, stammt in ihrem heutigen Erscheinungsbild weitgehend aus dem 18./19. Jahrhundert. Von dem mittelalterlichen Vorgängerbau blieb die ehemals als Chor dienende offene Erdgeschosshalle des Turmes erhalten (bedeutende Wandmalereien aus der ersten Hälfte des 16. Jh.s). An der Westspitze des Ortes erhebt sich die Ruine eines Schlösschens, das sich der kaiserliche Feldobrist Lazarus von Schwendi 1572 – 1574 anstelle der im Bauernkrieg zerstörten Burg der Uesenberger erbaut hatte. Es wurde 1672 und 1793 von den Franzosen zerstört.

Weinkeller in Burkheim

Bischoffingen Rundum von Weinbergen umgeben liegt Bischoffingen (700 Einw., 190 – 444 m ü. d. M.), im Osten überragt von der bewaldeten **Mondhalde**. Von hier bietet sich ein **herrlicher Rundblick** über den Kaiserstuhl. Obgleich die Besiedlung des Ortes schon weiter zurückreicht, datiert die erste urkundliche Erwähnung aus dem Jahre 1008. Damals ging der Ort in den Besitz des Bischofs von Basel über – der heutige Ortsname leitet sich aus diesem Vorgang ab.

Oberrotweil, Vogtsburg i. K. Südlicher Nachbarort von Bischoffingen ist Oberrotweil. Es ist mit seinen rund 1500 Einwohnern die größte der ehemaligen sieben Winzergemeinden (Achkarren, Bickensohl, Bischoffingen, Burkheim, Oberrotweil, Oberbergen und Schelingen), die heute die Weinbaugemeinde Vogtsburg im Kaiserstuhl (5600 Einw.) bilden und deren Verwaltungssitz. Mit einer Rebfläche von rund 1450 ha ist Vogtsburg die **größte Weinbaugemeinde in Baden-Württemberg**.

Niederrotweil Mit einem der bedeutendsten Kunstschätze im Kaiserstuhl kann das 2 km südwestlich gelegene Niederrotweil aufwarten. Die **Michaelskirche**, einst Pfarrkirche und heute Friedhofskapelle, wurde vermutlich bereits im 8. Jh. gegründet, die früheste urkundliche Erwähnung datiert jedoch aus dem Jahr 1157. Einige der Mauern im Chor, im

Langhaus und im Sockelgeschoss des Turmes stammen noch aus romanischer Zeit. Im spätgotischen Chor beeindrucken großfigurige Fresken (um 1350) sowie ein Sakramentshäuschen (1492). Wichtigstes Kircheninventar ist jedoch der **Hochaltar**, ein Spätwerk des Meisters H. L. (möglicherweise Hans Loy, er gilt auch als Urheber des Breisacher Schnitzaltars). Der wahrscheinlich um 1520 entstandene Altar zeigt im Mittelteil die Krönung Marias, auf den Flügeln sieht man links den Erzengel Michael als Seelenwäger und die Taufe Christi, rechts die Enthauptung Johannes des Täufers und den Engelsturz; in der Predella Christus und die zwölf Apostel.

Oberbergen

Liebhabern badischer Weine ist der Ort Oberbergen (940 Einw., 246 bis 450 m ü.d.M.) bekannt durch die Reblage **»Oberbergener Bassgeige«**. Probieren kann man die hervorragenden Weine auch im **»Schwarzen Adler«**, einem der besten Restaurants der Region.

Achkarren

Von Oberrotweil gelangt man über Bickensohl nach Achkarren (770 Einw., 230 m ü. d. M.). Das **Kaiserstühler Weinbaumuseum** im Ortskern informiert über Boden, Klima, Rebsorten und die Geschichte des Weinbaus (Öffnungszeiten: Palmsonntag – 1. Nov. Di. – Fr. 14.00 – 17.00, Sa., So., Fei. 11.00 – 17.00 Uhr).

Bötzingen

Die Weinbaugemeinde Bötzingen (5000 Einw., 192 m ü. d. M.) besitzt im Ortsteil Oberschaffhausen (an der Straße nach Oberbergen) eine beachtenswerte **St.-Alban-Kapelle**, geweiht ist sie dem Nothelfer gegen die Pest. Das Ende des 15. Jh.s errichtete kleine Gotteshaus birgt schöne Wandmalereien (um 1500).

Kandern

B/C 13

Landkreis: Lörrach
Einwohnerzahl: 7000
Höhe: 280 – 711 m ü. d. M.
Prädikat: Erholungsort

In einem geschützten Tal im ►Markgräflerland liegt die traditionsreiche Töpferstadt Kandern, die dank ihrer reizvollen Umgebung von Schwarzwald-Urlaubern gern besucht wird.

Stadt der Töpfer

Dank ergiebiger Tongruben in der Umgebung blickt die Töpferwaren- und Keramikindustrie in Kandern auf eine lange Tradition zurück. Schon in römischer Zeit und durch das gesamte Mittelalter hindurch lassen sich Töpferei bzw. Hafnerei nachweisen. Erstmals erwähnt wurde Kandern – der Name kommt aus dem Keltischen und bedeutet so viel wie »hell, klar und glänzend« – in einer Urkunde des Klosters Lorsch. Einige Zeit später war Kandern Hauptort der Herrschaft Sausenberg. Im Jahre 1503 kam es an Baden. Die Stadtrechte erhielt es jedoch erst im Jahre 1810. Im **Revolutionsjahr 1848** fand

KANDERN ERLEBEN

AUSKUNFT

Tourist-Information
Hauptstr. 18
79400 Kandern
Tel. (0 76 26) 97 23 56
www.kandern.de

AKTIVITÄTEN

Museumseisenbahn »Chanderli«
Von Mai bis Mitte Oktober verkehrt jeden Sonntag eine Museumseisenbahn im Kandertal zwischen Kandern und Haltingen. Fahrplan und Informationen: Tel. (0 76 26) 97 23 56, www.kandertalbahn.de

ÜBERNACHTEN · ESSEN

► Komfortabel

Zur Weserei
Hauptstr. 81
79400 Kandern
Tel. (0 76 26) 70 00
www.weserei.de
Moderne Herberge mit 25 sonnigen Balkon-Zimmern, Sauna und Whirlpool. Im Restaurant des Hauses werden liebevoll zubereitete regionale Gerichte des Markgräflerlandes serviert.

die **Schlacht bei Kandern** statt. Damals wurden die von Friedrich Hecker angeführten Freischärler von einer übermächtigen Militärmacht besiegt. Hecker floh mit Getreuen in die nahe Schweiz.

Sehenswertes in Kandern und Umgebung

Stadtzentrum Das Stadtzentrum ist von klassizistischer Architektur geprägt. Dies zeigt sich vor allem am zentralen **Blumenplatz**. Die **Ev. Pfarrkirche** wurde 1822 – 1825 nach Plänen von Friedrich Weinbrenner errichtet. Daneben gibt es auch einige ältere Bauten wie das alte **Rathaus** und das **Forsthaus**.

Das **Heimat- und Keramikmuseum** ist in einem Staffelgiebelhaus des 16. Jh.s eingerichtet. Die Exponate veranschaulichen die **Bedeutung der Töpferei** für die Stadt. Zu sehen sind auch Arbeiten von Max Laeuger, dem Begründer der modernen Keramik in Deutschland (Öffnungszeiten: April – Okt. Mi. 15.00 – 17.30 u. So. 10.00 – 12.30 Uhr).

Im 13. Jahrhundert erbauten die Markgrafen von Sausenberg nördlich der Stadt eine **Burg**, in der sie

i Kaiser von Kalifornien

- In Kandern erblickte der vom Pech verfolgte Johann August Sutter (1803 – 1880) das Licht der Welt, der im Jahre 1834 wegen eines Konkurses nach Amerika floh. Er suchte dann sein Glück in Kalifornien und kolonisierte das Sacramento-Tal. Doch auch in der sog. Neuen Welt war dem selbst ernannten »Kaiser von Kalifornien« und »General« kein dauerhafter Erfolg beschieden: Denn im Jahre 1848 hat man auf seinen Ländereien Gold gefunden. Sutter war dem Ansturm Tausender von Goldgräbern und Glücksrittern nicht gewachsen. Er verlor alles und starb völlig verarmt und vergessen in Washington, D.C.

einige Zeit residierten. Danach bevorzugten sie die Burg Rötteln bei ►Lörrach. Die Burg Sausenberg wurde 1678 zerstört.

★ Schloss Bürgeln

Ca. 8 km nördlich von Kandern liegt das Schloss Bürgeln. Ein Abstecher lohnt sich nicht nur wegen des hübschen Barockbaus, sondern auch wegen des **herrlichen Ausblicks**, den man von hier genießt. Zum Verweilen lädt das Schlossrestaurant (Aussichtsterrasse) ein. Errichtet wurde das Schloss auf den Grundmauern einer alten Burg, die 1130 an das Kloster St. Blasien kam, als kleines Kloster diente und 1524 im Bauernkrieg zerstört wurde. Der Bau des Propsteischlösschens wurde 1762 von Abt Meinrad von St. Blasien in Auftrag gegeben. Der Baumeister **Franz Anton Bagnato** schuf eine schlichte zweigeschossige Dreiflügelanlage, die ein hübscher Park umgibt. Nach der Säkularisation 1806 war der Bau dem Verfall preisgegeben, die Inneneinrichtung wurde weitgehend entfernt. Erst 1920 wurde das Schlösschen renoviert und in der Folge wieder mit historischem Mobiliar ausgestattet. Heute befindet sich die Anlage im Besitz des Bürgelnbundes (Führungen: März – Nov. tgl. außer Di. 11.00, 14.00, 15.00, 16.00 u. 17.00 Uhr).

★★ Karlsruhe

F – H 5/6

Stadtkreis: Karlsruhe
Einwohnerzahl: 285 000
Höhe: 115 m ü. d. M.
Prädikat: Residenz des Rechts

Wer sich durch Karlsruhe bewegt, dessen Blick fällt immer wieder auf das Schloss. Die fächerförmige Anlage der Innenstadt ist charakteristisch für die ehemalige großherzoglich-badische Residenzstadt, in der die Formensprache des Klassizismus vorherrscht. Und dazu kommen noch großzügig proportionierte Parks und Gartenanlagen und ein mildes Klima.

Residenz des Rechts

Die sich zwischen den nordwestlichen Ausläufern des Schwarzwalds und dem Rhein ausbreitende badische Metropole ist heute die bundesrepublikanische »Residenz des Rechts«, denn hier hat nicht nur der **Bundesgerichtshof** seinen Sitz, sondern auch das **Bundesverfassungsgericht**. Daneben sind noch weitere wichtige Bundes- und Landesbehörden angesiedelt, darunter ein Oberlandesgericht, ein Finanzgericht und eine Staatliche Münze. Karlsruhe ist ferner Verwaltungssitz des Regierungsbezirks Karlsruhe, der Region Mittlerer Oberrhein und des Landkreises Karlsruhe.

Stadt der Wissenschaft und Forschung

Als Ausbildungszentrum erhält die Stadt ihr Gepräge durch die **Universität** (Technische Hochschule) mit 18 000 Studenten, die Fachhochschule für Ingenieurwesen, die Pädagogische Hochschule, die Staatliche Hochschule für Musik, die **Kunstakademie** und weitere

KARLSRUHE ERLEBEN

AUSKUNFT

Tourist-Information
Bahnhofsplatz 6
76137 Karlsruhe
Tel. (07 21) 37 20 53 83
www.karlsruhe.de

VERKEHR

ÖPNV
Im Karlsruher Verkehrsverbund (KVV) kooperieren die im Raum Karlsruhe und in der Region Nordschwarzwald agierenden Verkehrsunternehmen. Für Touristen interessant ist die »24-Stunden-Karte«. Es gibt sie in zwei Versionen für verschiedene Geltungsbereiche (City, Regio, Regio-X). Infos: Tel. (07 21) 61 07 58 85, www.kvv.de

Parkplätze
In der Innenstadt hat man werktags Schwierigkeiten, günstig gelegene Parkplätze zu finden. Meist gibt es nur Plätze, für die Parkgebühren zu entrichten sind. An Sonn- und Feiertagen ist die Situation etwas entspannter, sofern in der Stadt keine Großveranstaltungen stattfinden.

STADTFÜHRUNGEN

Bei der Tourist-Information (s. oben) können Stadtführungen und Stadtrundfahrten gebucht werden. Auch einige private Gästeführer bieten ihre Dienste an.

AKTIVITÄTEN

Radeln
Karlsruhe ist ein guter Ausgangspunkt für leichte Radtouren am Rhein oder auch am Schwarzwaldflüsschen Alb entlang. Die Radwege sind gut markiert, Kartenmaterial gibt es bei der Tourist-Information (s. oben).

Wassersport
In der Umgebung von Karlsruhe gibt es Möglichkeiten für Anhänger des Ruder- und des Segelsports.

EVENTS

Händel-Festspiele
Highlight im Februar/März sind die Händel-Festspiele im Staatstheater.

Brigandefeschd
Im Frühling verwandelt sich der Marktplatz in eine Riesen-Freiluftgaststätte, in der man allerlei badische Spezialitäten probieren kann.

das Fest
Das größte Open Air Südwestdeutschlands, bei dem bekannte Bands und Interpreten zu hören sind, zieht alljährlich an einem Juli-Wochenende zigtausende Besucher an. Und alles gibt's »für umme«, d. h. umsonst!

SHOPPING

Kaiserstraße
Stärkst frequentierte Einkaufsmeile ist die als Fußgängerzone ausgewiesene Kaiserstraße zwischen dem Mühlburger Tor im Westen und dem Berliner Platz im Osten. Hier reihen sich Kaufhausfilialen, Kettenläden und Boutiquen nahtlos aneinander. Auch ist hier die Postgalerie als zweitgrößter Konsumtempel der badischen Metropole angesiedelt.

Galerie am Ettlinger Tor
»Shopping der Spitzenklasse« verspricht das 2005 eröffnete Mega-Einkaufszentrum am Ettlinger Tor. Im größten Konsumtempel der Stadt gibt es ca. 130 Geschäfte mit einer Gesamtverkaufsfläche von 33 000 Quadratmetern.

ESSEN

► Fein & teuer

① ***Zum Ochsen***
Pfinzstr. 64
76227 KA-Durlach
Tel. (07 21) 9 43 86-0
www.ochsen-durlach.de
Nach wie vor die Nr. 1 im Raum Karlsruhe ist der Durlacher »Ochsen«. der sich selbst gern als »ein Stückchen Frankreich für Genießer« bezeichnet. Die Küche ist exzellent und die Weinkarte sucht ihresgleichen.

► Erschwinglich

③ ***La Medusa***
Rastatter Str. 34
76199 Karlsruhe
Tel. (07 21) 1 83 91 23
www.osteria-la-medusa.de
Nettes Lokal mit guter italienischer Küche; preiswerter Mittagstisch

④ ***Nagels Kranz***
Neureuter Hauptstr. 210
76149 KA-Neureut
Tel. (07 21) 70 57 42
www.nagels-kranz.de
Gemütliches Gasthaus mit vorwiegend ländlich-französischer Küche. Zum guten Essen gibt es erlesene Weine.

Baedeker-Empfehlung

② ***Oberländer Weinstube***
Akademiestr. 7
76133 Karlsruhe
Tel. (07 21) 2 50 66
www.oberlaender-weinstube.de
Das Lokal ist eines der besten der Stadt. Hier serviert man fein zubereitete internationale und auch typisch badische Gerichte. Der Weinkeller des Hauses gehört zu den besten im ganzen Land!

ÜBERNACHTEN

► Komfortabel

① ***Schlosshotel***
Bahnhofsplatz 2
76137 Karlsruhe
Tel. (07 21) 38 32-0
www.schlosshotel-karlsruhe.de
Traditionsreiches Haus mit 96 Zimmern und Suiten, Sauna, Solarium und Fitnessraum. Zum Hotel gehören auch die beiden empfehlenswerten Restaurants »Zum Großherzog« (fein und teuer) und »Schwarzwaldstube (erschwinglich).

② ***Renaissance Karlsruhe***
Mendelssohnplatz
76137 Karlsruhe
Tel. (07 21) 37 17-0
www.marriott.de
Modernes Großhotel mit 207 Zimmer und 8 Suiten in zentraler Lage; guter Service

③ ***Novotel Karlsruhe City***
Festplatz 2
76137 Karlsruhe
Tel. (07 21) 35 26-0
www.accorhotels.com
Modernes Haus mit 246 Zimmern und Suiten, in dem sich Geschäftsreisende und Touristen gleichermaßen wohlfühlen, mit Dampfbad,

Sauna und Fitness Center. Übrigens: Im Hause befindet sich auch das Restaurant »Majolika«, das wegen seiner ausgezeichneten mediterranen Küche gern besucht wird.

④ ***Der Blaue Reiter***
Amalienbadstr. 16
76227 KA-Durlach
Tel. (07 21) 9 42 66-0
www.hotelderblauereiter.de
Modernes Haus mit 39 komfortablen Zimmer, einem Neubau mit 13 Suiten und einem guten Restaurant

► **Komfortabel/Günstig**

⑤ ***Allee-Hotel***
Kaiserallee 91
76185 Karlsruhe
Tel. (07 21) 9 85 61-0
www.alleehotel-ka.de
Ruhig gelegenes Haus mit 70 modern eingerichteten Zimmern

Fach- und Fachhochschulen. Das **Forschungszentrum Karlsruhe** sowie zahlreiche von öffentlicher respektive privater Hand geförderte Institute und High-Tech-Unternehmen haben der Stadt zu internationaler Anerkennung verholfen.

Erfindergeist Karlsruhe ist der Geburtsort von **Karl Friedrich von Drais** (1785 bis 1851), dem Erfinder des Laufrades, das später zum Fahrrad wurde. Und im Stadtteil Mühlburg erblickte **Carl Benz** (1844 – 1929) das Licht der Welt. Er entwickelte unabhängig von Gottlieb Daimler einen Benzinmotor und baute 1885 das erste von einem Verbrennungsmotor mit elektrischer Zündung angetriebene Fahrzeug. Ein Jahr später meldete er es beim Reichspatentamt an und wurde so zum Mitbegründer der Automobilindustrie.

Geschichte Karlsruhe verdankt seine Entstehung dem Markgrafen **Karl Wilhelm von Baden-Durlach**, der hier 1715 seine neue Residenz gründete. Die Vereinigung seiner Markgrafschaft mit der von Baden-Baden im Jahre 1777 und die Erhebung Badens zum Großherzogtum durch Napoleon 1805 begünstigten den Aufstieg der Stadt. Ihr klassizistisches Gepräge erhielt die Stadt zu Anfang des 19. Jh.s durch schlicht-elegante Staats- und Privatbauten des in Rom geschulten Architekten **Friedrich Weinbrenner** (1766 – 1826; ► Berühmte Persönlichkeiten). Im Zweiten Weltkrieg erlitt Karlsruhe starke Zerstörungen, die in einem großzügigen Wiederaufbau beseitigt wurden.

Stadtanlage Die ursprüngliche Stadtanlage Karlsruhes blieb in ihren wesentlichen Zügen bis heute erhalten. Gemäß den absolutistischen Staatstheorien seiner Zeit schuf sich der Markgraf Karl Wilhelm von Baden-Durlach sein **Schloss im Mittelpunkt** seiner neugegründeten Residenzstadt. Er entschied sich für einen auf **32 Radialstraßen** basierenden sternförmigen Grundriss. Bebaut werden sollte jedoch nur das Gelände zwischen den neun südlichen Radialstraßen. So entstand der heute noch erkennbare **fächerförmige Stadtgrundriss**.

Karlsruhe Orientierung

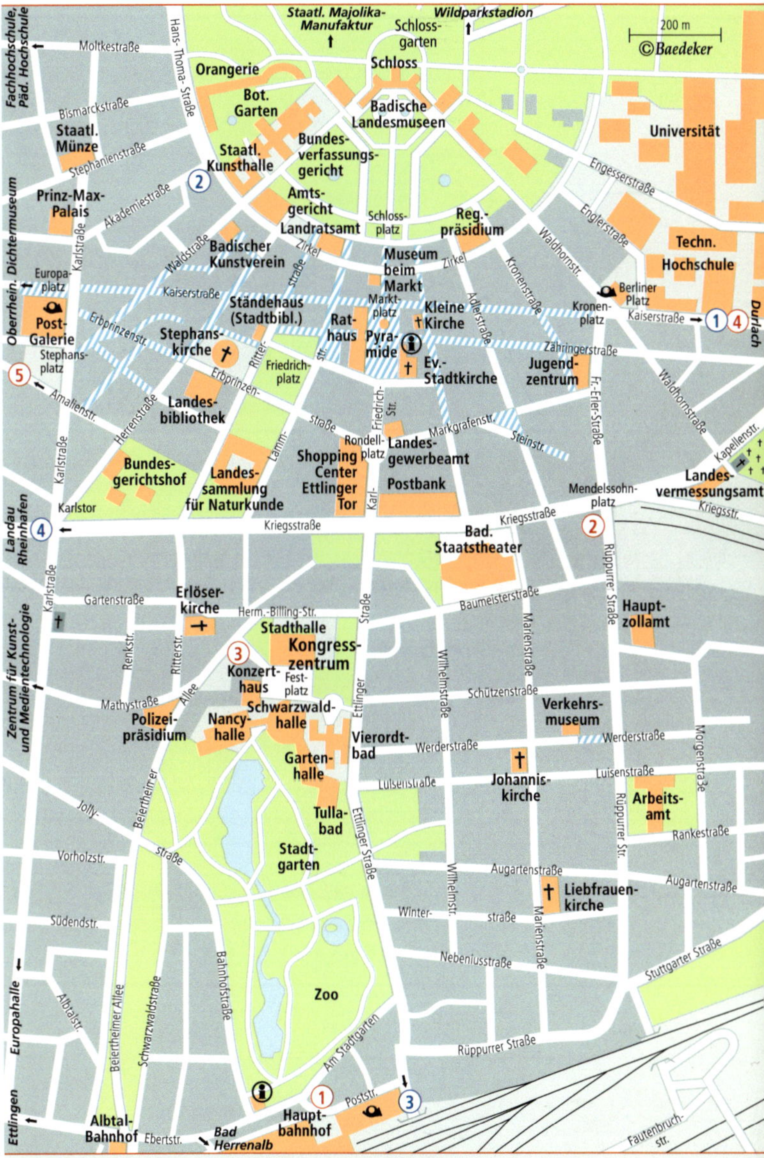

Essen
1. Zum Ochsen
2. Oberländer Weinstube
3. La Medusa
4. Nagels Kranz

Übernachten
1. Schlosshotel
2. Renaissance Karlsruhe
3. Novotel Karlsruhe City
4. Der Blaue Reiter
5. Allee-Hotel

Sehenswertes im Stadtzentrum

★★ **Schloss**

Herzstück der Stadt ist der weite Schlossplatz mit dem von **Friedrich von Keßlau** teilweise nach Plänen von **Balthasar Neumann** erbauten Schloss. Der **Dreiflügelbau** mit dem zurückgesetzten achteckigen Turm wurde 1752 – 1785 an der Stelle des zwischen 1715 und 1719 entstandenen bescheidenen Ruhesitzes von Markgraf Karl Wilhelm (»Carols Ruhe«) errichtet. Dem Mittelflügel ist ein säulentragender Altan vorgelegt, der Dreiecksgiebel darüber zeigt das Badische Wappen. Bis 1918 war das Schloss **Residenz der Markgrafen und Großherzöge von Baden**, 1944 brannte es völlig aus. Zwischen 1950 und 1963 wurde es wieder aufgebaut, wobei die Innenräume jedoch nicht im ursprünglichen Zustand rekonstruiert wurden.

★★ Badisches Landesmuseum ►

Heute beherbergt das Schloss die bedeutendste kunst- und kulturgeschichtliche Sammlung Badens. Im Untergeschoss sind Funde aus der **Ur- und Frühgeschichte des Landes** ausgestellt. Nebenan werden die **Römer am Oberrhein** dokumentiert. Die **Antikensammlung** im Erdgeschoss ist eine der besten in Deutschland. Sie umfasst Exponate von der Kykladenkultur des 3. Jahrtausends v. Chr. über die antiken Hochkulturen Ägyptens, des Zweistromlandes und Kretas bis hin zum klassischen Griechenland. Zweiter Ausstellungsschwerpunkt im Erdgeschoss ist die **Kunst und Kultur des Mittelalters**. Das »Highlight« im ersten Obergeschoss ist die **Türkenbeute des Markgrafen Ludwig Wilhelm von Baden** (»Türkenlouis«), als dieser oberster Feldherr der kaiserlichen Armee in den Türkenkriegen des ausgehenden

Das Karlsruher Schloss ist Sitz des Badischen Landesmuseums.

Schloss • Badisches Landesmuseum *Orientierung*

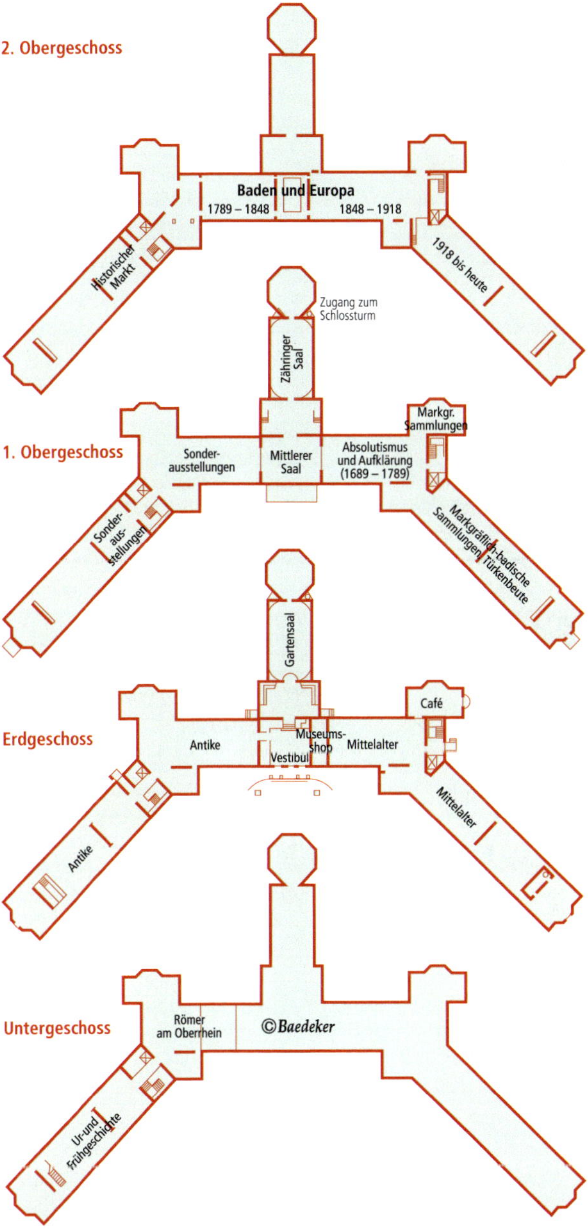

17. Jh.s war. Interessant sind aber auch die beiden größeren Ausstellungen, die sich mit dem **Schloss und Hof Karlsruhe** sowie mit **Absolutismus und Aufklärung 1689 – 1789** beschäftigen. Die Präsentationen im 2. Obergeschoss haben **Baden und Europa** zum Thema (Öffnungszeiten: Di. – Do. 10.00 – 17.00, Fr – So.10.00 – 18.00 Uhr).

★ Schlossgarten ►

Hinter dem Schloss erstreckt sich der Schlossgarten, ein im englischen Stil angelegter Landschaftspark (Öffnungszeiten: tgl. 8.00 bis Einbruch der Dunkelheit). An Wochenenden fährt bei schönem Wetter eine **Kleinbahn** durch das Gelände (Haltestelle hinter dem Botanischen Garten; Sa. 13.00 – 18.00, So. 10.00 – 18.00 Uhr).

Nördlich hinter dem Schlossgarten wird die Geschichte der im Jahre 1901 im schöpferischen Geist des Jugendstils gegründeten **Karlsruher Majolika-Manufaktur** dokumentiert. Unter den Exponaten befinden sich auch Schöpfungen von Hans Thoma, Hermann Billing, Fritz Behn und Max Laeuger. Führungen durch die Keramikwerkstatt werden angeboten (Ahaweg 6; Tel. 07 21/9 12 37 70).

! *Baedeker* TIPP

Schicke Schalen ...

... Fliesen, Wandteller etc. kann man in der Verkaufsausstellung der Karlsruher Majolika günstig erwerben. Gelegentlich finden auch Schnäppchen-Märkte statt, bei denen 2.-Wahl-Keramik zu stark ermäßigten Preisen zu haben ist. Weitere Informationen: Tel. (07 21) 9 12 37 70, www.majolika-karlsruhe.com

★ **Botanischer Garten**

Mit wirklich prächtigem altem Baumbestand und herrlichen Blumenrabatten kann der Karlsruher Botanische Garten aufwarten, der sich westlich des Schlosses ausbreitet. Diverse Schauhäuser mit Kak-

Prächtige Pflanzen gedeihen im Botanischen Garten.

teen und tropischen Pflanzen grenzen den Garten nach Norden ab (Öffnungszeiten: tgl. 8.00 bis Einbruch der Dunkelheit; Schauhäuser: Di. – Fr. 9.00 – 16.00, Sa., So. 9.00 – 12.00 u. 13.00 – 16.00 bzw. 17.00 Uhr).

Bundesverfassungsgericht

Nach Südosten schließt der 1965 – 1969 errichtete Gebäudekomplex des Bundesverfassungsgerichtes an, der aus zwei großen und drei kleineren, verglasten, durch Gänge miteinander verbundenen Pavillons besteht.

** **Staatliche Kunsthalle**

Die Staatliche Kunsthalle südlich des Botanischen Gartens ist eine der ältesten und bedeutendsten Gemäldegalerien Deutschlands. Gezeigt werden wichtige Werke der deutschen, niederländischen und französischen Malerei vom 14. Jahrhundert bis zur Gegenwart. Schwerpunkte sind die **altdeutsche Malerei** (u. a. Bilder von Matthias Grünewald, Hans Baldung Grien und Albrecht Dürer), niederländische Malerei (u.a. Bilder von Peter Paul Rubens, Rembrandt, Jordaens und Ruisdael), französische Malerei (u.a. Bilder von Lorrain und Poussin) sowie die **deutsche Malerei des 19. Jahrhunderts** mit Arbeiten von Caspar David Friedrich, Max Slevogt und Lovis Corinth. Die **Moderne** ist mit Werken wichtiger deutscher und französischer Maler vertreten. Darunter befinden sich Arbeiten von Degas, Renoir, Gauguin und Cézanne sowie von Kandinsky, August Macke, Franz Marc, Max Ernst und Otto Dix. Zu den Museumsbeständen gehören auch Arbeiten des aus Bernau im Schwarzwald gebürtigen Malers Hans Thoma sowie ein Kupferstichkabinett mit Arbeiten des 15. bis 20. Jahrhunderts.

◄ Orangerie

In der 1853 – 1857 errichteten Orangerie ist ein **Kinder- und Jugendmuseum** eingerichtet mit Wechselausstellungen zu verschiedenen kunsthistorischen Themen (Hans-Thoma-Str. 2 – 6; Öffnungszeiten: Di. – Fr. 10.00 – 17.00, Sa., So., Fei. 10.00 – 18.00 Uhr).

Badischer Kunstverein

Schräg gegenüber der Kunsthalle befindet sich in einem neobarocken Bau aus rotem Sandstein (1901) der Badische Kunstverein. In seinen Räumen und dem hübschen Lichthof veranstaltet er Ausstellungen zeitgenössischer Künstler (Waldstr. 3; Öffnungszeiten: Di. – Fr. 11.00 bis 19.00, Sa., So., Fei. 11.00 – 17.00 Uhr).

Stephanienstraße

In der von der Orangerie zum Mühlburger Tor verlaufenden Stephanienstraße ist Karlsruhes Charakter als alte großherzogliche Residenzstadt noch erhalten. Besonders die Häuser Nr. 14 und 16 sind gute Beispiele für kleine Palais des Hofadels.

* **Prinz-Max-Palais**

Unweit südlich steht das 1899 von Prinz Max von Baden erworbene gründerzeitliche Palais. Es beherbergt das **Stadtmuseum**, das sich mit den wirtschaftlichen und sozialen Verhältnissen seit Gründung der Stadt und auch mit wichtigen Persönlichkeiten befasst. Darüber hinaus ist in dem Palais auch das **Museum für Literatur am Ober-**

rhein untergebracht, das mehr als 150 Schriftsteller der Region vorstellt (Karlstr. 10; Öffnungszeiten: Di., Fr., So. 10.00 – 18.00, Do. 10.00 – 19.00, Sa. 14.00 – 18.00 Uhr).

Kaiserstraße

Die 2 km lange, größtenteils als Fußgängerzone ausgewiesene Kaiserstraße ist Ost-West-Achse und **Hauptgeschäftsstraße** der Fächerstadt mit Kaufhausfilialen und Boutiquen. Eine besondere Attraktion ist das multifunktionale Shopping- und Erlebniszentrum **Post-Galerie**, das im repräsentativen, im Jahre 1900 eröffneten neobarocken »Zentralgebäude der Reichspost« am Europaplatz untergebracht ist.

✶ Marktplatz

Die Kaiserstraße führt in östlicher Richtung zum Marktplatz, dessen **geschlossene klassizistische Platzanlage** von Weinbrenner geplant wurde. Auch der Marktbrunnen mit einem Standbild des Großherzogs Ludwig (1818 – 1830) geht auf einen Entwurf Weinbrenners zurück. Hier erhebt sich das **Wahrzeichen von Karlsruhe**, die aus rotem Sandstein erbaute 6,50 m hohe Pyramide. Sie wurde 1822 über der Gruft des Stadtgründers errichtet, nachdem die zuvor hier stehende Kirche der Eintracht abgerissen worden war.

Pyramide ►

Rathaus ►

Die Westseite des Platzes begrenzt das Rathaus mit seiner ausgewogenen dreiteiligen Fassade (1804 – 1825; nach Plänen von Weinbrenner). Das in der Loggia des Mittelrisaliten eingebaute Glockenspiel erklingt stündlich.

Wahrzeichen von Karlsruhe ist die Pyramide auf dem Marktplatz.

★ ◄ Evangelische Stadtkirche

Gegenüber vom Rathaus steht dieser 1816 nach Weinbrenners Plänen fertiggestellte Sakralbau. Mit seiner von sechs korinthischen Säulen getragenen Vorhalle erinnert er an einen griechischen Tempel. Im Fußboden der Vorhalle bezeichnen ein Kreuz und Bronzelettern das Grab von Friedrich Weinbrenner (gest. 1826).

★ ◄ Museum beim Markt

Das Museum beim Markt zeigt als Außenstelle des Badischen Landesmuseums Arbeiten vom **Jugendstil** bis zur **Angewandten Kunst der Gegenwart** (Karl-Friedrich-Str. 6, Öffnungszeiten: Di. – Do. 10.00 – 17.00, Fr. – So. 10.00 – 18.00 Uhr).

★ **Staatl. Museum für Naturkunde**

Die gesamte Südseite des Platzes nimmt ein 1865 – 1875 im Stil der Neorenaissance errichteter Monumentalbau ein. Hier erfährt man Interessantes über Mineralien, Gesteine und Fossilien sowie über die Entwicklung von heimischen und exotischen Pflanzen und Tieren. Höhepunkte der Ausstellung sind ein **Flugsaurier**, ein **fossiler Wal** und ein **Riesensalamander**. Im **Vivarium** sind etliche Terrarien und Aquarien aufgestellt, in denen man Korallen und Seepferdchen, Klapperschlangen und Vogelspinnen und viele andere Lebewesen beobachten kann (Erbprinzenstr. 13; Öffnungszeiten: Di. – Fr. 9.30 bis 17.00, Sa., So., Fei. 10.00 – 18.00 Uhr).

★ **Stephanskirche**

Wenige Schritte weiter nordwestlich befindet sich Weinbrenners wohl genialster Bau, die katholische Stephanskirche, die von 1808 bis 1814 errichtet wurde. Der Architekt lehnte sich eng an die **Formen des römischen Pantheons** an und plante daher den Turm nur sehr widerwillig ein. Der 30 m hohe Kirchenraum zeigt die Form eines griechischen Kreuzes und wirkt durch das freiliegende rote Quaderwerk sehr streng.

Badische Landesbibliothek

Gegenüber passt sich der **postmoderne Bau** der 1991 fertiggestellten Badischen Landesbibliothek in seiner Fassadengliederung und mit seiner Kuppel dem Weinbrennerbau an. Seit Juni 2001 besitzt die Bibliothek die äußerst wertvolle, im frühen 13. Jahrhundert entstandene **Hohenems-Laßbergische Nibelungenhandschrift C**, deren Eigentümer zuvor das Haus Fürstenberg in ► Donaueschingen gewesen ist.

Stadtbibliothek, Ständehaus

Nördlich der Stephanskirche steht der 1993 fertiggestellte Neubau der Stadtbibliothek auf historischem Grund. Hier befand sich einstmals das Ständehaus, die Tagungsstätte des badischen Parlaments. Der spätklassizistische Bau wurde im Zweiten Weltkrieg zerstört und 1961 abgebrochen. In dem Neubau ist die **Erinnerungsstätte Ständehaus** untergebracht. Hier werden die Höhepunkte der badischen Parlamentsgeschichte veranschaulicht (Öffnungszeiten: Di., Do. 10.00 bis 19.00, Mi., Fr. 10.00 – 18.00, Sa. 10.00 – 14.00 Uhr).

Bundesgerichtshof

Weiter südlich beherbergt das einstige Großherzogliche Palais seit 1950 den Bundesgerichtshof. Das im Bibliotheksneubau untergebrachte **Rechtshistorische Museum** gewährt Einblicke in 4000 Jahre Rechtsgeschichte von Babylon bis Karlsruhe (Herrenstr. 45 a; Öffnungszeiten: n. V., Tel. 07 21/2 93 53).

✶ **Stadtgarten, Zoo**

Neben der Schwarzwaldhalle befindet sich der Zugang zum Stadtgarten, der in den 1960er-Jahre im Rahmen einer Bundesgartenschau neu gestaltet worden ist. Anziehungspunkte sind der **Stadtgartensee**, auf dem die »Gondoletta« verkehrt, ein **Rosengarten**, der **Japanische Garten** und der **Zoo**, dessen Anfänge bis 1865 zurückreichen. Heute leben im Zoo ca. 1000 Tiere, darunter Elefanten, Giraffen, Affen und Bären (Öffnungszeiten: Mai – Sept tgl. 8.00 – 18.00, Okt., Feb., März tgl. 9.00 – 17.00, Nov. – Jan. tgl. 9.00 – 16.00 Uhr).

Verkehrsmuseum

Östlich des Stadtgartens kann man in einer stillgelegten Fabrik Auto- und Motorradveteranen sowie Eisenbahnmodelle bewundern (Werderstr. 63; Öffnungszeiten: So. 10.00 – 13.00 Uhr).

Badisches Staatstheater

Man geht nun zurück ins Zentrum. Noch vor Erreichen der Kriegsstraße erhebt sich rechts der Bau des Badischen Staatstheaters (1970 bis 1975; Oper und Schauspiel). Vor dem Eingang fällt der originelle **»Musengaul«** des Bildhauers Jürgen Goertz (1979) ins Auge.

Rondellplatz

Die Karl-Friedrich-Straße führt nordwärts zum Rondellplatz mit dem **Verfassungsobelisk**. Er erinnert seit 1833 an die Großherzog Carl 1818 abgerungene liberale Verfassung. Das 1963 wiederhergestellte **ehem. Markgräfliche Palais** ist einer der schönsten Bauten Weinbrenners (heute Bank).

Sehenswertes außerhalb der Innenstadt

✶ **ZKM**

Westlich der Innenstadt, an der Lorenzstraße, stehen die denkmalgeschützten Gebäude der ehemaligen Munitionsfabrik bzw. der Industriewerke Karlsruhe (IWKA). Sie beherbergen seit Herbst 1997 das **Zentrum für Kunst- und Medientechnologie** (ZKM), das binnen weniger Monate zu einer wahren Wallfahrtsstätte Kunstbeflissener geworden ist. Das ZKM zieht Kulturschaffende an, deren Ziel es ist, traditionelle Künste wie Malerei und Musik mit den Errungenschaften modernster Digitaltechnik zu verbinden. Im ZKM sind das **Museum für Neue Kunst**, das **Museum für Medienkunst** und auch die die **Städtische Galerie Karlsruhe** (Lichthof 10 im Hallenbau A) untergebracht. Außerdem ist es Forum für alle Wechselausstellungen und thematischen Präsentationen privater Leihgeber (Öffnungszeiten der Museen: Mi. – Fr. 10.00 – 18.00, Sa., So. 11.00 – 18.00 Uhr).

Generallandesarchiv

In der Weststadt lohnt das Generallandesarchiv einen Besuch. Dieses bewahrt Urkunden, Karten und sonstige Dokumente auf, die bis ins 9. Jh. zurückreichen (Nördl. Hildapromenade 2; Öffnungszeiten: Mo. – Fr. 8.30 – 16.30, Fr. bis 20.00 Uhr).

Lichtkunst am ZKM

Universität

Die Universität schließt östlich an die Schlossanlagen an. Gegründet wurde sie 1825 als **erste Technische Hochschule Deutschlands**. Seit 1902, dem 50. Regierungsjahr Großherzog Friedrichs I., führt sie den Beinamen »Fridericiana«. Das alte Hauptgebäude an der Kaiserstraße entstand 1833 bis 1836, am Portal die Figuren der Baukunst und der Mathematik.

Sehenswertes in Karlsruhe-Durlach

Ehemalige Residenzstadt

Seit 1938 ist das östlich von Karlsruhe gelegene Durlach mit seinem hübschen alten Stadtkern ein Stadtteil der badischen Metropole. Erwähnt wurde Durlach erstmals 1196, 1219 kam es in den Besitz der Markgrafen von Baden, diese verlegten im 16. Jh. ihre Residenz hierher. Auf Befehl des französischen »Sonnenkönigs« Ludwigs XIV. wurden Stadt und Schloss niedergebrannt. Durlachs Rolle als Residenzstadt war zu Ende.

* Schloss, Pfinzgaumuseum

Das Schloss, das von 1565 bis 1715 Residenz der Markgrafen von Baden-Durlach war, wurde nach seiner Zerstörung durch die Franzosen im Jahre 1689 nicht wieder vollständig aufgebaut. Aus dem Jahr 1565 stammt der sog. **Prinzessinnenbau** mit Treppenturm und Ziergiebel. In ihm sind das **Pfinzgaumuseum** und das **Karpatendeutsche Museum** untergebracht. Bewahrt werden hier Dokumente und Erinnerungsstücke aus Durlachs Geschichte, darunter auch Zeugnisse der Durlacher Fayencemanufaktur (betrieben von 1723 bis 1814), sowie Kulturgut der Deutschen aus der Slowakei (Öffnungszeiten: Sa. 14.00 bis 17.00, So. 10.00 – 17.00 Uhr).

Turmberg Ein beliebtes Ausflugsziel ist dieser 255 m hohe Berg, auf den die **älteste in Betrieb befindliche Standseilbahn** Deutschlands hinaufführt. Der als Aussichtsturm ausgebaute Bergfried, die **Durlacher Warte**, stammt noch von einer bereits im 13. Jh. zerstörten Burg.

Kehl am Rhein

C/D 8

Landkreis: Ortenaukreis
Einwohnerzahl: 34 000
Höhe: 142 m ü. d. M.

Am östlichen Brückenkopf des Rheinübergangs nach Straßburg und nahe der Mündung der Kinzig in den Rhein liegt die recht lebhafte Einkaufs- und Industriestadt Kehl.

Europastadt am Rhein Die **Europa-Brücke**, die Kehl mit Straßburg verbindet, ist einer der wichtigsten Grenzübergänge von Deutschland nach Frankreich und wird jährlich von fast 20 Mio. Reisenden benutzt.

Entscheidenden Anteil an der wirtschaftlichen Bedeutung Kehls hat der **Rheinhafen**, der sich von der ersten kleinen zwischen 1842 und 1847 entstandenen Anlage zu einem bedeutenden Industriehafen entwickelt hat. Entlang der Hafenbecken haben sich rund 100 Betriebe angesiedelt, die zusammen mehrere tausend Menschen beschäftigen. Kehl ist ferner Standort einer **Hochschule für Öffentliche Verwaltung** des Landes Baden-Württemberg. Der Name Kehl geht auf ein Fischerdorf zurück, das noch bis 1910 selbständig neben der Stadt bestand. Frühzeitig erlangte der Ort Bedeutung als Rheinübergang nach Straßburg, eine erste feste Brücke wurde 1388 errichtet. Die Franzosen besetzten Kehl 1678 und bauten es zwischen 1680 und 1688 nach Plänen von Vauban zu einer Festung aus, die zeitweilig als bedeutendste Europas galt. Doch schon bald wurde Kehl wieder deutsch, die Festung zerfiel. Obgleich sich die Herrschaftsverhältnisse in den folgenden Jahrzehnten noch mehrfach änderten, blühte der Ort auf und erhielt 1744 Stadtrechte.

! *Baedeker* TIPP

Schöner wohnen

Ca. 8 km nordöstlich von Kehl, in Rheinau-Linx, unterhält die Fertigbau-Firma WeberHaus den ersten Informations- und Unterhaltungspark Europas zum Thema Bauen und Wohnen, die WeberHaus World of Living (Öffnungszeiten: April – Sept. Di. – So. 10.00 – 19.00, Okt. – März Di. – So. 10.00 – 18.00 Uhr, www.weberhaus.de).

Sehenswertes in Kehl und Umgebung

Stadtzentrum von Kehl In seinem Kern präsentiert sich Kehl heute als **Einkaufsstadt** mit – nach den Zerstörungen des letzten Krieges – überwiegend **moderner Bausubstanz**. Zu den sehenswerten Baudenkmälern gehören das

KEHL ERLEBEN

AUSKUNFT

Tourist-Information
Hauptstr. 63/Marktplatz
77694 Kehl am Rhein
Tel. (0 78 51) 88-15 55
www.kehl.de

ÜBERNACHTEN · ESSEN

► **Komfortabel/Günstig**
Grieshaber's Rebstock
Hauptstr. 183
77694 Kehl
Tel. (0 78 51) 91 04-0
www.rebstock-kehl.de
Diese nett hergerichtete Herberge verfügt über 46 freundliche und helle Zimmern. Einige Räumlichkeiten sind von Künstlern aus der Region ausgestattet sind. Das Restaurant des Hauses bietet frisch zubereitete Köstlichkeiten der badischen Küche.

1819 erbaute **Weinbrennerhaus** (heute Standesamt und Volkshochschule) sowie die zwischen 1821 und 1824 errichtete klassizistische **Christuskirche**. Das **Rathaus** von 1819 fungierte ursprünglich als Kaserne, der 1923 eine neue Fassade vorgesetzt wurde.

✶ **Garten der zwei Ufer**

Kehl und Straßburg veranstalteten im Jahre 2004 eine grenzübergreifende Gartenschau, deren Gelände noch nichts von ihrer Attraktivität verloren hat. Der Rhein, integrale Mitte des Parks, wird von der **Passerelle des deux Rives** überspannt, einer grazilen Hängebrücke für Fußgänger und Radler.
Auf der Kehler Rheinseite steht der 38 Meter hohe **Weißtannenturm**, von dem aus man einen herrlichen Blick auf die Höhen von Schwarzwald (im Osten) und Vogesen (im Westen) hat. Sehr hübsch hergerichtet ist auch ein **Altrhein-Arm mit Seebühne und Rosengarten**. Ein toller **Kinderspielplatz** ist zu Füßen des Weißtannenturms angelegt.

Appenweier

Das 12 km östlich von Kehl gelegene Appenweier (147 m ü.d.M.; 9000 Einw.) ist ein wichtiger Verkehrsknotenpunkt an der alten Kreuzung der Rheintalstraße mit der Kniebisstraße (heutige B 28), die von Straßburg kommend ins Renchtal führt.
In Appenweier gibt es einige schöne alte **Fachwerkhäuser** und ein barockes **Rathaus**. Beachtenswert ist ferner die **Pfarrkirche St. Michael**, ein Rokokobau aus dem Jahr 1748 mit einem gefälligen Turm. Den einschiffigen Innenraum zieren an der Decke und an den Wänden **Stuckdekorationen**. Das Deckengemälde (Mariä Himmelfahrt) malte Benedikt Gambs. Wertvolles Überbleibsel eines Vorgängerbaus ist neben der Kanzel die in einen **Rokoko-Schrein** eingeschlossene Anna-Selbdritt-Gruppe vom Anfang des 16. Jahrhunderts. Auf dem Kirchplatz steht eine um 1750 geschaffene **Kreuzigungsgruppe**.

★ Königsfeld

G 11

Landkreis: Schwarzwald-Baar
Einwohnerzahl: 6000
Höhe: 660 – 1100 m ü. d. M.
Prädikate: Kneippkurort, Heilklimatischer Kurort

Das im Jahre 1806 von der Herrnhuter Brüdergemeine gegründete Königsfeld ist nicht nur zentraler Versammlungsort der Glaubensbrüder und -schwestern in Württemberg, sondern darüber hinaus ein wegen seines heilkräftigen Klimas sehr geschätzter Kurort.

Lage und Bedeutung

Königsfeld liegt am Ostrand des mittleren Schwarzwaldes und nur ein paar Kilometer von der Doppelstadt ► Villingen-Schwenningen entfernt. Das ganze Jahr über herrschen hier günstige bioklimatische Bedingungen, die sehr hilfreich sind bei der Behandlung von Atemwegs-, Herz- und Stoffwechselerkrankungen.

Ortsgeschichte

Gegründet wurde der Ort von der Herrnhuter Brüdergemeinde, die auf Nachfahren der Böhmisch-Mährischen Brüder zurückgeht und die sich auf einem Gut des Reichsgrafen Nikolaus Ludwig von Zinzendorf und Pottendorf zu Beginn des 18. Jh.s in der Oberlausitz angesiedelt hatten. Im Jahre 1804 erwarben die Glaubensbrüder den hiesigen Hörnlishof und begannen mit dem Bau der Siedlung. Es entstand das Gemeindehaus, das 650 »Brüdern« und »Schwestern« Platz für Andachten bot, obwohl der Ort selbst erst 42 Einwohner zählte. Seinen Namen erhielt der Ort zum Gedenken an die Erhebung Herzog Friedrichs zum König von Württemberg (1806).

i Albert Schweitzer

- Der wohl berühmteste Einwohner von Königsfeld war der Theologe, Missionsarzt und Friedensnobelpreisträger Albert Schweitzer (1875 – 1965). Er hatte 1912 einen Erholungsurlaub in Königsfeld verbracht und ließ hier 1923 ein Haus für seine Familie erbauen. Denn seine Frau konnte ihn wegen ihres Lungenleidens nicht nach Lambarene begleiten. Albert Schweitzer selbst hielt sich hier 1928/1929 und 1952/1953 auf.

Sehenswertes in Königsfeld

Niederlassung der Herrnhuter Brüdergemeine

Der Kurort ist recht malerisch von Wäldern und Wiesen umgeben. Sein mittlerweile 200 Jahre alter Siedlungskern steht unter Denkmalschutz. Zentral in der Ortsmitte steht das 1810 errichtete **Kirchengebäude** mit seinem schönen **Kirchensaal**. Es ist umgeben von einer quadratischen und von einer Mauer umfassten Gartenanlage. Der kürzlich restaurierte **Speisesaal des Gasthofes der Brüdergemeine** (jetzt Helene-Schweitzer-Saal) zeigt sich in schönstem Jugendstil. Recht hübsch sind auch die **gründerzeitlichen Villen** sowie der gepflegte **Kurpark**. Eine Besonderheit ist das vom Pädagogen Graf von Zinzendorf ins Leben gerufene **Königsfelder Schulwerk**.

Das Haus von Albert Schweitzer ist heute als Museum zugänglich.

Das Wohnhaus von Albert Schweitzer und seiner Familie ist als museale Einrichtung zugänglich. Eine schön gemachte Ausstellung befasst sich mit **Leben, Werk und Weltanschauung Albert Schweitzers** (Schramberger Str. 5; Öffnungszeiten: Fr. u. Sa. 14.00 – 17.00, So. u. Fei. 11.00 – 17.00 Uhr).

◀ Albert-Schweitzer-Haus

Königsfeld bezeichnet sich stolz als bundesweit erste Solar-Kommune. So ist es auch nicht weiter verwunderlich, dass es hier neuerdings einen Sonnen-Erlebnispfad mit Sonnenuhr, Photovoltaik-Anlage, solarthermischen Kollektoren und meteorologische Station gibt.

Sonnen-Erlebnispfad

Im Ortsteil Buchenberg steht eine **Nikolauskapelle**, die als Hochzeitskapelle sehr beliebt ist. Kirchenschiff und Sakristei der 1275 erstmals erwähnten Kapelle wurden wohl schon Ende des 11. Jh.s errichtet. Der Chor stammt aus der zweiten Hälfte des 12. Jh.s. Um 1520 erhielt die Kirche einen spätgotischen Freskenzyklus, von dem noch einige Fragmente erhalten sind. Die mit Evangelistenporträts verzierte Kanzel aus dem 17. Jh. gehört seit 1720 zum Inventar. An der Nordwand des Chores hängt

Buchenberg

! *Baedeker* TIPP

Lichterzauber

Sehr reizvoll ist die Atmosphäre Königsfeld zur Weihnachtszeit, wenn in den oftmals verschneiten Straßen des Kernortes die charakteristischen Herrnhuter Sterne das Ortsbild mit ihrem Licht verzaubern.

KÖNIGSFELD ERLEBEN

AUSKUNFT

Tourist-Information
Rathausstr. 2
78126 Königsfeld
Tel (0 77 25) 80 09 45
www.koenigsfeld.de

KUREN

Stationäre Heilbehandlungen werden in der Albert-Schweitzer-Klinik für Herz-, Kreislauf- und Atemwegserkrankungen sowie in der Michael-Balint-Klinik für psychosomatische Erkrankungen und Ganzheitsmedizin durchgeführt.

ÜBERNACHTEN · ESSEN

► **Komfortabel**

Schwarzwald Parkhotel
Klimschpark
78121 Königsfeld
Tel. (0 77 25) 80 80
www.schwarzwald-parkhotel.de
Ein »Wellness Day Spa« sowie Hallenbad, Sauna, Solarium und einen Kinderclub hat das größte Hotel am Ort (26 Zimmer, 16 Suiten, 35 Appartements) zu bieten. Gut essen kann man im Restaurant »Markgraf« und in der »Schwarzwaldstube«.

das **»Buchenberger Herrgöttle«**, die Kopie einer auf 1160 datierten romanischen Holzplastik, die heute im Buchenberger Dorfmuseum aufbewahrt wird.

Über frühere Lebensweisen der Königsfelder Dorfgemeinschaften informiert das **Dorfmuseum** im ehemaligen Buchenberger Rathaus. Hier sind auch traditionelles Handwerk, Trachten und Werke einheimischer Künstler zu sehen (Öffnungszeiten: Mo. – Fr. 16.00 – 18.00, Sa. 10.30 – 12.00 Uhr).

Lahr

C/D 9/10

Landkreis: Ortenaukreis
Einwohnerzahl: 44 000
Höhe: 250 – 750 m ü. d. M.
Prädikat: Erholungsort

Die »Industriestadt im Grünen« am Ausgang des Schuttertals war bis Mitte der 1990er-Jahre bekannt als Truppenstandort der kanadischen Streitkräfte sowie als Zentrum der badischen Tabakverarbeitung. Doch inzwischen hat sich einiges verändert. Die Kanadier sind abgezogen und die hiesige Tabakindustrie leidet sehr unter der neuen Nichtraucherschutz-Gesetzgebung.

Stadtgeschichte Älter als die Stadt selbst ist ihr Name, er kommt von »Lare«, was »Leere« bzw. »Weideland« bedeutete. In einer Urkunde von 1215 taucht dieser Name erstmals auf. Um 1220 legten die Herren von Geroldseck zwischen den heute eingemeindeten Dörfern Dinglingen und Burgheim eine Wasserburg an, um die sich alsbald eine Siedlung entwickelte. Stadtrecht erhielt sie im Jahre 1279. Im Dreißigjährigen Krieg wurde Lahr verwüstet und 1677 erneut von französischen Truppen zerstört. Im 19. Jh. machte Lahr, das 1803 an Baden gekommen war, eine rasante industrielle Entwicklung durch. Heute sind Stahl-, Maschinen- und Fahrzeugbau, Möbelherstellung sowie die Nahrungs- und Genussmittelproduktion wichtige Industriezweige. Auch das Papier- und Druckgewerbe hat in Lahr Tradition.

? WUSSTEN SIE SCHON ...?

- Schon seit 1801 wird der »Lahrer Hinkende Bote« herausgegeben, ein unterhaltsamer Almanach, in dem jedes Jahr allerhand Interessantes und auch Vergnügliches über das Leben im Schwarzwald und in der Oberrheinebene zu lesen ist.

Sehenswertes in Lahr

Altstadt

Das Stadtzentrum hat sich seinen mittelalterlichen Charakter teilweise bewahren können. Die zur Fußgängerzone erklärte **Marktstraße** bietet samt den umliegenden Gassen ein hübsches Bild. Die beste Aussicht auf Ort und Umgebung genießt man vom **Schutterlindenberg** nördlich des Stadtkerns bzw. von Langenhard südöstlich des Zentrums. Das **Alte Rathaus** ist ein schlichter Renaissancebau von

LAHR ERLEBEN

AUSKUNFT

KulTour Büro
Altes Rathaus
Kaiserstr. 1
77933 Lahr
Tel. (0 78 21) 95 02 10
www.lahr.de

EVENT

Chrysanthema
Von Ende Oktober bis Mitte November ist die Lahrer Altstadt mit Abertausenden Chrysanthemen geschmückt. Dazu gibt es vor allem an den Wochenenden ein ziemlich buntes Veranstaltungsprogramm mit kulturellen und kulinarischen Höhepunkten.

AKTIVITÄTEN

Golf
Im Gereutertal bei Reichenbach hat der Golf-Club Ortenau e. V. seinen attraktiven 18-Loch-Golfplatz angelegt. Weitere Informationen: Tel. (0 78 21) 7 72 27, www.gc-ortenau.de

Wandern, Mountainbiking
Rund um Lahr gibt es einige schöne und gut markierte Wanderwege und Mountainbike-Strecken. Ein äußerst beliebtes Ziel ist Burgruine Hohengeroldseck.

ÜBERNACHTEN · ESSEN

► Komfortabel

City-Hotel Lahr
Alte Bahnhofstr. 6
77933 Lahr
Tel. (0 78 21) 915-0
www.city-lahr.de
Das verkehrsgünstig gelegene Haus verfügt über 36 zeitgemäß ausgestattete Zimmer. In der »Brasserie Feißt & Feißt« werden fein zubereitete regionale Spezialitäten serviert.

1608 (Umbauten im ausgehenden 19. Jh.) mit Glockentürmchen und spitzbogigen Arkaden im Erdgeschoss. Einige der Räumlichkeiten werden heute für Ausstellungen genutzt. Von hier gelangt man durch die Marktstraße zum **Storchenturm**, dem einzigen Überbleibsel der Geroldsecker Wasserburg des 13. Jh.s (s. oben). In den Sommermonaten ist im Turm eine kleine Sammlung zur Geschichte der Geroldsecker und zur Stadtgründung zugänglich (Öffnungszeiten: Mai – Sept. Mi., Sa., So., Fei. 17.00 – 19.00 Uhr).

Rathausplatz ► In südlicher Richtung führt die Marktstraße weiter zum Rathausplatz mit dem **Neuen Rathaus**. Es wurde 1808 von einem Schüler Weinbrenners als **Villa Lotzbeck** erbaut. Seit 1933 dient das klassizistische Herrenhaus als Sitz der Stadtverwaltung.

Ev. Stiftskirche ► Dieses Gottshaus in der Bismarckstraße geht auf eine 1259 gestiftete Klosterkirche zurück, von der noch der hohe Chor erhalten ist. Ansonsten wurde das Äußere des Baus im 19. Jh. verändert, der Turm wurde 1874 hinzugefügt. Im **Denkmalhof** neben der Kirche werden Grabsteine einheimischer Geschlechter aufbewahrt. Beachtenswert ist eine Kreuzigungsgruppe von 1559.

Burgheimer Kirche ► Durch die Gärtnerstraße und ihre nördliche Verlängerung gelangt man zu diesem frühromanischen, 1035 geweihten Gotteshaus, das zu den ältesten Sakralbauten Badens gehört. Der Turm ist romanisch, im Chor gefallen Wandmalereien von 1482.

Stadtpark ► Der Haupteingang zum Stadtpark liegt westlich des Stadtkerns an der Kaiserstraße. Der Lahrer Bürger **Christian Wilhelm Jamm** (1809 bis 1875) hinterließ nach seinem Tode seine Villa und den sie umgebenden Park seiner Heimatgemeinde. Die Villa des Parkgründers beherbergt heute ein **Museum**, das Kunstwerke der Region und eine heimatkundliche Sammlung zeigt (Öffnungszeiten: Mi., Sa., So., Fei. 14.00 – 16.00, So. auch 10.00 – 12.00 Uhr). Der Park selbst lädt mit seinen teilweise exotischen Bäumen und Sträuchern zum Verweilen ein. Den echten indianischen **Totempfahl** haben vor einigen Jahren in Lahr stationierte kanadische Soldaten gestiftet.

Umgebung von Lahr

Hammerschmiede Im Lahrer Stadtteil Reichenbach sieht man, wie einst eiserne Gebrauchsgegenstände geschaffen wurden (Öffnungszeiten: Mi., Sa. 14.00 – 17.00, So. 11.00 – 12.00 Uhr).

Das 5 km nordwestlich von Lahr gelegene **Schuttern** besitzt eine Kirche von 1773. Sie gehörte zu einem Benediktinerkloster, das im 8. Jh. als erstes auf dem rechten Ufer des Oberrheins gegründet wurde. In der Unterkirche sind Fundamentreste früherer Kirchenbauten, Bauteile aus der Römerzeit und ein Mosaik aus dem 10. Jh. zu sehen.

? WUSSTEN SIE SCHON ...?

- Im 6 km nordwestlich von Schuttern gelegenen Ort Meißenheim befindet sich das Grab von Goethes Jugendliebe Friederike Brion, die hier ihre letzten Lebensjahre verbracht hat.

Imposanter ist die sich 5 km östlich von Seelbach erhebende Ruine Hohengeroldseck (525 m ü.d.M.). Erbaut wurde die Burg der Geroldsecker bereits Mitte des 13. Jh.s, 1689 wurde sie zerstört. Zur Hauptburg gehörten zwei turmartige Palasbauten, von denen das sog. Hintere Haus noch als eindrucksvolle Ruine erhalten ist. ✶ **Ruine Hohengeroldseck**

Lenzkirch

F 12

Landkreis: Breisgau-Hochschwarzwald
Einwohnerzahl: 5100
Höhe: 807 – 1192 m ü. d. M.
Prädikat: Heilklimatischer Kurort

Der in einer langgestreckten Talmulde zu Füßen des Hochfirsts gelegene Klimakurort wird als Sommerfrische und Wintersportplatz gleichermaßen gern besucht.

Stadtgeschichte

Lenzkirch entstand im Mittelalter in der Nähe einer zähringischen Burg. Ende des 15. Jh.s kam die Herrschaft Lenzkirch an die Fürstenberger. 1806 wurde der Ort dem Großherzogtum Baden zugeschlagen. Lenzkirch war in der Vergangenheit ein wichtiger Umschlagplatz für Erzeugnisse des Hochschwarzwälder Heimgewerbes. Lenzkircher Träger-Compagnien vertrieben Schnitzkunst, Schneflerwaren, Uhren, Strohflechtarbeiten und Glaswaren in ganz Europa.

Sehenswertes in Lenzkirch und Umgebung

Lenzkirch

Der Lenzkircher **Kurpark** ist vor einigen Jahren neu angelegt worden. Sein Mittelpunkt ist das moderne **Kurhaus**. Die barocke **Elogiuskapelle** von 1684 dient heute als Friedhofskapelle. Reste der mittelalterlichen **Burg Alt-Urach** können am nordwestlichen Ortsausgang erkundet werden. Westlich oberhalb des Ortes ist der Ursee (835 m ü.d.M.) Zentrum eines idyllisch gelegenen Naturschutzgebietes mit vielen seltenen Pflanzen. Der kalte und teils schon verlandete **Moorsee** ist ein Relikt der letzten Eiszeit. Baden ist hier nicht erlaubt! – Südwestlich oberhalb erreicht man den **Stoßfelsen** (1053 m ü.d.M.).

Blick vom Hochfirst auf den Titisee

Etwa 3 km nordwestlich oberhalb von Lenzkirch liegt **Saig**, das ebenfalls als heilklimatischer Kurort und Wintersportplatz (Skilifte,

LENZKIRCH ERLEBEN

AUSKUNFT

Hochschwarzwald Tourismus GmbH Infostelle Lenzkirch
Am Kurpark 2
79853 Lenzkirch
Tel (0 76 53) 6 84 40
www.lenzkirch.de

EVENT

Elogiusritt
Wichtigstes Ereignis im Festkalender ist der Elogiusritt, der am Sonntag vor dem 25. Juni begangen wird. Früher wurde aus diesem Anlass auch noch ein großer Viehmarkt abgehalten, heute gibt es nur noch einen farbenfrohen Jahrmarkt als Beiprogramm.

ÜBERNACHTEN · ESSEN

► **Komfortabel**
Hotel Saigerhöh
Saigerhöh 8 – 10
79853 Lenzkirch-Saig
Tel. (0 76 53) 685-0
www.saigerhoeh.de
Am sonnenbeschienenen »Südbalkon« des Hochfirst kann man sich prächtig erholen. Die Hotelanlage mit 105 Zimmern und Suiten hat auch eine »Wellness- und Vital-Oase« zu bieten mit Schwimmbad, Sauna, Solarium, Beauty-Farm und Tennisplätzen. Im »Panoramarestaurant« und in den angeschlossenen drei Stuben speist man recht gut.

Sprungschanze, Rodelbahn) ausgewiesen ist. Das **hübsch herausgeputzte Schwarzwalddorf** Saig (988 m ü.d.M.) am sonnenbeschienenen Südosthang des Hochfirstes bzw. an der **Saiger Höhe**. Bereits in den 1870er-Jahren kamen die ersten Erholungssuchenden hierher.

✶ Hochfirst Nordwestlich von Saig erhebt sich der 1192 m hohe Hochfirst mit Gasthaus und Aussichtsturm (seit 1889). Von hier oben bietet sich ein **überwältigender Panorama-Rundblick** über die Höhen des Südschwarzwaldes und – an klaren Tagen – bis zu den Schweizer Alpen. Und tief unten schimmert der ►Titisee.

Kappel Etwa 3 km nordöstlich oberhalb von Lenzkirch liegt der ruhige Luftkurort Kappel (889 m ü.d.M.) auf aussichtsreicher Höhe. Die **Dorfkirche** (17. Jh.) ziert ein hübscher Zwiebelturm. An der Kappeler Höhe erinnert ein **Denkmal** an eine schwere Auseinandersetzung, die Franzosen und Österreicher 1799 hier oben ausfochten.

Unadingen 5 km östlich von Löffingen liegt Unadingen (748 m ü.d.M.), in dessen Umgebung man im 18. Jh. Kohle abgebaut hat. Östlich unterhalb von Unadingen ist die wilde **Gauchachschlucht** (► Wutachschlucht) ein lohnendes Ausflugsziel.

Rötenbach Etwa 4 km westlich von Löffingen liegt dieser kleine Ferienort. Südlich unterhalb des Dorfes zwängt sich der Rötenbach durch ein wildes Schluchttal zur Wutach (►Wutachschlucht, Rötenbachschlucht).

★ Lörrach · Weil am Rhein

B/C 14

Landkreis: Lörrach
Einwohnerzahl: 48 000
Höhe: 272 – 555 m ü. d. M.
Prädikat: Große Kreisstadt

Die am Ausgang des Wiesentales zwischen den Ausläufern des Südschwarzwaldes gelegene Stadt Lörrach hat sich im Schatten der benachbarten schweizerischen Metropole Basel zum wirtschaftlichen und kulturellen Zentrum Oberbadens entwickeln können.

Geschichte

Die Siedlung Lörrach ist im 11. Jahrhundert erstmals urkundlich erwähnt worden. Zu Beginn des 15. Jahrhunderts erhielt sie das Marktrecht und 1682 das Stadtrecht. Mitte des 18. Jahrhunderts entstand hier die erste größere Textilmanufaktur. Dieser Industriezweig sollte in der Folgezeit überragende Bedeutung erlangen.

Gegen Ende des 18. Jh.s wirkte hier Johann Peter Hebel (►Berühmte Persönlichkeiten) als Lehrer. Während der badischen Revolution im Jahre 1848 war Lörrach für einen Tag (21.9.) Hauptstadt der Deutschen Republik. Der 1862 in Angriff genommene Bahnbau im Wiesental gab der Entwicklung der Stadt weitere Impulse. Nach dem Zweiten Weltkrieg war Lörrach eine der deutschen Städte, wo man die Industrialisierung mit besonderem Elan vorantrieb. Neben Textilien, chemischen Produkten und Maschinen wird auch Schokolade (Suchard) hergestellt.

Sehenswertes in Lörrach und Umgebung

Stadtzentrum

Das Stadtzentrum wurde vor einigen Jahren nach den Vorstellungen der Architekten Thomas Zoller und Franz Häring neu gestaltet. Attraktiver Mittelpunkt ist der **Alte Marktplatz** mit einer modernen Bildersäule.

Städtebauliche Dominante ist das **Hochhaus der Stadtverwaltung**. Davor, zwischen Rathaus und Bahnhof, ist der modern gestaltete **Zundelheiner-Brunnen** das neue Wahrzeichen von Lörrach. Die klassizistische **Ev. Stadtkirche** ist 1817 nach Plänen von Wilhelm Frommel unter Mitwirkung von Christoph Arnold errichtet worden. Der Kirchturm stammt noch aus dem frühen 16. Jahrhundert.

★ ◄ Museum am Burghof

Das Museum am Burghof (Basler Str. 143) ist im ehemaligen Lörracher Pädagogium untergebracht. Es beherbergt neben naturhistorischen sowie vor- und frühgeschichtlichen Funden eine hervorragende Sammlung von Skulpturen des 14. – 18. Jahrhunderts (u. a. Dinkelberger Madonna, um 1500), Altar- und Andachtsbilder, Malerei des 17.–19. Jahrhunderts, die Sammlung Max Laeuger (Keramik und Malerei) sowie Erinnerungen an Johann Peter Hebel, der 1783 – 1793 Lehrer am Lörracher Pädagogium gewesen ist (Öffnungszeiten: Mi. 14.30 – 17.30 und 19.30 – 21.30, Sa. 14.30 bis 17.30, So. 10.00 bis 12.00 u. 14.30 – 17.30 Uhr).

Villa Aichele Die in einem recht schönen Park gelegene Villa Aichele fungiert als städtische Kultureinrichtung, in der Dichterlesungen, Kammerkonzerte und Kunstausstellungen stattfinden.

Fridolinskirche Die zweitürmige Fridolinskirche (1821 – 1823) in Lörrach-Stetten ist eines der herausragenden Beispiele klassizistischer Sakralbaukunst im deutschen Südwesten. Das Gotteshaus entwarf Christoph Arnold.

Grütt Am nördlichen Stadtrand erstreckt sich der **Landschaftspark** Grütt als hübsch angelegtes Naherholungsgelände mit prächtigem Rosengarten. Nicht alltägliche Kunst ist in der **Galerie im Grütt** (Grüttweg 5; Öffnungszeiten: Mo. – Fr. 9.00 – 12.00 u. 14.00 – 18.00, Sa. 9.00 bis 13.00 Uhr) ausgestellt.

✶ Burgruine Rötteln 4 km nördlich von Lörrach thront die **Ruine der größten mittelalterlichen Burg Oberbadens** auf einer aussichtsreichen Höhe. Ihre Anfänge liegen im Dunkeln. Urkundlich wurde sie erstmals 1259 erwähnt. 1332 wurde sie von den Baslern belagert, nachdem ein Markgraf von Rötteln den Bürgermeister von Basel erstochen hatte. Das katastrophale Erdbeben von Basel im Jahre 1356 richtete auch auf der Burg Schäden an. 1503 kam die mächtige Burg an die Markgrafen von Baden. 22 Jahre später wurde sie von aufständischen Bauern eingenommen. Während des Dreißigjährigen Krieges wechselten sich die Kaiserlichen und die Schweden als Burgbesatzungen ab. 1678 wurde sie von den Franzosen zerstört. Seit 1925 kümmert man sich um den Erhalt der Burganlage. Im Sommer ist die Burg Schauplatz gern besuchter **Freilichtspiele**.

Burgruine Rötteln Orientierung

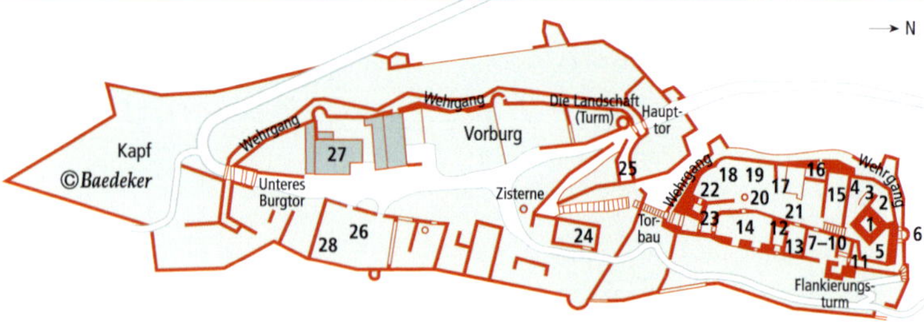

1 Grüner Turm
2 Alte Kanzlei
3 Hexengewölbe
4 Kleiner Hof
5 Burgvogteiwohnung
6 Rittersprung
7 Kammer
8 Kammer
9 Große Stube mit Kamin
10 Halle
11 Durchgang
12 Brotkeller
13 Kammer
14 Alter Bau
15 Burgkapelle
16 Schießkammer
17 Landvogtei
18 Schlosskellerei
19 Wache
20 Alte Zisterne
21 Burghof
22 Giller
23 Aufgang
24 Landschreiberei
25 Wintergang
26 Landschreiberei
27 Wirtshaus
28 Gerichtstisch

Weil am Rhein

Grenzstadt und Industriestandort

Die Grenzstadt Weil am Rhein (240 – 450 m ü.d.M.; 28 000 Einw.), auch als »Stadt der Stühle« bekannt, liegt im Dreiländereck Deutschland – Frankreich – Schweiz südwestlich von Lörrach. Ihre drei Siedlungskerne sind Leopoldshöhe (im Osten, weiträumige Bahnanlagen), Friedlingen (im Westen, Rheinhafen) und Otterbach (im Süden, Grenzkontrollstellen). Sie ist Standort einiger Industriebetriebe (u.a. Möbel, Textilveredlung, Chemie, Metallverarbeitung).

Drei-Länder-Garten

Die Stadt Weil am Rhein hat 1999 eine Landesgartenschau ausgerichtet. Brennpunkt des Geschehens war damals der heutige Drei-Länder-Garten, der sich am südlichen Stadtrand mit seinen Sportanlagen und Spielplätzen (u.a. Eislaufhalle, Waldsportpfad) ausbreitet und der auch heute noch gern besucht wird. Architektonischer Höhepunkt ist der **Zaha-Hadid-Pavillon**, der von der aus dem Irak stammenden Stararchitektin entworfen wurde. Während der Gartenschau war dies der »Treffpunkt Baden-Württemberg«. Das ganze Jahr über zieht das **Laguna Badeland** Besucher aus nah und fern an.

✶✶ Vitra-Architekturpark

◄ Vitra Design Museum

Wer sich für moderne Architektur und Design interessiert, sollte keinesfalls einen Besuch des Vitra-Architekturparks der weltberühmten Stuhlfabrik am nördlichen Stadtrand versäumen.
Ein Höhepunkt des Ensembles ist dieser vom kalifornischen Stararchitekten **Frank O. Gehry** konzipierte und weiß leuchtende Zweckbau mit ineinander dringenden Kuben. Hier sind Wechselausstellungen zu sehen, die sich mit dem **Thema Wohnkultur** beschäftigen. Es

Ultramodernes Design im Vitra-Architekturpark

gab schon die Sonderschauen »Frank Lloyd Wright und die lebendige Stadt« sowie »Kid Size – Möbel für Kinder« (Charles-Eames-Str. 1; Öffnungszeiten: tgl. 10.00 – 18.00 Uhr; Führungen: Sa. u. So. 11.00 Uhr u. n. V., Tel. 0 76 21/702-32 00).

VitraHaus ► Jüngste Attraktion auf dem Campus ist dieses vom Architekturbüro **Herzog & Meuron** entworfene neue Zuhause der **Verkaufsausstellung** »Vitra Home Collection«. Hier kann man sich Inspirationen fürs eigene Zuhause holen und die Stuhlsammlung anschauen. Auch ein nettes Café ist eingerichtet (Öffnungszeiten: tgl. 10.00 – 18.00 Uhr).

Weietere Bauten ► Die sehr futuristisch anmutende **Vitra Fire Station** (Feuerwehrhaus) ist eine Schöpfung der bereits oben erwähnten irakischen Architektin **Zaha Hadid**. Den **Vitra Conference Pavilion** (Tagungspavillon) hat **Tadao Ando** entworfen, und die Pläne für die **Fabrikationsgebäude** stammen von den Architekten **Alvaro Siza, Nicolas Grimshaw** und **Frank O. Gehry**. Zwei weitere architektonische Höhepunkte sind eine **kuppelförmige Zeltkonstruktion** von **Richard Buckminster Fuller** und ein **Tankstellenhäuschen** des Franzosen **Jean Prouvé** (Architekturführungen: Di. – So. 12.00 u. 14.00 Uhr).

Museum Weiler Textilgeschichte

In den ehemaligen Werkstätten der Seidenstoffweberei Schwarzenbach im Stadtteil Friedlingen erfährt man sehr lebensnah, wie der Arbeitsalltag einer Textilfabrik von 1927 bis in die 1980er-Jahre ausgesehen hat (Öffnungszeiten: 1. So. im Monat 14.00 – 17.00 Uhr).

✶ Ötlingen

5 km nördlich oberhalb von Weil liegt aussichtsreich das alte Weinbauerndorf Ötlingen, dessen **malerischer Ortskern** unter Ensemble-Denkmalschutz steht. Einen Besuch lohnt hier auch das **Museum Dorfstube** in einem alten Fachwerkhaus, das Einblicke ins hiesige bäuerliche Leben des 19. Jh.s gewährt.

Markgräflerland

B/C 12 – 14

Landkreise: Breisgau-Hochschwarzwald, Lörrach

Höhe: 600 – 850 m ü. d. M.

Im äußersten Südwesten Deutschlands, zwischen Rhein und Schwarzwaldhöhen, breitet sich das klimatisch begünstigte, fast schon mediterran geprägte Markgräflerland aus. Hier blühen Oleander und Hibiskus und hier gedeihen auch gute Weine. Und obendrein gibt es hier eine Badekultur, deren Tradition bis in die Römerzeit zurückreicht.

Das Markgräflerland schließt südlich an den Breisgau (► Freiburg) an und reicht südwärts bis zum Rheinknie bei Basel. Hauptort des Markgräflerlandes ist ► Müllheim, dem der berühmte Kurort ► Badenweiler benachbart ist.

★ **Landschaftsbild**

Es ist eine freundliche Hügellandschaft mit Weinbergen und Obstwiesen. Den kontrastreichen landschaftlichen Hintergrund bilden dunkle Tannenwälder, über denen sich der **Blauen** (1165 m ü.d.M.) und der **Belchen** (1414 m ü.d.M.) erheben. Wegen des reizvollen Landschaftsbilds und des milden Klimas wirbt man für das Markgräflerland gern mit dem Slogan »die Toscana Deutschlands«. Dies mag etwas übertrieben erscheinen, daher halten wir es lieber mit Goethe und sprechen von einer »lieblichen Heimat«.

! *Baedeker* TIPP

Markgräfler Wiiwegli

Die schönste Möglichkeit, das Markgräflerland zu erkunden, bietet dieser insgesamt 53 km lange Wanderweg des Schwarzwaldvereins. Er führt von Staufen nach Weil am Rhein. Markiert ist der Wanderweg durch eine gelbe Traube in roter Raute auf weißem Grund.

Rundfahrt durch das Markgräflerland

Badische Weinstraße

Die hübschesten Ortschaften im Markgräflerland erschließt die Badische Weinstraße, die von Staufen im Breisgau bis nach Weil am Rhein führt. Die im folgenden beschriebene Rundfahrt durch das Markgräflerland folgt im wesentlichen der Badischen Weinstraße.

Staufen im Breisgau

Die Rundfahrt durch das Markgräflerland könnte im noch zum Breisgau gehörenden alten Städtchen ►Staufen beginnen.

Schliengen

Die Winzergemeinde Schliengen (4400 Einw., 225–1165 m ü.d.M.) zieht sich mit ihren Ortsteilen Mauchen, Liel, Nieder- und Obereggenen von der Rheinebene durch das Eggener Tal mit seinen **Kirschbaumwiesen**.. So gibt es hier auch ein gutes Kirschwasser! Bei der Winzergenossenschaft Schliengen beginnt ein **Weinlehrpfad**, der über die Geschichte des Weines, Sorten, Gewinnung u.a. informiert. Interessant ist auch das **Trottenmuseum** auf dem Gelände der Winzergenossenschaft. Eine große Trotte (Weinpresse) aus dem 17. Jh. ist das Prunkstück. Ein geschichtsträchtiges Gebäude ist das **Wasserschloss Entenstein** (heute Rathaus). Vermutlich wurde bereits um 1000 ein Wohnturm an dieser Stelle errichtet, er wurde 1525 zum Wasserschloss ausgebaut.

? WUSSTEN SIE SCHON ...?

- Der Landschaftsname erklärt sich aus dem historischen Sachverhalt, dass zu der Zeit, als der Breisgau zum habsburgischen Vorderösterreich gehörte, dieses südlich gelegene Gebiet von den Markgrafen von Baden beherrscht wurde.

★ **Bad Bellingen**

Die Hauptroute der Badischen Weinstraße führt von Schliengen in Richtung Rhein und erreicht den Kurort Bad Bellingen (225 – 385 ü.d.M.; 3100 Einw.) in der Rheinebene. Als **Heilbad** erlebte der Ort einen rasanten Aufschwung. Erst 1956 stieß man bei dem bis dato kleinen Bauern- und Fischerdorf bei Erdöl-Probebohrungen auf eine

MARKGRÄFLERLAND ERLEBEN

AUSKUNFT

Werbegemeinschaft Markgräflerland GmbH
Wilhelmstr. 14
79379 Müllheim
Tel. (0 76 31) 801-502
www.markgraefler-land.com

EVENTS

Alemannische Fasnet
In einigen Orten (u. a. Sulzburg) feiert man eine Woche nach dem Ende der offiziellen Fastnacht die »Buurefasnet« und feiert so wie in der Nordwestschweiz.

BADEN · WELLNESS

Mit herrlichen Badelandschaften sowie vielerlei Wellness- und Sport-Möglichkeiten können die Kurorte Bad Krozingen (Vita Classica), Badenweiler (Cassiopeia-Therme) und Bad Bellingen (Balinea-Therme) aufwarten.

Natrium-Calcium-Chlorid Therme. Weitere Quellen wurden 1972 und 1974 erschlossen. In hochmodernen Kureinrichtungen, zu denen auch die im Jahr 2000 eröffneten **balinea thermen** gehören, und mit einem umfassenden Hotelangebot kann hier heute ganzjährig gekurt werden (Heilanzeigen: vor allem rheumatische Erkrankungen und Erkrankungen des Nervensystems).

Auch Golfspieler kommen im Markgräflerland auf ihre Kosten

Der **Altort**, der sich seinen dörflichen Charakter weitgehend erhalten hat, liegt erhöht auf dem Hochgestade (der Höhenunterschied kann mit einem Lift bequem überwunden werden). Das **Kurgebiet** in der Rheinebene mit dem Thermalbad umgibt ein ausgedehnter gepflegter Park. Das schmucke **Rathaus** im Ortszentrum entstand 1590 als Schloss der Grafen von Andlau. An den spätgotischen Hauptbau wurde ein moderner Treppenturm angefügt.
Erhöht über dem Zentrum steht auf einem Hügel die katholische **Pfarrkirche St. Leodegar**. Ältester Bauteil ist der Chor (1624), Langhaus und Turm wurden 1783 fertiggestellt. Das Innere präsentiert sich frühklassizistisch.

Herbst im Markgräflerland

Das **Oberrheinische Bäder- und Heimatmuseum** im Ortsteil Bamlach befasst sich mit der Kulturgeschichte des Heilbadens in der Region von der Römerzeit bis heute (Öffnungszeiten: Mi., So. 14.00 – 17.00 Uhr).

★ Istein

Enge Gässchen und steile Treppenaufgänge sowie zahlreiche im 15. und 16. Jh. entstandene Häuser faszinieren in dem unter Denkmalschutz gestellten Ortskern von Istein (1200 Einw.). Zu den schönsten gehören die **Fachwerkbauten** »Arche« (1533) und »Chänzeli« (1599). Überragt wird das hübsche Ensemble von der **klassizistischen Pfarrkirche St. Michael**, in deren Nähe noch zwei weitere Profanbauten beachtenswert sind.

◄ Isteiner Klotz

Das Dorf liegt unterhalb des Isteiner Klotzes (347 m ü.d.M.), einer bizarren Felsformation, um die der Rhein vor der von Tulla vorgenommenen Regulierung herumfloss. Schon im Mittelalter hatte der Felsen militärische Bedeutung. Im 19. Jh. bestand hier eine starke Festungsanlage, die 1919 zerstört, danach wieder aufgebaut und 1947 erneut gesprengt wurde. Die zur Burg gehörige **St.-Veits-Kapelle** ist vor ein paar Jahren renoviert worden. Seit 1987 ist ein größeres Areal um den Isteiner Klotz als **Naturschutzgebiet** mit außergewöhnlicher Flora und Fauna ausgewiesen.

Ausflug nach Kandern

Auf der Badischen Weinstraße kann man noch bis Weil am Rhein weiterfahren; lohnend ist es jedoch auch, von Efringen-Kirchen in nordöstlicher Richtung nach ► Kandern abzubiegen. Eine hübsche Straße führt von hier via Sitzenkirch nordwärts. Bald zweigt die Zufahrt zum Schloss Bürgeln ab, das wegen seiner eindrucksvollen Lage und der beachtlichen Kunstschätze unbedingt einen Abstecher lohnt (Schlossgaststätte mit Aussichtsterrasse).

★★ Maulbronn

I 5/6

Landkreis: Enzkreis
Einwohnerzahl: 6600
Höhe: 253 m ü.d.M.
Prädikat: UNESCO-Weltkulturerbe

Das Kloster Maulbronn, knapp 20 km nordöstlich von ►Pforzheim gelegen, ist eine der wenigen vollständig erhaltenen Anlagen ihrer Art in Deutschland. Sie wurde 1993 in die UNESCO-Liste des Weltkulturerbes der Menschheit aufgenommen.

Das Städtchen Maulbronn liegt recht malerisch im Salzachtal am Westrand des Strombergs. Die Siedlung selbst entstand erst Anfang des 19. Jh.s neben dem Kloster, Stadtrecht erhielt sie 1886.

★★ Klosteranlage

Schönste aller deutschen Klosteranlagen

Unter den Baudenkmälern von Baden-Württemberg nimmt das Kloster Maulbronn eine herausragende Stellung ein. Ein Gang durch die Klausur- und Wirtschaftsgebäude ist nicht nur architekturgeschichtlich und kunsthistorisch ausgesprochen eindrucksvoll, sondern vermittelt auch ein lebendiges Bild vom Alltagsleben und der Organisation einer zisterziensischen Klostergemeinschaft.
Die Geschichte des Klosters begann 1138, als der Edelfreie **Walter von Lomersheim** den Zisterziensern von Neuburg (Elsass) sein Land zur Gründung eines Tochterkonvents übergab. Das Kloster wurde 1147 ins wald- und wasserreiche Salzachtal verlegt, das weltliche Abgeschiedenheit und wirtschaftliche Autarkie gewährleistete. Mit der Kirche als zentralem Bauwerk beginnend entstand bis ins 15. Jh. der von einer turmbewehrten Mauer umgebene Klosterkomplex. Neben der Mönchsgemeinschaft lebten innerhalb der Klostermauern die im

MAULBRONN ERLEBEN

AUSKUNFT

Stadtverwaltung Maulbronn
Klosterhof 31
75433 Maulbronn
Tel. (0 70 42) 103-0
www.maulbronn.de

EVENTS

Bei Kerzenschein und Glühwein
An mehreren Terminen in der kalten Jahreszeit werden nächtliche stimmungsvolle Rundgänge durch das nur von Kerzen erleuchtete Kloster angeboten. Infos: Tel. (0 70 43) 92 66 10, www.kloster-maulbronn.de

ÜBERNACHTEN · ESSEN

► **Komfortabel**
Hotel Klosterpost
Frankfurter Str. 2, 75433 Maulbronn
Tel. (0 70 43) 108-0
www.hotel-klosterpost.de
Traditionsreiches Haus mit 39 Zimmern, gutem Restaurant und historischem Gewölbekeller, in dem gelegentlich Weinproben stattfinden.

Wirtschaftshof tätigen, nur mit niederen Weihen ausgestatteten Laien. Auch das Kloster Maulbronn wurde während der Reformation (1537) aufgelöst. Kurz nach der Einnahme durch Herzog Ulrich von Württemberg 1504 ließ dieser dort eine evangelische Internatsschule für die begabten Landeskinder einrichten, die als Evangelisch-Theologisches Seminar bis heute besteht. Sie hat bedeutende Persönlichkeiten hervorgebracht, u.a. den Astronom und Mathematiker Johannes Kepler und den Dichter Friedrich Hölderlin. Auch Hermann Hesse war Schüler in Maulbronn. Seine Eindrücke hat er später eindrücklich in seinem Roman »Unterm Rad« verarbeitet.

Kloster Maulbronn Orientierung

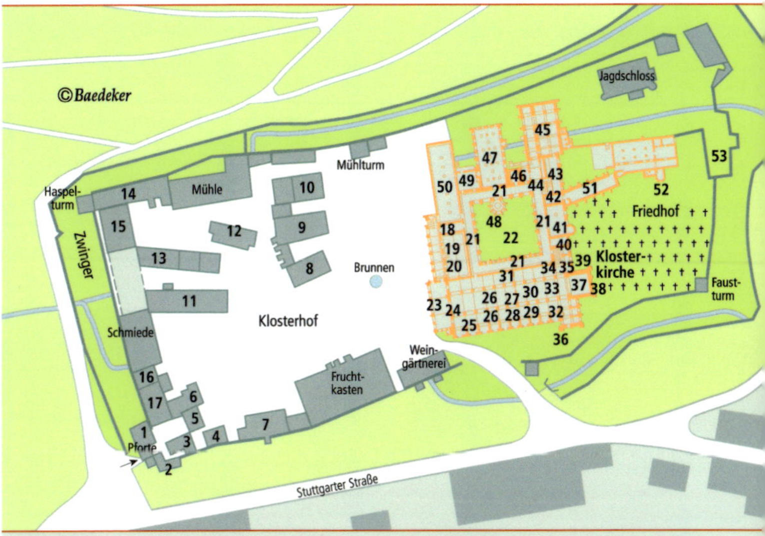

Wirtschaftsgebäude
1 Gasthaus
2 Pförtnerhaus
3 Wache
4 Dreifaltigkeitskapelle
5 Inneres Klostertor
6 Museum
7 Küferei
8 Kameralamt
9 Gesindehaus
10 Speisemeisterei
11 Marstall (Rathaus)
12 Pfisterei
13 Haberkasten
14 Melkstall, Eichelboden
15 Speicher
16 Wagnerei
17 Stallungen

Kloster
18 Ern (Kasse)
19 Winterrefektorium
20 Cellarium, Konversendormitorium
21 Kreuzgang
22 Kreuzgarten
23 Paradies
24 Hauptportal
25 Zehnte Kapelle
26 Altarbaldachine, Kleine Madonna
27 Steinkruzifix
28 Kanzel
29 Südliches Langhaus Kapellen
30 Chorschranke
31 Laienchor
32 Erste Kapelle
33 Mönchschor
34 Dormenttreppe
35 Querschiffkapellen
36 Totenpforte
37 Sanctuarium
38 Hochaltar
39 Maulbronner Madonna
40 Sakristei
41 Kapitelsaal
42 Ost-Ern
43 Frateria
44 Höllentreppe
45 Mönchsdormitorium
46 Kalefaktorium
47 Mönchsrefektorium
48 Brunnenhaus
49 Küche
50 Konversenrefektorium
51 Parlatorium, Oratorium
52 Scheerbrunnen
53 Pfründhaus, Infirmerie (1892 abgebrannt)

KLOSTER MAULBRONN

★★ Maulbronn ist das Musterbeispiel eines Zisterzienserklosters mit Bauten aus verschiedenen Epochen. Zwischen 1201 und 1225 gab es erste Erweiterungen. 1210 erschien die Gotik mit einem in Burgund geschulten Baumeister, der mit der Vorhalle, mit Teilen des Kreuzgangs und mit dem Refektorium zeigte, wie die neue Wölbungskunst die Architektur zu bereichern vermochte.

Öffnungszeiten:
März – Okt. tgl. 9.00 – 17.30, Nov. – Feb.
Di. – So. 9.30 – 17.00 Uhr
Führungen:
tgl. 11.15 u. 15.00 Uhr
u. n. V., Tel. (0 70 43) 92 66 10

① Chor der Klosterkirche

Der gerade und schmucklose Chor besitzt keine Apsiden, auf einen stolzen Vierungsturm wurde verzichtet, Glockentürme verbietet die Ordensregel, deshalb hat Maulbronn nur einen Dachreiter. Die Maßwerkfenster des Chores gehen auf einen Umbau um 1340/1350 zurück.

② Langhaus der Klosterkirche

Die Raumaufteilung der Zisterzienserarchitektur ist streng und einfach: Der Wandaufbau ist zweigeschossig, die Hochfenster haben kleine Ausmaße, das Langhaus war ursprünglich noch flach gedeckt. Eine steinerne, bereits um 1170/1180 entstandene Chorschranke im Mittelschiff trennt die Laienkirche vom Mönchschor. Ursprünglich stand auf der Schranke (heute davor) das mächtige, 1473 datierte steinerne Kruzifix. Besondere Beachtung verdienen die »Maulbronner Madonna« (um 1300), die »Kleine Madonna« (um 1394; Rest eines Hochaltars), der geschnitzte spätgotische Abtsstuhl sowie das Gestühl im Mönchschor mit den ordenstypischen Unterteilungen zwischen den Sitzen (um 1450).

③ Vorhalle

Hier kündigt sich der Übergang von der Romanik zur Gotik an: In den Gewölbefeldern der Vorhalle (Paradies) erkennt man Fragmente der spätgotischen Ausmalung. Beinahe schmucklos zeigt sich das romanische Hauptportal des Gotteshauses: ein schlichtes Stufenportal mit eingestellten Säulen.

④ Kreuzgang

Den Kreuzgang überspannt ein sechsteiliges Rippengewölbe. Im Mittelalter waren die hochgotischen Maßwerkfenster verglast. Am Gewölbe der Brunnenkapelle ist die Entstehungsgeschichte des Klosters abzulesen: Auf der Suche nach einem Siedlungsplatz hatten Mönche ein Maultier lostrotten lassen. An Platz des heutigen Eselsbrunnens steht, blieb das Maultier stehen und stillte an einer Quelle seinen Durst. Die Mönche sahen darin ein Zeichen des Himmels und beschlossen, an dieser Stelle ihr Kloster zu errichten.

⑤ Herrenrefektorium

Der zweischiffige Speisesaal der Vollmönche wird durch schlanke Säulen gegliedert und besitzt ein schönes Kreuzrippengewölbe.

⑥ Refektorium, Dormitorium

Schlaf- und Speisesaal der Laienmönche

⑦ Parlatorium und Dormitorium

Im UG lag der Sprechsaal (Parlatorium), im OG der Schlafsaal (Dormitorium).

⑧ Kapitelsaal

Als Versammlungsraum der Mönche diente der Kapitelsaal, der sich in Maßwerkfenstern und Arkaden zum Kreuzgang öffnet und ein Sterngewölbe (1320/1330) aufweist.

⑨ Klostergarten

Die Regel der Mönche sieht für ihre Behausung einen abgeschlossenen Raum vor, der sich auf einen zur Außenwelt abgeschirmten Garten öffnet und somit nur zum Himmel Verbindung hat.

① ⑩ Großer Keller

In Maulbronn hatten die Mönche bereits im 12. Jh. landwirtschaftliche Mustergüter angelegt, von deren Ertrag ein Abt selbstbewusst behauptete: »Unsere Weinfässer sind größer als die Wohnungen der ägyptischen Mönche und unsere Fruchtspeicher geräumiger als ihre Klöster.«

① ① Cellarium

Im ehemaligen Kellergewölbe des Klosters gibt es ein Lapidarium mit originalen Steinsammlungen.

brunnen. Das Gebäude gegenüber dem Herrenhaus ist das 1588 für die Herzöge von Württemberg erbaute Renaissance-Jagdschloss. Ganz im Nordosten stehen die Reste des in den 1430er-Jahren erbauten, im Jahr 1504 schwer beschädigten Krankenhauses.

Wirtschaftsgebäude

Die um einen Hof angelegten Wirtschaftsgebäude sind größtenteils schöne **Fachwerkhäuser im Stil der Spätgotik**, die in Stein ausgeführten Bauten stammen überwiegend aus späterer Zeit. Eine Ausnahme bildet die ehemalige Klostermühle, die schon in der ersten Hälfte des 13. Jh.s aus Buckelquadern errichtet wurde. Der achtgeschossige Fruchtkasten (heute Stadthalle) entstand im Zuge der herzoglichen Bauaktivitäten 1580 an der Stelle eines Vorgängerbaus aus dem 13. Jh. (gotische Lanzettfenster). Nach dem Bau des Jagdschlosses wurde auch ein Marstall nötig, der um 1600 durch die Erweiterung eines gotischen Steingebäudes entstand. Empfehlenswert ist der Besuch des Klostermuseums im ehemaligen Kaminhaus, in dem u.a. ein Modell der Klosteranlage gezeigt wird.

Müllheim

B 13

Landkreis: Breisgau-Hochschwarzwald
Einwohnerzahl: 18 000
Höhe: 230 m ü.d.M.
Prädikat: Erholungsort

Die frühere Kreisstadt Müllheim ist bis heute Mittelpunkt des schönen ► Markgräflerlandes und mit ihren mehr als 400 Hektar Rebfläche die größte Weinbaugemeinde dieser lieblichen Landschaft. Neben Weinbau und Fremdenverkehr spielt auch die Industrie (u.a. Feinmechanik) eine wichtige Rolle.

MÜLLHEIM ERLEBEN

AUSKUNFT

Touristik-Information
Wilhelmstr. 14
79379 Müllheim
Tel. (0 76 31) 801-500
www.muellheim.de

EVENTS

Müllheimer Weinmarkt
Seit 1872 findet alljährlich am letzten Freitag im April der Müllheimer Weinmarkt statt. Er ist der älteste der badischen Weinmärkte.

ÜBERNACHTEN · ESSEN

► Komfortabel
Landhotel Alte Post
Posthalterweg
79379 Müllheim/Baden
Tel. (0 76 31) 17 87-0
www.alte-post.net
Die 50 Gästezimmer des hübsch renovierten Hauses sind geschmackvoll eingerichtet. Die »Alte Post« ist außerdem weithin bekannt für ihre gute Küche. Mehrmals im Jahr werden auch Kochkurse gegeben.

Geschichte Im heutigen Stadtgebiet von Müllheim wurden römische Siedlungsreste nachgewiesen. Die erste urkundliche Erwähnung datiert aus dem Jahre 758. Ein weiteres entscheidendes Jahr in der Geschichte ist 1810, damals wurden Müllheim die Stadtrechte verliehen. Zwischen 1937 und 1979 war Müllheim Kreisstadt.

Sehenswertes in Müllheim und Umgebung

Martinskirche Die ehemalige Martinskirche wird heute für kulturelle Veranstaltungen genutzt. Von dem gotischen Bau des 14. Jh.s ist noch der Turm mit einem Freskenzyklus aus der zweiten Hälfte des 14. Jh.s erhalten. In der Südwestecke der Kirche können Reste einer Heizungsanlage besichtigt werden, die zu einer römischen Villa gehörten und bei Ausgrabungen 1980/1981 freigelegt wurden.

✶ Markgräfler Museum Das in dem um 1780 erbauten ehemaligen Gasthaus »Krone« am Marktplatz untergebrachte Museum zeigt Exponate zur Geologie und Geschichte der Region. Im **historischen Weinkeller** kann man sich bestens über die Markgräfler Weinbaukultur informieren (Öffnungszeiten: Mi. – So. 15.00 – 18.00 Uhr).

Neuenburg am Rhein Das 4 km westlich von Müllheim gelegene 9000-Einwohner-Städtchen blickt auf eine bedeutende historische Vergangenheit zurück. Der Zähringerherzog Berthold IV. hat es um 1175 gegründet, um die Verbindung der staufischen Besitzungen im Elsaß mit denen in Badenweiler zu verhindern. Nach dem Aussterben der Zähringer (1218) war es Reichsstadt bis 1331. Ursprünglich floss der Rhein nahe an der Stadt vorbei. 1525 spülte ein Hochwasser nahezu die Hälfte der Stadt hinweg, und in den Kriegen der folgenden Jahrhunderte wurde Neuenburg mehrfach zerstört.

Museum für Stadtgeschichte ► Mehr über die Stadtgeschichte erfährt man in dem im **Alten Rathaus** eingerichteten Museum. Ausgestellt sind Urkunden, archäologische Ausgrabungsfunde, Münzen und diverse Stadtansichten (Franziskanerplatz 4; Öffnungszeiten: Mi. 17.00 – 19.00, So. 15.00 – 18.00 Uhr).

✶ Münstertal · Staufen i. Br.

C/D 12

Landkreis: Breisgau-Hochschwarzwald
Einwohnerzahl: 5000
Höhe: 380 – 1414 m ü. d. M.
Prädikat: Luftkurort

Am Westfuß des hier geradezu alpin wirkenden ►Belchen-Massivs und nur 25 km südlich von ►Freiburg erstreckt sich die wegen ihrer prächtigen landschaftlichen Umgebung als familienfreundliches Urlaubsziel geschätzte Gemeinde Münstertal mit ihren beiden Ortsteilen Obermünstertal und Untermünstertal.

Die beiden Hauptsiedlungen und schöne alte Höfe liegen verstreut im Haupttal und in den Seitentälern. Doch nicht nur die Landschaft, sondern vor allem die exzellente badische Küche lockt Gäste an.

Geschichte

Mit dem Kloster St. Trudpert kam das Christentum im 7. Jh. in das Tal. Im Mittelalter florierte hier der **Silberbergbau**. Die im 13. Jh. entstandene Bergbaustadt Münster hatte sogar eine eigene Münze. Eine Mure verschüttete zu Beginn des 15. Jh.s die Stadt Münster. Im 18. und 19. Jh. wurde der im Dreißigjährigen Krieg unterbrochene Bergbau wieder aufgenommen. Statt Silber förderte man jetzt Blei. Dieser Abbau wurde 1864 eingestellt.

MÜNSTERTAL ERLEBEN

AUSKUNFT

Tourist-Information
Wasen 47
79244 Münstertal
Tel. (0 76 36) 707-40
www.muenstertal-staufen.de

Tourist-Information
Hauptstr. 53
79219 Staufen im Breisgau
Tel. (0 76 33) 8 05 36
www.muenstertal-staufen.de

EVENT

Weideabtrieb
Am 1. Oktoberwochenende wird – ähnlich wie im Allgäu oder der Schweiz – das Vieh von den Hochweiden ins Münstertal hinunter getrieben.

ÜBERNACHTEN · ESSEN

▸ Komfortabel/Günstig

Landgasthaus zur Linde
Krumlinden 13, 79244 Münstertal
Tel. (0 76 36) 447
www.landgasthaus.de
Das seit dem 17. Jh. bestehende denkmalgeschützte Gasthaus in Obermünstertal verfügt über 15 individuell eingerichtete Zimmer. In der Gaststube gibt es vorwiegend Schwarzwälder Spezialitäten (bes. Forellen).

Adler-Stube
Münster 59
79244 Münstertal
Tel. (0 76 36) 7 87 21 90
www.adler-stube.de
Freundlicher Gasthof in Untermünstertal mit 18 Zimmern, Sauna und Fitness-Raum. In der Gaststube gibt es schmackhafte badische Küche und gute Weine.

Baedeker-Empfehlung

▸ Komfortabel

Romantik-Hotel Spielweg
Spielweg 61
79244 Münstertal
Tel. (0 76 36) 709-0
www.spielweg.com
Der traditionsreiche Gasthof mit 42 Zimmern und Suiten oberhalb vom Münstertal besteht seit 1705 und wird seit 1861 als Familienbetrieb geführt. Zum Stammhaus gehören heute zwei weitere Bauten mit modern eingerichteten Zimmern, Hallenbad, Sauna und Wellness-Angeboten. In der gemütlichen Gaststube gibt es vorzügliche badische Spezialitäten. Sehr gut schmeckt auch der Käse aus der hauseigenen Käserei. Übrigens: Der berühmte Straßburger Künstler, Karikaturist und Literat Tomi Ungerer ist hier Stammgast.

Recht eindrucksvoll präsentiert sich das Kloster St. Trudpert im Münstertal.

Sehenswertes in Münstertal

★ **Kloster St. Trudpert**

Am Eingang zum Obermünstertal liegt das ehemalige Benediktinerkloster St. Trudpert. Es wurde 1806 aufgehoben und ist seit 1918 **Provinzmutterhaus der Josephsschwestern**.

Der **irische Mönch Trudpert** gründete im frühen 7. Jh. im Münstertal eine Einsiedlerzelle, aus der nach seinem Märtyrertod (um 643) das erste Kloster rechts des Rheins hervorging. Die bis heute erhaltenen stattlichen Klosterbauten stammen größtenteils aus dem 18. Jh., sie wurden zwischen 1920 und 1930 erweitert.

★ Kirche ▶

Mit dem Neubau von Kirche und Kloster, die bereits im Dreißigjährigen Krieg durch die Schweden zerstört worden waren, wurde 1709 der Vorarlberger **Barockbaumeister Peter Thumb** beauftragt. Unter seiner Leitung wurde der gotische Chor der Kirche überwölbt, Langhaus und Turm mit Zwiebelkuppel wurden neu aufgeführt, 1727 konnte die Barockkirche geweiht werden. Ab 1738 wirkte Thumb entscheidend an der Neugestaltung der Westfassade mit. Das Innere des Gotteshauses beherrscht der frühklassizistische Hochaltar von Franz Josef Friedrich Christian aus Riedlingen (1784). Im oberen Feld des Altars erkennt man den Klostergründer Trudpert mit einer Axt in der Hand, dem Attribut seines Todes. Die Altäre vor dem Chorbogen und in den Seitenkapellen stammen aus der Werkstatt von Matthias Faller. Die prächtige Kanzel (Mitte 18. Jh.) wurde 1822 von der Freiburger Augustinerkirche hierher überführt.

St.-Trudpert-Kapelle ▶

Hinter der Kirche steht diese um 1700 erbaute Kapelle. Sie markiert die Stelle, an der der hl. Trudpert als Märtyrer starb. Die unter der Kapelle entspringende Quelle galt früher als besonders heilkräftig.

Bienenkundemuseum

Das Rathaus des Ortsteiles Obermünstertal beherbergt die größte Ausstellung ihrer Art in Europa. Hier lernt der Interessierte die Wunderwelt der Bienen und die **Entwicklung der Imkerei** von der Antike bis zur Gegenwart kennen (Öffnungszeiten: Mi., Sa., So. 14.00 – 17.00 Uhr).

Waldmuseum

Diese Ausstellung im Rathaus des Ortsteils Untermünstertal informiert über die Forstwirtschaft, die im waldreichen Münstertal immer eine wichtige Rolle gespielt hat (Öffnungszeiten: Juni – Okt. Di. 10.00 – 12.30 Uhr).

✶ **Besucherbergwerk »Teufelsgrund«**

Von der durch das Untermünstertal führenden Straße zweigt ein Sträßchen zu dieser Attraktion ab. Im Mittelalter wurde hier **Silber** abgebaut. Im 19. Jh. förderten zeitweilig bis zu 400 Bergmänner im »Teufelsgrund« **Blei**. 1864 wurde die Bleiförderung eingestellt. Um Flussspat zu gewinnen, wurde der Betrieb in der Grube 1942 nochmals aufgenommen. Man fand jedoch keine rentablen Vorkommen und legte die Grube 1958 endgültig still. Seit 1970 ist sie als Schaubergwerk der Öffentlichkeit zugänglich. Der etwa 500 m lange Stollen, verschiedene **Bergbaugeräte und Mineralien** vermitteln ein Bild vom Gangbergbau. Da die Luft in dem Bergwerk extrem staub- und keimfrei ist, konnte hier auch eine **Asthma-Therapiestation** eingerichtet werden (Öffnungszeiten: Mitte Juni – Mitte Sept. Di. – So. 14.00 bis 17.00, April – Mitte Juni u. Mitte Sept. – Okt. Di., Do., Sa., So. 14.00 bis 17.00, Nov. Sa., So. 14.00 bis 17.00 Uhr).

? WUSSTEN SIE SCHON ...?

- Der Münstertaler Kaltwasserhof ist bekannt geworden durch die SWR-Fernsehserie »Schwarzwaldhaus 1902«. Zehn Wochen lang lebte die Familie Boro »wie vor hundert Jahren« auf dem Kaltwasserhof ohne die heute üblichen Standards, d. h. ohne elektrischen Strom, ohne WC, ohne Waschmaschine, ohne Fernsehapparat, ohne Auto, ohne Antibiotika. Die vierteilige Dokumentation dieser Zeitreise, die durchschnittlich 6 Mio. TV-Konsumenten sahen, wurde mit dem Adolf-Grimme-Preis ausgezeichnet.

✶ Staufen im Breisgau

Stadt des Dr. Faust

Am Ausgang des Münstertals in die Oberrheinebene liegt das für seine Weine und edlen Obstbrände bekannte malerische Städtchen (280 bis 720 m ü. d. M.; 7000 Einwohner). Es ist in die Literatur eingegangen als Sterbeort des Arztes und Alchimisten **Johannes (oder Georg) Faust**, der mit dem Teufel paktiert haben soll.

Ein Dorf Staufen wurde bereits im Jahre 770 erwähnt. Es entwickelte sich im Schutz der wohl Anfang des 12. Jh.s auf einem Bergkegel, dem Staufen, gegründeten Burg und erhielt 1280 die Stadtrechte. Die Burgherren hatten die Herrschaft von den Zähringer Herzögen als Lehen erhalten, seit dem 15. Jh. nannten sie sich Freiherren von Staufen. Nach dem Aussterben dieses Geschlechts 1602 fiel Staufen an Österreich, 1806 kam es an Baden.

Verhängnisvolle Erdwärmebohrung

Das Breisgau-Städtchen befindet sich seit Herbst 2007 in großer Not. Der Grund: Bei einer Erdwärmebohrung wurden im Untergrund der historischen Altstadt anstehende Anhydrit- und Gipsvorkommen sowie unter Druck stehendes Wasser angestochen. Seither verbinden sich die Mineralien mit dem Wasser und **die Erde quillt auf wie ein Hefeteig**. Mittlerweile sind schwere Schäden an weit über 200 Häusern in der Stadt festzustellen. Ein Ende des Desasters ist bislang nicht absehbar.

✶ Malerischer Stadtkern

Äußerst malerisch präsentiert sich der Stadtkern von Staufen. Entlang der Hauptstraße reihen sich hübsche, meist dreigeschossige Wohnhäuser aus dem 17. und 18. Jh. aneinander. Reizvolle Winkel sind auch in den Nebenstraßen und Gässchen zu entdecken.

Der **Marktplatz** wird vom stattlichen **Rathaus** von 1546 beherrscht. Es wurde im 17. und vor allem im 19. Jh. umgestaltet. Einstmals war das Erdgeschoss zum Markt hin in Lauben geöffnet. Der hübsche Brunnen davor datiert aus dem 16. Jh., 1786 wurde er restauriert, einen weiteren Brunnen ziert eine barocke Mariensäule. Im **Stubenhaus** am Marktplatz, einem der ältesten Gebäude der Stadt, ist das **Stadtmuseum** untergebracht. Hier wird an den blühenden Silberbergbau ebenso erinnert wie an den historischen Dr. Faust. Thema ist auch die Schlacht von Staufen, mit der die Badische Revolution 1848 zumindest vorläufig zu Ende ging (Öffnungszeiten: Sa. u. So. 15.00 – 18.00 Uhr). Wenige Schritte weiter erreicht man das bereits 1407 erwähnte **Gasthaus zum Löwen**. Hier hat der Sage nach der Teufel den Dr. Faust geholt.

Die katholische **Pfarrkirche St. Martin** wurde 1485 auf den Resten eines Vorgängerbaus errichtet. Es ist eine spätgotische Basilika mit beachtenswertem Netzgewölbe im Chor. Nach einem Brand 1690 er-

Von der Burg Staufen hat man einen ausgezeichneten Blick über den Ort, die Rheinebene und die Ausläufer des Schwarzwalds.

hielten die drei Langhausschiffe ihre Flachdecken. Beachtenswert sind im Innern der Hochaltar mit einem spätgotischen Kruzifixus sowie über den Seitenaltären Gemälde von Simon Göser (1795).
Das sog. **Untere Schloss** (heute Forstamt und Kellerei), dessen Treppenturm ins Auge fällt, diente den Freiherren von Staufen als Stadtschloss. Sein heutiges Aussehen erhielt es im 18. Jahrhundert. – Das **Keramikmuseum** an der Wettelbrunner Straße zeigt die Entwicklung des Hafnerhandwerks und der Kunstkeramik in den letzten hundert Jahren. Mittelpunkt des Museums ist eine Hafnerwerkstatt mit Tongrube, Töpferscheibe, Glasurmühle und zwei Holzbrennöfen. Der Hafner Josef Maier (1871 – 1948) und der Bauhaus-Schüler Egon Bregger (1902 – 1966) arbeiteten hier (Öffnungszeiten: Feb. – Nov. Mi. – So. 14.00 – 17.00, So. auch 11.00 – 13.00 Uhr).

✶ Burg Staufen

Auf einem rebenbewachsenen Hügel thront nördlich oberhalb der Stadt die Ruine der mittelalterlichen Burg Staufen (375 m ü.d.M.). Nach dem Berg Staufen haben das Herrschergeschlecht und die Stadt ihren Namen. Nach dem Aussterben der Herren von Staufen wurde die Burg schon zu Beginn des 17. Jh.s dem Verfall preisgegeben und im Dreißigjährigen Krieg vollends zerstört. Was übrigblieb, präsentiert sich dem Besucher recht malerisch.

✶ Sulzburg

Luftkurort im Markgräflerland

Knapp 6 km südlich von Staufen im Breisgau liegt das romantische ehemalige Bergbau- und markgräfliche Residenzstädtchen Sulzburg

SULZBURG ERLEBEN

AUSKUNFT

Tourist-Information
Hauptstr. 60
79295 Sulzburg
Tel. (0 76 34) 56 00 40
www.sulzburg.de

EVENT

Burefasnet
Die Sulzburger Narren bekommen nicht so schnell genug, sie feiern ihre »Burefasnet« (Bauernfastnacht) recht ausgelassen am Sonntag (»Funkensonntag«) nach dem Aschermittwoch mit einem närrischen Umzug und dem aus grauer Vorzeit stammenden Brauch des Scheibenschlagens.

ESSEN · ÜBERNACHTEN

Baedeker-Empfehlung

▸ Erschwinglich
Hirschen
Hauptstr. 69, 79295 Sulzburg
Tel. (0 76 34) 82 08
www.douce-steiner.de
Hier verbinden sich die französische und die badische Küche. Was dabei herauskommt, lässt sich sehen und schmecken – Sterneköchin Douce Steiner gibt ihr Bestes. Auch ein paar geschmackvoll eingerichtete Fremdenzimmer hat der Hirschen in Sulzburg zu bieten.

Das Innere von St. Cyriak in Sulzburg präsentiert sich heute recht schlicht. Farbreste zeigen, dass das Gotteshaus im Mittelalter reich mit Fresken versehen war.

(325 – 1114 m ü. d. M.; 2500 Einw.) bereits im schönen ►Markgräflerland. Bei dem 821 erstmals urkundlich erwähnten Ort Sulzburg wurde 993 das heute verschwundene Cyriakskloster gegründet. Der Ort blühte durch Silberbergbau auf und wurde im 13. Jh. von Rudolf von Uesenberg zur Stadt erhoben und befestigt. Seit 1453 gehört Sulzburg zur badischen Herrschaft und ist somit eine der ältesten Städte im Markgräflerland. Der Sulzburger Bergbau fand 1835, nachdem die Gruben schon im 18. Jh. wiederholt wegen Unrentabilität geschlossen worden waren, sein Ende.

Stadtkern

Der **Marktplatz** mit seinem blumengeschmückten Brunnen ist der Mittelpunkt des historischen Stadtkerns. Ihn säumen einige ansehnliche **Bürgerhäuser**, das **Rathaus** von 1834 und die 1838 im Weinbrenner-Stil errichtete **ehem. ev. Stadtkirche** (heute Landesbergbaumuseum). Ursprünglich stand hier das 1515 von Markgraf Ernst von Baden errichtete Schloss, das 1677 zerstört wurde und danach verfiel. Der ehemalige Schlossgarten fungiert heute als **Kurpark**.

Landesbergbaumuseum

An der Stelle der baufällig gewordenen Schlosskirche wurde 1838 die ev. Stadtkirche erbaut. Nachdem die Klosterkirche St. Cyriak 1964 wieder der ev. Kirchengemeinde übergeben worden war, wurde die Stadtkirche nicht mehr genutzt. Diese beherbergt heute das Bergbaumuseum des Landes Baden-Württemberg. Ein 5 km langer **bergbaugeschichtlicher Rundwanderweg** führt von dem Museum durch einen Teil des Sulzbachtals, vorbei an Stollen und anderen Plätzen, die von dem einst blühenden Bergbau in Sulzburg Zeugnis ablegen (Öffnungszeiten: Di. – So. 14.00 – 17.00 Uhr).

Nordöstlich vom Marktplatz steht die romanische St.-Cyriak-Kirche, eines der ältesten und historisch bedeutendsten Gotteshäuser Süddeutschlands. Eine erste Kirche wurde hier 993 geweiht. Sie gehörte zu einem 1008 von den Benediktinern übernommenen Kloster, das 1556 aufgehoben wurde. Die Klostergebäude existieren nicht mehr. Der im Laufe der Zeit baulich veränderte Sakralbau zeigt sich als **charakteristischer Kirchenbau der ottonischen Zeit**. Es handelt sich um eine dreischiffige Pfeilerbasilika ohne Querhaus mit Apsiden im Osten und früher auch im Westen. Die Krypta wurde um 1050 eingefügt. Um 1280 wurde anstelle der Westapsis der Turm errichtet. Zu Beginn des 16. Jh.s wurde die Flachdecke in das Schiff eingezogen.

★ **St. Cyriak**

★ Murgtal

E–G 6–9

Landkreise: Freudenstatt, Rastatt **Höhe:** 110 – 875 m ü.d.M.

Die Murg ist mit fast 80 Kilometern der zweitlängste Fluss im nördlichen Schwarzwald. Sie hat sich ein streckenweise wahrlich wildromantisches Tal geschaffen. Auf der Murg hat man in der Vergangenheit große Mengen Holz in Richtung Rhein geflößt und auch die Wasserkraft des Flusses wurde schon recht früh genutzt.

Naturraum

Die reißende Murg wird hauptsächlich von zwei Gebirgsbächen gebildet, die beide aus dem Buntsandstein am Schliffkopf und am Ruhestein (► Schwarzwaldhochstraße) in fast 900 m Meereshöhe entspringen. Die Quellflüsse rauschen durch enge Waldtäler nach Osten und haben nach ihrem Zusammenfluss bei ►Baiersbronn eine weite Talmulde ausgeräumt. Hier biegt die Murg nordwärts ab und durchmisst ein breites Tal, das bereits im Hochmittelalter kolonisiert worden ist. Bei Schönmünzach verengt sich das Murgtal auf dramatische Weise, was auf den widerständigen Granit-Untergrund in diesem Bereich zurückzuführen ist. Recht spektakulär ist das schluchtartige Tal zwischen Raumünzach und Gernsbach. Unterhalb des alten Flößerstädtchens tritt die Murg in die Baden-Badener Senke mit ihrer eher lieblichen und vom Obstbau bestimmten hügeligen Landschaft ein. Noch vor Gaggenau biegt der Fluss nach Nordwesten ab und strebt unterhalb von Kuppenheim seiner Mündung in den Rhein zu.

Ein geschichtsträchtiges Tal

Das obere Murgtal ist im 11. Jh. vom Kloster Hirsau (►Calw) aus besiedelt worden. Dies bezeugen die romanischen Sakralbauten in **Klosterreichenbach** und Heselbach. Im 13. Jh. wurde der Raum **►Baiersbronn** unter fürstenbergischer Obhut kolonisiert. Im 16. Jh. bestimmten die Württemberger die Geschicke des oberen Murgtales. Große Bedeutung erlangten hier die **Waldgewerbe** (u.a. Glashütten, Terpentingewinnung, Harzerei und Köhlerei). Eine bedeutende Rolle spielte bis weit ins 19. Jh. die Flößerei.

Flößer
bei der Arbeit

RIESEN, FLOSSSTUBEN UND HOLLÄNDER

Vermutlich waren es die Römer, die im 2. und 3. Jh. im Schwarzwald die Flößerei etablierten. Sie benutzten Flöße für den Holztransport sowie für die Beförderung ihrer Truppen vor allem auf dem Rhein. Im 18. und 19. Jh. ließ man zu Flößen zusammengebundene Baumstämme auf Nagold, Enz, Neckar, Murg, Wolfach und Kinzig vom Fällort bis zum Ort der Verarbeitung bzw. zum Rhein treiben, auf dem sie im Ferntransport zur Weiterverarbeitung bis in die Niederlande gelangten.

Die von Wilhelm Hauff in »Das kalte Herz« hervorragend beschriebene Flößerei im Schwarzwald wurde bis zum späten 19. Jh., mancherorts bis ins frühe 20. Jh. und im Wolftal gar bis in die 1950er-Jahre betrieben.

Riesen und Wieden

In den Holzschlaggebieten legte man **Riesen** genannte Rutschen an, auf denen die gefällten Baumstämme zu Tal sausen konnten. Mit Signalhörnern ausgestattete **Rieshirten** überwachten die gefährliche Arbeit. Die Stämme wurden an der Einbindestelle mit **Wieden** (Weidenbändern) oder jungen, wie Schnüre gedrillten Nadelholzruten zu **Gestören** zusammengebunden. Aus mehreren Gestören bildete man ein oftmals über 100 m langes Floß, das von kräftigen Männern gelenkt wurde.

Anfangs stand die Scheiterholzflößerei für den Brennholzbedarf der großen Städte Basel, Freiburg, Offenburg, Straßburg, Rastatt, Karlsruhe und Pforzheim sowie für die Eisenwerke und Metallhütten im Vordergrund. Zu festgelegten Zeiten wurden an den Oberläufen der Schwarzwaldflüsse Scheite ins Wasser geworfen, die am Ufer in sog. **Holzgärten** angetrieben und gestapelt wurden.

Schwierige Arbeit

Das Flößen auf den Nebenbächen der bereits erwähnten Flüsse gestaltete sich schwierig und war nur durch die Anlage von Staubecken möglich, die im Volksmund **Floßstuben** hießen. Diese wurden nach Bedarf und etappenweise geöffnet. Wenn es hohe Wasserführung zuließ, vergrößerte man die Flöße unterwegs beträchtlich. So trieben auf dem Rhein und Neckar des öfteren riesige, mit mehreren Floßhütten bestückte und einigen hundert Mann besetzte **Kapitalflöße**

flussabwärts. Über 20 Meter lange Holzstämme – man nannte sie **Holländer** – fanden im Haus- und Schiffbau am Niederrhein Verwendung.

Das Ende der Flößerei

Schädigungen von Flussbett und Uferzone, Laufwasserkraftwerke und Industriebetriebe, dann auch noch die Konkurrenz der Eisenbahn brachten das Ende der Flößerei. In einigen Orten, so beispielsweise in Altensteig an der Nagold und in Calmbach am Zusammenfluss von Großer und Kleiner Enz sowie an der Kinzig bzw. an der Wolf (Wolfach und Bad Rippoldsau) hat man in den letzten Jahren die historischen Flößereinrichtungen renoviert und restauriert. Die Flößerei und das dazugehörige Brauchtum wird hier aufwändig dokumentiert und gepflegt.

Anders ist die Entwicklung im unteren Murgtal zwischen ►Forbach und der Mündung in den Rhein verlaufen. Hier hatten bis ins 17. Jh. die mit den Württembergern verfeindeten Grafen von Eberstein das Sagen. Ihren Herrschaftsbereich übernahmen später die Markgrafen von Baden. In ► Forbach hatte die Flussfischerei lange Tradition. Noch im 19. Jh. wurden hier jede Menge Lachse und Forellen gefangen. Spätestens 1488 wurde ►Gernsbach Zentrum der **Murgschifferschaft**, die als immer reicher werdende Waldbesitzer, Holzhändler und Flößer die Geschicke eines weiten Umlandes bestimmten.
Im 19. Jh. erkannte man das **Wasserkraftpotenzial** der Murg und ihrer Zuflüffe. Im Forbacher Kraftwerk wurden in den 1920er-Jahren die damals stärksten Turbinen der Welt installiert. Für einen enormen Entwicklungsschub auch im Tourismus sorgte die 1901 fertiggestellte **Murgtalbahn** von Rastatt nach Freudenstadt.

Gaggenau Früh konnte die Industrie im unteren Murgtal Fuß fassen. Bereits 1680 gab es in Gaggenau eine Eisenhütte, aus der 1888 eine Eisengießerei mit Maschinenfabrik hervorgehen sollte, die heute zur **Daimler AG** gehört. Hier werden u.a. die weltberühmten »Universalmotorgeräte« (Unimogs) gebaut. Übrigens: Bei Gaggenau-Bad Rotenfels lädt das neue **Unimog-Museum** zum Besuch ein (Öffnungszeiten: Di. bis Sa. 10.00 – 17.00 Uhr).

★ Nagold

18

Landkreis: Calw
Einwohnerzahl: 23 000
Höhe: 411 m ü. d. M.
Prädikat: Große Kreisstadt

Die gewerbereiche Stadt Nagold liegt im engen Nagoldtal an der Grenze zwischen dem heute vom Tourismus geprägten Nordschwarzwald und dem östlich anschließenden, von der Autoindustrie und der IT-Branche geprägten industriellen Ballungsraum Böblingen/Sindelfingen/Herrenberg.

Geschichte Die ältesten Siedlungsspuren reichen bis ins vierte vorchristliche Jahrtausend zurück. Kulturzeugnisse sind aus der späten Bronzezeit sowie von Kelten und Römern erhalten. Im Jahre 786 fand Nagold erstmals urkundliche Erwähnung. In fränkischer Zeit residierte hier ein Gaugraf. Die eigentliche Stadtgründung veranlasste **Pfalzgraf Rudolf I. von Tübingen** zu Beginn des 13. Jahrhunderts. Wenig später kam Nagold an die Grafen von Hohenberg, unter deren Regie die Stadt befestigt wurde. Aber schon 1363 mussten die Hohenberger ihren Besitz an die Grafen von Württemberg veräußern.
Zur Zeit der Bauernkriege bemühten sich die Habsburger, Nagold ihrem Herrschaftsbereich zuzuordnen. Die Württemberger behielten jedoch die Oberhand und führten die Reformation ein. Schwer

NAGOLD ERLEBEN

AUSKUNFT

Tourist-Information
Marktstr. 27
72202 Nagold
Tel. (0 74 52) 681-135
www.nagold.de

ÜBERNACHTEN · ESSEN

▸ **Komfortabel**

Hotel-Restaurant Adler
Badgasse 1, 72202 Nagold
Tel. (0 74 52) 86 90 00
www.hotel-adler-nagold.de
Fachwerkbau neben dem Rathaus mit 47 gemütlichen Zimmern. Das Restaurant bietet regionale Küche.

Landhotel Pfrondorfer Mühle
an der B 463, 72202 Nagold
Tel. (0 74 52) 84 00-0
www.pfrondorfer-muehle.de
4 km flussabwärts steht dieser Landgasthof mit 20 freundlichen Zimmern und Suiten. Man kann hier nicht nur gut übernachten, sondern auch gut speisen.

EVENT

Wildberger Schäferlauf
Alle 2 Jahre im Juli (2012, 2014 usw.) wird in Wildberg der traditionsreiche Schäferlauf mit historischem Trachten-Festzug abgehalten.

heimgesucht wurde die Stadt im Dreißigjährigen Krieg. Damals fiel auch die Burg Hohennagold in Schutt und Asche. 1795 trat auf Initiative des Stadtschreibers **Ludwig Hofacker** ein »Vorparlament« des württembergischen Oberlandes zusammen, dessen Ziel es war, die Landstände zu reformieren. Von 1806 bis 1938 war Nagold Sitz eines Oberamtes. Nun wurde die Stadt dem Landkreis Calw zugeordnet.

Landesgartenschau 2012

Vom 27. März bis 7. Oktober 2012 ist Nagold Schauplatz einer Landesgartenschau. Ihr zentraler Bereich mit Blumenhalle, Baumschule, Garten- und Obstbau-Gelände erstreckt sich vom Stadtpark an der Nagold ins renaturierte Waldachtal im Südosten der Stadt.

Sehenswertes in Nagold

✶ Altstadt

Recht malerisch bietet sich der kleine alte Stadtkern mit seinen renovierten Fachwerkbauten dar. Im Zentrum des Bogens der vor allem am Wochenende recht geschäftigen **Marktstraße** steht das **Rathaus** (Nr. 27) mit seiner ansehnlichen Barockfassade. 1758 wurde es unter der Leitung des württembergischen Baumeisters Johann Adam Groß im Stil des Rokoko verändert. Unter den Arkaden wurde einst Markt abgehalten. Das benachbarte **Ludwig-Hofacker-Haus** (Marktstr. 27) beherbergte schon im 16. Jh. Beamte. 1773 kam es in den Besitz der Familie Hofacker, wurde Pfarrhaus, später Wohn- und Amtssitz des evangelischen Dekans. Links vom Rathaus, auf dem alten Marktplatz, steht der **Urschelbrunnen**. Brunnenfigur mit dem Nagolder Stadtwappen in Händen ist die »wüschte Urschel«, die sagenumwobene Tochter eines auf der Burg Hohennagold residierenden Grafen.

Mit dem Tretboot auf der Nagold an der Altstadt entlang ...

Folgt man dem markierten Stadtrundweg vom Brunnen durch die Badgasse in Richtung Nagold, so erreicht man das sog. **Steinhaus** (Nr. 3), das älteste noch erhaltene mittelalterliche Gebäude der Stadt, wie die Buckelquader und der höhergelegene spitzbogige Eingang zeigen. Es war im 13. Jh. wohl Rittersitz und ging im 14. Jh. in württembergischen Besitz über. Später wurde es Maierhof. Im 17. Jh. hat man das Anwesen unter mehreren bürgerlichen Familien aufgeteilt. Heute beherbergt es das **Stadtarchiv** und das **Heimatmuseum** (Öffnungszeiten: Di., Do., So., Fei. 14.00 – 17.00 Uhr).

Alte Oberamtei In der Maiergasse steht das im 15. Jh. errichtete Fachwerkhaus der Alten Oberamtei, das zunächst als Speicher für Naturalabgaben der Bürger diente und Ende des 16. Jh.s Amts- und Wohnsitz eines Vogtes wurde. Im 18. Jh. nutzte es der württembergische Herzog Carl Eugen als Jagdhaus, und 1806 wurde es schließlich Sitz der Oberamtsverwaltung. In unmittelbarer Nähe des Alten Oberamtes findet man noch **Reste der Stadtbefestigung**, die bis ins 19. Jh. als doppelter Mauerring mit Wassergraben den alten Stadtkern umgab.

Untere Marktstraße Die Untere Marktstraße wurde im 18. Jh. angelegt. Hier stehen einige stadtgeschichtlich bemerkenswerte Bauten, so das **Diakoniehaus** (Nr. 37) von 1716, die **Zeller'sche Apotheke** (Nr. 41) und das **Haus Maisch** (Nr. 41) mit schönem Zierfachwerk.

Gasthof Post Das wohl bekannteste Gebäude der Stadt ist der Gasthof Post (Bahnhofstr. 2), ein mächtiger, Ende des 17. Jh.s errichteter und vor ein paar Jahren aufwändig renovierter Fachwerkbau mit kunstvoll gestaltetem Wirtshausschild. Hier hat sich Napoleon 1806 (vor Jena und

Auerstädt) aufgehalten, und König Friedrich von Württemberg war Stammgast. 1807 richtete man im damaligen Gasthaus »Sonne« eine Posthalterei ein. Dazu kam wenig später ein Stall für den Pferdewechsel auf der Postkutschenlinie Stuttgart – Freudenstadt.

Alter Turm

Das Wahrzeichen von Nagold ist der Alte Turm (Ecke Markt-/Turmstraße). Er ist ein Rest einer um das Jahr 1360 innerhalb der Stadtmauern erbauten, der Jungfrau Maria geweihten Kapelle. Zu Beginn des 15. Jh.s hat man diese Kapelle durch den Bau eines Chores und eines Turmes zur **Liebfrauenkirche** ausgebaut. 1876 hat man das inzwischen baufällig gewordene Gotteshaus abgebrochen und durch den Neubau (s. oben) ersetzt. Lediglich der Turm mit seiner charakteristischen doppelten Laterne im Helm wurde stehengelassen.

Schmied'sche Apotheke

Die schmucke Schmied'sche Apotheke (Marktstr. 13), deren Baugeschichte sich bis ins 18. Jh. zurückverfolgen lässt, war mehrere Generationen lang Wohnsitz des Nagolder Bürgermeisters. 1906 erhielt das Gebäude eine recht kunstvolle **Jugendstil-Fassade**.

✶ Remigiuskirche

An der Friedhofstraße steht die romanische Remigiuskirche auf römischen Grundfesten. Sie ist eine der ältesten Kirchen Südwestdeutschlands. Die Freskenreste (frühes 14. Jh.) an den Wänden des Langhauses zeigen Darstellungen aus dem Leben von Jesus Christus.

Auf dem aussichtsreichen Schlossberg westlich der Stadt ist die Ruine der von kurbayerischen Truppen während des Dreißigjährigen Krieges zerschossenen **Burg Hohennagold** (12. Jh.) ein gern besuchtes Ausflugsziel (Aufstieg ca. 1 Std.).

Massive Mauern: die Burgruine Hohennagold

Wildberg

11 km nördlich liegt das als Luftkurort ausgewiesene Städtchen Wildberg (350 – 630 m ü. d. M.; 10 000 Einw.) an einer Flussschleife der Nagold. Es war früher ein Zentrum der Schäferei, woran heute noch der alle zwei Jahre stattfindende **Schäferlauf** (2012, 2014 usw.) erinnert. Funde aus dem 5. Jh. (u.a. Goldhelm, Prunkschwert und Schmuck) bezeugen einen bedeutenden Siedlungsplatz der Alamannen. Um 1200 ließen die Pfalzgrafen von Tübingen auf

dem Sporn über der Nagoldschleife eine Burg bauen. Im 13. Jh. erhielt die Burgsiedlung das Stadtrecht.

✶ Altstadt

Malerisch zeigt sich die aussichtsreich auf einem von der Nagold umflossenen Buntsandsteinsporn thronende **Altstadt**. Von der alten Stadtbefestigung sind noch einige Reste sowie der **Torturm** und der **Hexenturm** erhalten. Die bereits in der Stauferzeit errichtete **Burg** ist 1618 durch Blitzschlag zerstört, aber bis 1688 nach Vorlagen des berühmten Architekten Schickhardt wieder als Amtssitz eines Vogtes aufgebaut worden. Die endgültige Zerstörung der Burg, von der heute nur noch die Grundmauern zu sehen sind, erfolgte während eines Fliegerangriffs am Ende des Zweiten Weltkrieges.

Stadtkirche

Die kunsthistorisch interessante Stadtkirche zeigt noch romanische Baureste am Chor. Sie musste nach dem Stadtbrand von 1464 neu aufgebaut werden. 1467 wurde die nunmehr dreischiffige Basilika im Stil der späten Gotik fertiggestellt. 1772 hat man sie zu einer Hallenkirche umgestaltet. Das **Fachwerk-Rathaus** von 1480 ist im Laufe der Zeit mehrfach umgebaut worden. Sehenswert sind die Glasmalereien. Der **Marktbrunnen** (1554) zeigt das alte württ. Wappen (3 Hirschstangen, Teck-Rauten, Fische von Mömpelgard, Reichssturmfahne).
Der Platz an der mittelalterlichen **Steinbrücke** war einstmals Versammlungsort, an dem auch Gerichtstage abgehalten wurden. Wildberg war im Mittelalter Schauplatz vieler Hexenprozesse. An diese Zeit erinnert der Hexenturm. Richtplatz war die Au nahe der Brücke. Von der früheren Bedeutung der Schafzucht zeugt die **Schafscheuer**.

Kloster Maria Reuthin

Die Grablege des Geschlechtes der Hohenberger befindet sich im ehem. Kloster Maria Reuthin am rechten Nagoldufer südlich unterhalb der Altstadt. Das Kloster hatte eine eigene Vogtei. 1824 fielen die meisten Klostergebäude sowie die Kirche einem Brand zum Opfer. Nur der Fruchtkasten ist noch erhalten. Das von den Klostermauern umfriedete Gelände dient heute als **Kurpark**.

! *Baedeker* TIPP

Kamele im Schwarzwald

Kaum zu glauben, aber wahr: Im Schwarzwald weiden Trampeltiere, Dromedare, Lamas und Alpakas. Der Verein »Fatamorgana« unterhält hier einen Hof, auf dessen Koppeln diese Tiere weiden. Man kann diesen Hof besichtigen und bei gutem Wetter auf einem Kamel reiten. Öffnungszeiten: Mi. – So. 13.00 – 17.00 Uhr. Informationen: Kamelhof, 72274 Ebhausen-Rotfelden, Tel. (0 70 54) 81 25; www.kamelhof.de

★ Oberkirch

E 8

Landkreis: Ortenaukreis
Einwohnerzahl: 21 000
Höhe: 194 – 870 m ü. d. M.
Prädikat: Erholungsort

Am Ausgang des Renchtales in die Oberrheinebene liegt die für ihre guten Weine und »Obstwässerle« bekannte Stadt Oberkirch. Im Raum Oberkirch gibt es rund 900 Kleinbrenner.

Grimmelshausen-Stadt

Mit dem nahen Renchen streitet sich Oberkirch um den Titel »Grimmelshausenstadt«. Der bedeutendste deutsche Barockdichter Johann Jacob Christoffel von Grimmelshausen (►Berühmte Persönlichkeiten) lebte zwischen 1649 und 1660 als Verwalter der Schauenburgischen Güter und zwischen 1665 und 1667 als Wirt vom »Silber-

OBERKIRCH ERLEBEN

AUSKUNFT

Tourist-Information
Bahnhofstr. 16
77704 Oberkirch
Tel. (0 78 02) 82-600
www.oberkirch.de

EVENTS

Oberkircher Erdbeerfest
Ende Mai dreht sich alles um die für Oberkirch so wichtige Frucht. Es gibt Erdbeerbowle, Erdbeereis, Erdbeerkuchen usw. in Hülle und Fülle.

Renchtäler Wein- und Volksfest
Anfang September feiert man in Oberkirch das wichtigste Fest im Jahreslauf.

ÜBERNACHTEN · ESSEN

► Komfortabel

Waldhotel Grüner Baum
Alm 33
77704 Oberkirch-Ödsbach
Tel. (0 78 02) 809-0
www.waldhotel-gruener-baum.de
Familienfreundliches, auch für einen Ferienaufenthalt geeignetes Haus mit 54 gemütlichen Zimmern, Wellness-Bereich mit Hallenbad und Gourmet-Restaurant inmitten von Wein- und Obstgärten.

Baedeker-Empfehlung

Romantik-Hotel Zur Oberen Linde
Hauptstr. 25 – 27
77704 Oberkirch
Tel. (0 78 02) 80 20
www.zur-oberen-linde.de
Romantischer Fachwerk-Traditionsgasthof am Ostrand der Altstadt mit 37 netten Gästezimmern, Gourmet-Restaurant und Hausbrennerei.

► Komfortabel/Günstig

Haus am Berg
Am Rebhof 5, 77704 Oberkirch
Tel. (0 78 02) 47 01
www.haus-am-berg-oberkirch.de
Das Haus mit seinen 9 freundlichen Gästezimmern liegt wunderschön und aussichtsreich mitten in den Weinbergen nordöstlich der Stadt. Hier wird feine badische Küche geboten.

nen Stern« im Oberkircher Stadtteil Gaisbach. An den berühmten Mann erinnern zahlreiche Exponate im Museum, auch das Gasthaus in Gaisbach überdauerte nahezu unverändert die Jahrhunderte.
Oberkirch entstand um eine 1225 erstmals erwähnte Kapelle und erhielt 1326 Stadtrechte. Die Bischöfe von Straßburg, in deren Besitz sich Oberkirch seit 1303 befand, förderten den Ausbau der Stadt. Ihre Herrschaft endete 1803. Napoleon übergab das bischöfliche Gebiet dem Markgrafen von Baden als Dank für dessen Unterstützung und als Ausgleich für den Verlust linksrheinischer Gebiete.

Sehenswertes in Oberkirch

Heimat- und Grimmelshausen-museum

Das Museum ist im 1802 erbauten **Alten Rathaus** untergebracht. Im ersten Obergeschoß wird chronologisch die Entwicklung Oberkirchs dargestellt. Im zweiten Obergeschoß sieht man Exponate zu einzelnen Schwerpunkten der Stadt- und Regionalgeschichte. Besondere Beachtung wird **Johann Jacob Christoffel von Grimmelshausen** geschenkt. Zum Besitz des Museums gehört eine Erstausgabe seines »Simplicissimus« (Öffnungszeiten: Di., Do. 15.00 – 19.00, So. 10.30 bis 12.30 u. 14.00 – 17.00 Uhr).

★ Ruine Schauenburg

Überragt wird Oberkirch von der Ruine Schauenburg (397 m ü.d.M.). Die 1150 zuerst erwähnte Burg gehörte ursprünglich den Zähringern. Als Mitgift kam sie an den Grafen Gottfried von Calw. Seine Enkelin Uta, die Stifterin des Klosters Allerheiligen, nannte sich – nachdem ihr Mann sie verlassen hatte – Herzogin von Schauen-

Malerisch präsentiert sich Oberkirchs Stadtkern.

burg. Teile der 1689 von den Franzosen gesprengten Anlage stammen noch aus dem 12. und 13. Jh., erhalten sind u.a. die beiden hohen Wohntürme und die imposante Bastion an der Bergseite.

Ruine Fürsteneck

Am gegenüberliegenden Ufer der Rench sind auf einem Bergkegel Reste der Burg Fürsteneck (278 m ü.d.M.) erhalten. Auch sie gehörte ursprünglich den Zähringern, gelangte später in den Besitz der Fürstenberger und wurde 1689 zerstört.

Umgebung von Oberkirch

Lautenbach

Nachbarort von Oberkirch ist der Luftkurort Lautenbach (2000 Einw., 200–800 m ü.d.M.). Besucht wird der Ort wegen seiner im Stil der Straßburger Spätgotik geschaffenen Wallfahrtskirche.

✶ ✶

◂ Wallfahrtskirche (Abb. s. S. 350)

Im Auftrag von Rittern aus der Ortenau wurde 1473 mit dem Bau einer Kapelle begonnen. Noch vor Fertigstellung des Baus wurde das Gotteshaus von den Mönchen des Klosters Allerheiligen (s. unten) übernommen, deren Kloster 1470 einem Brand zum Opfer gefallen war. Bauliche Veränderungen am Langhaus wurden Ende des 19. Jh.s vorgenommen. Damals erhielt die Kapelle auch ihren Turm. Das kleine Gotteshaus gilt als besonders schönes Beispiel für die Marienverehrung am Oberrhein: an Altären, Fenstern und Steinmetzarbeiten taucht das Marienmotiv immer wieder auf. Das Portal ziert eine volkstümliche Marienfigur, umgeben von den Stifterwappen und zwei Engeln. Der einschiffige Kircheninnenraum hat ein prächtiges **Netzgewölbe mit Wappensteinen**. Die Gnadenkapelle (von 1485) an der Südwand des Langhauses ziert reiche spätgotische Steinmetzarbeit. Als einer der schönsten spätgotischen Flügelaltäre überhaupt gilt der **Hochaltar** (vermutlich um 1490). Er zeigt in reicher Rankenschnitzerei Maria auf der Mondsichel und die beiden Johannes. Zu den kostbarsten Ausstattungsstücken der Kapelle gehören ferner im Chor und Langhaus **Glasgemälde**. Sie wurden zwischen 1482 und 1487 von Peter Hemmel von Andlau ausgeführt. Immerhin sind von den ursprünglich 81 bemalten Glasscheiben noch 59 erhalten.

✶ Oppenau

Das 10 km von Oberkirch in einem von Waldbergen umrahmten Kessel des Renchtales gelegene Oppenau (260 bis 900 m. ü.d.M; 5500 Einw.) ist als Luftkurort staatlich anerkannt. Erstmals erwähnt wurde das Städtchen Ende des 11. Jh.s, bis 1803 gehörte es zum Bistum Straßburg. 1615 wurde die Stadt durch einen Brand großenteils zerstört. Danach hat man sie nach Plänen von Heinrich Schickhardt wieder aufgebaut. Die Stadtanlage mit Hauptstraße, zwei Parallelstraßen und einigen Querverbindungen stammt aus dieser Zeit. Ein Rest der Stadtbefestigung ist das **Obere Tor** (16. Jh; 1788 umgebaut). Die **kath. Pfarrkirche** ist ein klassizistischer Bau, der 1826/1827 nach Vorlagen von Johann Ludwig Weinbrenner entstand. Im **Rathaus** ist das **Renchtäler Heimatmuseum** untergebracht (Öffnungszeiten: Mai bis Okt. Mi. 14.30 – 17.00 u. 1. So. im Monat 10.00 – 12.00 Uhr). ⏲

In nördlicher Richtung führt von Oppenau eine Straße im Lierbachtal aufwärts. Auf ihr gelangt man zu einem Parkplatz am Fuß der wildromantischen Allerheiligen-Wasserfälle (auch Büttensteiner Wasserfälle genannt; 505 m ü.d.M.). Sie stürzen hier in mehreren Stufen insgesamt 83 m tief hinab.

★ **Allerheiligen Wasserfälle**

In ihrem weiteren Verlauf erreicht die Straße nach insgesamt 11 km (von Oppenau) die Klosterruine Allerheiligen (620 m ü. d.M.); zu Fuß kommt man von den Wasserfällen, der Treppenanlage entlang dem rauschenden Lierbach aufwärts folgend, nach einer halben Stunde dorthin.

★ **Klosterruine Allerheiligen**

Das Kloster Allerheiligen ist eine Ende des 12. Jh.s erfolgte **Gründung der Herzogin Uta von Schauenburg** (s. S. 348). Es wurde 1803 aufgehoben. Nur wenige Wochen, nachdem der letzte Mönch abgezogen war, zerstörte ein Blitzschlag die Kirche. Ein Teil der Klosterbauten wurde 1811 abgetragen. Doch was übrigblieb, ist nach wie vor ein eindrucksvolles Kulturdenkmal vor reizvoller Landschaftskulisse. Chor und Querschiff der Kirche, die für die Ausbreitung des gotischen Stils am Oberrhein bedeutungsvoll war, stammen von 1270, das Langhaus weitgehend aus dem 15. Jahrhundert. Von den übrigen Klosterbauten sind noch Reste der Sakristei, des Kapitelsaals und des Kreuzgangs erhalten.

Oberndorf am Neckar

H 10

Landkreis: Rottweil
Einwohnerzahl: 14 400
Höhe: 460 – 686 m ü. d. M.

Die am Ostrand des Schwarzwalds gelegene Stadt ist als Standort von Waffenfabriken bzw. wehrtechnischer Industrie (Mauser, Heckler & Koch, Feinwerkbau) bekannt. Die weltpolitischen Veränderungen haben inzwischen zu einer teilweisen Umorientierung dieses Wirtschaftszweiges geführt.

Stadtgeschichte

Das Städtchen selbst liegt auf einer Tuffterrasse im oberen Neckartal. Erstmals urkundlich erwähnt wurde die Siedlung im Jahre 782. Sie kam später in den Besitz der Herzöge von Teck, die ihr 1251 das Stadtrecht verliehen. Von 1381 bis 1805 gehörte Oberndorf mit kürzeren Unterbrechungen zu Vorderösterreich und kam schließlich an das Haus Württemberg. 1811 wurde im ehemaligen Augustinerkloster eine königlich-württembergische Gewehrfabrik eingerichtet. In dieser arbeiteten auch die **Gebrüder Mauser**, die 1872 ihre eigene Gewehrfabrik gründeten.

← *Ein Lettner (1488) mit fünf Spitzbogen trennt Schiff und Chor der Wallfahrtskirche Lautenbach.*

OBERNDORF AM NECKAR ERLEBEN

AUSKUNFT

Stadt Oberndorf
Rathaus, Klosterstr. 3
78727 Oberndorf am Neckar
Tel. (0 74 23) 77-0
www.oberndorf.de

EVENT

Historischer Narrensprung
Am Fastnachtsdienstag erreicht die traditionsreiche Oberndorfer Fasnet ihren Höhepunkt, wenn schon in aller Frühe rund 2000 Maskenträger von der Oberstadt in die Talstadt »springen«.

ÜBERNACHTEN · ESSEN

► Günstig

Gasthof Zum Wasserfall
Lindenstr. 60
78727 Oberndorf am Neckar
Tel. (0 74 23) 928-0
www.gasthof-hotel-zum-wasserfall.de
Nette Unterkunft am Waldrand mit 37 Zimmern; gutes Restaurant (Schwäbische Küche, Fischgerichte)

Sehenswertes in Oberndorf und Umgebung

Ehem. Augustinerkloster

Das ehemalige Augustinerkloster (im 13. Jh. gegr., 1806 säkularisiert), eine 1777 fertiggestellte Vierflügelanlage, ist heute Sitz der Stadtverwaltung. Die **Rokoko-Klosterkirche** mit reichen Stukkaturen und Deckenfresken von Johann Baptist Enderle ist Ausstellungs- und Konzertsaal (Öffnungszeiten: April – Okt. 10.00 – 16.00 Uhr).

Heimatmuseum, Waffenmuseum

Im sog. **Schwedenbau** sind zwei interessante Ausstellungen untergebracht. Das **Heimatmuseum** zeigt archäologische Funde, die bis in die mittlere Steinzeit zurückreichen und dokumentiert auch den Beginn der Industrialisierung mit der Einrichtung einer Gewehrfabrik. Ferner beherbergt das Heimatmuseum das **Zeitungsarchiv des »Schwarzwälder Boten«**. Das **Waffenmuseum** veranschaulicht den in Oberndorf generierten technischen Fortschritt bei der Konstruktion von Feuerwaffen (Klosterstr. 14; Öffnungszeiten: Mi. 14.00 – 16.00, Sa. 14.00 – 17.00, So. 10.00 – 12.00 Uhr).

★ Offenburg

D 9

Landkreis: Ortenaukreis
Einwohnerzahl: 60 000
Höhe: 142 – 690 m ü. d. M.

Das »Tor zum Mittleren Schwarzwald« ist Offenburg, das am Ausgang des ►Kinzigtals in die fruchtbare Oberrheinebene liegt. Das kulturelle und wirtschaftliche Zentrum der wein- und obstreichen Ortenau ist zudem ein Verkehrsknoten, denn wichtige Straßen und Eisenbahnlinien treffen hier zusammen.

OFFENBURG ERLEBEN

AUSKUNFT

Stadtinformation Offenburg
Fischmarkt 2, 77652 Offenburg
Tel. (07 81) 82 20 00
www.offenburg.de

EVENTS

Badische Weinmesse
Eine der wichtigsten Messen ihrer Art in Deutschland findet an einem Wochenende im Mai statt.

eurocheval
Im Juli treffen sich in Offenburg Pferdezüchter, Pferdesportler und sonstige Pferdeliebhaber aus ganz Europa zur großen Leistungsschau.

Samba-Festival
Auf diesen Termin im Juli freuen sich alle Freunde tanzbarer lateinamerikanischer Musik.

Ortenauer Weinfest
Der Höhepunkt im Offenburger Festkalender ist das Ortenauer Weinfest, das alljährlich am letzten September-Wochenende gefeiert wird.

Durbacher Wein- und Schlemmerfest
Anfang Oktober dreht sich in Durbach alles um den Wein und gutes Essen; die Weinkönigin ist auch dabei.

AKTIVITÄTEN

Ortenauer Weinpfad
Wanderfreunde lieben den Ortenauer Weinpfad. Denn der etwa 100 km lange und mit einer blauen Traube in roter Raute markierte Weg des Schwarzwaldvereins, der Baden-Baden mit Offenburg verbindet, berührt so bekannte Winzerorte wie Varnhalt, Neuweier, Bühlertal, Sasbachwalden, Kappelrodeck (beide im Achertal), Oberkirch und Durbach. Zur Zeit der Weinlese darf der Pfad nicht begangen werden.

Strandbad Gifiz-See
Ein beliebtes Naherholungsziel ist der Gifiz-See mit Strandbad und Riesenrutsche sowie Tretbootverleih.

ESSEN

▶ Erschwinglich

① ***Helmer***
Kinzigtalstr. 1, OG-Elgersweier
Tel. (07 81) 9 48 95 89
Hier genießt man Spezialitäten der badischen und internationalen Küche in gemütlicher Umgebung.

ÜBERNACHTEN

▶ Komfortabel

① ***Mercure Hotel am Messeplatz***
Schutterwälder Str. 1a
77656 Offenburg
Tel. (07 81) 505-0
www.accorhotels.com
Mittelklassehotel mit 127 modern eingerichteten Zimmern, Panorama-Schwimmbad, Sauna und Dampfbad.

② ***Hotel Palmengarten***
Okenstr. 15 – 17, 77652 Offenburg
Tel. (07 81) 208-0
www.hotel-palmengarten.com
Das moderne Hotel mit 78 freundlichen Zimmern in mediterranem Stil liegt nur wenige Gehminuten von der Innenstadt bzw. der Fußgängerzone entfernt.

③ ***Hotel Sonne***
Hauptstr. 94, 77656 Offenburg
Tel. (07 81) 9 32 16-0
www.hotel-sonne-offenburg.de
Das gut geführte Hotel (30 Zimmer) am Marktplatz gibt es schon seit mehr als 650 Jahren. Hier hat schon Napoleon übernachtet.

Geschichte Wie Freiburg und Villingen ist Offenburg eine Zähringer-Gründung, die 1101 erstmals urkundlich erwähnt wurde. 1240 zur Freien Reichsstadt erhoben, erlebte die Stadt im 15. und 16. Jh. eine Blütezeit. Im Pfälzischen Erbfolgekrieg (1689) brannten Truppen Ludwigs XIV. die Stadt nieder. Zwischen 1556 und 1701 sowie zwischen 1771 und 1803 war sie österreichisch, danach kam sie zu Baden.

Die chemische und elektrotechnische Industrie, die Metallverarbeitung und die Textilindustrie sind wichtige Wirtschaftszweige. Daneben ist Offenburg bekannt als Verlagsstadt, das Haus Burda ist hier ansässig. Einen guten Ruf genießt Offenburg auch als Messestadt.

Sehenswertes in Offenburg

★ Stadtzentrum Die repräsentativen Bauten im Stadtzentrum stammen zum größten Teil aus der Barockzeit, daneben lockern Fachwerkbauten das Stadtbild auf. Wichtigste Geschäftsstraße ist die in Nord-Süd-Richtung verlaufende **Hauptstraße**. Rund um den **Marktplatz** wurde sie zur Fußgängerzone erklärt. Mit dem 1899 angelegten **Zwinger** besitzt die Stadt eine reizvolle Parkanlage, die an der **Stadtmauer** entlangführt.

Offenburg Orientierung

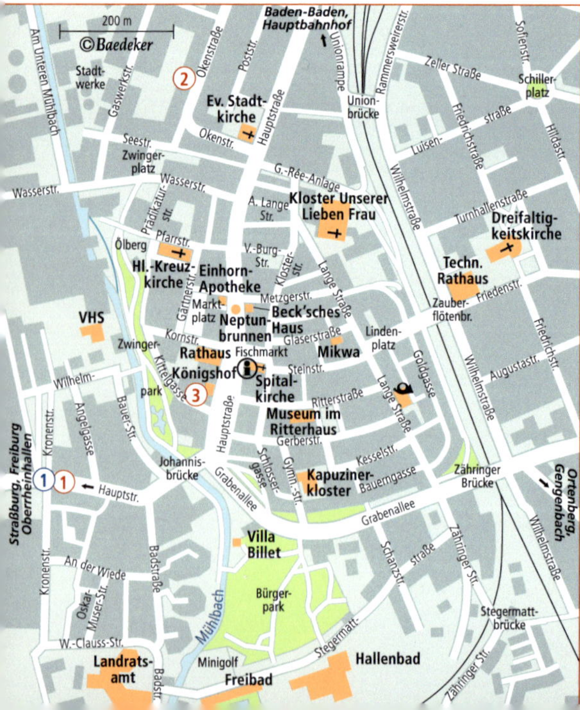

Essen
① Helmer

Übernachten
① Mercure Hotel am Messeplatz
② Hotel Palmengarten
③ Hotel Sonne

Das Rathaus ist ein Barockbau des einheimischen Baumeisters Matthias Fuchs von 1741. Den Giebel zieren das Stadtwappen und der österreichische Doppeladler. Das **Glockenspiel** im Rathausturm ertönt täglich um 11.50 und um 17.50 Uhr. Vor dem Rathaus steht die 1961 geschaffene Ursulasäule. Die hl. Ursula, die Schutzpatronin der Stadt, soll der Legende nach im Juli 1638 auf der Stadtmauer erschienen sein, um einen Angriff feindlicher Truppen abzuwehren.

Rathaus

◄ Ursulasäule

Gegenüber dem Rathaus beherbergt das klassizistische Salzhaus von 1786 heute Büro- und Geschäftsräume. Früher wogen und verkauften hier die Salzmesser das kostbare Gut.

Salzhaus

Der Königshof ist ein stattlicher, zwischen 1714 und 1717 errichteter Barockbau. Er diente bis 1806 als Amtshof der Landvogtei Ortenau, heute befindet sich darin die Polizeidirektion.

Königshof

Unweit östlich, in der Ritterstraße, ist das 1784 erbaute Ritterhaus Sitz des gleichnamigen Museums. Schwerpunkte der bereits 1894 begründeten städtischen Sammlungen sind Stadtgeschichte, archäologische Exponate von der Steinzeit bis zu den Alamannen, Volkskunde, Mineralogie und Bergbau sowie Arbeiten von bekannten Künstlern der Region (Öffnungszeiten: Di. – Fr. 10.00 – 13.00 u. 15.00 – 17.00, Sa., So. 10.00 – 17.00 Uhr).

✶ Museum im Ritterhaus

Am Südrand der Altstadt befindet sich das ehemalige Kapuzinerkloster (17. Jh.). Es überstand als einziges Bauwerk den Brand von 1689. Recht malerisch präsentiert sich der restaurierte **Kreuzgang**.

Kapuzinerkloster

Durch die Gerberstraße und dann nordwärts durch die Lange Straße gelangt man zur Mikwe in der Glaserstraße. Das rituelle Tauchbad der Juden besteht seit Anfang des 14. Jh.s. Nach der Vertreibung der Juden diente es von 1349 bis 1689 als Brunnen, wurde dann zugeschüttet und erst Mitte des 19. Jh.s wiederentdeckt (Besichtigung im Rahmen einer Stadtführung oder n. V. im Ritterhausmuseum).

Mikwe

Der 2002 nach langwierigen Restaurierungsarbeiten wiedereröffnete »Salmen« in Offenburg gilt als **Wiege der deutschen Demokratie**. Hier verfassten badische Oppositionelle im Jahre 1847 das »Offenburger Programm«, dessen Forderungen in die Verfassungsentwürfe Deutschlands einflossen – in den der Paulskirche ebenso wie in die Weimarer Verfassung und die Verfassung der Bundesrepublik Deutschland. Ab 1887 diente der Saal des »Salmen« als Synagoge, die in der Reichsprogromnacht 1938 zerstört wurde.

Kulturdenkmal »Gasthaus zum Salmen«

Unweit westlich erreicht man den Fischmarkt. An diesem besonders malerischen Platz mit dem **Löwenbrunnen** von 1599 steht die 1698 erbaute **Hirschapotheke** mit schönem Staffelgiebel. Das **St.-Andreas-Hospital** an der Südseite des Fischmarkts wurde bereits 1300 gegrün-

✶ Fischmarkt

det, der jetzige Bau entstand Anfang des 18. Jh.s. Die schlichte Kapelle hat einen gotischen Chor. Der 1731 errichtete frühere **Spitalspeicher** wurde vor einiger Zeit saniert und beherbergt seitdem ein Café, Veranstaltungs- und Ausstellungsräume.

✶ **Beck'sches Haus**

Eines der schönsten Bürgerhäuser der Stadt Offenburg ist das Beck'sche Haus, ein 1760 errichteter mustergültiger Bau der späten Barockzeit mit hohem Spitzgiebel.

Einhorn-Apotheke

Auf den gotischen Grundmauern des 1689 abgebrannten Vorgängerbaus wurde in zwei Bauabschnitten (1720 und 1772) der langgestreckte Barockbau der Einhorn-Apotheke errichtet.

✶ **Heiligkreuzkirche**

Auch die Heiligkreuzkirche fiel dem großen Stadtbrand von 1689 zum Opfer, lediglich einige Grundmauern stammen noch aus dem 14. Jahrhundert. Der heutige Bau entstand unter dem **Einfluss der Vorarlberger Bauschule** zwischen 1700 und 1720. Auch die Innenausstattung der dreischiffigen tonnengewölbten Hallenkirche datiert größtenteils aus dieser Zeit, die klassizistische Kanzel kam Ende des 18. Jh.s hinzu. Der linke Seitenchor, das noch gotische Josephs-Chörlein, birgt ein Sandstein-Kruzifix von 1521. An den Außenwänden der Kirche befinden sich mehrere Grabdenkmäler, darunter das des Ritters Jörg von Bach, es wurde von Christoph von Urach 1538 geschaffen. Zu Offenburgs wertvollsten Kunstdenkmälern gehört ein großer **Ölberg** (1524) auf dem Gelände des ehemaligen Friedhofs hinter der Kirche. Die Steinplatte, die den Engel trägt, verschloss einen vor die Stadtmauer führenden Gang.

Kloster Unserer Lieben Frau

Eine Besichtigung lohnt ferner das östlich der Hauptstraße gelegene Kloster Unserer Lieben Frau. Der Gebäudekomplex – heute im Besitz von Augustinerinnen – beherbergt ein Gymnasium. Von 1280 bis 1803 befand sich hier ein Franziskanerkloster, das 1700 auf gotischen Fundamenten neu errichtet wurde. Die Barockkirche ist mit einem mächtigen Hochaltar und einer Silbermann-Orgel ausgestattet.

»Freiheit – Männlich/Weiblich«

Im Osten der Stadt, auf dem Platz der Verfassungsfreunde im Kulturforum, erinnert eine 20 m hohe **Aluminiumskulptur des New Yorker Künstlers Jonathan Borofsky** an die Rolle Offenburgs bei der Entstehung der deutschen Demokratie. Das Kunstwerk ist ein Geschenk der Offenburger Verlegerin Aenne Burda (1909 – 2005).

Umgebung von Offenburg

✶ **Ortenau**

Mit dem Begriff »Ortenau« assoziert man Angenehmes: liebliches **Wiesenland, Obsthänge und Weinberge**. Sie erstreckt sich vom Raum Baden-Baden bzw. von der Oos im Norden über rund 60 Kilometer nach Süden bis zur Bleiche bei Herbolzheim, wo der Breisgau beginnt. Im Westen reicht sie bis zum Rhein, im Osten bis weit ins Kinzigtal hinein und bis zum Elztal. Zentrum der Ortenau ist Offenburg. Fruchtbare Böden und günstige klimatische Gegebenheiten ermöglichen einen ertragreichen Wein- und Obstbau. In der zur Ortenau gehörenden Partie der Oberrheinebene breitet sich Deutschlands größtes Tabakanbaugebiet aus.

◄ Zur Geschichte der Ortenau

Der Name »Ortenau« leitet sich von einer alemannischen Grafschaft ab, die im 8. Jh. als »Mortenau« bezeichnet wurde (bis zum 15. Jh. blieb es bei diesem Begriff). Das Gebiet zerfiel nach dem Aussterben der Zähringer (1218) und dem Niedergang der Staufer in zahlreiche kleine Herrschaftsgebiete. Zwischen dem 13. und 19. Jh. gehörten Teile des Gebiets zur »Reichsvogtei Ortenau«. An historische Gegebenheiten anknüpfend wurde 1973 der Landkreis Ortenau gebildet.

◄ Ortenauer Weine

Die Ortenauer Weine zeichnen sich durch besondere Vielfalt aus. Die Reblagen von Varnhalt, Umweg und Neuweier bei Baden-Baden bieten günstige Gegebenheiten für den Anbau des anspruchsvollen Rieslings. Weiter südlich um Bühl, Sasbachwalden, Kappelrodeck und Oberkirch ist die blaue Spätburgundertraube (»Affentaler«, »Hex' vom Dasenstein«) dominierend. Eine Besonderheit der Weine von Neuweier, Varnhalt und Steinbach-Umweg ist ihre Abfüllung in Bocksbeutel. Diese bauchig-platten Flaschen sind sonst nur dem Frankenwein vorbehalten. Berühmt sind daneben die mit einem goldfarbenen Affen verzierten Weinflaschen aus Affental.

★ **Durbach**

Ein besonders schönes Ausflugsziel ist das 5 km nordöstlich von Offenburg in den Schwarzwald-Vorbergen gelegene **»goldene« Weindorf** Durbach (230 – 875 m ü.d.M.; 4000 Einw.). Darüber hinaus gibt es in Durbach zahlreiche Schnapsbrennereien. Die freundlichen Fachwerkhäuser von Durbach ziehen sich am gleichnamigen Bach

Hoch über Durbach thront das Schloss Staufenberg als Wahrzeichen der Ortenau. Es gehört heute den Markgrafen von Baden.

> **! Baedeker TIPP**
>
> **Wein, Körbe und Geflecht**
>
> Im September wird rund um das Wein- und Heimatmuseum von Durbach das »Buurefeschd« gefeiert. Dann sieht man Weinküfer, Korbmacher, Strohschuhflechter etc. bei der Arbeit. Außerdem gibt's Durbacher Wein zum Probieren.

entlang. Brücken und Häuser ziert im Sommer üppiger Blumenschmuck. Überragt wird der Ort vom **Schloss Staufenberg** (383 m ü.d.M.), dessen Anfänge in das 11. Jh. zurückreichen, das in seiner heutigen Form aber weitgehend in der ersten Hälfte des 19. Jh.s entstand. Hier befindet sich das Markgräflich Badische Weingut Schloss Staufenberg (Weinstube und Weinverkauf). Bei der Staufenburg-Klinik wurde ein **Skulpturenweg** angelegt. Zu sehen sind aus unterschiedlichen Materialien gefertigte Arbeiten international bekannter Künstler. Einblicke in Durbachs lange Weinbau-Tradition vermittelt das **Wein- und Heimatmuseum**, das in einem ehem. Rebenhof aus dem 18. Jh. untergebracht ist (Talstr. 36; Öffnungszeiten: Mi., Sa. 14.00 bis 17.00, So. 15.00 – 18.00 Uhr).

Ortenberg

Südöstlich der Stadt Offenburg erreicht man das **Weindorf** Ortenberg (3000 Einw., 165 – 545 m ü.d.M.) mit seinen hübschen Fachwerkbauten und malerischen Winkeln. Schon von weitem sieht man das auf einem Bergsporn über sonnenbeschienenen Rebenhängen thronende gleichnamige **Schloss** (heute Jugendherberge und Weingut). Hier oben hatten schon die Römer einen Ausguck. Und im 11. Jh. hatten die Zähringer an dieser Stelle eine Burg errichtet, die jedoch im 17. Jh. zerstört worden ist. Der heutige Bau entstand zwischen 1834 und 1840 in neugotischem Burgenstil.

** Pforzheim

H/I 6

Stadtkreis: Pforzheim
Einwohnerzahl: 120 000
Höhe: 235 – 608 m ü. d. M.
Prädikat: Goldstadt

Auf der ganzen Welt bekannt ist die »Gold- und Schmuckstadt Pforzheim«. Dies ist in erster Linie dem badischen Markgrafen Karl Friedrich zu verdanken, der 1767 einem französischen Unternehmer die Gründung einer Uhren- und Schmuckfabrik erlaubte. Bis heute spielt der Schmuck in Pforzheim eine überragende Rolle, was 2005 durch die Eröffnung der pompösen »Schmuckwelten« im Herzen der Goldstadt erneut unterstrichen wurde.

Portal zum Schwarzwald

Der am Zusammenfluss von Enz, Nagold und Würm gelegene römische »vicus portus« ist bis heute die nordöstliche Pforte zum Schwarzwald. Und seit kurzem nennt sich Pforzheim auch stolz »Portal zum Naturpark Schwarzwald Mitte/Nord«.

PFORZHEIM ERLEBEN

AUSKUNFT

Tourist-Information
Marktplatz 1, 75175 Pforzheim
Tel. (0 72 31) 39 37 00
www.pforzheim.de

EVENTS

Bertha-Benz-Gedächtnisfahrt
Im August 1888 machte Bertha Benz, die aus Pforzheim stammende Gattin des Automobilkonstrukteurs Carl Benz, Furore: Sie unternahm mit ihren Söhnen die erste Auto-Fernfahrt der Geschichte, von Mannheim nach Pforzheim. An dieses Ereignis erinnert eine alle zwei Jahre (2007, 2009 usw.) Anfang August stattfindende Oldtimer-Gedächtnisfahrt.

Öchslefest
Im September feiert man mit viel Wein und kulinarischen Spezialitäten das Öchslefest zu Ehren des Pforzheimers Ferdinand Öchsle (1774 bis 1852), der als Erfinder der Wein- und Mostwaage berühmt geworden ist.

AKTIVITÄTEN

Emma-Jaeger-Bad
Das Emma-Jaeger-Bad ist zu einem Erlebnisbad geworden. Es gibt jetzt neben der Alten auch eine Neue Schwimmhalle mit mehreren Innen- und Außenbecken (u. a. ein 30 °C-Sole-Becken), Sprunganlage, Rutsche und Saunalandschaft. Öffnungszeiten: Mo. 14.00 – 21.00, Di. 7.00 – 22.00, Mi. 9.00 – 21.00, Do. 7.00 – 22.00, Fr. 9.00 – 21.00, Sa., So. 8.00 – 18.00 Uhr.

SHOPPING

Edelsteine, Gold, Schmuck, Uhren
In der »Goldstadt« gibt es Geschäfte, Galerien und Werkstätten, wo man schönen Schmuck, Wertvolles aus Gold, kostbare Uhren erwerben kann.

Westliche Karl-Friedrich-Straße
Entlang der Pforzheimer Haupteinkaufsmeile sind besonders die nagelneuen »Schmuckwelten« und die Schlössle-Galerie mit ihren 45 Läden und Lokalitäten Publikumsmagneten.

ESSEN

▶ Erschwinglich

① *Seehaus*
Tiefenbronner Str. 201
75175 Pforzheim
Tel. (0 72 31) 65 11 85
In dem idyllisch gelegenen Ausflugslokal mit Terrasse und Biergarten serviert die Küche Badisches (auch Wildgerichte) und Mediterranes.

② *Silberburg*
Dietlinger Str. 27
75175 PF-Brötzingen
Tel. (0 72 31) 44 11 59
Gute Küche mit leckeren regionalen und internationalen Gerichten.

ÜBERNACHTEN

▶ Komfortabel

① *Parkhotel*
Deimlingerstr. 32 – 36
75175 Pforzheim
Tel. (0 72 31) 161-0
www.parkhotel-pforzheim.de
Das zentral gelegene »Erste Haus am Platz« mit 208 Zimmern und Suiten hat vielerlei Annehmlichkeiten zu bieten, darunter ein »Wellness-Spa« mit Sauna, Dampfbad, Massage und Fitness-Raum.

▶ Günstig

② *Hotel Hasenmayer*
Heinrich-Wieland-Allee 105
75177 Pforzheim
Tel. (0 72 31) 31 10
www.hotel-hasenmayer.de
Gutes Stadthotel mit 45 Zimmern

Pforzheim ist Standort einiger renommierter Bildungseinrichtungen. Dazu gehören die Fachhochschulen für Gestaltung und Design (vor allem Schmuck- und Modedesign, Grafik, Automobildesign) sowie für Technik und Wirtschaft (besonders Marketing und Management) und natürlich auch die Goldschmiede- und Uhrmacherschule.

Geschichte Die ältesten Siedlungsspuren reichen bis ins zweite vorchristliche Jahrtausend zurück. In der Eisen- und Hallstattzeit war der Raum Pforzheim ein Siedlungsschwerpunkt der Kelten. Dies belegen mehrere Grabhügel sowie der bereits im 6. Jh. v. Chr. bestehende Eisenerzabbau bei Neuenbürg im Enztal. In römischer Zeit war das an einer Furt der Enz gelegene »vicus portus« wichtige Etappe zwischen Aquae (heute Baden-Baden) und dem Kastell Clarenna (heute Stuttgart-Bad Cannstatt). Es folgten Alamannen und Franken, wie einige Reihengräber bestätigen. 1067 wurde der Ort erstmals urkundlich erwähnt. Salier, Staufer und Welfen wechseln sich in der Folgezeit als Besitzer ab. 1227 kam die Stadt an die Markgrafen von Baden, die bis 1565 hier residierten. Einen wirtschaftlichen Aufschwung erlebte die Stadt, nachdem Markgraf Karl Friedrich 1767 den Aufbau einer Uhren- und Bijouterie-Manufaktur durch einen französischen Unternehmer ermöglichte. Besonders erfreulich entwickelte sich die Schmuckindustrie, Pforzheim wurde als »Goldstadt« bekannt.

Pforzheim Orientierung

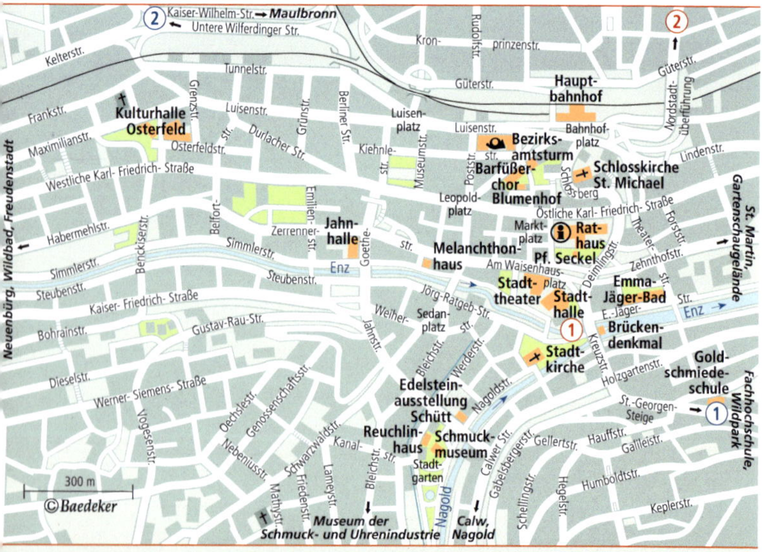

Übernachten
① Parkhotel ② Hasenmayer

Essen
① Seehaus ② Silberburg

Die Schlosskirche St. Michael beherbergt schöne Beispiele romanischer und gotischer Steinmetzkunst.

Die Geschicke der Stadt schienen besiegelt, als britische Bomber am 23. Februar 1945 Pforzheim in Schutt und Asche legten. Damals kamen 17 000 Menschen um. Der Wiederaufbau in neuem Stil erfolgte binnen zwei Jahrzehnten.

Stadtzentrum

Schlossberg

In der am Ende des Zweiten Weltkrieges fast ganz zerstörten Stadt dominiert kühle moderne Sachlichkeit in der Architektur. Die Reste einiger historischer Bauten hat man restauriert.

◀ Schlosskirche St. Michael

An dem nach Süden exponierten Talhang unterhalb des Hauptbahnhofs, dort, wo einmal das Schloss der Markgrafen von Baden stand, bildet die liebevoll restaurierte Schlosskirche St. Michael das reizvoll-altertümliche Gegenüber zu den nüchtern-modernen Bauten im Tal. Wieder zugänglich ist die **Grablege der Markgrafen von Baden** im Stiftschor (Öffnungszeiten: März – Okt. Mi. – Fr. 15.00 – 17.00, So. 11.00 – 12.00 Uhr).

Archivbau

Südlich vor der Schlosskirche steht der Archivbau mit einem Turm von 1553. Hier ist eine interessante Ausstellung zu sehen, die sich mit der Geschichte des Schlosses und der Schlosskirche beschäftigt.

Chor der Barfüßerkirche

Dann geht es ein paar Schritte bergab, wo vom mittelalterlichen Franziskanerkloster nur noch der gotische Chor der Barfüßerkirche aus dem 13. Jh. erhalten ist (Öffnungszeiten: tgl. 16.00 – 18.00 Uhr). Vor dem Chorbau ist ein hübscher **Blumenhof** angelegt mit dem **Drei-Flüsse-Brunnen**. Drei Frauengestalten symbolisieren Enz, Nagold und Würm.

Marktplatz, Rathaus

Modern gestaltet ist das Stadtzentrum mit dem Marktplatz. Städtebauliche Dominante ist das 1973 errichtete **Rathaus** mit einem **Glockenspiel** (Spielzeiten: tgl. 8.35, 11.35, 14.35, 17.35, 20.35 Uhr). Den **Ratssaal** schmücken Druckstöcke des Holzschneiders HAP Grieshaber, der Ereignisse der Stadtgeschichte festgehalten und auf seine Art interpretiert hat. Auf dem Rathausvorplatz stellt eine von Professor Fritz Theilmann gestaltete Plastik den **»Pforzemer Seckel«** dar.

Westliche Karl-Friedrich-Straße

Vom Marktplatz führt die als **Fußgängerzone** ausgewiesene westliche Karl-Friedrich-Straße zum Leopoldplatz. Sie ist die **Haupteinkaufsmeile** Pforzheims mit Kaufhausfilialen, Ladengalerien und Geschäften für jeden Geschmack.

✶✶ Schmuckwelten Pforzheim

Im Sommer 2005 wurde am Leopoldplatz im frisch herausgeputzten Industriehaus und zu Füßen des neuen Kreissparkassenturms eine bislang in Europa einmalige **Einkaufs- und Erlebniswelt für Schmuck und Uhren** eröffnet. Besucher erfahren alles Wissenswerte über neue Herstellungsverfahren und Verarbeitungstechniken, können die allerneuesten Kreationen der Schmuck- und Uhrenindustrie bestaunen, in einer **Gläsernen Manufaktur** zuschauen, wie Unikate entstehen,

Eine Augenweide: Fabergé-Schmuck aus Pforzheim

Modenschauen auf dem Laufsteg bewundern oder sich im Untergeschoss in der reichhaltigen **Mineralienwelt** umschauen (Öffnungszeiten: Mo. – Sa. 10.00 – 19.00, So., Fei. 11.00 – 18.00 Uhr).

Waisenhausplatz, Stadttheater

Südlich vom Rathaus breitet sich der Waisenhausplatz aus. Hier bilden das neue **Congress Centrum** (Großer Saal, Kleiner Saal, Foyer; 200 – 2000 Sitzplätze) und das bereits 1990 eröffnete **Stadttheater** (507 Sitzplätze; Podium mit 200 Sitzplätzen) zusammen mit dem benachbarten **Parkhotel** das kulturelle Zentrum der Stadt.

Goldschmiedemeile

Goldschmiedesteg, Werderstraße

Beim Stadttheater überbrückt der Goldschmiedesteg die Enz. Hier beginnt die sog. Goldschmiedemeile, die der Werderstraße entlang des Metzelgrabens südwärts folgt. Unterwegs erläutern Texttafeln Ursprung und Entwicklung der Schmuck- und Uhrenindustrie.

✶ Edelsteinausstellung Schütt

Als erstes erreicht man die Ausstellung der 1890 gegründeten »Robert Schütt Wittwe KG – Goldschmiedewerkstätten für Juwelenschmuck und Edelsteinschleiferei«. Hier gibt es herrliche Edelsteine, tolle Schmucksteine, Achat-Uhren, originelle Steinfiguren etc. zu sehen (an der Werderstraße; Öffnungszeiten: Mo. – Mi. 9.00 – 17.00, Do. u. Fr. 9.00 – 18.00, Sa. 9.00 – 13.00 Uhr; Führungen n. V.).

✶✶ Schmuckmuseum im Reuchlinhaus

Am Stadtgarten erwartet dieses 2006 neu eröffnete Museum interessierte Besucher. Es ist in dem 1961 nach Plänen von Manfred Lehmbruck fertiggestellten und nach Johannes Reuchlin (►Berühmte Persönlichkeiten), dem großen Sohn der Stadt, benannten Haus untergebracht. Gezeigt wird die **gesamte Bandbreite des abendländischen Schmucks**. Originale aus fünf Jahrtausenden, von antiken Gegenständen über keltische Fibeln und mittelalterliche Preziosen bis zu zeitgenössischen Filigranarbeiten sind zu sehen wie eine großartige Sammlung von Ringen aus alter und neuer Zeit (Jahnstr. 42; Öffnungszeiten: Di. – So. 10.00 – 17.00 Uhr).

✶ Museum der Schmuck- und Uhrenindustrie

Ein Erlebnis ist der Besuch des Technischen Museums der Pforzheimer Schmuck- und Uhrenindustrie, das im Gebäude von Kollmar & Jourdan an der Bleichstraße untergebracht ist. Man kann die **Arbeitsschritte der Schmuckherstellung** (Schmelzen, Gießen, Pressen, Formen der Edelmetalle, Schleifen und Polieren von Edelsteinen) und der Uhrenproduktion von der Arbeitsvorbereitung bis zum fertigen Produkt miterleben (Bleichstr. 81; Öffnungszeiten: Mi. 9.00 – 12.00, 15.00 – 18.00, jeder 2. u. 4. So. im Monat 10.00 – 17.00 Uhr).

! *Baedeker* TIPP

Auf der Jagd nach dem Geschmeide

Will man in der Goldstadt Pforzheim Schmuck erwerben, erhält man bei der Tourist-Information am Marktplatz eine aktuelle Liste mit Adressen der Ateliers, Werkstätten und Geschäfte.

Weitere Sehenswürdigkeiten

Altstädter Kirche

Östlich vom Stadtzentrum erreicht man den ältesten noch bestehenden Sakralbau Pforzheims, die dem hl. Martin geweihte Altstädter Kirche. Sie steht **auf Fundamenten des »vicus portus«.** Wegen ihrer **mittelalterlichen Fresken** gilt sie als kunsthistorisches Kleinod. Gut erhalten ist der um 1150 geschaffene Tympanon mit seinen rätselhaften Reliefdarstellungen.

★ Archäologischer Schauplatz Kappelhof ►

Seit 1995 ist der Archäologische Schauplatz Kappelhof gegenüber der Altstädter Kirche zugänglich. Auf dieser letzten ungestört erhaltenen Fläche im Stadtgebiet kann man **1900 Jahre Siedlungsgeschichte** nachvollziehen. Interessant sind die **Baureste aus römischer Zeit** (Öffnungszeiten: So. 11.00 – 17.00 Uhr).

Stadtmuseum

In der ehemaligen Kirche sowie dem zugehörigen Schul- und Pfarrhaus des nordwestlichen Stadtteils Brötzingen ist das reichhaltige Stadtmuseum für den Raum Pforzheim untergebracht. Besonders beachtenswert sind der römische Meilenstein (245 n. Chr.) mit dem Namen PORTUS, eine Holzstatuette von Sirona, der keltisch-römischen Göttin der Fruchtbarkeit, der kunsthistorisch bedeutsame Tympanon (12. Jh.; Abguss) aus der Altstadtkirche sowie mittelalterliche Glas- und Keramikfunde (Westliche Karl-Friedrich-Str. 243; Öffnungszeiten: Di. u. Do. 14.00 – 17.00, So. 10.00 – 17.00 Uhr).

Wildpark Pforzheim

Im Hagenschießwald an der Straße nach Tiefenbronn ist ein Wildpark mit Streichelzoo und Kinderbauernhof, in dem rund 350 verschiedene Tierarten (darunter auch etliche bereits vom Aussterben bedrohte Tiere wie z. B. Axishirsche und Wisente) beobachtet werden können (Öffnungszeiten: ganzjährig rund um die Uhr).

Alpengarten

Weiter südlich, im Stadtteil Würm, lohnt der Alpengarten einen Besuch. Hier kann man über 5000 verschiedene Pflanzenarten aus allen Hochgebirgen der Welt studieren (Öffnungszeiten: März – Okt. tgl. 8.00 – 19.00 Uhr).

Umgebung von Pforzheim

Würmtal

Südöstlich von Pforzheim schlängelt sich das Flüsschen Würm in Richtung Enz, zunächst in einem in den Muschelkalk der fruchtbaren Gäuflächen gegrabenen Tal und etwa ab Tiefenbronn in einem landschaftlich sehr reizvollen **Waldtal** des Buntsandstein-Schwarzwaldes. Ein beliebtes Wanderziel ist die **Burg Liebeneck**.

★ **Tiefenbronn, St. Maria Magdalena**

In der oberhalb der Würm gelegenen Ortschaft lohnt die um die Mitte des 14. Jh.s erbaute gotische Pfeilerbasilika wegen ihrer qualitätvollen Ausstattung einen Besuch. Im Langhaus und im Chor sind spätgotische Wandmalereien aus der Erbauungszeit freigelegt und restauriert. Die Chorfenster schmücken Glasmalereien aus der Zeit um 1400. Der Hochaltar von 1469 stammt aus der Werkstatt des Ulmer Meisters Hans Schüchlin. Im Schrein sind die Kreuzabnahme und die Beweinung Christi dargestellt, daneben die hll. Katharina und Dorothea sowie die beiden Johannes. Beachtung verdienen auch die drei kleineren Flügelaltäre, ein Kreuzaltar von 1524, ein sog. Muttergottesaltar von 1517 sowie die Figurengruppe einer hl. Familie, Fragment eines Altars aus dem frühen 16. Jahrhundert.

Das überragende Kunstwerk der Kirche ist aber der an der Ostwand des südlichen Seitenschiffs aufgestellte Magdalenenaltar, auch bekannt als **Tiefenbronner Altar**, den Lukas Moser 1431 geschaffen hat. Im geschlossenen Zustand zeigt das Retabel die Überfahrt der Magdalena und ihres Bruders Lazarus nach Marseille, ihre Übernachtung vor der Stadtmauer (Mitte; darüber die Szene, wie Magdalena der Frau des Stadtherrn im Schlaf erscheint) und rechts die Kommunion der Heiligen in der Kathedrale von Aix. Im Bogenfeld sieht man das Gastmahl des Simon und in der Predella Christus mit den Törichten und den Klugen Jungfrauen. Auf den Flügelinnenseiten finden sich die hl. Martha und der hl. Bischof Lazarus. Stilgeschichtlich steht der Magdalenenaltar somit am Übergang vom sog. Weichen Stil der Zeit um 1400 zur realistischen Formensprache der burgundisch-niederländischen Malerei (Öffnungszeiten: April bis Okt. Sa., So. 13.00 – 16.00 Uhr).

✶ ✶ ◄ Magdalenenaltar

Baedeker TIPP

Forellen satt ...

gibt es im hübschen »Mühlrad-Stüble« des Hotel-Restaurants »Zur alten Mühle« in Neuenbürg an der Enz. Frisch gefangene Forellen werden sehr lecker zubereitet serviert. Und wer möchte, kann gleich neben dem Haus selbst einige Forellen angeln. Auskunft: Tel. (0 70 82) 92 40-0; www.zordel.de

10 km südwestlich von Pforzheim erreicht man das alte Städtchen **Neuenbürg** (300 – 700 m ü.d.M.; 7000 Einw.) an einer engen Flussschlinge der Enz. Hier hat man schon in keltischer und römischer Zeit Eisenerz abgebaut und verhüttet. Seinen Höhepunkt erreichte der Erzbergbau im späten Mittelalter. Zu Füßen der auf einem Umlaufberg der Enz thronenden **Burg** enstand eine Siedlung, die bereits 1361 das Stadtrecht erhalten hat. Die heute so malerisch wirkenden **Fachwerkhäuser am Marktplatz** entstanden erst nach dem Stadtbrand von 1783. In der **St.-Georgs-Kapelle** auf halber Höhe des Schlossberges kann man gotische Fresken bewundern.

Seit seiner Neueröffnung im Sommer 2001 ist das im 16. Jh. erbaute Schloss ein wahrer Besuchermagnet. Der Grund: Man kann im Schloss eine **Zeitreise durch die Kulturgeschichte des Nordschwarzwalds** unternehmen, die in Anlehnung an Wilhelm Hauffs Erzählung »Das kalte Herz« als begehbares Theater inszeniert ist. Anschließend erfährt man noch Interessantes über das Schloss selbst und seine Bewohner (Öffnungszeiten: Mitte Feb. – 6. Jan. Di. – Sa. 13.00 – 18.00, So., Fei. 10.00 – 18.00 Uhr).

✶ ◄ Schloss Neuenbürg

Wilhelm Hauffs Erzählung »Das kalte Herz« ist im Schloss Neuenbürg als begehbares Theater inszeniert.

✶ Besucherbergwerk »Frischglück« ▶

Südlich außerhalb von Neuenbürg, an der Straße nach Waldrennach, ist dieses alte Bergwerk eine gern besuchte Attraktion. Hier bekommt man Einblicke in die **Geschichte des hiesigen Eisenerzbergbaus** vom Mittelalter bis zum Jahre 1868, als dieser Stollen geschlossen wurde (Öffnungszeiten: Ende März – 1. Nov. Sa., So., Fei. 10.00 – 17.00 Uhr, Mi. – Fr. n. V., Tel. 0 70 82/7 91 00).

✶✶ Rastatt

F 6

Landkreis: Rastatt
Einwohnerzahl: 47 000
Höhe: 122 m ü. d. M.
Prädikat: Große Kreisstadt

Barockstadt, Residenzstadt, Festungsstadt, Revolutionsstadt – wo vor mehr als 300 Jahren der als »Türkenlouis« bekannt gewordene badische Markgraf Ludwig Wilhelm residiert hat, gibt es heute viel zu sehen: geschichtsträchtige Schlösser, interessante Museen und eine hübsche Innenstadt.

Rastatt ist ein wichtiger Industriestandort. Allein die Daimler AG beschäftigt hier rund 4 700 Mitarbeiter. Seit 1998 laufen hier stündlich 44 Mercedes-Benz-Automobile der A-Klasse vom Band.

Stadtgeschichte

Erstmals urkundlich erwähnt wurde Rastatt im Jahre 1084. König Ruprecht von der Pfalz erteilte dem Ort 1404 das Marktprivileg. Nachdem Rastatt 1689 durch die Franzosen niedergebrannt worden war, berief **Markgraf Ludwig Wilhelm (»Türkenlouis«)** 1697 den italienischen Architekten Domenico Egidio Rossi als Leiter der Stadtplanung. Rastatt bekam 1700 die Stadtrechte, fünf Jahre später wurde die markgräfliche Residenz hierher verlegt. Mit der Verlegung des Regierungssitzes von Baden-Baden nach Rastatt folgte Markgraf Ludwig Wilhelm den absolutistischen Vorstellungen seiner Zeit. Nur in der Ebene konnten die Bedingungen einer repräsentativen Schlossanlage, auf die die Bauten in der Stadt ausgerichtet waren, verwirklicht werden. Rastatt blieb bis zum Erlöschen der Baden-Badener Linie im Jahre 1771 deren Residenz. Der **Friede von Rastatt**, ausgehandelt zwischen Prinz Eugen und Marschall Villars, beendete 1714 den Spanischen Erbfolgekrieg. Von 1797 bis 1799 tagte der Rastatter Kongress, der die Abtretung des linken Rheinufers an Frankreich und die Entschädigung der deutschen Fürsten durch Säkularisierung von Kirchengütern vorsah. Zwischen 1842 und 1849 legte man um die Stadt einen Festungsgürtel. Diese **Bundesfestung** diente 1849 den badischen Aufständischen als letzte Zuflucht bis zur Einnahme durch Prinz Wilhelm von Preußen. Schon 1890 wurden die Festungswerke größtenteils und 1919 endgültig geschleift.

RASTATT ERLEBEN

AUSKUNFT

Tourist-Information
im Schloss, Herrenstr. 18
76437 Rastatt
Tel. (0 72 22) 972-12 20
www.rastatt.de

AKTIVITÄTEN

Erlebnisbad »Alohra«
Eine Attraktion für Badenixen und Sportschwimmer, für Jung und Alt ist das Erlebnisbad am Leopoldring, Öffnungszeiten: Mo. 13.00 – 17.00, Di. 6.30 – 19.00, Mi. 10.00 – 21.30, Do., Fr. 6.30 – 21.30, Sa., So. 8.00 bis 20.00 Uhr.

ESSEN

▸ Fein & teuer

① ***Mona Lisa***
im Hotel Schwert
Herrenstr. 3a, 76437 Rastatt
Tel. (0 72 22) 768-0
www.hotel-schwert.de
Beliebtes Feinschmeckerlokal im Herzen der Stadt. Die Küchencrew versteht sich auf badische und auch auf französische Kochkunst.

▸ Erschwinglich

② ***Storchennest***
Karlstr. 24
76437 Rastatt
Tel. (0 72 22) 3 22 60
Gute badische Küche, z.B. Rehnüsschen rosa gebraten, mit Pilzen, Rahmwirsing und Schupfnudeln

ÜBERNACHTEN

▸ Komfortabel

① ***Hotel Schwert***
Herrenstr. 3A
76437 Rastatt
Tel. (0 72 22) 768-0
www.hotel-schwert.de
Bestens geführtes Haus mit 50 Zimmern, nur wenige Gehminuten vom Schloss entfernt.

② ***Best Western Hotel Rastatt***
Karlsruher Str. 29
76437 Rastatt
Tel. (0 72 22) 92 40
www.hotel-rastatt.bestwestern.de
Modernes Haus mit 114 Zimmern und 10 Suiten sowie mit Sauna und diversen Fitness-Einrichtungen

Sehenswertes in Rastatt

Regelmäßige Stadtanlage

Die Stadt, im Süden von der Murg umflossen, ist im Kern regelmäßig angelegt. Den Gegenpol zum Schloss bildet der langgestreckte Marktplatz, auf den vom Schloss drei Straßen zulaufen. Die Bausubstanz von Rastatt zeigt noch heute barockes Gepräge.

> **! *Baedeker* TIPP**
>
> **Elch-Test**
>
> Wer möchte und mindestens auch 16 Jahre alt ist, kann an einer Führung durch das Rastatter Daimler-A- und B-Klasse-Werk teilnehmen. Gezeigt werden Karosserierohbau und Endmontage. Weitere Informationen und Anmeldung: Tel. (0 72 22) 91 22 74-0, www.mercedes-benz.de/content

Der lange **Marktplatz** wird an den Schmalseiten vom Rathaus und von der kath. Stadtkirche begrenzt. Ihn schmücken zwei große rote Sandsteinbrunnen (von 1739 und um 1750). Die **kath. Stadtkirche St. Alexander** entstand zwischen 1756 und 1764 nach Plänen von Johann Peter Rohrer. Während die Fassade noch dem Barock verhaftet

Rastatt *Orientierung*

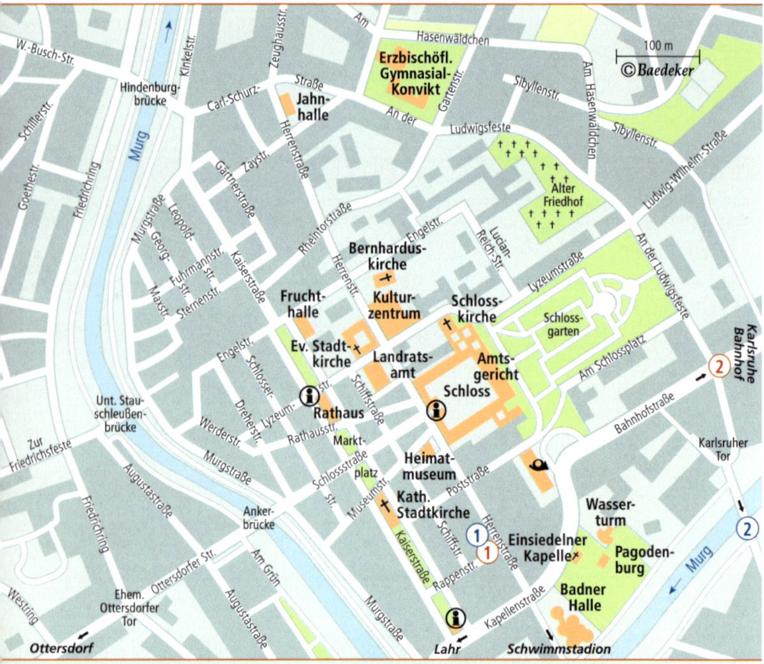

Essen
① Mona Lisa
② Storchennest

Übernachten
① Hotel Schwert
② Best Western Hotel Rastatt

ist, weist das Innere auf den Klassizismus hin. Der **Bernhardsbrunnen** (1770) südlich des Gotteshauses ist dem 1769 seliggesprochenen Markgrafen Bernhard gewidmet. Das **Rathaus** entstand 1750, wurde später noch mehrfach verändert. Das untere Geschoss war ursprünglich als offene Halle konzipiert.

Bernharduskirche

Die Bernharduskirche gilt als **ältester Sakralbau der Stadt**. Teile des Chors entstanden noch in gotischer Zeit, die Westfront datiert aus dem frühen 18. Jh., Langhaus und Turm entstanden im ausgehenden 18. Jahrhundert. Das Deckengemälde (1908) zeigt den Auszug des Markgrafen Bernhard aus seinem Schloss Hohenbaden.

★★ Schloss

Öffnungszeiten: (Schlossführungen) April – Okt. Di. – So. 10.00, 11.00, 12.00, 13.00, 14.00, 15.00, 16.00; Nov. – März Di. – So. 10.00, 11.00, 12.00, 13.00, 14.00, 15.00

Das nach 1699 in wenigen Jahren erbaute Schloss – im Herbst des Jahres 1705 zog die markgräfliche Familie in die teilweise noch unfertige Residenz ein – ist nach Mannheim das **größte Barockschloss Südwestdeutschlands**. Es ist auch die früheste und genaueste Nachahmung von Versailles. Der Bauplan stammt von **Domenico Egidio Rossi**. Nach dessen überstürzter Flucht übertrug Sibylla Augusta, die Witwe des Markgrafen, die Bauleitung Michael Ludwig Rohrer.
Zur Stadt hin umschließen die Schlossbauten einen **Ehrenhof**. Den erhöhten Mittelteil zieren Pilasterordnungen, Portikus und Dachbalustrade. Über dem Dreiecksgiebel erhebt sich ein Türmchen, das seit 1723 eine **vergoldete Jupiterfigur** schmückt (Original im Vestibül des Schlosses). Das **Innere** des Schlosses ist reich mit Stuckdekorationen und Deckengemälden italienischer Meister ausgeschmückt. Prachtvoll ist der Ahnen- oder **Festsaal**, den rötliche Pilaster gliedern. Die Stuckfiguren darüber stellen türkische Gefangene dar und erinnern an die Siege des Markgrafen.

Eine der größten Barockanlagen Deutschlands ist das Rastatter Schloss.

Üppig ausgestattet ist der Spiegelsaal im Schloss Favorite.

Auf der dem Park zugewandten Seite ist die Schlossfassade durch Flügelanbauten auf 230 m verlängert. Von dem ursprünglich recht weitläufigen **Schlosspark** mit seinen kunstreichen Anlagen des 18. Jh.s ist nur noch ein kleiner Teil erhalten.

Schlosskirche ▶ Die Schlosskirche im Nordflügel, von Rohrer 1719 – 1723 erbaut, ist äußerlich ein unscheinbarer Bau. Das Innere ist jedoch üppig ausgestattet. Hier ist die Markgräfin Sibylla Augusta beigesetzt, die den Sakralbau in Auftrag gegeben hat. (Besichtigung nur mit Führung).

Wehrgeschichtliches Museum ▶ Das Museum im Erdgeschoss des Schlosses zeigt deutsche Wehrkunde vom Mittelalter bis zur Gegenwart (Uniformen, Rüstungen, Blank- und Feuerwaffen, Ordenssammlung). Besondere Anziehungspunkte sind ein **Großdiorama der Schlacht bei Slankamen** (1691) gegen die Türken mit mehr als 6000 Zinnfiguren, das über 8 m lange Gemälde einer Parade der Kurhannoverschen Armee von 1735 und die originalgetreue Nachbildung eines Schützengrabens des Ersten Weltkriegs (Öffnungszeiten: Di. – So. 9.30 – 17.00 Uhr).

Freiheitsmuseum ▶ Ebenfalls im Erdgeschoss des Schlosses wird an die **Freiheitsbewegungen in der deutschen Geschichte** erinnert. Diese Ausstellung wurde 1974 auf Anregung des damaligen Bundespräsidenten Gustav Heinemann eröffnet. Gewürdigt werden Ereignisse und Personen vom Ende des 18. Jh.s bis zur Mitte des 19. Jh.s, die dem Einzelnen und der Gemeinschaft mehr freiheitliche Rechte gebracht haben (Öffnungszeiten: Di. – So. 9.30 – 17.00 Uhr).

Heimatmuseum In einem Barockbau schräg gegenüber dem Schloss wird die **Stadt- und Regionalgeschichte** seit der Ur- und Frühzeit mit vielerlei Exponaten dokumentiert (Herrenstr. 11; Öffnungszeiten: Mi., Fr., So. 10.00 – 12.00 u. 15.00 – 17.00 Uhr).

Pagodenburg

Die benachbarte sog. Pagodenburghat der badische Hofbaumeister Rohrer 1722 nach dem berühmten Vorbild im Nymphenburger Park von München errichtet. Dieses ehemalige Teehaus wird für sommerliche Kunstausstellungen genutzt. Den Gegenpol zur zierlichen Pagodenburg bildet die barocke, 1715 erbaute **Einsiedelner Kapelle**.

Umgebung von Rastatt

★★ Schloss Favorite

5 km südöstlich von Rastatt, bei Kuppenheim, liegt das Lustschloss Favorite. Es wurde in den Jahren 1710 bis 1714 von dem böhmischen Baumeister M. L. Rohrer für die **Markgräfin Sibylla Augusta**, die Witwe des »Türkenlouis«, erbaut, die 19 Jahre die Regentschaft für ihre Söhne führte.

An den **Hauptbau**, zu dessen Eingangsterrasse eine **Freitreppe** emporschwingt, schließen zwei kurze Flügel an. Das **Innere** ist kostbar, allerdings etwas kurios ausgestattet. Die aus Böhmen stammende Bauherrin folgte nicht dem französischen Geschmack der Zeit, sondern mehr der Überlieferung des österreichischen Kaiserhofes.

Viele verschiedene kunstgewerbliche Techniken und Materialien der Zeit wie Stuckmarmor, Holz- und Perlmuttintarsien, Glasschnitt, Achat- und Elfenbeinmalerei, Lack, Fayencen, Wachsmodellierung und Perlenstickerei sind hier vereinigt. Eindrucksvoll sind das **Spiegelkabinett** mit 358 Spiegeln und 72 auf Pergament gemalten Bildnissen, der achteckige **Festsaal** und das **Florentinerzimmer**. Zur Ausstattung gehören ferner wertvolle Sammlungen von **Porzellan** und Gläsern. In den Sommermonaten werden im Schloss Konzerte veranstaltet.

Schloss Favorite *Orientierung*

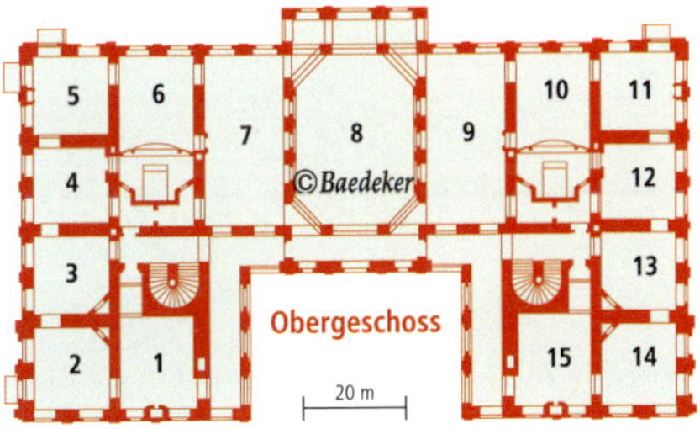

1 Vorzimmer
2 Wohnzimmer der Markgräfin
3 Familienzimmer
4 Schreibzimmer
5 Spiegelkabinett
6 Schlafzimmer der Markgräfin
7 Kleiner Speisesaal
8 Festsaal
9 Audienzsaal
10 Schlafzimmer des Markgrafen
11 Florentiner Zimmer
12 Arbeitszimmer
13 Chinesisches Zimmer
14 Wohnzimmer des Markgrafen
15 Garderobe

Der weitläufige **Schlosspark** wurde 1707 – 1725 zunächst als Barockgarten angelegt, aber so nie vollendet und 1788 schließlich zum Landschaftsgarten umgestaltet. In dem Park wachsen u. a. Schnurbäume, Sumpfzypressen und Ziereichen.

Auf einer Lichtung beim Schlosscafé steht die **Magdalenenkapelle**. Diese Einsiedelei hat die Markgräfin zu Bußübungen aufgesucht (Öffnungszeiten: Mitte März – Sept. Di. – So. 9.00 – 17.00, Okt. bis Mitte Nov. Di. – So. 9.00 – 16.00; stündlich Führungen durch den Schlosspark und die Eremitage). ⏲

Schon von weitem sieht man das im 12./13. Jh. erbaute Schwarzacher Münster.

Rheinmünster

Südwestlichvon Iffezheim – an der B 36 – liegt die Gemeinde Rheinmünster (122 – 132 m ü.d.M.; 6500 Einw.) Herausragende Sehenswürdigkeit ist das weithin sichtbare Münster im Ortsteil Schwarzach. Das Gotteshaus war ehemals Teil einer Benediktinerabtei und ist heute Pfarrkirche St. Peter und Paul. In Schwarzach gründete um 828 der fränkische Graf Ruthard ein Benediktinerkloster (andere Quellen nennen als Gründungsjahr 748 und als Gründer den Straßburger Bischof Eddo), das bis 1803 bestand. Um 1840 sind die Gebäude mit Ausnahme der Kirche größtenteils abgebrochen worden. Erhalten ist noch das schöne Klostertor an der Lindenstraße mit dem Wappen der Abtei.

* * Schwarzacher Münster ▶

Das heutige Münster wurde im 12./13. Jh. errichtet. Im Rahmen der in den 1960er-Jahren vorgenommenen Restaurierung erhielt es sein romanisches Aussehen wieder. Die dreischiffige Basilika in Kreuzesform ist aus Sandsteinquadern und Backsteinen erbaut, mit wuchtigem Turm über der Vierung. Einziger Bildschmuck des Baus ist das Steinrelief über dem Hauptportal. Es zeigt den thronenden Christus zwischen Petrus (dem Verwalter) und Paulus (dem Verkünder), ein am Oberrhein häufiges Motiv. Die vorherrschende Farbe ist Rot (die herrschaftliche Farbe seit der Spätantike), die verputzten Flächen sind weiß. Die reich ornamentierten Säulenkapitelle sind bunt bemalt. Im nördlichen Querschiff steht der barocke Hochaltar, den Martin Eigler aus Rastatt 1752 geschaffen hat. Der Altar im südlichen Querschiff birgt die **Reliquien der hl. Märtyrerin Rufina** (gest. 260 in Rom). Das geschnitzte Chorgestühl ist um 1700 entstanden.

* **Pamina Rheinpark/Parc Rhénan**

Westlich von Rastatt erstreckt sich der Pamina Rheinpark beiderseits des stark befahrenen Stroms. Der **grenzüberschreitende Natur- und Kultur-Erlebnispark** ist 1996 ins Leben gerufen worden. Er umfasst rund 350 km² in den Regionen Südpfalz (**Pa**latinat), **Mi**ttlerer Oberrhein und Nord-Elsass (**N**ord **A**lsace) mit Auewäldern, Riedflächen, kleineren Wasserläufen und dem Sauer-Delta.

Rheinfelden

C 14

Landkreis: Lörrach
Einwohnerzahl: 32 000
Höhe: 260 – 520 m ü. d. M.

Die oberbadische Industriestadt Rheinfelden liegt etwa 14 km südöstlich von ▶Lörrach am Hochrhein. Sie ist Standort eines großen Laufwasserkraftwerkes und mehrerer größerer Fabriken (u. a. Chemie, Metall, Aluminium).

Eine junge Industriestadt

Die Stadt am deutschen Hochrheinufer ist erst nach Fertigstellung der Badischen Hochrhein-Bahn von Basel nach Säckingen 1856 gegenüber der gleichnamigen, aber wesentlich älteren Zähringerstadt am Schweizer Ufer entstanden. Ende des 19. Jh.s. wurde das erste Laufwasserkraftwerk am Rhein fertiggestellt. Wenig später ließen sich die ersten Industriebetriebe nieder, unter ihnen auch ein Werk der Degussa, eine Aluminiumhütte und ein Werk der Dynamit Nobel.

Sehenswertes in Rheinfelden und Umgebung

✶ Wasserkraftwerk Rheinfelden

Das inzwischen **stillgelegte alte Laufwasserkraftwerk**, das 1898 nach dreijähriger Bauzeit in Betrieb genommen wurde, war das erste große Flusskraftwerk überhaupt, quasi die »Wiege der Wasserkraft«. In einem langen Maschinensaal waren 20 Turbinen installiert, die 25,7 Megawatt Strom erzeugen konnten. Die mittlere Jahresproduktion lag bei 185 Mio. Kilowattstunden.

◀ Kraftwerksneubau

Von 2003 bis 2011 wurde ein **gigantisches neues Wasserkraftwerk** mit neuem Stauwehr gebaut. Im neuen Kraftwerk erzeugen nur noch vier Großturbinen mit einer installierten Leistung von rund 100 Megawatt im Jahresdurchschnitt etwa 600 Mio. Kilowattstunden Strom,

RHEINFELDEN ERLEBEN

AUSKUNFT

Stadtverwaltung
Kirchplatz 2
79618 Rheinfelden
Tel. (0 76 23) 95-0
www.rheinfelden.de

ESSEN

▶ **Erschwinglich**

I Fratelli – Haus Salmegg
Rheinbrückstr. 8
79618 Rheinfelden
Tel. (0 76 23) 3 02 54
Italienische Köstlichkeiten gibt es im Gewölbekeller des hübsch gelegenen und traditionsreichen Hauses.

ÜBERNACHTEN

▶ **Komfortabel/Günstig**

Hotel Oberrhein
Werderstr. 13
79618 Rheinfelden
Tel. (0 76 23) 72 11-0
www.hotel-garni-oberrhein-gmbh.de
Gut geführtes Stadthotel mit 21 ansprechend ausgestatteten Zimmern.

> **! Baedeker TIPP**
>
> **An der Wiege der Wasserkraft**
>
> Das neue Laufwasserkraftwerk Rheinfelden kann auch im Rahmen einer 2-stündigen Führung besichtigt werden. Informationen: Tel. (0 77 63) 81 26 58; www.energiedienst.de

also mehr als das Dreifache der bisherigen Stromproduktion. Damit können ca. 200 000 Haushalte mit sauberem Strom versorgt werden. Als ökologische Ausgleichsmaßnahmen sind ein naturnahes Umgehungsgewässer, eine Fischtreppe und ein Lachslaichgewässer angelegt.

Beuggen Etwa 3 km flussaufwärts gelangt man zu der in den letzten Jahren liebevoll restaurierten **Deutschordenskommende** Beuggen, die bereits im 13. Jh. gegründet und bis ins 18. Jh. weiter ausgebaut worden ist. Nach der Säkularisation richtete der Schweizer Philanthrop Christian Heinrich Zeder hier eine Kinderrettungsanstalt ein.

Dinkelberg Nördlich von Rheinfelden erstreckt sich der landschaftlich abwechslungsreiche Dinkelberg als verkarsteter Muschelkalk-Höhenzug. Hier oben gibt es noch beschauliche **Dörfer mit malerischen Ortskernen**.

★ Tschamberhöhle ► Unweit nördlich von Beuggen findet man die Tschamberhöhle, ein heute noch aktives System unterirdischer Gänge im verkarsteten Muschelkalk des Dinkelberges. Bemerkenswert sind die äußerst vielgestaltigen Strukturen der Höhlenwände sowie die **Quellgrotte** und der **unterirdische Wasserfall** des Höhlenbachs (Öffnungszeiten: April bis Okt. So. u. Fei. 13.00 – 17.00 Uhr u.n.V.).

★ Rottweil

H 10/11

Landkreis: Rottweil
Einwohnerzahl: 26 000
Höhe: 507 – 745 m ü. d. M.
Prädikat: Älteste Stadt Baden-Württembergs

Die ehemalige Freie Reichsstadt Rottweil nennt sich selbst »älteste Stadt Baden-Württembergs«. Wohl bekannt ist sie jedoch nicht als besonders alte Stadt, sondern vielmehr als Hochburg der schwäbisch-alemannischen Fasnet, in der jedes Jahr der berühmte Rottweiler Narrensprung stattfindet.

Baden-Württembergs älteste Stadt liegt auf einer Hochfläche über dem oberen Neckar. Rottweil ist heute Mittelzentrum für ein weites Umland und ein wichtiger Industriestandort (u.a. Metallverarbeitung, Feinmechanik, Elektronik/Elektrotechnik, Chemie).

Geschichte In der Zeit nach 70 n. Chr. legten die Römer hier am Schnittpunkt zweier wichtiger Straßen (Straßburg – Augsburg, Hüfingen – Rottenburg) ein Kastell an, aus dem später das Municipium Arae Flaviae erwuchs. Aber noch vor 260 n.Chr. gaben die Römer diesen Stützpunkt auf. Im Mittelalter (um 771) befand sich hier ein Königshof. Mitte des 12. Jh.s entstand wohl unter dem zähringischen Herzog Konrad ein Markt, der 1234 als Stadt bezeugt ist. Schon im 13. Jh. tagte hier ein kaiserliches Hofgericht. 1463 schloss Rottweil mit der Schweizer Eidgenossenschaft ein Bündnis, das 1519 erneuert worden ist. Die Stadt, die von den Wirren des Dreißigjährigen Krieges nicht verschont blieb, betrachtete sich bis 1802 als »der Schweiz zugewandter Ort«. Wichtige Gewerbezweige waren in der Vergangenheit das Schmiedehandwerk, die Tuchmacherei, das Buchdruckgewerbe und die Schießpulverproduktion. 1802/1803 kam Rottweil an Württemberg und wurde 1806 Oberamtsstadt. 1824 nahm man die Saline Wilhelmshall in Betrieb. Diese wurde 1969 stillgelegt.

ROTTWEIL ERLEBEN

AUSKUNFT

Tourist-Information
Hauptstr. 21
78628 Rottweil
Tel. (07 41) 494-280
www.rottweil.de

EVENT

Rottweiler Narrensprung
Rottweil ist die Hochburg der schwäbisch-alemannischen Fasnet. Jährlich am Rosenmontag (8.00 Uhr) und Fastnachtsdienstag (8.00 und 14.00 Uhr) findet hier der Rottweiler Narrensprung statt, der Abertausende von Besuchern aus nah und fern anzieht.

AKTIVITÄTEN

Erlebnisbad »aquasol«
Am Südrand der Kernstadt liegt dieses Thermalsolbad mit Riesenrutsche, Sauna und Wellness-Bereich (Öffnungszeiten: Mo. 13.00 – 22.00, Di. bis So. 10.00 – 22.00 Uhr).

ÜBERNACHTEN · ESSEN

▶ Komfortabel

① ***Ringhotel Johanniterbad***
Johannsergasse 12
78628 Rottweil
Tel. (07 41) 53 07 00
www.johanniterbad.de
Ruhiges und gut geführtes Altstadthotel mit 32 geschmackvoll eingerichteten Zimmern und Suiten. In der »Johanniterstube« speist man hervorragend.

② ***Haus zum Sternen***
Hauptstr. 60
78628 Rottweil
Tel. (07 41) 53 30-0
www.haus-zum-sternen.com
Nostalgisches Flair verspürt man in diesem alten Patrizierhaus mit seinen behaglichen Gästezimmern. Im Restaurant wird ambitionierte deutsche Küche mit regionalen Akzenten serviert.

③ ***Garni Hotel Sailer***
Karlstr. 3
78628 Rottweil
Tel. (07 41) 9 42 33 66
www.hotel-sailer.de
Modernes Haus mit 30 zeitgemäß ausgestatteten Zimmern; in einer ebenfalls zum Hotelbetrieb gehörenden renovierten Villa der Jahrhundertwende können Appartements angemietet werden.

Sehenswertes in Rottweil

★ Altstadt

Die malerische Altstadt von Rottweil mit ihren **weithin sichtbaren Türmen** thront auf einem steilen Muschelkalksporn über dem Neckar. Traufständige **Bürger- und Patrizierhäuser** verschiedener Bauepochen mit Erkern, Dachgauben und Krangiebeln, von denen einige bis ins 14. Jh. zurückreichen, und Reste der mittelalterlichen Stadtbefestigung bilden ein abwechslungsreiches Ensemble. Mitten in der Stadt, dort, wo sich die beiden Hauptachsen der Stadt (Hauptstraße/Hochbrückenstraße bzw. Friedensplatz) kreuzen, steht der aus der Übergangszeit von der Gotik zur Renaissance stammende **Marktbrunnen**. Seine Säule weist reichen, nach Vorlagen von Hans Burgkmair gestalteten Figurenschmuck auf. Auf der Säule steht ein Eidgenosse nach Art der Schweizer Vennerbrunnen. Das **Alte Rathaus** an der Hauptstraße wurde 1321 erstmals erwähnt. Sein heutiges Aussehen erhielt es im 16. Jh.; eindrucksvoll der Ratssaal mit Kassettendecke und vielen Wappenscheiben.

★ Stadtmuseum ►

Gegenüber, im Herderschen Haus mit seiner schmucken Fassade von 1709, ist das Stadtmuseum eingerichtet. Besondere Kostbarkeiten der reichen Sammlung sind der **Bundesbrief** mit der Schweizerischen Eidgenossenschaft von 1519 und die **Pürschgerichtskarte** von David Rötlin von 1564. Im **»Fasnetszimmer«** kann man sich über die Rott-

Das mächtige Schwarze Tor wacht über Rottweils historische Altstadt.

weiler Fasnet informieren (Hauptstr. 20; Öffnungszeiten: Di. – So. 10.00 – 12.00 Uhr; Fei. geschlossen).

◄ Schwarzes Tor

Das Schwarze Tor ist mit das bekannteste Bauwerk der Stadt. **Durch dieses Tor springen an Fastnacht die Rottweiler Narren** (»Rottweiler Narrensprung«). Der Torturm mit seinem aus grob behauenen Buckelquadern bestehenden Schaft wurde zur Zeit des Stauferkaisers Friedrich II. errichtet (1289 erste Erwähnung).

◄ Hochturm

Am Westrand der Altstadt steht der 54 m hohe Hochturm (ehem. Gefängnis- und Wachturm), ein staufischer Buckelquaderturm mit spätgotischen Aufbauten.

★ ◄ Heilig-Kreuz-Münster

Das bedeutendste Gotteshaus der Stadt ist das Heilig-Kreuz-Münster, dessen Anfänge bis ins 13. Jh. zurückreichen. Die mächtigen Untergeschosse des Turms der ursprünglich spätromanischen Pfeilerbasilika entstanden vor 1250 mit dem Rundbogentörlein und dem Rundbogenfries. Die Gewölbe der Kirche wurden bis 1517 geschlossen. Nach dem Dreißigjährigen Krieg erfolgte eine barocke Umgestaltung des Münsters. Im Rahmen von Restaurierungsarbeiten in den 1840er-Jahren hat es der seinerzeit geachtete Architekt Carl Alexander von Heideloff regotisiert. Besondere Sehenswürdigkeiten im

Rottweil Orientierung

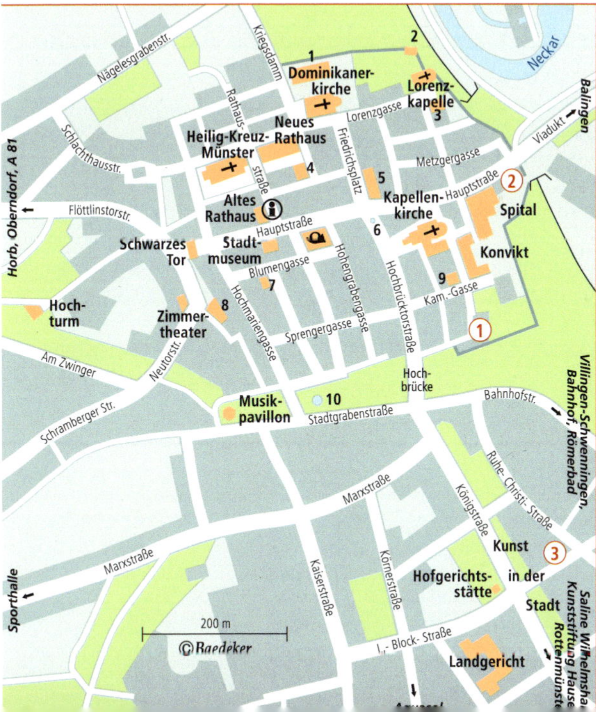

Übernachten • **Essen**

1. Ringhotel Johanniterbad
2. Haus zum Sternen
3. Garni Hotel Sailer

1 Dominikaner-museum
2 Pulverturm
3 Jugendherberge
4 Archiv
5 Forum Kunst
6 Marktbrunnen
7 Haus Armleder
8 Zehntscheuer
9 Volkshochschule
10 Gänswasen-brunnen

Am Fasnetsmendig (Rosenmontag) hat der Rottweiler Federhannes seinen großen Auftritt.

NARRII! NARROO!

So hört man's zwischen Dreikönig und Aschermittwoch zumindest in den katholischen Landen der Alemannen zwischen Neckar und Rhein. Rottweiler Gschellnarra, Villinger Narro, Elzacher Schuttig, Gengenbacher Spättle und viele andere Hansele, Butzen, Hexen und Deifel bewegen sich in der Fasnet (Fastnacht) alemannische Urlaute austoßend durch Straßen und Gassen.

Besonders aktiv sind sie in der »heißen Phase« vom **Schmutzigen Dunschdig** (Schmutzigen Donnerstag) bis zur Fasnets(-hexen-)verbrennung am Fastnachtsdienstagabend bzw. bis zur Geldbeutelwäsche am Aschermittwoch. In etlichen Fasnetshochburgen beginnen die letzten sechs tollen Tage mit einem morgendlichen »Hemdglonkerumzug«. Ohrenbetäubender Lärm sorgt dann dafür, dass auch der Verschlafenste buchstäblich aus dem Bett fällt. Schüler werden »befreit«, Rathäuser »gestürmt« und Bürgermeister »entmachtet«. Unter großer Anteilnahme werden dann die Narrenbäume gesetzt. Bis spät in die Nacht ist dann in allen Hallen und Lokalen am Ort mächtig was los.

Närrisches Wochenende

Nach einem mancherorts etwas ruhigeren »Rußigen Freidig« herrscht am **Fasnetssamschdig** (Fastnachtssamstag) überall buntes Treiben im Rahmen einer Dorf- oder »Städtle«-Fasnet. Einzelne Gruppen ziehen mit Hallo und Musik von Wirtschaft zu Wirtschaft und treffen sich schließlich auf dem Marktplatz. Und abends schwingt man das Tanzbein oder wohnt einer närrisch-festlichen »Redoute« bei.

Am **Fasnetssundig** (Fastnachtssonntag strebt das urtümliche Treiben seinem Höhepunkt zu. In einigen Hochburgen, darunter in Villingen-Schwenningen, Donaueschingen, Gengenbach, Haslach und Elzach, sammeln sich die Narren zu bunten Umzügen. Anschließenmd herrscht wieder großes Narrentreiben in allen Straßen und Gassen.

Fasnetsmendig (Rosenmontag)

In etlichen Orten, so etwa in Villingen, Schramberg und Endingen, wird man von der »Katzenmusik« geweckt. In Haslach, Hausach und Wolfach gehen die Narren zur »Elfimess'« in die Kirche, um anschließend ausgelassen durch die Städtle zu toben. In Schramberg fahren die Narren auf allerlei Schwimmfähigem »da Bach na«, d. h. die Schiltach abwärts.

Das Zwei-Sterne-Ereignis an diesem Tag ist jedoch der **Rottweiler Narrensprung**. Schon frühmorgens springen Mitglieder zahlreicher Zünfte durch das Schwarze Tor in die Altstadt hinein. »Gschellnarr«, »Franseklei-dle«, »Schantele«, »Biss« und »Federahannes« sind die wichtigsten Figuren. In **Villingen** sieht man »Narro« und »Morbili« beim **Maschgerelauf** (Maskenlauf) zwischen Oberem Tor und Latschariplatz. In anderen Fasnetshochburgen, so auch in Freiburg, finden große Narrenumzüge statt. Tolle Kinderumzüge gibt es an diesem Tag u. a. in Offenburg, Hornberg und Laufenburg.

Fasnetszieschdig (Fastnachtsdienstag)

An diesem Tag springen die Rottweiler Narren nochmals durchs Schwarze Tor, diesmal aber schon mit weniger Elan. Einen herrlich bunten Fasnetsumzug gibt es in Villingen zu sehen. Sehr lustig sind auch der historische »Nasenzug« in Wolfach sowie die die **Narrensamenumzüge** (das sind Kinderumzüge) in Gengenbach und Hausach.
Ein letztes Mal bäumen sich die Fasnetshexen am Abend auf, bevor unter lautem Jammern und Huuhuu-Rufen die **Fasnet in Gestalt einer großen Strohpuppe verbrannt** wird.

Aschermittwoch

Am Aschermittwoch soll zwar alles vorbei sein, aber in einigen Schwarzwaldorten noch nicht ganz. Denn bevor die Bürgermeister auf ihre Rathäuser zurückkehren können, müssen die Narren erstmal ihre Geldbeutel am Stadtbrunnen (so etwa in Wolfach) gewaschen haben.

Buurefasnet (Bauernfastnacht)

Und wer dann immer noch nicht genug hat von der Fasnet, der kann am folgenden Wochenende an einer »Buurefasnet« teilnehmen, die in manchen Orten im Markgräflerland und am Hochrhein gepflegt wird. Am bekanntesten ist die **Sulzburger Buurefasnet**, bei der es recht deftig zugeht. Und wem das zu ländlich-herb ist, der kann ja gleich weiterfahren nach **Basel**, wo der weltberühmte **Morgestraich** Tausende närrischer Teilnehmer und Besucher aus dem südlichen Schwarzwald anlockt.

Münster sind das **Altarkreuz** von Veit Stoß, der **Apostelaltar** von Cord Bogentrik, die sog. **Rottweiler Madonna**, die Kanzel, das figurenreiche Gewölbe im Südschiff und nicht zuletzt die Zunftlaternen im hinteren Seitenschiff.

Neues Rathaus ► Östlich vom Heilig-Kreuz-Münster steht das Neue Rathaus (1976), ein von Prof. Heinz Mohl konzipierter moderner Zweckbau. Im Hof des Rathauses fällt eine 1980 enthüllte moderne Brunnenanlage des Rottweiler Künstlers Erich Hauser ins Auge.

Dominikanerkirche ► Um 1260 haben sich Predigermönche aus dem Orden des hl. Dominikus in Rottweil niedergelassen. Die Weihe des ersten Gotteshauses fand 1266 statt. Im 17. Jh. wurde die Kirche Ziel von Wallfahrten. Im 18. Jh. hat man sie baulich erweitert und im Stil des Barock ausgestaltet. Die Ausmalung besorgte Josef Wannenmacher. Als Rottweil 1802 zu Württemberg kam, erfolgte die Aufhebung des Klosters. Die Konventsgebäude hat man nach und nach abgebrochen. Das Gotteshaus wurde evangelische Pfarrkirche.

★★ Dominikanermuseum ► Anstelle der abgebrochenen Konventsgebäude des ehem. Dominikanerklosters entstand das Dominikanermuseum als Zweigstelle des Württembergischen Landesmuseums. Es beherbergt Kulturzeugnisse aus der Römerzeit, deren Glanzstück ein **Orpheus-Mosaik** (2. Jh. n. Chr.) ist. Den zweiten Ausstellungsschwerpunkt bilden **spätgotische Skulpturen und Tafelbilder** der Sammlung Dursch, die vom 13. bis zum 16. Jh. im schwäbischen Raum entstanden sind. Viele bedeutende schwäbische Künstler jener Epoche sind vertreten (Öffnungszeiten: Di. – So. 14.00 – 17.00 Uhr, Fei. geschlossen).

Christophorusbrunnen ► Auf dem ehem. Rindermarkt (vor der Dominikanerkirche) steht der Christophorusbrunnen, der seit 1564 nachweisbar ist. Sehr schön ist die **Renaissance-Brunnensäule** mit einer spätgotischen Figur des hl. Christophorus mit dem Jesuskind.

★ Lorenzkapelle ► Die Lorenzkapelle, eine um 1580 errichtete spätgotische Friedhofskapelle, dient seit 1851 als Museum. Hier ist großartige **Rottweiler Steinmetzkunst** zu sehen, darunter auch Steinplastiken des Kapellenturms aus dem 14. Jh. (Öffnungszeiten: Di. – So. 14.00 – 17.00 Uhr, Fei. geschlossen).

Pulverturm ► Der hoch über dem Neckar wachende Pulverturm markiert die Nordostecke der alten Stadtbefestigung.

★ Kapellenkirche ► Die ursprünglich gotische Kapellenkirche an der Hochbrückenstraße wurde 1727 barockisiert und von Joseph Firtmair ausgemalt. Ein Kulturdenkmal ersten Ranges ist der 70 m hohe, mit spätgotischem Figurenschmuck versehene Turm. Besonders bemerkenswert ist das **Relief über dem Hauptportal**, das Christus als Weltenrichter zeigt.

Im Kapellenhof steht das **Alte Gymnasium** (1722) als wichtiges Denkmal profaner Baukunst. Seit 1995 dient es als Tagungs- und Schulungszentrum. Am 31. 12. 1999 wurde auf dem Platz vor der Kapellenkirche die sog. **Postbox**, ein Container mit rund 3800 Briefen aus aller Welt in einem Schacht versiegelt. Erst im Jahr 2099 sollen die bis dahin ungelesenen Briefe ihren Adressaten zugestellt werden.

Nett ist das **Spielzeugmuseum** im Gebäude Hochbrückenstr. 9, das Puppen und Spielzeug aus zwei Jahrhunderten aufbewahrt (Öffnungszeiten: Mi. – Sa. 14.00 – 17.00, So., Fei. 11.00 – 17.00 Uhr).

Hofgerichtsstätte

Südlich des mittelalterlichen Stadtkerns fällt an der Königstraße die frühere Hofgerichtsstätte ins Auge mit einer Kopie des Hofgerichtsstuhls von 1781. Hier tagte seit 1418 das Kaiserliche Hofgericht.

Umgebung von Rottweil

Saline Wilhelmshall

Etwa 2 km südöstlich vom Stadtzentrum liegt die ehem. Saline Wilhelmshall. Die Anlage wurde 1824 in Betrieb genommen und erreichte Mitte des 19. Jh.s ihre wirtschaftliche Blütezeit. Nach der Aufhebung des Salzmonopols im Jahre 1868 ging der Absatz jedoch zurück. Die Saline wurde 1969 stillgelegt. Im Unteren Bohrhaus ist ein **Salinenmuseum** untergebracht (Öffnungszeiten: Mai – Sept. So. u. Fei. 14.30 – 17.00 Uhr u. n. V.).

Kunststiftung Erich Hauser

Auf dem Gelände der Saline arbeitete ab 1969 der Rottweiler Künstler Erich Hauser (1930 – 2004), der hauptsächlich mit **Großplastiken aus Stahl** Furore machte. Etliche seiner teils recht abstrakten Kunstwerke sind auf dem Gelände aufgestellt (Öffnungszeiten: n. V., Tel. 07 41 / 28 00 18-0, http://erichhauser.com).

Rottenmünster

Zirka 2 km südlich vom Stadtzentrum liegt die ehemalige Reichsabtei Rottenmünster. Sehenswert ist die **Klosterkirche**. Sie wurde im Dreißigjährigen Krieg zerstört und 1661 – 1664 von den beiden berühmten Vorarlberger Barockbaumeistern Michael Beer und Michael Thumb wieder aufgebaut.

★ St. Blasien

E 13

Landkreis: Waldshut
Einwohnerzahl: 3900
Höhe: 760 – 1022 m ü. d. M.
Prädikate: Heilklimatischer Kurort, Kneippkurort, Radon-Heilbad

Bekannt ist St. Blasien wegen seiner gewaltigen Kuppelkirche, die als drittgrößtes Bauwerk ihrer Art den Besucher in einem abgeschiedenen Schwarzwaldtal überrascht. Weniger bekannt ist, dass man sich in St. Blasien zu allen Jahreszeiten bestens erholen kann.

Alte Klostersiedlung und Luftkurort

Die geschichtsträchtige Klostersiedlung, seit alters zentraler Ort für ein weites, relativ dünn besiedeltes und stark bewaldetes Umland, liegt im tief eingeschnittenen Tal der oberen Alb. Ende des 19. Jh.s ist St. Blasien zur Stadt erhoben worden und seither auch ein geschätzter Luftkurort.

Der Dom von St. Blasien war zu seiner Bauzeit der drittgrößte Kuppelbau Europas.

Geschichte Die Ursprünge von St. Blasien reichen bis ins 9. Jh. zurück, als Mönche vom Hochrhein her ins obere Albtal vordrangen und hier eine **»cella alba«** gründeten. Im Mittelalter brachte man eine Reliquie des hl. Blasius hierher, von der sich der Name der neuen Siedlung ableitete. Den Mönchen von St. Blasien ist die Kolonisation weiter Bereiche des Südschwarzwaldes bzw. des Hotzenwaldes zu verdanken. Kaiser Heinrich IV. stattete das Kloster mit großem Besitz aus. Im 13. Jh. kam dieser Besitz unter die **Oberhoheit der Habsburger**. 1609 erwarb das Kloster die benachbarte Reichsgrafschaft ►Bonndorf. Die Äbte von St. Blasien stiegen in den Reichsfürstenstand auf. Im frühen 18. Jh. kam es zu Auseinandersetzungen zwischen dem Kloster und den »Wäldern«, d.h. den nach Freiheit strebenden Bauern der umliegenden Waldgebiete. Die »Salpeterer« begehrten vor allem gegen die Leibeigenschaft auf. Nach dem Brand von 1768 veranlasste Fürstabt Martin II. Gerbert den Neubau des Klosters mit Kuppelkirche. Ihm gelang es auch, das Ansehen des Klosters dadurch zu mehren, dass er die Gebeine habsburgischer Herrscher nach St. Blasien bringen ließ. Somit sicherte er sich den besonderen Schutz seines Territoriums durch die österreichischen Kaiser. Im Rahmen der territorialen Neugliederung nach dem Frieden von Preßburg wurde der Herrschaftsbereich des Klosters St. Blasien dem Großherzogtum Baden zuge-

ST. BLASIEN ERLEBEN

AUSKUNFT

Tourist-Information
Am Kurgarten 1
79872 St. Blasien
Tel. (0 76 72) 4 14 30
www.st-blasien.de

EVENTS

Klosterkonzerte
Oft finden im Kloster St. Blasien Konzerte mit namhaften Interpreten statt. Auskunft: Tel. (0 76 72) 27-0, www.kloster-konzerte.de

KUR · WELLNESS

Radon Revitalbad St. Blasien-Menzenschwand
Am Rande des Naturschutzgebietes Feldberg liegt das Radon-Revital-Bad, eine Kombination aus Heilbad und Wellness-Einrichtung, mit Bewegungsbad und Sauna (Öffnungszeiten: tgl. 10.00 – 21.00 Uhr).

ÜBERNACHTEN · ESSEN

► Komfortabel/Günstig

Hotel Hirschen
Hinterdorfstr. 18
79837 St. Blasien-Menzenschwand
Tel. (0 76 75) 884
www.hirschen-menzenschwand.de
Ruhig am Waldrand gelegenes Haus mit 23 Zimmern, Sauna, Solarium und Balkonen. In der Gaststube gibt es recht herzhafte Schwarzwälder Spezialitäten.

EINKAUFEN

HEIMATsinn
Heimische Produkte von Bauern und Kleinerzeugern sowie künstlerische und handwerkliche Arbeiten von Kreativen aus der gesamten Region gibt es in Menzenschwand, Hinterdorfstr. 12, Mo., Di., Fr. 9.00 – 12.30 u. 15.00 bis 18.30 sowie Sa. 8.00 – 16.00 Uhr.

schlagen. Der Konvent zog daraufhin nach St. Paul im kärntnerischen Lavanttal. Immer wieder wurde das Kloster St. Blasien von **Brandkatastrophen** heimgesucht. Die Bauernkriege, der Dreißigjährige Krieg und die Aufstände der Salpeterer führten zu weiteren Zerstörungen. Nach einem verheerenden Brand 1768 musste das Kloster neu aufgebaut werden. Der letzte Großbrand ereignete sich 1977 und erforderte umfangreiche bauliche Sanierungsmaßnahmen.
St. Blasiens **Entwicklung zum Kurort** begann 1877, als ein Arzt aus Sachsen und ein Freiburger Hotelkaufmann eine Kureinrichtung für Lungenkranke aufbauten. Der Ruf St. Blasiens als Ort mit besonders reiner Luft lockte auch viele Sommerfrischler an. So illustre Persönlichkeiten wie der badische Großherzog Friedrich I., der russische Dichter Maxim Gorki, der kaiserliche Admiral Tirpitz und auch der Kölner Oberbürgermeister (und spätere Bundeskanzler) Konrad Adenauer trugen sich ins Gästebuch der Kurstadt ein.

? WUSSTEN SIE SCHON ...?

- Seit 1934 ist ein Jesuitenkolleg mit Internat als Bildungsstätte im Kloster St. Blasien untergebracht. Hier wurde schon so manche Persönlichkeit mit besonderem Profil erzogen, so beispielsweise auch der CDU-Politiker Heiner Geißler.

Sehenswertes in Sankt Blasien

Stadtbild Das Bild des Kurstädtchens wird von der weiträumigen Klosteranlage, von der alles überragenden Kuppel der Basilika bestimmt. Man hat die schutzwürdige Bausubstanz schön restauriert und renoviert.

★★ **Dom von St. Blasien** Der 1771 bis 1783 nach Vorlagen der zu ihrer Zeit berühmten französischen Architekten Michel d' Ixnard und Nicolas de Pigage und unter der Leitung des fürstenbergischen Baumeisters Franz Joseph Salzmann errichtete Dom von St. Blasien war zu jener Zeit der drittgrößte Kuppelbau in Europa. Er gilt als **Meisterwerk des Frühklassizismus**. Das dem römischen Pantheon nicht unähnliche Gotteshaus mit hoher Kuppelrotunde und sechssäuliger Kolonnade wird von zwei Türmen flankiert. Die Rotunde weist einen Durchmesser von 46 Metern auf. 20 im Kreis angeordnete korinthische Säulen tragen die gewaltige 63 Meter hohe Kuppel. Aus dem Blickwinkel des Kunsthistorikers bemerkenswert ist der **Hochaltar**, den der Freiburger Künstler Christian Wenzinger geschaffen hat. Der **Blasiusbrunnen** auf dem Domplatz ist 1714 angefertigt worden.

Abteikirche St. Blasien Orientierung

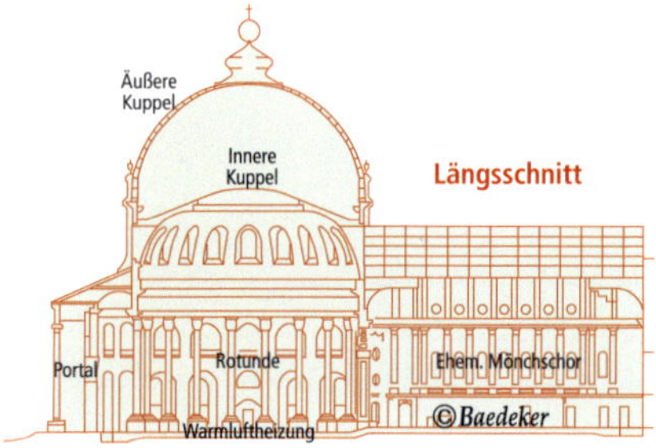

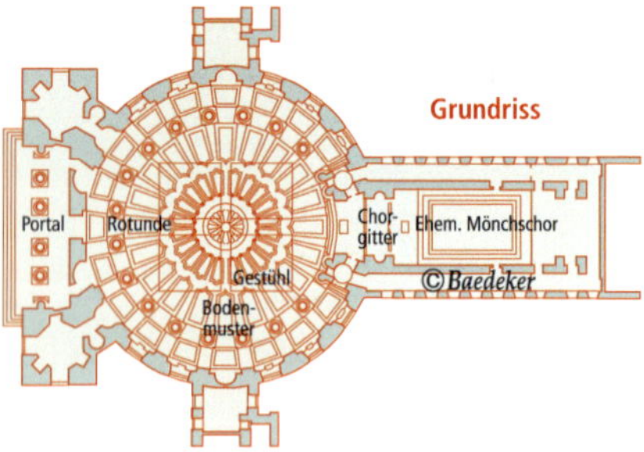

Die ebenfalls nach dem verheerenden Brand von 1768 neu entstandenen **Konvent- und Abteigebäude** wurden bis 1777 fertiggestellt und zeigen noch Spuren der Barockzeit. Die Hauskapelle auf ovalem Grundriss hat Luigi Bossi ausgestaltet. Im 2. Obergeschoss befinden sich die **Kaiserappartements** und der sehr festliche **Habsburgersaal** mit Porträts der habsburgischen Herrscherpaare des 18. Jahrhunderts. Einige der Nebengebäude des Klosters sind im 18. Jh. nach den Plänen des berühmten Architekt Johann Kaspar Bagnato entstanden.

★ Museum St. Blasien ► Im ältesten Gebäude der Klosteranlage, dem Marstallbau, der auch als Haus des Gastes genutzt wird, ist eines der Museen des Landkreises Waldshut untergebracht. Schwerpunkte der Ausstellung sind die **Geschichte der Benediktinerabtei St. Blasien** und ihrer Fürstäbte sowie die Natur- und Kulturgeschichte des südöstlichen Schwarzwaldes bzw. Hotzenwaldes (Öffnungszeiten: Di. – So. 14.30 – 17.00 Uhr).

Kurgarten

Hübsch angelegt ist der Kurgarten, wo ein gut restaurierter barocker Nebenbau des Klosters heute das **Hotel Klosterhof** beherbergt. Ein kunsthistorisches Kleinod ist die **barocke Sonnenuhr**, die das ursprünglich klösterliche Gebäude des Amtsgerichtes ziert. Nahebei erinnert ein Denkmal an Fürstabt Martin II. Gerbert. Ein Kräuter-Lehrgarten ist ebenfalls angelegt.

✶ Menzenschwand

Etwa 8 km nordwestlich oberhalb von St. Blasien, in einem nach Süden geöffneten **Hochtal zu Füßen des Feldbergmassivs**, liegt der auch als Wintersportplatz gern besuchte Luftkurort Menzenschwand (850 bis 1350 m ü. d. M.), wo im Herbst 2005 das neue **Radon Revitalbad** als kombiniertes Heil- und Wellnessbad eröffnet worden ist (► St. Blasien erleben).

Ähnlich wie im benachbarten Bernau lebten die Menzenschwander in der Vergangenheit von der Hochweidewirtschaft und vom Hausgewerbe (Holzschneflerei). Im späten 19. Jh. entdeckte man die umliegenden Hänge und Höhen für den **Wintersport**.

1957 stieß man im Krunkelsbachtal auf Uranglimmer, woraufhin in den 1960er-Jahren mit bergmännischer Prospektion begonnen wurde. Der **Uranbergbau** wurde 1990 nach langen und heftigen Auseinandersetzungen von Befürwortern und Gegnern eingestellt.

? WUSSTEN SIE SCHON ...?

- In Menzenschwand hat der Maler Franz Xaver Winterhalter (1805 – 1873) das Licht der Welt erblickt. Er war der wohl begehrteste Porträtmaler seiner Zeit und ging an den Höfen des europäischen Hochadels ein und aus.

✶ Hotzenwald

Sonnig und aussichtsreich

Als »Hotzenwald« bezeichnet man die terrassenförmig abgestufte Südostabdachung des Schwarzwalds zum Hochrhein südlich von St. Blasien. Ihre besonderen Kennzeichen sind sonnenbeschienene und von Wald bestandene Plateaus sowie tief eingekerbte **schluchtartige Waldtäler**. Vorherrschende Siedlungsform ist die **Streusiedlung** mit kleinen Weilern und Einzelhöfen. Ganz typisch sind die im Vergleich zu den stattlichen Höfen im übrigen Schwarzwald eher **gedrungen-kleinen Hotzenwälder Bauernhöfe.**

✶ Höchenschwand

Etwa 7 km südöstlich oberhalb von St. Blasien erreicht man den wunderschön auf einem nach Süden abfallenden Hochplateau gelegenen heilklimatischen Kurort Höchenschwand (1015 m ü. d. M.; 2200 Einw.) mit mehreren Privat-, Fach- und Rehabilitationskliniken. Seit über 100 Jahren kommen Erholungsgäste hierher. Die besondere **Reinheit der Luft** und die **hohe Sonnenscheindauer** waren die Gründe, dass man hier oben 1873 den bereits im 17. Jh. errichteten Gasthof »Ochsen« zum Kurhaus für Patienten mit Atemwegserkrankungen umwandelte. Von Höchenschwand aus hat man an etlichen Tagen im Jahr einen herrlichen **Blick auf die Schweizer Alpen**.

Schon immer lebten im südlichsten Teil des Schwarzwalds recht eigenwillige und manchmal auch eigensinnige Menschen wie die Hotzen (alemannischer Begriff für Kleinbauer) und Salpeterer.

FREIE, KEINER OBRIGKEIT UNTERTANE LEUT'

So bezeichnete der habsburgische Waldvogt im Jahre 1738 die sich der Obrigkeit widersetzenden, im Hotzenwald lebenden Bauern. Schon damals wurden sie die »Salpeterer« genannt, denn ihr erster prominenter Führer war der »Salpeter-Hans« Johann Fridolin Albiez (um 1657 – 1727), der seinen Lebensunterhalt mit dem Abkratzen des Salpeters (= Salz des Steins) von den Wänden der Ställe bestritt. Der ammonium- und nitrathaltige Salpeter wurde für die Schießpulverproduktion gebraucht.

Die Waldbauern leisten Widerstand

Ursache für den Widerstand der Salpeterer gegen die Wiener Regierung war der **Streit um die Wiederherstellung des »Alten Rechts«**. Die seit 1254 das Kloster St. Blasien und die Grafschaft Hauenstein besitzenden Habsburger hatten den Bauern als Gegenleistung für ihr Leben und Wirtschaften in der unwirtlichen Gegend Rechte ähnlich denen der Schweizer Eidgenossen eingeräumt: Die Hauensteiner Einungen Rickenbach, Murg, Görwihl, Hochsal, Höchenschwand, Birndorf und Dogern hatten u. a. eigene Gerichtsbarkeit, und die Männer wählten jährlich unter freiem Himmel ihre Gemeindevorsteher, die Einungsmeister.

Ständig gab es **Streit zwischen den Freibauern und den Äbten** von St. Blasien, die ihre Hand nach Hauenstein ausstreckten. 1719 bezeichnet der Abt von St. Blasien die Hauensteiner als »leibeigen«. Dagegen protestieren sie in Wien, und es kommt im Jahre 1720 zum Abschluss einer neuen Landordnung, die dem Kloster jedoch mehr Rechte einräumt. Nur der Einungsmeister Johann Fridolin Albiez, der »Salpeter-Hans«, unterzeichnet nicht und agitiert im gesamten Hotzenwald. Er reist 1726 sogar an den Wiener Hof, doch ohne Erfolg. Nach seiner Rückkehr wirft

man ihn in Freiburg ins Gefängnis, wo er 1727 stirbt. Ungebrochen bleibt aber der Widerstand der Salpeterer.

Die Obrigkeit schreitet ein

Zwei Jahre später aber werden ihre Führer verhaftet und der Obrigkeit genehme Einungsmeister eingesetzt. Als 1738 das Kloster die Leibeigenschaftsrechte verkauft, verweigern die Salpeterer die Zahlung, denn: »Was das Kloster nicht besitzt, kann es auch nicht verkaufen«. 1739 schickt die Wiener Regierung Soldaten. Der Salpetererführer Jakob Leber und fünf andere werden in Waldshut öffentlich hingerichtet, weitere Rädelsführer nach Ungarn verbannt. Sie kommen 1742 frei und nehmen erneut die Auseinandersetzung mit der Obrigkeit auf. Die Lage ändert sich, als 1744 die Österreicher abziehen und die Franzosen in die Grafschaft einmarschieren. Die Hauensteiner stellen sich gegen die neuen Besatzer und bekennen sich zum Haus Habsburg. 1745 erringen die Salpeterer wieder alle Einungsmeisterposten und rufen die von Wien mit Husaren unterstützte Erhebung gegen die Franzosen auf. Unter Führung von Johannes Thoma ab Egg besetzen sie 1745 Laufenburg und Rheinfelden. **Für kurze Zeit gibt es eine »freie Republik«**. Die wieder auf den Plan tretenden Habsburger fordern von den Salpeterern die Unterwerfung. Es dauert zehn Jahre, bis der letzte Rädelsführer verhaftet werden kann. Allesamt werden ins Banat verbannt. Der Kampf der Hotzenwälder um Eigenständigkeit war damit gescheitert, doch ihre aufmüpfige Tradition lebte noch fort, wie einige Akte zivilen Ungehorsams – ein Impfboykott 1827 und der Widerstand gegen kirchliche Reformen in der Schule (1832 – 1837) – zeigen. Auch die badischen Revolutionäre fanden Unterstützung bei den Waldbauern. Der nach eigenem Bekenntnis »letzte Salpeterer«, Josef Schupp aus Birkingen, starb 1934, ohne dass er einen Geistlichen sehen wollte.

»Was das Kloster nicht besitzt, kann es auch nicht verkaufen.«

An manchen Tagen reicht der Blick vom Hotzenwald bis zu den Schweizer Alpen.

✶ **Albtal** Von St. Blasien aus kann man durch das wildromantische Albtal mit seinen spektakulären Wasserfällen südwärts zum Hochrhein hinunterfahren. Man passiert dabei den langgestreckten Alb-Stausee und erreicht den Hochrhein bei Albbruck am Südrand des Hotzenwaldes.

✶ St. Georgen

F/G 11

Landkreis: Schwarzwald-Baar
Einwohnerzahl: 13 000
Höhe: 862 m ü. d. M.
Prädikat: Erholungsort

Die aus einer alten Klostersiedlung hervorgegangene Kleinstadt am Scheitelpunkt der von Offenburg zum Bodensee führenden Schwarzwaldbahn ist vor allem als Heimat der deutschen Phono-Industrie bekannt geworden.

Ortsgeschichte St. Georgen liegt im weit ausgeräumten oberen Brigachtal an der Wasserscheide von Rhein und Donau. Die Siedlung entstand in der Nähe eines im späten 11. Jh. gegründeten Benediktinerklosters, das 1114 unter zähringischen Schutz kam und im 13. Jh. durch einen Brand fast völlig zerstört worden ist. 1507 erhielt die Klostersiedlung das Marktrecht. Etwa zwei Jahrzehnte später kam St. Georgen unter württembergische Obhut. Im Dreißigjährigen Krieg wurde das Kloster zerstört. Die Mönche zogen ins nahe ►Villingen.

Im 18. Jh. entwickelte sich St. Georgen zu einem **Zentrum des Uhrmacherhandwerks**. Einen wirtschaftlichen Aufschwung brachte der Anschluss an die Schwarzwaldbahn (1873). Schon früh beschäftigten sich die St. Georgener Tüftler mit den neuen Möglichkeiten der

ST. GEORGEN ERLEBEN

AUSKUNFT

Tourist-Information
Hauptstr. 9 (Rathaus)
78112 St. Georgen
Tel. (0 77 24) 8 71 94
www.st-georgen.de

ÜBERNACHTEN

▸ **Günstig**
Hotel Kammerer
Hauptstr. 23
78112 St. Georgen
Tel. (0 77 24) 93 92-0
www.hotel-kammerer.de
Ruhig und direkt am Stadtgarten liegt dieses familiär geführte Haus. Von seinen 35 freundlich eingerichteten Zimmern aus können die Gäste einen wunderschönen Blick ins Brigachtal genießen. Abends steht eine Bistro-Bar zur Verfügung, morgens gibt es ein Frühstücksbüffet.

Elektrotechnik. Man stellte Präzisionsinstrumente und wenig später sogar Grammophone her. Unaufhaltsam war der Siegeszug der St. Georgener Elektro- und Phonoindustrie. Bis in die 1970er-Jahre war St. Georgen einer der wichtigsten deutschen Produktionsstandorte für Radios, Plattenspieler und später auch Fernsehgeräte.

Sehenswertes in Sankt Georgen und Umgebung

Vom einstigen Kloster St. Georgen sind nur noch spärliche Sandstein-Überreste zu sehen. Im ehemaligen Klosterhof steht eine mächtige, über 250 Jahre alte Linde.

◂ Deutsches Phono-Museum

Die Ausstellung im **Rathaus** beleuchtet die **Entwicklung der Phonoindustrie** von der 1887 ersonnenen »Plattensprechmaschine« über das um 1900 gebaute Grammophon und die »Tonmöbel« der 1950er- und 1960er-Jahre bis hin zu inzwischen auch schon in die Jahre gekommenen Hi-Fi-Anlagen (Öffnungszeiten: Mo. – Fr. 9.00 bis 12.30 u. 14.00 – 17.00 Uhr).
Ebenfalls im Rathaus ausgestellt sind **Schwarzwälder Hausuhren**, die ab Mitte des 19. Jh.s bis in die 1930er-Jahre gefertigt wurden. Glanzstück der Sammlung ist eine 1730 gebaute Holzräderuhr (Öffnungszeiten: Mo. – Fr. 9.00 – 12.30 u. 14.00 – 17.00 Uhr).
Das 1803 in der Ortsmitte errichtete Bauernhaus fungiert seit einiger Zeit als **Heimatmuseum »Schwarzes Tor«**. Zu sehen gibt es die Rauchküche, die Bauernstube, die Schlafstube und das Trachtenzim-

Ein Schwarzwälder Uhrmacher bei der Arbeit

mer sowie eine Uhrmacherwerkstatt (Mai – Sept. Sa. 13.00 – 16.00, Okt. – April 1. Sa. im Monat 13.00 bis 16.00 Uhr).

Sammlung Grässlin ► ✶ Einen Besuch lohnt die Sammlung Grässlin mit Arbeiten u. a. von Martin Kippenberger und Reinhard Mucha (Museumstr. 2; Do. 17.00 – 21.00, Sa./So. 12.00 – 18.00 Uhr).

Pfarrkirche Peterzell Etwa 3 km von St. Georgen liegt Peterzell, das im Mittelalter als nördlichste Niederlassung der Reichenauer Mönche gegründet wurde. Die Kirche mit gotischem Chor zeigt romanische Ornamentik.

Brigachquelle Etwa 5 km von St. Georgen entspringt der Donau-Quellfluss Brigach in einer Talmulde direkt unter dem alten **Hirzbauernhof**. Hier hat man Ende des 19. Jh.s einen reliefierten sog. Dreigötterstein gefunden. Dieser war wohl Teil eines keltisch-römischen Quellheiligtums.

✶ St. Märgen

E 11

Landkreis: Breisgau-Hochschwarzwald
Einwohnerzahl: 2000
Höhe: 900 – 1100 m ü. d. M.
Prädikat: Luftkurort

Dank seiner herrlichen Lage ist das zwischen ►Freiburg und ►Furtwangen gelegene St. Märgen ein beliebter Ferienort. Von den freien Hochflächen des Ortes bietet sich ein grandioser Blick auf die gegenüberliegenden Höhen von ►Feldberg und Schauinsland.

Augustinerkloster und Schwarzwälder Füchse Außer dem Fremdenverkehr hat die Landwirtschaft – insbesondere die Viehzucht – bis heute Bedeutung zu. In St. Märgen hat man die **»Schwarzwälder Füchse«** gezüchtet, jene besonders kräftigen und für die schwere Waldarbeit geeigneten Kaltblutpferde. Daran erinnert der alle drei Jahre stattfindende »Tag des Schwarzwälder Pferdes«.

Seine Entstehung und seinen Namen verdankt der Ort dem **Augustinerkloster St. Marien** (daraus wurde später »St. Märgen«), das 1118 von dem staufertreuen Straßburger Domprobst als Konkurrenz gegen ►St. Peter gegründet worden war. Infolge drückender Schirmvögte, die sogar 1355 und 1401 den Abt ermordeten, kam das Kloster nicht zum Aufblühen. Die Mönche siedelten 1462 ins Freiburger Augustinerkloster über. Erst 1716 begann mit einem Neubau der durch Brand mehrfach verwüsteten Klosteranlage eine Blütezeit, die bis zu ihrer Aufhebung 1806 dauerte. Einige Bauten wurden 1907 durch einen Blitzschlag zerstört.

! *Baedeker* TIPP

Café Goldene Krone

»Wie bei Muttern« isst man in dem renovierten denkmalgeschützten Gasthaus, in dem ein Team von engagierten Landfrauen Schwarzwälder Spezialitäten wie Bibbeliskäse, Speckvesper, Käsemichel, Kirschtorte, beschwipste Himbeeren und vieles mehr anbieten (Mi., Do., Fr. 12.00 bis 18.00, Sa., So. 14.00 – 18.00 Uhr).

ST. MÄRGEN ERLEBEN

AUSKUNFT

Tourist-Information
Rathausplatz 1
79274 St. Märgen
Tel. (0 76 52) 12 06 83 90
www.sankt-maergen.de
www.hochschwarzwald.de

EVENT

Tag des Schwarzwälder Pferdes
Alle 3 Jahre im September (2013, 2016 usw.) wird eines der schönsten Feste im Schwarzwald abgehalten mit Pferdeprämierung, Pferdesegnung, Reit- und Fahrvorführungen, Trachten- und Festumzug sowie mit einem bunten Unterhaltungsprogramm.

ÜBERNACHTEN · ESSEN

► Günstig

Hotel Hirschen
Feldbergstr. 9
79274 St. Märgen
Tel. (0 76 69) 9 40 68-0
www.hirschen-st-maergen.de
Altbekannte Adresse mit 45 Zimmern, schöner Gartenanlage, Sauna, Solarium, Fitnessraum, Billiard und Tischtennis. Im Restaurant werden vorwiegend Schwarzwälder Spezialitäten serviert.

Sehenswertes in Sankt Märgen

St. Märgen präsentiert sich als geradezu mustergültiges Schwarzwalddorf abseits der großen Durchgangsstraßen. Von der einstigen Klosteranlage steht neben der Kirche nur noch der Prälatenbau.

St. Maria

Der Ort wird beherrscht von der doppeltürmigen Wallfahrts- und Pfarrkirche St. Maria. Der barocke Sakralbau entstand 1716 bis 1725. Nach einem Brand (1907) wurde er in der alten Form wieder aufgebaut. Im Original erhalten sind noch die vier lebensgroßen **Figuren am Hochaltar**, geschaffen von **Matthias Faller** (1707 – 1791). Neben weiteren Werken hat Faller die beiden dem Gnadenbild zugeordneten Engel in der Muttergotteskapelle geschaffen. Das fast ganz von Barockgewändern umhüllte **romanische Gnadenbild** sollen die Augustinermönche 1118 mitgebracht haben.
Eine Gedenktafel an der Außenmauer bezeichnet die Stelle, an der man einst Matthias Faller, den »Herrgottschnitzer des Schwarzwalds« beigesetzt hat.

★ Kloster-Museum

Der Ostteil des ehem. Klosters wird heute als Rathaus und Museum genutzt. Schwerpunkte der Ausstellung sind **religiöse Volkskunst** (u.a. schöne Hinterglasbilder) sowie die Herstellung und der Handel mit schön verzierten mechanischen **Schwarzwälder Räderuhren**. Ferner gibt es hier eine komplett eingerichtete **Schuhmacherwerkstatt** (Öffnungszeiten: So. 11.00 – 14.00, Mai – Okt. auch Mo., Mi. u. Fr. 10.00 – 12.00 Uhr).

Aussichtsreiche Wanderziele

Vom Ortszentrum gelangt man in südwestlicher Richtung hinauf zur **Ohmenkapelle** (ca. 15 Min.; tolle Fernsicht). Schon im Mittelalter pilgerten die Gläubigen zu der Wallfahrtskapelle. Der heutige Bau entstand in den Jahren 1734/1735. Auch von der idyllischen **Rankenmühle** bei St. Märgen bietet sich eine großartige Fernsicht.

✶ St. Peter

E 11

Landkreis: Breisgau-Hochschwarzwald
Einwohnerzahl: 2300
Höhe: 700 – 1200 m ü. d. M.
Prädikat: Luftkurort

Die altbekannte Klostersiedlung liegt recht reizvoll an der Südabdachung des aussichtsreichen Kandel und ist auch deswegen ein beliebtes Ausflugsziel.

Auch eine Zähringer-Gründung

Im Jahre 1093 ließ Herzog Berthold II. von Zähringen hier oben das erste Kloster erbauen und stattete es mit Besitztümern im Schwarzwald und in der weiteren Umgebung aus. Da dieses Geschlecht, von

Schönstes Rokoko: die Klosterbibliothek von St. Peter

ST. PETER ERLEBEN

AUSKUNFT

Tourist-Information
Klosterhof 11, 79721 St. Peter
Tel. (0 76 60) 91 02 24
www.st-peter-schwarzwald.de

EVENT

Musiktage St. Peter
Am letzten September-Wochenende finden im Fürstensaal des Klosters und in der Pfarrkirche Konzerte statt.

ÜBERNACHTEN · ESSEN

► Komfortabel/Günstig
Hotel-Restaurant Zur Sonne
Zähringstr. 2
79271 St. Peter
Tel. (0 76 60) 94 01-0
www.sonneschwarzwald.de
Nette Ferienunterkunft mit 17 geräumigen und gefälligen Zimmern. Das Restaurant ist im weiten Umkreis für seine gute badische Küche bekannt.

dem zehn Mitglieder im Kloster beigesetzt sind, im Jahre 1218 ausstarb, blieb St. Peter zunächst ein Ort der Stille und Besinnung. Seine kulturelle Blütezeit erlebte das Kloster im 18. Jh., als es nach mehrmaligen Bränden völlig neu aufgebaut wurde. 1806 wurde das Kloster aufgelöst. Seit 1842 beherbergt das ehemalige Kloster das Priesterseminar der Erzdiözese Freiburg.

Sehenswertes in St. Peter

Ehem. Kloster

Die ehemalige Klosterkirche und heutige Pfarrkirche St. Peter ist 1724 bis 1727 nach Plänen des berühmten Vorarlberger **Barockbaumeisters Peter Thumb** errichtet worden. Sie hat eine stattliche Fassade aus rotem Sandstein mit zwei Zwiebeltürmen und Figuren von Joseph Anton Feuchtmayer. Der Kirchenraum ist eine dreischiffige Halle, deren Seitenschiffe von Kapellen und einer Empore eingenommen werden. Die **Stuckarbeiten** stammen von dem Tessiner J. B. Clerici, die **Deckengemälde** von **Franz Josef Spiegler** aus Konstanz, die Figuren der Zähringer Herzöge an den Pfeilern von **Josef Anton Feuchtmayer**. Im Chor sind das Schmiedegitter (1728), das Gestühl (1772) und das Altarbild »Krönung Mariä« (1661) bemerkenswert.

★ ◄ Pfarrkirche St. Peter

◄ Klostergebäude

Südlich schließen Klostergebäude an, die sich um zwei große Innenhöfe mit Kreuzgängen gruppieren. Sie entstanden im wesentlichen zwischen 1752 und 1757. Der sog. **Fürstensaal** mit Stukkaturen von Gigl und perspektivischen Deckengemälden in leuchtenden Farben von Göser (1772/1773) wird für Konzerte und sonstige kulturelle Veranstaltungen genutzt.

★★ ◄ Klosterbibliothek

Prunkstück des einstigen Klosters ist die ebenfalls vom Vorarlberger Baumeister **Peter Thumb** geschaffene Bibliothek mit ihrer eleganten, doch nicht überreichen **Rokoko-Ausstattung**. Die allegorischen Figuren der Wissenschaften und Künste sind Arbeiten von Matthias Faller. Die alten Bücherschätze sind zum Teil noch vorhanden (Führungen: Di. 11.00, Do. 14.30, So. u. Fei. 11.30 Uhr).

✶ Schiltach

F/G 10

Landkreis: Rottweil
Einwohnerzahl: 4000
Höhe: 325 – 725 m ü. d. M.
Prädikat: Luftkurort

Das altertümliche Flößer- und Gerberstädtchen an der Einmündung der Schiltach in die Kinzig begeistert seine Besucher mit seinen malerischen Fachwerk- und Staffelgiebelhäusern.

Tourismus und Industrie

Zwar ist Schiltach auf den ersten Blick vom Tourismus geprägt, dennoch spielen hier namhafte Industriebetriebe (u.a. Sanitärtechnik, Mess- und Regeltechnik, Fleisch- und Wurstspezialitäten) eine wichtige Rolle als Gewerbesteuerzahler. Schon in römischer Zeit war die Schiltachmündung ein strategisch wichtiger Punkt. Hier bog die von Argentoratum (heute: Straßburg) nach Arae Flaviae (heute ► Rottweil) führende Römerstraße aus dem Kinzigtal in südöstlicher Richtung ab. In der zweiten Hälfte des 13. Jh.s wurden Burg und Burgsiedlung als Besitz der Herzöge von Teck erwähnt. Im 14. Jh. kam das Städtchen an Württemberg. Kriegerische Auseinandersetzungen, verheerende Brände und katastrophale Hochwasser haben Schiltach schwer zugesetzt. Im Zuge der territorialen Neugliederung wurde Schiltach 1810 badisch.

Sehenswertes in Schiltach und Umgebung

✶ Marktplatz

Imposant ist der dreieckig-ansteigende Marktplatz mit seinen Fachwerk- und Zinnengiebelhäusern. Das hübsch bemalte **Rathaus mit Zinnengiebel** ist im Jahre 1593 erbaut worden. Davor steht ein

SCHILTACH ERLEBEN

AUSKUNFT

Tourist-Information
Marktplatz 6
77761 Schiltach
Tel. (0 78 36) 58 50
www.schiltach.de

EVENT

Silvesterzug
Im Rahmen eines feierlichen Fackelzuges zu Silvester vom Evangelischen Pfarrhaus zum Rathaus halten Bürgermeister und Stadtpfarrer einen Rückblick auf das abgelaufene Jahr und geben einen Ausblick auf besondere Ereignisse im neuen Jahr. Frühmorgens am 1. Januar künden Nachtwächter in der Altstadt das Neue Jahr an.

ÜBERNACHTEN · ESSEN

► **Komfortabel/Günstig**
Gasthof zum weyßen Rössle
Schenkenzeller Str. 42
77761 Schiltach
Tel. (0 78 36) 387
Romantische Unterkunft mit 9 Gästezimmern in der historischen Altstadt. Hier kann man auch lecker speisen.

Schiltachs Marktplatz wird beherrscht vom aufwändig bemalten Rathaus.

schöner **Brunnen** von 1751. Der **Gasthof »Adler«**, ein schmucker Fachwerkbau mit diversem Zierrat, ist 1604 errichtet worden.

◀ Museum am Markt

Das in einem Ackerbürgerhaus des 18. Jh.s untergebrachte Museum informiert über die Geschichte der Stadt und ihres Umlandes (u.a. Hexenprozesse, Flachs- und Hanfverarbeitung; Öffnungszeiten: Ostern – Okt. tgl. 11.00 – 17.00 Uhr).

◀ Apotheken-museum

Ebenfalls an alte Zeiten wird man in der ehemaligen Ratsapotheke von 1837 erinnert (Öffnungszeiten: April/Mai Di. – So. 14.30 bis 16.30, Juni – Okt. Di. – So. 10.30 – 12.00 u. 14.30 – 16.30 Uhr).

★ **Gerberviertel**

Das hochwassergefährdete Gerberviertel ist in den letzten Jahren schön herausgeputzt worden. Im **Schüttesägenmuseum**, das zwischen der Kinzig und einem Mühlkanal angesiedelt ist, erfährt man Interessantes über die Geschichte der Kinzigflößerei, der Holzverarbeitung und der Rotgerberei. An seiner Außenseite rotiert noch ein großes Wasserrad (Öffnungszeiten: April – Okt. tgl. 11.00 – 17.00 Uhr, Maschinenvorführungen: Fr. ab 15.00 Uhr).

Auch eine Führung durch die seit 300 Jahren bestehende **Weißgerberei Trautwein** lohnt. Hier werden Schaffelle und Futterleder gebeizt und gegerbt (Tel. 0 78 36/9 38 30).

Auf dem untertunnelten Schlossberg hat man die Reste der **Burg Schiltach** freigelegt, die im Mittelalter von den Herzögen von Teck errichtet worden ist.

! *Baedeker* TIPP

Aquademie

Die Kulturgeschichte des Badezimmers wird im modernen Werksmuseum der 1901 in der Aue gegründeten Armaturenfabrik Hansgrohe gezeigt (Öffnungszeiten: Mo. – Fr. 7.30 – 19.00, Sa., So., Fei. 10.00 – 16.00 Uhr).

Schenkenzell Etwa 4 km aufwärts im Kinzigtal erreicht man den Luftkurort Schenkenzell an der Einmündung der Kleinen Kinzig. Bemerkenswert ist die katholische **Barock-Pfarrkirche**. Ein Teil ihrer Ausstattung stammt aus dem ehem. Kloster ►Oberndorf am Neckar.

Schenkenburg ► Kurz vor Schenkenzell wacht die im 16. Jh. ruinierte **Schenkenburg** mit beliebtem Ausflugslokal über das Kinzigtal. Der Wehrbau war im Hochmittelalter **Sitz der Herren von Hohengeroldseck** bzw. der Schenken von Zell und kam um 1500 an das Haus Fürstenberg.

★ **Kloster Wittichen** In einem für seinen Mineralienreichtum bekannten Seitental der Kleinen Kinzig liegt das ehemalige Nonnenkloster Wittichen, das im 13. Jh. gegründet worden ist. Bemerkenswert ist die **barocke Wallfahrtskirche** mit dem Grabmal der Stifterin, einer wunderschönen Kanzel und eindrucksvollem Altar.

Geologischer Lehrpfad ► Beim ehemaligen Kloster Wittichen beginnt ein Lehrpfad, der Mineralienfundstellen, aufgelassene Erzgruben und Schutthalden erschließt. Die Erläuterungstexte wurden so formuliert, dass sie auch Laien verständlich sind und neue Einblicke in die spannende Welt der Geologie eröffnen.

★ Schluchsee

E/F 12/13

Landkreis: Breisgau-Hochschwarzwald
Einwohnerzahl: 2700
Höhe: 930 – 1300 m ü. d. M.
Prädikat: Heilklimatischer Kurort

Südöstlich vom ►Feldberg, zwischen stark bewaldeten und sanft gerundeten Kuppen des Hochschwarzwalds, breitet sich der vor allem im Sommer von Seglern, Windsurfern und Badegästen gern besuchte größte See des Schwarzwalds aus.

Die Gemarkung der aus den Ortsteilen Schluchsee, Faulenfürst, Fischbach, Aha-Aeule, Blasiwald, Schönenbach und Seebrugg gebildeten Gemeinde Schluchsee umschließt den Stausee. Die Fremdenverkehrsgemeinde mit rund 4000 Betten in Hotels, Gasthöfen, Pensionen und Ferienwohnungen ist als heilklimatischer Kurort und familienfreundlicher Ferienort ausgezeichnet.

Sehenswertes am Schluchsee

★ **Schluchsee** Der ca. 7,5 km lange und 1,5 km breite Schluchsee selbst war ursprünglich ein kleiner Natursee, ein Relikt der letzten Eiszeit (Gletscherzungenbecken) im niederschlagsreichen Hochschwarzwald. Mitte des 19. Jh.s kamen bereits Sommerfrischler und Sportangler sogar aus England an den für seinen Fischreichtum bekannten See.

In den 1920er-Jahren erkannte man die Eignung des Sees als Wasserspender für eine ganze Treppe von Wasserkraftwerken bzw. Speicherbecken bis hinunter zum Hochrhein. Also wurde 1932 am Ausfluss des Sees bei Seebrugg eine 35 m hohe, 270 m lange und an ihrem Fuß 40 m dicke Talsperre errichtet. Nun wuchs der vormalige natürliche See zu einem Stausee mit einem Volumen von 108 Mio. m³ heran. Seitdem kann die Höhendifferenz von 620 m zwischen Schluch-

SCHLUCHSEE ERLEBEN

AUSKUNFT

Tourist-Information
Fischbacher Str. 7
79859 Schluchsee
Tel. (0 76 56) 77 32
www.schluchsee.de

EVENT

Seenachtsfest
Höhepunkt im Veranstaltungskalender ist das Seenachtsfest mit großem Höhenfeuerwerk am ersten Augustwochenende.

AKTIVITÄTEN

Erlebnisbad »Aquafun«
Schluchsee (Dorf), direkt am See. Badesaison: je nach Wetterlage Mai/ Juni – Aug./Sept. (Öffnungszeiten: tgl. 9.00 – 19.00 Uhr).

Segeln
Segel- und Surf-Schule Pohl, direkt am Steg in Aha und Schluchsee (Ort), Tel. (01 71) 7 53 21 11

ÜBERNACHTEN · ESSEN

► Komfortabel/Luxus

Hotel Vier Jahreszeiten
Am Riesenbühl
79859 Schluchsee
Tel. (0 76 56) 70-0
www.vjz.de
Eine der besten Adressen im Hochschwarzwald bietet 175 geschmackvoll eingerichtete Zimmer und Suiten sowie einen großen Wellness-Bereich mit Hallenbad, Sauna und Solarium. Dazu gibt es ein attraktives Sportprogramm (Golf, Tennis, Nordic Walking, Wandern, Skilaufen, Radfahren, Wassersport). Zum Hotelkomplex gehören insgesamt drei Restaurants, ein Café, ein Weinkabinett, eine Bar und ein Nachtklub.

► Komfortabel

Wellness-Hotel Auerhahn
Vorderaha 4
79859 Schluchsee-Aha
Tel. (0 76 56) 97 45-0
www.auerhahn.net
Aktiv-Urlaubern, die gern wandern oder Wintersport betreiben und darüber hinaus für diverse Wellness-Angebote zu haben sind, sei dieses Haus mit seinen komfortablen 62 Zimmern und Suiten empfohlen. Schweizerische Kochkunst lockt in die »Auerhahn-Stuben«.

Baedeker-Empfehlung

Schwarzwaldgasthof Tannenmühle
Tannenmühlenweg 5
79865 Grafenhausen
Tel. (0 77 48) 215
http://tannenmuehle.de
Südöstlich unterhalb von Grafenhausen im landschaftlich höchst reizvollen Schlüchttal findet man diesen familienfreundlichen Gasthof mit 15 Gästezimmern und 3 Ferienwohnungen. Hier werden auch Schwarzwaldforellen und andere Spezialitäten bestens zubereitet. Nebenan locken ein »Schwarzwälder Mühlen- und Gerätemuseum« und ein Streichelzoo für Kinder.

Schluchseewerk Orientierung

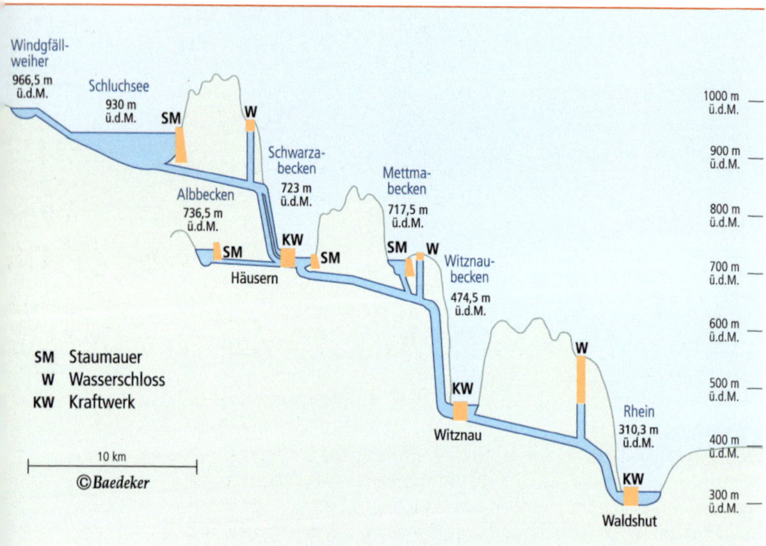

see und Hochrhein zur Stromerzeugung genutzt werden. Vom Schluchsee wird das Wasser durch Druckrohre auf die Turbinen des 200 m tiefer an einem Staubecken im Schwarzatal gelegenen Kraftwerks Häusern geleitet.

Schluchseewerk Die 1928 in Freiburg gegründete Schluchseewerk AG – heute eine Tochter der beiden Energie-Riesen RWE und EnBW – nutzt das Wasserkraftpotenzial des südöstlichen Hochschwarzwalds zur Stromerzeugung. Man baute eine ganze Kraftwerkstreppe mit Anlagen in Häusern, Witznau und Waldshut. Diese ermöglicht auch die Pumpspeicherung, d. h. bei schwacher Stromnachfrage z.B. in der Nacht wird die überschüssige elektrische Energie dazu verwendet, Wasser aus den tieferen in die höher gelegenen Speicherbecken (Witznaubecken, Mettmabecken, Albbecken, Schwarzabecken, Schluchsee) zu pumpen, um bei Spitzenbedarf entsprechende Strommengen produzieren zu können. Die maximale Leistung der Kraftwerksgruppe Schluchsee beträgt derzeit im Generatorbetrieb 490 Megawatt und im Pumpbetrieb 316 Megawatt.

Umgebung Am Nordwestende des Schluchsees liegt der Weiler **Aha** mit einem **Strandbad** und einer Segel- und Surfschule. Östlich oberhalb ist der aussichtsreiche **Bildstein** ein gern besuchtes Ziel von Wanderern. Etwa 3 km westlich, in Richtung Menzenschwand (► St. Blasien), erreicht man die alte Glasmachersiedlung **Aeule**.

Sommerliches Badevergnügen am Schluchsee

Schluchsee (Ortschaft)

Der Kurort Schluchsee, sehr schön an einem nach Südwesten exponierten Hang gelegen, ist Standort einiger größerer Beherbergungsbetriebe und eines Feriendorfes. Hier gibt es diverse Kureinrichtungen, Liegeplätze für Segelboote, einen Bootsverleih, ein Strandbad sowie ein Spaß- und Erlebnisbad. Vom neuen **Aussichtsturm auf dem Riesenbühl** kann man einen tollen Rundblick über den Hochschwarzwald genießen.

Seebrugg

Der Ort Seebrugg liegt an einer Moräne der Eiszeit sowie an der Staumauer am südöstlichen Ende des Schluchsees. Seebrugg ist **Endstation der Drei-Seen-Bahn**, die von ►Freiburg kommend durch das Höllental und am ►Titisee vorbei zum Schluchsee führt.

Umgebung vom Schluchsee

Staatsbrauerei Rothaus

Etwa 4 km östlich von Seebrugg erreicht man die Staatsbrauerei Rothaus. Das Unternehmen ist 1792 auf Anregung von **Fürstabt Martin II. Gerbert** aus St. Blasien gegründet worden. Die gute Qualität des Bieres rührt vom reinen und kalkfreien Brauwasser her. Brauereiführungen: Mo. – Do. 10.00, 15.00, 18.00, Fr. 10.00 u. 15.00 Uhr n. V., Tel. (0 77 48) 522-96 00, www.rothaus.de

✶ Hüsli

Eine der meistbesuchten Attraktionen im Südschwarzwald ist das »Hüsli«, das als Wohnhaus von Professor Brinkmann, dem omnipotenten Chefarzt aus der **Fernsehserie »Die Schwarzwaldklinik«** bekannt geworden ist. Dieses Häuschen hat sich eine Lörracher Fabrikantentochter und Konzertsängerin 1911/1912 erbauen lassen. Aus alten Schwarzwaldhöfen trug sie nach und nach viele Schätze zusammen, darunter auch eine bäuerliche Madonna (17. Jh.). Nach dem Tod der Besitzerin wurde das »Hüsli« als volkskundliches Heimatmuseum herausgeputzt. Wenig später wurde es Kulisse für TV-Produktionen. Nach Ausstrahlung der »Schwarzwaldklinik« schwoll der Besucherstrom immens an (Öffnungszeiten: April – Sept. Di. – Sa. 9.30 – 12.00 u. 13.30 – 17.30, So., Fei. 13.30 – 17.30 Uhr).

Grafenhausen Südöstlich der Staatsbrauerei Rothaus liegt der Luftkurort Grafenhausen (800 – 1100 m ü.d.M.; 2000 Einw.) auf einem sonnigen Hochplateau, wo sich vor allem Familien mit Kindern wohlfühlen. Bereits im 11. Jh. gab es hier oben ein Frauenkloster, und 1285 hat Grafenhausen sogar das Stadtrecht erlangt. Bemerkenswert ist die kath. **Pfarrkirche St. Fides** (17. u. 19. Jh.) mit einem barocken Hochaltar und einem Kreuzweg von Eduard Stritt, der eigentlich an die St. Patrick Cathedral in New York geliefert werden sollte. Neben der Pfarrkirche beeindruckt das **Pfarrhaus**, das der Fürstabt von St. Blasien 1766 als klösterlichen Amtssitz errichten ließ. Nördlich der Ortschaft versteckt sich der idylisch gelegene **Schlüchtsee** in einem Naturschutzgebiet. Hier ist zwar das Baden erlaubt, nicht aber das Bootfahren! Der hiesige Jugendzeltplatz darf nur von Gruppen und nach Vereinbarung mit dem Forstamt benutzt werden.

Schopfheim

C/D 13/14

Landkreis: Lörrach
Einwohnerzahl: 19 000
Höhe: 375 – 1170 m ü. d. M.

Das hübsch herausgeputzte alte badische Markgrafenstädtchen liegt recht idyllisch im unteren Wiesental an der Einmündung der Kleinen Wiese. Heute ist Schopfheim zentraler Ort für ein weites Umland und Standort einiger Betriebe der Textil- und holzverarbeitenden Industrie sowie des Maschinenbaus.

Alter Siedlungsplatz Erste Siedlungsspuren im Stadtteil Wiechs stammen aus der **Jungsteinzeit**. In Schopfheim selbst ist ein **römischer Siedlungsplatz** aus dem 2. Jh. n. Chr. nachgewiesen. Die nachfolgenden Alamannen siedelten im 7. Jh. auf der Au. Im Jahre 807 wurde Schopfheim erstmals urkundlich erwähnt. Um 1250 hat es Konrad von Rötteln zur Stadt erhoben. Von 1315 bis 1503 war diese im Besitz der Grafen von Hachberg-Sausenburg und kam dann an die Markgrafen von Baden. 1473 erhielt die Stadt das **Salzmonopol**. Grund dafür waren kleine Salzvorkommen im Muschelkalk des nahen Dinkelberges. Der Dreißigjährige Krieg brachte Schopfheim Not und Elend.
Aus einer im Jahre 1755 aufgebauten Textilbleiche entwickelte sich eine große **Baumwollmanufaktur** mit Bleicherei, Spinnerei und Weberei. 1836 wurde eine bereits bestehende Papiermühle zu einer **Papierfabrik** ausgebaut und ab 1865 hat man in Schopfheim auch Öfen hergestellt.

SCHOPFHEIM ERLEBEN

AUSKUNFT

Tourist-Information
Hauptstr. 23
79650 Schopfheim
Tel. (0 76 22) 39 61 45
www.schopfheim.de

EVENT

Hebelfest
Alljährlich am 10. Mai wird in der nördlich von Schopfheim gelegenen Ortschaft Hausen im Wiesental ein Fest zu Ehren des hier aufgewachsenen alemannischen Dichters Johann Peter Hebel (1760 – 1826) veranstaltet. Alle zwei Jahre (2012, 2014 usw.) wird im Rahmen dieses Festes der Johann-Peter-Hebel-Preis an einen Dichter oder Schriftsteller aus dem alemannischen Sprachraum verliehen.

ÜBERNACHTEN · ESSEN

► Komfortabel

Landhotel Mühle zu Gersbach
Zum Bühl 4
79650 Schopfheim-Gersbach
Tel. (0 76 20) 90 40-0
www.muehle.de
Romantisch-ländliche Unterkunft mit 15 Gästezimmern; das Restaurant ist für seine hervorragende Küche in weitem Umkreis bekannt.

Sehenswertes in Schopfheim und Umgebung

★ St. Michael

Die Michaelskirche, ein spätgotischer Sakralbau, ist 1482 fertiggestellt worden. Ihr hoher Turm war früher wohl Teil der Stadtbefestigung. Das Gotteshaus steht auf einem Platz, auf dem man vor einiger Zeit alamannische Steinplattengräber entdeckt hat. Wohl im 10./11. Jh. ist hier eine erste Michaelskirche errichtet worden. Kunsthistorisch bemerkenswert sind die **spätgotischen Fresken** im Chorturm und in der Hoecklinkapelle.

Museum der Stadt Schopfheim

Gegenüber der Kirche, im sog. **Krafft'schen Haus** (15./16. Jh.) sowie im spätgotischen **Hirtenhaus** (1586) sind Funde aus der langen Siedlungsgeschichte der Stadt ausgestellt, darunter auch imposante Zeugnisse herrschaftlicher Wohnkultur (Öffnungszeiten: Mi., Sa., So. 14.00 – 17.00, So. auch 10.00 – 12.00 Uhr).

Marktplatz, Rathaus

Der 1821 angelegte Marktplatz mit dem hübschen Kronenbrunnen wird von dem 1826 im Weinbrenner-Stil errichteten Rathaus beherrscht. Bemerkenswert ist der säulenbesetzte Giebelrisalit dieses klassizistisch-repräsentativen Bauwerks.

Raitbach, Schweigmatt

Östlich oberhalb von Hausen liegen die beiden als Ferienorte besuchten kleinen Dörfer Raitbach und Schweigmatt. Ein beliebtes Wanderziel ist der Aussichtsturm auf der **Hohen Möhr** (983 m ü.d.M.), von dem aus sich ein überwältigender Panorama-Rundblick bietet auf die Höhen des Südschwarzwaldes, hinüber zum Schweizer Jura und an klaren Tagen bis zu den Schweizer Alpen.

Gersbach Auf einem 800 – 1170 m hohen und sonnenbeschienenen Plateau 16 km nordöstlich von Schopfheim liegt der ländliche **Erholungsort** Gersbach, wo man in der warmen Jahreszeit schön wandern und ausreiten kann. Im Winter herrscht hier oben reger Skibetrieb.

Zell im Wiesental 6 km nördlich von Schopfheim liegt das heute als Erholungsort besuchte Städtchen Zell (443 m ü.d.M.; 6500 Einw.) im Wiesental. Die im Mittelalter von Mönchen gegründete Siedlung ist **einer der ältesten Industriestandorte im Südschwarzwald**. Hier wurde im 18. Jh. eine Weberei aufgebaut, die Keimzelle eines später namhaften Textilbetriebes (Irisette) werden sollte. Die Stadtteile Gresgen und Pfaffenberg (mit hübscher Wallfahrtskapelle Maria Frieden) sind ebenfalls als Erholungsorte anerkannt. Eines der schönsten Wanderziele im sog. Zeller Bergland ist der 1077 m hohe **Zeller Blauen**.

? WUSSTEN SIE SCHON ...?

- In Zell erblickte 1762 Constanze Weber, eine Cousine des Komponisten Carl Maria von Weber, das Licht der Welt. Sie vermählte sich später mit Wolfgang Amadeus Mozart.

Dinkelberg Südlich von Schopfheim, zwischen ►Lörrach im Westen und ►Wehr im Osten, erstreckt sich das bis zu 530 m hohe, stark verkarstete und mit kleinen Salzvorkommen durchsetzte **Muschelkalkplateau** des

Greifvogel-Vorführung im Vogelpark Steinen bei Schopfheim

Dinkelberges, der – geologisch gesehen – zur südlichen Vorbergzone des Schwarzwaldes zu rechnen ist. Ein lohnendes Wanderziel ist die **Hohe Flum** (535 m ü.d.M.), von deren Aussichtsturm sich ein schöner Rundblick bietet.

◄ Eichener See

Ein Naturphänomen besonderer Art ist der periodisch sich füllende Eichener See etwa 3 km östlich von Schopfheim. Sein Erscheinen korrespondiert mit den **Schwankungen des Karstwasserspiegels** im Bereich des Dinkelberg-Muschelkalks. Er kann bis zu 2,5 ha groß und fast 3 m tief werden.

★ Vogelpark Steinen

Die besondere Attraktion dieser Landschaft ist der Vogelpark mit Falknerei bei Steinen-Hofen, wo man mehr als 300 verschiedene Arten der gefiederten Freunde aus aller Welt – darunter auch Flamingos – beobachten kann (Öffnungszeiten: Mitte März – Okt. 10.00 bis 18.00, Mai – Sept. schon ab 9.00, Anfang Nov. 10.00 – 17.00 Uhr).

★ Kleines Wiesental

Von Schopfheim lohnt ein Ausflug ins landschaftlich überaus reizvolle Tal der Kleinen Wiese, die am ► Belchen entspringt. Freundliche Dörfer wie Bürchau, Elbenschwand, Raich, Tegernau und Neuenweg laden Erholungssuchende ein.

Schramberg

G 10

Landkreis: Rottweil
Einwohnerzahl: 21 400
Höhe: 350 – 800 m ü. d. M.
Prädikat: Große Kreisstadt

Der altbekannte Standort der Uhrenindustrie liegt in einem von Wäldern eingerahmten Talkessel des mittleren Schwarzwaldes, in dem nicht weniger als fünf Täler zusammentreffen. Natürlich ist Schramberg heute eines der wichtigsten Etappenziele an der Deutschen Uhrenstraße.

Majolika, Strohhüte und Uhren

Schramberg ist Ende des 13. Jh.s erstmals urkundlich erwähnt worden. Der Ort erhielt 1548 das Marktrecht und kam 1583 an Österreich. Im Zuge der territorialen Neugliederung wurde er 1806 württembergisch. In den 1820er-Jahren konnte die **Steingutfabrikation** (»Schramberger Majolika«) etabliert werden. Ein Jahrzehnt später wurde Schramberg ein Zentrum der **Strohflechterei**, die damals zur Eindämmung der Armut vonseiten des Staates gefördert wurde. In der zweiten Hälfte des 19. Jh.s entwickelte sich die **Uhrenindustrie** zum wichtigsten Industriezweig der jungen Stadt (seit 1867). Ihren enormen wirtschaftlichen Aufschwung hat sie vor allem dem Unternehmer **Erhard Junghans** (► Berühmte Persönlichkeiten) zu verdanken, der die industrielle Massenfertigung preiswerter und präziser Uhren forcierte. Noch heute nimmt Junghans in Sachen Zeitmesstechnik eine führende Stellung ein.

SCHRAMBERG ERLEBEN

AUSKUNFT

Tourist-Information
Hauptstr. 25
78713 Schramberg
Tel. (0 74 22) 2 92 15
www.schramberg.de

Hier geht's den Bach hinunter.

EVENT

Schramberger Hanselsprung, Da-Bach-Na-Fahrt
Besondere Höhepunkte der Schramberger Fasnet sind der Hanselsprung am Fastnachtssonntag und vor allem die Da-Bach-Na-Fahrt am Fastnachtsmontag, bei der Kostümierte in närrisch geschmückten Bottichen, Zubern etc. auf der Schiltach talabwärts schwimmen.

ÜBERNACHTEN

► **Komfortabel**
Villa Junghans
Bauernhofweg 25
78713 Schramberg
Tel. (0 74 22) 56 01 13-0
www.villa-junghans.de
Man wohnt und speist vornehm in der 1885 erbauten und kürzlich liebevoll restaurierten Villa des Unternehmers Erhard Junghans, mit 12 großzügig konzipierten Gästezimmern.

Sehenswertes in Schramberg

★ **Schloss, Stadtmuseum**

Das klassizistische Schramberger Schloss, das die Grafen von Bissingen-Nippenburg im 19. Jh. errichten ließen, ist kultureller Mittelpunkt der Fünftälerstadt. Hier ist das lehrreiche Stadtmuseum eingerichtet. Dessen Themenschwerpunkte sind die Geschichte der Schramberger Burgen und die wirtschaftliche Entwicklung (Steingutherstellung, Strohflechterei, Uhrenindustrie). Glanzstück der Ausstellung ist eine über 4 m hohe **Kunstuhr von Arthur Junghans**, die erstmals auf der Pariser Weltausstellung von 1900 gezeigt wurde (Öffnungszeiten: Mai – Mitte Sept. Di. – So. 10.00 – 12.00 u. 14.00 bis 17.00, Mitte Sept. – April Di. – Fr. 14.00 – 18.00, Sa., So. 10.00 bis 12.00 u. 14.00 – 17.00 Uhr).

Altstadt

Bemerkenswerte Bauten in der freundlichen Altstadt (Sa.-vormittag farbenfroher Wochenmarkt) sind das stattliche **Rathaus** von 1913 mit seiner weithin bekannten astronomischen Uhr und die **Stadtpfarrkirche**.

Park der Zeiten

Der im Stil eines englischen Landschaftsparks angelegte Garten der Villa des Uhrenfabrikanten Erhard Junghans ist heute durch »funktionale« Werke namhafter Kunstschaffender belebt.

✶ Auto & Uhrenwelt Schramberg

Auf dem Gelände der 1815 an der Oberndorfer Straße gegründeten früheren **Hamburg-Amerikanischen Uhrenfabrik** (H.A.U.) ziehen heute drei Technik-Museen interessierte Besucher an (Öffnungszeiten: Di. – So. 10.00 – 17.00, im Sommer bis 18.00 Uhr).

◄ Dieselmuseum

Im Jugendstil-Maschinenhaus der einstigen Fabrik ist der größte **Dieselmotor** aus der Zeit vor dem Ersten Weltkrieg zu bestaunen. Das 1910/1911 gebaute technische Wunderwerk mit 325 PS (239 kW) Leistung sicherte über den auf der Kurbelwelle montierten Schwungrad-Drehstrom-Generator die Energieversorgung für die Fabrik.

◄ ErfinderZeiten

Hier erfährt man alles über die Geschichte der industriellen **Uhrenfertigung** und der **Unternehmer-Dynastie Junghans**, sondern wird auch mit der Entwicklung der Mobilität in der Wirtschaftswunderzeit nach dem Zweiten Weltkrieg vertraut gemacht. **Kleinwagen und Motorräder** bzw. Roller waren seinerzeit sehr gefragt.

◄ Autosammlung Steim

Über 100 **Automobil-Oldtimer** sind hier zu sehen – von einem 1907 gebaute Ford N Runabout über einen Maybach Zeppelin von 1932 bis zur Bundespräsidentenlimousine von 1959.

Burgruinen

◄ Hohenschramberg

Auf dem **Schlossberg** (Gehzeit ca. 3/4 Std.) nordwestlich der Stadt sind die Reste der Burg Hohenschramberg (auch »Nippenburg« genannt) zu sehen. Sie war seinerzeit eine der größten in Südwestdeutschland. Sie wurde 1457 erbaut und 1689 zerstört.

◄ Schilteck

Unterhalb vom Bahnhof thront diese Burgruine (1/2 Std. Gehzeit) auf einem hohen **Porphyrfelsen** über der Schiltach. Der Wehrbau mit romanischem Bergfried ist um 1200 errichtet worden.

◄ Falkenstein

Südwestlich der Stadt thront die Burgruine Falkenstein auf steilem Fels. Hier fand **Herzog Ernst von Schwaben** 1030 Zuflucht. Diese historische Begebenheit hat Ludwig Uhland literarisch verarbeitet.

Umgebung von Schramberg

Schiltachtal

Unterhalb von Schramberg durchfließt die nach längeren Regenfällen stark anschwellende Schiltach eine felsige Auswaschungsrinne des Grundgebirges. Ein besonders markantes Naturdenkmal ist der schroffe **Welschdorffelsen**. Im Schiltachtal liegt die Streusiedlung **Lehengericht** mit ihren stattlichen Schwarzwaldhöfen.

Sulgen

5 km östlich oberhalb der Fünftälerstadt liegt der Erholungsort Sulgen mit einem gern besuchten Feriendorf. In der **St.-Laurentius-Kirche** beeindruckt die Kreuzigungsgruppe (Fresko), die Prof. Birkle aus Salzburg 1932 geschaffen hat. Eine Großdiaschau zeigt Kirchenfenster aus dem gesamten europäischen Raum. Beachtung verdient die sog. **Völkerkrippe**, die auf Initiative eines in russische Kriegsgefangenschaft geratenen Schrambergers gestaltet worden ist.

Tennenbronn Etwa 8 km südwestlich oberhalb von Schramberg – erreichbar durch das Bernecktal – liegt der **Luftkurort** Tennenbronn (661 m ü.d.M; 4000 Einw.) im Wiesental der jungen Schiltach. Attraktionen sind eine intakte **Schwarzwaldmühle** und das Freibad mit seiner Riesenwasserrutsche. Nördlich oberhalb des Ortes ist ein **Feriendorf** angelegt.

Lauterbach Etwa 4 km westlich oberhalb von Schramberg erreicht man – auf dem Weg nach ►Hornberg und vorbei an den romantischen Lauterbach-Wasserfällen – den hübschen **Luftkurort** Lauterbach (579 m ü.d.M.; 3500 Einw.), der auch als Heimat des Künstlers **Wilhelm Kimmich** (1897 – 1986) bekannt ist. Dem »Maler des Schwarzwalds« ist eine eigene Galerie gewidmet, in der etliche seiner wichtigsten Arbeiten ausgestellt sind (Öffnungszeiten: n.V., Tel. 0 74 22/94 97 30).
Von Lauterbach aus lohnen Wanderungen zum aussichtsreichen **Mooswaldkopf** bzw. **Fohrenbühl** (879 m ü. d. M.; Aussichtsturm, Wanderheim, Gaststätte) und in das Hochtal des Sulzbachs.

★★ Schwarzwaldhochstraße

F/G 7 – 9

Verlauf: Baden-Baden – Freudenstadt **Höhe:** 211 – 1020 m ü. d. M.

Deutschlands älteste Ferienstraße wurde 1930 fertiggestellt und führt heute als B 500 bzw. B 28 von Baden-Baden nach Freudenstadt. Die Panoramastraße folgt dem Kamm des Nordschwarzwalds und erschließt eine herrliche Bergwelt. Von besonderem Reiz sind die Ausblicke, die sich zur Rheinebene öffnen, die selbst oft unter einer Nebeldecke liegt, während oben die Sonne scheint.

Zu beiden Seiten der Schwarzwaldhochstraße erstrecken sich auch herrliche Skigebiete.

Die Ortschaft Kniebis, einige kleinere Ansiedlungen sowie etliche namhafte Kurhotels und Ausflugslokale liegen an dieser rund 60 Kilometer langen Route, so auch das beliebte Wellness-Hotel »Schliffkopf«. Von zahlreichen Großparkplätzen aus können Wanderungen unternommen werden. Im Winter locken Lifte und Loipen Wintersportler an.

SCHWARZWALDHOCHSTRASSE ERLEBEN

AUSKUNFT

Besucherzentrum Schwarzwaldhochstraße – Kniebis
Straßburger Str. 349
72250 Freudenstadt-Kniebis
Tel. (0 74 42) 75 70
www.ferien-in-freudenstadt.de

Naturschutzzentrum Ruhestein
Schwarzwaldhochstraße 2
77889 Seebach-Ruhestein
Tel. (074 49) 9 10 20
www.naturschutzzentren-bw.de

AKTIVITÄTEN

Wandern, Mountainbiking
Entlang der Schwarzwaldhochstraße gibt es zahlreiche Wanderparkplätze, von denen aus man erlebnisreiche Wanderungen und Mountainbike-Touren unternehmen kann.

Wintersport
Entlang der Schwarzwaldhochstraße kann man in zahlreiche attraktive Skilanglauf-Loipen einsteigen. Skiabfahrtsläufer tummeln sich am Mehliskopf, in Unterstmatt, am Ruhestein, zwischen Schliffkopf und Zuflucht sowie am Kniebis. An diesen Stellen gibt es auch leistungsfähige Liftanlagen.
Schnee-Telefon: (0 78 42) 94 83-40

ÜBERNACHTEN · ESSEN

▶ Komfortabel
Schliffkopf-Hotel
Schwarzwaldhochstraße
72270 Baiersbronn-Schliffkopf
Tel. (0 74 49) 920-0
www.schliffkopf.de
Aussichtsreich gelegenes Wellness-Hotel 66 Zimmer, 4 Suiten) in 1025 m Höhe, mit Hallenbad, Dampfbad, Sonnendeck, Physiotherapie und diversen Wellness-Anwendungen (u.a. Ayurveda). Im Restaurant gibt es Schwarzwälder und internationale Gerichte.

Hotel Forsthaus Auerhahn
Hinterlangenbach 108
72270 Baiersbronn-Hinterlangenbach
Tel. (0 74 47) 93 40
www.forsthaus-auerhahn.de
Das beliebte Hotel mit 30 Gästezimmern, 2 Suiten, 9 Appartements, Wellness-Bereich, Badewelt, Saunalandschaft und Restaurant (gute regionale Küche) liegt am Talschluss unter dem Seibelseckle.

▶ Komfortabel / Günstig
Berghotel Mummelsee
Schwarzwaldhochstraße 11
77889 Seebach-Mummelsee
Tel. (0 78 42) 9 92 86
www.mummelsee.de
Anstelle des 2008 durch einen Brand zerstörten altbekannten Berghotels konnte 2010 ein Neubau mit 25 komfortablen Gästezimmern am sagenumwobenen Karsee eröffnet werden. Die Restaurants bieten schmackhafte badische und Elsässer Küche.

Sturmflächen Der Jahrhundertsturm »Lothar«, der am 26. Dezember 1999 über den Schwarzwald hinweg gefegt ist, hat auch entlang der Schwarzwald-Hochstraße große Waldflächen niedergelegt. Bis sich die Vegetation wieder erholt, können Touristen an vielen Plätzen bislang verstellte Ausblicke ins Rheintal und hinüber zu den Vogesen genießen.

Sehenswertes an der Schwarzwaldhochstraße

Baden-Baden – Bühlerhöhe Man beginnt die Auffahrt zur Hochstraße vom ► Baden-Badener Ortsteil Lichtental aus und fährt zunächst durch den Weiler Geroldsau (226 m ü.d.M.). Von hier lohnt ein kurzer Abstecher zu den wildromantischen **Geroldsauer Wasserfällen**. Ab Geroldsau zieht sich die Hochstraße am Hang eines mit Obstbäumen bestandenen Tales hin und erreicht den Wald. Dann schlängelt sie sich bergauf. Vom **Helbingfelsen** (links der Straße) bietet sich ein schöner Blick auf die östlich aufragenden Schwarzwaldhöhen. Vorbei an der Wegkreuzung Schwanenwasen (664 m ü.d.M.) sieht man bald darauf unterhalb der Straße auf einem Felsen das 1958 erbaute Sandsteinkirchlein **Maria Frieden**. Von dort hat man eine schöne Aussicht auf das Rheintal. Der Kapellenraum wird durch ein Fensterband erleuchtet, das Szenen aus der Heilsgeschichte zeigt. Die Marienstatue ist 1498 geschaffen worden.

Plättig, Bühlerhöhe ► Jetzt erreicht man den **Plättig**, von wo eine Stichstraße zum **Schlosshotel Bühlerhöhe** führt. Der kuppelgekrönte Bau wurde 1911 bis 1914 von der Witwe des Generals Isenbart als Genesungsheim für Offiziere erbaut. Kaiser Wilhelm II. zeigte sich jedoch von dem Geschenk wenig begeistert und forderte von der Stifterin zudem einen hohen Betrag für die Betriebskosten. Dieses Geld konnte Hertha Isenbart nicht mehr aufbringen. Als dann noch ihr damaliger Lebensgefährte sein Glück woanders suchte, nahm sich Hertha Isenbart in einem Hotel in Baden-Baden das Leben. 1988 erwarb der Industrielle Max Grundig das Haus. Später kam es in den Besitz von Dietmar Hopp, dem Mitbegründer des IT-Unternehmens SAP. Hopp veräußerte es 2010 an eine Investorengruppe. Die exklusive Herberge wird derzeit modernisiert und soll 2012 wiedereröffnet werden.

? WUSSTEN SIE SCHON ...?

- Im Schlosshotel haben sich schon illustre Persönlichkeiten erholt, darunter Reichskanzler Gustav Stresemann, die Bundeskanzler Konrad Adenauer und Willy Brandt sowie die Schauspielerin Maria Schell und der Schauspieler Gustaf Gründgens.

Max-Grundig-Klinik ► Nach wie vor im Besitz der Max-Grundig-Stiftung ist die benachbarte Privatklinik, in der sich in erster Linie Wohlhabende und Mächtige aus aller Welt behandeln lassen.

★ Luchspfad ► Am Plättig ist seit 2009 **Deutschlands erster Luchspfad** ausgewiesen. Der 4,5 km lange Weg durch die naturbelassene Wildnis führt wahrlich über Stock und Stein, er ist die Attraktion für Familien mit Kindern. Und vielleicht sieht man ja die Spur eines hier umherstreifenden »Pinselohrs«. Denn in den letzten Jahren gab es vermehrt Hinweise, dass ausgewilderte oder eingewanderte Luchse durch die ausgedehnten Forste des nördlichen Schwarzwalds schleichen.

Bühlerhöhe – Unterstmatt

Kurz nach dem Plättig erreicht man den **Sand** (828 m ü.d.M.), eine wichtige Straßenkreuzung auf dem Pass zwischen Bühlertal und Schwarzenbachtal. Am 1 km östlich gelegenen Sandsee gibt es ein Strandbad. Ein schöner Wanderweg führt von Sand in nordöstlicher Richtung auf die **Badener Höhe** (1002 m ü.d.M.) hinauf. Vom 30 m hohen Friedrichsturm bietet sich eine tolle Aussicht. Man kann von der Badener Höhe weiterwandern (ca. 1/2 Std.) zum **Herrenwieser See**; der kleine, nur 10 m tiefe Karsee ist als Naturdenkmal ausgewiesen. Südwestlich der Straßenkreuzung am Sand erheben sich der 1009 m hohe **Mehliskopf** (beliebtes Skigebiet; im Sommer Riesenrutschbahn) und der **Hohe Ochsenkopf** (1054 m).

✶ ◄ Schwarzenbach-Stausee

Die bei Sand von der B 500 ostwärts abzweigende Straße erreicht nach 7 km den Schwarzenbach-Stausee (762 m ü.d.M.). Der 2,5 km langen See wird durch eine 380 m lange und 65 m hohe **Talsperre** gestaut. Nach ihrer Fertigstellung 1926 war es die höchste Staumauer Deutschlands. An schönen Wochenenden vergnügen sich auf dem See zahlreiche Surfer. Segel- und Motorboote sind nicht zugelassen.
5 km südlich vom Sand erreicht man **Unterstmatt**, eine beliebte Wintersport-Destination mit Skihängen am **Hochkopf** (1029 m ü.d.M.) und am **Hundsrücken** (1080 m ü.d.M.).

Unterstmatt – Ruhestein

✶ ◄ Mummelsee

Die Straße verläuft von Unterstmatt weiter nach Süden, entlang den Westhängen von Hundsrücken und **Hornisgrinde** (1164 m ü.d.M.), unter deren Südabfall der Mummelseeein vielbesuchtes Ausflugsziel ist. Den bis 17 m tiefen **Karsee** sollen der Sage nach »Mümmeln« (Nixen) bewohnen. An schönen Tagen bekommt man sie bestimmt nicht zu sehen, weil sie durch das laute Treiben am und auf dem See

Still ruht der Mummelsee vor dem Ansturm der Touristen.

Vulkanischen Ursprungs ist der Karlsruher Grat.

verschreckt werden. Fische gibt es übrigens nicht in dem kleinen See, dazu ist das Wasser zu arm an Sauerstoff. Dafür gibt es am Seeufer ein Hotel mit Restaurants und Shopping-Areal und einen **Kunstpfad**. Vom Mummelsee aus kann man in einer halben Stunde mit prächtigen Ausblicken (vorausgesetzt es regnet nicht, was statistisch an jedem zweiten Tag der Fall ist) die **Hornisgrinde**, den **höchsten Berg des Nordschwarzwalds** erklimmen. Der langgestreckte Bergrücken ist weitgehend kahl. Bereits im 15. Jh. rodeten Bauern die Hochfläche und nutzten sie als Viehweide. Die verbliebenen Reste des Waldbestandes zeigen deutlich Auswirkungen des Waldsterbens. Größtenteils ist der Bergrücken vermoort, hier wächst nur Sumpfgras, an anderen Stellen sieht man Heidekraut. Auf der Hornisgrinde stehen der **Sendeturm des Südwestrundfunks**, eine Windkraftanlage sowie ein **alter Aussichtsturm**.

Ruhestein ▸

Vom Mummelsee führt die Hochstraße zunächst abwärts zum **Seibelseckle**, dann umzieht sie den **Altsteigerskopf** und erreicht den **Ruhestein** (913 m ü.d.M.), den nach einem Sandsteinfelsen benannten Pass vom Achertal ins Murgtal. Er ist ein bekannter Wintersportplatz. Hier zweigt eine Straße rechts zur Klosterruine Allerheiligen (▸ Oberkirch) ab. An den Hängen von Ruhestein und Vogelskopf tummeln sich im Winter Skiläufer. In der ehem. Villa Klumpp (an der Straßenkreuzung) ist das **Naturschutzzentrum Ruhestein** des Naturparks Schwarzwald Mitte/Nord eingerichtet, das umfassend über diese Landschaft sowie deren Flora und Fauna informiert (Öffnungszeiten: Okt. – April Di., Mi., Do., Sa., So., Fei. 10.00 – 17.00, Mai bis Sept. Di., Mi., Do., Sa., So., Fei. 10.00 – 18.00 Uhr).

✶ Wildsee ▸

Vom Naturschutzzentrum lohnt eine **Wanderung** hinauf zum **Eutingsgrab** und zum sagenumwobenen Wildsee. Dieser **Karsee** liegt unterhalb steiler Felswände, umgeben von naturbelassenem Bannwald. Ebenso wie die anderen Karseen des Schwarzwalds entstand der Wildsee in der Würm-Eiszeit vor rund 20 000 Jahren.

✶ Karlsruher Grat ▸

Ein anderes Wanderziel liegt ca. 2 km westlich vom Ruhestein, der Karlsruher Grat (Eichhaldenfirst). Es handelt sich um eine 750 – 800 hohe wild zerklüftete Bergpartie. Sie entstand vor 210 Mio. Jahren, als vulkanisches Magma bei einer Spalteneruption zu Tage trat und zu **hartem Quarzporphyr** erstarrte.

Ruhestein – Alexanderschanze

Bei der Weiterfahrt vom Ruhestein – in diesem Bereich wurde die Straße zwischen 1938 und 1940 aus militärischen Erwägungen angelegt – geht es zunächst in einer Schleife am Hang des **Vogelskopfes** bergauf, dann in Windungen ins **Naturschutzgebiet Schliffkopf** mit

Bei einer Begehung des »Lothar-Pfades« erklärt der Förster einem interessierten Publikum, welche Schäden der Orkan am 26. 12. 1999 angerichtet hat.

seinen Feuchtheiden. Bald erreicht man das moderne Schliffkopf-Hotel. Von hier lohnt eine kurze Wanderung hinauf auf den sanft gerundeten 1055 m hohen **Schliffkopf-Gipfel**. Übrigens: Rund um den Schliffkopf kann man noch **Auerwild** beobachten.
Danach geht es ins **Naturschutzgebiet Kniebis – Alexanderschanze** mit seinen typischen **Grinden**. So bezeichnet man die früher als sommerliche Hochweiden fürs Vieh genutzten baumarmen Hochflächen und Feuchtheiden. Nicht weit südlich vom Schliffkopf-Hotel gibt es einen Parkplatz beim **Lothar-Pfad**. Hier hat man eine 1999 vom Orkan »Lothar« umgeworfene Waldfläche liegengelassen und einen Lehrpfad über Stock und Stein angelegt, dessen Begehung jedoch für ältere Menschen sehr beschwerlich ist. Viel Spaß haben dafür Kinder, die sich hier wie auf einem riesigen Abenteuerspielplatz vorkommen.
Auf der Weiterfahrt vom Parkplatz beim Lotharpfad kommt man wieder durch baumarme Feuchtheiden, fährt an der Jugendherberge Zuflucht (Straßenabzweigung nach Oppenau) vorbei und erreicht schließlich den 971 m hohen Bergstock **Kniebis**. Hier mündet die B 500 in die B 28 ein, die vom Renchtal heraufkommt und weiter nach ► Freudenstadt führt. Diese Straße folgt einem alten Handelsweg, der seit dem Mittelalter Württemberg mit dem Elsaß verband. Von der einstigen Bedeutung des Weges zeugen die Reste von drei Befestigungsanlagen, der Schweden-, der Alexander- und der Röschenschanze. Die **Alexanderschanze**, an der Einmündung der B 28 in die B 500, wurde 1734 von Herzog Alexander von Württemberg auf dem höchsten Punkt des **Kniebis** (971 m ü.d.M.) als Schutzwall gegen die Franzosen angelegt. Wenig später lädt die neue **Kniebis-Hütte mit Informationszentrum** zum Besuch ein.

Kniebis – Freudenstadt

Bald hinter der Alexanderschanze erreicht man den **Erholungsort Kniebis** mit knapp 1000 Einwohnern, wo sich Sommerfrischler und Wintersportler gleichermaßen wohl fühlen. Auch kann man von hier aus herrliche Wanderungen unternehmen.
In mäßigem Gefälle führt die B 28/500 hinunter nach ► Freudenstadt. Unterwegs passiert man noch den idyllisch gelegenen **Langenwaldsee** mit seinem gern besuchten Hotel-Restaurant.

Sulz am Neckar

H 9

Landkreis: Rottweil
Einwohnerzahl: 12 000
Höhe: 410 – 675 m ü. d. M.
Prädikat: Erholungsort

Das alte, im oberen »Neckar-Erlebnistal« gelegene Städtchen Sulz ist heute ein lebhafter Industriestandort und ein guter Ausgangspunkt für Erkundungen des östlichen Schwarzwalds.

Ereignisreiche Geschichte

Die Ortsgeschichte reicht bis in die keltische Zeit zurück. 75 n. Chr. errichteten die Römer hier ein Kastell. Schriftlich erwähnt wurde Sulz erstmals anno 790 in einer Urkunde des Klosters St. Gallen. 1284 erhielt der Ort die Stadtrechte. 1473 wurde Sulz württembergisch und war lange Zeit einziger Standort einer Saline im Herzogtum. Der **Salzgewinnung**, die erst 1924 eingestellt wurde, verdankt Sulz seinen Namen und wirtschaftlichen Aufstieg. Nach einem verheerenden Brand im Jahre 1794 wurde die Stadt nach Plänen des Baumeisters Carl von Uber wieder aufgebaut.

? WUSSTEN SIE SCHON ...?

- Am 17. Juli 1787 wurde in Sulz der im ganzen Land gefürchtete Räuberhauptmann Hannikel (bürgerlich: Jakob Reinhardt; 1740 – 1787) hingerichtet.

Sehenswertes in Sulz und Umgebung

Ev. Pfarrkirche

Ein **spätgotisches Kleinod** ist die 1513 – 1515 erbaute evangelische Pfarrkirche mit ihrem romanischen Kern. Glasmalereien, Kanzel, Taufstein und Sakristeitür sind interessante Details der ursprünglichen Ausstattung.

Römerkastell

Seit 1970 werden auf einer Anhöhe südlich des Stadtkerns Reste einer befestigten römischen Siedlung ausgegraben. Besichtigt werden kann ein **Römerkeller** (Öffnungszeiten: Mai – Okt. 1. u. letzter Sa. im Monat 10.00 – 12.00 Uhr).

SULZ AM NECKAR ERLEBEN

AUSKUNFT

Verkehrsamt
Obere Hauptstr. 2
72172 Sulz am Neckar
Tel. (0 74 54) 96 50-0
www.sulz.de

ÜBERNACHTEN · ESSEN

► **Komfortabel/Günstig**

Hotel an der Glatt
Neunthausen 19, 72172 Sulz-Hopfau
Tel. (0 74 54) 96 41-0
www.hotel-an-der-glatt.de
Ruhig gelegenes Haus mit 26 Zimmern, Hallenbad, Sauna und gutem Restaurant (Schweizer Küche).

Burgruine Albeck

Südwestlich oberhalb der Stadt liegt der 1688 von den Franzosen zerstörte **Sitz der Herren von Sulz** (bzw. Geroldseck; 13. Jh.), von dem aus man einen schönen Ausblick ins Neckartal genießen kann.

Glatttal

Das Flüsschen Glatt, das nördlich von Sulz in den Neckar mündet, hat an der Ostabdachung des mittleren Schwarzwaldes im Dreieck zwischen den Städten Sulz am Neckar, ► Horb und ► Freudenstadt ein landschaftlich sehr reizvolles Tal in den Muschelkalk bzw. den Buntsandstein gegraben. Freundliche Dörfer, Burgruinen und duftende Wälder laden den Erholungssuchenden ein.

✶ Wasserschloss Glatt

Ein kunsthistorisches Kleinod ist das 1998 – 2001 aufwändig renovierte Wasserschloss im Sulzer Stadtteil Glatt. Es ist in den 1530er-Jahren entstanden und gilt somit als eines der ältesten und besterhaltenen Renaissance-Schlösser Südwestdeutschlands. Die **Schlosskirche** mit vermutlich Wessobrunner Stuckarbeiten ist 1686 vollendet worden. Ursprünglich Sitz der Herren von Neueck wurde das Schloss 1706 Amtssitz des schweizerischen Stiftes Muri. Nach der Säkularisation (1803) kamen Schloss und Herrschaft Glatt an das Haus Hohenzollern-Sigmaringen. Heute fungiert das Wasserschloss Glatt als **Kultur- und Museumszentrum** und enthält Ausstellungen, die sich mit dem Schloss selbst und mit den Adelsgeschlechtern am oberen Neckar befassen. Ausstellungsschwerpunkt in der **Galerie Schloss Glatt** sind Arbeiten von Künstlern der Bernsteinschule, zu denen u.a. HAP Grieshaber, Paul Kälberer, Lothar Quinte und Winand Victor gehörten. In der Zehnt-scheuer befasst sich ein **Bauernmuseum** mit der ländlichen Kultur der Region (Öffnungszeiten: April – Okt. Di. bis Fr. 14.00 – 17.00, Sa., So. 11.00 – 18.00, Nov. – März Do. 18.00 bis 21.00, Fr., Sa., So. 14.00 – 17.00 Uhr).

✶✶ Titisee-Neustadt

E/F 12

Landkreis: Breisgau-Hochschwarzwald
Einwohnerzahl: 12 000
Höhe: 800 – 1200 m ü. d. M.
Prädikat: Heilklimatischer Kurort

Eines der populärsten Ausflugsziele im gesamten Schwarzwald ist der idyllisch zu Füßen des ► Feldbergs schimmernde Titisee. Das ganze Jahr über herrscht hier Hochbetrieb. Und davon profitiert nicht nur der gleichnamige heilklimatische Kurort an seinem Ufer, sondern auch das wenige Kilometer abseits gelegene Städtchen Neustadt.

Stark besuchtes Touristenziel

Die frühere Kreisstadt Neustadt und der 5 km entfernte Kurort Titisee bilden seit den 1970er-Jahren eine kommunale Verwaltungseinheit. Die prächtige Landschaftsszenerie – der kristallklare **Titisee** und dahinter der nordöstlich aufragende Hochfirst (1190 m ü.d.M.) so-

TITISEE-NEUSTADT ERLEBEN

AUSKUNFT

Hochschwarzwald Tourismus GmbH
Infostelle Titisee
Strandbadstr. 4
79822 Titisee-Neustadt
Tel. (0 76 51) 98 04-0
www.titisee-neustadt.de

ÜBERNACHTEN · ESSEN

► **Komfortabel**

Parkhotel Waldeck
Parkstr. 4 – 6, 79822 Tititsee
Tel. (0 76 51) 809-0
www.parkhotelwaldeck.de
Gediegenes Hotel am Kurpark mit 51 Zimmern bzw. Suiten, Badeparadies, Spa und Wellness-Bereich. In der »Eichenstube« speist man vorzüglich, und im netten Café kann man eine wundervolle hausgemachte Schwarzwälder Kirschtorte genießen.

► **Komfortabel/Günstig**

Hotel Josen
Jostalstr. 90, 79822 Tititsee
Tel. (0 76 51) 9 18 10-0
www.josen.de
Gemütliches Hotel für Aktiv-Urlauber (Wandern, Nordic Walking etc.) in einem schönen Hochtal, mit 26 Zimmern, 2 Appartements, Hallenbad und Sauna. Das Restaurant bietet althergebrachter Schwarzwälder und badischer Küche. Forellen kann man direkt am Hotel angeln und in der Küche zubereiten lassen.

Café-Pension Feldbergblick
Schwärzenbach 19
79822 Tititsee-Neustadt
Tel. (0 76 57) 463
www.cafe-feldbergblick.de
Wo im 19. Jahrhundert noch Schwarzwälder Uhren von Hand hergestellt wurden – eine sehenswerte Ausstellung im Hause verweist darauf – kann man heute in der liebevoll eingerichteten Gaststube unter bis zu zwei Dutzend Sorten Kuchen und Torten auswählen und noch bodenständige Schwarzwälder Gastfreundschaft genießen. Für Übernachtungsgäste stehen einige hübsch und zweckmäßig eingerichtete Doppel- und Einzelzimmer zur Verfügung.

wie der Feldberg (1493 m ü.d.M.) im Südwesten – lockt alljährlich nicht nur einige Zehntausend Urlaubsgäste an, sondern auch weit über 1,8 Millionen Tagesbesucher! Wer also Ruhe und Abgeschiedenheit sucht, begibt sich an schönen Sommer- und Winterwochenenden besser nicht hierher. Ein positiver Aspekt ist das Unterhaltungsangebot. Es werden Boote vermietet, man kann mit Ausflugsschiffen Rundfahrten auf dem See unternehmen, es bestehen Sport- und Wellness-Möglichkeiten und für das leibliche Wohl ist bestens gesorgt. Umfassend ist auch das **Wintersportangebot**, gespurte Loipen eröffnen Langlaufmöglichkeiten, man kann in der Umgebung Ski fahren, die 1500 m lange Rodelbahn erfreut sicher nicht nur Kinder, auf der **größten Naturschanze Deutschlands** am Hochfirst messen sich jeden Winter einige der besten Skispringer der Welt. Und während Kälteperioden können Schlittschuhläufer auf dem Titisee Pirouetten drehen.

Neustadt

Altes Städtchen im Hochschwarzwald

Neustadt liegt am Nordfuß des aussichtsreichen Hochfirst im Hochtal der hier noch zahmen Gutach, die weiter abwärts zur wilden Wutach (►Wutachschlucht) wird. Die Stadt wurde bereits 1275 erwähnt, verlor ihren alten Charakter aber durch einen verheerenden Brand im Jahre 1817. Bereits im 18. Jh. brachte die **Uhrenproduktion** einen bescheidenen wirtschaftlichen Aufschwung. Anfang des 19. Jh.s waren hier 50 Uhrmacher tätig. Heute gibt es hier etliche kleinere Betriebe der Holz-, Papier- und Metallindustrie.

Sehenswertes

Neustadt zeigt sich heute als moderne Kleinstadt mit 9000 Einwohnern. Die Häuser gruppieren sich um die neugotische Pfarrkirche **St. Jakobus**. Mit ihrem Bau wurde 1897 begonnen. Gleich in der Nähe liegt der **Kurgarten** mit diversen Freizeit- und Kureinrichtungen.

◄ Heimatstuben

Die in einer Villa des 19. Jh.s in der Nähe des Kurgartens untergebrachte Sammlung zeigt Urkunden, bäuerliches Kulturgut, Trachten etc. aus Neustadt und Umgebung. Besondere Beachtung verdienen komplett eingerichtete **Uhrmacherwerkstätte** sowie eine **Bauernküche** mit »Spätzlemaschine«. (Öffnungszeiten: Mitte Mai – Sept. Mo., Do. Fr. 14.00 – 17.00, Okt. – Mitte Mai: Do. 14.00 – 17.00 Uhr).

Titisee (Ort)

Ihren heutigen Namen erhielt die Gemeinde erst 1929. Bis dahin hieß der Ort »Vierthäler«. Er bestand bis ins 20. Jh. hinein lediglich aus einzelnen Gehöften. Die Bewohnerzahl verdoppelt sich in der Saison, wenn alle 3000 Gästebetten in Hotels und anderen Herbergen belegt sind. Titisee ist heilklimatischer Kurort, dessen Zentrum weitgehend autofrei ist. Die **Seestraße** ist die schönste Flaniermeile im Schwarzwald. Am Seeufer liegt der **Kurgarten** mit Musikpavillon.

Jüngste Attraktion am Titisee ist dieses im Herbst 2010 eröffnete Spaßbad mit **Super-Rutschvergnügen »Galaxy« samt Wellenbad**, Wellness-Oase, Palmenoase, Restaurants, Bars und Shop (Öffnungs-zeiten: Mo. 14.00 – 18.00, Di. – Fr. 14.00 – 22.00, Sa., So., Fei. 9.00 bis 22.00, in den Schulferien tgl. 9.00 – 22.00 Uhr).

Rundfahrt mit dem Ausflugsboot auf dem von duftenden Wäldern umrahmten Titisee

★★ Titisee

Der Titisee ist ein **eiszeitlicher Moränenstausee** von 2 km Länge und 750 m Breite, die größte Tiefe beträgt knapp 40 m. Diese Ausmaße reichen, um ihn zum größten Natursee des Schwarzwalds zu machen. Gespeist wird er durch den vom Feldsee herkommenden kleinen Seebach, der nach seinem Austritt aus dem Titisee den Namen Gutach (später Wutach, ►Wutachschlucht) trägt. Der Name des Sees taucht erstmals 1050 urkundlich als »Titinsee« und wenig später als »Titunsee« auf. Tolle Landschaftseindrücke vermitteln die am Seeufer entlangführenden Wege.

Umgebung von Titisee-Neustadt

Friedenweiler

Der reizvollen Kneippkurort und Wintersportplatz Friedenweiler (1900 Einw., 800 – 1000 m ü.d.M.) liegt 4 km östlich oberhalb von Neustadt. 1123 wurde hier ein **Benediktinerinnenkloster** gegründet, das später an den Zisterzienserorden überging. Nach der Aufhebung 1802 diente das Klostergebäude den Fürsten zu Fürstenberg als **Jagdschloss** und Sommersitz. Die ehemalige Klosterkirche und heutige **Pfarrkirche** entstand 1725 bis 1731 nach Plänen des Vorarlberger Barockbaumeisters Peter Thumb.

Schwarzwald-Idylle bei Neustadt

Nördlich von Neustadt erreicht man den Ort **Schollach**, wo 1906 **der erste Ski-Schlepplift der Welt** den Betrieb aufnahm. Als Antrieb diente ein Wasserrad beim »Schneckenhof«. Reste des technischen Denkmals sind noch erhalten.

Nordwestlich von Neustadt verläuft das von Tannenwäldern umrahmte **Jostal**, das mit seinen **stattlichen Bauernhöfen und ländlich-romantischen Gasthäusern** geradezu der Inbegriff eines typischen Schwarzwaldtals ist. Sehr idyllisch sind auch die Seitentäler.

Von Titisee und Neustadt führen Wanderwege auf den 1190 m hohen **Hochfirst** mit Berggasthaus und **Aussichtsturm**. Von oben hat man eine tolle Aussicht, manchmal bis zu den Alpen. 2001 wurde die für Weltcup-Skispringen taugliche **Hochfirstschanze** am Nordostabfall des Bergmassivs eingeweiht.

★ Todtmoos

D/E 13

Landkreis: Waldshut
Einwohnerzahl: 2000

Höhe: 760 – 1263 m ü. d. M.
Prädikat: Heilklimatischer Kurort

Altbekannt als Wallfahrtsort und bereits seit dem 19. Jh. als heilklimatischer Kurort geschätzt, liegt Todtmoos im landschaftlich sehr reizvollen und windgeschützten Tal der jungen Wehra.

Geschichte

Das »Tote Moos«, ein Sumpf im Wald, über dem angeblich giftige Dämpfe schwebten, fand erstmals im 13. Jh. schriftliche Erwähnung, als hier eine Kapelle erbaut worden ist. Ende des 19. Jh.s wurde Todtmoos Erholungs- und Wintersportort. Seit den 1980ern bemüht man sich, den Ruf des Ortes mit einem umweltverträglichen und gesundheitsbewussten Kurfremdenverkehr zu festigen. Berühmt ist die Existentialpsychologische Begegnungsstätte des Grafen Dürckheim in Todtmoos-Rütte.

Marienwallfahrt

Die Todtmooser Marienwallfahrt reicht bis ins 13. Jh. zurück. Der Legende nach soll dem Geistlichen Dietrich von Rickenbach 1255 die Gottesmutter erschienen sein, die ihm befahl, eine Tanne auf dem Schönbühl zu fällen. Dieser Baum soll Ursache für die giftigen Dämpfe gewesen sein, die über dem **»Toten Moos«** schwebten und den raschen Tod vieler Menschen und Tiere herbeiführten. Der Priester baute auf dem Schönbühl eine kleine Kapelle, in der er ein auf wundersame Weise entstandenes Gnadenbild aufstellte. Die Kapelle kam in die Obhut des Grafen **Rudolf von Habsburg**, der diese mit reichem Grundbesitz ausstattete und zudem die Waldbewohner verpflichtete, den Zehnten an das Gotteshaus zu liefern. 1319 gelangte die Wallfahrtsstätte an das Kloster St. Blasien.

Alljährlich im Januar kämpfen Musher aus aller Herren Länder mit ihren Schlittenhunden in Todtmoos um begehrte Trophäen.

TODTMOOS ERLEBEN

AUSKUNFT

Tourist-Information
Wehratalstr. 19
79682 Todtmoos
Tel. (0 76 74) 90 60-0
www.todtmoos.de

EVENTS

Internationale Schlittenhunderennen
Bei guter Schneelage hecheln im Januar Huskys und ihre Musher durch den Südschwarzwald und verbreiten einen Hauch von Alaska und Abenteuer. Allenthalben hört man sogar Geschichten von Jack London und Country Songs von Dave Dudley!

AKTIVITÄTEN

Wandern, Nordic Walking, Mountainbiking
In der Bergwelt rund um Todtmoos können sich Outdoor-Enthusiasten nach allen Regeln verausgaben.

ÜBERNACHTEN · ESSEN

► Komfortabel/Günstig
Schwarzwald-Gasthof Rössle
Kapellenweg 2
79682 Todtmoos-Strick
Tel. (0 76 74) 90 66-0
www.hotel-roessle.de
In dem gemütlichen Gasthof (24 Zimmer) wird bodenständige Schwarzwälder Küche serviert.

Sehenswertes in Todtmoos und Umgebung

★ Wallfahrtskirche Mariä Himmelfahrt

Die barocke Pfarr- und Wallfahrtskirche auf dem Schönbühl ist 1770 bis 1778 entstanden und wertvoll ausgestattet worden. Die Bauleitung hatte der Architekt Franz Joseph Salzmann. Die **Stuckaturen** schuf Joseph Kaspar Gigl aus Wessobrunn. Die Gebrüder Pfluger fertigten Altäre, Kanzel, Gestühl und Portal. In der Annakapelle zeigt ein Wandbild das **Silberrelief** des Augsburger Goldschmiedes Elias Jäger, das Karl von Lothringen der Todtmooser Muttergottes stiftete.

Ehem. Superiorat

Das ehemalige Superiorat (heute Pfarrhaus), das 1733 nach Entwürfen des Vorarlberger Baumeisters **Johann Michael Beer** erbaut worden ist, hat Johann Kaspar Bagnato später umgestaltet. Wessobrunner Meister besorgten die Ausstattung des repräsentativen Bauwerks, in dem ein Zimmer für den Fürstabt von St. Blasien eingerichtet war.

★ Heimethus

Ein für das Wehratal **typisches Schwarzwaldhaus** beherbergt das Ortsmuseum, das sich mit der Geschichte der Todtmooser Wallfahrt, dem Erzbergbau in der Umgebung und dem Todtmooser Brauchtum beschäftigt. Gelegentlich Glasbläser-Vorführungen (Öffnungszeiten: Mi., Fr., So. 14.30 – 17.30, Juni – Sept. auch Di. 14.30 – 17.30 Uhr).

Schaubergwerk »Hoffnungsstollen«

In Todtmoos-Mättle kann man eine seit Ende des 18. Jh.s bekannte, jedoch 1937 mangels Ergiebigkeit stillgelegte Magnetkies- und Nickelgrube besichtigen (Öffnungszeiten: Mai – Okt. Do., Sa., So., Fei. 14.00 – 17.00 Uhr).

★ Todtnau

D 12/13

Landkreis: Lörrach
Einwohnerzahl: 5000
Höhe: 600 – 1390 m ü. d. M.
Prädikat: Luftkurort

Drunten im Tal der jungen Wiese, die sich hier zwischen die höchsten Schwarzwaldgipfel eingekerbt hat, liegt das alte Bergbaustädtchen Todtnau, das heute Zentrum einer von Outdoor-Aktivisten vielerlei Couleur geschätzten Ferienlandschaft ist.

Vom Bergbaustädtchen zum Ferienort

Die »Tote Aue« wurde erstmals im frühen 12. Jh. schriftlich erwähnt und gehörte lange zum Herrschaftsbereich des Klosters St. Blasien. Im 14. Jh. blühte hier und in der Umgebung der Silberbergbau auf. In Todtnau wurden sogar vorderösterreichische Silbermünzen geprägt. Im 17. Jh. ging der Bergbau stark zurück. Stattdessen entwickelten sich die Weidewirtschaft, das **Wald- und Bürstenmachergewerbe** und später auch die Textilindustrie. Nach seiner Eingliederung in das Großherzogtum Baden erhielt Todtnau 1809 das Stadtrecht. 1876 verwüstete ein Brand das junge Städtchen. Noch vor der Jahrhundertwende wurde Todtnau Wintersportort, was dank der hoch gelegenen und schneesicheren Skihänge an **Hasenhorn, Herzogenhorn und Feldberg** kein Wunder ist. Heute zieht Todtnau auch Gleitschirmflieger, Mountainbiker, Reiter und »Nordic Walker« an. Kenner halten das »Todtnauer Ferienland« gar für das schönste und abwechslungsreichste Wandergebiet des gesamten Schwarzwaldes.

TODTNAU ERLEBEN

AUSKUNFT

Tourist Information Todtnauberg
Kurhausstr. 18, 79674 Todtnauberg
Tel. (0 76 71) 96 96 90
www.todtnauer-ferienland.de

EVENT

Todtnauer Hinterwald-Inferno
Im Februar starten besonders konditionsstarke Skiläufer zu einem Rennen über 9 Kilometer und insgesamt rund 1000 Höhenmeter.

ÜBERNACHTEN · ESSEN

▶ Komfortabel

Wellness & Vitalhotel Mangler
Ennerbachstr. 28
79674 Todtnauberg
Tel. (0 76 71) 96 93-0
www.mangler.de
Ruhig gelegenes Haus mit 30 freundlichen Zimmern und Suiten, zwei Restaurants, »Bade- und Sauna-Paradies«, Wellness-Bereich, Beauty-Farm

Hotel Engel
Kurhausstr. 3
79674 Todtnauberg
Tel. (0 76 71) 91 19-0
www.engel-todtnauberg.de
Traditionsreiches Haus mit 29 Zimmern und Suiten, Pool, Sauna und Einrichtungen für Kinder. Das Restaurant ist bekannt für seine feine regionale Küche, die auch vegetarische und Vollwertgerichte zubereitet.

Sehenswertes in Todtnau und Umgebung

Stadtzentrum

Die zweitürmige **Pfarrkirche** ist nach dem Stadtbrand von 1876 neu erbaut worden. Am nordöstlichen Stadtrand erinnert ein **Kriegerdenkmal** in Gestalt eines monströsen steinernen Alemannenschwerts an die aus Todtnau stammenden Gefallenen der Weltkriege.

Nessler-Museum ►

In der Spitalstr. 1 erinnert eine Ausstellung an den Friseur **Karl Ludwig Nessler** (1872 – 1951), der 1896 in Todtnau die Dauerwelle erfunden hat (Öffnungszeiten: n. V., Tel. 0 76 71 / 96 96 90).

Hasenhorn

Östlich von Todtnau erhebt sich das 1158 m hohe Hasenhorn, dessen leichte »Erstürmung« durch einen Sessellift ermöglicht wird. Oben angekommen, bietet sich ein exzellenter Panorama-Rundblick. Am Hasenhorn ist in schneereichen Wintern eine der längsten Rodelbahnen Deutschlands angelegt. Neueste Attraktion ist eine knapp 3 km lange **Coaster-Rodelbahn** auf Schienen, auf der man auch im Sommer hinuntersausen kann. Dann gibt es am Hasenhorn noch den **Mountain Bike Fun Park** mit 3 km langer Downhill-Strecke, Trial-Strecke und Dual-Slalomstrecke.

? WUSSTEN SIE SCHON ...?

- Im Jahr 1891 wurde in Todtnau der erste Skiklub Deutschlands gegründet.

Brandenberg, Fahl

Ca. 3 km im Wiesental aufwärts erreicht man Brandenberg an der Rampe des Feldbergpasses. Etwa 2 km oberhalb liegt Fahl in dem vom Feldberggletscher während der letzten Eiszeit ausgehobelten und steilwandigen Fahler Loch, in das sich die Quellbäche der Wiese stürzen. Das alpin anmutende Relief und die Schneesicherheit am höchsten Berg des Schwarzwaldes haben hier den **größten Skizirkus Südwestdeutschlands** entstehen lassen mit Liftanlagen und rasanten Abfahrten inklusive einer FIS-Weltcup-Strecke.

Aftersteg

★ Todtnauer Wasserfälle ►

Etwa 2 km nordwestlich oberhalb von Todtnau erreicht man den ländlichen Erholungsort Aftersteg (780 m ü.d.M.) mit dem von Ausflüglern gern besuchten **Glasbläserhof**. Oberhalb von Aftersteg, nahe der Notschrei-Passstraße, stürzt sich der aus dem Hochtal von Todtnauberg kommende Stübenbach recht spektakulär über mehrere, insgesamt 94 m hohe Felsklippen ins Wiesental hinunter.

Muggenbrunn

Ca. 5 km nordwestlich oberhalb von Todtnau erreicht man den Luftkurort Muggenbrunn (970 m ü.d.M.) mit Feriendorf, Campingplatz, Barfuß-Parcours und mehreren Skiliften.

Notschrei

Etwa 2 km oberhalb von Muggenbrunn erreicht man die Notschrei-Passhöhe (1121 m ü.d.M.; Berghotel), von wo aus man über den Schauinsland nach ► Freiburg oder nördlich bergab nach Oberried und ► Kirchzarten fahren kann. Vom Notschrei lohnen Wanderungen (im Winter auch per Ski) südwärts zur **Trubelsmatt** (1281 m

Über Stock und Stein geht's das Hasenhorn hinunter.

ü.d.M.) und zum **Wiedener Eck** (► Belchen), ostwärts zum Stübenwasen und zum ► Feldberg sowie nordwärts zum Schauinsland.

Todtnauberg

In einem sonnigen und verkehrsarmen Hochtal am Stübenwasen, etwa 7 km nördlich oberhalb von Todtnau, versteckt sich der Luftkurort Todtnauberg (1021 m ü.d.M.). Nach Todtnauberg hat sich schon der Philosoph **Martin Heidegger** (1889 – 1976) gern zurückgezogen. Ein Panoramapfad folgt den Spaziergängen Heideggers und führt auch an seiner Berghütte vorbei. Mit mehr als 2000 Fremdenbetten und einem umfangreichen Angebot an Kur- und Erholungseinrichtungen ist Todtnauberg **einer der meistbesuchten Ferienorte im Südschwarzwald**. Bei entsprechender Schneelage entpuppt sich Todtnauberg als Wintersport-Tummelplatz.

✶ Wiesental

Das rund 80 km lange Flüsschen Wiese, das am Südwesthang des Seebucks (► Feldberg) entspringt und nördlich von Basel in den Rhein mündet, teilt den südlichen Schwarzwald in eine östliche und eine westliche Hälfte. Der Oberlauf des landschaftlich reizvollen Tales wurde in der letzten Eiszeit von einem etwa 20 km langen und bis zu 280 m mächtigen Talgletscher ausgehobelt. An jene Epoche erinnern **Gletscherschliffe, Findlinge** usw. Im Mittelalter gehörte das Tal zum Einflussbereich des Klosters ► St. Blasien. Vom 14. bis 17. Jh. wurde entlang der Wiese und in einigen Seitentälern nach wertvollen Erzen gesucht. Später sollten **Holzhandel, Flößerei und die Waldgewerbe** eine wichtige Rolle spielen. Noch im 18. Jh. begann die Industrialisierung des Tals. Im weiten und wasserreichen unteren Wiesental siedelten sich Webereien und Spinnereien an, die Leinen und Baumwolle verarbeiteten. Das »Webland« reicht bis Zell und Schönau. Im oberen Wiesental spielten die Waldgewerbe (bes. Holzschneflerei, Bürstenherstellung) eine größere Rolle. Ab den 1890er-Jahren wurde der **Tourismus** zu einem immer wichtigeren Wirtschaftsfaktor.

Interessante Orte im Wiesental Wie Perlen reihen sich die Erholungsorte im Wiesental aneinander. Spektakulär zeigt sich der Anfang des Tales am **Seebuck** bzw. im **Fahler Loch** oberhalb von Todtnau. Beiderseits des oberen Wiesentales bis Schönau und des mittleren Wiesentales bis **Zell** (►Schopfheim), haben sich Bäche tief ins Grundgebirge eingekerbt.

Schönau ► Den Luftkurort Schönau (542 m ü.d.M.; 2500 Einw.) wählen Wanderer oft als Ausgangspunkt für ihre Unternehmungen. Im alten Ortskern Ortes gefallen die als »Münster des Wiesentales« bekannte **kath. Pfarrkirche** (1890) und das **Rathaus**. Oberhalb von Schönau steht die alte **Wallfahrtskapelle Schönenbuchen** (Gnadenbild mit Engeln in Schwarzwälder Tracht). Hier und auf den umliegenden Höhen (u.a. Hasenhorn, Belchen, Zeller Blauen, Hohe Möhr) kann man schöne Wanderungen unternehmen.

Hausen im Wiesental ► Im unteren Wiesental lohnt das Dorf Hausen einen Besuch. Hier ist der Dichter **Johann Peter Hebel** (►Berühmte Persönlichkeiten) aufgewachsen. An ihn wird im **Hebel-Haus** erinnert (Öffnungszeiten: Mi., Sa., So. 10.00 – 17.00 Uhr).

Weitere Orte ► Lohnende Ziele sind ferner die Städte ►Schopfheim und ►Lörrach. Außerdem sei ein Abstecher ins landschaftlich reizvolle Tal der **Kleinen Wiese** (►Schopfheim) empfohlen, die am ►Belchen entspringt.

✶✶ Triberg

F 11

Landkreis: Schwarzwald-Baar
Einwohnerzahl: 4900
Höhe: 500 – 1024 m ü. d. M.
Prädikat: Heilklimatischer Kurort

Wo tosen Deutschlands höchste Wasserfälle über mehrere Felstreppen 163 Meter in die Tiefe? Und wo ist Deutschlands spektakulärste Gebirgsbahn angelegt? Natürlich im Schwarzwald, bei Triberg.

Wasserfälle und Uhrmacher Das durch seine Wasserfälle in aller Welt bekannte Städtchen Triberg liegt im tief eingekerbten oberen Gutachtal. Es hat sich um eine mittelalterliche Burg derer von Hornberg entwickelt, die im Dreißigjährigen Krieg von schwedischen Soldaten niedergebrannt worden ist. Die Siedlung hatte bereits im 14. Jh. die Stadtrechte erhalten und war 1355 an Österreich gekommen. 1806 wurde Triberg dem Großherzogtum Baden zugeschlagen. Zwanzig Jahre später fiel es einem verheerenden Brand zum Opfer und musste komplett neu aufgebaut werden. Triberg liegt am landschaftlich reizvollsten Streckenabschnitt der 1873 eröffneten **Schwarzwaldbahn**. Mit der Bahn kamen schon früh Kurgäste hierher. Doch neben dem Fremdenverkehr blieb das Uhrmacher-Handwerk eine wichtige Einkommensquelle.

? WUSSTEN SIE SCHON ...?

- Die von den Wasserfällen ionisierte Luft hat eine heilsame Wirkung bei Erkältungen und auch bei asthmatischen Erkrankungen.

TRIBERG ERLEBEN

AUSKUNFT

Tourist-Information
Wallfahrtstr. 4
78098 Triberg
Tel. (0 77 22) 86 64 90
www.dasferienland.de

EVENTS

Schwarzwaldpokal Schonach
FIS Weltcup Nordische Kombination
Januar; ein Höhepunkt im Veranstaltungskalender des »Skidorfs« Schonach.

Schwarzwälder Skimarathon
Der Wettbewerb wird alljährlich im Februar in Schonach gestartet für die Strecken Schonach – Hinterzarten (60 km) und Schonach – Belchen (100 km).

ÜBERNACHTEN · ESSEN

► Komfortabel/Günstig
Hotel Kaltenbach
Oberort 3
78141 Schönwald
Tel. (0 77 22) 96 35-0
www.hotel-kaltenbach.com
Ruhig gelegenes Haus mit 19 Zimmern und Suiten, Hallenbad, Sauna und Wellness-Angeboten. Das Restaurant des Hauses ist bekannt für seine gute regionale Küche.

► Komfortabel

Baedeker-Empfehlung

Parkhotel Wehrle
Hauptstr. 51
78098 Triberg
Tel. (0 77 22) 86 02-0
www.parkhotel-wehrle.de
Traditionsreiches Haus mit 48 Zimmern und Suiten, Hallenbad, Sauna und Solarium. Das Restaurant mit seiner sehr guten regionalen Küche ist bereits mehrfach ausgezeichnet worden.

Sehenswertes in Triberg

★★ Triberger Wasserfälle

Zu den Top-Sehenswürdigkeiten im Schwarzwald gehören die Triberger Wasserfälle. Denn hier stürzt das wasserreiche Flüsschen Gutach aus einem hoch gelegenen Muldental über sieben hohe Kaskaden in ein enges Kerbtal des mittleren Schwarzwaldes. Mit einer Höhe von 163 Metern sind die Triberger Wasserfälle nicht nur die höchsten im Schwarzwald, sondern auch die **höchsten in ganz Deutschland**.
Die Waldschlucht ist durch einen gut befestigten Bergsteig mit mehreren Stegen erschlossen. Besonders eindrucksvoll bietet sich der Triberger Wasserfall in niederschlagsreichen Perioden und zur Zeit der Schneeschmelze dar. Neuerdings ist an den Wasserfällen ein **Naturerlebnispark** mit Seilrutschen, Kaskadenweg etc. angelegt.

Schwarzwaldmuseum

Gleich gegenüber dem Eingang zu den berühmten Wasserfällen lädt das reichhaltige Schwarzwaldmuseum zu einem Besuch ein. Neben einer **volkskundlichen Sammlung** besitzt es eine bedeutende **Uhrenkollektion** sowie gut erhaltene Orchestrions und eine umfangreiche

Deutschlands höchste Wasserfälle

Drehorgelsammlung. In verschiedenen Modellwerkstätten wird die Entwicklung des Schwarzwälder Handwerks aufgezeigt. Eine Dokumentation befasst sich auch mit dem Bau der Schwarzwaldbahn, und ein Modellstollen weist auf die Bedeutung der im Schwarzwald vorkommenden Mineralien hin (Öffnungszeiten: tgl. 10.00 – 17.00 Uhr).

Das Rathaus am Marktplatz ist 1826 im Weinbrenner-Stil erbaut worden. Der **Ratssaal** im 1. OG ist komplett mit reichen **Holzschnitzereien** ausgestattet, die der Holzschnitzer Karl Josef Fortwängler (»Schnitzersepp«) im Jahre 1926 geschaffen hat (Öffnungszeiten: Mo. – Do. 9.00 – 12.00 u. 14.00 bis 16.00, Fr. 9.00 – 12.00 Uhr).

✶ **Wallfahrtskirche Maria in der Tanne**

Das **barocke Gotteshaus** ist zu Beginn des 18. Jh.s anstelle eines Vorgängerbaus aus dem 17. Jh. erbaut worden. Die Wallfahrt gilt einem Gnadenbild, das 1645 von einem unbekannten Meister geschnitzt worden ist, und dem wundersame Heilungen zugeschrieben werden. Die Altäre und die Kanzel hat der Villinger Bildhauer **Anton Schupp** (1664 – 1729) geschaffen. Die Bilder der Seitenaltäre stammen vom Rottweiler Künstler **Johann Georg Glückherr** (1653 – 1731).

✶ **Schwarzwaldbahn**

Triberg liegt an der kühn trassierten Schwarzwaldbahn, die von ►Offenburg nach Singen am Hohenwiel führt. Sie ist 1873 nach Plänen des badischen Ingenieurs Robert Gerwig (►Berühmte Persönlichkeiten) fertiggestellt worden. Der gebirgige Abschnitt ►Hornberg – Triberg – ►St. Georgen ist mit seinen Tunnels und Windungen der reizvollste der gesamten Strecke. Ab Triberg werden mehrmals im Jahr romantische Tunnelfahrten mit Oldtimer-Triebwagen durchgeführt.

Umgebung von Triberg

Eble Uhren-Park

Unterhalb von Triberg, an der B 33, lockt der Eble Uhren-Park mit der momentan **größten Kuckucksuhr der Welt**. Sie steht seit 1997 im Guinness-Buch der Rekorde. Ihr 4,50 m x 4,50 m großes und 6 t schweres Uhrwerk ist der Nachbau einer gut 100 Jahre alten Kuckucksuhr im Maßstab 60 : 1. Der Kuckuck ist 4,50 m lang und 150 kg schwer, das Pendel wiegt 100 kg. Das größte Rad im Uhrwerk hat 2,60 m Durchmesser (Verkaufsausstellung und Besichtigung: Mo. – Sa. 9.00 – 18.00, Ostern bis Okt. auch So. 10.00 – 18.00 Uhr).

! *Baedeker* TIPP

Schöne Kuckucksuhren

Bereits in der 5. Generation werden bei der Firma Herr in Triberg wunderschöne Kuckucksuhren aus Holz geschnitzt. Auch die Uhrwerke und Gehäuse werden an Ort und Stelle angefertigt.
Weitere Informationen: Uhrmacher Hubert Herr, Hauptstr. 8, 78098 Triberg, Tel. (0 77 22) 42 68; www.hubertherr.de

Schonach

5 km nordwestlich oberhalb von Triberg liegt der für sein subalpines Reizklima bekannte Luftkurort Schonach (850 – 1152 m ü.d.M.; 5000 Einw.) in einem Hochtal zwischen Gutach- und Elztal. Der Ort ist zudem **Zentrum des nordischen Skisports** in Deutschland. Hier oben ist eine große Skischanze errichtet, über deren Tisch schon so mancher berühmte Wintersport-Athlet gesprungen ist. In Schonach beginnt der rund 100 km lange und bei entsprechender Schneelage vielbegangene Skiweitwanderweg zum ►Belchen.
Sehenswert sind in der Gemeinde die 1760 erbaute barocke **Pfarrkirche** sowie die **Heimatstube** (u.a. mechanische Krippe eines örtlichen Mechanikermeisters, Kuckucksuhrwerke, Trachten).

◄ Erste weltgrößte Kuckucksuhr

Die besondere Attraktion von Schonach ist die »erste weltgrößte Kuckucksuhr«, die der Schonacher Uhrmacher Josef Dold konstruiert hat. Sie ist älter als ihre Konkurrentin unten an der B 33. Im Innern dieses Schwarzwaldhäuschens kann man ein 3,5 m hohes Uhrwerk aus Holz bestaunen mit gewaltigen Holzrädern, einem 2,70 m langen Pendel, 1,5 m hohen Pfeifen und einem ca. 3/4 m hohen Kuckuck (Besichtigung: tgl. 9.00 – 12.00 u. 13.00 – 18.00 Uhr).

*** Schönwald**

Ca. 5 km südwestlich oberhalb von Triberg liegt Schönwald (950 – 1150 m ü.d.M.; 2500 Einw.), ausgewiesener **heilklimatischer Kurort, familienfreundlicher Ferienort** und bekannter **Wintersportplatz** (u.a. Adlersprungschanze), im Hochtal der jungen Gutach. Die Siedlung ist im Mittelalter vom Kloster ►St. Georgen aus gegründet worden. Von hier aus wurden einstmals Schwarzwälder Uhren in alle Welt getragen. Schönwald gilt als Heimat der Kuckucksuhr. Der einheimische Tüftler Franz Ketterer soll sie im Jahre 1730 ersonnen haben. Heute spielt der Fremdenverkehr die überragende Rolle. Die Kur- und Freizeiteinrichtungen sind besonders an den Bedürfnissen von Familien mit Kindern ausgerichtet.

Wanderungen ab Schönwald

Schönwald ist ein sehr guter Ausgangspunkt für erlebnisreiche Wanderungen und Radtouren zu den beiden **Hauptquellen der Donau** (Brigachquelle ► St. Georgen, Bregquelle ► Furtwangen) sowie zu den Aussichtstürmen von **Brend** (► Furtwangen) und **Stöcklewald** oberhalb der **Gutachquelle**. In der näheren Umgebung von Schönwald gibt es auch noch einige gut erhaltene alte Schwarzwaldhöfe.

Reinertonishof ► Der 1619 bei Schwarzenbach errichtete Reinertonishof brannte 2006 ab. Dieser Schwarzwaldhof war ein höchst eindrucksvolles Baudenkmal. Der zum Anwesen gehörende Ponyhof sowie das beliebte »Vesperhäusle« konnten vor den Flammen gerettet werden. Der neue Reinertonishof soll 2011 eröffnet werden.

★ Villingen-Schwenningen

G/H 11

Landkreis: Schwarzwald-Baar
Einwohnerzahl: 81 000
Höhe: 660 – 975 m ü. d. M.
Prädikat: Kneippkurort (Villingen)

Die Doppelstadt Villingen-Schwenningen ist das Zentrum der Region Schwarzwald – Baar – Heuberg. Sie entstand 1972 im Rahmen der baden-württembergischen Gemeindereform durch den Zusammenschluss zweier ursprünglich selbständiger Städte – dem badischen Villingen und dem württembergischen Schwenningen.

Ungleiche Schwestern Reste mehrerer Klosteranlagen bezeugen die Bedeutung der katholischen Stadt Villingen bereits im Spätmittelalter. Das protestantische

Villingen *Orientierung*

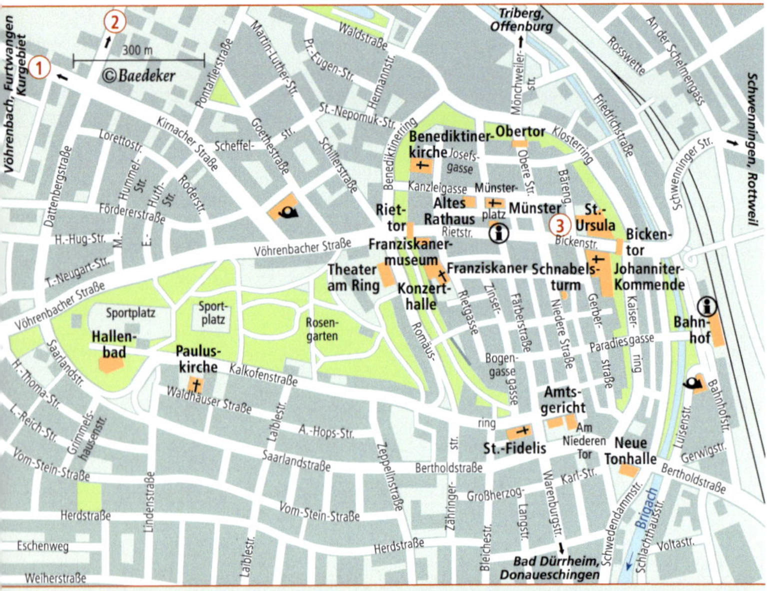

Übernachten und Essen
① Rindenmühle
② Hotel Bosse
③ Hotel Bären

ehemalige Bauerndorf Schwenningen erlebte mit der Industrialisierung einen kometenhaften Aufstieg. Die Doppelstadt an der Neckarquelle ist Standort namhafter Industriebetriebe der Elektrotechnik und Feinmechanik sowie mehrerer Fach- bzw. Fachhochschulen.

Geschichte von Villingen

Villingen ist ein alter Siedlungsplatz, wie ein Fürstengrab aus der Hallstattzeit (6. Jh. v.Chr.), römische Kulturzeugnisse und Siedlungsspuren aus der Merowingerzeit belegen. 817 wurde erstmals der Ort »Ad Filingas« erwähnt, für den Graf **Bertold von Zähringen** 999 das Markt-, Münz- und Zollrecht sowie das Recht der Gerichtsbarkeit von Kaiser Otto III. erhielt. Im frühen 12. Jh. gründeten die Herzöge von Zähringen die Stadt Villingen, die 1218 Reichsstadt wurde und 1326 unter österreichische Herrschaft kam. Im Dreißigjährigen Krieg konnte sich Villingen mehrfach gegen anrückende protestantische Schweden und Württemberger behaupten. 1704 überstand Villingen die Belagerung durch 20 000 französische Soldaten. 1805/1806 kam die Stadt an das Großherzogtum Baden. 1907 fand hier eine erste größere Gewerbe- und Industrieausstellung statt, sozusagen ein Vorläufer der heute überregional bedeutsamen **Südwest Messe**.

VILLINGEN-SCHWENNINGEN ERLEBEN

AUSKUNFT

Tourist-Info & Ticket Service
Rietgasse 2
78050 VS-Villingen
Tel. (0 77 21) 82 23 40
www.tourismus-vs.de

EVENTS

Villinger Fasnacht
Bis ins 16. Jh. reicht die Tradition der Villinger Fastnacht mit ihren verschiedenen Figuren (u.a. »Narro«). Höhepunkte sind die großen Umzüge am Fastnachtsmontag und Fastnachtsdienstag.

Südwest Messe
Mai/Juni; Ausstellung für jedermann aus den Bereichen Industrie, Handel, Handwerk und Landwirtschaft.

ÜBERNACHTEN · ESSEN

▶ Komfortabel/Günstig

① ***Hotel-Restaurant Rindenmühle***
Am Kneippbad 9, 78052 VS-Villingen
Tel. (0 77 21) 88 68-0
www.rindenmuehle.de
Freundliche Unterkunft mit 24 Zimmern und 3 Appartements; das Restaurant bietet feine Küche.

② ***Hotel Bosse***
Oberförster-Ganter-Str. 9 – 11
78048 VS-Villingen
Tel. (0 77 21) 5 80 11
www.hotel-bosse.de
Ruhig am Germanswald in der Nähe des Kurparks gelegenes Haus mit 33 geräumigen Zimmern. Es gibt ein Restaurant und ein Café mit eigener Konditorei.

③ ***Hotel Bären***
Bärengasse 2
78050 VS-Villingen
Tel.(0 77 21) 20 69 69-0
www.hotel-baeren.biz
Freundliches Stadthotel in historischer Umgebung, mit 16 Zimmern und 2 Appartements.

Geschichte von Schwenningen

Im Jahre 895 wurde erstmals die Siedlung »Suanninga« genannt. Die Villinger brannten das Dorf im Bauernkrieg von 1524/1525 fast vollständig nieder, ebenso während des Dreißigjährigen Krieges im Jahre 1633. Das württembergische Schwenningen war im 18. und 19. Jh. das größte Dorf des Landes. Seine Bewohner lebten überwiegend von der Landwirtschaft und vom Handwerk (u.a. Uhrmacherei). 1820 bekam Schwenningen das Marktrecht. 1840 wurde der Ortskern durch einen Brand vernichtet. 1858 gründete **Johannes Bürk** (1819 – 1872) die erste Schwenninger Uhrenfabrik. Bald darauf entstanden die namhaften **Uhrenfabriken Mauthe und Kienzle**, 1907 erhielt Schwenningen das Stadtrecht.

Sehenswertes in Villingen

*** Altstadt**

Noch erhalten sind **Reste der Stadtbefestigung** aus staufischer Zeit (13. Jh.). Neben den Stadttoren an den Enden des Straßenkreuzes – dem Riettor, dem Bickentor und dem Obertor (das Niedertor wurde 1847 abgerissen) – sind noch der Kaiserturm, der Romäusturm und das Pulvertürmle erhalten. Mustergültig ist in Villingen das für die Zähringerstädte typische **Achsenkreuz der Hauptstraßen** erhalten. Es wird von der Oberen Straße mit dem Narrenbrunnen, der Niederen Straße, der Rietstraße und der Bickenstraße gebildet. Die mit Steinmosaiken gepflasterten Straßen – sie bilden heute die »gute Stube« der Stadt – werden von traufständigen Bürgerhäusern mit Dachgauben flankiert. Der **Romäusturm** (13. Jh.) im Südwesten der Altstadt, mit 37 m der höchste Geschützturm der Stadtbefestigung, ist nach Remigius Maus, dem sagenhaften »Herkules von Villingen«, benannt.

Das Riettor in Villingen

Mittelpunkt der Zähringerstadt Villingen ist das **Liebfrauenmünster** mit seinen beiden ungleichen Türmen. Mit seinem Bau wurde um 1130 begonnen. Das ursprünglich romanische Gotteshaus erhielt nach dem Stadtbrand von 1271 einen gotischen Chor. Im 15. Jh. fand eine bauliche Erweiterung statt. 1701 erfolgte eine Barockisierung mit dem Einziehen einer

Stuckdecke. Kunsthandwerkliche Glanzstücke sind die **spätgotische Kanzel** (um 1500) und das sog. **Naegelinskreuz** (14. Jh.) in der linken Turmkapelle, das als wunderwirkendes Schutzkreuz verehrt wird. Die modernen Kirchenportale aus Bronze sind 1984 angefertigt worden. Zum Münsterschatz gehören u.a. ein mittelalterliches Scheibenkreuz und der sog. Fürstenbergkelch (13. Jh.).

Das 1306 erstmals erwähnte Alten Rathaus mit spätgotischem Staffelgiebel steht am Münsterplatz. Um 1534 hat man es im Stil der Renaissance umgestaltet. Seit 1876 beherbergte es die Villinger Altertümersammlung. Im früheren **Ratssaal** (1. OG) gefallen die Täfelung von 1530 und in der großen Ratslaube die Freskomalereien von 1621. Nach Abschluss der laufenden Sanierungsarbeiten sollen hier Ausstellungen zur Bau- und Kulturgeschichte stattfinden. Neue Öffnungszeiten stehen noch nicht fest. ✶ ◄ Altes Rathaus

Ebenfalls am Münsterplatz steht das Neue Rathaus. Es ist das in seinem Kern gotische einstige Münsterpfarrhaus, das erst seit 1926 als Amtssitz des Stadtoberhauptes genutzt wird. ◄ Neues Rathaus

Im Nordwesten der Altstadt trifft man auf das 1806 aufgehobene Benediktinerkloster. Zu der barocken Anlage gehören eine Kirche, die Prälatur, Konventsgebäude und ein Gymnasium. 1084 wurde das ursprünglich in ►St. Georgen beheimatete Kloster unter hirsauischem Einfluss gegründet. Im 12. Jh. besaß das Kloster in Villingen einen Pfleghof mit Kapelle. Nach ihrer Vertreibung aus St. Georgen bauten die Mönche ihren Villinger Pfleghof zur Prälatur aus. Erst in den 1660er-Jahren entstand der Nordflügel der Klosteranlage. Der Westflügel des Konvents wurde 1730 vollendet. ◄ Benediktinerkloster

Die dem heiligen Georg geweihte **barocke Klosterkirche** wurde von 1688 bis 1730 nach Vorlagen des berühmten Vorarlberger Baumeisters Michael Thumb errichtet. Der Turm und die Ausstattung kamen erst Mitte des 18. Jh.s hinzu. Teile des Inventars hat der Villinger Kunstschreiner Martin Hermann im 17. Jh. geschaffen. ◄ Benediktinerkirche

Im Westen der Altstadt ist die ehemalige Klosteranlage der 1268 in die Stadt gerufenen Franziskaner zu finden. Die heißt heute kurz und knapp »Franziskaner« und fungiert als **Kulturzentrum der Stadt**. Die 1292 geweihte einstige Hallenkirche, die nach einem Brand im Jahre 1704 vom Vorarlberger Baumeister Beer wieder aufgebaut worden ist, dient heute als **Konzertsaal**. Besonders bemerkenswert sind die Sakristei mit schönen Fresken und gotischem Netzgewölbe sowie der Kreuzgang. ◄ Franziskaner

Hier können Funde aus Gräbern der Hallstattzeit (Funde vom Magdalenenberg), die wichtigste in sich geschlossene volkskundliche Sammlung Südwestdeutschlands, Stadtgeschichte inklusive (u.a. Glasmacher- und Uhrmacherhandwerk) und eine Ausstellung zur Villinger Fasnet besichtigt werden (Öffnungszeiten: Di. – Sa. 13.00 bis 17.00, So., Fei. 11.00 – 17.00 Uhr). ✶ ◄ Franziskanermuseum

Beim Bickentor wurde im 13. Jh. ein Klarissenkloster gegründet. Die Ordensfrauen nahmen 1782 die Regel der hl. Ursula an. Noch heute ist in dem barocken Bauwerk eine Mädchenschule untergebracht, die ◄ Ursulinenkloster (Bickenkloster)

von Nonnen geleitet wird. Die **Klosterkirche** stammt aus der Zeit um 1740 und enthält figürlichen Schmuck von J. A. Hops.

Zehntscheuer der Universität Freiburg ►

Im Westen der Stadt, Ecke Turm- und Rietgasse, steht die ehemalige Zehntscheuer (15. Jh.) der Universität Freiburg. 1456 fanden in Villingen die Gründungsverhandlungen für die »Alma Mater« statt. Erster Universitätsrektor war der Villinger Bürger Matthäus Hummel.

Kurgebiet

Am nordwestlichen Stadtrand erstreckt sich das vorbildlich angelegte Villinger Kneippkurgebiet im Brigachtal mit Freibad, Wärmehalle und Schwimmkanal sowie Kurpark mit Café und Konzertmuschel.

Sehenswertes in Schwenningen

Muslenplatz

Mittelpunkt von Schwenningen ist der Muslenplatz mit einer historischen und einer modernen Seite. Beachtenswert sind hier das evangelische Pfarrhaus und das ehemalige Lehrerhaus (Heimat- und Uhrenmuseum), zwei schöne Fachwerkbauten aus dem 18. Jh., sowie der Turm der im Kern aus dem 15. Jh. stammenden Stadtkirche.

✶ Heimat- und Uhrenmuseum ►

Die Ausstellung zeigt Relikte aus über 1300 Jahren Schwenninger Geschichte, darunter **Funde aus dem alamannischen Gräberfeld »auf der Lehr«**. Daneben beeindrucken **schwäbische Bauernmöbel** sowie **Schwarzwälder Glasmacherkunst** vom 17. bis zur Mitte des 19. Jh.s. Eine alte vollständig eingerichtete **Uhrmacherwerkstatt** und verschiedenartige **Schwarzwalduhren** ergänzen die Schau (Kronenstr. 18; Öffnungszeiten: Di. – Fr. u. So. 10.00 – 12.00 u. 14.00 – 18.00, Sa. nur 14.00 – 18.00 Uhr).

Rathaus

Das Schwenninger Rathaus ist 1927 nach Plänen des Stuttgarter Architekten Herkommer errichtet worden. An seiner Nordseite ist das **Mosaik »Krieg und Frieden«** von Professor Babberger ein Blickfang.

Mauthe-Park

Hinter dem Vogtshaus (1791) erstreckt sich der hübsch angelegte, nach dem Schwenninger Uhrenfabrikanten Mauthe benannte Erholungspark. Weiter westlich trifft man auf das nach dem Dreißigjährigen Krieg entstandene bäuerliche Anwesen »Ob dem Brückle«, in dem heute die **Kunstscheune** untergebracht ist.

Städtische Galerie

Diese Einrichtung versteht sich als »Schule des Sehens«. Gezeigt wird zeitgenössische Kunst im Wechsel mit Arbeiten der Klassischen Moderne (Fr.-Ebert-Str. 35; Öffnungszeiten: Di. – So. 10.00 – 12.00 u. 14.00 – 17.00 Uhr)

✶ **Uhrenindustriemuseum**

In den Gebäuden der 1855 von Johannes Bürk gegründeten Württembergischen Uhrenfabrik kann man **Industriegeschichte pur** erleben. Die Uhrenfabrik des Johannes Bürk ist die älteste ihrer Art in ganz Württemberg. Neben der technischen Entwicklung in der Uhrenfertigung werden die wirtschaftlichen sowie sozialen Verhältnisse des Fabrikzeitalters dargelegt. Es wird außerdem vorgeführt, wie sei-

Schwenningen *Orientierung*

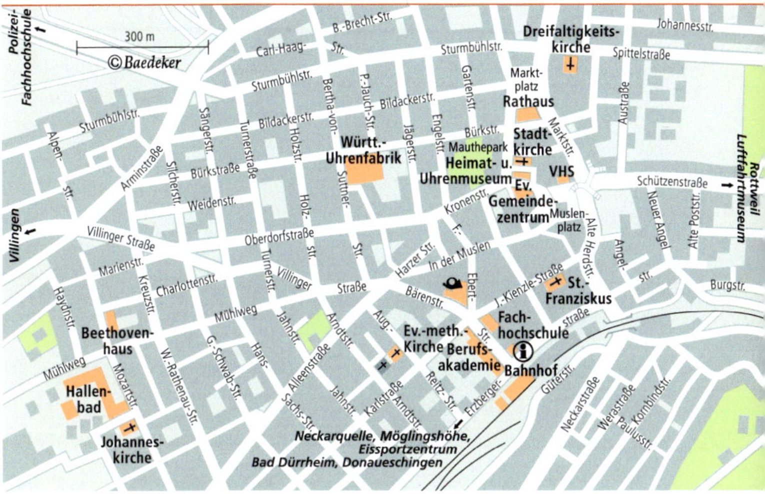

nerzeit mechanische Wecker als Massenware produziert worden sind (Bürkstr. 39; Öffnungszeiten: Di. – So. 10.00 – 12.00 u. 14.00 bis 18.00 Uhr).

✶ **Internationales Luftfahrtmuseum**

Am Flugplatz am östlichen Stadtrand von Schwenningen zeigt die Familie M. Pflumm rund 40 Oldtimer zu sehen, darunter eine »Mig 15«, eine »Fiat G 91«, ein »Canberra B« und auch ein »Starfighter«. Hauptattraktion ist eine russische »Antonow An-2«, die als größter noch fliegender Doppeldecker der Welt mit 18,18 m Spannweite und 4 m Höhe in die Geschichte der Luftfahrt eingegangen ist (Öffnungszeiten: Di. – So. 9.00 – 17.00, im Sommer bis 19.00 Uhr).

> **!** *Baedeker* TIPP
>
> **Aus-Flug**
>
> Wer möchte, kann mit einem Piloten der Sportfliegergruppe (SFG) Schwenningen zu einem Panorama-Rundflug über den Schwarzwald starten. Als Flugzeug steht beispielsweise ein »Piper J3C«-Oldtimer zur Verfügung. Informationen: Flugplatz Schwenningen, Tel. (0 77 20) 58 23 oder www.flugplatz-schwenningen.de

✶ **Schwenninger Moos**

Am südlichen Stadtrand erstreckt sich das Schwenninger Moos als ca. 120 ha großes Naturschutzgebiet am Fuße der Keuper-Lias-Schichtstufe. Hier bestand nach der letzten Eiszeit eine kleine Seenplatte, die nach und nach verlandete. Ab dem 18. Jh. trugen Torfstecher das inzwischen herangewachsene Hochmoor großenteils ab. Ein Rest des reizvollen Feuchtbiotops konnte erhalten werden. Hier findet man auch die **Hauptquelle des Neckars**, die 1581 auf Geheiß des württembergischen Herzogs Ludwig gefasst wurde.

Umgebung von Villingen-Schwenningen

Bauernmuseum Mühlhausen

Auf der Baar östlich von Schwenningen liegt das alte Dorf Mühlhausen. In der ehem. Zehntscheuer, einem imposanten Fachwerkbau des 18. Jh.s, bietet ein bäuerliches Museum **Einblicke in die ländliche Arbeitswelt** (u.a. Geschichte des Brotbackens, der Flachsverarbeitung und der Imkerei). Ferner sind beachtenswert der sog. Wettebureschopf, das alte Holzofenbackhaus, die alte Schmiede, die Mosterei und die Mühle (Pfarrer-Mesle-Weg 1; Öffnungszeiten: 1. u. 3. So. im Monat 14.00 – 17.00 Uhr).

Magdalenenberg

Südlich von Villingen erreicht man den Magdalenenberg mit einem **hallstattzeitlichen Fürstengrabhügel** (7. Jh. v. Chr.). Die Grabungsfunde sind im Villinger Franziskanermuseum zu sehen.

★★ Vogtsbauernhof

F 10

Landkreis: Ortenaukreis **Höhe:** 294 m ü. d. M.

Eine der meistbesuchten Attraktionen im Schwarzwald befindet sich auf der Gemarkung der Gemeinde Gutach: das Schwarzwälder Freilichtmuseum »Vogtsbauernhof«. Es ist leicht zu erreichen über die B 33, die von ►Offenburg kommend durch das Kinzig- und das Gutachtal hinauf nach Triberg und ►Villingen-Schwenningen führt.

Als der hiesige Vogtsbauernhof 1962 abgebrochen werden sollte, setzte sich der durch zahlreiche Veröffentlichungen zum Thema »Schwarzwaldhaus« bekanntgewordene Professor Hermann Schilli für dessen Erhalt und die Einrichtung eines Museums ein. Danach wurden aus anderen Regionen des mittleren und südlichen Schwarzwalds weitere charakteristische Höfe samt ihren Nebenbauten (Mühle, Säge, Speicher, Backhäuschen, Kapelle und Leibgeding) hierher gebracht und wieder aufgebaut bzw. originalgetreu rekonstruiert. Die Häuser sind noch mit z. T. originalem altem Hausrat und Wirtschaftsgeräten ausgestattet. Hübsch sind daneben auch die Bauern- und Kräutergärten.

Hotzenwaldhaus ►

Die verschiedenen im Schwarzwald vorkommenden Hausformen können gut unterschieden werden. Das Hotzenwaldhaus, ein Nachbau eines in Großherrischwand stehenden Hofes aus dem 18. Jh., steht mit der **Längsseite zum Hang** und wird durch eine Quereinfahrt ins Dach erschlossen. Um dem relativ rauen Klima im Hotzenwald gerecht zu werden, besitzt es ein **nach allen Seiten tief herabgezogenes Strohdach** sowie im Innern einen Umgang, den sog. Schild, um Wohnbereich und Stall.

Schauinslandhaus ►

Auch das Schauinslandhaus (Nachbau eines um 1680 entstandenen Hauses aus Hofsgrund) steht **parallel zum Hang** und besitzt eine

Typisch für die Gutacher Tracht sind ihre roten Bollenhüte.

Quereinfahrt. Es unterscheidet sich von allen anderen Schwarzwaldhäusern dadurch, dass sich der Eingang, geschützt durch einen **tief herabreichenden Schindelwalm**, an der Schmalseite befindet.

◄ Hippenseppenhof

Der Hippenseppenhof, erbaut 1599 in der Nähe von Furtwangen und 1966 hierher versetzt, gilt als Beispiel für ein **Heidenhaus**, die häufigste im Schwarzwald vorkommende Hauskonstruktion (vor allem im Bereich des mittleren hohen Schwarzwalds). Im Gegensatz zu den zuvor erwähnten Haustypen steht das Heidenhaus **senkrecht zum Hang**. Die Wageneinfahrt befindet sich in Längsrichtung auf der Kopfseite. Während bei den älteren Häusern dieses Typs der Wohnbereich dem Hang und der Stall dem Tal zugewandt ist, wurde diese Anordnung bei den Heidenhäusern seit ca. 1600 um 180 gedreht.

◄ Vogtsbauernhof

Der Vogtsbauernhof selbst steht seit etwa 1570 an seinem Standort, er ist Beispiel für das so genannte **Gutacher Haus**. Ein Erlaß des Jahres 1568 besagte, dass im württembergischen Herrschaftsgebiet wegen der Brandgefahr die Küche im Haus künftig mit Steinmauern oder Fachwerk zu umgeben sei. Sie wurde daraufhin in die Mitte des Hauses verlegt. Das Gutacher Haus zeigt eine besonders **prächtige Schauseite** mit mehreren **Holzgalerien**. Auf der Rückseite erschließt eine Hocheinfahrt den Dachraum. Abgesehen vom Sockel und der Ummantelung der Küche ist der Bau aus Holz errichtet. Die Konstruktion dieses Bauernhaustyps erwies sich als äußerst haltbar, so hielt man bis weit ins 19. Jh. an dieser Bauart fest und selbst im Hauptverbreitungsgebiet des Heidenhauses errichtete man schließlich Häuser im Gutacher Stil.

◄ Lorenzenhof

Der um 1540 erbaute Lorenzenhof (ursprünglicher Standort war Oberwolfach) steht für das **Kinzigtäler Haus**. Da in den Tälern des mittleren Schwarzwalds auch der Obst- und Weinbau von jeher eine Rolle spielte, sind bei diesem Haustyp **Kellerräume** vorhanden. Neben ihnen liegen im gemauerten Unterteil des Hauses die Ställe.

VOGTSBAUERNHOF

★★ Im 1612 erbauten Vogtsbauernhof kann man erleben, wie einst Küchen, Stuben und Kammern eingerichtet waren. Auf einem Vogtsbauernhof lebte die erweiterte Großfamilie, dazu gehörten bis zu drei Generationen und das Gesinde. Je nach Hofgröße waren das 15 bis 20 Personen.

Öffnungszeiten:
Ende März – Anfang Nov. tgl. 9.00 – 18.00, letzter Einlass 17.00 Uhr
Führungen: Di., Do., Sa., So., Fei. 14.30, im August tgl. 11.00 u. 14.30 Uhr u.n.V.

① Erdgeschoss
Ein quer zum First verlaufender Hausgang trennt den Stall vom Wohnbereich.

② Wirtschaftsteil
Auf der einen Seite des Hauses liegt der Wirtschaftsteil. er besteht aus dem Stall, dem Futtergang und dem Keller.

③ Wohnteil
Auf der anderen Hausseite liegt der Wohnteil.

④ Stube
Im Wohnbereich liegen Küche und Stube nebeneinander. Die Stube war der einzige beheizbare, rauchfreie Arbeits- und Aufenthaltsraum.

⑤ Küche
Die Häuser besaßen bis ins 18. Jh. keine Kamine: Von den Feuerstellen in den Küchen zog der Rauch nach oben bis in den Dachraum und vertrieb so Ungeziefer, imprägnierte die Hölzer und glich die aufsteigende Feuchtigkeit der Ställe aus. Außerdem wurde der Rauch zur Konservierung von Schinken und Würsten genutzt.

⑥ Tenne
Die Tenne diente als Dreschtenne, die brückenartig über den darunter liegenden Heustock gebaut ist. Über dem Wohnbereich wurden früher die Getreidegarben und nach dem Dreschen die Strohschauben aufgeschichtet.

⑦ Dach
Das Dach ist sehr steil, mit einer Neigung von 45°. Es war ursprünglich mit Roggenstroh, heute mit Reet gedeckt. Das Hausdach ist tief herabgezogen und reicht über den Hauskörper heraus.

⑧ Baumaterial
Zentrales Baumaterial der Schwarzwälder Häuser ist Holz. Das Gerüst wird von Ständern gebildet, die durch die Geschosse gehen und das Dach tragen. Die Ständer sind durch waagerechte Riegel in Geschosshöhe unterteilt. Die Gefache sind je nach Nutzung des Raumes mit Bohlen, Vierkanthölzern oder Brettern ausgefüllt.

Freilichtmuseum Vogtsbauernhof *Orientierung*

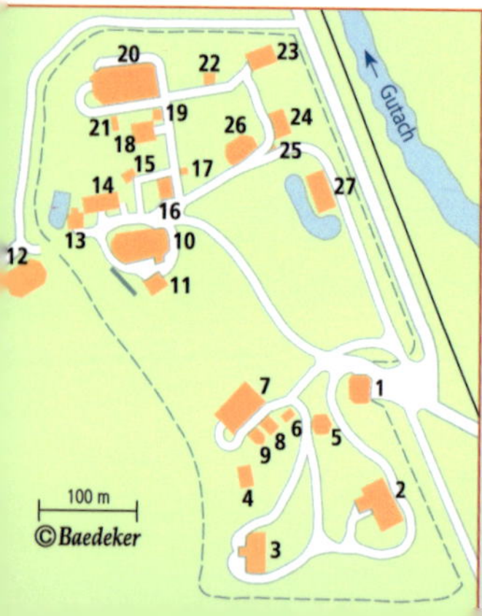

1 Pförtnerhaus
2 Hauensteiner Haus (Hotzenwaldhaus)
3 Schauinslandhaus
4 Hundehaus
5 Kohlenmeiler
6 Grenzstein
7 Hippenseppenhof (Heidenhaus)
8 Hochschwarzw. Speicher
9 Hofkapelle
10 Vogtsbauernhof (Gutacher Haus)
11 Gutacher Speicher
12 Zimmerbauernhof
13 Back- und Brennhäusle
14 Klopf- und Plotzsäge
15 Bienenständer
16 Hausmahlmühle
17 Grenzstein
18 Kinzigtäler Speicher
19 Bildstock
20 Lorenzenhof (Kinzigtäler Haus)
21 Bähofen
22 Kinzigtäler Backhütte
23 Hochgangsäge
24 Hanfreibe
25 Grenzstein
26 Leibgedingehäusle
27 Hammerschmiede und Ölmühle

WALDKIRCH · ELZTAL ERLEBEN

AUSKUNFT

ZweiTälerLand Tourismus
Kirchplatz 2
79183 Waldkirch
Tel. (0 76 81) 1 94 33
www.zweitaelerland.de

EVENTS

Internationales Orgelfest
Dieses Fest mit umfangreichem Rahmenprogramm findet im Juni in Waldkirch statt.

Elzacher Fasnet
Das Fastnachtstreiben in Elzach hat eine lange Tradition. Die älteste und berühmteste Figur ist der Elzacher »Schuddig«, dessen Gewand aus feuerroten, fingerlangen Tuchstreifen besteht. Seinen Kopf ziert ein mit Schneckenhäuschen geschmückter Strohhut.

ÜBERNACHTEN · ESSEN

► Günstig

Hotel Suggenbad
Talstr. 1
79183 Waldkirch-Suggental
Tel. (0 76 81) 80 91
www.suggenbad.de
Nettes Landhotel mit 32 Gästezimmern, Sauna, Solarium und gemütlichem Restaurant, in dem badische Gerichte serviert werden.

Geschichte

Die Stadt geht zurück auf ein 918 gegründetes Benediktiner-Nonnenkloster, das als solches bis 1430 und als Chorherrenstift bis 1806 bestand. Bei dem Kloster legten die **Herren von Schwarzenberg** eine Burg und eine Stadt an. Stadtrechte erhielt Waldkirch am 8. August 1300. Damit sicherten die Schwarzenberger ihre Position im Elztal, durch das ein großer Teil des Handels zwischen dem Schwarzwald und dem Elsaß verlief. Bald darauf ließen sich hier die ersten Edelsteinschleifer nieder, deren Arbeit über Jahrhunderte hindurch zum Wohlstand der Stadt beitrug. 1805 fiel Waldkirch, das bis dahin zu Habsburg gehört hatte, an Baden.

Sehenswertes in Waldkirch und Umgebung

Altstadt

Seinen alten Charme hat sich Waldkirch in seinem Kern noch weitgehend bewahren können. Den **Marktplatz** mit dem Marienbrunnen säumen hübsche Bürgerhäuser.

***** ◄ **St. Margaretha**

Nach wie vor höchstes Gebäude von Waldkirch ist die Stadtpfarrkirche St. Margaretha. Die ehem. Stiftskirche ist ein gelungener **Barockbau des Vorarlbergers Peter Thumb**. Sie entstand zwischen 1732 und 1734. Zur prächtigen Ausstattung gehören eine reich geschmückte Kanzel und ein schmiedeeisernes Chorgitter.

***** ◄ **Elztalmuseum**

Das Museum ist im ehem. Propsteigebäude untergebracht. Der Mitte des 18. Jh.s errichtete Bau fungierte nach der Auflösung des Chorherrenstiftes 1806 zeitweilig als Hotel. Auf drei Stockwerken werden vielerlei Exponate zur Regionalgeschichte gezeigt. Eine Besonderheit ist die **Sammlung mechanischer Musikinstrumente**. Im 19. Jh. erlangte Waldkirch durch den Orgelbau Weltruhm (Öffnungszeiten: Ostersonntag – Okt. Di. – Sa. 15.00 – 17.00, So. 11.00 – 17.00, Nov. bis Ostersamstag Mi., Fr., Sa. 15.00 – 17.00, So. 11.00 – 17.00 Uhr).

Schwarzwaldzoo Am südlichen Stadtrand sieht man vorwiegend in Europa heimische Tierarten (Rot- und Damwild, Rehe, Dachse, Waschbären, Steinböcke u.a.). In den Volieren fühlen sich vielerlei Vögel wohl. Die Familie der Eulen ist mit 20 Arten vertreten (Öffnungszeiten: April – Sept. tgl. 9.00 – 18.00, Okt., Nov., März tgl. 9.00 – 17.00 Uhr).

Ruine Kastelburg Nördlich oberhalb der Stadt thront die Ruine Kastelburg. Sie wurde im 13. Jh. von den Herren von Schwarzenberg erbaut (von ihrer ersten Burg auf dem Schwarzenberg gibt es nur noch ein paar Reste). Zerstört wurde sie 1634. Man glaubte, die Festung gegen die Schweden nicht halten zu können und steckte sie in Brand. Dennoch gilt die Anlage als **Musterbeispiel spätmittelalterlichen Burgenbaus**.

✶ **Kandel** **Waldkirchs 1243 m hoher Hausberg** beherrscht das Gebiet zwischen Elztal, Simonswälder Tal und Glottertal. Unter den Hauptgipfeln des südlichen Schwarzwalds (Belchen, Blauen, Feldberg, Herzogenhorn, Schauinsland) ist der unvermittelt aus der Ebene aufragende Kandel einer der imposantesten: Die **Fernsicht vom mattenbedeckten Gipfel** reicht nicht selten bis zu den Alpen. Man erreicht den Kandelgipfel von einem Parkplatz an der Straße Waldkirch – St. Peter in wenigen Minuten: Man kann auch von Waldkirch aus den Aufstieg beginnen (Wanderdauer ca. 2,5 Std., Höhenunterschied ca. 1000 m). Im Gipfelbereich gibt es zwei Rundwanderwege (1,6 km u. 9 km).

✶ Elztal

Verlauf Von Waldkirch zieht sich das Elztal etwa 23 km in nordöstlicher Richtung. In **Prechtal** ändert sich die Richtung des Tales. Nunmehr nach Süden führend steigt es als enges Waldtal weitere 10 Kilometer bis zum Rohrhardsberg an, wo die Quelle der Elz liegt. Beherrscht wird das Tal durch den **Kandel** (1241 m ü.d.M.), der über Waldkirch majestätisch aufsteigt, den kleinen **Hörnleberg** (905 m ü.d.M.) sowie den mächtigen **Rohrhardsberg** (1159 m ü.d.M.), um den die Elz herumfließt. In dem Tal gibt es noch einige alte Schwarzwaldhöfe.
Nordöstlicher Nachbarort von Waldkirch ist **Gutach im Breisgau** (4000 Einw., 260 – 907 m ü.d.M.) mit seinen drei Ortsteilen Gutach, Bleibach und Siegelau. In dem an der Einmündung des Simonswälder Tales gelegenen Bleibach steht neben der im 16. Jh. erbauten und später mehrfach veränderten Pfarrkirche ein altes Beinhaus mit einem Totentanzfries aus dem Jahr 1722.

Elzach Der **Luftkurort** Elzach (6300 Einw., 362 m ü.d.M.) im oberen Elztal wurde 1290 von den Herren von Schwarzenberg neben einer älteren Dorfsiedlung gegründet. Zu den schönsten Häusern von Elzach gehören die **Apotheke** von 1532 und das Gasthaus zum Löwen von 1635. Im **Alten Rathaus** ist eine heimatkundliche Sammlung untergebracht. Die katholische **Pfarrkirche St. Nikolaus** besitzt einen schönen Chor von 1522; das Langhaus entstand im 17. Jahrhundert. Die neugotische **Wallfahrtskapelle Maria zu den Neun Linden** bewahrt ein Muttergottesbild, das um 1510 entstand.

★ Simonswälder Tal

Verlauf

Das Simonswälder Tal, das von der Wildgutach durchflossen wird, ist ein besonders **typisches Schwarzwaldtal**. 5 km oberhalb von Waldkirch, bei Bleichbach, zweigt es südostwärts vom Elztal ab und zieht sich, 300 m ansteigend, zwischen den Bergmassiven des **Kandel** im Süden und der **Brend** im Norden etwa 17 km weit aufwärts. Der oberste tief eingeschnittene Teil nennt sich Wildgutachtal. Der Name des Tals leitet sich vermutlich von einem frühen Siedler ab.

◄ Simonswald

Die Ortschaft Simonswald (2800 Einw., 300 – 1200 m ü.d.M.) entstand erst 1974 durch den Zusammenschluss mehrerer früher selbstständiger Gemeinden. Die Häuser und Bauernhöfe der einzelnen Ortsteile verteilen sich über das gesamte Tal. Die katholische Pfarrkirche **St. Sebastian** im Ortsteil **Altsimonswald** (umgebaut Mitte des 18. Jh.s) birgt im Seitenaltar drei spätgotische Skulpturen, von denen die hl. Katharina besonders schön ist.

Ein viel besuchtes Ziel ist die Hexenlochmühle.

Zweribachwasserfälle ► Ein beliebtes Wanderziel im Simonswälder Tal sind die Zweribachwasserfälle westlich von Obersimonswald. Bei Trockenheit rinnt das Wasser zwar nur spärlich den Berg hinab, doch wirkt die Umgebung stets wildromantisch.

Hexenlochmühle Durch das obere tief eingeschnittene Tal der Wildgutach gelangt man auf schmalem Sträßchen zur Hexenlochmühle. Diese 1825 erbaute Sägemühle mit zwei oberschlächtigen Wasserrädern gilt vielen Besuchern als **Inbegriff der Schwarzwaldmühle** (»Es steht eine Mühle im Schwarzwälder Tal ...«). Sie ist seit 1839 im Besitz der Familie Trenkle, die hier auf traditionelle Weise Uhrengestelle produziert.

✶ Waldshut-Tiengen

F 14

Landkreis: Walödshut
Einwohnerzahl: 23 000
Höhe: 341 – 538 m ü. d. M.

Die im Rahmen der baden-württembergischen Gemeindereform im Jahre 1975 gebildete Doppelstadt ist das wirtschaftliche und kulturelle Zentrum am südöstlichen Rand des Schwarzwaldes.

i Waldshuter Chilbi

- Eine kritische Entwicklung bahnte sich 1468 für die Stadt Waldshut an. Damals haben 16 000 Eidgenossen die von nur wenigen hundert Verteidigern gehaltene Stadt mehrere Wochen lang belagert. Der Legende nach sollen sich die Waldshuter in letzter Not zu einer List entschlossen haben: Sie zeigten den Schweizern von der Stadtmauer herab einen gemästeten Hammel. Es war das letzte überhaupt noch innerhalb der Stadtmauern vorhandene Schlachttier, was aber die Eidgenossen nicht wissen konnten. Diese ließen in dem Glauben von der Belagerung der Stadt ab, da die Verteidiger angesichts der wohl noch reichlich vorhandenen Nahrungsmittel so leicht nicht auszuhungern wären. Nach dieser glücklichen Wendung des Schicksals gelobten die Waldshuter, alljährlich am dritten Augustsonntag einen Festgottesdienst zu feiern. Im Festzug wird ein Hammel mitgeführt. Später wird zu einem großen Hammelessen geladen.

Zwischen den beiden Kernstädten Waldshut und Tiengen münden drei Flüsse in den Hochrhein: die aus den schweizerischen Zentralalpen herbeiströmende und viel Wasser führende Aare, die den südöstlichen Hochschwarzwald entwässernde Schlücht sowie die einen weiten Bogen beschreibende Wutach. Waldshut-Tiengen ist nicht nur Verwaltungs-, Kultur- und Schulzentrum für ein weites Umland, sondern vor allem auch wirtschaftliches Zentrum. Eine wichtige Rolle spielen die Energiegewinnung (Wasserkraftwerke), die chemische und die Grundstoffindustrie sowie das produzierende Gewerbe (u. a. Textilveredelung, Holz und Kunststoff).

Die **alte Amtsstadt Waldshut** liegt auf dem rechten Hochufer des Rheins, der etwa 2 km flussaufwärts die Aare aufgenommen hat.

WALDSHUT-TIENGEN ERLEBEN

AUSKUNFT

Tourist-Information
Wallstr. 26
79761 Waldshut-Tiengen
Tel. (0 77 51) 83 32 00
www.waldshut-tiengen.de

ÜBERNACHTEN · ESSEN

► **Komfortabel/Günstig**

Waldshuter Hof
Kaiserstr. 56
79761 WT-Waldshut
Tel. (0 77 51) 20 08
www.waldshuter-hof
Hübscher Gasthof in der malerischen Altstadt mit 23 gemütlichen Zimmern und einem guten Restaurant.

Landgasthof Hirschen
Breitenfeld 13
79761 WT-Breitenfeld
Tel. (0 77 41) 68 25-0
www.hirschen-breitenfeld.de
Der moderne Landgasthof mit rustikalem Touch hat 27 Gästezimmer, Sauna, Solarium und Dampfbad zu bieten. In der Gaststube werden auch südbadische Spezialitäten serviert.

Von Waldshut führen eine Straßen- und eine Eisenbahnbrücke über den Hochrhein in den schweizerischen Ort Koblenz (Kanton Aargau). Die als Ensemble noch bestens erhaltene Altstadt von Waldshut ist sozusagen der **Prototyp der von den Habsburgern konzipierten »Waldstadt«**. Die wehrhafte Siedlung ist in der ersten Hälfte des 13. Jh.s gegründet worden und sollte Schutz- und Kontrollfunktionen für ein weites Umland übernehmen. Ihr Machtbereich reichte bis zum Feldberg hinauf und umschloss rheinabwärts auch die kleineren Städte Laufenburg, Säckingen und Rheinfelden. Im Laufe seiner Geschichte war Waldshut oft feindlichen Angriffen ausgesetzt. Doch man verstand es bestens, einerseits die freiheitsliebenden Hotzenwälder Bauern in Schach zu halten und sich andererseits der im 14. und 15. Jh. anstürmenden schweizerischen Eidgenossen zu erwehren. Während des Dreißigjährigen Krieges war Waldshut für einige Jahre französisch und kam dann wieder an Österreich. 1724 wütete ein Stadtbrand. Noch im 18. Jh. blühte die **Baumwoll- und Seidenspinnerei** auf. Waldshut, bis 1801 der wichtigste österreichische Stützpunkt am Hochrhein, wurde 1805 dem Großherzogtum Baden zugeschlagen. In den 1930er- und 1940er-Jahren brachte die **Stromgewinnung** im Südschwarzwald (Schluchsee-Werk, Kraftwerk Albbruck-Dogern) einen weiteren wirtschaftlichen Aufschwung. Waldshut wurde Standort zahlreicher Industriebetriebe mit hohem Energieverbrauch.

Sehenswertes in Waldshut

★ Altstadt

Malerisch bietet sich Waldshuts Altstadt dar. Sie hat einen regelmäßigen Grundriss und wird von zwei **mittelalterlichen Stadttoren** geschützt. Außerdem sind noch Reste der einstigen Stadtbefestigung er-

Die Kaiserstraße mit ihren hübschen Häuserfronten ist Waldshuts »gute Stube«.

halten. Die Straßen sind gesäumt von schmucken, teils wundervolle Fassadenmalereien aufweisenden **Bürgerhäusern** des 16., 17. und 18. Jh.s mit vorgekragten **Giebeldächern, Schopfwalmdächern und Dachgauben**. Das schweizerische Vorbild ist unverkennbar.

Kaiserstraße ▶ Hauptachse ist die Kaiserstraße, ein lang gestreckter, fast 20 m breiter **Straßenmarkt** zwischen dem Oberen und dem Unteren Stadttor. Hier stehen repräsentative alte Bauten, so das nach dem Stadtbrand von 1726 neuerbaute **Rathaus**, dessen Architektur wohl vom berühmten Baumeister Bagnato beeinflusst ist. Ein paar Schritte weiter beeindrucken das **Gasthaus »Zum Wilden Mann«** (16./17. Jh.; Zunftstube, Kassettendecke) und die **Alte Metzig** (1688), in der heute das Heimatmuseum untergebracht ist. Zu den alten Bauten kontrastiert die moderne Brunnenanlage mit dem **»Waldshuter Männle«** (1992) aus Bronze.

Greiffenegg-Schlössle ▶ Hübsch ist auch das Greiffenegg-Schlössle, das im 15. Jh. erbaut und bis ins 18. Jh. mehrfach umgestaltet worden ist. Es steht auf mittelalterlichen Grundfesten und ist in schönstem **Rokoko** ausgestattet.

Obere Tor ▶ Das mittelalterliche Obere Tor ist ein **Architekturzeugnis der Spätgotik**. Dahinter überspannt eine Steinbrücke einen kleinen Bachtobel. Sie wird flankiert von zwei Figuren, die der Barockkünstler Fidelis Sporer geschaffen hat.

St. Maria ▶ Die katholische Stadtpfarrkirche St. Maria steht in der Nordostecke der Altstadt. Sie wurde 1804 unter Einbeziehung gotischer Baureste errichtet. Ihre Ausstattung ist dem Frühklassizismus zuzurechnen.

Wallstraße, Rheinstraße ▶ Etwa parallel zur Kaiserstraße verlaufen die Wallstraße und die Rheinstraße, an denen ebenfalls noch interessante, jedoch auf Renovierung wartende Bauten stehen. Der runde **Hexenturm** ist ein noch sichtbarer Rest der nördlichen mittelalterlichen Stadtbefestigung.

Sehenswertes in Tiengen

★ Altstadt

Das alte Städtchen Tiengen liegt in einem waldumrahmten Talkessel der Wutach zwischen den Mündungen der Schlücht und der Steina. Der gut erhaltene mittelalterliche Stadtkern von Tiengen ist in den letzten Jahren liebevoll herausgeputzt worden. Erhöht über der Altstadt thront das zwischen 1571 und 1619 erbaute **Schloss** der Fürsten von Schwarzenberg. Es beherbergt das interessante **Klettgau-Museum** (Öffnungszeiten: April –- Okt. Do. 16.00 – 18.00, So. 10.30 – 11.30 Uhr). Die **Schlosskirche St. Maria** mit stattlichem Turm ist 1751 nach den Vorstellungen des berühmten Vorarlberger Barockbaumeisters Peter Thumb errichtet worden. Südlich unterhalb des Schlosses gefällt der restaurierte **Storchenturm**. Er war ein wichtiger Eckpunkt der mittelalterlichen Stadtbefestigung. Beiderseits der den kleinen Stadtkern in ost-westlicher Richtung querenden **Hauptstraße** reihen sich schmucke traufständige **Bürgerhäuser** mit kunstvollen Fassadenbemalungen aneinander. Sehr schön renoviert ist auch das **Rathaus**. Am Ostrand des alten Stadtkerns weitet sich der wochentags belebte **Marktplatz**.

! *Baedeker* TIPP

Abstecher in die Schweiz

Von Waldshut-Tiengen lohnt ein Abstecher über den Rhein ins schweizerische Thermalbad Zurzach, wo man sich in heilsamen Fluten erholen kann. Öffnungszeiten: Mo. – Sa. 7.00 – 22.15, So. 7.00 – 20.45 Uhr.

Umgebung von Waldshut-Tiengen

Tiengener Aussichtsturm

Vom Aussichtsturm auf dem 458 m hohen Bergsporn nördlich oberhalb von Tiengen bietet sich ein ausgezeichneter **Rundblick**.

Küssaburg

Etwa 8 km südöstlich von Tiengen erreicht man – entweder zu Fuß über einen langgestreckten Bergrucken zwischen Klettgau-Graben und Hochrheintal oder via Bundesstraße 34 – die auf dem waldigen, 629 m hohen Küssaberg (Naturschutzgebiet) thronende **mächtige Ruine** der 1634 zerstörten Küssaburg, von deren Bergfried sich ein überwältigender **Ausblick** bietet.

★ Wehr

D 14

Landkreis: Walödshut
Einwohnerzahl: 13 000
Höhe: 280 – 908 m ü. d. M.
Prädikat: Erholungsort

Das alte Städtchen im Wehratal zwischen Dinkelberg und Hotzenwald ist bekannt als Standort eines namhaften Unternehmens der chemisch-pharmazeutischen Industrie.

WEHR ERLEBEN

AUSKUNFT

Kultur- und Verkehrsamt
Hauptstr. 14, 79644 Wehr
Tel. (0 77 62) 808-601
www.wehr.de

ÜBERNACHTEN · ESSEN

► **Günstig**

Hotel Klosterhof
Frankenmatt 8, 79644 Wehr
Tel. (0 77 62) 52 09-0
www.klosterhofwehr.de
Freundliche Herberge mit 40 zeitgemäß eingerichteten Gästezimmern. Das Restaurant ist bekannt für seine gute Fischküche und für seine frisch zubereiteten saisonalen Gerichte.

Landgasthof Sonne
Enkendorfstr. 38, 79664 Wehr
Tel. (0 77 62) 84 84
http://hotel-sonne-wehr.de
Angenehme Unterkunft mit gutem Restaurant.

Geschichte Im 6. Jh. siedelten Alamannen im unteren Wehratal. Erstmals urkundlich erwähnt wurde der Ort 1092. Ab 1252 hatten die Habsburger das Sagen. 1363 erhielt der Ort das Marktrecht. Die Bauernaufstände im 16./17. Jh. setzten dem Ort ebenso zu wie die Wirren des Dreißigjährigen Krieges. Ab 1776 wurde eine Baumwollspinnerei und -weberei aufgebaut. Nach dem Frieden von Preßburg kam das vorderösterreichische Wehr an das Großherzogtum Baden. 1848, im Jahr der Badischen Revolution, wurde deren Anführer Struve in Wehr gefangen genommen und in der Nähe des Städtchens wurden die Herwegh-Freischärler geschlagen. In den 1830er-Jahren erlebte Wehr einen wirtschaftlichen Aufschwung. Damals enstand hiesige Textil- und Papierindustrie.

Während des Zweiten Weltkriegs (1943) verlagerte die deutsche Niederlassung des schweizerischen Chemiekonzerns **Ciba-Geigy** (inzwischen Novartis) ihre Produktion von Berlin nach Wehr und ließ sich nach dem Zweiten Weltkrieg endgültig hier nieder. 1950 wurde Wehr zur Stadt erhoben.

? WUSSTEN SIE SCHON ...?

- Im Krankenhaus von Rheinfelden erblickte die Weltklasse-Geigerin Anne-Sophie Mutter am 29. Juni 1963 das Licht der Welt. In Wehr ist sie aufgewachsen und erhielt hier auch ihren ersten Geigenunterricht. Bereits als 13-Jährige debütierte die talentierte Musikerin mit den Berliner Philharmonikern.

Sehenswertes in Wehr und Umgebung

Stadtkern Der Stadtkern mit seinen historischen Bauten ist in jüngerer Zeit aufwändig saniert worden. Dazu kamen einige moderne Bauten sowie diverse moderne Plastiken. Das hübsch renovierte schönauische **Alte Schloss** mit seinem markanten Treppenturm wurde um 1574 erbaut. Es bietet heute Räumlichkeiten für Kulturveranstaltungen.

Gleich nebenan errichtete man 1748 das **Neue Schloss**, einen gefälligen Barockbau, dessen repräsentativen Saal Luigi Bossi mit kunstvollem Stuck ausgestattet hat. Das Neue Schloss dient heute als Rathaus. Zu den beiden Schlössern kontrastiert die postmodern wirkende **Stadthalle**, in der schon viele namhafte Bühnenkünstler aufgetreten sind. Hier ist auch das **Stadtmuseum** untergebracht (Öffnungszeiten: Mo. – Fr. 9.00 – 11.00 u. 14.00 – 16.00, So. 14.00 – 17.00 Uhr).

Das im 16. Jh. erbaute architektonisches Schmuckstück wurde 1990 renoviert. Vor dem spätgotischen Staffelgiebelbau, auf dem früher Störche nisteten, weitet sich der Storchenplatz mit der eindrucksvollen Plastik **»Viola 90«** von Jürgen Goertz, der mit seinem Werk die phänomenale Musikalität von Anne-Sophie Mutter feiert.

◄ Storchehus

Weithin sichtbar ist der von einer Zwiebelhaube mit kleinem Aufsatz gekrönte Turm der 1256 erwähnten **Martinskirche**. Das Gotteshaus wurde nach 1777 errichtet und weist Bauformen des Barock, des Empire und des Klassizismus auf. Ein Kleinod ist die von Claudius Winterhalter gebaute Chororgel.

Im Osten der Stadt, auf dem Gelände der **Brennet AG**, lädt das **Textilmuseum** ein, in dem die Entwicklung der südbadischen Textilindustrie vorbildlich dargestellt wird (Öffnungszeiten: Mai – Okt. Do., Sa., So. 14.00 – 17.00 Uhr).

Östlich über der Stadt sind Reste der mittelalterlichen **Burg Werrach** erhalten, die 1252 von den Habsburgern erobert worden ist. Nordöstlich über der Stadt ist die Ruine der vermutlich im 12. Jh. errichteten **Burg Bärenfels** (auch ›Steinegg‹ genannt) ein beliebtes Wanderziel. Vom hohen Bergfried bietet sich ein schöner Ausblick.

Von Wehr führt ein lehrreicher Naturpfad (ca. 1/2 Std.) im **Haseltal** nordwestlich aufwärts zur **Erdmannshöhle** mit ihren **bizarren Tropfsteinbildungen**. Um dieses Karstphänomen im Muschelkalk des Dinkelberges, das bereits seit dem 14. Jh. bekannt ist, ranken sich allerlei Sagen und Legenden, die auch in den literarischen Wer-

Erdmannshöhle *Orientierung*

ken von Johann Peter Hebel und Viktor von Scheffel verwoben sind. Die Tropfsteinhöhle, die von einem Höhlenbach durchflossen wird, ist auf einer Länge von 560 m begehbar. **Stalaktiten und Stalagmiten** mit phantasievollen Bezeichnungen säumen den Weg: Irrgarten, Tempel, Märchenreich, Fürstengruft (mit zwei über 4 m hohen Tropfsteinen), Rittersaal, Konferenzsaal, Chormantel und Orgelpfeifen (Führungen: Mai – Sept. tgl. 9.00 – 12.00, 14.00 – 17.00 Uhr).

★ Wolfach

F 10

Landkreis: Ortenaukreis
Einwohnerzahl: 5800
Höhe: 260 – 850 m ü. d. M.
Prädikat: Luftkurort

Im mittleren Kinzigtal liegt das alte Flößer- und Bergbaustädtchen Wolfach, das sich dank seiner landschaftlich reizvollen Umgebung inzwischen auch zu einem beliebten Touristenziel entwickelt hat.

Bereits im Mittelalter wurde der Eingang zum erzreichen Wolftal von einer Burg bewacht. Im 11. Jh. fanden die Herren von Wolfach erstmals Erwähnung. Im 13. Jh. wurde der Ort fürstenbergisch und erhielt im frühen 14. Jh. das Stadtrecht. In der Folgezeit entwickelte sich Wolfach zu einem Zentrum des Holzhandels. Die **Wolfacher Schifferschaft** beherrschte die Flößerei auf der Kinzig. Im Laufe ih-

WOLFACH ERLEBEN

AUSKUNFT

Tourist-Information
Hauptstr. 41
77709 Wolfach
Tel. (0 78 34) 83 53 53
www.wolfach.de

EVENTS

Flößerfest
Am östlichen Stadtausgang werden alljährlich im Sommer Langholzfloße zusammengebunden. Im Rahmen des Flößerfestes geht es dann feuchtfröhlich auf der Kinzig flussabwärts.

Lange Tafel
An einem Abend im August verwandelt sich Wolfachs Hauptstraße in den größten Freiluft-Speisesaal des Schwarzwalds. Dann bieten Gastronomen kulinarische Köstlichkeiten. Und zum Schluss gibt's noch ein Feuerwerk!

ÜBERNACHTEN · ESSEN

Baedeker-Empfehlung

► **Komfortabel/Luxus**
Silencehotel Adler
77709 Wolfach-St. Roman
Tel. (0 78 36) 9 37 80
www.wellnesshotel-adler.de
Idyllisch gelegenes Haus mit 42 Zimmern und einer Ferienwohnung, Pool und Wellness-Bereich sowie gutem Restaurant.

res Bestehens wurde die Stadt mehrfach von verheerenden Bränden, Hochwässern und starken Eisgängen heimgesucht. Der letzte große Stadtbrand wütete 1892.

Sehenswertes in Wolfach

Das 1681 anstelle eines Vorgängerbaus des 13. – 15. Jh.s errichtete **Schloss** der Fürstenberger ist eine der wenigen noch vollständig erhaltenen Residenzen aus jener Zeit im Schwarzwald. Die ältesten Bauteile der Schlosskapelle stammen noch aus dem 13. Jahrhundert. Im Schloss ist das reichhaltige Wolfacher **Heimatmuseum** untergebracht. Hier sind nicht nur Mineralien und Zeugnisse des Bergbaus aus der näheren Umgebung sowie vor- und frühgeschichtliche Funde zu sehen, sondern auch alte Dokumente, Geräte, Werkzeuge und Produkte alter Handwerke sowie eine volkskundliche Ausstellung (u.a. Trachten, Brauchtum, Kunstgewerbe) und Arbeiten Wolfacher Künstler (Öffnungszeiten: Mai – Okt. Di., Do., Sa., So. 14.00 bis 17.00, So. auch 10.00 – 12.00, Nov. – April Do. u. 1. So. im Monat 14.00 – 17.00 Uhr).

Im August feiern die Wolfacher an ihrer »Langen Tafel«.

Das **Rathaus** besticht mit seiner Sandsteinfassade und den Wandmalereien des Künstlers Eduard Trautwein. Das Rathaus musste nach dem letzten großen Stadtbrand 1892 neu aufgebaut werden.

Laurentiuskirche

Die spätgotische Laurentiuskirche mit ihrem schönen Netzgewölbe wurde 1515 in der Vorstadt am rechten Kinzigufer errichtet. Im Chor sind Fragmente mittelalterlicher Fresken freigelegt. Vor dem Gotteshaus beeindrucken schön geschmiedete Grabkreuze.

Dorotheenhütte

Die Wolfacher Dorotheenhütte am westlichen Stadtausgang ist eine der letzten Glashütten im Schwarzwald. Hier kann man zusehen, wie formschöne Gläser mundgeblasen werden und Bleikristall geschliffen wird. Angeschlossen sind ein **Glasmuseum** und eine **Glaskunstausstellung** (Öffnungszeiten: Mai – Dez. tgl. 9.00 – 16.30, Jan. – April nur werktags 9.00 – 16.30 Uhr).

In der Wolfacher Dorotheenhütte entstehen wunderschöne Gläser.

Umgebung von Wolfach

Oberwolfach Etwa 2 km nördlich der Kernstadt liegt der Luftkurort Oberwolfach im landschaftlich reizvollen Tal der Wolf. Einen Besuch lohnt das **Mineralien- und Bergbaumuseum**, das im historischen Hofbauernhaus untergebracht ist. Man sieht nicht nur seltene Mineralien wie Rankachit und Clarait, sondern auch sog. Micromounts, jene kleinsten Mineralstufen, die nur mit der Lupe erkennbar sind (Schulstr. 5; Öffnungszeiten: Mai – Okt. tgl. 11.00 – 17.00, Nov. geschl., Dez. bis April tgl. 14.00 – 17.00 Uhr).

Ortsteil Kirche ▶ Ein kunsthistorisches Kleinod ist die **Rokokokirche** im Ortsteil Kirche, die im Jahr 1762 dem hl. Bartholomäus geweiht worden ist. Als Meisterwerke gelten der Hochaltar und die Kanzel sowie die Kreuzigungsgruppe und die Pietà.

Der **Fegerhof** ist das Musterbeispiel eines so genannten Wolftäler Schwarzwaldhauses: Auf den Unterbau aus Stein folgt ein Fachwerk-Hauptgeschoss und ein hölzernes Obergeschoss mit weit ausladendem und schützendem Walmdach.

! *Baedeker* TIPP

Grube Wenzel

Die bei Oberwolfach gelegene Grube Wenzel, in der man bis 1823 größere Mengen Silber gefördert hat, ist heute als Besucherbergwerk zugänglich (Öffnungszeiten: Mai – Okt. Di. – So. 11.00 – 17.00 Uhr).

★★ Wutachschlucht

F – H 12/13

Landkreise: Breisgau-Hochschwarzwald, Schwarzwald-Baar

Höhe: 314 – 720 m ü. d. M.

Das vom Hochschwarzwald zunächst in östlicher Richtung verlaufende und bei Blumberg scharf nach Südwesten umbiegende und streckenweise als Schlucht ausgebildete Tal der Wutach ist eine der interessantesten Flusslandschaften Deutschlands.

Naturraum

Nach dem Einbruch des Oberrheingrabens und nach der Eiszeit hat sich der Hochrhein-Zufluss Wutach infolge **rückschreitender Erosion** von Süden her in die Landschaft eingegraben. Spätestens am Ende der letzten Eiszeit hat die Wutach bei dem heutigen Städtchen Blumberg den alten Oberlauf der sog. Feldberg-Donau förmlich geköpft, d. h. Wasser, das vordem vom Feldberg in östlicher Richtung und am Südrand der Schwäbischen Alb entlang in Richtung Schwarzes Meer floss, sollte nunmehr zum Hochrhein abgelenkt werden, der in die Nordsee mündet. Auf ihrem Weg von den Schwarzwaldhöhen bis zu ihrer Mündung in den Hochrhein bei Waldshut-Tiengen durchmisst die Wutach streckenweise in **spektakulären Schluchten** praktisch alle Stockwerke des Südwestdeutschen Schichtstufenlandes, vom kristallinen Grundgebirge mit Granit und Gneis über die Trias (Buntsandstein, Muschelkalk, Keuper) bis zum Jura (Lias, Dogger, Malm).

Flora und Fauna

In den schwer zugänglichen schluchtartigen Talabschnitten hat sich eine artenreiche Flora und Fauna halten können. Man unterscheidet hier **rund 2800 verschiedene Pflanzenarten** – von der allgegenwärtigen Pestwurz und dem wegen seiner Früchte geschätzten Weißdorn bis zum Salbei und zum Enzian. Bekannt ist die Wutachschlucht auch als Standort seltener Orchideen. Kenner finden hier nicht nur verschiedene Knabenkräuter, sondern auch den Gelben Eisenhut und den Türkenbund.

In kühn angelegten Horsten nisten Mäusebussard, Wespenbussard, Roter Milan, Habicht, Sperber, Turmfalke und der seltene **Wanderfalke**. Und auch der noch seltenere **Eisvogel** kann mit Geduld gesichtet werden. Vielgestaltig wie sonst kaum in Deutschland ist die Welt der **Reptilien**. Man trifft auf Blindschleichen, Ringel- und Schlingnattern, Kreuzottern, Feuersalamander, diverse Molche, Frösche und Kröten, darunter auch die kleine Geburtshelferkröte.

Entlang der Wutach

Naturschutz

Die beiden interessantesten Talabschnitte sind die 1928 vom Badischen Landtag unter Naturschutz gestellte Obere und Mittlere Wutachschlucht (zwischen der Einmündung der Rötenbachschlucht und der Einmündung der Gauchachschlucht norddöstlich von Bonndorf).

DIE WUTACHSCHLUCHT ERLEBEN

AUSKUNFT

Ferienregion Wutachschlucht
Martinstr. 5, 79845 Bonndorf
Tel. (0 77 03) 76 07
www.wutachschlucht.de

VERKEHR

SBG-WanderBus Wutachschlucht
Von Anfang Mai bis Mitte/Ende Oktober verkehrt der Wutachschlucht-Wanderbus an jedem Samstag, Sonntag und Feiertag mehrmals täglich zwischen Löffingen und Bonndorf bzw. zwischen Schattenmühle und Wutachmühle. So kann man sein Auto an einem der Parkplätze im Bereich der Wutachschlucht stehen lassen und nach Abschluss der Schluchtwanderung per Bus zurückkehren. Der Wanderbus-Fahrplan ist auch auf die Bus- und Bahnverbindungen in der Region abgestimmt. Infos: Tel. (0 76 51) 93 65 88-0, www.suedbadenbus.de

AKTIVITÄTEN

Geführte Wanderungen
Vom Wanderzentrum Wutachschlucht bzw. vom Gasthof Schattenmühle aus werden geführte Wanderungen zu den spektakulärsten Stellen der Wutachschlucht und ihrer Seitentäler durchgeführt. Weitere Informationen erhält man unter Tel. (0 76 54) 17 05 sowie unter folgender Internet-Adresse: www.wutachschlucht-aktiv.de.

ÜBERNACHTEN · ESSEN

► Günstig

Gasthaus Schattenmühle
Schattenmühle 1, 79843 Löffingen
Tel. (0 76 54) 17 05
www.schattenmuehle.de
Einfache Wanderherberge mit 18 zweckmäßig ausgestatteten Zimmern. In der gemütlichen Gaststube kommen vorwiegend deftige regionale Gerichte auf den Tisch.

Zum Hirschen
Wutachstr. 10
79843 Löffingen-Seppenhofen
www.hirschen-benz.de
Gasthaus mit gemütlichen Gästezimmern und Schwarzwälder Küche.

Landgasthaus Rössle
Hauptstr. 14, 79877 Rötenbach
Tel. (0 76 54) 351, www.strassers.de
Diese nette Unterkunft (28 Zimmer) liegt in der Nähe von Rötenbach- und Wutachschlucht. In der Gaststube gibt es saisonale regionale Gerichte.

Etappe des Schluchtensteigs

Lohnend ist eine Wanderung von Gutachbrücke bei Kappel bis zur Wutachmühle (ca. 24 km; 6 – 8 Std., je nach Interessenlage; festes Schuhwerk und Trittsicherheit erforderlich). Diese Strecke ist Teil des Schluchtensteiges (►Praktische Informationen, Wandern).

Vom Feldberg bis zur Rötenbachschlucht

Mündungsfernster Quellfluss der Wutach ist der **Seebach**, der aus dem Urgestein der Seehalde des Feldberges hervorbricht, zunächst ein relativ breites, von Gletschereis ausgeschliffenes U-Tal und dann den **Titisee** (►Titisee-Neustadt) durchfließt.

Vor Neustadt biegt das Gewässer – jetzt mit dem Namen **Gutach** – nach Südosten ab in ein tiefes Kerbtal, das sich bei Kappel-Gutachbrücke recht imposant zeigt. Weiter südöstlich – bereits im Buntsandstein – vereinigt sich die Gutach mit der von Falkau bzw. Lenzkirch kommenden **Haslach** und dem wenig später aus einer wildromantischen Talschlucht von Norden heranrauschenden **Rötenbach** zur jetzt schon wasserreichen und wild anmutenden **Wutach.**

★★ **Obere Wutachschlucht**

Unterhalb der Einmündung der Rötenbachschlucht und südwestlich unterhalb der kleinen Ortschaft Göschweiler hat sich die Wutach eine recht eindrucksvolle Schlucht in den Buntsandstein und den Granit des Grundgebirges gegraben. Eine großartige Szenerie bietet sich beim **Räuberschlössle**, wo markante und sehr widerständige Quarzporphyrfelsen von den Kräften der Erosion herauspräpariert sind. Der Wanderweg führt nun weiter an der Glöcklerhalde entlang zur **Schattenmühle** (Gasthaus).

★ ◄ Lotenbachklamm

Nicht versäumen sollte man einen Abstecher (ca. 1 Std.) von der Schattenmühle in die südwärts in das Ostschwarzwälder Granitmassiv hineingesägte wildromantische Lotenbachklamm.

Von der Schattenmühle geht es, der Wutach auf der linken Talseite folgend, vorbei an der Sägemühle und durch einen für diese Landschaft typischen Ahorn-Eschen-Schluchtwald zur vom **Rappenfelsen** beherrschten **Dietfurt**.

Bei **Bad Boll**, einem im vorigen Jahrhundert gern besuchten Kurort mit heilkräftiger Quelle, dessen Gebäude im Dornröschenschlaf daliegen, wechselt man auf einer Holzbrücke auf die rechte Talseite. Hier stehen noch einige alte Linden und Eschen.

! *Baedeker* TIPP

Touren mit dem Ranger

Hochinteressant – vor allem für junge Besucher – ist eine 4-stündige Exkursion mit dem »Wutach-Ranger« durch die wilden Schluchten von Wutach und Gauchach. Unterwegs bietet sich immer wieder Gelegenheiten, seltene Pflanzen und Tiere zu entdecken und sich vom Ranger erklären zu lassen. Die Ranger-Touren starten im Juli, August und September jeden Dienstag um 10.00 Uhr beim Wanderparkplatz in Bonndorf-Boll. Auskunft: Tel. (0 77 03) 91 94 12, E-Mail: martin.schwenninger@landkreis-waldshut.de

★★ **Mittlere Wutachschlucht**

Unterhalb von Bad Boll erreicht man den in den Hauptmuschelkalk gesägten Canyon der Mittleren Wutachschlucht. Nach der Einmündung des Tannegger Baches erreicht man den unter der Bezeichnung »Ludwig-Neumann-Weg« bekannten Höhepunkt der Wanderung. Auf waghalsig angelegtem und mit Eisen bzw. Drahtseilen gesichertem Pfad – hoch über der durch den Muschelkalk tosenden Wutach – durchmisst man eine grandiose Szenerie, deren Schönheit noch durch eine weitestgehend unberührte und äußerst vielgestaltige Flora unterstrichen wird. Und über alledem kreisen der Bussard, der Milan und der Wanderfalke.

◄ Wutachversickerung

Unterhalb der **Schurhankerhütte** versickert ein Teil des Wutachwassers im stark verkarsteten Kalkgestein, um knapp 2 km weiter östlich

Vor der Tour durch die Wutachschlucht ist ein Blick auf die Wanderkarte ratsam.

und unterhalb dem schwindelerregend konstruierten **Rümmelesteg** wieder an die Oberfläche zu sprudeln (Wutachaustritt). Man erreicht wieder die Talsohle und gelangt gemütlich zur Einmündung der Gauchachschlucht (s. unten) und zur **Wutachmühle** (Einkehrmöglichkeit, Parkplatz).

✶ **Gauchachschlucht**

Südlich der an der B 31 gelegenen Ortschaft **Döggingen** stürzt das vom Ostrand des mittleren Schwarzwaldes kommende Flüsschen Gauchach durch eine wilde, in den Hauptmuschelkalk regelrecht eingesägte Schlucht zur mitunter ziemlich reißenden Wutach hinunter. Unterwegs kann man bei der **Burgmühle** eine Rast einlegen und vor den Ruinen der durch Hochwasser zerstörten **Lochmühle** erschauern.

Hinweis ► Die Gauchachschlucht ist durch einen gesicherten Wanderweg erschlossen. Bei Hochwasser – dies kann auch nach einem sommerlichen Gewitterguss sein – ist es nicht ratsam, durch die enge Schlucht zu wandern!

Untere Wutachschlucht

Die einige tausend Jahre früher durch rückschreitende Erosion entstandene Untere Wutachschlucht (Wutachflühen) ist unter dem Stichwort ►Blumberg beschrieben.

Zell am Harmersbach

E 9

Landkreis: Ortenaukreis
Einwohnerzahl: 8000
Höhe: 220 – 930 m ü. d. M.
Prädikat: Ehem. Freie Reichsstadt

»Hahn und Henne« haben das idyllische Schwarzwaldstädtchen mit seinen schönen Fachwerkhäusern und Jugendstilbauten berühmt gemacht. An der südlichen Stadteinfahrt steht jene Keramikfabrik, in der das Geschirr mit dem beliebten Motiv produziert wird.

Von der Klosterzelle zur Freien Reichsstadt

Außer der Keramikindustrie haben in Zell am Harmersbach das Holz verarbeitende Gewerbe und der Fremdenverkehr wirtschaftliche Bedeutung. Beiderseits des Harmersbachs stehen noch einige stattliche Bauernhöfe mit charakteristischen Walmdächern. Das vermutlich als Außenposten des Benediktinerklosters in Gengenbach gegründete Zell (Cella) wurde 1139 erstmals urkundlich erwähnt. Ab der Mitte des 13. Jh.s bis 1803 war Zell am Harmersbach Freie Reichsstadt.

Sehenswertes in Zell am Harmersbach

Stadtbild

Ansehnliche **Fachwerkhäuser** des 18. und 19. Jh.s, die sich entlang der Hauptstraße mit hübschen **Jugendstilbauten** abwechseln, prägen das Bild des denkmalgeschützten Stadtkerns. Ein Rest der Stadtbefestigung ist der 1462 errichtete **Storchenturm**. Er beherbergt das **Heimatmuseum** (Öffnungszeiten: Apr. – Okt. Di. – So. 14.00 – 17.00 Uhr). Gegenüber steht die **Alte Kanzlei**, die 1760 erbaut worden ist. Sie beherbergt die Touristeninformation. In der zwischen 1790 und 1794 entstandenen **Stadtkirche St. Symphorian** ist der Altaraufbau

ZELL AM HARMERSBACH ERLEBEN

AUSKUNFT

Tourist-Information
Alte Kanzlei
77736 Zell am Harmersbach
Tel. (0 78 35) 63 69 47
www.zell.de

ÜBERNACHTEN · ESSEN

▸ Komfortabel

Hotel-Restaurant Sonne
Hauptstr. 5
77736 Zell am Harmersbach
Tel. (0 78 35) 63 73-0
www.sonne-zell.de
Gemütliches Haus mit 19 komfortablen Zimmern, schöner Gartenterrasse und guter Schwarzwälder sowie mediterraner Küche.

Hotel Klosterbräustuben
Blumenstr. 19
77736 Zell-Unterharmersbach
Tel. (0 78 35) 784-0
www.klosterbraeustuben.de
Modern ausgestattete und kinderfreundliche Unterkunft mit 60 Gästezimmern, Hallenbad und Sauna. Im Restaurant gibt es schmackhafte und mit marktfrischen Erzeugnissen zubereitete regionale Gerichte serviert.

CAFE
ALTZELL
1779
Eis

mit Orgel und Sängerempore ungewöhnlich. In der **Villa Haiss** sind Wechselausstellungen zeitgenössischer Kunst bewundern (Am Park 1; Öffnungszeiten: Mi., Fr., Sa. 12.00 – 17.00, Do. 18.00 – 22.00, So. 13.00 – 18.00 Uhr).

Maria zu den Ketten

An der Straße nach Unterharmersbach steht die **Wallfahrtskirche**. Um 1480 erbaut, wurde sie im 18. Jh. erneuert. Die Bezeichnung »zu den Ketten« erklärt sich aus zwei wundersamen Ereignissen, der Befreiung eines Gefangenen von seinen Ketten und dem Versuch, eine in der Kirche hängende Kette zu einem Steigbügel umzuschmelzen.

✶ Fürstenberger Hof

Weiter der Hauptstraße folgend, gelangt man zum Fürstenberger Hof aus der Mitte des 17. Jh.s. Er war bis 1970 noch bewirtschaftet und ist heute als **heimatgeschichtliches Museum** zugänglich. Nach einem Brand im Jahre 1991 wurde der Hof originalgetreu wiederaufgebaut (Öffnungszeiten: Mai – Sept. Do. u. So. 15.00 – 17.00 Uhr).

Umgebung von Zell am Harmersbach

Nordrach

6 km nördlich von Zell liegt der Luftkurort Nordrach (300 – 875 m ü.d.M.; 2000 Einw.) am gleichnamigen forellenreichen Bach. Die Häuser des Ortes liegen weit über das Tal verstreut. Nicht nur Kinder begeistert das **Puppenmuseum** mit 1000 nach verschiedenen Themenbereichen geordneten Puppen (Öffnungszeiten: Fr., Sa., So. u. Fei. 14.00 – 17.00 Uhr). Nach Voranmeldung können die restaurierte **Maile-Gießler-Mühle** sowie die **Backofenschmiede** besichtigt werden. Ein beliebtes Ausflugsziel ist das 1774 südöstlich des Ortskerns erbaute **Gasthaus »Zum Mühlstein«**.

✶ Brandenkopf

Ein Fahrsträßchen führt von Unterhermersbach hinauf auf den 934 m hohen Brandenkopf (Aussichtsturm, Gasthaus), einen der meistbesuchten Aussichtsberge im mittleren Schwarzwald.

! *Baedeker* TIPP

Zeller Keramik

Die Zeller Keramik (Hauptstr. 2), eines der traditionsreichsten Unternehmen seiner Art, produziert seit mehr als 200 Jahren schönes Geschirr für Tisch und Küche. Seit 1898 wird hier das beliebte Geschirr mit dem »Hahn-und-Henne«-Motiv gefertigt. Fabrikverkauf: Mo. – Fr. 9.00 – 17.30, Sa. 9.00 – 16.00, Mai – Dez. auch So. u. Fei. 9.00 – 17.00 Uhr.

← *Fachwerkhaus mit schmiedeeisernem Zierat in Zell am Harmersbach*

REGISTER

VERZEICHNIS DER KARTEN & GRAFISCHEN DARSTELLUNGEN

BILDNACHWEIS

Fieselmann S. 1, 2, 110 (oben), 123 (links oben), 75, 146, 166, 190, 215, 243 (links oben, rechts Mitte und unten), 258, 263, 265, 277, 283, 290, 313, 324, 341, 404, 428, 435
DuMont Bildarchiv/Fieselmann S. 4, 6 (unten), 7 (unten), 8 (oben) 9, 10, 11, 12, 13 (oben und unten), 14 (oben und Mitte), 15, 27, 31, 32, 35, 36, 38, 43, 44, 51, 66, 67, 73, 92, 99, 108/109, 110 (unten), 111 (unten), 117, 119, 121, 123 (rechts oben, unten), 136, 151, 160, 175, 176, 192, 196, 198, 199, 200, 210, 213, 219, 222, 229, 233, 236, 240, 243 (unten und rechts oben), 244, 249, 250, 251, 255, 264, 266, 269, 274, 287, 294, 317, 321, 325, 334, 336, 338, 348, 350, 357, 376, 379, 382, 387, 388, 389, 392, 395, 402, 415, 416, 417, 424, 433, 436, 439, 442, 452, 454, 455
DuMont Bildarchiv/Freyer S. 5, 6 (oben), 7 (oben), 8 (unten), 14 (unten), 16, 21, 25, 30, 42, 45, 48, 53, 59, 73, 101, 113, 115, 124, 125, 127, 128, 132, 135, 139, 144, 145, 155, 158, 163, 168, 182, 186, 187, 188, 203, 205, 208, 225, 235, 271, 273, 289, 302, 304, 306, 309, 329, 344, 345, 346, 361, 366, 369, 370, 372, 406, 409, 410, 411, 421, 447, 448
DuMont Bildarchiv/Gaasterland/Teschner S. 231
Inger S. 24, 70, 81, 89, 399
picture alliance/akg-images S. 54, 60
picture alliance/akg-images/Lessing S. 46
picture alliance/dpa S. 8 (oben), 13 (Mitte), 62, 63, 65, 111 (oben), 330, 362

Titelbild: Huber/R. Schmid

i atmosfair

nachdenken • klimabewusst reisen
atmosfair

Reisen bereichert und verbindet Menschen und Kulturen. Jedoch wer reist, erzeugt auch CO_2. Dabei trägt der Flugverkehr mit bis zu 10% zur globalen Erwärmung bei. Wer das Klima schützen will, sollte sich somit nach Möglichkeit für die schonendere Reiseform entscheiden (wie z. B. die Bahn). Wenn keine Alternative zum Fliegen besteht, kann man mit atmosfair handeln und klimafördernde Projekte unterstützen.
atmosfair ist eine gemeinnützige Klimaschutzorganisation unter der Schirmherrschaft von Klaus Töpfer. Die Idee: Flugpassagiere spenden einen kilometerabhängigen Beitrag für die von ihnen verursachten Emissionen und finanzieren damit Projekte in Entwicklungsländern, die dort den Ausstoß von Klimagasen verringern helfen. Dazu berechnet man mit dem Emissionsrechner auf **www.atmosfair.de** wieviel CO_2 der Flug produziert und was es kostet, eine vergleichbare Menge Klimagase einzusparen (z.B. Berlin – London – Berlin 13 Euro). atmosfair garantiert die sorgfältige Verwendung Ihres Beitrags. Auch der Karl Baedeker Verlag fliegt mit *atmosfair*. Unterstützen auch Sie unser Klima. Alle Informationen dazu auf www.atmosfair.de.

IMPRESSUM

Ausstattung:
210 Abbildungen, 47 Karten und grafische Darstellungen, eine große Reisekarte
Text:
Helmut Linde; mit Beiträgen von Annette Bickel, Birgit Borowski, Achim Bourmer, Rainer Eisenschmid, Margit Grünewald, Dr. Cornelia und Reinold Hermanns, Dr. Christina Melk-Haen, Inge und Dr. Georg Scherm, Dina Stahn und Jens Wassermann
Bearbeitung:
Baedeker Redaktion (Helmut Linde)
Kartografie:
Christoph Gallus, Hohberg; MAIRDUMONT/Falk Verlag, Ostfildern (Reisekarte)
3D-Illustrationen:
jangled nerves, Stuttgart
Gestalterisches Konzept:
independent Medien-Design, München (Kathrin Schemel)

Chefredaktion:
Rainer Eisenschmid, Baedeker Ostfildern

8. Auflage 2011

Urheberschaft:
Karl Baedeker Verlag
Ostfildern

Nutzungsrecht:
MAIRDUMONT GmbH & Co KG; Ostfildern

Printed in China
Gedruckt auf 100% chlorfrei gebleichtem Papier

BAEDEKER VERLAGSPROGRAMM

- Ägypten
- Algarve
- Allgäu
- Amsterdam
- Andalusien
- Argentinien
- Athen
- Australien
- Australien • Osten
- Bali
- Baltikum
- Barcelona
- Bayerischer Wald
- Belgien
- Berlin • Potsdam
- Bodensee
- Brasilien
- Bretagne
- Brüssel
- Budapest
- Bulgarien
- Burgund
- Chicago • Große Seen
- China
- Costa Blanca
- Costa Brava
- Dänemark
- Deutsche Nordseeküste
- Deutschland
- Deutschland • Osten
- Djerba • Südtunesien
- Dominik. Republik
- Dresden
- Dubai • VAE
- Elba
- Elsass • Vogesen
- Finnland
- Florenz
- Florida
- Franken
- Frankfurt am Main
- Frankreich
- Frankreich • Norden
- Fuerteventura
- Gardasee
- Golf von Neapel
- Gomera
- Gran Canaria
- Griechenland
- Griechische Inseln
- Großbritannien
- Hamburg
- Harz
- Hongkong • Macao
- Indien
- Irland
- Island
- Israel
- Istanbul
- Istrien • Kvarner Bucht
- Italien
- Italien • Norden
- Italien • Süden
- Italienische Adria
- Italienische Riviera
- Japan
- Jordanien
- Kalifornien
- Kanada • Osten
- Kanada • Westen
- Kanalinseln
- Kapstadt • Garden Route
- Kenia
- Köln
- Kopenhagen
- Korfu • Ionische Inseln
- Korsika
- Kos
- Kreta
- Kroatische Adriaküste • Dalmatien
- Kuba
- La Palma
- Lanzarote
- Leipzig • Halle
- Lissabon
- Loire
- London
- Madeira
- Madrid
- Malediven
- Mallorca
- Malta • Gozo • Comino
- Marokko
- Mecklenburg-Vorpommern
- Menorca
- Mexiko
- Moskau
- München

- Namibia
- Neuseeland
- New York
- Niederlande
- Norwegen
- Oberbayern
- Oberital. Seen • Lombardei • Mailand
- Österreich
- Paris
- Peking
- Piemont
- Polen
- Polnische Ostseeküste • Danzig • Masuren
- Portugal
- Prag
- Provence • Côte d'Azur
- Rhodos
- Rom
- Rügen • Hiddensee
- Ruhrgebiet
- Rumänien
- Russland (Europäischer Teil)
- Sachsen
- Salzburger Land
- St. Petersburg
- Sardinien
- Schottland
- Schwäbische Alb
- Schwarzwald
- Schweden
- Schweiz
- Sizilien
- Skandinavien
- Slowenien
- Spanien
- Spanien • Norden • Jakobsweg
- Sri Lanka
- Stuttgart
- Südafrika
- Südengland
- Südschweden • Stockholm
- Südtirol
- Sylt
- Teneriffa
- Tessin
- Thailand
- Thüringen
- Toskana
- Tschechien
- Tunesien
- Türkei
- Türkische Mittelmeerküste
- Umbrien
- Ungarn
- USA
- USA • Nordosten
- USA • Nordwesten
- USA • Südwesten
- Usedom
- Venedig
- Vietnam
- Weimar
- Wien
- Zürich
- Zypern

BAEDEKER ENGLISH

- Andalusia
- Austria
- Bali
- Barcelona
- Berlin
- Brazil
- Budapest
- Cape Town • Garden Route
- China
- Cologne
- Dresden
- Dubai
- Egypt
- Florence
- Florida
- France
- Gran Canaria
- Greece
- Iceland
- India
- Ireland
- Italy
- Japan
- London
- Mexico
- Morocco
- New York
- Norway
- Paris
- Portugal
- Prague
- Rome
- South Africa
- Spain
- Thailand
- Tuscany
- Venice
- Vienna
- Vietnam

LIEBE LESERINNEN, LIEBE LESER,

ein herzliches Dankeschön, dass Sie sich für einen Baedeker Allianz Reiseführer entschieden haben. Er wird Sie zuverlässig auf Ihrer Reise begleiten und Sie nicht im Stich lassen.
Natürlich beschreibt er die wichtigen Sehenswürdigkeiten, aber er empfiehlt auch die nettesten Kneipen und Bars, dazu Hotels für den großen und kleinen Geldbeutel, gibt Tipps für Restaurants, Shopping und für vieles mehr, was eine Reise zum Erlebnis macht. Dafür haben unsere Autoren Sorge getragen. Er ist für Sie regelmäßig in den Schwarzwald gereist und hat all seine Erfahrungen und Kenntnisse in diesen Reiseführer gepackt.

Trotzdem: Die Erfahrung zeigt, dass Fehler und Änderungen nach Drucklegung, für die der Verlag keine Haftung übernehmen kann, nicht ausgeschlossen werden können. Für Kritik, Berichtigungen und Verbesserungsvorschläge sind wir Ihnen außerordentlich dankbar. Schreiben Sie uns, mailen Sie uns oder rufen Sie an:

▶ **Verlag Karl Baedeker GmbH**
Redaktion
Postfach 3162
D-73751 Ostfildern
Tel. (0711) 4502-262, Fax -343
E-Mail: info@baedeker.com

Besuchen Sie uns auch im Internet unter www. baedeker.com. Hier finden Sie jeden Monat den aktuellen Reisetipp der Redaktion und das gesamte Verlagsprogramm. Hier können Sie auch lesen, wer Karl Baedeker war und wie er seinen ersten Reiseführer geschrieben hat. Mit seinen über 180 Jahren ist der Karl Baedeker Verlag der älteste Reiseführer-Verlag der Welt.

www.baedeker.com

ZU GEWINNEN: STADTREISE NACH LONDON

Unter allen Einsendungen verlost der Verlag am Jahresende – unter Ausschluss des Rechtswegs – eine Städtekurzreise für zwei Personen nach London.
Freuen Sie sich auf ein spannendes Wochenende in London. Natürlich ist ein Baedeker Allianz Reiseführer London auch dabei!